CHINA FINANCIAL POLICY REPORT

中国金融政策报告

2020

主　　编　吴晓灵　陆　磊
执行主编　何海峰

中国金融出版社

责任编辑：张菊香
责任校对：张志文
责任印制：程　颖

图书在版编目（CIP）数据

中国金融政策报告.2020/吴晓灵，陆磊主编.—北京：中国金融出版社，2020.5
ISBN 978-7-5220-0603-1

Ⅰ.①中…　Ⅱ.①吴…②陆…　Ⅲ.①金融政策—研究报告—中国—2020
Ⅳ.①F832.0

中国版本图书馆 CIP 数据核字（2020）第 069039 号

中国金融政策报告.2020
Zhongguo Jinrong Zhengce Baogao. 2020

出版
发行　中国金融出版社

社址　北京市丰台区益泽路 2 号
市场开发部　(010)66024766，63805472，63439533（传真）
网上书店　http://www.chinafph.com
(010)66024766，63372837（传真）
读者服务部　(010)66070833，62568380
邮编　100071
经销　新华书店
印刷　保利达印务有限公司
尺寸　185 毫米×260 毫米
印张　33.5
字数　820 千
版次　2020 年 5 月第 1 版
印次　2020 年 5 月第 1 次印刷
定价　96.00 元
ISBN 978-7-5220-0603-1

编辑部邮箱：jiaocaiyibu@126.com

前　　言

《中国金融政策报告 2020》由清华大学国家金融研究院与中国社会科学院金融政策研究中心联合组织编写。作为国内第一本金融政策类大型年度报告，在 2011 年诞生之初，《中国金融政策报告》就确立了“立足中国、沟通世界”的使命与原则。十年来，我们始终秉承和坚持这一定位，全面、准确地反映了中国金融政策领域年度重大主题和政策动态，努力传递中国金融发展的真实图景和中国金融政策的正向能量，得到了业界的肯定与认可，在扩大影响的同时也增加了责任。

2019 年是中华人民共和国建国 70 周年，中国经济社会发展迈上了新台阶——初步核算，全年国内生产总值达 990865 亿元，比上年增长 6.1%；人均国内生产总值为 70892 元，比上年增长 5.7%。从经济上看，中国坚持以供给侧结构性改革为主线，高质量发展平稳推进，三大攻坚战取得关键进展，改革开放不断深化扩大，经济运行总体平稳。从金融上看，中国加快深化金融供给侧结构性改革，实施稳健的货币政策，金融体系和银行保险等金融机构服务实体经济质效不断提升，加强资本市场顶层设计，完成设立科创板并试点注册制重大改革，推动金融业在更大范围、更宽领域、更深层次的开放，有效防范跨境资本流动风险和切实维护外汇市场稳定，坚决打好防范化解重大风险攻坚战，守住了不发生系统性金融风险的底线。《中国金融政策报告》项目课题组与新华财经联合发起首届（2019）“十大金融政策”评选，评选出了“国际十大金融政策”“中国十大金融政策”“（中国）区域与地方十大金融政策”，涵盖海内外对经济金融发展、金融市场培育、金融深化改革等方面具有重要影响力与促进作用的金融政策。

对于中国来说，2020 年是具有里程碑意义的一年——中国将全面建成小康社会，实现第一个百年奋斗目标；2020 年也是脱贫攻坚决战决胜之年。但是，突如其来的“全球性流行病”（pandemic）新冠肺炎（COVID－19）疫情给中国经济社会发展带来了前所未有的冲击。面对这一危机和大考，一方面，中国与世界团结合作，坚决打好新冠肺炎疫情防控全球阻击战；另一方面，在加强国际宏观经济政策协调的同时，中国积极的财政政策将更加积极有为，稳健的货币政策将更加灵活适度，金融政策将与消费、投资、就业、产业、区域等政策形成合力，为抗击疫情取得胜利和经济社会稳定发展提供最有力的支持。

《中国金融政策报告2020》延续了一贯的框架结构，包括两大模块即主题报告和动态报告。主题报告以《市场化、法制化、国际化下的中国现代金融治理》为题目，既是对《“十三五”现代金融体系规划》所提出目标、原则和任务的延续深化，又是对一段时间内防范化解金融风险实践工作的总结思考。同时，我们还收集了2019年金融政策两篇代表性的专题文章——《落实新修订〈证券法〉 完善财富管理法律框架》和《2020年外汇体制改革的重心是守住面、突破点、把好线》。

在“2019年度中国金融政策动态”部分，我们先后对货币政策、汇率与国际收支相关政策、银行业市场发展政策、股票市场发展政策、保险市场发展政策、债券市场发展政策、基金行业市场发展政策、货币市场发展政策、信托与财富管理市场发展政策、金融衍生品市场发展政策、商品期货市场发展政策、外汇市场发展政策、黄金市场发展政策、中国人民银行主要监管政策、中国银行业主要监管政策、中国证券业主要监管政策、中国保险业主要监管政策进行了回顾与分析，也相应给出了政策的评价与展望。

此外，我们继续以“专栏”形式，反映中国金融政策的相关热点。这16个专栏既有金融改革发展，也有金融对外开放；既有金融行业市场，也有区域与地方金融；当然还有金融科技等金融创新。

2018年底和2019年初，作为《中国金融政策报告》系列的《金融政策信息》月刊和周报正式推出，以更加全面、及时地反映中国金融政策的最新发展和动态变化，我们将继续坚持“整理政策信息、评论利弊得失、促进法规完善、走向法治国家”的理念宗旨，努力推动中国金融政策“立足中国、沟通世界”。

《中国金融政策报告2020》作为集体研究的结果，作者团队主要由来自金融管理部门、金融业界机构、高校和学术机构等的专业人员构成，但并不代表他们所任职单位或机构的观点。最后由吴晓灵、陆磊、何海峰对报告全文进行了修改和定稿。先后参加各部分撰稿的执笔人是：吴晓灵、陆磊、何海峰、刘锋、张宸、李佩珈、梁斯、马昀、吴钰、何晓贝、沈奕、杜书明、张一纬、赵庆明、郭孟暘、张伟、周昆平、赵亚蕊、马强、张玉龙、武平平、郭荆璞、王未、刘学庆、荣艺华、王雯珠、蔡恒培、蒋健蓉、李青云、王勤淮、陆晨希、甘正在、储幼阳、罗江、朱小川、伍旭川、宋艳伟、赵湘怀、谈亮、刘为念等。丁羽茜、余粤对英文译稿进行了校对。《中国金融政策报告》项目课题组实习同学搜集整理了2019年金融政策信息等资料。我们感谢中国金融出版社王效端主任、张菊香编辑的认真和严谨工作。

我们一如既往地期盼读者的批评和建议。

中国社会科学院金融政策研究中心主任
何海峰（代序）
2020年4月17日

首届（2019）国际十大金融政策

序号	政策名称	制定/发布时间	制定/发布机构
1	美联储三度降息	7 月 30 日	美联储
2	欧洲中央银行宣布降息 10 个基点，重启量化宽松	9 月 12 日	欧洲中央银行
3	国际货币基金组织发文警告全球金融脆弱性	10 月 16 日	国际货币基金组织（IMF）
4	美联储宣布延长回购计划并扩张资产负债表	10 月 11 日	美联储
5	“一带一路”国际合作高峰论坛发布《“一带一路”债务可持续性分析框架》	4 月 27 日	“一带一路”国际合作高峰论坛
6	欧盟发表《金融科技监管、创新与融资的 30 条建议》	12 月 13 日	欧盟委员会
7	日本政府推出大规模经济刺激计划	12 月 5 日	日本政府
8	美国国会叫停 Libra	7 月 2 日	美国国会众议院金融服务委员会
9	美联储褐皮书，警示贸易紧张局势和全球增长放缓拖累美国经济	10 月 16 日	美联储
10	欧洲中央银行首位女掌门人上任，拉加德面临提振经济挑战	11 月 2 日	欧洲中央银行

首届（2019）中国十大金融政策

序号	政策名称	制定/发布时间	制定/发布机构
1	新修《证券法》	12 月 28 日	全国人大常委会
2	《关于在上海证券交易所设立科创板并试点注册制的实施意见》	1 月 30 日	证监会
3	《关于加强金融服务民营企业的若干意见》	2 月 14 日	中共中央办公厅、国务院办公厅
4	国务院金融稳定发展委员会召开第十次会议	11 月 28 日	国务院金融稳定发展委员会
5	中国人民银行公告〔2019〕第 15 号（改革完善贷款市场报价利率（LPR）形成机制）	8 月 17 日	人民银行
6	《金融科技（FinTech）发展规划（2019—2021 年）》	8 月 22 日	人民银行
7	《系统重要性银行评估办法（征求意见稿）》	11 月 26 日	人民银行、银保监会
8	《关于进一步明确规范金融机构资产管理产品投资创业投资基金和政府出资产业投资基金有关事项的通知》	10 月 25 日	国家发展改革委、人民银行、财政部、银保监会、证监会、国家外汇管理局
9	接管包商银行股份有限公司的公告	5 月 24 日	人民银行、银保监会
10	人民银行三次降准	1 月 4 日、5 月 15 日、9 月 16 日	人民银行

首届（2019）（中国）区域与地方十大金融政策

序号	政策名称	制定/发布时间	制定/发布机构
1	《中国人民银行启动金融科技创新监管试点工作》：率先在北京试点	12月6日	人民银行
2	《上海市高级人民法院关于服务保障设立科创板并试点注册制的若干意见》	6月18日	上海市高级人民法院
3	《进一步推进中国（上海）自由贸易试验区外汇管理改革试点实施细则（4．0版）》	7月15日	国家外汇管理局上海市分局
4	《深化金融供给侧改革持续优化金融信贷营商环境的意见》	4月11日	北京市地方金融监督管理局、人民银行营业管理部、银保监会北京监管局
5	《天津市地方金融监督管理条例》出台实施	5月30日	天津市人大常委会
6	粤港澳大湾区系列指数正式发布	4月9日	深交所
7	《金融支持北京市制造业高质量发展的指导意见》	11月15日	人民银行营业管理部、银保监会北京监管局、证监会北京监管局、北京市地方金融监督管理局
8	第二届中新（重庆）战略性互联互通示范项目金融峰会成功举办	11月4日	中国商务部、人民银行、银保监会、证监会、国家外汇管理局和新加坡贸工部、新加坡金管局及重庆市人民政府共同主办
9	《浙江省宁波市普惠金融改革试验区总体方案》	12月11日	人民银行、国家发展改革委、财政部等五部委
10	《金融领域开放改革三年行动计划》	11月14日	北京市地方金融监督管理局、人民银行营业管理部、银保监会北京监管局、证监会北京监管局

目　　录

上　篇

主题报告与专题文章

主题报告：

市场化、法制化、国际化下的中国现代金融治理[①]

2018年5月，由中国人民银行牵头，国家发展改革委、科技部、工业和信息化部、财政部、农业部、商务部、银保监会和证监会等九部委共同编制的《“十三五”现代金融体系规划》正式出台。该规划提出了着力实现更高水平的金融市场化、着力推动更加全面的金融国际化、着力创新高效安全的金融信息化、着力推进完备统一的金融法治化、着力实现金融业治理体系和治理能力现代化等五大战略目标。2018年7月2日，新一届国务院金融稳定发展委员会（以下简称金融委）成立并召开会议，研究部署打好防范化解重大风险攻坚战等相关工作。会议认为，党的十九大以来，中国金融监管体系建设和金融风险处置取得积极成效，结构性去杠杆有序推进，高风险金融业务收缩，一些机构的野蛮扩张行为有所收敛，金融乱象得到初步遏制，市场约束逐步增强，市场主体心理预期出现积极变化，审慎经营理念得到强化，金融运行整体稳健。会议审议了金融委办公室提出的打好防范化解重大风险攻坚战三年行动方案。特别是自2018年4月以来，按照“宜早不宜迟，宜快不宜慢”的要求，中国大幅放宽市场准入，不断加快放开银行、证券、保险行业外资股比限制等重大措施的落地。中国金融改革发展和金融风险防控正在努力走向市场化、法制化、国际化下的现代金融治理。

一、现代金融治理与金融体系建设

1978年十一届三中全会召开的时候，中国金融行业几乎不存在，全国只有一家正规金融机构——中国人民银行。当时，它既是中央银行也是商业银行，隶属于财政部，一家机构的资产就达到全国金融资产的93%。经过四十余年的改革开放，中国已经发展出一个庞大的金融体系。从行业资产与市场规模角度看，中国已经跃居世界第二位；从麦金农定义的金融深化指标M2/GDP角度看，2019年末该指标已达200%，高居世界首位。从商业银行改革到资本市场的从无到有发展壮大，从现代中央银行建设与货币政策实践的进步到金融监管体制的建立，应该说，中国金融治理与金融体系建设经过多年努

① 报告作者吴晓灵、陆磊、何海峰、刘锋、张宸、李佩珈、梁斯、马昀、吴钰，何海峰负责统稿。

力取得了很大进步。随着中国发展进入新时代，特别是党的十九大以来，现代金融体系和现代金融治理成为中国金融改革发展和风险防控的重要目标。

1. 现代金融体系的内在要求

世界各国的金融体系，大致可以按两种标准进行比较：第一种是按照金融结构可以分为商业银行导向型和资本市场导向型金融体系，第二种是按照资金配置主要途径可以分为市场机制型与政府干预型。需要注意的是，从金融体系支持各国经济社会发展的实践上看，很难简单地说银行主导型与资本市场主导型孰优孰劣，同时也无法绝对地强调金融市场与政府干预的完全取代。实际上，金融体系是整个社会经济系统的一个子系统，金融体系的结构特征难以脱离一个国家社会经济的基本发展源流、一定时期政府所信奉的经济思想，以及基于上述经济发展历史源流与经济思想所形成的客观经济发展模式。

18 世纪以来，以市场为导向的金融体系一直强调分散竞争、自由决策，在经济思想上秉持自由放任学说，政府只应该扮演“守夜人”的角色。例如，英美两国的“盎格鲁—撒克逊”模式的基本特点就是强调个人主义和市场充分自由竞争，市场机制是配置资源的决定性力量，企业分散决策取代政府行政指令，公司治理中则遵循股东利益至上的原则。在这种经济模式之下，资本市场主导的直接融资成为金融体系的主要特征。又例如，在更加强调国家集中统一和共同利益的经济思想影响下，19 世纪末后发达国家德国与日本等就走出了一条与“盎格鲁—撒克逊”模式有较大差异的经济发展道路，形成了有别于英美两国的金融体系。后来，德国立足于莱茵模式（社会市场经济模式）与日本立足于二战后形成的法人资本主义经济发展模式又进一步分别发展出了各具特色的银行导向和政府干预型金融体系。

从中国历史文化传统和政治社会制度出发，特别是基于改革开放以来经济金融发展的实践经验，基于全面深化改革和现代制度与现代治理的长期目标，建设现代金融体系存在以下内在目标要求。

一是最优现代金融体系应具备完备的金融功能，能够优化资源配置，提高资源使用效率；二是高度竞争、富有弹性，能够满足经济发展结构性变化，在不发生大规模系统性金融危机的前提下，实现金融体系的结构性调整；三是现代金融体系应该具有高度国际化的特征，从而超越过去四十余年以吸引外资和技术为目的的对外开放模式，更好地利用全球金融资源和金融体系与国际市场开展充分的竞争与合作；四是现代金融体系应该具备高技术含量的突出特征，近年来蓬勃发展的互联网、大数据、云计算和人工智能，正在从根本上优化人类加工信息的方式和手段，对经济与社会发展产生持续性影响。

当然，当前中国金融体系距离上述四方面要求还有一定差距。一方面，发挥市场决定性作用，需要随着经济发展的结构性变化，不断完善充分竞争、富有弹性的金融体系以实现高效配置金融资源；另一方面，还要更好地发挥政府作用，全面强化经济与金融体系的市场化与法制化制度供给，防范系统性金融风险，避免发生经济金融动荡和危机。

2. 中国金融治理的构成与努力方向

2019 年 11 月 28 日，金融委召开第十次会议，研究防范化解重大金融风险攻坚战进展和下一步思路举措等问题，部署近期金融改革开放重点工作。需要注意的是，本次会议首次明确提出“改进金融治理”的要求，这表明防范化解金融风险、改进完善金融治理已经成为国家治理现代化的一项迫切任务。

一般认为，金融治理涵盖金融机构、金融市场、金融监管以及金融制度建设等多方面内容，是一个相互衔接、相互支撑的系统。从制度体系上看，金融治理包括金融机构公司治理、金融行业与市场监管、金融宏观调控、金融行业自律管理和社会监督等框架体系。从能力体系上看，除了上述制度体系的落地执行能力以外，在中国经济社会发展和国家治理现代化中，金融治理还包括金融服务实体经济能力、防范化解金融风险与维护金融稳定和安全能力、金融创新发展能力、金融国际竞争能力和参与全球金融治理能力等内容。从支撑体系上看，金融治理还需要金融法律法规、基础设施、金融专业人才、金融科技和金融生态等方面的支持保障。

改进完善中国金融治理，需要坚持三个重要原则与方向。

首先，要坚持新发展理念。完善金融治理，根本上是为了更好地服务实体经济发展、更加有效地防范化解风险，这就需要坚定不移地贯彻创新、协调、绿色、开放、共享的新发展理念，通过解决各种不平衡不充分问题来推动经济高质量发展。一是要创新金融产品与服务，优化金融供给，通过完善金融业内部治理，优化机构体系、市场体系、产品体系，综合运用“投、贷、债、股、租、顾”等多种工具，助力货币政策传导，切实支持制造业、中小微企业、民营经济和科创产业发展，以及应对经济社会中的重大意外事件冲击；二是要切实提高金融资源配置效率，促进区域协调发展，充分发挥市场在资源配置中的决定性作用，推动金融资源向优势地区集中，推动京津冀协同发展、雄安新区建设、长江经济带发展、粤港澳大湾区建设、长三角一体化发展、黄河流域生态保护和高质量发展，进而带动中国经济总体效率提升；三是要创新制度安排，发展绿色金融，引导和激励更多社会资本投入绿色产业，有效抑制污染性投资，大力发展绿色信贷、绿色债券、绿色股票指数、绿色发展基金、绿色保险、碳金融等金融工具，为绿色发展服务。

其次，坚持有效防范化解风险这一金融治理的永恒主题。有效防范化解金融风险，是经济高质量发展的重要内涵，也是金融治理的永恒主题。当前，中国金融体系总体稳健，具备较强化解各类风险的能力。但不可掉以轻心，需要不断完善金融治理，牢牢守住不发生系统性金融风险底线。一是要处理好防风险与稳增长的关系。稳增长与防风险相辅相成、相互促进，必须在高质量发展中实现统筹优化。当前，需要进一步完善企业、金融机构、政府、监管机构共同参与、协同配合的风险化解机制，避免发生处置风险的风险。二是要处理好防风险与促开放的关系。随着金融开放的不断扩大和加深，中国将面对前所未有的新问题、新挑战、新风险，这就需要加快完善开放条件下的风险防控体系，并在并表管理、同业合作、全球合规等方面做好具体工作。三是要旗帜鲜明地反对金融腐败，健全权力运行制约和监督制度，强化风险管理“三道防线”建设，确保“看住人、管住钱、扎牢制度防火墙”。

最后，通过完善金融治理来提升增强金融机构竞争力。一是要加强跨境服务能力建设，聚焦“一带一路”沿线及与中国经贸往来密切区域，优化金融机构全球网络布局，进一步做强做优核心节点市场。提升一体化经营能力，深化境内外业务联动和境外经营模式创新，做到一点接入、全球响应。二是打通增量存量，优化融资结构，更加注重金融供给侧的存量重组、增量优化、动能转换。三是打通综合平台，加快协同发展。为更好满足客户“一站式”金融服务需要，金融机构在遵守监管规定、有效隔离风险的前提下，可探索建立不同牌照主体间的协同与资源共享机制，实现客户交叉推荐、服务相互对接、产品渠道互补、信息资源共享。此外，融合金融科技，提升智能水平，完善金融机构内部科技体制机制，顺应金融生活化、产业互联网化趋势，强化跨界合作，并深入运用人工智能、区块链、云计算、大数据等技术，打造智慧金融体系。

总之，无论从西方主要国家金融体系的发展历史来看，还是从中国金融改革建设的实践来看，现代金融体系的基本特征是市场化和法制化，后者实际上是对本国金融发展实践的不断规范化和制度化，这是金融治理的国家特色。但是，在当今开放经济和国际金融的世界联系中，国际金融治理呼唤更多的规则、标准乃至制度的与时俱进，对于中国来说这是一个双向开放、交流互鉴的过程。特别是，中美第一阶段经贸协议签署和落实之后，中国金融开放、金融国际化将更加成为现代金融治理的改革目标和世界承诺。

二、完善制度供给，改善金融机构经营质效

中国现代金融体系的建设和金融治理能力的完善，最直接最重要的一个环节就是金融机构，金融机构既包括以中央银行为代表的金融管理部门，也包括商业银行、非银行金融机构以及正在发展壮大的金融控股公司。改革开放以来，中国金融机构数量快速增加，改变了改革之初仅有人民银行一家的“大一统”的格局，形成了由银行、证券、保险、基金、金融租赁等构成的多层次金融体系，推动中国金融体系发生了翻天覆地的变化。近年来，中国金融机构正在按照“走中国特色金融发展之路，深化金融供给侧结构性改革”要求，不断完善制度供给，使市场在金融资源配置中起决定性作用，提高金融服务实体经济的质量和效率。

1. 建设现代中央银行与宏观审慎管理机制

党的十九届四中全会提出：“建设现代中央银行制度，完善基础货币投放机制，健

全基准利率和市场化利率体系。”作为推进国家治理体系和治理能力现代化的重要组成部分，这是中国首次明确提出要建设现代中央银行制度，有助于疏通和理顺货币政策传导机制，实现金融市场的规范化管理及稳健运营，有助于完善和提高宏观调控政策效果，推动现代化国家治理机制建设。随着经济环境和市场环境的变化，现代中央银行职能逐步演变为实现两个目标，即货币稳定和金融稳定。针对经济发展形势和金融市场变化，人民银行在全球范围内率先构建出货币政策 + 宏观审慎政策双支柱调控框架，以更好实现货币稳定和金融稳定。

从 2019 年来看，人民银行在强化逆周期调节中，积极推动和完善现代中央银行制度建设。一是长短结合，巩固流动性投放机制。人民银行已逐步建立起以短期逆回购和中期借贷便利（MLF）为主要手段的流动性投放机制，同时创设定向中期借贷便利（TMLF）鼓励金融机构加大对小微企业、民营企业的支持力度，通过长短结合满足金融机构不同期限、不同用途的流动性需求。二是明确中枢，为货币市场打造基准利率。人民银行多次表露出要将 7 天期存款类金融机构质押回购加权利率（DR007）打造为货币市场基准利率的意愿。三是化繁为简，构建“三档两优”存款准备金率框架。“三档”有助于人民银行对不同类型金融机构进行针对性约束，“两优”有助于鼓励金融机构更好地支持中小企业发展，助力供给侧改革推进。四是打破藩篱，推动贷款市场报价利率（LPR）改革。人民银行于 2019 年 8 月 17 日发布 LPR 报价机制，商业银行所有贷款均要参考 LPR 报价。LPR 改革有助于增加信贷利率对市场利率变动的敏感性，打通货币市场、债券市场和信贷市场藩篱，提高利率机制传导效率。五是强化监管，下发《金融控股公司监督管理试行办法（征求意见稿)》。该办法的发布有利于整治各类金融乱象、整顿金融秩序，防范系统性金融风险。六是稳定市场，发布《系统重要性银行评估办法(征求意见稿)》，这有助于人民银行强化宏观审慎管理机制，维护金融市场稳健运行。

从长远看，为实现货币稳定目标，中国货币政策需要从四方面持续推进治理改进。第一，继续推进流动性投放机制建设。一方面，需要建立更大覆盖面的流动性投放机制，适时更新一级交易商名单。另一方面，推出多层次、广覆盖的合格质押品体系，满足不同类型金融机构需求，解决中小金融机构流动性来源短缺的问题。第二，强化和提高 DR007 的基准利率地位。人民银行可考虑鼓励更多市场产品参考 DR007 定价，或鼓励机构推出与 DR007 挂钩的产品。第三，巩固和完善 LPR 报价机制。由于 LPR 通过 MLF 利率加点生成，人民银行需要增大 MLF 利率的弹性，令市场主体更好适应市场利率变化，真正形成市场化定价的思维，增强政策利率体系的作用。第四，推动国债市场基准利率体系建设。人民银行应当与财政部优化联动机制，财政部应逐步增加短期国债规模并实现滚动发行，同时要加大债券市场开放力度，吸引更多国际投资者进入。

为实现金融稳定目标，宏观审慎机制需要从三方面继续完善。第一，对新的金融业态进行评估，及时控制风险。人民银行需要及时追踪新兴业态发展，准确评估行业风险变化，及时采取针对性措施进行管理。第二，适时将影响力较大的非银金融机构纳入宏观审慎框架。对金融控股公司、金融科技公司、货币基金等要在合适时机纳入宏观审慎管理框架内，防止其经营出现问题继而引发系统性风险。第三，处理好宏观审慎政策与货币政策的关系，避免相互掣肘。需要进一步建立宏观审慎政策和货币政策之间的协调机制，摸索最优的政策目标函数，兼顾好货币稳定和金融稳定。

2. 促进商业银行稳健经营，支持实体经济繁荣

改革开放四十多年以来，中国商业银行为实体经济的腾飞作出了重要贡献，也推动了自身规模、质量效率和竞争力的全面提升。中国银行业已成为全球规模最大的银行业，形成了多层次、广覆盖的银行体系，既有传统意义上的银行业金融机构，又有民营银行、村镇银行、贷款公司、农村资金互助社等新型银行业金融机构。商业银行已经成为“产权清晰、权责明确、管理科学”的市场化经营主体。但是近年来，随着中国经济进入增速换挡的新阶段，中国金融供给与新时代下经济转型发展的金融需求之间的不协调、不充分、不平衡矛盾凸显，不仅无法满足实体经济多样化金融需求，还产生了“资金空转”和资金“脱实向虚”等新现象、新问题。

2019 年，根据“继续打好防范化解金融风险攻坚战”的要求，商业银行按照“强化顶层设计、补齐发展短板、解决金融乱象、理顺市场机制、扩大金融开放、金融科技纵深发展”的原则和思路，持续优化金融制度供给。一是强化顶层设计，推进金融供给侧结构性改革。二是补齐发展短板，增加对民营、小微等领域的金融供给。商业银行是贯彻《关于进一步加强金融服务民营企业有关工作的通知》《关于营造更好发展环境支持民营企业改革发展的意见》等金融政策的主体——2019 年末，民营企业贷款新增 3.1 万亿元，同比多增加 5516 亿元；普惠小微贷款新增 1.8 万亿元，是 2018 年全年增量的 1.4 倍。三是解决金融乱象，风险处置机制建设取得新进展。2019 年 5 月、7 月和 12 月，包商银行、锦州银行和恒丰银行先后被银保监会依法接管或被注资。四是理顺市场机制，LPR 利率改革破解融资贵难题。2019 年 8 月，中国贷款定价“锚”由此前的贷款基准利率转变为 LPR，不仅有助于疏通货币政策传导机制，更将对降低实体经济融资成本起到重要作用。五是扩大金融开放，外资金融机构在华经营便利度大幅提升。2019 年 7 月，金融委办公室推出 11 条金融业对外开放措施，这为全球资本分享中国经济增长的红利，享受内、外资一致的政策环境提供了新机遇。六是金融科技纵深发展，重塑银行竞争格局。2019 年 8 月，人民银行印发《金融科技（FinTech）发展规划（2019—2021 年）》，将对银行的产品服务、技术应用产生重大影响，也将重塑银行业竞争格局。

着眼未来，商业银行要以优化融资结构、补齐供给短板为重点，不断深化改革，实现与实体企业共同发展、共同壮大。第一，推动形成“多层次、广覆盖、有差异”的银行体系，提高金融服务实体经济的效率。未来，需要厘清各类银行的功能定位和业务特

色，增强地方中小银行金融服务能力、培育非银行金融机构特色优势等，不断增强银行体系的专业化和差异性，为实体企业提供更加精准的金融支持。第二，把握经济高质量发展的内在要求，支持实体经济繁荣。商业银行需要为中国制造业和现代服务业深度融合、形成强大国内市场、促进产业价值链升级、“中国制造 2025”等国家战略提供支持，同时还要加大金融对民营、小微、“三农”等金融短板领域的供给，助力精准脱贫和共享发展。第三，提高中国银行业对外开放质量和水平，维护国家金融安全。随着中国进入高水平开放的新阶段，中国银行业的全球化金融服务能力需要与之相适应。一方面，中国银行金融机构的全球化布局、全球化服务能力与综合竞争力要与企业“走出去”步伐相适应；另一方面，积极参与全球经济金融治理，健全金融安全网。第四，把握新时代金融风险的新特点和监管要求，助力打赢防范化解金融风险攻坚战。银行机构要把握好“稳增长”和“防风险”的平稳，做好两不误、两促进；要根据金融风险产生原因的不同，发展趋势的不同，采取分类处置、“有保有压”的发展策略，既防“黑天鹅”，又防“灰犀牛”；管控风险要把握好节奏和力度，防止政策叠加带来的紧缩效应，以及“一刀切”可能带来的负面影响。

3. 回归非银机构业务本源，服务现代投融资发展

作为金融系统的重要组成部分，非银行业金融机构①是中国金融市场化改革的受益者，也是中国金融体系多元化的践行者。改革开放四十多年以来，中国非银行业金融实现了从无到有，从“0”到强的转变。2019 年，非银行业金融机构占全部金融机构资产的比重已达到 16.1%。非银金融机构的快速发展为拓宽中国社会融资渠道，丰富金融机构主体和构建多元化、多层次金融市场作出了重要贡献。中国股市和债市规模分别位居全球第三位和全球第二位，保险业资产规模不断扩大，保险密度和深度显著提高，中国成为全球第二大保险市场。

毋庸讳言，近年来，中国非银行业金融机构在快速发展过程中也暴露出越来越多的问题，不仅加大了金融体系风险隐患，也造成中国经济运行虚拟化，资金“脱实向虚”问题突出。一是金融业务链条拉长，实体企业融资成本提高。二是非银金融机构通过大量的同业活动，形成了“影子银行”。三是金融产品设计过于复杂，加大了金融混业风险。四是民营资本纷纷进军金融领域，经济虚拟化风险上升。五是各种类金融机构和非金融机构纷纷介入金融活动，游离于金融监管外。

针对以上问题，2019 年，监管当局继续按照党中央关于打赢防范化解金融风险攻坚战的要求，持续加强对非银行业金融机构行为的规范，引导其回归服务实体经济的本源。第一，银行理财子公司正式登场，资管行业加速转型。2019 年 12 月，银保监会发

---

① 非银行业金融机构主要包括两大类：一类是非商业银行的银行机构，如资产管理公司、信托公司、企业财务公司、金融租赁公司、消费金融公司、汽车金融公司、货币经纪公司。另一类是非银行机构，如证券、保险、基金等非银行金融机构。

布《商业银行理财子公司净资本管理办法（试行）》，该管理办法已于2020年3月1日起正式实施。理财子公司作为资管新规催生的全新市场主体，肩负着推动中国银行理财行业转型升级的历史责任，无疑也将改变中国资管行业的竞争格局。第二，持续强化金融市场乱象治理，引导金融机构业务回归服务实体经济本源。2019年5月银保监会发布《关于开展"巩固治乱象成果促进合规建设"工作的通知》，旨在对过去2年整治乱象成果进行巩固，文件进一步突出了2019年下半年以来的一些新监管趋势。第三，互联网金融专项整治取得实质性成效。延续2016年启动的互联网金融行业监管，2019年1月，两整治办[①]发布《关于做好网贷机构分类处置和风险防范工作的意见》，大量不具备经营条件的机构退出互联网金融活动，存量机构违法违规业务规模明显压降。第四，化解区域金融风险，地方资产管理公司加速进场。2019年7月，银保监会发布了《关于加强地方资产管理公司监督管理工作的通知》等文件，要求地方资产管理公司收购处置的不良资产应当符合真实、有效等条件，通过评估或估值程序进行市场公允定价，实现资产和风险的真实、完全转移等。

着眼未来，为了持续引导非银金融机构回归服务实体的本源，需要加快构建与经济高质量发展相适应的现代金融体系。第一，进一步完善现代金融企业制度——尤其是资本市场、银行业机构和信托公司等非银金融机构，形成支持经济高质量发展的金融体系。第二，发挥市场机制在金融资源配置中的决定性作用。推进利率市场化的关键是彻底打破刚性兑付，让金融机构实现市场化的风险定价。第三，完善金融机构的法人治理水平，既要在金融与非金融业务之间建立严格的防火墙，又要在母公司与子公司、子公司与子公司之间建立防火墙，防止风险交叉传染。第四，金融监管需要跟上金融发展的步伐，为高质量发展保驾护航。一方面，补足监管短板、避免监管真空，形成综合、系统、穿透、统一的监管大格局。另一方面，把握金融业务呈现移动化、数字化和智能化发展的新趋势，加快构建与数字经济时代相适应的数字金融监管新模式。

4. 强化金融控股公司监管，防控系统性风险

金融控股公司是重要的企业组织创新形式，是产业资本和金融资本深度融合的产物。金融控股公司通过对资源和客户的分类、整合和协同，有助于提高金融服务效率，满足经济社会对金融服务的多样化需求，更好地服务于实体经济。

中国金融控股公司的发展可以概括为四个阶段。一是1993年以前的经营探索期。改革开放后，各大国有银行开始陆续设立信托公司，初步探索金融控股公司模式。此后不久，四大国有银行专业分工的模式逐步打破，各家银行开始逐步走向多元化经营，既从事商业银行业务，又陆续设立了证券公司，成为事实上的金融控股集团。二是1993—2006年的分业经营时期。1993年的金融乱象引发了监管部门对监管体制和制度的重新

---

① 两整治办指的是互联网金融风险专项整治工作领导小组办公室、P2P网贷风险专项整治工作领导小组办公室。

思考和修正，分业经营、分业监管逐步成为核心监管理念。随着《商业银行法》《中国人民银行法》《保险法》的陆续出台，分业监管架构开始搭建。1997 年亚洲金融危机爆发后，分业监管制度被进一步强化。2003 年，银监会成立，“一行三会”的分业监管制度正式确立。三是 2006—2016 年分业监管制度下的综合经营试点期。“十一五”规划纲要和 2007 年全国金融工作会议均提出要“稳步推进金融业综合经营试点”。商业银行纷纷涉足基金、证券、保险、租赁等非银金融领域，各类金融机构之间的经营界限被打通。同时，许多央企、投资平台、民营企业相继成立了事实意义上的金融控股集团。监管缺失导致金融控股公司风险不断积累，各类违法交易问题突出，亟待立法规范。四是 2017 年至今综合化经营规范发展期。2017 年国家领导开始强调要统筹监管金融控股公司，补齐监管短板，避免监管空白。2018 年有关金融控股公司监管的问题被写入政府工作报告。2019 年 7 月，中国人民银行发布《金融控股公司监督管理试行办法（征求意见稿）》，在监管逐步完善后，金融控股公司将迎来新的发展。

从 2006 年启动综合化经营试点后，许多企业利用政策便利不断向金融领域延伸，尤其以部分民营系金融控股公司为代表。一些金融控股公司野蛮生长，体量大，业务杂，关联风险高，但监管缺失，可能引发系统性金融风险，威胁经济和社会稳定。这些问题主要包括四类：一是虚假注资，缺乏约束；二是关联交易，监管套利；三是股权复杂，滥用权力；四是偏离主业，脱实向虚。特别是，2019 年 5 月包商银行事件曝出，其大股东明天控股有限公司违法违规占用包商银行大量资金难以归还，导致包商银行出现信用危机。包商银行事件再度引发各界对加强金融控股公司监管的讨论。针对以上问题，2019 年相关监管工作持续推进，旨在进一步补齐金融监管短板，加强防范系统性金融风险，主要包括：一是监管定调，尽快出台管理办法；二是内部穿透，识别经营风险；三是疏堵结合，系统性监管办法正式推出；四是助力监管，《证券法》修订版发布。

防控系统性风险是长期任务，涉及主体多、风险点分散，在《金融控股公司监督管理试行办法》正式出台后，金融控股公司所带来的风险将得到明显缓解。未来需着重从以下几方面入手，协同打好防控系统性金融风险攻坚战：第一，统筹兼顾，严格落实部门监管责任。第二，打好基础，提高监管效率。第三，加大协调，调动各方积极性。第四，坚持牌照管理，打击违法行为。第五，监管适度，有效鼓励合理创新。

三、夯实市场基石，推动国际化高标准金融治理

金融是实体经济的血脉，是健全现代金融体系推进国家治理体系现代化的重要一环。在充分利用国际国内两个市场、两种资源，深化高水平改革开放的基础上，牢牢把握金融服务实体经济的本质，推进经济高质量发展，维护国家经济金融安全。这需要我们尊重金融规律，发挥金融市场在资源配置中的决定性作用，不断持续深入推进金融业改革，稳步提高开放条件下的国家金融治理体系和治理能力现代化水平。

1. 全面扩大开放，打造国际化金融市场

首先，推动建设中国新时代大国开放经济。新时期建设和完善中国特色社会主义市场经济体制，就是要建设更高水平的开放型经济新体制，需要实施更大范围、更宽领域、更深层次的全面开放，把握好中国改革和发展战略机遇期，坚持互利共赢的开放战略，推动共建“一带一路”高质量发展，维护完善多边贸易体制，推动贸易和投资自由化便利化，推动构建面向全球的高标准自由贸易区网络，推动建设开放型世界经济。

其次，着力促进贸易投资自由化便利化。推动制造业、服务业、农业扩大开放，促进内外资企业公平竞争，保护外资合法权益，拓展对外贸易多元化。健全外商投资准入前国民待遇加负面清单管理制度，推动规则、规制、管理、标准等制度型开放，完善涉外经贸法律和规则体系。健全促进对外投融资政策和服务体系。加快自由贸易试验区、自由贸易港等对外开放高地建设。推动建立国际宏观经济政策协调机制。健全外商投资国家安全审查、反垄断审查、国家技术安全清单管理、不可靠实体清单等制度。

最后，继续推动金融业对外开放。以中美经贸第一阶段协议达成为契机，在推进资本项目可兑换、完善人民币汇率形成机制等市场化改革方面强化顶层设计，提高市场在资源配置中的决定性作用。研究扩大外资银行业务范围，允许符合条件的外资银行通过市场评价取得主要承销业务资格，并扩大业务范围。加快推动国内金融市场更高层次对外开放，按照国际标准，持续推动债券市场、股票市场、金融衍生产品市场对外开放，提高长期海外投资者在华金融市场的占比，为海外投资者提供便利。按照准入前国民待遇加负面清单的管理原则，推动金融业深度开放，引进先进的经营管理理念、技术和规则，提升中国金融业的国际竞争力。有序开放信用评级市场，建立健全涵盖国际评级机构在内的统一注册管理制度。分步骤对国际评级机构放开国内债券评级业务，给予境外发行人在审计和会计方面更大的灵活性。就境外机构在债券市场发行人民币债券发布统一的管理办法，明确外国政府、国际机构以及境外商业机构在银行间市场发债的有关要求。

2. 推动利率市场化，实现资源高效配置

改革开放四十多年来，中国基本建成了与中国特色社会主义市场经济相适应的金融市场与监管体系，但金融领域价格管制还不同程度存在。货币市场利率、债券市场利率、外币存贷款利率已先后实现市场化，目前利率两轨并一轨取得了积极进展，利率市场化改革步入关键阶段。

第一，要着力发挥利率市场化功能。价格是金融资源供需关系的反映。要坚持金融要素价格的市场化改革方向，继续深入推进利率市场化改革，完善人民银行政策利率体系，推动利率逐步两轨合一轨，真正建立金融市场的风险定价机制并稳步融入全球金融体系，让资金价格充分反映投资者风险偏好和投资标的风险收益水平。要从完善金融资本要素价格与成本供给方面，落实以利率为代表的金融要素资源配置市场化，恢复信用风险定价机制。

第二，要着力完善利率政策的传导机制。利率市场化改革的要点是体现金融机构在竞争性市场中的自主定价权，通过差异化定价优化资源配置。从调控的角度看，特别是在以直接调控为主转向以间接调控为主的过程中，要发挥好贷款市场报价利率（LPR）对贷款利率的引导作用，推动金融机构转变贷款定价惯性思维，真正参考贷款市场报价利率定价，促进实际贷款利率下行，形成市场化的利率定价和传导机制。一方面，适度扩大 MLF 的规模和直接交易对手。另一方面，打破贷款利率隐性下限，推动存量浮动贷款利率“换锚”。

第三，着力探索有中国特色的货币政策框架。中国货币政策调控框架正在逐步从数量型为主向价格型为主转型。要结合中国国情，坚持金融服务实体经济的根本要求和市场化原则，探索和创新符合中国实际的货币政策工具，形成有中国特色的货币政策工具箱。在利率市场化逐步推进的背景下，探索构建利率走廊机制建设，继续平衡好总量和结构之间的关系，从供需两端夯实疏通货币政策传导的微观基础，缓解局部性社会信用收缩压力。发挥货币信贷政策促进经济结构调整的作用，运用好定向降准、再贷款、再贴现等多种货币政策工具，创新和丰富货币政策工具组合，发挥结构性货币政策工具精准滴灌的作用。

3. 改革直接融资体系，重塑资本市场生态

首先，资本市场在金融运行中具有牵一发而动全身的作用。十八届三中全会提出了“健全多层次资本市场体系，推进股票发行注册制改革，多渠道推动股权融资，发展并规范债券市场，提高直接融资比重”的改革目标。厘清政府和市场的边界，科学界定政府在金融市场监管中的职能定位，要坚定决心改革金融资源供给模式，建立以法制与信用为基础，以现代多层次资本市场为核心，以直接金融为主体的金融资源配置体系，建设一个规范、透明、开放、有活力、有韧性的资本市场体系，有利于发挥市场在金融资源配置中的决定性作用，促进中国直接融资市场健康有序发展。

其次，努力创造资本市场服务实体经济的长期稳定机制。资本市场更好地服务实体经济，需要提高直接融资比重和优化金融体系结构，进一步夯实完善资本市场基础性制度，形成与现代社会主义市场经济体制相适应的非银行金融机构体系、产品体系，为实体经济发展提供更高质量、更有效率的金融服务，着力解决制约中国资本市场发展的长期资金来源问题，继续发展中国存托凭证（CDR）、科创板、债券市场互联互通以及资本市场的交易、清算、评级等中介服务安排。扩大资本市场对外开放，通过合格机构投资者制度和跨境互联互通制度安排，吸引国际养老基金等长期机构投资者参与国内资本市场。

最后，全面做好政府的制度供给与监管工作。从完善资本市场基础性制度安排供给方面看，发行定价制度、投资者尽职调查与适当性管理、信息充分有效的披露机制、科

学的交易与价格发现机制、市场规则的维护与投资者权益保护机制等方面都是资本市场基础性制度建设的关键。这些基础性制度必须体现公平、公正与公开的特征，政府作为市场的监管者、相关制度安排的组织建设者，应当坚守角色中性定位，不应缺位也不应越位，依法维护市场基础性制度安排的有效运转，同时与市场保持适当的距离，不能既当裁判员，又当运动员。充分发挥好科创板建设的制度改革试验田作用，为全面系统地完善中国金融市场基础性制度安排供给探索可行路径。

4. 升级资产管理行业，创新财富管理新纪元

21 世纪以来，中国资产管理业务在经济金融全球化、科技化和市场化背景下，呈现出跨市场、跨机构、跨行业、跨产品的金融创新发展，推动了以间接融资为主导的金融体系新变化。近年来，随着银行不良贷款规模攀升、地方债务逐渐增加，地方资产管理公司快速发展，在处置不良资产、盘活存量资产、防范和化解金融风险、支持实体经济发展等方面发挥了积极作用，但同时也产生了一些高风险甚至违规经营行为。

首先，行业政策全面推出落实。根据党中央、国务院“服务实体经济、防控金融风险、深化金融改革”的总体要求，按照“坚决打好防范化解重大风险攻坚战”的决策部署，2018 年 4 月，人民银行、银保监会、证监会、外汇局联合发布《关于规范金融机构资产管理业务的指导意见》（简称资管新规），坚持严控风险的底线思维，坚持服务实体经济的根本目标，坚持宏观审慎管理与微观审慎监管相结合的监管理念，坚持有的放矢的问题导向，坚持积极稳妥审慎推进的基本思路，全面覆盖、统一规制各类金融机构的资产管理业务，实行公平的市场准入和监管，最大限度地消除监管套利空间，切实保护金融消费者合法权益。在资管新规逐渐落地过程中，资产管理行业从前期的快速发展期进入优化变革期。2019 年 7 月，银保监会发布《关于加强地方资产管理公司监督管理工作的通知》，规范地方资产管理公司收购处置的不良资产流程，进行市场公允定价，完善评估或估值程序，实现资产和风险的真实、完全转移。

其次，资管业务还需要进一步规范。（1）严格标准，把好市场入口和市场出口两道关。应从实际出发，严格标准，规范流程，把好市场入口和市场出口两道关，促进地方资产管理公司健康发展。（2）回归本源，专注主业。应坚持以市场化方式、法治化原则、专业化手段开展不良资产收购处置业务，以防范和化解金融风险、维护经济金融秩序、支持实体经济发展为主要目标。（3）坚持问题导向，压实监管责任。各金融监管部门应具体负责对辖区资产管理公司的日常监管，包括地方资产管理公司的设立、变更、终止、风险防范和处置等工作。（4）严守风险底线，治理市场乱象。要坚持严守风险的底线思维和稳妥审慎的监管思路，坚持问题导向，不断深化金融供给侧结构性改革。（5）鼓励政策支持，营造良好环境。鼓励地方政府及相关部门研究出台税收、资产处置、信贷支持、产业发展、司法和人才引进等方面的扶持政策，支持地方资产管理公司健康发展。

最后，从完善金融中介组织机构与产品供给方面看，需要大力发展以跨期风险管理为目标的大类资产配置金融工具体系。资产管理市场应建立“基础资产—集合投资工具—大类资产配置”的生态体系，开立税延型个人养老金账户并自主投资于公募基金、保险等各类金融产品，鼓励银行、保险等代销机构通过大类资产配置对公募基金进行二次选择，为投资者提供跨生命周期、跨经济周期的资产配置解决方案，为资本市场引入稳定的长期资金，促进资本形成，创新财富管理新纪元。

5. 化解投融资矛盾，合理处置地方债务风险

财政与金融关系的制度安排是现代经济体系的核心制度之一。统筹协调中央与地方的风险分担和监管职责。中央和地方在监管职能上既存在重叠冲突，也存在空白，地方金融监管机构的风险识别能力和监管能力较薄弱，缺乏专业监管知识技能，要进一步提高宏观政策的协调性，提高政府与市场的协调性。

首先，从顶层设计入手，优化地方财政支出结构，稳定地方政府预期。当前面临经济下行压力增大，减税降费改革加速推进，使得地方财政困难加剧，要着力从收支两个角度出发，通盘考虑条条块块之间事权与支出责任划分，打破固化的财政支出结构，优化转移支付，消除地方优化支出结构的制度障碍。尽早明确政府间财政关系改革时间表，加快收入划分改革，稳定地方政府的预期。

其次，加快地方投融资体制改革，以结果导向思维，创新地方自主融资举债空间。与稳增长的大局相契合，控制债务风险应有新思路。一是允许地方因地制宜，创新投融资方式。地方拥有大量公共资源和公共资产，以盘活资产方式来融资，不仅有利于地方政府控杠杆降杠杆，而且有利于实现物尽其用，提高宏观效率，为财政政策腾出空间。二是在总量控制前提下适度扩大地方投融资举债方面的自主权限，打破“中央政府”兜底所有风险的预期，使各级政府成为真正的公共风险责任主体。

最后，进一步完善财政政策、货币政策、宏观审慎监管政策之间的协调性。要重新认识地方政府投融资平台的性质和职能定位。投融资平台要通过转型，依法依规发挥职能作用，运用市场化的方式控制风险。对于资产负债率较高的平台公司，考虑结合地方国有企业改革，通过市场化、法治化债转股，推动平台公司转型。

6. 科学控制内外债务，抑制资产价格泡沫

金融安全是国家安全的重要组成部分，防范化解重大金融风险居三大攻坚战之首。金融的本质是服务实体经济体，金融活，经济活，金融稳，经济稳。经济与金融关系的总量映射是杠杆率，微观表征是企业债务率，风险点是资产价格泡沫以及微观债务风险。国内经济转型与金融业高质量发展，要求平衡好实体经济体发展与债务风险的关系。近年来，经济下行压力与高杠杆风险仍是突出的金融风险，具体体现为地方政府和国有企业杠杆率较高的结构性风险、经济下行可能引发的债务偿还风险、外债扩张引起的风险输入与积累，以及内外债务渠道催生的资产价格泡沫风险。未来要从供给与需

求、存量与流量、体制与机制等不同角度化解金融风险，维护国家经济金融安全。

第一，加快构建开放经济条件下的金融治理体系现代化。完善现代中央银行制度，健全具有高度适应性、竞争力、普惠性的现代金融体系，促进国民经济整体良性循环，协调好本外币政策，处理好内部均衡和外部均衡之间的平衡。完善货币政策和宏观审慎政策双支柱调控框架，完善政策工具箱，逆周期对冲宏观经济金融风险因素，维护宏观经济金融稳定和国家安全。加快构建跨境资本流动宏观审慎与微观监管两位一体的管理框架，充实政策储备，完善跨境资金监测预警体系，维护国际收支平衡和外汇市场稳定。发挥金融委办公室的统筹作用，强化跨部门金融监管协调和政策合作，切实防范跨境、跨市场、跨机构风险传染的长效机制。

第二，坚决打好防范化解重大风险攻坚战。深入贯彻落实党中央、国务院"服务实体经济、防控金融风险、深化金融改革"的总体要求，推动落实防范化解重大金融风险攻坚战行动方案，坚持在推动高质量发展中防范化解风险，有序推进结构性去杠杆，防范金融市场异常波动风险，精准有效处置重点领域风险。进一步补齐监管制度短板，强化金融机构防范风险的主体责任。

第三，妥善处置金融债务风险。坚持稳增长、稳预期、降杠杆，保持宏观杠杆率与经济发展阶段相适应。进一步完善市场约束机制，科学控制内外部债务，切实有效防范中长期外债风险和地方债务风险。严格地方政府债务监管，实现地方政府债务的全口径统计和监管，强化主体责任，规范地方政府债务管理。要有效防控地方政府隐性债务风险，健全常态化监测机制，及时发现和处置潜在风险。在严控风险的同时，要优化债务结构。统筹用好国内外两个市场、两种资源，促进跨境融资便利化，支持实体经济发展，科学合理监控和管理内外债务。规范企业融资行为，支持从事主营业务的企业依法合规理性开展市场化融资，依托自身资信状况使用本外币债权类资金。在利用外资时，鼓励企业统筹考虑汇率、利率、币种及企业资产负债结构等因素，切实防范货币错配、期限错配、流动性风险，规范信息披露。

第四，深化金融供给侧结构性改革。防范金融风险关键是要深化金融改革，增加有效的金融供给，满足中国经济高质量发展需要。大力发展直接融资，发挥国际资本市场低成本资金在支持实体经济转型升级和推进供给侧结构性改革方面的积极作用，着力支持综合经济实力强、国际化经营水平高、风险防控机制健全的大型企业赴境外市场化融资，募集资金重点用于支持创新发展、绿色发展、战略性新兴产业、高端装备制造业以及"一带一路"建设和国际产能合作等。

四、结论与建议

金融治理不能脱离历史演进逻辑和经济金融发展现实孤立存在。从前文分析可以清晰地发现，金融治理既要符合本国政治构架和宏观经济政策选择，也要与全球金融治理体系衔接共振。因而，金融治理现代化并非简单的技术命题，而是国别博弈和国家治理框架下的子系统。同时，现代化的金融治理体系，除了组织构架、政策工具、协调机制和技术手段的现代化，更重要的是理念和原则的现代化。从理念上看，现代金融治理必须坚持国际化和系统化视野，避免治理问题全球化与碎片化割裂。要在全球化的基础上，更好谋划金融现代化服务国家治理整体目标，尊重现行全球金融市场秩序和规则，循序渐进贡献中国智慧。治理模式和路径的选择既要与本国金融市场发展阶段相适应，也要严守不发生金融市场系统性风险底线，还要促进金融政策与财政政策相协调，让金融成为实体经济发展和社会治理改善的“助推器”。从原则上看，要在金融治理过程中坚持党的统一集中领导，强化市场在资源配置中的决定性作用，更好地发挥法治固根本、稳预期、利长远的保障作用，更大程度激发参与各方积极性和活力。

1. 坚持市场对资源配置的决定性作用是金融治理现代化的基础

金融与财政脱钩之后，中国金融机构市场化的布局已经基本完成，形成了资本属性多元、政策性与商业性并存、形态与功能丰富的金融机构体系以及证券、期货、黄金、外汇等交易市场体系，市场化重点逐步从培育金融机构转向理顺金融要素市场化价格机制，包括汇率和利率市场化。同时，影响市场化的两项基础性制度——外汇管制及人民币国际化和监管方式的市场化也在渐进改善，更多利用市场操作而非行政指令影响市场。坚持市场对于资源配置的决定性作用，是金融治理现代化的不争之义。金融作为现代经济的核心，其对资源配置的要求更加广泛、高效和准确，因而市场化的程度应比实体经济更高，包括调动资源的范围、时效性、匹配的精准性及监管能力的提升。我们可以看到，在风险应对和化解过程中，资产重组和风险机构的处置也越来越倾向运用市场化的方式进行。在发挥市场对资源配置的决定性作用的进程中，我们要把市场化与国际化、法治化及金融监管现代化紧密结合起来，进一步扩大开放力度，用国际化提升市场化的视野和格局，用法治化固化市场化的共识和经验，持续健全“一委一行两会金融监管框架”，通过宏观审慎和货币政策“双支柱”调控体系增强市场化的稳健性，帮助不同类型和资本属性的金融机构发挥自身优势，立足主业主责，更高效引导金融资源合理配置。

2. 坚持依法治市的根本原则是金融治理现代化的核心

金融资源的市场配置，需要依托数量庞大的交易行为完成，这决定了契约精神和法治体系建设是金融治理现代化的核心。近年来，中国金融创新活跃，特别是互联网新技术的冲击、金融综合经营和理财业务的快速发展，打破了金融与实体经济、金融与互联网、金融业态之间的传统边界。部分机构监管套利“野蛮生长”、个别金融机构股东放大杠杆甚至虚假注资带来了金融风险。防范金融风险的根本之策在于明确规则、理顺职责和严格责任。随着中央和地方金融事权划分越来越清晰，在金融控股公司、银行理财、银行保险机构股权和关联交易、网贷机构等重点乱象领域，国家已经制定或正在草拟相关法律法规和规范性文件，各地方政府也在陆续出台地方金融监管条例，对金融风险隐患多发集中领域已经进一步加强了法律约束。但是，未来法治治市的任务仍然艰巨。一方面，随着金融开放的扩大，外资金融机构基本已经实现“国民待遇”，市场主体对于法治的敏感度和运用能力是有差异的，开放将推动法治治市更加精细化。另一方面，目前金融机构基本以省域划分经营范围，而经济已经一体化，经济要素的区域流动在加速，在互联网支撑下的金融要素跨区域流动已经不是技术难题，金融供给如何改变现有经营和监管模式满足经济社会的内生需求，将是一个极为复杂的问题，或将带动一系列规则制度的变化。此外，随着民营经济的重要性不断在认识和政策中得到强化，金融公平正义原则将进一步提高。而稳定民营企业家和民营金融机构股东信心，最有效和最关键的突破口也在于法治保障。

3. 坚持实现高水准国际化是金融现代化的关键

在经济金融全球化的大背景下，中国金融业已经高度开放，深度融入全球金融市场中。作为全球第二大经济体，中国逐渐从世界经济的主要参与者转变为积极建设者和主要引领者。在发达国家主导的全球金融治理改革中，中国也努力发挥自身作用，积极推进国际货币基金组织（IMF）和世界银行等国际金融机构改革，设立“丝路基金”，推动人民币国际化，推动构建多边参与、平等互利的全球金融治理新格局形成。但是，受国内金融风险处置影响，一段时间内金融改革的“引进来”要快于“走出去”，而且也在逐渐进入深水区。金融治理现代化必然是高标准的国际化，需要关注三个关键。一是要遵循认清现实，遵循国际主流规则，循序渐进增加国际金融治理改革的中国声音和中国智慧。二是要加强对国际金融创新和监管最新动态的研究，包括巴塞尔体系下的资本监管、系统重要性金融机构监管及金融衍生品的监管。三是要继续推进人民币国际化和资本跨境监管相关工作。开放经济金融体系下，金融要素自由流动是大趋势，而迫切需要解决的是先行试点、积累经验和提升跨境风险监管能力。

4. 坚持构建现代金融监管体制是金融现代化的重要保障

适合国情的金融监管制度才是科学有效的。目前，中国已经初步形成在党的集中统一领导下，国务院金融稳定发展委员会框架下“一行两会”与地方金融管理局并存的监管体制。从实施效果看，结构完整，职责清晰，发挥了较好的效果。但是从长远看，还有一些问题需要尽快解决。第一，金融信息的互联互通，以及数据互通后数据标准和统计口径的统一。我们知道，只有条线与地方有效形成信息交互，风险预警指标研判才具有同一性。第二，金融科技在监管部门的运用比较滞后。现代金融高度发达，而且自我繁衍能力极强。金融监管科技落后于金融市场发展进程，特别是前瞻预警提示风险的能力——例如，将不同市场、不同业态、不同区域金融风险智能串联、立体成像的能力薄弱，难以适应当前和今后的形势要求。第三，地方金融监管部门很难处理好经济发展和风险监管之间的关系。地方金融长期以来主要服务于地方经济发展，金融监管专业性有所欠缺，还未牢固树立风险为本的监管理念。第四，金融顺周期问题未得到很好处理，金融市场起伏较大，当然这也是一个世界范围内的难题。

5. 坚持以金融治理现代化助推新时代国家发展

当前，中国经济和中国金融正处于改革发展的关键阶段。从国内看，长期以来，以投资拉动、出口为导向的经济模式正向创新驱动、内需为增长点的高质量发展转变，这也是摆脱粗放式发展、迈过“中等收入陷阱”步入高收入国家行列的关键节点。经济发展模式的转变，势必带动经济金融要素在产业、部门和区域地方的配置运用；同时，也需要金融枢纽机制从国内和国外调动更多高质量的要素来服务实体经济，金融资源扩量、要素价格市场化定价——特别是金融服务效率和精准度的提升，将更加关键。从全球金融发展历史看，一些国家曾因发生较大的金融风险事件而影响国家现代化进程，导致社会动荡不安。金融治理体系和治理能力建设是国家现代化的重要组成部分，改进和完善金融治理模式将有力助推中国经济社会的全面和高质量发展。

专题文章一：

落实新修订《证券法》　完善财富管理法律框架[①]

2019年12月28日第十三届全国人大常委会第15次会议通过了《证券法》的修改。新修订《证券法》扩展了证券的范围，明确了证券公开发行注册制的方向，在规范证券公开发行与交易、加大证券违法活动打击力度、保护投资者利益和完善监管手段等方面做出了重要修改。新修订《证券法》对资本市场的健康发展将起到积极的推动作用。在体现《证券法》适用范围的第二条规定“资产支持证券和资产管理产品发行、交易的管理办法，由国务院依照本法的原则规定”。这个授权肯定了资产支持证券和资产管理产品的证券性质。我们应在《证券法》的授权下尽快完善财富管理市场法律框架，促进金融市场的发展，提高金融服务社会经济发展的效率。

改革开放以来，国民财富的积累催生了财富管理的需求，让人民获得更多的财富增值和提高资金的使用效率是金融行业的重要职责。财富管理包括对客户物质财富（实物资产、货币资产、金融资产）与非实物财富（知识产权、商誉）配置的规划和运作。财富配置的规划即投资顾问、投资咨询、财务顾问，财富规划的实施是资产管理。对实物资产的受托管理是经典的信托公司业务，对货币资产和金融资产的受托管理是资金信托业务。目前我国金融机构的资产管理业务通常是指资金管理业务。《关于规范金融机构资产管理业务的指导意见》（简称资管新规）中对资产管理业务的定义“是指银行、信托、证券、基金、期货、保险资产管理机构、金融资产投资公司等金融机构接受投资者委托，对受托的投资者资产进行投资和管理的金融服务”。这个定义不排除实物委托，但资管新规规定“资产管理产品按照募集方式的不同，分为公募产品和私募产品”，因而这里主要规范的是资金管理业务。

目前我国规范财富管理的法律有三部：一是新修订的《证券法》，它将资产管理产品归入了证券，对资产管理产品发行、交易的规则授权国务院制定；二是《证券投资基金法》，它规范了“公开或者非公开募集资金设立证券投资基金”的行为；三是《信托法》，它规范了信托关系，“受托人采取信托机构形式从事信托活动，其组织和管理由国

① 作者：吴晓灵，清华大学五道口金融学院理事长。

务院制定具体办法”。我们应该在三部法律的框架下完善金融业财富管理的法律法规，规范财富管理行为和监管。

一、制定信托公司条例，明确信托财产的独立性

中国信托业受日本的影响很大。日本20世纪中期在存款利率管制和长期建设资金缺乏的历史条件下发展了贷款信托业务。1952年6月公布实施的《贷款信托法》规定贷款信托为：“根据一个信托条款，把受托人与多数委托人签署的信托合同为依据受托的资金，主要运用于贷款或者期票（日语，手形割引）的综合金钱信托。信托相关受益权利，需要在受益证券券面上明示。”日本贷款信托，在鼎盛时期（1993年末），余额高达507000多亿日元。此后，随着日本高速增长时期的结束、资金需求的下降以及利率的市场化，信托贷款逐渐减少，2009年以后停止新办业务。

我国20世纪80年代引进信托业务时也面临金融业高度管制、银行信贷实行严格计划管理、社会计划外经济活动无法融资和长期资金短缺的问题。于是信托公司成为突破管制、为计划外投资活动融资的重要渠道，并因此而遭遇五次全行业整顿。直到2001年全国人大制定《信托法》和2002年人民银行公布《信托投资公司管理办法》《信托公司资金信托管理暂行办法》后，中国信托业才回归受人之托、代人理财的信托本业。但由于《信托法》对财产登记规定的缺失，信托公司难以开展实物财产信托，基本只做私募资金信托。在路径依赖的惯性推动和社会融资需求的诱导下，当前信托公司做了许多融资业务和通道业务。在全民财富积累和财富传承需求增长的背景下，在资产管理市场逐渐统一规范的形势中，信托公司必须回归事务信托（公益信托、家族信托）和实物信托（财产权信托）的传统业务，才能扬长避短发挥自己的竞争力。因而修改《信托法》明确信托财产登记的法律效力是非常重要的。鉴于《信托法》涉及面较大，修改时间长，可先制定《信托公司条例》（已有立法计划）在条例中明确信托财产登记的效力，对抗善意第三方，为信托财产的独立性提供法律依据，为开展传统信托业务创造制度环境。

二、在资产管理产品是证券的基础上完善资管新规

资管新规自2017年征求意见和2018年实施以来，资产管理市场的秩序逐步好转，金融界对资管产品的认识也逐渐趋于一致，即资产管理产品必须回归代客理财的本源，做到卖者尽责，买者自负。尽管老产品存量的整改和消化还有一些操作中的问题，一些产品的底层资产还有对过渡期限延长的需求，但统一规范资产管理市场的方向得到越来越多的认可。在资管产品被纳入《证券法》后，我们有条件进一步完善资管新规，明确一些未明确的问题。

一是明确募集资金时，投资人在两人以上的资产管理产品是基金，并按《证券法》标准分为公募基金和私募基金。二是明确资产管理产品的管理人，无论其投资人是哪类金融机构，均不改变其资产管理机构的本质，都应执行统一的管理人的规定。发行公募产品按公募基金管理办法获得牌照，发行私募基金产品按《证券投资基金法》进行管理人登记、产品备案。三是在修改《证券投资基金法》第九十四条后明确资管新规适用于各类公募、私募基金。四是促进目前银行、证券、保险、信托、基金分别建立的私募资产管理产品登记、备案系统互联互通，逐步实现统一登记、备案，破除私募产品市场的分割，促进私募资管产品的交易和流通。五是明确资管新规出台后，银行、保险、证券、基金、期货等机构的配套规定是过渡规定，在公募、私募产品均能纳入《证券投资基金法》调整后，监管机构可在吸取不同管理规则优点的基础上出台统一的实施细则。六是明确对金融机构在从事财富规划和资产管理时的公司治理、风险管理与人员素质的要求。七是按收费方式规范财富规划和产品销售的行为及法律义务，收入来自买方的行为是财富规划，收入来自卖方的行为是销售行为、经纪行为。另外还可根据资管新规执行两年来的情况对一些规定加以完善。

三、修改《证券投资基金法》第九十四条，允许非公开募集基金投资未上市的公司股权，规范私募股权基金的运行和管理

2013 年《证券投资基金法》重要的修改是增加了“非公开募集基金”一章，给予了私募基金（非公开募集基金）以法律地位。私募基金管理人是金融中介机构，只是它豁免核准，实行登记制度（第八十九条），并规定符合条件的私募基金管理人经核准可以从事公开募集基金管理业务（第九十六条）。

当时规范非公开募集基金时，本想将主要投资于已上市证券的私募证券基金与主要投资于未上市的股权的私募股权基金一并包括，但当时对股权投资基金的认识未达成共识，主要是对公司股权是不是证券有争议，而未实现。未上市的股份公司的股票是证券似无异议，而股权基金特别是创投基金经常投资的是有限责任公司的股权，有限责任公司的股权是否是证券，认识不同。我们认为证券从中文解析是一种证明，是财产权益的证明，如果财产能分割、能无因转让就具备了证券的性质，应该纳入《证券法》和《证券投资基金法》调整。有限责任公司的份额经持有人同意是可转让的，具备了证券的性质，但当时未达成共识。因而在《证券投资基金法》第九十四条规定“非公开募集基金财产的证券投资，包括买卖公开发行的股份有限公司股票、债券、基金份额，以及国务院证券监督管理机构规定的其他证券及其衍生品种”。条款中限定为公开发行的股份有限公司股票，于是将私募股权投资基金排除在《证券投资基金法》以外。为保证基金市场的统一管理，2013 年通过中编办批准部委三定方案的形式将私募股权基金的监管职能从国家发展改革委划归证监会，国家发展改革委保留了对创业投资企业扶植政策的制定职能。

《证券投资基金法》2013年生效和私募证券基金获得法律地位后迎来了基金业的大发展和大资管市场的形成。私募股权基金也得到了发展，其对经济创新和企业资本募集发挥了重要作用，从法律上给予其应有的地位迫在眉睫。自2014年以来，国务院也在制定私募基金的管理条例，但至今未能出台。在稳定宏观经济杠杆和发挥市场在资源配置中的决定性作用的背景下，发展和完善股权融资具有重大意义。当前社会对私募股权基金的作用高度认可，明确公司股权的证券性质，给股权投资基金以法律地位已有了较好的社会基础。美国资本市场的高度发展得益于其1933年《证券法》和1934年《证券交易法》的法制基础。美国证券法在列举了几十种证券类型后，又在司法判例中对列举的投资合同采用了是否是证券的四要素检验：（1）利用钱财进行投资；（2）投资于一个共同企业；（3）仅仅由于发起人或第三方的努力；（4）期望使自己获得利润。有限责任公司的章程就是符合证券特征的投资合同。我们应该在《证券投资基金法》中予以承认。修改《证券投资基金法》第九十四条对非公开募集基金投资仅限于公开发行的股份有限公司股票的限制，将公司股权投资纳入其中，使《证券投资基金法》适用于私募股权基金，能以最小立法成本打开股权融资的渠道。

像2015年用修法特别程序修改《商业银行法》一个条款一样，只修改《证券投资基金法》第九十四条第二款一个条款，可以以最小的立法成本解决市场的痛点问题：

一是修改后“非公开募集基金财产的证券投资，包括买卖公司股权、债券、基金份额……”，这样私募股权基金也顺理成章地包含在《证券投资基金法》的调整范围中。二是可以解决不同组织形式基金的规范问题。《证券投资基金法》第一百五十三条：“公开或非公开募集资金，以进行证券投资活动为目的设立的公司或者合伙企业，资产由基金管理人或者普通合伙人管理的，其证券投资活动适用本法。”根据此条，契约型、公司型和合伙型基金只是基金内部治理机制的不同，其投资行为适用本法。基金是投资管道，因而基金不是纳税主体，其税收由投资人承担，由管理人代扣代缴。这样私募股权投资基金无论其组织形式是公司还是合伙企业，它们的税收问题也可根据《证券投资基金法》第八条一并解决，即基金层面不是纳税主体，基金收益分配后由基金管理人代扣代缴应纳税。

建设法治国家，离不开法律法规的完善。金融业应完善法律法规尽快补齐制度短板，以提高金融业防范和化解金融风险的能力，提高金融业的国际竞争力。在金融科技迅速发展和国际金融竞争日益激烈的大背景下，理顺法律关系，完善法制环境更为紧迫！

专题文章二：

2020年外汇体制改革的重心是守住面、突破点、把好线[①]

一、2019年稳定外汇市场的基本经验是：以改革开放为主要手段，以此有效应对严峻复杂的外部冲击

2019年是外汇市场很不平凡的一年，是防风险、促改革面临艰巨平衡的一年，我们坚持了以改革开放为主要手段。面对中美经贸摩擦反复多变等国内外风险挑战明显上升的复杂形势，外汇管理部门坚持稳中求进工作总基调，综合采取了增强人民币汇率双边波动、强化宏观政策逆周期调节、加强外汇市场预期引导、不断优化跨境资本流动宏观审慎管理制度框架和工具箱，保持跨周期微观监管的一致性、稳定性和可预期性，严厉打击外汇市场违规交易等综合性举措，形成了维护外汇市场基本稳定的政策合力，保持了我国外汇市场的平稳运行。

2019年是下决心更大力度实施外汇市场开放的一年。改革需要动力和压力，开放进一步增强了改革的迫切性。外汇管理改革的出发点永远是降低经济部门交易成本，前提是在实战检验中，管理者的治理水平与系统性风险管理要求相适应。

在复杂环境下坚持扩大开放，增加外汇管理自由化便利化的政策供给，目的就是降低金融部门和实体企业的交易成本。在金融市场开放层面，2019年持续优化银行间债券市场境外机构投资者外汇管理，取消合格境外机构投资者额度限制，开展证券公司结售汇业务试点。这些做法提高了跨境投融资的便利化程度。前11个月，境外投资者净增持境内债券和股票合计超1000亿美元，成为稳定外汇市场的重要力量。在贸易投资便利化层面，2019年3月，推出跨境金融区块链服务平台，在7个省、直辖市和14家法人银行开展试点，缓解中小企业融资难、融资贵问题；10月底，经国务院批准，推出了6项促进跨境贸易和6项促进跨境投融资的便利化举措，进一步提升贸易投资自由化便利化水平。同时，积极支持自由贸易试验区等对外开放高地；12月20日，出台便利横

① 作者：陆磊，国家外汇管理局副局长。

琴澳门投资企业跨境投融资6项举措，发挥特殊经济区域作为外汇改革开放新高地的示范作用。

二、平衡性是2019年外汇管理改革和外汇市场运行的最大亮点

如果我们用一个词来概括外汇体制机制改革、金融市场开放、跨境资本流动、国际收支环节中的金融部门和实体经济之间的关系，“平衡性”是最恰如其分的描述。这种平衡为实体经济部门的贸易和投资、金融部门的资产组合营造了更为稳定的货币和投融资环境，在中国的外汇市场上，货币和汇兑风险系统性地处于全球最为稳健的水平。我们通过一组数字加以实证。

2019年，我国外汇市场供求基本平衡，总体呈现“四个稳”：一是人民币在全球货币中表现稳健平衡。全年人民币汇率走势与中美经贸摩擦和磋商演变高度吻合。截至12月16日，人民币对美元汇率中间价贬值1.8%，对CFETS一篮子货币指数下跌1.7%，而新兴市场货币指数下跌1.9%，人民币在全球主要非美元货币中表现稳定。二是国际收支基本平衡。2019年前三季度，经常项目顺差1432亿美元，上年同期为逆差55亿美元。资本和金融项目总体呈现净流入，其中，直接投资净流入277亿美元。三是外汇供求总体平衡。2019年前11个月，银行结售汇月均逆差53亿美元，低于2018年中美经贸摩擦爆发初期。非银行部门跨境资金总体呈现小幅净流入。前11个月，企业、个人等非银行部门跨境资金净流入130亿美元。四是国际储备总量、结构、投向和回报自求平衡。截至2019年11月末，我国外汇储备余额30956亿美元，较2018年末增加229亿美元，黄金储备稳中有升。

这种平衡性所带来的是良性循环的政策实践：通过市场化的政策工具组合，实体经济和金融部门的信心和预期得以稳定，外汇市场异常波动隐患明显降低，实体经济得到了更加稳健的货币金融环境。那么，怎样实现这种平衡性呢？这就需要在外部冲击面前积极有为，同时不能过犹不及，通过对外汇头寸的分寸拿捏、国际储备的锱铢必较、贸易和投资项下的得失权衡，才能带来外汇市场的平衡发展。

三、2020年外汇体制改革的重心是守住面、突破点、把好线

展望2020年，我国外汇市场运行外部环境正在发生深刻变化，做好外汇管理工作既面临难得的机遇也面临新的挑战。从积极的方面看，我国经济稳中向好、长期向好的基本趋势没有改变，未来以供给侧结构性改革为主线，以改革开放为动力，推动高质量发展，有助于保持经济运行在合理区间，提升全方位对外开放水平，夯实外汇市场平稳运行的基础。中美第一阶段经贸磋商取得进展，有利于全球经济和贸易良性发展，为外汇市场总体平衡提供稳定的外部环境。同时，必须强化风险意识，高度警惕国际市场的“黑天鹅”或“灰犀牛”事件，切实做好应对预案，坚持以改革开放为动力，着力抓重

点、补短板、促开放，切实维护外汇市场稳定，推动高质量发展。

一是守住面，坚决打好外汇市场防范化解金融风险攻坚战，切实维护国家金融体系总体健康。防范化解外汇领域风险既是攻坚战又是持久战，加快完善跨境资本流动“宏观审慎+微观监管”两位一体管理框架，宏观上要防止外部风险冲击引发跨境资本异常流动，关口前移，更加精准地找到重要变量之间的必然关系，以市场化方式逆周期调节跨境资本的顺周期波动。微观上保持政策的稳定性、一致性和可预测性，严厉打击虚假欺骗性外汇违法违规行为，维护外汇市场秩序。

二是突破点，继续推进外汇供给侧结构性改革，服务实体经济，提升贸易投资自由化便利化。点，指的是改革要点、制度要点、开放要点、区域要点。统筹考虑经济发展阶段、金融市场状况、金融稳定性要求，有序推进不可兑换项目的开放，提高可兑换项目的便利化水平。进一步健全外商投资准入前国民待遇加负面清单管理制度。切实维护境外投资者合法权益，持续优化营商环境。支持上海自贸试验区、雄安新区、粤港澳大湾区、海南自贸港等对外开放新高地建设。

三是把好线，加强金融科技与外汇市场融合，抓住监管科技发展这一主线。新一轮科技革命带来了人工智能、大数据等创新技术的广泛应用，催生了一大批金融科技新业态。不久前，脸书提出的“天秤币”就引发了对金融稳定、跨境交易、全球货币体系的深度讨论。习近平总书记在中央政治局第十八次集体学习时强调，把区块链作为核心技术自主创新重要突破口，加快推进区块链技术和产业创新发展。外汇局搭建的跨境金融区块链平台，是目前唯一一个中央国家机关在国家互联网信息办公室进行备案的区块链平台。下一步，我们将逐步扩大试点范围，拓展区块链技术在跨境融资、宏观审慎管理中的应用场景。同时，要推进外汇领域改革开放应对数字货币的前瞻性研究，探索新形势下的外汇监管科技体系。

四、展望未来，外汇管理要在防控风险的前提下深化金融市场改革开放，提升开放经济条件下的治理体系和治理能力现代化

习近平主席在2018年4月的“博鳌亚洲论坛”上指出，“过去40年中国经济发展是在开放条件下取得的，未来中国经济实现高质量发展也必须在更加开放条件下进行”“中国开放的大门不会关闭，只会越开越大”。在构建高水平对外开放经济新体制过程中，利和弊永远同时存在，这就要求我们在改革、开放、稳定的多重目标中寻求动态平衡：

一是把握好中国金融市场开放的时机和步调，在守住风险的前提下与更高水平的开放标准统筹平衡。稳步推动金融市场开放往更大范围、更宽领域、更深层次走，实现开放从商品市场到要素市场，再到规则、规制、管理、标准等制度型开放，更好地服务经济高质量发展需要。当然，金融市场开放不是一放了之，而是要建立在有效防范金融市

场风险的基础上。要树立底线思维、强化风险意识，坚持采取“先经常后资本、先长期后短期、先机构后个人、先流入后流出、先直接后间接”的渐进式思路有序推进。这是具有中国特色的金融开放道路，是应该长期坚持的路径选择。

二是始终坚持金融开放服务实体经济发展的方向。我国的经济发展已经从高速增长阶段步入高质量发展的新阶段，必须坚持新发展理念，以供给侧结构性改革为主线，充分利用国际国内两个市场、两种资源，不断提升资源配置效率和竞争力。金融是现代经济的核心，是跨期、跨部门、跨主体、跨境配置资源的重要媒介。只要我们坚持把服务实体经济作为金融开放的出发点和落脚点，金融资产配置效率必然持续提升，金融业和金融市场也就必将成为高质量发展的支撑者和动力源。

专栏1

新修订《证券法》获得通过①

据新华社2019年12月28日报道，十三届全国人大常委会第十五次会议28日上午在北京人民大会堂闭幕。会议经表决，通过了新修订的证券法的决定，国家主席习近平签署第37号主席令予以公布——新修订的《中华人民共和国证券法》自2020年3月1日起施行。

新修订通过的《证券法》共包括十四章226条。主要修订要点包括六个方面：第一，在证券品种方面，增设了中国存托凭证（CDR）和资管产品，删除了“衍生品种”；第二，在证券公开发行方面，全面实施“注册制”，取消证监会发审委，对200人规定做了有限度突破；第三，在证券交易方面，取消暂停上市环节——触发条件的直接退市，完善了禁止的交易制度；第四，在上市公司收购制度方面，对权益变动披露规则、要约收购变更要求和短线交易规则做了调整完善；第五，在投资者保护方面，增设第五章信息披露、第六章投资者保护，引入代表人诉讼制度，更加明确投资者保护机构权责；第六，在违规监管方面，大幅提升了违规成本，明确了监管措施，完善了执法手段。需要注意的是，在适用《证券法》监管的常规证券、特殊证券、金融产品和境外证券四大类别“证券”中，CDR为新增的具体品种，而删除了“证券衍生品种”。

2019年12月29日，中国证监会祝贺《中华人民共和国证券法》修订通过，在官方网站上发表了专题文章——《完善证券市场基础制度 保障资本市场改革发展》。文章说，本次证券法修订，按照顶层制度设计要求，进一步完善了证券市场基础制度，体现了市场化、法治化、国际化方向，为证券市场全面深化改革落实落地，有效防控市场风险，提高上市公司质量，切实维护投资者合法权益，促进证券市场服务实体经济功能发

① 作者：何海峰，中国社会科学院金融政策研究中心主任。

挥，打造一个规范、透明、开放、有活力、有韧性的资本市场，提供了坚强的法治保障，具有非常重要而深远的意义。文章具体指出，新修《证券法》在十个主要方面作出了新的制度改革完善：一是全面推行证券发行注册制度，二是显著提高证券违法违规成本，三是完善投资者保护制度，四是进一步强化信息披露要求，五是完善证券交易制度，六是落实“放管服”要求取消相关行政许可，七是压实中介机构市场“看门人”法律职责，八是建立健全多层次资本市场体系，九是强化监管执法和风险防控，十是扩大证券法的适用范围。此外，此次证券法修订还对上市公司收购制度、证券公司业务管理制度、证券登记结算制度、跨境监管协作制度等作了完善。

2019 年 12 月 30 日，四大证券报分别刊发专题文章，点评了新《证券法》：中国证券报文章题目是《落实新证券法，完善财富管理法律框架》（作者为吴晓灵），证券时报文章题目是《筑牢法治根基　掀起资本市场改革新篇章》，证券日报文章题目是《证券法的 21 年　因时而立因时而进》，上海证券报文章题目是《为资本市场全面深化改革提供坚实法治保障》。

下　篇

2019年度中国金融政策动态

宏观金融政策

一、货币政策[①]

2019年，受贸易摩擦升级等外部因素的影响，中国宏观经济下行压力加大。中小银行风险事件造成了金融市场的波动。为了应对错综复杂的经济和金融环境，2019年人民银行在保持货币政策稳健基调的基础上，适时适度开展逆周期调节，创设新的金融工具来疏通货币政策传导机制，降低小微企业融资成本，并通过及时的干预化解了金融市场风险。2019年还是深化改革的一年。人民银行进一步推动了利率市场化改革，完善了人民币汇率形成机制，提升了货币政策的自主性和有效性。

（一）2019年货币政策的主要内容

1. 存款准备金率

2019年，中国人民银行三次宣布降低存款准备金利率，分别为一次全面降准、一次定向降准和一次全面加定向降准。第一次是于1月4日宣布全面降准1个百分点，分两次实施，于1月15日和25日分别实施下调0.5个百分点，释放长期资金约1.5万亿元。第二次是于5月21日正式印发下调服务县域的农村商业银行人民币存款准备金率的通知，通知要求分三次调整到位，分别于5月15日实施下调1个百分点，6月17日实施下调1个百分点，7月15日实施下调至8%，共释放长期资金约3000亿元。第三次是于9月6日宣布全面降准0.5个百分点、定向降准1个百分点，其中9月16日实施全面降准0.5个百分点，定向降准于10月15日和11月15日分别每次下调0.5个百分点，共释放长期资金约9000亿元。综上，全年共计通过降准释放流动性约2.7万亿元。

2. 公开市场业务

（1）公开市场操作

2019年前10个月，公开市场操作7天逆回购利率一直稳定在2.55%。11月18日，人民银行下调7天逆回购利率5个百分点至2.50%，紧随11月5日的中期借贷便利

① 作者：何晓贝，清华大学五道口金融学院博士后研究员，清华大学国家金融研究院金融与发展研究中心研究人员；沈奕，清华大学国家金融研究院金融与发展研究中心研究人员。

（MLF）下调趋势，并成为2015年10月以来首次对7天逆回购利率的下调。截至2019年末，公开市场逆回购操作余额为3.69万亿元，累计开展逆回购操作7.395万亿元，其中7天期操作累计5.205万亿元。

（2）中期借贷便利（MLF）

2019年前10个月中期借贷便利维持不变，11月5日，人民银行将中期借贷便利1年期利率从3.30%下调了5个基点至3.25%。2019年，人民银行累计开展中期借贷便利操作3.69万亿元，均为1年期，期末余额为36900亿元，比年初减少12415亿元。11月，人民银行宣布贷款市场报价利率（LPR）挂钩MLF，MLF在货币政策传导机制中的作用得到进一步提升。

（3）定向中期借贷便利（TMLF）

2019年人民银行首次开展TMLF操作，目标是通过市场化的方式激励银行增加对民营、小微企业的信贷投放，降低民营、小微企业的融资成本。2019年1月、4月和7月，人民银行按季开展定向中期借贷便利操作，期限均为1年，利率为3.15%。第四季度TMLF操作暂停。人民银行全年累计开展TMLF共8226亿元。

（4）央行票据互换工具（CBS）

为了缓解银行面临的资本约束，提升银行信贷供给的能力，人民银行以永续债为突破口助力银行补充资本。2019年1月24日人民银行创设央行票据互换工具（Central Bank Bills Swap，CBS），旨在提高银行永续债的流动性，支持银行发行永续债补充资本。通过CBS，公开市场业务一级交易商可以使用持有的合格银行发行的永续债从人民银行换入央行票据。同时，将主体评级不低于AA级的银行永续债纳入人民银行中期借贷便利（MLF）、定向中期借贷便利（TMLF）、常备借贷便利（SLF）和再贷款的合格担保品范围。与永续债相比，央行票据没有信用风险，在作为人民银行货币政策操作抵押品或银行间质押式回购抵押品时适用于更高的折算率，从而鼓励商业银行投资和持有永续债，提高永续债的流动性，降低银行发行永续债的成本，从而有助于银行通过永续债补充资本。人民银行于2月20日开展央行票据互换的首次操作，2019年以来先后开展了7期CBS操作，总操作量为320亿元。

3. 常备借贷便利（SLF）

2019年全年SLF各期限利率维持不变。截至2019年底，隔夜、7天、1个月利率分别为3.40%、3.55%、3.90%。全年人民银行累计开展常备借贷便利操作共5465.6亿元，期末余额为1021.1亿元。

4. 抵押补充贷款（PSL）

2019年人民银行发放抵押补充贷款共2670亿元，同比减少61.4%。截至2019年末，PSL期末余额为35374亿元，同比增长1579亿元。

5. 货币市场利率

2019 年上半年，银行间市场存款类机构 7 天期质押回购利率（DR007）中枢维持在 2.4% ~2.6%。受包商银行被接管事件的影响，DR007 曾短暂上升至 2.8%，但随后迅速回落至 2.4% ~2.5% 的区间。随着第四季度公开市场操作的逆回购利率和常备借贷便利利率的下行，DR007 在 12 月下旬下行了约 20 个基点，至 2.2% ~2.3% 附近。7 天质押式回购利率（R007）上半年平均在 2.6% ~2.7%，但波动较大。年中受包商银行事件影响，小银行和非银金融机构的质押回购利率大幅上升，导致 R007 一度升至 3.6%，并持续维持在较高的位置，显示出货币市场分层严重。上海银行间市场同业拆放隔夜利率（Shibor）从 1 月的平均 2.4% 下降到 12 月的平均 1.9%，利率中枢整体下移。

6. 贷款市场报价利率（LPR）

人民银行设立贷款市场报价利率的本意是让其代表商业银行对其优质客户执行贷款利率，其他贷款利率可在此基础上加减点生成，目标是推动利率市场化。然而自 2013 年 10 月启动贷款市场报价以来，LPR 在大部分时间维持不变，难以反映银行贷款利率的变化，没有发挥贷款利率基准的作用。2019 年 8 月 16 日人民银行出台文件决定完善贷款市场报价利率（LPR）形成机制，是深化利率市场化改革的一步。

在新的机制下，LPR 改按公开市场操作利率加点形成的方式报价，其中公开市场操作利率主要指 MLF 利率。原有的 LPR 只有 1 年期一个期限品种，改革后增加了 5 年期以上的期限品种，为银行发放住房抵押贷款等长期贷款的利率定价提供了参考。同时，在原有 10 家全国性银行的基础上，增加城市商业银行、农村商业银行、外资银行和民营银行各 2 家，扩大到 18 家，有效增强了 LPR 报价的代表性。

2019 年 8 月 20 日起改革后的 LPR 首次报价，1 年期 LPR 在此前基础上降低了 6 个基点。11 月 20 日人民银行下调 MLF 利率 5 个基点，随后 LPR 的 1 年期和 5 年期各降低 5 个基点至 4.15% 和 4.80%，截至年末未再调整。

在推动银行贷款利率定价参考 LPR 的过程中，人民银行采用“先增量，后存量”的方法。自 2019 年 10 月 8 日起，新发放商业性个人住房贷款利率的定价基准与 LPR 挂钩。截至 2019 年末，接近 90% 的新发放贷款已经参考 LPR 定价。① 2019 年 12 月 28 日，中国人民银行发布公告，明确将存量浮动利率贷款的定价基准转换为贷款市场报价利率（LPR）。针对存量贷款“换锚”的操作方法，人民银行明确，借款人可与贷款人一次性协定是否转换定价基准为 LPR 或固定利率，同时安排“过渡期”，原则上转换期限设定为自 2020 年 3 月 1 日起至 2020 年 8 月 31 日止。转换后的贷款利率水平由双方协商确定。人民银行已将 LPR 运用情况纳入宏观审慎评估（MPA）和自律机制管理中。

---

① 市场化方式“换锚”将保护借贷双方利益［EB/OL］. 新华网，［2019－12－30］. http：//www.xinhuanet.com/fortune/2019－12/30/c_1125402677.htm.

（二）货币政策在防范金融风险和普惠金融方面的操作

1. 宏观审慎评估（MPA）

自2019年第一季度评估时起，将小微企业贷款考核口径调整为与普惠金融定向降准一致。1月2日，人民银行决定将普惠金融定向降准小型和微型企业贷款考核标准由“单户授信小于500万元”调整为“单户授信小于1000万元”，扩大普惠金融定向降准优惠政策的覆盖面，引导金融机构更好地满足小微企业的贷款需求，进一步加大MPA对民营和小微企业等领域的鼓励和引导。为了支持制造业抵御贸易摩擦的外部冲击，人民银行已于第一季度将制造业中长期贷款和信用贷款纳入考核。第二季度，为了配合5月15日起对聚焦当地、服务县域的农商行的定向降准，人民银行在MPA考核中相应调整了小微和民营企业贷款指标。同时调整信贷节奏相关分项，适当增加同业负债占比考核弹性，并将LPR运用情况纳入MPA考核中。

2. 金融风险事件处置

由于包商银行出现严重信用风险，5月24日，人民银行宣布对包商银行实施接管，并通过货币政策的操作向市场投放流动性，以再贴现、常备借贷便利、动用存款准备金、流动性再贷款等工具布下“四道防线”。包商银行事件打破了同业业务的刚兑，市场重新进行风险定价，货币市场利率明显分层。6月14日，人民银行宣布将同业存单纳入常备借贷便利抵押品，旨在提高中小银行流动性的可获得性。在处置包商银行事件上，人民银行已完成大额债权收购与转让、清产核资工作，正推进市场化改革重组工作。

包商银行的风险事件也传染到其他中小银行。锦州银行本身存在严重的内部治理问题，5月底市场流动性分层后，锦州银行出现同业负债集中提前支取、多家同业机构停止授信、同业业务到期不能续作等同业“挤兑”现象，爆发流动性危机。6月初人民银行宣布对中小银行提供定向流动性支持，通过再贷款的方式向锦州银行发行同业存单提供信用增信。7月人民银行会同银保监会指导工商银行、信达资产和长城资产以受让存量股份方式入股锦州银行，为锦州银行提供“增信”。

3. 普惠金融政策

自2019年起，人民银行将普惠金融定向降准小微企业贷款考核标准的单户授信门槛由500万元上调为1000万元。2019年5月6日，人民银行宣布将服务县域的农村商业银行存款准备金率与农村信用社并档，简化准备金率档次。分三次于7月15日实施到位后，我国存款准备金制度“三档两优”的新框架确立。“三档”指的是大型银行13.5%，中型银行（股份制商行和城商行）11.5%，小型银行（农信社、农村合作银行、村镇银行和服务县域的农商行）8%；“两优”指的是第一档和第二档银行达到普惠金融定向降准政策考核标准的，可享受0.5个或1.5个百分点存款准备金率的优惠。

2019年12月12日，国务院常务会议要求，2020年实现普惠小微贷款综合融资成本再降0.5个百分点，贷款增速继续高于各项贷款增速，其中5家国有大型银行普惠小微贷款增速不低于20%。

（三）汇率和金融市场开放

1. 汇率形成机制

2019年一件具有重要意义的事件是人民币对美元汇率破“7”。汇率7这个点位备受关注，市场担心汇率破“7”会导致预期发散、人民币大幅贬值。8月5日，受中美贸易摩擦加征关税的影响，人民币对美元汇率破“7”。然而人民币并没有持续贬值，而是在7的点位上下波动。2019年人民币对美元汇率波动率达4%，汇率弹性明显增强，发挥了自动稳定器的作用，同时2019年末外汇储备也保持在3万亿元以上。人民币对美元汇率破“7”虽然是受市场力量推动，但可以称为“不叫改革的改革”①，是完善人民币汇率市场化形成机制的重要一步，增强了货币政策自主性。

2. 离岸人民币市场

2018年底以来人民银行逐步建立了在香港常态化发行人民币央行票据的机制。2019年，人民银行先后在香港发行了11期共计1400亿元人民币的中央银行票据。该机制丰富了离岸市场高信用等级人民币资产，优化了离岸市场的结构，形成了稳定离岸人民币汇率预期的长效机制。

3. 货币互换协议

2019年，中国人民银行先后与苏里南中央银行续签了规模为10亿元人民币/11亿苏里南元的双边本币互换协议，与新加坡金融管理局续签了规模为3000亿元人民币/610亿新加坡元的双边本币互换协议，与土耳其中央银行续签了规模为120亿元人民币/109亿土耳其里拉的双边本币互换协议，与欧洲中央银行续签3500亿元/450亿欧元的货币互换协议，与澳门金融管理局签署了规模为300亿元人民币/350亿澳门元的双边本币互换协议。

4. 金融业开放工作

2019年是中国金融市场开放加速的一年。自2019年1月起，合格境外机构投资者（QFII）总额度由1500亿美元增加至3000亿美元。9月10日，国家外汇管理局宣布取消合格境外机构投资者（QFII）和人民币合格境外机构投资者（RQFII）投资额度限制。2019年推进的金融业开放措施还包括：取消银行和金融资产管理公司的外资持股比例限制在50%以内的要求，不断放开征信、评级、支付等领域的准入限制。自2019年7月起，国务院金融稳定发展委员会和人民银行推出11条金融业对外开放措施，包括允许外资机构在华开展信用评级业务时，可以对银行间债券市场和交易所债券市场的所有种类债券评级；允许外资机构获得银行间债券市场A类主承销牌照；进一步便利境外机构投资者投资银行间债券市场等。

---

① 孙国峰. 2019年货币政策回顾与2020年展望［J/OL］. 中国金融，2020（2）［2020－01－06］. http：//www.financialnews.com.cn/ft/zj/202001/t20200116_175358.html.

（四）2019年货币政策执行效果及评价

2019年我国面临中美贸易摩擦升级、经济下行压力加大的不利局面。2019年美联储连续3次降息，全球数十家中央银行纷纷下调利率。与此同时，非洲猪瘟疫情造成了我国猪肉价格大幅增长，消费者物价指数（CPI）全年同比上涨2.9%，创8年最高涨幅。然而，剔除食品和能源价格的核心CPI同比增长持续下降，12月同比增长仅为1.4%，显示出需求比较疲弱。生产者物价指数（PPI）自7月以来同比增长持续为负，与CPI走势产生明显分化。

面对复杂的经济形势和物价形势，货币政策保持住了定力，维持稳健基调，在汇率弹性增强的条件下，实施了适度的逆周期调控措施。尽管CPI在食品价格驱动下上涨较快，但总需求低迷仍然是主要矛盾，因此11月人民银行小幅下调7天逆回购利率和MLF利率5个基点，引导市场利率和贷款利率下降。与10月的平均数相比，12月平均DR007利率下降了20个基点；同期的1年期、5年期和10年期国债利率平均下降5～8个基点。截至9月底，一般贷款加权平均利率下降8个基点。

2019年信贷规模合理增长。全年新增社会融资规模25.58万亿元，比上年多增加3.08万亿元。其中占比最高的是新增人民币贷款，全年增长16.88万亿元，同比多增加1.21万亿元；而新增委托贷款同比减少9396亿元，新增信托贷款同比减少3467亿元，显示出影子银行活动得到有效控制。2019年广义货币供应量（M2）余额198.65万亿元，同比增长8.7%。

货币政策对经济社会发展重点领域和薄弱环节的支持也富有成效。截至2019年末[①]，银行业制造业贷款较年初增加7800亿元；银行业基础设施建设贷款余额29.2万亿元，比年初增加2.8万亿元；全国科技型企业贷款余额突破4.1万亿元，较年初增长24%。2019年末普惠型小微企业贷款余额11.6万亿元，同比增长25%，有贷款余额户数2100多万户，较年初增加380万户，新发放普惠型小微企业贷款平均利率较2018年平均水平下降64个基点。

总体而言，在2019年复杂的经济形势下，人民银行进一步疏通了货币政策传导机制，支持了小微企业和社会发展的重点领域，为应对多变的经济环境留下了政策空间。

（五）2020年货币政策展望

2020年1月6日，人民银行下调存款准备金率，释放资金8000亿元，主要目的是满足春节和财政存款波动等季节性因素对流动性的需求。然而从1月中旬开始，新型冠状肺炎疫情迅速蔓延到全国。为抗击疫情，政府对交通实施了严格的管制。各省根据疫情的严重程度，推迟了企业复工时间。中小企业由于缺乏风险分担机制，受疫情的冲击很大。许多调研显示[②]，中小企业的现金流难以支撑超过3个月。

① 2019年我国银行业新增人民币贷款17万亿元［EB/OL］．新华网，［2020－01－13］．http：//www.xinhuanet.com/fortune/2020－01/13/c_1125457326.htm.

② 朱武祥、刘军和魏炜对995家中小企业的问卷调查；巴曙松等对1500家上市企业进行的调研。

2月1日，人民银行联合四部委出台支持疫情防控的“金融30条”政策，包括设立3000亿元低成本专项再贷款资金，实施优惠贷款利率，加强对重要医用、生活物资重点企业的金融支持。2月7日，人民银行强调确保疫情防控重点企业实际融资成本不高于1.6%[①]，对受疫情影响暂时遇到困难的企业，不盲目抽贷、断贷、压贷。2月3日，中国人民银行开展公开市场操作，下调逆回购利率10个基点，投放资金1.2万亿元。银行体系整体流动性比上年同期多9000亿元。在一系列政策出台后，以DR007为代表的市场利率从1月中旬的2.7%下降至2月初的2.2%。

展望2020年全年，宏观经济形势仍然错综复杂。从外部环境来看，中美间的第一阶段贸易协议只取消了部分新增的关税，中美贸易谈判可能进入第二阶段，不确定性仍然存在。从国内情况来看，受新冠肺炎疫情的冲击和政府管制的影响，经济活动显著放缓，市场普遍预计第一季度GDP同比增长大幅下降。如果新冠肺炎疫情能在第一季度得到有效控制，第二季度以后生产活动有望迅速恢复。在食品价格的驱动下，2020年1月CPI同比增长高达5.4%。因此人民银行既要避免通胀预期的发散，也要给小微企业和重点企业提供有力的信贷支持。考虑到猪肉价格将逐步企稳、食品价格也将逐步回落，我国存在长期通胀或通缩的概率都很低，可以预期短期内货币政策将对物价形势保持定力，着力于通过结构化的工具帮助受疫情影响严重的中小企业渡过难关，缓解小微企业融资难融资贵的问题。中期来看，货币政策将继续把握好内部均衡和外部均衡的平衡，实施适当的逆周期调节，增强银行信贷投放能力，进一步推动利率“两轨并一轨”。

附表

2019年中国货币政策大事记

日期	内容
1月4日	中国人民银行决定于2019年1月下调金融机构存款准备金率置换部分中期借贷便利，其中，2019年1月15日和1月25日分别下调0.5个百分点。同时，2019年第一季度到期的中期借贷便利（MLF）不再续做
1月15日	中国人民银行实施下调金融机构存款准备金率0.5个百分点
1月18日	印发《中国人民银行关于调整普惠金融定向降准有关考核标准的通知》（银发〔2018〕351号）：调整普惠金融定向降准有关考核标准，小型企业和微型企业贷款考核口径调整
1月24日	中国人民银行宣布创设央行票据互换工具（CBS）
1月25日	中国人民银行实施下调金融机构存款准备金率0.5个百分点
1月29日	为切实提升金融服务乡村振兴效率和水平，中国人民银行、银保监会、证监会、财政部、农业农村部联合印发《关于金融服务乡村振兴的指导意见》（银发〔2019〕11号）
2月11日	中国人民银行与苏里南中央银行续签规模为10亿元人民币/11亿苏里南元的双边本币互换协议
5月6日	中国人民银行宣布下调服务县域的农村商业银行存款准备金率至农村信用社档次，于5月15日、6月17日、7月15日分三次实施，我国存款准备金“三档两优”的新框架基本形成

---

① 中央财政按企业实际获得的贷款利率贴息50%。

续表

日期	内容
5月10日	中国人民银行与新加坡金融管理局续签规模为3000亿元人民币/610亿新加坡元的双边本币互换协议
5月15日	印发《中国人民银行关于切实做好2019—2020年金融精准扶贫工作的指导意见》（银发〔2019〕124号）：切实做好2019—2020年金融精准扶贫工作，加大金融支持力度，有效防范金融风险
	中国人民银行、中国证券监督管理委员会联合发布《关于做好开放式债券指数证券投资基金创新试点工作的通知》（银发〔2019〕128号），推动债券指数公募基金在银行间市场和交易所市场发展
5月21日	印发《中国人民银行关于下调服务县域的农村商业银行人民币存款准备金率的通知》（银发〔2019〕127号）：下调服务县域的农村商业银行人民币存款准备金率
5月24日	中国人民银行、中国银行保险监督管理委员会联合发布公告，宣布接管包商银行
5月25日	中国人民银行、国家外汇管理局联合发布《存托凭证跨境资金管理办法（试行）》（中国人民银行 国家外汇管理局公告〔2019〕第8号），自5月27日公布之日起实施
5月30日	中国人民银行与土耳其中央银行续签规模为120亿元人民币/109亿土耳其里拉的双边本币互换协议
6月5日	人民币合格境外机构投资者（RQFII）试点地区扩大至荷兰，投资额度为500亿元人民币
6月14日	下发《中国人民银行关于向中小银行提供流动性支持的通知》（银发〔2019〕159号），增加再贴现额度2000亿元、常备借贷便利额度1000亿元，加强对中小银行流动性支持，构建防范化解中小银行流动性风险的“四道防线”，保持中小银行流动性充足
6月24日	中国人民银行、中国银行保险监督管理委员会联合发布《中国小微企业金融服务报告（2018）》，这是我国政府相关部门首次公开发布的小微企业金融服务白皮书
7月20日	国务院金融稳定发展委员会发布《关于进一步扩大金融业对外开放的有关举措》《人民银行有关负责人介绍相关金融业开放措施》，推出11条金融业对外开放措施
7月24日	中国人民银行全面实施优化运用扶贫再贷款发放贷款定价机制工作，引导金融机构合理确定运用扶贫再贷款资金发放贷款的利率，切实降低贫困地区融资成本
7月26日	下发《金融控股公司监督管理试行办法（征求意见稿）》：从规模、风险外溢程度等系统重要性角度考虑，要求投资控股两类或两类以上金融机构且达到一定规模的企业集团，应当向人民银行申请设立金融控股公司，由人民银行依法对金融控股公司实施监管
8月16日	中国人民银行出台〔2019〕第15号公告，关于改革完善贷款市场报价利率（LPR）形成机制，将银行贷款利率与新的LPR挂钩，银行LPR报价参考改为MLF（中期借贷便利）利率。同时，LPR报价行的范围在原有10家全国性银行的基础上，增加城市商业银行、农村商业银行、外资银行和民营银行各2家，有效增强LPR的代表性
8月20日	中国人民银行授权全国银行间同业拆借中心首次公布新机制下的贷款市场报价利率（LPR），1年期LPR为4.25%，5年期以上LPR为4.85%
8月22日	中国人民银行印发《金融科技（FinTech）发展规划（2019—2021年）》，明确提出未来三年金融科技工作的指导思想、基本原则、发展目标、重点任务和保障措施。确定了六方面重点任务，包括加强金融科技战略部署、强化金融科技合理应用、赋能金融服务提质增效、增强金融风险技防能力、加大金融审慎监管力度、夯实金融科技基础支撑
8月25日	中国人民银行公告〔2019〕第16号（LPR改革中个人住房贷款利率有关事宜）：在改革完善贷款市场报价利率（LPR）形成机制过程中，确保区域差别化住房信贷政策有效实施，就新发放商业性个人住房贷款利率有关事宜作出规范

续表

日期	内容
8月27日	印发《中国人民银行办公厅　中国银行保险监督管理委员会办公厅关于支持商业银行发行创新创业金融债券的意见》（银办发〔2019〕161号），鼓励商业银行发行双创金融债券增加双创领域信贷投放，发挥各类创新主体的创造潜能，支持经济结构调整和产业升级
9月6日	中国人民银行决定于2019年9月16日全面下调金融机构存款准备金率0.5个百分点（不含财务公司、金融租赁公司和汽车金融公司），再额外对仅在省级行政区域内经营的城市商业银行定向下调存款准备金率1个百分点，于10月15日和11月15日分两次实施到位，每次下调0.5个百分点
9月10日	国家外汇管理局公告取消合格境外机构投资者（QFII）和人民币合格境外机构投资者（RQFII）投资额度限制
9月16日	中国人民银行实施全面下调金融机构存款准备金率0.5个百分点（不含财务公司、金融租赁公司和汽车金融公司）
9月30日	印发《关于进一步便利境外机构投资者投资银行间债券市场有关事项的通知》（银发〔2019〕240号）：进一步便利境外机构投资者投资银行间债券市场有关事项
10月15日	中国人民银行实施对仅在省级行政区域内经营的城市商业银行定向下调存款准备金率0.5个百分点
10月25日	中国人民银行与欧洲中央银行续签了双边本币互换协议，互换规模为3500亿元人民币/450亿欧元，协议有效期为三年
11月15日	中国人民银行实施对仅在省级行政区域内经营的城市商业银行定向下调存款准备金率0.5个百分点
11月26日	《系统重要性银行评估办法（征求意见稿）》：该评估办法是我国系统重要性银行认定的依据，也是对系统重要性银行提出附加监管要求、实施宏观审慎管理、建立特别处置机制的前提
12月5日	中国人民银行与澳门金融管理局签署了货币互换协议，互换规模为300亿元人民币/350亿澳门元，协议有效期为三年
12月28日	中国人民银行公告〔2019〕第30号（存量浮动利率贷款的定价基准转换为LPR）：存量浮动利率贷款的定价基准转换为LPR，金融机构应与存量浮动利率贷款客户就定价基准转换条款进行协商，将原合同约定的利率定价方式转换为以LPR为定价基准加点形成

专栏 2

解析《关于在上海证券交易所设立科创板并试点注册制的实施意见》①

2018年11月5日，国家主席习近平在首届中国国际进口博览会开幕式上宣布，将在上海证券交易所设立科创板并试点注册制。随后推动科创板并试点注册制尽快落地就成为证监会、上交所2019年的首要工作任务。2019年1月23日中央全面深化改革委员会第六次会议审议通过了《关于在上海证券交易所设立科创板并试点注册制的实施意见》（以下简称《实施意见》），决定设立科创板并试点注册制，资本市场实现历史性跨越，为科创板试点注册制提供了重要政策指引。

① 作者：杜书明，中国银河证券股份有限公司研究院副院长兼战略研究部总经理。

1. 明确科创板的定位

《实施意见》强调，科创板坚持“三个面向”：面向世界科技前沿、面向经济主战场、面向国家重大需求，主要服务于符合国家战略、突破关键核心技术、市场认可度高的科技创新企业。重点支持新一代信息技术、高端装备、新材料、新能源、节能环保以及生物医药等高新技术产业和战略性新兴产业，推动互联网、大数据、云计算、人工智能和制造业深度融合。

2. 上市条件体现多元包容性

允许符合科创板定位、尚未盈利或存在累计未弥补亏损的企业在科创板上市，允许符合相关要求的特殊股权结构企业和红筹企业在科创板上市。

3. 下放科创板上市审核权

《实施意见》明确，上交所负责科创板发行上市审核，中国证监会负责科创板股票发行注册，上市条件、审核标准、审核程序等规则由上交所制定，报证监会批准。

4. 以市场化为核心重构资本市场制度基础

科创板实行市场化发行承销机制，新股发行价格、规模、节奏主要通过市场化方式决定，审核过程和审核意见向社会公开。全面建立严格的信息披露体系并严格执行，确保信息披露真实、准确、完整、及时、公平。建立更加市场化的交易机制建立。建立高效的并购重组机制，科创板上市公司并购重组统一由上交所审核。进一步严格实施退市制度。

5. 进一步压实中介机构责任

建立保荐人资格与新股发行信息披露质量挂钩机制。适当延长保荐人持续督导期。对发行人、上市公司虚假记载、误导性陈述或重大遗漏负有责任的保荐人、会计师事务所、律师事务所、资产评估机构应加大处罚力度。

6. 进一步强化对投资者合法权益的保护

证监会将加强行政执法与司法的衔接；推动完善相关法律制度和司法解释，建立健全证券支持诉讼示范判决机制；根据试点情况，探索完善与注册制相适应的证券民事诉讼法律制度。

从设立科创板入手，稳步推进注册制试点，统筹推进发行、上市、信息披露、交易、退市等基础制度改革，一方面为科技创新企业开辟新的融资渠道，另一方面更重要的是，科创板正式开启了中国资本市场的注册制时代，推动中国资本市场发展实现了历史性的跨越，未来中国资本市场将迎来全面注册制改革。

专栏 3

《关于加强金融服务民营企业的若干意见》详解①

2019 年 2 月 14 日，中共中央办公厅、国务院办公厅印发《关于加强金融服务民营

① 作者：张一纬，银河证券研究院金融行业分析师。

企业的若干意见》，明确金融服务民营企业基本原则，并从多个领域给予细化指导意见，旨在通过综合施策，实现各类所有制企业在融资方面得到平等待遇，确保对民营企业的金融服务得到切实改善，融资规模稳步扩大，融资效率明显提升，融资成本逐步下降并稳定在合理水平，民营企业特别是小微企业融资难融资贵问题得到有效缓解，充分激发民营经济的活力和创造力。

本次意见对金融服务民营企业举措作出全方位规划与指导，力度空前，着力拓宽融资渠道，提升金融机构支持民营企业融资的能力与意愿，同时关注民营企业融资难、融资贵背后的制度性和结构性原因并予以优化调整，有望从根源上破解民营企业融资困境。具体来看，意见要求在金融政策支持、融资基础设施、绩效考核和激励机制以及民营融资纾困等领域制定措施，加大对民营企业的支持力度（详情见表1）。

表1　《关于加强金融服务民营企业的若干意见》具体措施一览

政策分类	具体措施
加大金融政策支持力度	实施差别化货币信贷支持政策。调整商业银行MPA参数。完善普惠金融定向降准政策。增加再贷款和再贴现额度。加大民营企业票据融资支持力度。加快出台非存款类放贷组织条例。支持中小银行发展。深化联合授信试点
	加大直接融资支持力度。完善股票发行和再融资制度。深化上市公司并购重组体制机制改革。研究扩大定向可转债适用范围和发行规模。扩大创新创业债试点，支持非上市、非挂牌民营企业发行私募可转债。推进设立科创板并试点注册制和新三板发行与交易制度改革。支持民营企业债券发行，鼓励金融机构加大对民营企业债券的投资力度
	提高金融机构服务实体经济能力。支持银行发行永续债、转股型二级资本债券补充资本。从宏观审慎角度对商业银行储备资本等进行逆周期调节。把民营、小微企业融资服务质量和规模作为中小商业银行发行股票的重要考量因素。研究取消险资财务性股权投资行业范围限制，规范战略性股权投资。提高信用保险和债券信用增进机构覆盖范围。引导支持银行加快处置不良资产，将盘活资金重点投向民营企业
强化融资服务基础设施建设	从战略高度抓紧抓好信息服务平台建设。依法开放相关信息资源。地方政府依托国家数据共享交换平台体系，抓紧构建完善金融、税务、市场监管、社保、海关、司法等大数据服务平台。健全优化金融机构与民营企业信息对接机制。发展各类信用服务机构，鼓励对信用服务产品的开发和创新。支持征信机构、信用评级机构利用公共信息为民营企业提供信用产品及服务。加大守信激励和失信惩戒力度
	采取多种方式健全地方增信体系。发挥国家融资担保基金引领作用，推动各地政府性融资担保体系建设和业务合作。政府出资的融资担保机构应坚持准公共定位，不以盈利为目的，逐步减少反担保等要求。对民营、小微企业贷款规模增长快、户数占比高的商业银行，可提高风险分担比例和贷款合作额度。鼓励有条件的地方设立民营企业和小微企业贷款风险补偿专项资金、引导基金或信用保证基金，重点为首贷、转贷、续贷等提供增信服务。研究探索融资担保公司接入人民银行征信系统
	积极推动地方各类股权融资规范发展。培育投资于民营科创企业的天使投资、风险投资等早期投资力量，抓紧完善支持创投基金发展的税收政策。规范发展区域性股权市场。鼓励地方政府大力开展民营企业股权融资辅导培训

续表

政策分类	具体措施
完善绩效考核和激励机制	抓紧建立“敢贷、愿贷、能贷”的长效机制。商业银行要推动基层分支机构下沉工作重心。完善内部绩效考核机制，制定民营企业服务年度目标，加大正向激励力度。对服务民营企业的分支机构和相关人员，重点对其服务企业数量、信贷质量进行综合考核。建立健全尽职免责机制，提高不良贷款考核容忍度。设立内部问责申诉通道，为尽职免责提供机制保障。授信中不得附加以贷转存等任何不合理条件。严厉打击金融信贷领域强行返点等行为
	有效提高民营企业融资可获得性。新发放公司类贷款中，民营企业贷款比重应进一步提高。贷款审批中不得对民营企业设置歧视性要求。金融监管部门按法人机构实施差异化考核，形成贷款户数和金额并重的考核机制。国有控股大型商业银行要主动作为，加强普惠金融事业部建设，落实普惠金融领域专门信贷政策，完善普惠金融业务专项评价机制和绩效考核制度，积极发挥“头雁”作用
	减轻对抵押担保的过度依赖。商业银行要坚持审核第一还款来源，把主业突出、财务稳健、大股东及实际控制人信用良好作为授信主要依据，合理提高信用贷款比重。商业银行要依托产业链核心企业信用、真实交易背景和物流、信息流、资金流闭环，为上下游企业提供无须抵押担保的订单融资、应收应付账款融资
	提高贷款需求响应速度和审批时效。商业银行要积极运用金融科技支持风险评估与信贷决策，提高授信审批效率。对于贷款到期有续贷需求的，商业银行要提前主动对接。鼓励商业银行开展线上审批操作，结合自身实际，将一定额度信贷业务审批权下放至分支机构；确需集中审批的，要明确内部时限
	增强金融服务民营企业的可持续性。商业银行要科学设定信贷计划，不得组织运动式信贷投放。健全信用风险管控机制，提升数据治理、客户评级和贷款风险定价能力，强化贷款全生命周期的穿透式风险管理。加强享受优惠政策低成本资金使用管理，严格监控资金流向，防止被个别机构或个人截留、挪用甚至转手套利
积极支持民营企业融资纾困	从实际出发帮助遭遇风险事件的企业摆脱困境。加快实施民营企业债券融资支持工具和证券行业支持民营企业发展集合资产管理计划。研究支持民营企业股权融资，鼓励符合条件的私募基金管理人发起设立民营企业发展支持基金。支持资管产品、保险资金依法合规通过监管部门认可的私募股权基金等机构，参与化解处置民营上市公司股票质押风险。对暂时遇到困难的民营企业，金融机构要按照市场化、法治化原则，分类采取支持处置措施
	加快清理拖欠民营企业账款。坚持边界清晰、突出重点、源头治理、循序渐进，运用市场化、法治化手段，抓紧清理政府部门及其所属机构、大型国有企业因业务往来与民营企业形成的逾期欠款，确保民营企业有明显获得感。政府部门、大型国有企业特别是中央企业要做重合同、守信用的表率，认真组织清欠，依法依规及时支付各类应付未付账款。要加强政策支持，完善长效机制，严防新增拖欠，切实维护民营企业合法权益
	企业要主动创造有利于融资的条件。民营企业要依法合规经营，珍惜商业信誉和信用记录。严格区分个人家庭收支与企业生产经营收支，规范会计核算制度，主动做好信息披露。加强自身财务约束，科学安排融资结构，规范关联交易管理。不逃废金融债务，为金融支持提供必要基础条件

续表

政策分类	具体措施
积极支持民营企业融资纾困	加强对落地实施的监督检查。各地区、部门及金融机构要树牢“四个意识”，坚定“四个自信”，坚决做到“两个维护”，坚持问题导向，明确责任，确定时限，狠抓落实。推动第三方机构开展金融服务民营企业政策落实情况评估，提高政策落实透明度。及时总结并向各地提供可复制易推广的成功案例和有效做法。对贯彻执行不力的，要依法依规予以严肃问责，确保各项政策落地落细落实

资料来源：中国政府网，中国银河证券研究院整理。

一是加大金融政策支持力度，着力提升对民营企业金融服务的针对性和有效性。主要体现为坚持信贷、股权和债券等民营企业融资“三支箭”的政策组合，加大对民营企业信贷投放力度，拓宽民营企业融资渠道，同时在资本、考核、投资范围和不良资产处置等多个方面采取措施，切实增强中介机构服务民营企业融资需求的能力。

二是强化融资服务基础设施建设，着力破解民营企业信息不对称、信用不充分等问题。通过推动信息服务平台建设和健全地方增信体系等措施，促进民营企业信息公开和交流，有针对性地解决民营企业信用较低问题。与此同时，重视早期天使投资、风险投资的力量，规范发展地方股权融资，以应对民营创新企业风险较大、融资渠道受限的实际困难。

三是完善绩效考核和激励机制，着力疏通民营企业融资堵点。主要的措施是将银行考核和激励机制与民营企业融资绑定，建立“敢贷、愿贷、能贷”的长效机制，同时消除贷款审批中对民营企业的歧视性要求，减少商业银行对抵押担保的过度依赖，提高贷款需求响应速度和审批时效以及民营企业融资的可持续性。上述措施有利于缓解银行惜贷现状，纾解民营企业抵押品缺失困境，同时减少资金链断裂对民营企业经营发展的冲击。

四是积极支持民营企业融资纾困，着力化解流动性风险并切实维护民营企业合法权益。针对民营企业经营风险较大的问题，从实际出发帮助遭遇风险事件的企业摆脱困境，同时加快清理拖欠民营企业账款，保护民营企业合法权益。此外，鼓励民营企业依法合规经营，珍惜商业信誉和信用记录，主动创造有利于融资的条件。本措施旨在改善民营企业经营风险，为优质民营企业获取金融支持提供必要基础条件。

围绕意见精神，2019 年“一行两会”已从多个领域发布政策，加强金融服务民营企业力度，成效显著。人民银行通过定向降准、增加支小再贷款额度等措施改善小微和民营企业融资环境；推进 LPR 机制改革，疏通货币政策传导机制，引导企业贷款利率下行，降低企业融资成本。银保监会重视保险机构长期资金对实体经济的支持作用，适当拓宽专项产品投资范围，允许专项产品通过券商资产管理计划和信托计划，化解股票质押流动性风险，帮助民营上市企业纾困；同时支持商业银行通过发行永续债、非上市银行发行优先股等形式来补充资本，助力资产端扩张，加大对民营企业的信贷投放力度；

此外银保监会还从行业乱象整治、知识产权融资、融资担保、“信易贷”全国中小企业融资综合信用服务平台建设等方面出台政策措施，改善融资环境，提升民营企业融资能力。证监会致力于深化资本市场改革，通过优化基础制度，切实服务好实体经济融资需求。科创板成功落地，新三板改革全面启动，再融资和并购重组政策边际放松，多层次资本市场建设持续完善，助力直接融资发展，有效拓宽民营企业融资渠道（详情见表2）。

表2　　金融服务民营、小微企业相关政策措施

日期	机构	主要内容
1月24日	银保监会	放开限制，允许保险机构投资商业银行发行的无固定期限资本债券
1月28日	银保监会	鼓励保险资金增持上市公司股票，拓宽专项产品投资范围，维护资本市场稳定
3月4日	银保监会	《关于2019年进一步提升小微企业金融服务质效的通知》
3月6日	财政部	《关于做好2019年中央财政普惠金融发展专项资金管理工作的通知》
4月7日	中共中央、国务院	《关于促进中小企业健康发展的指导意见》
4月17日	国务院常务会	建立中小银行实行较低存款准备金率的政策框架；五大行确保2019年小微企业贷款余额增长30%以上、信贷综合融资成本再降低1个百分点
4月19日	中央政治局	有效支持民营经济和中小企业发展，加快金融供给侧结构性改革，着力解决融资难、融资贵问题，引导优势民营企业加快转型升级
5月6日	人民银行	5月15日起，对聚焦当地、服务县域的中小银行实行的存款准备金率由11%下调至8%
5月8日	银保监会	《中国银保监会关于开展“巩固治乱象成果　促进合规建设”工作的通知》
7月19日	银保监会、证监会	《中国银保监会　中国证监会关于商业银行发行优先股补充一级资本的指导意见（修订）》：股东人数超过200人的非上市银行，在满足发行条件和审慎监管要求前提下，将无须在“新三板”挂牌即可直接发行优先股
7月22日	证监会	科创板首批公司挂牌上市交易，标志着设立科创板并试点注册制这一重大改革任务正式落地
7月31日	人民银行	增加支小再贷款额度500亿元，重点支持中小银行扩大对小微、民营企业的信贷投放
8月6日	人民银行、银保监会、证监会	扩大银行参与交易所债券市场范围，提升服务实体经济能力
8月6日	银保监会、国家知识产权局、国家版权局	《关于进一步加强知识产权质押融资工作的通知》
8月20日	人民银行	LPR机制改革落地，疏通货币政策传导机制，引导贷款利率下行

续表

日期	机构	主要内容
9月9日至10日	证监会	召开全面深化资本市场改革工作座谈会
9月12日	国家发展改革委、银保监会	《关于深入开展"信易贷"支持中小微企业融资的通知》
9月16日	人民银行	全面下调金融机构存款准备金率0.5%。对在省级行政区域内经营的城商行定向下调存款准备金率1%
10月9日	银保监会、国家发展改革委、工业和信息化部、财政部、住房和城乡建设部、农业农村部、商务部、人民银行、市场监管总局	《关于印发融资担保公司监督管理补充规定的通知》
10月18日	证监会	《关于修改〈上市公司重大资产重组管理办法〉的决定》
10月25日	证监会	启动全面深化新三板改革
11月8日	证监会	就修改《上市公司证券发行管理办法》《创业板上市公司证券发行管理暂行办法》等再融资规则公开征求意见
12月4日	中共中央、国务院	《中共中央　国务院关于营造更好发展环境支持民营企业改革发展的意见》：围绕优化公平竞争的市场环境、完善精准有效的政策环境、健全平等保护的法治环境等七个方面推出一系列举措

资料来源：政府及相关监管机构官网，中国银河证券研究院整理。

二、汇率与国际收支相关政策①

引言

2019年是中国外汇市场很不平凡的一年，是防风险、促改革面临艰巨平衡的一年。面对中美经贸摩擦反复多变等国内外风险挑战明显上升的复杂形势，中国人民银行和国家外汇管理局坚持以改革开放为主要手段，坚持稳中求进工作总基调，综合采取了增强人民币汇率双边波动、强化宏观政策逆周期调节、加强外汇市场预期引导、不断优化跨境资本流动宏观审慎管理制度框架和工具箱，保持跨周期微观监管的一致性、稳定性和可预期性，严厉打击外汇市场违规交易等综合性举措。总体上看，这些措施释放了积极信号，取得了良好效果，我国跨境资本流动、汇率预期和外汇市场运行基本平稳，人民币汇率在合理均衡水平上保持了基本稳定。

（一）2019年人民币汇率及我国国际收支情况概述

1. 人民币对一篮子货币汇率小幅贬值，实际有效汇率小幅升值

2019年末，CFETS人民币汇率指数报91.39，较上年末下跌2.03%；参考SDR货币篮子的人民币汇率指数报91.81，较上年末下跌1.43%；参考BIS货币篮子的人民币汇

① 作者：赵庆明，北京金融衍生品研究院副院长；郭孟暘，北京金融衍生品研究院研究员。

率指数报95.09，较上年末下跌1.75%。根据国际清算银行的计算，2019年人民币名义有效汇率贬值1.5%，实际有效汇率升值1.11%；自2005年人民币汇率形成机制改革以来至2019年末，人民币名义有效汇率升值32.31%，实际有效汇率升值46.69%。

2. 人民币对美元双边汇率弹性进一步增强，全年汇率波动较大，破"7"后回稳

2019年全年人民币汇率呈现升后贬再升的走势，全年在岸和离岸人民币即期汇率分别较上年贬值1.46%和1.33%，分别收于6.9662元/美元和6.9617元/美元。全年在岸人民币即期汇率最高价与最低价相差5165个基点，振幅高达7.4%，较上年提高0.4个百分点，高于同期日元对美元和欧元对美元7.3%和6.2%的振幅。

2019年人民币汇率的最大变化是人民币破"7"后又回到7以内。2019年8月5日，因为中美贸易谈判再次陷入困境，人民币对美元离岸和在岸市场即期汇率相继跌破"7"整数关口，此后除了在11月5—11日短暂回"6"之外，即期汇率始终在"7"以上。2019年12月13日，中美两国宣布第一阶段协议达成，并推迟原定于12月15日实施的新一轮关税，人民币汇率急升回到"7"以内。

2019年，人民币对美元汇率中间价最高为6.6850元，最低为7.0884元，244个交易日中113个交易日升值，130个交易日贬值，1个交易日持平。其中，最大单日升值幅度为0.70%（469点），最大单日贬值幅度为0.66%（458点）。2019年末，人民币对美元汇率中间价为6.9762元，比上年末贬值1.62%。自2005年人民币汇率形成机制改革以来至2018年末，人民币对美元汇率累计升值18.64%。

3. 人民币对其他国际主要货币汇率走势分化

2019年末，人民币对欧元、英镑、日元汇率中间价分别为1欧元兑7.8155元人民币、1英镑兑9.1501元人民币、100日元兑6.4086元人民币，分别较2018年末升值0.41%、贬值5.18%和贬值3.43%。

自2005年人民币汇率形成机制改革以来至2019年末，人民币对欧元汇率累计升值28.13%，对日元汇率累计升值14%。

4. 国际收支呈现双顺差，外汇市场总体保持稳定态势

2019年，我国经常账户顺差1775亿美元，与同期国内生产总值（GDP）的比例为1.2%，上年这一比例为0.4%。其中，货物贸易顺差扩大，服务贸易逆差缩小。在资本和金融账户中，直接投资净流入591亿美元，证券投资顺差约600亿美元。2019年末，外汇储备余额为31079亿美元，比上年末增加352亿美元。

外债规模继续保持平稳增长，外债风险总体可控。截至2019年12月末，我国全口径（含本外币）外债余额为20573亿美元。其中，短期外债余额为12053亿美元，占外债余额的58.6%，较2018年末回落6.4个百分点。

5. 跨境人民币业务快速增长，收支基本平衡

2019年，跨境人民币收付金额合计19.7万亿元，同比增长23%，其中实收10万亿

元，实付9.7万亿元，收付比为1:0.97，流出流入更加均衡。2019年跨境贸易人民币结算业务发生6.04万亿元，直接投资人民币结算业务发生2.78万亿元。以人民币进行结算的跨境货物贸易、服务贸易及其他经常项目、对外直接投资、外商直接投资分别发生4.25万亿元、1.79万亿元、0.76万亿元、2.02万亿元。资本项目下人民币收付金额合计13.6万亿元，同比增长26%。

6. 中国人民银行动用货币互换协议下外币金额明显增加

2019年，银行间外汇市场人民币直接交易成交活跃，流动性明显提升，降低了微观经济主体的汇兑成本，促进了双边贸易和投资。2019年，银行间外汇即期市场人民币对外币交易对为28个，与上年持平，全年交易量折合人民币为14.04万亿元，比上年减少72.4%，主因是2019年人民币对美元即期外汇交易的成交额为13.37万亿元，较上年的49.19万亿元大幅减少。

2019年，在中国人民银行与境外货币当局签署的双边本币互换协议下，境外货币当局动用人民币余额为329.22亿元，较上年增加1.36亿元；中国人民银行动用外币余额折合22.54亿美元，较上年增加17.83亿美元，对促进双边贸易投资发挥了积极作用。

（二）2019年主要汇率及国际收支政策分析

1. 坚持以我为主，把握好内部均衡和外部均衡的平衡

2019年，外汇市场运行平稳，市场预期总体稳定。人民币汇率以市场供求为基础，参考一篮子货币汇率变化，有贬有升，双向浮动，在合理均衡水平上保持了基本稳定，人民币汇率市场化程度进一步提高。外汇体制机制改革、金融市场开放、跨境资本流动、国际收支环节中的金融部门和实体经济之间的关系，可用“平衡性”来概括。这种平衡为实体经济部门的贸易和投资、金融部门的资产组合营造了更为稳定的货币和投融资环境。中国外汇市场上的货币和汇兑风险系统性地处于全球稳健水平。

2. 建立在香港发行人民币中央银行票据的常态机制

2019年，中国人民银行在香港离岸市场滚动发行了12期，共计1500亿元的人民币央行票据，建立了在香港发行央行票据的常态机制。香港人民币央行票据通过香港金融管理局债务工具中央结算系统（CMU）发行，面向离岸市场投资者招标，期限品种以3个月、6个月和1年为主，必要时也会发行1个月品种。目前的发行频率为每1个半月左右发行一次，发行量主要根据市场需求确定。自2018年11月以来，中国人民银行已分别发行3个月、6个月和1年期香港人民币央行票据700亿元、200亿元和500亿元，发行1个月期央行票据200亿元。从历次央行票据发行情况看，各期央行票据的认购倍数均超过2倍，认购主体包括商业银行、基金、中央银行、国际金融组织等各类国际投资者，反映了境外投资者看好人民币和对中国经济的信心。央行票据的发行规模与市场需求较为匹配，发行利率定价也与市场预期基本一致。央行票据是适合中国国情的货币政策工具，在不同历史时期持续发挥重要作用。2002—2011年，在外汇持续大量流入的

背景下，为避免银行体系流动性过于宽松，中国人民银行创设并发行中央银行票据，配合法定准备金率等工具有效回笼过剩流动性。央行票据具有发行规律、期限较短等特点，有助于形成连续的无风险收益率曲线，在中国债券市场发展初期短期工具不足的情况下，为市场提供了合适的短期限流动性管理工具，促进了中国货币市场、债券市场的发展。自2013年以来，随着外汇形势的改变，央行票据完成了其阶段性历史使命，暂时退出了公开市场操作。近年来，随着人民币国际化程度的持续提高，货币政策调控环境又发生了新的变化。自2018年末以来，在外部冲击不确定性加大、影响长期化的关键时期，中国人民银行货币政策工具箱内的央行票据在离岸市场激活，对推动人民币国际化发挥了重要作用：一是丰富了香港市场高信用等级人民币投资产品系列和人民币流动性管理工具，满足了国际投资者对短期限优质高流动性人民币资产的配置需要；二是完善了离岸人民币收益率曲线，为其他离岸人民币债券发行和定价提供了基准，促进了离岸人民币货币市场发展；三是改变了人民币市场以外汇市场为主的格局，促进了离岸人民币市场结构优化、均衡发展。下一步，中国人民银行将继续完善在香港发行人民币央行票据的常态化机制，根据市场需求合理安排发行规模和期限品种，带动其他发行主体在离岸市场发行人民币债券，促进离岸人民币市场持续健康发展。未来，央行票据在推进金融供给侧结构性改革和推动人民币国际化方面还将发挥重要作用。

3. 提升外汇管理服务实体经济水平

一是深化依法行政和“放管服”改革，持续开展简政放权和法规清理，优化外汇管理服务；二是推进贸易投资便利化，发布《国家外汇管理局关于进一步促进跨境贸易投资便利化的通知》，推出12项跨境贸易投资便利化措施，简化相关业务操作，便利银行和企业等市场主体办理外汇业务；三是研究支持自贸试验区、粤港澳大湾区建设及海南全面深化改革开放的外汇管理举措；四是积极支持上市公司外籍员工股权激励，稳步提升境内资本市场对外开放程度；五是修订发布《跨国公司跨境资金集中运营管理规定》，实行资本项目外汇收入结汇支付便利化，营造良好的营商环境，促进跨境投融资便利化；六是更新发布《2018年“一带一路”国家外汇管理政策概览》，向市场主体提供政策参考；七是推动服务贸易付汇税务备案电子化全面落地，实现服务贸易项下付汇税务备案网上办理；八是精简外汇账户，发布《国家外汇管理局关于精简外汇账户的通知》，切实提高市场主体经营效率。

4. 深化重点领域改革

一是将合格境外机构投资者（QFII）总额度由1500亿美元增加至3000亿美元，满足境外投资者对中国资本市场的投资需求；二是研究推动合格境外机构投资者、人民币合格境外机构投资者（RQFII）制度改革，放宽准入条件、扩大投资范围；三是发布《境内上市公司外籍员工参与股权激励资金管理办法》，便利境内上市公司外籍员工参与股权激励；四是发布存托凭证跨境资金管理办法，支持科创板健康发展，配合推动“沪伦通”落地；五是会同证监会推出中日交易型开放式指数基金（ETF）互通项目，支持中日两国金融市场合作；六是制定《关于进一步便利境外机构投资者投资银行间债券市场有关事项的通知》，完善银行间债券市场开放政策，放宽境外投资者本外币汇出比例限制；七是取消合格境外机构投资者和人民币合格境外机构投资者投资额度限制，提高境外机构投资者配置人民币资产的便利性；八是在自由贸易试验区试点取消部分外汇管理行政许可申报材料，进一步优化营商环境；九是修订并印发《通过银行进行国际收支统计申报业务指引（2019 年版）》，完善国际收支统计申报制度；十是修订并印发《银行结售汇统计制度》，规范结售汇统计行为。

5. 切实维护外汇市场秩序

加强外汇市场监管，严厉打击虚假、欺骗性外汇交易等违规行为，遏制洗钱及相关违法犯罪，维护外汇市场健康良性的秩序。加强高风险业务的监测核查。多部门联合打击地下钱庄及其交易对手转移赃款专项行动。加强跨境监管合作，持续重拳整治非法网络炒汇。全力打击外汇违法犯罪行为，严厉查处和公开通报典型案件，形成震慑，维护了外汇市场健康良性的秩序。

（三）下一阶段政策展望

综合来看，下一阶段中国人民银行和国家外汇管理局在汇率和国际收支方面的重点工作有：

一是稳步深化汇率市场化改革，坚持发挥市场在汇率形成中的决定性作用，保持人民币汇率在合理均衡水平上基本稳定。同时，加强宏观审慎管理，稳定市场预期，保持人民币汇率弹性，发挥汇率调节宏观经济和国际收支自动稳定器的作用。

二是适应国家治理体系治理能力现代化要求，不断完善外汇市场“宏观审慎 + 微观监管”两位一体管理框架，维护国际收支基本平衡。宏观审慎管理旨在维护外汇市场基本稳定，防范系统性金融风险。微观监管立足对外汇市场各类主体及其交易行为实施真实性审核、行为监管和微观审慎监管，维护外汇市场秩序。

三是深化外汇领域改革开放，服务全面开放新格局。认真落实国务院常务会审议通过的 12 项便利化措施。稳妥有序推进资本项目开放，支持金融市场互联互通和双向开放，促进贸易投资自由化便利化和高质量发展。支持贸易新业态，推进跨境金融区块链服务平台建设。深化“放管服”改革，支持自贸试验区、海南自由贸易港、粤港澳大湾区等外汇管理改革先行先试。建设开放的、有竞争力的外汇市场。

四是防范外部冲击风险，维护国家经济金融安全。深入分析外部冲击对我国贸易投资、国际收支结构、跨境资本流动的影响，丰富政策工具箱。完善外汇批发市场法律法规，建立健全外汇批发市场非现场监管和现场检查工作机制。严厉打击外汇领域违法违规行为，保持执法标准跨周期的一致性、稳定性和可预期性，维护外汇市场秩序。

五是加快发展外汇市场，为基于实需原则的进出口企业提供汇率风险管理服务。引导企业树立“风险中性”的财务理念，以锁定外汇成本、降低生产经营不确定性为目的，通过外汇衍生品管理汇率风险。

六是稳步推进人民币资本项目可兑换，完善人民币跨境使用的政策框架和基础设施，支持人民币在跨境贸易和投资中的使用。

附表

2019 年中国主要汇率政策和国际收支政策汇总

日期	主要政策内容	备注
2 月 12 日	中国人民银行　国家外汇管理局关于印发《境内上市公司外籍员工参与股权激励资金管理办法》的通知	规范境内上市公司外籍员工参与 A 股股权激励资金管理
3 月 11 日	中国人民银行关于印发证券期货保险机构反洗钱执法检查数据提取接口规范的通知	反洗钱执法检查数据提取规范
3 月 15 日	国家外汇管理局关于印发《跨国公司跨境资金集中运营管理规定》的通知	实行资本项目外汇收入结汇支付便利化，促进跨境投融资便利化
4 月 29 日	国家外汇管理局关于印发《支付机构外汇业务管理办法》的通知	便利跨境电子商务结算
5 月 15 日	国家外汇管理局关于印发《银行外汇业务合规与审慎经营评估办法》的通知	规范商业银行外汇业务操作合规管理
5 月 25 日	中国人民银行　国家外汇管理局公告《存托凭证跨境资金管理办法（试行）》	规范存托凭证跨境资金管理，支持科创板健康发展，配合推动“沪伦通”落地
5 月 27 日	海关总署　国家外汇管理局公告，全面取消报关单收、付汇证明联和办理加工贸易核销的海关核销联。企业办理货物贸易外汇收付和加工贸易核销业务，按规定须提交纸质报关单的，可通过中国电子口岸自行以普通 A4 纸打印报关单并加盖企业公章	贯彻党中央、国务院关于深入推进“放管服”改革的部署，简化报关和核销材料
5 月 28 日	国家外汇管理局、海关总署关于印发《调运外币现钞进出境管理规定》的通知	贯彻落实国务院《优化口岸营商环境促进跨境贸易便利化工作方案》（国发〔2018〕37 号）
5 月 31 日	国家外汇管理局关于进一步促进保险公司资本金结汇便利化的通知	进一步推进简政放权，完善保险业务外汇管理，防范金融风险
7 月 20 日	中国人民银行、国务院金融稳定发展委员会办公室推出《关于进一步扩大金融业对外开放的有关举措》《人民银行有关负责人介绍相关金融业开放措施》	金融业对外开放
7 月 24 日	现行有效外汇管理主要法规目录（截至 2019 年 6 月 30 日）	开展外汇管理重点领域立法和文件清理工作，方便社会公众查询使用
9 月 30 日	中国人民银行　国家外汇管理局关于进一步便利境外机构投资者投资银行间债券市场有关事项的通知	进一步规范和便利境外机构投资者投资银行间债券市场有关事项
10 月 23 日	国家外汇管理局关于精简外汇账户的通知	贯彻党中央、国务院关于深入推进“放管服”改革的部署，简化相关业务操作流程，便利银行、企业等市场主体真实合规办理外汇业务

续表

日期	主要政策内容	备注
10月23日	国家外汇管理局关于进一步促进跨境贸易投资便利化的通知	贯彻党中央、国务院关于深入推进“放管服”改革的部署，促进跨境贸易投资便利化
12月16日	市场监管总局　商务部　外汇局关于做好年报“多报合一”改革有关工作的通知	贯彻党中央、国务院关于深入推进“放管服”改革的部署
12月26日	国家外汇管理局关于在自由贸易试验区试点取消部分外汇管理行政许可申请材料的通知	进一步推进优化营商环境，促进贸易投资自由化便利化

专栏4

防范化解金融风险须从根本上依靠金融改革开放提供动力①

2019年11月28日，国务院金融稳定发展委员会（以下简称金融委）召开了第十次会议，重点研究了三个方面的问题：一是总结了前一个阶段防范化解重大金融风险攻坚战的进展情况，明确“已取得了阶段性成果”；二是研究了下一步防范化解金融风险的思路与举措，指出要“平衡好稳增长和防风险的关系”；三是围绕防范化解金融风险部署了近期的重点工作，强调“防范金融风险从根本上要靠金融改革开放”。

防范化解金融风险任重道远，始终是金融工作的重中之重。众所周知，防范金融风险既是第五次全国金融工作会议确定的“三大任务”之一，也是十九大报告中提出的“三大攻坚战”之首。自2017年11月8日成立以来，金融委召开的历次全体会议基本上都会讨论防范化解金融风险的问题，甚至将其作为会议的主题，此外，金融委还召开了数次防范化解金融风险的专题会议。然而，在不同的发展阶段，防控风险与稳定发展、改革开放之间的关系和侧重点也应当顺应形势的变化有所不同。稳定压倒一切，发展是硬道理，不稳定、不发展是最大的风险，防控风险要以稳定发展为前提，要靠改革开放提供动力，在改革发展中防范和化解风险。金融委第十次会议的精神实质是明确了当前形势下稳定发展、防控风险、改革开放之间的关系和侧重点，这为下一步调整和优化防范化解金融风险的思路与举措奠定了基础。

2018年下半年以来，世界面临百年未有之大变局，危和机同生并存；我国发展处于重要战略机遇期，但是经济运行稳中有变、变中有忧，经济面临下行压力，金融风险日益突出并逐步暴露。然而，经过多方坚持和不懈努力，我国防范化解重大金融风险攻坚战取得了阶段性成果。当前，我国宏观杠杆率过快上升势头得到有效遏制，影子银行治

① 作者：张伟，清华大学五道口金融学院副研究员、校友办主任、《清华金融评论》副主编兼编辑部主任、北京清控金媒文化科技有限公司董事长。

理成效明显，重点金融机构风险处置取得重大突破，外部冲击风险得到有效应对，债券违约处置机制不断完善，互联网金融风险得到全面治理。特别是2019年5月依法果断接管包商银行，在最大限度保护存款人和客户合法权益的同时，坚决打破了刚性兑付，严肃了市场纪律，促进了金融市场信用分层，推动了市场风险合理定价。

针对2019年下半年以来我国经济下行压力有所加大的新形势，在重大金融风险防范化解取得阶段性成果的有利局面下，我国金融风险防范化解的思路和举措既有必要，也有可能适时适当调整和优化。下一步要坚持既定方针政策，厘清并压实各方职责，调整优化思路和举措，平衡好稳增长和防风险的关系，加大逆周期调节力度，注重在改革发展中化解风险，多渠道增强商业银行特别是中小银行资本实力，完善防范、化解和处置风险的长效机制，建立健全金融机构恢复处置机制、损失分担机制和激励约束机制，依法依规做好重点金融机构风险处置工作，保持金融体系稳健运行，维护经济社会大局稳定，坚决打赢防范化解重大金融风险攻坚战。

防范金融风险要从根本上依靠改革开放提供机制保障和动力支持。2019年以来，我国推出了一系列金融改革和对外开放措施，比如，集中宣布了30多条开放措施，出台了10多项进一步促进跨境贸易投资便利化措施，积极做好金融支持海南自贸试验区及自贸港、粤港澳大湾区、长三角高质量一体化发展等区域金融改革工作，等等。这些改革开放措施取得明显成效，不仅提振了市场信心，支撑了经济平稳运行，而且为防范金融风险提供了机制保障和动力支持。下一阶段要继续深化金融改革开放，主要包括：推进金融重点法律法规立法，提高金融执法效果；深化金融市场和金融机构改革，推动债券市场基础设施互联互通，深化中小银行和农信社改革，健全政策性银行治理结构，引导私募基金行业规范健康发展；加强金融基础设施统筹监管与建设规划；深入推进外汇管理体制改革，支持自贸试验区、自贸港等在外汇管理改革方面先行先试，积极稳妥推进人民币国际化；等等。通过改革开放释放活力，增强动力，提升竞争力，促进金融和经济良性循环。

主要金融市场发展政策

一、银行业市场发展政策①

（一）2019 年中国银行业市场发展政策主要内容

2019 年，从银保监会、人民银行等监管部门出台的多项政策来看，监管更加强调稳中求进，灵活运用。监管内容除了强调防范系统性风险与服务实体经济紧密结合，在金融改革扩大开放、完善公司治理机制、优化金融机构体系等多方面进一步发力。

1. 利率市场化改革取得重要进展

8 月 16 日，人民银行正式发布公告，宣布改革完善贷款市场报价利率（LPR）形成机制。12 月 28 日，人民银行发布〔2019〕第 30 号公告，推进存量浮动利率贷款定价基准平稳转换。截至年底，LPR 已进行了五次报价。新的贷款市场报价利率（LPR）机制的形成旨在通过发挥好 LPR 对贷款利率的引导作用，促进贷款利率“两轨合一轨”，提高利率传导效率。在多项政策推动下，改革完善 LPR 形成机制取得阶段性成效，推动银行降低了贷款实际利率水平，增强了银行对实体经济的支持力度。

改革完善 LPR 的同时，人民银行配合多次全面和定向降准，进一步疏通货币信贷传导机制，促进降低企业综合融资成本。1 月 4 日，人民银行决定下调金融机构存款准备金率 1 个百分点；5 月 15 日，对聚焦当地、服务县域的中小银行，实行较低的优惠存款准备金率，5 月 15 日、6 月 17 日和 7 月 15 日分三次实施到位；9 月 16 日，全面降准 0.5 个百分点。此外，对仅在省级行政区域内经营的城市商业银行定向下调存款准备金率 1 个百分点，10 月 15 日和 11 月 15 日分两次实施到位。

总体来看，改革完善 LPR 形成机制是我国实行利率市场化改革的关键举措，与定向降准相辅相成，共同推动银行降低了企业融资成本，加大了对实体经济的支持力度和服务质效。

2. 银行业进入全面开放新阶段

2019 年以来，银行业对外开放持续推进。银保监会与相关部门制定了多项银行业对

① 作者：周昆平，交通银行发展研究部（金融研究中心）副总经理、首席研究员；赵亚蕊，交通银行发展研究部（金融研究中心）高级研究员。

外开放的政策和措施，银行业对外开放的广度和深度都得到了质的提升。7月20日，国务院金融稳定发展委员会办公室发布《关于进一步扩大金融业对外开放的有关举措》，公布了11条最新的金融业对外开放措施，更大程度、更大便利地欢迎外资参与中国金融市场。9月30日，国务院公布《关于修改〈中华人民共和国外资银行管理条例〉的决定》，放宽外资银行设立条件，扩大业务范围。11月7日，国务院《关于进一步做好利用外资工作的意见》发布，全面取消在华外资银行、证券公司、基金管理公司等金融机构业务范围限制，丰富市场供给，增强市场活力。

监管部门贯彻落实党中央、国务院决策部署，积极推动银行业对外开放举措落地实施。5月1日，银保监会宣布12条对外开放新措施，7月研究发布7项对外开放新政策措施，年内共推出19项举措，丰富外资机构在华商业存在形式、扩大业务范围、优化监管规则、放宽外资准入条件和持股比例限制。9月10日，国家外汇管理局决定取消合格境外机构投资者（QFII）和人民币合格境外机构投资者（RQFII）投资额度限制，境外投资者参与境内金融市场的便利性再次大幅提升。9月30日，人民银行和国家外汇管理局发布《关于进一步便利境外机构投资者投资银行间债券市场有关事项的通知》（银发〔2019〕240号），进一步便利境外机构投资，提高对外开放水平。11月8日，银保监会《外资银行行政许可事项实施办法（征求意见稿）》出台，持续推进对外开放措施依法落地，优化营商环境，加强外资银行监管。12月18日，修订后的《中华人民共和国外资银行管理条例实施细则》（银保监会令2019年第6号）发布，落实细化银行业开放措施。

总体来看，在国务院发布系列举措和文件，监管部门大力推动对外开放各项措施落地的背景下，银行业对外开放成效显著，全方位、多层次、宽领域的银行业开放格局基本形成，银行业双向开放进入新阶段。

3. 普惠金融服务质效进一步夯实

2019年，各项金融政策陆续出台继续引导银行业加大对小微、“三农”以及民营企业等普惠金融领域的支持力度。货币政策方面，人民银行实施三次降准，并在年初调整普惠金融定向降准小微企业贷款考核标准，加大银行业对小微、民营企业等实体经济的支持力度。监管政策方面，监管部门从体制机制、信贷投放、产品服务等多方面出台了一系列政策提升普惠金融服务质效。

支持民营企业方面：2月3日，人民银行印发《关于取消企业银行账户许可的通知》（银发〔2019〕41号），提高金融服务水平，支持民营、小微企业高质量发展。2月14日，中共中央办公厅、国务院办公厅印发《关于加强金融服务民营企业的若干意见》，加大金融政策支持力度，积极支持民营企业融资纾困。2月25日，银保监会印发《关于进一步加强金融服务民营企业有关工作的通知》（银保监发〔2019〕8号），持续优化金融服务体系，着力提升民营企业信贷服务效率。12月4日，中共中央、国务院印发《关于营造更好发展环境支持民营企业改革发展的意见》，要求健全银行业金融机构服务民营企业体系，鼓励银行提前主动对接企业续贷需求，进一步降低民营和小微企业综合融资成本。

支持小微、“三农”方面：1月29日，人民银行联合银保监会等五部门发布《关于金融服务乡村振兴的指导意见》，促进农村金融资源回流，切实提升金融服务乡村振兴效率和水平。3月1日和4日，银保监会分别印发《关于做好2019年银行业保险业服务乡村振兴和助力脱贫攻坚工作的通知》（银保监办发〔2019〕38号）以及《关于2019年进一步提升小微企业金融服务质效的通知》（银保监办发〔2019〕48号），加大对“三农”和小微等领域的金融支持力度。5月9日，银保监会、财政部等四部门联合印发《关于进一步规范和完善扶贫小额信贷管理的通知》（银保监发〔2019〕24号），助力打赢脱贫攻坚战。5月15日，人民银行印发《中国人民银行关于切实做好2019—2020年金融精准扶贫工作的指导意见》（银发〔2019〕124号），切实做好2019—2020年金融精准扶贫工作，加大金融支持力度，有效防范金融风险。8月6日，银保监会联合国家知识产权局、国家版权局发布《关于进一步加强知识产权质押融资工作的通知》（银保监发〔2019〕34号），解决创新型企业“轻资产、缺担保”困境。9月12日，国家发展改革委、银保监会联合印发《关于深入开展“信易贷”支持中小微企业融资的通知》（发改财金〔2019〕1491号），支持金融机构破解中小微企业融资难融资贵问题。9月29日，银保监会和人民银行发布《2019年中国普惠金融发展报告》，全面深入地展示了我国普惠金融发展的最新数据成果。12月20日，银保监会印发《关于推动村镇银行坚守定位　提升服务乡村振兴战略能力的通知》（银保监办发〔2019〕233号），督促村镇银行更好坚守定位，有效提升金融服务乡村振兴战略的能力。12月26日，银保监会印发《中国银保监会农村中小银行机构行政许可事项实施办法（征求意见稿）》（银保监会令2019年第9号），进一步推进农村中小银行机构改革发展和风险处置，促进普惠金融发展。

保护消费者合法权益、提高金融服务水平方面：4月4日，银保监会、司法部联合发布《关于简化查询已故存款人存款相关事项的通知》，减证便民、优化银行服务水平。9月24日，银保监会发布《关于开展银行保险机构侵害消费者权益乱象整治工作的通知》（银保监办发〔2019〕194号），切实维护银行保险消费者合法权益。11月1日，银保监会连续发布《银行业保险业消费投诉处理管理办法（征求意见稿）》《银行保险违法行为举报处理办法（征求意见稿）》《中国银保监会信访工作办法（征求意见稿）》三份文件，就投诉、举报、信访三方面处理办法公开征求意见，维护金融消费者合法权益。11月4日，银保监会印发《关于银行保险机构加强消费者权益保护工作体制机制建设的指导意见》（银保监发〔2019〕38号），强化消费者权益保护决策执行和监督机制，加强银行业保险业消费者权益保护工作。11月20日，最高人民法院、人民银行、银保监会联合发布《关于全面推进金融纠纷多元化解机制建设的意见》，标志着金融纠纷诉调对接机制建设全面推进，进一步优化法治化营商环境。12 月 2 日，人民银行就《中国人民银行关于规范代收业务的通知（征求意见稿）》向社会公开征求意见，规范代收业务参与各方行为，保障金融消费者的合法权益。12 月 24 日，人民银行等四部委联合发布《关于进一步规范金融营销宣传行为的通知》，切实保护广大金融消费者合法权益。12 月 27 日，人民银行公布《中国人民银行金融消费者权益保护实施办法（征求意见稿）》，保护金融消费者长远和根本利益。

总体来看，在国务院出台意见指导，人民银行、银保监会等多部门综合统筹，加强政策支持、激励、督导的背景下，银行业金融机构持续发力，在缓解民营、小微企业融资问题等方面取得积极成效；在做实普惠金融、精准扶贫力度以及基础金融服务覆盖面等方面不断增强和扩大；在保护消费者合法权益等方面，进一步精准发力。

4. 银行业金融机构治理机制现代化程度不断提升

自 2019 年以来，人民银行、银保监会等监管部门出台多项政策，多措并举完善和提高银行业金融机构公司治理机制和治理能力。

1 月 4 日，银保监会发布《关于推进农村商业银行坚守定位　强化治理　提升金融服务能力的意见》，推进农村商业银行更好地回归县域法人机构本源。1 月 9 日，银保监会发布《关于加强中资商业银行境外机构合规管理长效机制建设的指导意见》，推动在境外设有经营性机构的中资商业银行进一步优化集团合规管理体系。4 月 30 日，银保监会对《商业银行金融资产风险分类暂行办法》公开征求意见，明确金融资产五级分类定义，促进银行业建立健全风险分类治理架构。7 月 12 日，银保监会发布《商业银行股权托管办法》（中国银行保险监督管理委员会令 2019 年第 2 号），规范商业银行股权托管，健全商业银行股权穿透式监管框架。7 月 26 日，人民银行就《金融控股公司监督管理试行办法（征求意见稿）》公开征求意见，确立了宏观审慎管理、穿透监管、协调监管三条原则，以更好地推动金融控股公司规范发展，有效防控金融风险。10 月 18 日，银保监会发布《关于进一步规范商业银行结构性存款业务的通知》，加大结构性存款业务监管力度，增强银行经营的合规性和稳健性。11 月 25 日，银保监会印发《关于银行保险机构公司治理监管评估办法（试行）的通知》（银保监发〔2019〕43 号），首次提出了合规性评价和有效性评价两类指标，同时设置重大事项调降评级项，加大对公司治理有效性及公司治理失灵等突出问题的关注评价力度。11 月 26 日，人民银行和银保监会就《系统重要性银行评估办法（征求意见稿）》公开征求意见，建立系统重要性银行评估与识别机制，推动完善我国系统重要性金融机构监管框架。

总体来看，强化和完善商业银行公司治理机制是深化银行业改革的重要领域，监管部门通过多项政策和措施加强对银行业金融机构公司治理的指导与监督，促进银行业不断提高公司治理的科学性、稳健性和有效性，从而为银行业提升治理体系与治理能力现代化、实现可持续发展打下了坚实基础。

5. 银行业数据治理、数字化和智能化转型提速

2019年，金融科技飞速发展，银行业金融机构顺应发展潮流也纷纷加快布局。11月6日，国务院金融稳定发展委员会召开第九次会议，强调要完善金融支持科技创新的政策措施，优化科技创新融资方式，改善配套政策环境。监管部门积极构建金融科技监管基本规则体系，推进金融与科技深度融合、协调发展。在多项金融政策措施的推动和规范下，银行业领域在数据治理、数字化、智能化等多方面转型提速。

1月10日，人民银行联合银保监会、证监会印发《关于金融行业贯彻〈推进互联网协议第六版（IPv6）规模部署行动计划〉的实施意见》（银发〔2018〕343号），加快推进互联网在金融行业的深度融合。1月24日，人民银行发布《关于发布银行间市场基础数据元和银行间市场业务数据交换协议行业标准的通知》（银发〔2019〕6号），进一步完善银行业市场相关数据标准，提高数据治理程度。7月9日，银保监会发布《关于推动供应链金融服务实体经济的指导意见》，鼓励银行保险机构将物联网、区块链等新技术嵌入交易环节，对物流及库存商品实施远程监测，提升智能风控水平。8月22日，人民银行印发《金融科技（FinTech）发展规划（2019—2021年）》，作为首个单独针对金融科技的顶层设计文件，明确提出了未来三年金融科技工作的指导思想、基本原则、发展目标、重点任务和保障措施。10月29日，人民银行、国家市场监督管理总局联合发布公告，将金融科技产品纳入国家统一推行的认证体系，以标准落地实施为手段，持续强化金融科技安全与质量管理，着力提升金融科技守正创新能力和综合治理水平。

在多项政策推动下，商业银行加快新技术变革，推动数字化转型发展。继建设银行设立银行系首家全资金融科技子公司以来，工商银行、中国银行等多家银行相继设立金融科技子公司。此外，中国银行、工商银行、建设银行等相继推出深度融合5G元素和生活场景的智能网点，工商银行发布ECOS智慧银行生态系统，促进银行业跨境、跨业、跨界转型发展。工商银行、平安银行、浙商银行、江苏银行、微众银行、苏宁银行6家银行公布了14项区块链服务内容；建设银行发布“BCTrade2.0区块链贸易金融平台”。总体来看，金融科技相关监管政策的出台，对银行业金融科技的发展具有重要指导意义，加快推动了区块链技术在银行业市场的推广应用。

6. 资管行业政策框架初步建立

2019年，可以称之为“理财子公司元年”，随着资管行业改革的深入推进，多项监管政策陆续出台，大资管行业的政策框架初步搭建完成。商业银行资管业务迎来转型发展新格局。

10月12日，人民银行、银保监会等四部门联合起草了《关于标准化债权类资产认定规则（征求意见稿）》公开征求意见的公告，进一步规范金融机构资产管理产品投资。10月19日，国家发展改革委、人民银行等六部门联合印发《关于进一步明确规范金融

机构资产管理产品投资创业投资基金和政府出资产业投资基金有关事项的通知》（发改财金规〔2019〕1638号），对资管产品投资私募股权创投基金的运作模式提出了规范原则。11月29日，银保监会发布《商业银行理财子公司净资本管理办法（试行）》（银保监会令2019年第5号），该办法作为《商业银行理财子公司管理办法》的配套制度，保持了资管新规去杠杆和资管业务统一监管的核心原则，通过净资本管理约束，引导理财子公司树立审慎经营理念，防范监管套利，促进我国资管行业健康有序发展。12月27日，银保监会、人民银行出台《关于规范现金管理类理财产品管理有关事项的通知（征求意见稿）》，该通知作为资管新规、理财新规、《商业银行理财子公司管理办法》的配套制度，对商业银行、商业银行理财子公司发行的现金管理类产品提出了具体监管要求。

顺应资管行业发展趋势及监管要求，多家银行开展理财子公司试点。包括6家国有银行和4家股份制银行在内的15家中资银行已经设立理财子公司，东方汇理资产管理公司和中银理财有限责任公司在上海合资设立理财公司作为首家外资控股理财公司批准设立。商业银行理财业务迎来新的发展格局。总体来看，多项办法和政策的出台为规范资管业务发展、防范相关风险提供了制度性安排和根本依据，加快推进了银行业金融机构资管理财业务的转型发展。

7. 规范业务经营，防范金融风险

2019年，外部环境相对复杂，监管部门出台多项政策补短板，规范银行经营业务，加强资本补充，防范和化解金融风险。

规范银行业业务运行，提升服务实体经济水平。5月13日，人民银行印发《关于支持绿色金融改革创新试验区发行绿色债务融资工具的通知》（银发〔2019〕116号），加强绿色金融改革创新试验区建设，丰富企业融资渠道。5月25日，人民银行和国家外汇管理局印发《存托凭证跨境资金管理办法（试行）》，规范存托凭证跨境资金管理，加强银行业务经营。11月22日，人民银行修订《应收账款质押登记办法》（中国人民银行令〔2019〕第4号），进一步规范应收账款质押登记，保护质押当事人和利害关系人的合法权益。12月10日，银保监会、商务部以及国家外汇管理局联合印发《关于完善外贸金融服务的指导意见》（银保监发〔2019〕49号），进一步规范银行业保险业外贸金融业务行为，引导银行保险机构有效加强和改善外贸金融服务。12月30日，人民银行和银保监会对《银行卡清算机构管理办法》进行修改（中国人民银行　中国银行业监督管理委员会令〔2016〕第2号），进一步健全银行卡市场管理制度。

资本补充及创新机制不断完善。2月11日，国务院常务会议决定，支持商业银行多渠道补充资本金，增强金融服务实体经济和防风险能力。7月19日，银保监会和证监会出台《关于商业银行发行优先股补充一级资本的指导意见（修订）》，规范商业银行优先股发行，提升商业银行资本质量。11月22日，银保监会发布《关于商业银行资本工具创新的指导意见（修订）》（银保监发〔2019〕42号），进一步推动和规范商业银行资本工具发行，增强风险抵御能力，为商业银行资本补充提供有利的政策环境。在监管政策推动下，国内商业银行加快资本工具创新，永续债发行进入快车道，截至12月末，工行、农行、中行、建行、交行等多家商业银行发行永续债超过5000亿元规模。此外，银行业积极融入资本市场，多家银行开启IPO，建立资本补充长效机制。

加强风险防范，推动市场出清。防范化解金融风险是监管政策的主旋律，2019年多项政策措施出台，防范金融风险攻坚战取得关键进展。1月29日，银保监会印发《银行业金融机构反洗钱和反恐怖融资管理办法》（银保监会令2019年第1号），做好银行业金融机构反洗钱和反恐怖融资工作，维护经济社会安全稳定。3月19日，银保监会印发《商业银行净稳定资金比例信息披露办法》的通知（银保监发〔2019〕11号），加强商业银行流动性风险管理。3月23日，人民银行印发《关于进一步加强支付结算管理防范电信网络新型违法犯罪有关事项的通知》（银发〔2019〕85号），加强支付结算管理，构筑金融业支付结算安全防线。5月8日，银保监会印发《关于开展"巩固治乱象成果 促进合规建设"工作的通知》（银保监发〔2019〕23号），精准有效处置重点领域风险，夯实银行业乱象整治工作。5月24日，人民银行和银保监会发布《关于接管包商银行股份有限公司的公告》，通过对问题金融机构进行处置，化解高风险银行机构可能产生的风险。6月11日，人民银行印发《关于优化空头支票违规行为综合治理工作的通知》（银发〔2019〕155号），加强票据相关业务违规行为治理。10月12日，银保监会印发《关于〈中国银保监会行政处罚办法（征求意见稿）〉公开征求意见的通知》，完善行政处罚工作机制，严肃整治市场乱象，防范化解金融风险。12月19日，银保监会印发《关于银行保险机构员工履职回避工作的指导意见》（银保监发〔2019〕50号），加强对银行保险机构员工履职行为的监管，提升内控机制有效性。12月27日，人民银行、国家发展改革委与证监会联合发布《关于公司信用类债券违约处置有关事宜的通知（征求意见稿）》，正式建立债券违约的统一处置机构，有效防范债券违约风险。

（二）2019年中国银行业市场发展政策效果

1. 2019年中国银行业市场发展政策在多方面取得积极成效

2019年，中央和地方层面的多个政策持续落地。受益于多项金融监管政策的支持、完善和规范，银行业市场总体运行稳健，各项指标处于合理区间。在支持实体经济、提升金融服务质效以及深化改革发展等多个方面取得明显成效。总体来看，我国银行业呈现以下积极变化：

一是资产规模和利润稳步增长。在货币、监管政策共同发力下，受生息资产继续稳步扩张、非利息收入保持回暖态势，以及税收优惠政策等多种因素影响，2019年第四季度末，我国银行业金融机构本外币资产达290.0万亿元，同比增长8.1%，资产规模稳步增长。其中，大型商业银行本外币资产为116.8万亿元，占比40.3%，资产总额同比增长8.3%；股份制商业银行本外币资产为51.8万亿元，占比17.9%，资产总额同比增长10.1%。2019年，商业银行累计实现净利润2.0万亿元，平均资本利润率为10.96%。

二是资产质量基本保持稳定。得益于有利的货币政策、财政政策、监管政策以及不良资产处置力度的加大，商业银行资产质量基本保持稳定。2019年第四季度末，商业银行不良贷款余额为24135亿元，不良贷款率为1.86%，拨备覆盖率为186.08%，贷款拨备率为3.46%。随着不良资产处置力度的加大，商业银行不良贷款率与上季末持平，单季不良增速明显下降，贷款损失准备继续稳步提升，商业银行资产质量总体保持平稳。

三是资本补充渠道多元化，风险抵补能力相对充足。监管鼓励银行资本工具创新的相关政策陆续出台，为银行进一步充实资本拓宽了道路。多家上市银行通过发行可转债、二级资本债、优先股、永续债、金融债和定向增发等方式补充资本金。2019年第四季度末，商业银行（不含外国银行分行）核心一级资本充足率为10.92%，较上季末增加0.08个百分点；一级资本充足率为11.95%，较上季末增加0.11个百分点；资本充足率为14.64%，较上季末增加0.10个百分点。商业银行风险抵补能力整体充足。

在整体运行趋势逐步向好的背景下，银行业服务实体经济质效不断提升，对小微和民营企业等领域的信贷支持不断强化，防范化解金融风险攻坚战取得关键进展，重点机构重点领域改革不断深化，公司治理机制进一步完善，各项工作取得明显成效。

一是防范化解金融风险攻坚战取得关键进展。2019年全年共处置不良贷款约2万亿元，商业银行逾期90天以上贷款全部纳入不良资产管理。影子银行和交叉金融风险持续收敛，三年来影子银行规模较历史峰值压降16万亿元。问题金融机构得到有序处置，银行业重点领域的风险得到一定缓解。房地产金融化泡沫化倾向趋缓，地方政府隐性债务风险逐步化解。市场乱象存量问题持续减少，增量问题得到遏制，一批重大非法集资案件得到严厉查处。

二是金融机构服务实体经济质效不断提升。2019年人民币贷款增加17万亿元，较上年多增加1.1万亿元。民营企业贷款累计增加4.25万亿元。普惠型小微企业贷款余额为11.6万亿元，同比增长超过25%。5家大型银行普惠型小微企业贷款增长超过55%，新发放普惠型小微企业贷款综合融资成本下降超过1个百分点。

三是进一步扩大双向开放，充分释放改革动能。2019年全年新推出19条对外开放措施，批准51项外资银行保险机构筹建和开业申请。支持中资机构走出去，已有11家中资银行在29个“一带一路”沿线国家设立80家一级机构。加快补齐监管制度短板，全年发布40项规章制度。圆满完成机构改革任务，实现从“物理融合”到“化学反应”，充分释放改革动能。

2. 银行业市场发展政策在部分领域仍存在完善空间

2019年，银行业总体运行稳健，服务实体经济质效进一步提升，各项政策举措取得较好成效，但国内外风险形势依然复杂，存在着诸多不确定性和不稳定性，银行业部分领域还需要后续政策加以规范引导，实现更好发展。

一是防范化解金融风险依然是首要任务。自2019年以来，包商银行、锦州银行等银行系问题金融机构得到一定的妥善处理，但仍有部分中小型银行存在公司治理缺陷、业务高度集中、同业业务激进扩张、信用风险抬升等问题。且这些风险正由城商行体系向农村金融机构等中小金融机构扩散，对更多中小农村金融机构的风险需要给予特别的关注。这部分领域的监管未来仍要加强。

二是资管行业的政策法规有待进一步细化和完善。目前大资管行业政策框架也已基本搭建完毕，但从政策框架来看，目前仍有多项相关细则有待完善和发布。如，资管新规（银发〔2018〕106号）明确了后续的五大配套细则，目前已经发布3个，尚有2份细则待出台，分别为商业银行信贷资产受（收）益权的投资限制，资产管理产品统计的具体制度和大资管行业各类市场主体的牌照管理情况等。

三是资本补充政策范围有待进一步扩大。为有效防范风险，提高实体经济服务质效，2019年关于商业银行资本补充相关政策举措不断完善，截至12月30日，在政策引导下已有20家银行获准发行永续债，15家银行发行了永续债，发行规模合计5696亿元。尽管资本补充的政策有所放开，但是目前无固定期限资本债券的发行仍然仅限于全国性银行，非上市非公众中小银行更需要资本进行补充来防范风险和支撑实体经济，针对这部分银行的政策范围有待进一步调整。

（三）2020年中国银行业市场发展政策展望与建议

展望2020年，在全球贸易摩擦不断、新冠肺炎疫情控制存在巨大不确定性的背景下，抗击疫情和服务实体经将是银行业全年的首要任务。相关政策将更加强调根据疫情防控和经济形势的阶段性变化，把握好力度重点和节奏，并且把支持实体经济恢复发展放到更加突出的位置。货币政策也将更加强调总量、逆周期调节，处理好稳增长、防风险和控通胀的关系。具体而言：

第一，在新形势下继续防范化解金融风险。2020年，国际新冠肺炎疫情扩散蔓延给经济和金融带来很大影响，国际金融市场动荡加剧。为有效应对境外风险向境内传递，将来的金融监管政策将更加注重力度和节奏，加强逆周期调节作用，强调在改革发展中化解风险。一是进一步深化金融供给侧结构性改革，提高银行业金融机构抵御风险的能力。二是随着疫情进一步好转，继续完善商业银行公司治理机制，特别是推动规范股权管理。三是深化中小银行改革，采取多种有效方式加大对中小银行的资本补充力度，增强其抵御风险和信贷投放的能力。四是有效控制和化解产能过剩、消费金融等重点领域信用风险，加快推进市场化债转股，通过更加多元化的方式化解不良资产。

第二，进一步推动全方位对外开放。近年来，银行业对外开放取得较为积极的成果，目前来看，疫情也并未打乱这一节奏，银行业市场相关政策依旧保持定力。建议

2020 年监管根据国际疫情变化，继续加大商业银行双向开放政策。一是确保目前已有的对外开放政策在新形势下真正落地实施。二是推进资管行业对外开放，取消商业银行新发起设立的金融资产投资公司和理财公司的外资持股比例上限。三是完善金融市场基础设施，更好地创造商业银行公平竞争环境。

第三，加强银行业支持实体经济恢复力度，引导资金更多投向重点领域和薄弱环节。一是加大宏观政策实施力度，分阶段把握货币政策的力度、节奏和重点，综合运用多种政策工具保持流动性的合理充裕，引导金融机构把促进实体经济恢复和发展放在首要位置。二是强化对受疫情影响严重的中小企业和民营企业的金融服务，引导更多信贷资源投入这些领域，充分考虑中小企业特点和面临的约束条件，出台并落实好各项应对措施。三是统筹抓好疫情防控和脱贫攻坚，加强对“三农”相关领域的金融支持，助力打赢脱贫攻坚战。四是多措并举弥补政策短板，推动银行业加强加快新型基础设施建设，发挥新基建拉动经济增长的作用。

附表

2019 年中国银行业市场主要发展政策

发布日期	政策名称	发文单位
1 月 2 日	中国人民银行决定调整普惠金融定向降准小微企业贷款考核标准	人民银行
1 月 4 日	中国人民银行决定于 2019 年 1 月下调金融机构存款准备金率置换部分中期借贷便利	人民银行
1 月 4 日	关于推进农村商业银行坚守定位　强化治理　提升金融服务能力的意见（银保监办发〔2019〕5 号）	银保监会
1 月 9 日	关于加强中资商业银行境外机构合规管理长效机制建设的指导意见（银保监办发〔2019〕13 号）	银保监会
1 月 10 日	关于金融行业贯彻《推进互联网协议第六版（IPv6）规模部署行动计划》的实施意见（银发〔2018〕343 号）	人民银行、银保监会、证监会
1 月 24 日	中国人民银行关于发布银行间市场基础数据元和银行间市场业务数据交换协议行业标准的通知（银发〔2019〕6 号）	人民银行
1 月 29 日	关于金融服务乡村振兴的指导意见	人民银行、银保监会、证监会、财政部、农业农村部
1 月 29 日	银行业金融机构反洗钱和反恐怖融资管理办法（银保监会令 2019 年第 1 号）	银保监会
2 月 2 日	关于取消企业银行账户许可有关事宜的决定（中国人民银行令〔2019〕第 1 号）	人民银行
2 月 3 日	中国人民银行关于取消企业银行账户许可的通知（银发〔2019〕41 号）	人民银行
2 月 25 日	关于进一步加强金融服务民营企业有关工作的通知（银保监发〔2019〕8 号）	银保监会

续表

发布日期	政策名称	发文单位
3月1日	关于做好2019年银行业保险业服务乡村振兴和助力脱贫攻坚工作的通知（银保监办发〔2019〕38号）	银保监会
3月4日	关于2019年进一步提升小微企业金融服务质效的通知（银保监办发〔2019〕48号）	银保监会
3月4日	商业银行净稳定资金比例信息披露办法（银保监发〔2019〕11号）	银保监会
3月23日	关于进一步加强支付结算管理防范电信网络新型违法犯罪有关事项的通知（银发〔2019〕85号）	人民银行
4月4日	关于简化查询已故存款人存款相关事项的通知	银保监会、司法部
4月30日	商业银行金融资产风险分类暂行办法（征求意见稿）	银保监会
5月8日	关于开展“巩固治乱象成果　促进合规建设”工作的通知（银保监发〔2019〕23号）	银保监会
5月9日	关于进一步规范和完善扶贫小额信贷管理的通知（银保监发〔2019〕24号）	银保监会、财政部、人民银行、国务院扶贫办
5月13日	关于支持绿色金融改革创新试验区发行绿色债务融资工具的通知（银发〔2019〕116号）	人民银行
5月15日	中国人民银行关于切实做好2019—2020年金融精准扶贫工作的指导意见（银发〔2019〕124号）	人民银行
5月21日	中国人民银行关于下调服务县域的农村商业银行人民币存款准备金率的通知（银发〔2019〕127号）	人民银行
5月24日	关于接管包商银行股份有限公司的公告	人民银行、银保监会
5月25日	存托凭证跨境资金管理办法（试行）（中国人民银行　国家外汇管理局公告〔2019〕第8号）	人民银行、国家外汇管理局
6月11日	关于优化空头支票违规行为综合治理工作的通知（银发〔2019〕155号）	人民银行
7月9日	关于推动供应链金融服务实体经济的指导意见（银保监办发〔2019〕155号）	银保监会
7月12日	商业银行股权托管办法（中国银行保险监督管理委员会令2019年第2号）	银保监会
7月19日	关于商业银行发行优先股补充一级资本的指导意见（修订）（银保监发〔2019〕31号）	银保监会、证监会
7月20日	关于进一步扩大金融业对外开放的有关举措	国务院金融稳定发展委员会办公室
7月26日	金融控股公司监督管理试行办法（征求意见稿）	人民银行
8月6日	关于进一步加强知识产权质押融资工作的通知（银保监发〔2019〕34号）	银保监会、国家知识产权局、国家版权局
8月16日	中国人民银行决定改革完善贷款市场报价利率（LPR）形成机制（中国人民银行公告〔2019〕第15号）	人民银行
8月22日	金融科技（FinTech）发展规划（2019—2021年）	人民银行

续表

发布日期	政策名称	发文单位
9月6日	中国人民银行决定于2019年9月16日下调金融机构存款准备金率	人民银行
9月12日	关于深入开展“信易贷”支持中小微企业融资的通知（发改财金〔2019〕1491号）	国家发展改革委、银保监会
9月20日	商业银行理财子公司净资本管理办法（试行）（征求意见稿）	银保监会
9月24日	关于开展银行保险机构侵害消费者权益乱象整治工作的通知（银保监办发〔2019〕194号）	银保监会
9月29日	2019年中国普惠金融发展报告	银保监会、人民银行
9月30日	关于进一步便利境外机构投资者投资银行间债券市场有关事项的通知（银发〔2019〕240号）	人民银行、国家外汇管理局
10月12日	标准化债权类资产认定规则（征求意见稿）	人民银行
10月12日	关于《中国银保监会行政处罚办法（征求意见稿）》公开征求意见的通知	银保监会
10月15日	国务院关于修改《中华人民共和国外资银行管理条例》的决定（中华人民共和国国务院令第720号）	国务院
10月18日	关于进一步规范商业银行结构性存款业务的通知（银保监办发〔2019〕204号）	银保监会
10月19日	关于进一步明确规范金融机构资产管理产品投资创业投资基金和政府出资产业投资基金有关事项的通知（发改财金规〔2019〕1638号）	国家发展改革委、人民银行、财政部、银保监会、证监会、外汇局
10月29日	中国人民银行、国家市场监督管理总局联合推动金融科技产品纳入国家统一推行的认证体系	人民银行、国家市场监督管理总局
11月1日	银行保险违法行为举报处理办法（征求意见稿）	银保监会
11月4日	关于银行保险机构加强消费者权益保护工作体制机制建设的指导意见（银保监发〔2019〕38号）	银保监会
11月6日	中国银保监会农村中小银行机构行政许可事项实施办法（征求意见稿）	银保监会
11月8日	中国银保监会外资银行行政许可事项实施办法（征求意见稿）	银保监会
11月22日	应收账款质押登记办法（中国人民银行令〔2019〕第4号）	人民银行
11月22日	关于商业银行资本工具创新的指导意见（修订）（银保监发〔2019〕42号）	银保监会
11月25日	中国银保监会关于印发银行保险机构公司治理监管评估办法（试行）的通知（银保监发〔2019〕43号）	银保监会
11月26日	系统重要性银行评估办法（征求意见稿）	人民银行、银保监会
11月29日	商业银行理财子公司净资本管理办法（试行）（银保监会令2019年第5号）	银保监会
12月2日	中国人民银行关于规范代收业务的通知（征求意见稿）	人民银行
12月4日	关于营造更好发展环境支持民营企业改革发展的意见	中共中央、国务院

续表

发布日期	政策名称	发文单位
12 月 10 日	关于完善外贸金融服务的指导意见（银保监发〔2019〕49 号）	银保监会、商务部、国家外汇管理局
12 月 18 日	中华人民共和国外资银行管理条例实施细则（银保监会令 2019 年第 6 号）	银保监会
12 月 19 日	关于银行保险机构员工履职回避工作的指导意见（银保监发〔2019〕50 号）	银保监会
12 月 20 日	关于推动村镇银行坚守定位　提升服务乡村振兴战略能力的通知（银保监办发〔2019〕233 号）	银保监会
12 月 24 日	关于进一步规范金融营销宣传行为的通知（银发〔2019〕316 号）	人民银行、银保监会、证监会、国家外汇管理局
12 月 25 日	银行保险违法行为举报处理办法（银保监会令 2019 年第 8 号）	银保监会
12 月 26 日	农村中小银行机构行政许可事项实施办法（银保监会令 2019 年第 9 号）	银保监会
12 月 27 日	中国人民银行金融消费者权益保护实施办法（征求意见稿）	人民银行
12 月 27 日	关于公司信用类债券违约处置有关事宜的通知（征求意见稿）	人民银行、国家发展改革委、证监会
12 月 27 日	关于规范现金管理类理财产品管理有关事项的通知（征求意见稿）	银保监会、人民银行
12 月 28 日	存量浮动利率贷款的定价基准转换为 LPR（中国人民银行公告〔2019〕第 30 号）	人民银行
12 月 30 日	关于修改《银行卡清算机构管理办法》的决定（征求意见稿）	人民银行、银保监会

专栏 5

系统重要性银行的科学评估①

2019 年 11 月 26 日，中国人民银行和中国银保监会通过信函方式，联合发布关于公开征求对《系统重要性银行评估办法（征求意见稿）》（以下简称《评估办法》）意见的通知。《评估办法》的出台表明，两大中央金融监管机构在健全完善系统重要性金融机构监管、切实提升重点金融机构安全性、协同打赢防范化解重大金融风险攻坚战、有效贯彻落实国家战略任务的工作中，迈出了坚实的一步。要想打赢防范化解重大金融风险攻坚战，必须科学评估系统重要性银行，强化宏观审慎监管。

《评估办法》共四章、二十条，主要内容包括：一是明确了办法制定的法规依据和政策目标。依据是“三法一意见”，即《中华人民共和国中国人民银行法》《中华人民共和国银行业监督管理法》《中华人民共和国商业银行法》等有关法律法规和《关于完

① 作者：马强，上海市银行同业公会常务副会长。

善系统重要性金融机构监管的指导意见》（银发〔2018〕301号文，以下简称《指导意见》）。目标是完善我国系统重要性金融机构监管框架，建立系统重要性银行评估与识别机制。二是明确了名单制管理。每年发布系统重要性银行名单，根据名单对系统重要性银行进行差异化监管，以降低其发生重大风险的可能性。三是明确了名单评估环节，包括确定参评范围、收集数据、计算系统重要性得分、监管判断、确定并公布名单。四是明确了定量指标评估与定性监管判断相结合的评估方法。“规模”“关联度”“可替代性”和“复杂性”作为四个一级指标，其权重均为25%，每个一级指标下设若干二级指标。五是明确采用差异化监管模式。基于阈值300分建立系统重要性银行初始名单，基于得分高低对不同组别的银行实行差别监管。六是明确分工。中国银保监会负责计算系统重要性得分，中国人民银行持续开展压力测试监控，国务院金融稳定发展委员会终审。中国人民银行和中国银保监会都可以对低于300分阈值的银行是否纳入名单提出建议并提交国务院金融委审议，最终名单由人民银行、银保监会联合发布。

此前，2012年6月29日，巴塞尔银行监管委员会（BCBS）发布了《系统重要性银行纲领》的咨询文件，阐述了关于国别系统重要性银行（D－SIBs）评估方法的8个原则和更高的资本损失吸收能力（Higher Loss Absorbency，HLA）要求的4个原则。12月10日，BCBS又发布了《国别系统重要性银行框架》，对（D－SIB）12条原则进行了操作释义和原则说明。2018年11月27日，中国人民银行与中国银保监会、中国证监会联合发布了中国版系统重要性金融机构监管的《指导意见》。作为一个总体性的制度，《指导意见》涵盖了对全部系统重要性金融机构包括银行业机构、证券业机构、保险业机构以及金融委认定的其他金融机构的识别、监管和处置等安排。相比于《指导意见》作为原则规定，《评估办法》作为一项落实措施，不仅提供了可操作性，而且提高了监管透明度。这也表明，中国金融监管权威部门在反思2008年国际金融危机教训、防范系统重要性银行“大而不能倒”风险、强化宏观审慎管理和完善金融监管体制以维护中国金融稳定及经济稳定的思考更成熟，行动更稳健，手段更丰富。

此前，中国工商银行、中国农业银行、中国银行、中国建设银行等4家银行均已入选全球系统重要性银行（G－SIBs）名单。作为征求意见稿，虽然《评估办法》还会进行补充、修改和完善，但其作为D－SIFs评估的成熟做法和工作实践，必定为后续系统重要性保险业机构、系统重要性证券业机构评估的实施与细则制定提供良好的模式借鉴与可行的参考范本。11月25日中国银保监会发布了《银行保险机构公司治理监管评估办法（试行）》，采用定量评分、调降评级与加分指标的做法，相互印证。作为中国版巴塞尔协议后的又一个监管里程碑，《评估办法》的施行，必将开启中国银行业机构治理加快市场化、法治化与国际化紧密结合的新征程，我们拭目以待。

专栏 6

接管包商银行　严正高风险金融机构市场退出①

2019 年 5 月 24 日包商银行被接管。中国人民银行、中国银保监会联合发布公告，鉴于该行出现严重信用风险，为保护存款人和其他客户合法权益，依照《中华人民共和国中国人民银行法》《中华人民共和国银行业监督管理法》和《中华人民共和国商业银行法》有关规定，中国银保监会决定自该日起对其采取接管一年的监管措施。

包商银行被接管因其遭遇严重的信用危机，大股东占款过多而逾期造成重大信贷损失，尝试通过同业举债而缓解流动性危机的举措无效。包商银行本来是一家有全国甚至亚洲影响力的城市商业银行，并非是一直存在严重问题的银行。其前身包头市商业银行成立于 1998 年 12 月，是内蒙古自治区最早成立的股份制商业银行，2007 年 9 月经中国银监会批准改名。2017 年排名全国城商行第 14 位，2018 年排名全国商业银行第 37 位。截至 2018 年末，包商银行的总资产规模达到了 5508 亿元。

接管包商银行具有充分的宏观审慎监管原则依据。一是法定原则，公告中清楚说明了接管所依据的三大法律。二是存款保护原则。接管后，包商银行正常经营，客户业务照常办理，依法保障银行存款人和其他客户合法权益。三是果断处置区域性系统性风险蔓延原则和最小经济成本原则。四是金融道德风险责任治理原则。

接管包商银行，中央监管机构采取了周全而细致的一整套稳健做法。一是启动了存款保险制度。存款保险基金管理有限责任公司（简称存款保险基金）成立于 2019 年 5 月24 日，即公告的当天，该公司股东为中国人民银行，注册资本为 100 亿元。对接管前的个人储蓄存款本息由中国人民银行、中国银保监会和存款保险基金全额保障。二是确保支付。接管后，中国人民银行和中国银保监会将通过提供流动性支持、及时调拨充足现金、确保支付系统运行通畅等措施提供流动性支持。三是由六大银行之一的中国建设银行进行托管，维护正常经营。接管后，包商银行个人理财各项业务不受影响，原有合同继续执行，无须重签。四是建立托管银行与被托管银行之间的道德风险“防火墙”。中国建设银行承诺，全力帮助包商银行完善公司治理结构与风控体系，不争抢包商银行客户资源，不发生不当关联交易。五是隔断区域性风险传递。有媒体报道，包商银行将在重组之后更名并回归区内银行，不再跨区域经营。包商银行被接管后，其发起设立的村镇银行作为独立的法人主体将继续独立经营。六是建立银行治理“铁”架构。有媒体报道，新的银行股东将包括内蒙古财政、存款保险基金、徽商银行和建信金融投资公司等。

包商银行被接管对银行业监管机构提出了金融市场舆情应对挑战与声誉风险管理要求。一是因其市场排名不算低，业务表现颇受同行关注。二是在去杠杆大潮中，中小银行

---

① 作者：马强，上海市银行同业公会常务副会长。

的抵抗力本来就比较弱。三是在中国经济金融全方位开放大势中，中小银行经营中调结构、转模式的压力有增无减。虽然，银行被接管早有案例可循，比如汕头商业银行停业整顿后重组为广东华兴银行，海南发展银行被直接关闭而由中国工商银行托管其全部资产负债，但是包商银行却成为近20年来被监管部门接管的首家银行。可喜的是，中国银保监会接管包商银行的工作很稳健，很成熟，也有创意，在新时期新形势下，不仅为中国特色问题银行处置开创了一个成功范例，也为发展中国家金融机构治理树立了一个全新模式。

二、股票市场发展政策[①]

（一）2019年股票市场概况

2019年监管层稳中求进统筹深化改革和防范风险之间的关系，坚持以市场化、法制化的方式推进金融供给侧改革，通过完善制度来保护中小投资者的利益和增强资本市场的活力。重视资本市场特别是股票市场的作用，大力发展直接融资，实体经济潜能持续释放，居民财富管理需求迅速增长，金融供给侧结构性改革深入推进。资本市场大力支持科创企业，鼓励其在科创板上市，助力中国经济转型升级。

经历了2018年大幅度下跌之后，2019年三大指数均出现大幅上涨。上证指数从2494点涨至3050点，年涨幅22.30%；深中小板指数从4703点涨至6633点，年涨幅41.03%；创业板指数从1250点涨至1798点，年涨幅43.79%。截至2018年末，沪深两地上市公司总市值59.29万亿元，较上年上升36.33%。

2019年申万一级行业除钢铁和建筑装饰板块外全部获得正收益。其中电子板块涨幅为73.77%，食品饮料板块涨幅为72.87%，家用电器板块涨幅为56.99%，建筑材料板块涨幅为51.03%，计算机板块涨幅为48.05%，非银金融板块涨幅为45.51%，农林牧渔板块涨幅为45.45%，涨幅相对较大；通信板块涨幅为19.96%，轻工制造板块涨幅为19.27%，交通运输板块涨幅为17.28%，汽车板块涨幅为14.60%，采掘板块涨幅为9.07%，商业贸易板块涨幅为8.80%，纺织服装板块涨幅为7.09%，公用事业板块涨幅为5.12%，涨幅相对较低；钢铁板块跌幅为2.09%，建筑装饰板块跌幅为2.12%，跌幅实际也不明显。

从板块上看，板块估值分化加大，蓝筹股票估值虽然得到一定修复，但仍低于中小板、创业板市场估值。截至2019年末，全部AB股、沪深300、中小板和创业板滚动市盈率分别为17.50倍、12.48倍、43.47倍和122.47倍。

（二）2019年股票市场主要发展政策分析

1. 回购制度完善

2019年1月11日，上交所发布《上海证券交易所上市公司回购股份实施细则》，对

---

① 作者：张玉龙，中信建投研究发展部策略首席分析师。

上市公司回购股份的条件与要求、实施程序和信息披露规则、已回购股份的处理、股份回购的监管等作出相关规定。

该细则规定，因下列情形回购本公司股份（以下简称回购股份），适用本细则：（1）减少公司注册资本；（2）将股份用于员工持股计划或者股权激励；（3）将股份用于转换上市公司发行的可转换为股票的公司债券；（4）为维护公司价值及股东权益所必需。前款第（4）项所指情形，应当符合以下条件之一：（1）公司股票收盘价格低于最近一期每股净资产；（2）连续20个交易日内公司股票收盘价格跌幅累计达到30%；（3）中国证监会规定的其他条件。除自有资金及借款外，上市公司还可通过发行优先股、债券募集资金或其他资金用于回购股份。

该细则在支持上市公司股份回购行为的基础上，进一步完善了上市公司股份回购机制，对优化上市公司资本结构、提高投资者回报、提高股权激励程度具有重要的意义。

2. 科创板成功设立与系列发展政策

2018年11月5日，国家主席习近平在上海举行的首届中国国际进口博览会开幕式上宣布，将在上海证券交易所设立科创板并试点注册制，支持上海国际金融中心和科技创新中心建设，不断完善资本市场基础制度。

2019年1月28日，证监会发布《关于在上海证券交易所设立科创板并试点注册制的实施意见》，将科创板定位于“面向世界科技前沿、面向经济主战场、面向国家重大需求”，主要服务于符合国家战略、突破关键核心技术、市场认可度高的科技创新企业。重点支持新一代信息技术、高端装备、新材料、新能源、节能环保以及生物医药等高新技术产业和战略性新兴产业。

科创板将精简优化公开发行股票条件。申请公开发行股票的公司，除符合科创板定位外，在组织机构、业务体系和独立经营能力，会计与财务工作，违法行为以及证监会规定其他方法符合基本发行条件即可。同时，允许特殊股权结构企业和红筹企业上市。证监会须根据本意见制定《科创板首次公开发行股票注册管理办法（试行）》等监管规则，对科创板试点注册制的发行条件、注册程序和具体信息披露要求等作出规定。

科创板采取独立交易模块和独立行情显示。上交所负责科创板发行上市审核，证监会负责科创板股票发行注册、对上交所审核工作进行监督。

2019年3月1日，证监会主席易会满签署第153号令《科创板首次公开发行股票注册管理办法（试行）》、第154号令《科创板上市公司持续监管办法（试行）》。证监会发布第6号公告《公开发行证券的公司信息披露内容与格式准则第41号——科创板公司招股说明书》、第7号公告《公开发行证券的公司信息披露内容与格式准则第42号——首次公开发行股票并在科创板上市申请文件》。

上交所亦发布实施相关业务规则和配套指引：《上海证券交易所科创板股票发行与承销实施办法》《上海证券交易所科创板股票发行上市审核规则》《上海证券交易所科

创板股票发行上市申请文件受理指引》《上海证券交易所科创板上市保荐书内容与格式指引》《上海证券交易所科技创新咨询委员会工作规则》《上海证券交易所科创板股票上市委员会管理办法》《上海证券交易所科创板股票交易风险揭示书必备条款》《上海证券交易所科创板股票盘后固定价格交易指引》《上海证券交易所科创板股票交易特别规定》。3 月 3 日上交所又发布《上海证券交易所科创板股票发行上市审核问答》和《上海证券交易所科创板企业上市推荐指引》，科创板配套规则进一步明晰。

科创板在上市公司要求、交易规则等方面对现行制度作了较大的改进。

在 5 条 IPO 标准中，重点强调"预计市值"的重要性，甚至可以实现没有收入的情况下 IPO，对红筹企业和存在表决权差异安排的企业提出了更高的"预计市值"要求。在持续监督要求中，信息披露方面，科创公司未盈利的，应当充分披露尚未盈利的成因以及对企业各方面的影响；股权激励方面，科创公司全部在有效期内的股权激励计划所涉及的标的股票总数，累计不得超过公司总股本的 20%；终止上市方面，对科创公司股票的交易量、股价、市值、股东人数等指标作了严格要求。

交易规则方面，科创板实行投资者适当性管理，对参与交易的个人投资者提出前 20 个交易日账户资产日均不低于 50 万元、参与证券交易 20 个月以上等要求，并要求会员应当全面了解参与科创板股票交易的投资者情况，提出明确的适当性匹配意见。竞价交易方面，竞价交易价格涨跌幅限制为 20%，通过限价申报买卖科创板股票的，单笔申报数量应当不小于 200 股，且不超过 10 万股；通过市价申报买卖的，单笔申报数量应当不小于 200 股，且不超过 5 万股。卖出时，余额不足 200 股的部分，应当一次性申报卖出。交易所在检测到价格存在异常波动时，将相应地公布买入、卖出金额最大的 5 家会员营业部的名称及其买入、卖出金额。

对于科创板引入的盘后固定价格交易，指在收盘集合竞价结束后，交易系统按照时间优先顺序对收盘定价申报进行撮合，并以当日收盘价成交的交易方式。每个交易日的 15：05 至 15：30 为盘后固定价格交易时间，当日 15：00 仍处于停牌状态的股票不进行盘后固定价格交易。通过收盘定价申报买卖科创板股票的，单笔申报数量应当不小于 200 股，且不超过 100 万股。卖出时，余额不足 200 股的部分，应当一次性申报卖出。

发行与承销方面，对网下发行比例作出要求，如：公开发行后总股本不超过 4 亿股的，网下初始发行比例不低于本次公开发行股票数量的 70%；公开发行后总股本超过 4 亿股或者发行人尚未盈利的，网下初始发行比例不低于本次公开发行股票数量的 80%。

申购额度方面，符合科创板投资者适当性条件且持有市值达到 10000 元以上的投资者方可参与网上申购。每 5000 元市值可申购一个申购单位，不足 5000 元的部分不计入申购额度。每一个新股申购单位为 500 股，申购数量应当为 500 股或其整数倍，但最高申购数量不得超过当次网上初始发行数量的千分之一，且不得超过 9999.95 万股，如超过则该笔申购无效。

此外，科创板试行保荐机构相关子公司跟投制度。发行人的保荐机构依法设立的相关子公司或者实际控制该保荐机构的证券公司依法设立的其他相关子公司，参与本次发行战略配售，并对获配股份设定限售期。

2019 年 3 月 7 日，证监会发布第 8 号公告《公开发行证券的公司信息披露编报规则第 24 号——科创板创新试点红筹企业财务报告信息特别规定》，对红筹企业财务信息披露作出进一步规范。3 月 15 日，上交所发布《保荐人通过上海证券交易所科创板股票发行上市审核系统办理业务指南》与《科创板创新试点红筹企业财务报告信息披露指引》。

2019 年 3 月 18 日，科创板发审系统正式上线，标志着科创板正式向科创企业敞开大门，3 月 22 日首批获受理企业亮相。

2019 年 4 月 30 日，上交所发布《关于修改〈上海证券交易所科创板股票上市规则〉的通知》，对董事任期、股东大会、子公司控股作出修改。规定董事每届任期不得超过 3 年，任期届满可连选连任；上市公司应当在公司章程中规定股东大会的召集、召开和表决等程序，制定股东大会议事规则，并列入公司章程或者作为章程附件；上市公司控股子公司不得取得该上市公司发行的股份。确因特殊原因持有股份的，应当在一年内依法消除该情形。前述情形消除前，相关子公司不得行使所持股份对应的表决权。

2019 年 8 月 23 日，证监会发布第 19 号公告《科创板上市公司重大资产重组特别规定》，规定科创公司发行股份的价格不得低于市场参考价的 80%。市场参考价为本次发行股份购买资产的董事会决议公告日前 20 个交易日、60 个交易日或者 120 个交易日的公司股票交易均价之一。11 月 29 日，上交所发布《上海证券交易所科创板上市公司重大资产重组审核规则》，对重组标准与条件、信息披露要求、审核方式、审核程序等作出相关规定。

设立科创板并试点注册制，是深化资本市场改革开放的基础制度安排，是推进金融供给侧结构性改革、促进科技与资本深度融合、引领经济发展向创新驱动转型的重大举措。

3. 公司章程修改指引的完善

公司章程是公司必备的规定公司组织及活动基本规则的书面文件，是股东共同的一致意见体现，对公司的成立与运营具有重要的意义。证监会 2019 年 4 月 17 日发布第 10 号公告《关于修改〈上市公司章程指引〉的决定》，对《上市公司章程指引》在存在特别表决权股份的上市公司的公司章程、股份收购、股东大会召开、审计委员会设立、高级管理人员任职等方面作出调整。

规定：(1)“存在特别表决权股份的上市公司，应当在公司章程中规定特别表决权股份的持有人资格、特别表决权股份拥有的表决权数量与普通股份拥有的表决权数量的比例安排、持有人所持特别表决权股份能够参与表决的股东大会事项范围、特别表决权股份锁定安排及转让限制、特别表决权股份与普通股份的转换情形等事项。公司章程有关上述事项的规定，应当符合交易所的有关规定”；（2）“公司收购本公司股份，可以通过公开的集中交易方式，或者法律法规和中国证监会认可的其他方式进行”；（3）股东大会召开地点必须为具体地点以及“在公司控股股东单位担任除董事、监事以外其他行政职务的人员，不得担任公司的高级管理人员”。

本次修改《上市公司章程指引》，将进一步完善公司自治能力与自治体系，有利于更合理地解决股权纠纷等问题，更好地约束股东之间的权利与义务关系。

4. 融资融券规则收紧，控制券商风险

融资融券包括券商对投资者的融资、融券和金融机构对券商的融资、融券。其特殊性在于投资者可以通过融资融券扩大交易筹码，通过杠杆效应来获取比普通投资更大的收益，当然也可能出现更大的损失。

2019 年 8 月 9 日，上交所发布《关于修改〈上海证券交易所融资融券交易实施细则〉涉及维持担保比例若干条款的通知》，对担保物、维持担保比例的计算、最低维持担保比例要求等规则做出修改。

在计算维持担保比例时，其他担保物是指客户维持担保比例低于最低维持担保比例时，客户经会员认可后提交的除现金及信用证券账户内证券以外的其他担保物，其价值根据会员与客户约定的估值方式计算或双方认可的估值结果确定。客户信用证券账户内的证券，出现被调出可充抵保证金证券范围、被暂停交易、被实施风险警示等特殊情形或者因权益处理等产生尚未到账的在途证券，会员在计算客户维持担保比例时，可以根据与客户的约定按照公允价格或其他定价方式计算其市值。

当客户维持担保比例低于最低维持担保比例时，会员应当通知客户在约定的期限内追加担保物，客户经会员认可后，可以提交除可充抵保证金证券外的其他证券、不动产、股权等依法可以担保的财产或财产权利作为其他担保物。

仅计算现金及信用证券账户内证券市值总和的维持担保比例超过 300% 时，客户可以提取保证金可用余额中的现金、充抵保证金的证券，但提取后仅计算现金及信用证券账户内证券市值总和的维持担保比例不得低于 300%。

5. 重大资产重组规则修订

2019 年 10 月 18 日，证监会发布第 159 号令《关于修改〈上市公司重大资产重组管理办法〉的决定》，对重大资产重组确定标准、重大资产重组规定、创业板上市公司控制权变更时资产购买要求、相关指标计算等作出相应修改。

创业板上市公司自控制权发生变更之日起，向收购人及其关联人购买符合国家战略的高新技术产业和战略性新兴产业资产，导致本条第一款规定任一情形的，所购买资产对应的经营实体应当是股份有限公司或者有限责任公司，且符合《首次公开发行股票并在创业板上市管理办法》规定的其他发行条件。

上市公司自控制权发生变更之日起，向收购人及其关联人购买的资产属于金融、创业投资等特定行业的，由中国证监会另行规定。

增加了一条条款："交易对方超期未履行或者违反业绩补偿协议、承诺的，由中国证监会责令改正，并可以采取监管谈话、出具警示函、责令公开说明、认定为不适当人选等监管措施，将相关情况记入诚信档案。"

6. 信息披露规则的完善

信息披露是把公司及与公司相关的信息，向投资者及社会公众披露的行为，是上市公司与投资者和社会公众沟通信息的桥梁。信息披露需做到真实、全面、及时、充分。在信息披露过程中，上市公司需遵循相关制度规范，才能对投资者有真正的帮助。

2019 年 11 月 3 日，深交所发布《深圳证券交易所上市公司信息披露指引第 4 号——员工持股计划》，对上市公司实行员工持股计划过程中的信息披露要求作出了规定。其中包括提示性公告内容、员工持股计划草案全文内容、法律意见书内容等。规定员工持股计划股票来源于二级市场购买的，上市公司应当在股东大会审议通过员工持股计划后六个月内每个月公告一次购买股票的时间、方式、数量、价格等，并需在六个月内完成标的股票的购买。同时，规定了其他需要及时披露的信息。

2019 年 12 月 20 日，证监会发布第 162 号令《非上市公众公司信息披露管理办法》，适用于股票在全国中小企业股份转让系统挂牌公开转让的非上市公众公司定期报告和临时报告信息披露有关行为。以全国股转系统精选层、创新层、基础层分层为基础，实施挂牌公司差异化的信息披露制度。精选层挂牌公司应当披露年度报告、中期报告和季度报告；创新层、基础层挂牌公司应当披露年度报告和中期报告，精选层挂牌公司还应当在年度报告中结合所属行业特点充分披露行业经营信息以及可能对公司核心竞争力、经营活动和未来发展产生重大不利影响的风险因素。挂牌公司应当制定信息披露事务管理制度，经董事会审议通过并披露。精选层、创新层挂牌公司应当设立董事会秘书。基础层挂牌公司可以设立董事会秘书，不设立董事会秘书的，应当指定一名高级管理人员兼任信息披露事务负责人。

该办法对上市公司、董事会、证监会三个层次分别作出相应的要求，上市公司及时披露、董事会保证定期报告、临时报告在规定期限内披露、证监会依法监督管理保护投资者合法权益，维护市场秩序和社会公众利益。

7. 限制交易修订以保护投资者

限制交易包括盘中暂停当日交易和盘后限制交易，是交易所依据通过相关检测发现投资者异常行为而限制投资者账户交易的措施。

2019 年 11 月 29 日，深交所发布《深圳证券交易所限制交易实施细则（2019 年修订)》，规定投资者出现下列严重影响证券交易秩序或者交易公平的异常交易行为之一的，深交所可以采取限制交易措施：（1）涉嫌内幕交易、操纵市场等违法违规行为；

(2) 违反法律、行政法规、中国证监会或者深交所相关规定买卖证券；(3) 发生《深圳证券交易所交易规则》或者深交所其他业务规则、细则、指引等规定的可能或者已经影响证券交易价格或者证券交易量的异常交易行为；(4) 中国证监会或者深交所认为应当采取限制交易措施的其他情形。

投资者出现重大异常交易行为的，深交所可以采取下列一种或者一种以上的限制交易措施：(1) 禁止买入指定或者全部交易品种，但允许卖出；(2) 禁止卖出指定或者全部交易品种，但允许买入；(3) 禁止买入和卖出指定或者全部交易品种；(4) 深交所认为应采取的其他限制交易措施。

交易所对投资者账户限制交易单次不得超过六个月，情节严重可延长；实施盘中暂停当日交易措施的，交易所盘中直接限制相关账户当日交易权限；实施盘中暂停当日交易措施的，交易所可以根据需要，继续实施盘后限制交易措施。

8.《证券法》修订加入注册制

《证券法》在1998年12月审议通过，1999年7月实施，至今经过了一次修订、三次修改，现行法则是在2005年修订之后实施的。但随着经济和金融体制改革的不断深化以及社会主义市场经济的不断发展，证券市场发生了很大变化，并且2015年股市出现了异常波动，暴露出资本市场在监管和法律等方面需要完善，仅靠修正已经无法满足中国资本市场的需求。

2019年12月28日，十三届全国人大常委会第十五次会议全体会议审议通过了《中华人民共和国证券法（修订草案）》。修订后的《证券法》2020年3月1日施行。

新修订《证券法》与原版相比：(1) 扩大了《证券法》适用范围，将存托凭证明确规定为法定证券，将资产支持证券和资产管理产品写入《证券法》，授权国务院按照《证券法》的原则规定资产支持证券、资产管理产品发行、交易的管理办法。(2) 全面实施注册制，将发行股票应当“具有持续盈利能力”的要求，改为“具有持续经营能力”，同时大幅度简化公司债券的发行条件，取消发行审核委员会制度。(3) 完善证券相关交易制度，优化上市与退市规则、停复牌规则，以及市场风险防控能力等。(4) 设定信息披露专章，扩大信息披露义务人范围，完善信息披露制度。(5) 引入代表人诉讼机制，投资者保护机构可以作为诉讼代表人，依法为受害投资者提起民事损害赔偿诉讼。(6) 对于违法行为加大打击力度，提高市场法制化程度。

本次《证券法》修订，进一步完善了证券市场基础制度，体现了市场化、法治化的改革方向，提高了市场风险防控能力，提升了上市公司质量，将进一步保护投资者的合法权益。

9. 股权结构与上市公司治理政策

(1) 公司治理。为了进一步规范上市公司治理，完善中小投资者保护，上海证券交易所于2019年4月30日对《上海证券交易所股票上市规则》进行了修改，相关条文修改如下：①在第3.1.5条中新增一款作为第一款："董事每届任期不得超过3年，任期届满可连选连任。董事由股东大会选举和更换，并可在任期届满前由股东大会解除其职务。"②在第8.2.1条中新增一款作为第三款："股东大会应当设置会场，以现场会议形式召开。现场会议时间、地点的选择应当便于股东参加。发出股东大会通知后，无正当理由，股东大会现场会议召开地点不得变更。确需变更的，召集人应当在现场会议召开日前至少2个交易日公告并说明原因。上市公司应当提供网络投票方式为股东参加股东大会提供便利。股东通过上述方式参加股东大会的，视为出席。"③在第11.9.5条中新增一款作为第二款："上市公司控股子公司不得取得该上市公司发行的股份。确因特殊原因持有股份的，应当在一年内依法消除该情形。前述情形消除前，相关子公司不得行使所持股份对应的表决权。"

中小投资者人数众多，但往往专业性有限，信息搜集、研究分析能力不及机构投资者。如果对中小投资者实行完全保护，让他们远离真实市场，不利于市场的发展，市场效率难以提高。因此，如何合理地保护中小投资者一直以来是市场管理层特别强调的一点。近年来，管理层大力发展法制建设，打击违法违规行为，逐步完善对中小投资者的保护。

此次对于《上海证券交易所股票上市规则》的修改，从董事任期、股东大会召开以及控股问题的角度入手，对上市公司提出了新的相应的要求，有利于更好地保护中小投资者利益，提高上市公司治理能力。

（2）全流通。全流通是指H股公司的境内未上市股份（包括境外上市前境内股东持有的未上市内资股、境外上市后在境内增发的未上市内资股以及外资股东持有的未上市股份）到香港联交所上市流通。

2019年11月14日，证监会发布第22号公告《H股公司境内未上市股份申请"全流通"业务指引》，境内未上市股份股东可自主协商确定申请流通的股份数量和比例，并委托H股公司提出"全流通"申请，境内未上市股份到香港联交所上市流通后，不得再转回境内。境内未上市股份股东可根据相关业务规则减持和增持本公司在香港联交所流通的股份。2019年12月31日，中国证券登记结算有限责任公司和深交所联合发布《H股"全流通"业务实施细则》。

"全流通"申请经中国证监会核准后，境内未上市股份股东应当按照中国证券登记结算有限责任公司有关业务规则，办理股份转登记业务，按照香港市场有关规定办理股份登记、股票挂牌上市等程序，并依法合规进行信息披露。

（3）股票期权。2019年11月15日，上交所发布《上海证券交易所、中国证券登记结算有限责任公司股票期权组合策略业务指引》以提高资金使用效率，降低期权交易成本，维护期权交易秩序。

该指引所称组合策略包括认购牛市价差策略、认购熊市价差策略、认沽牛市价差策略、认沽熊市价差策略、跨式空头策略、宽跨式空头策略等。其中认购牛市价差策略、认沽熊市价差策略的开仓保证金和维持保证金收取标准为零，其他组合按照自己组合构建方式计算。

投资者可以提交转备兑开仓指令、转保证金开仓指令。上交所对构建组合策略申报确认后，按照公式（增加的保证金日间余额 = 组合策略各成分合约已收取的保证金之和 – 组合策略应收取的开仓保证金）来实时增加相应结算参与人的保证金日间余额。投资者可以在每个交易日 9：30 – 11：30、13：00 – 15：15 对其已构建的组合策略提出解除组合策略指令。当日构建的组合策略当日可以解除。

组合策略解除方面，认购牛市价差策略、认购熊市价差策略、认沽牛市价差策略、认沽熊市价差策略于其成分合约到期日前第二个交易日日终自动解除；跨式空头策略、宽跨式空头策略于其成分合约到期日日终自动解除。

2019 年 12 月 7 日，深交所正式发布与股票期权业务相关的《深圳证券交易所股票期权试点交易规则》等 10 项规则和《深圳证券交易所股票期权试点证券公司经纪业务指南》等 4 项指南。内容包括合约管理、风险控制、监管、交易与行权、投资者适当性管理、做市商管理等事项，对组合策略、组合行权、做市商双边报价、便利投资者开户等作出了明确规定，对大宗交易、证券保证金等进行了原则性规定。一系列规则和指南的发布标志着深交所已形成内容齐备、体系健全、层次清晰的股票期权制度体系，为深市期权平稳启动推出夯实了制度基础，有助于提升风险防控能力、维护市场健康发展。

2019 年 12 月 17 日，上交所发布《关于上海证券交易所沪深 300ETF 期权合约品种上市交易有关事项的通知》；12 月 19 日，深交所发布《关于嘉实沪深 300ETF 期权合约品种上市交易有关事项的通知》；同日，上交所发布 3 项通知对沪深 300ETF 期权合约交易相关问题作出阐述。从此，深市也将开启股票期权交易，并且沪深两市股票期权交易品种将逐渐更加完善。

公布的参与期权交易的标准：（1）上市公司及其董事、监事、高级管理人员、持有上市公司股份 5% 以上的股东及其一致行动人，不得买卖以该上市公司股票为合约标的的期权合约。（2）个人投资者参与期权交易，应当申请开户前 20 个交易日证券账户及资金账户内的资产日均不低于人民币 50 万元；在证券公司开户 6 个月以上并具备融资融券业务参与资格或者金融期货交易经历；或者在期货公司开户 6 个月以上并具有金融期货交易经历；等等。（3）普通机构投资者参与期权交易，则应当申请开户前 20 个交易日证券账户及资金账户内的资产日均不低于人民币 100 万元；净资产不低于人民币 100 万元。

开展股票期权业务这一举措可以吸引长期资金入场，提升市场效率和市场风险防控能力，有助于市场的进步。而进一步扩大股票股指期权业务试点有利于建立全方位多层次多领域的资本市场，进一步发挥市场在资本运行中的作用，提高市场的稳定性。

（三）政策评价与展望

股票市场发展政策在2019年继续沿着法制化和市场化方向前进。在制度层面，通过成功设立科创板，修订证券法，不断完善回购、信息披露、上市公司章程、融资融券、资产重组以及限制交易等制度，使得市场进一步走向法制化，提高市场的主导性、稳定性，通过制度减少违法行为，更加有效地保护投资者的利益。

在增强股票市场活力方面，上交所改善股票上市制度、证监会鼓励“全流通”、深交所实行股票期权交易，进一步提高市场的风险防控程度，有利于建立全方位多层次多领域的资本市场。

展望2020年，中国股票市场政策将保持连贯性，贯彻新《证券法》，结合金融发展科技继续沿着市场化、法制化的方向防风险、强监管；进一步优化退市标准，提高上市公司质量；遵循新发展理念，进一步发挥金融反哺实体的作用；稳步推进注册制改革，加强资本市场改革力度。

附表

2019年中国股票市场主要发展政策一览

发布日期	政策名称	发文单位
1月2日	大连商品交易所期权交易管理办法	大商所
1月7日	郑州商品交易所做市商管理办法	郑商所
1月11日	关于发布《上海证券交易所上市公司回购股份实施细则》的通知	上交所
1月15日	【第1号公告】《公开募集证券投资基金投资信用衍生品指引》	证监会
1月17日	关于修改《上海证券交易所债券交易实施细则》相关条款的通知	上交所
1月18日	关于股票质押式回购交易相关事项的通知	上交所
1月18日	关于信用保护工具交易经手费有关事宜的通知	上交所
1月18日	关于发布《上海证券交易所信用保护工具交易业务指引》的通知	上交所
1月18日	关于发布《上海证券交易所　中国证券登记结算有限责任公司信用保护工具业务管理试点办法》的通知	上交所
1月28日	【第2号公告】《关于在上海证券交易所设立科创板并试点注册制的实施意见》	证监会
1月29日	【第3号公告】关于中国证监会启用政府信息依申请公开在线申请平台的公告	证监会
2月1日	【第4号公告】关于聘任中国证券监督管理委员会第十八届发行审核委员会委员的公告	证监会
2月15日	【第5号公告】《关于修改〈期货公司分类监管规定〉的决定》	证监会
2月15日	关于修订《上海证券交易所上市开放式基金业务指引》的通知	上交所
3月1日	【第153号令】《科创板首次公开发行股票注册管理办法（试行）》	证监会
3月1日	【第154号令】《科创板上市公司持续监管办法（试行）》	证监会

续表

发布日期	政策名称	发文单位
3月1日	【第6号公告】《公开发行证券的公司信息披露内容与格式准则第41号——科创板公司招股说明书》	证监会
3月1日	【第7号公告】《公开发行证券的公司信息披露内容与格式准则第42号——首次公开发行股票并在科创板上市申请文件》	证监会
3月1日	关于上海证券交易所废止部分业务规则（第十二批）的公告	上交所
3月1日	关于发布《上海证券交易所科创板股票发行与承销实施办法》的通知	上交所
3月1日	关于发布《上海证券交易所科创板股票发行上市审核规则》的通知	上交所
3月1日	关于发布《上海证券交易所科创板股票发行上市申请文件受理指引》的通知	上交所
3月1日	关于发布《上海证券交易所科创板上市保荐书内容与格式指引》的通知	上交所
3月1日	关于发布《上海证券交易所科技创新咨询委员会工作规则》的通知	上交所
3月1日	关于发布《上海证券交易所科创板股票上市委员会管理办法》的通知	上交所
3月1日	关于发布《上海证券交易所科创板股票交易风险揭示书必备条款》的通知	上交所
3月1日	关于发布《上海证券交易所科创板股票盘后固定价格交易指引》的通知	上交所
3月1日	关于发布《上海证券交易所科创板股票交易特别规定》的通知	上交所
3月3日	关于发布《上海证券交易所科创板股票发行上市审核问答》的通知	上交所
3月3日	关于发布《上海证券交易所科创板企业上市推荐指引》的通知	上交所
3月7日	【第8号公告】《公开发行证券的公司信息披露编报规则第24号——科创板创新试点红筹企业财务报告信息特别规定》	证监会
3月15日	关于发布《科创板创新试点红筹企业财务报告信息披露指引》的通知	上交所
3月19日	关于科创板投资者教育与适当性管理相关事项的通知	上交所
3月21日	【第9号公告】《关于取消部分行政许可事项申请材料、压缩部分行政许可事项承诺办理时限的公告》	证监会
3月24日	关于发布《上海证券交易所科创板股票发行上市审核问答（二）》的通知	上交所
3月29日	关于调整债券上市期间交易方式有关事项的通知	上交所
4月3日	【第12号公告】关于设立“5·15全国投资者保护宣传日”的决定	证监会
4月4日	关于发布《上海证券交易所科创板股票公开发行自律委员会工作规则》的通知	上交所
4月4日	关于发布《深圳证券交易所信用保护工具业务指引》和《深圳证券交易所信用保护工具业务指南第1号——信用保护合约》的通知	深交所
4月16日	关于发布《上海证券交易所科创板股票发行与承销业务指引》的通知	上交所
4月17日	【第10号公告】《关于修改〈上市公司章程指引〉的决定》	证监会
4月17日	郑州商品交易所综合业务平台管理办法	郑商所
4月23日	【第11号公告】	证监会
4月30日	关于发布《上海证券交易所　中国证券金融股份有限公司　中国证券登记结算有限责任公司科创板转融通证券出借和转融券业务实施细则》的通知	上交所
4月30日	关于修改《上海证券交易所科创板股票上市规则》的通知	上交所

续表

发布日期	政策名称	发文单位
4 月 30 日	关于修改《上海证券交易所股票上市规则》的通知	上交所
5 月 13 日	关于调整股票期权限开仓标准的通知	上交所
5 月 15 日	关于发布《上海证券交易所会员投资者教育工作指引》的通知	上交所
5 月 15 日	关于发布《深圳证券交易所会员投资者教育工作指引》的通知	深交所
5 月 24 日	关于为挂牌期间特定非公开发行债券提供转让结算服务有关事项的通知	上交所
5 月 24 日	关于为上市期间特定债券提供转让结算服务有关事项的通知	上交所
5 月 31 日	大连商品交易所期货交易者适当性管理办法	大商所
6 月 4 日	【第 155 号令】《期货公司监督管理办法》	证监会
6 月 5 日	【第 13 号公告】关于聘任中国证券监督管理委员会第七届上市公司并购重组审核委员会委员的公告	证监会
6 月 5 日	郑州商品交易所期货交易者适当性管理办法	郑商所
6 月 8 日	关于发布科创板证券上市公告书内容与格式指引的通知	上交所
6 月 14 日	【第 15 号公告】《公开募集证券投资基金参与转融通证券出借业务指引（试行）》	证监会
6 月 14 日	关于发布《上海证券交易所科创板股票异常交易实时监控细则（试行）》的通知	上交所
6 月 21 日	关于科创板股票及存托凭证交易相关事项的通知	上交所
6 月 21 日	关于公司债券回售业务有关事项的通知	上交所
7 月 5 日	【第 156 号令】《证券公司股权管理规定》	证监会
7 月 5 日	【第 16 号公告】《关于实施〈证券公司股权管理规定〉有关问题的规定》	证监会
7 月 5 日	关于上海证券交易所科创板股票及存托凭证收费事宜的通知	上交所
7 月 5 日	关于科创板股票暂不作为股票质押回购及约定购回交易标的证券的通知	上交所
7 月 8 日	关于科创板发行人财务信息披露有关事项的通知	上交所
7 月 12 日	关于发布科创板上市公司持续监管通用业务规则及业务指南目录的通知	上交所
7 月 25 日	【第 157 号令】《境外证券期货交易所驻华代表机构管理办法》	证监会
7 月 26 日	【第 158 号令】《公开募集证券投资基金信息披露管理办法》	证监会
7 月 26 日	【第 17 号公告】《关于实施〈公开募集证券投资基金信息披露管理办法〉有关问题的规定》	证监会
7 月 26 日	【第 18 号公告】《公开募集证券投资基金信息披露 XBRL 模板第 5 号〈基金产品资料概要〉》	证监会
8 月 9 日	关于修改《上海证券交易所融资融券交易实施细则》涉及维持担保比例若干条款的通知	上交所
8 月 13 日	大连商品交易所指定交割仓库管理办法	大商所
8 月 23 日	【第 19 号公告】《科创板上市公司重大资产重组特别规定》	证监会
8 月 30 日	关于发布《非上市公司非公开发行可转换公司债券业务实施办法》的通知	上交所
9 月 12 日	【第 14 号公告】《证券交易所风险基金监管指引》	证监会

续表

发布日期	政策名称	发文单位
9月12日	关于暂免收取上市基金相关费用的通知	深交所
9月20日	大连商品交易所套期保值管理办法	大商所
9月27日	关于发布《深圳证券交易所证券投资基金交易和申购赎回实施细则（2019年修订）》的通知	深交所
9月30日	【第20号公告】《证券期货业软件测试规范》	证监会
10月11日	关于发布《上海证券交易所自律管理听证实施细则（2019年修订）》的通知	上交所
10月11日	关于发布《上海证券交易所纪律处分和监管措施实施办法（2019年修订）》的通知	上交所
10月11日	关于发布《上海证券交易所复核实施办法（2019年修订）》的通知	上交所
10月14日	大连商品交易所标准仓单管理办法	大商所
10月14日	大连商品交易所风险管理办法	大商所
10月18日	【第159号令】关于修改《上市公司重大资产重组管理办法》的决定	证监会
10月18日	【第21号公告】《〈上市公司重大资产重组管理办法〉第十四条、第四十四条的适用意见——证券期货法律适用意见第12号》	证监会
10月18日	关于修订《上海证券交易所港股通交易风险揭示书必备条款》的通知	上交所
10月18日	关于修订《深圳证券交易所港股通交易风险揭示书必备条款》的通知	深交所
10月27日	关于发布创业板上市公司从事影视业务等10件行业信息披露指引（2019年修订）的通知 2019－10－27	深交所
10月27日	关于发布上市公司从事畜禽水产养殖业务等8件行业信息披露指引（2019年修订）的通知	深交所
10月30日	郑州商品交易所期货交易细则	郑商所
11月1日	关于发布《上海证券交易所会员管理规则（2019年修订）》的通知	上交所
11月1日	关于发布《上海证券交易所资产支持证券临时报告信息披露指引》的通知	上交所
11月1日	关于发布《深圳证券交易所资产支持证券临时报告信息披露指引》的通知 2019－11－01	深交所
11月1日	关于发布《深圳证券交易所会员管理规则》（2019年修订）的通知	深交所
11月3日	关于发布《深圳证券交易所上市公司信息披露指引第4号——员工持股计划》的通知 2019－11－03	深交所
11月3日	关于发布《深圳证券交易所创业板行业信息披露指引第11号——上市公司从事工业机器人产业链相关业务》《深圳证券交易所创业板行业信息披露指引第12号——上市公司从事集成电路相关业务》《深圳证券交易所创业板行业信息披露指引第13号——上市公司从事锂离子电池产业链相关业务》的通知 2019－11－03	深交所
11月3日	关于发布《深圳证券交易所行业信息披露指引第13号——上市公司从事非金属建材相关业务》的通知 2019－11－03	深交所
11月14日	【第22号公告】《H股公司境内未上市股份申请“全流通”业务指引》	证监会

续表

发布日期	政策名称	发文单位
11 月 14 日	【第 23 号公告】	证监会
11 月 15 日	关于调整固定收益证券综合电子平台交易相关事宜的通知	上交所
11 月 15 日	关于发布《上海证券交易所、中国证券登记结算有限责任公司股票期权组合策略业务指引》的通知	上交所
11 月 18 日	【第 160 号令】《关于〈期货交易管理条例〉第七十条第五项“其他操纵期货交易价格行为”的规定》	证监会
11 月 18 日	【第 24 号公告】《证券期货业数据模型　第 1 部分：抽象模型设计方法》	证监会
11 月 26 日	关于发布《深圳证券交易所上市公司股东大会网络投票实施细则（2019 年修订)》的通知 2019 - 11 - 26	深交所
11 月 29 日	关于发布《上海证券交易所科创板上市公司重大资产重组审核规则》的通知	上交所
11 月 29 日	关于发布《深圳证券交易所限制交易实施细则（2019 年修订)》的通知	深交所
12 月 2 日	大连商品交易所交割管理办法	大商所
12 月 2 日	郑州商品交易所期货交易风险控制管理办法	郑商所
12 月 6 日	【第 26 号公告】《证券期货经营机构管理人中管理人（MOM）产品指引（试行)》	证监会
12 月 7 日	关于股票期权试点初期收费事项的通知	深交所
12 月 7 日	关于股票期权程序化交易管理的通知	深交所
12 月 7 日	关于发布《深圳证券交易所股票期权试点交易取消审核委员会工作细则》的通知	深交所
12 月 7 日	关于发布《深圳证券交易所股票期权试点合约条款管理指引》的通知	深交所
12 月 7 日	关于发布《深圳证券交易所　中国证券登记结算有限责任公司股票期权组合策略业务指引》的通知	深交所
12 月 7 日	关于发布《深圳证券交易所股票期权试点持仓限额管理业务指引》的通知	深交所
12 月 7 日	关于发布《深圳证券交易所股票期权试点做市商业务指引》的通知	深交所
12 月 7 日	关于发布《深圳证券交易所股票期权试点投资者适当性管理指引》的通知	深交所
12 月 7 日	关于发布《深圳证券交易所　中国证券登记结算有限责任公司股票期权试点风险控制管理办法》的通知	深交所
12 月 7 日	关于发布《深圳证券交易所股票期权试点交易规则》的通知	深交所
12 月 9 日	大连商品交易所结算管理办法	大商所
12 月 12 日	【第 27 号公告】《上市公司分拆所属子公司境内上市试点若干规定》	证监会
12 月 12 日	【第 28 号公告】《证券期货业统计指标标准指引（2019 年修订)》	证监会
12 月 13 日	关于规范公司债券发行有关事项的通知	上交所
12 月 13 日	关于规范公司债券发行有关事项的通知	深交所
12 月 17 日	关于上海证券交易所沪深 300ETF 期权合约品种上市交易有关事项的通知	上交所
12 月 19 日	关于调整 ETF 期权持仓限额有关事项的通知	上交所
12 月 19 日	关于上海证券交易所沪深 300ETF 期权试点相关收费标准的通知	上交所

续表

发布日期	政策名称	发文单位
12月19日	关于调整股票期权交易熔断标准和单笔申报最大数量的通知	上交所
12月19日	关于嘉实沪深300ETF期权合约品种上市交易有关事项的通知	深交所
12月20日	【第161号令】《关于修改〈非上市公众公司监督管理办法〉的决定》	证监会
12月20日	【第162号令】《非上市公众公司信息披露管理办法》	证监会
12月20日	关于修订《上海证券交易所沪港通业务实施办法》的通知	上交所
12月20日	关于发布《上市公司重大资产重组信息披露业务指引》的通知	上交所
12月20日	关于修改《深圳证券交易所深港通业务实施办法》的通知	深交所
12月25日	【第29号公告】《证券投资者保护基金实施流动性支持管理规定》	证监会
12月31日	关于暂免收取上市基金相关费用的通知	上交所
12月31日	关于上海证券交易所下调上市公司上市费收费标准的通知	上交所
12月31日	关于发布《H股"全流通"业务实施细则》的通知	中国证券登记结算有限责任公司、深交所

专栏7

中国证监会召开全面深化资本市场改革工作座谈会①

2019年9月9日至10日，中国证监会召开全面深化资本市场改革工作座谈会。会议分析了当前资本市场面临的形势，深刻阐述了全面深化资本市场改革的战略意义、全局意义和现实意义。会议强调要紧紧围绕"打造一个规范、透明、开放、有活力、有韧性的资本市场"这个总目标，坚持稳中求进工作总基调，坚持市场化、法治化的改革方向，学习借鉴国际最佳实践，着力优化资本市场供给，着力推进关键制度创新，着力增强市场的内在稳定性，以实际行动落实金融供给侧结构性改革，更好地服务经济高质量发展的大局。

基于上述目标，会议提出了全面深化资本市场改革的12个方面重点任务。一是充分发挥科创板的试验田作用。二是大力推动上市公司提高质量。三是补齐多层次资本市场体系的短板。四是狠抓中介机构能力建设。五是加快推进资本市场高水平开放。六是推动更多中长期资金入市。七是切实化解股票质押、债券违约、私募基金等重点领域风险。八是进一步加大法治供给。九是加强投资者保护。十是提升稽查执法效能。十一是大力推进简政放权。十二是加快提升科技监管能力（详见表1）。

① 作者：武平平，银河证券研究院金融行业分析师。

表1 全面深化资本市场改革工作座谈会

重点任务	具体内容
充分发挥科创板的试验田作用	坚守科创板定位，优化审核与注册衔接机制，保持改革定力。总结推广科创板行之有效的制度安排，稳步实施注册制，完善市场基础制度。
大力推动上市公司提高质量	制定实施推动提高上市公司质量行动计划，切实把好入口和出口两道关，努力优化增量、调整存量。严把IPO审核质量关，充分发挥资本市场并购重组主渠道作用，畅通多元化退市渠道，促进上市公司优胜劣汰。优化重组上市、再融资等制度，支持分拆上市试点。加强上市公司持续监管、分类监管、精准监管。
补齐多层次资本市场体系的短板	推进创业板改革，加快新三板改革，选择若干区域性股权市场开展制度和业务创新试点。允许优质券商拓展柜台业务。大力发展私募股权投资。推进交易所市场债券和资产支持证券品种创新。丰富期货期权产品。
狠抓中介机构能力建设	加快建设高质量投资银行，完善差异化监管举措，支持优质券商创新提质，鼓励中小券商特色化精品化发展。推动公募机构大力发展权益类基金。压实中介机构责任，推进行业文化建设。
加快推进资本市场高水平开放	抓紧落实已公布的对外开放举措，维护开放环境下的金融安全。
推动更多中长期资金入市	强化证券基金经营机构长期业绩导向，推进公募基金管理人分类监管。推动放宽各类中长期资金入市比例和范围。推动公募基金纳入个人税收递延型商业养老金投资范围。
切实化解股票质押、债券违约、私募基金等重点领域风险	—
进一步加大法治供给	加快推动《证券法》《刑法》修改，大幅提高欺诈发行、上市公司虚假信息披露和中介机构提供虚假证明文件等违法行为的违法成本。用好用足现有法律制度，坚持严格执法，提升监管威慑力。
加强投资者保护	推动建立具有中国特色的证券集体诉讼制度。探索建立行政罚没款优先用于投资者救济的制度机制。推动修改或制定虚假陈述和内幕交易、操纵市场相关民事赔偿司法解释。
提升稽查执法效能	强化案件分层分类分级管理，集中力量查办欺诈造假大要案，提升案件查办效率。
大力推进简政放权	精简审批备案事项，优化审批备案流程，提高监管透明度。加强事中事后监管。
加快提升科技监管能力	推进科技与业务深度融合，提升监管的科技化智能化水平。

资料来源：证监会，中国银河证券研究院整理。

此次会议对资本市场全面深化改革进行部署，旨在优化基础制度，助力资本市场健康稳健运营，切实服务好实体经济需求。回顾2019年，监管层深化资本市场基础制度改革，市场化、国际化、机构化建设推进，市场生态重塑，资本市场改革取得阶段性成效。具体来看：

科创板顺利开板并成功试点注册制，从发行、交易、信息披露、退市等多方面进行制度创新。重大资产重组办法修改、再融资政策松绑、上市公司分拆子公司境内上市规定发布，有利于激发市场活力，助力金融供给侧结构性改革，增强金融服务实体经济的能力。退市、信息披露、股份回购等制度持续优化，提升上市公司质量，强化资本市场“优胜劣汰”功能，引导落后产能出清。新三板改革全面启动，创业板注册制改革加速，股指期货费率和保证金比例下调，股票股指期权试点扩大，有利于健全多层次资本市场体系，完善市场功能。金融业对外开放加速，互联互通机制深化，券商、基金和期货公司持股比例取消时点提前，符合资本市场和行业以开放促改革、促发展的客观要求，同时有利于鼓励行业良性竞争，营造良好的市场生态和营商环境，资本市场国际化水平提升。监管层引导建设航母级券商，推动证券行业做大做强，促进中介服务能力提升。

展望2020年，新冠疫情对宏观经济有所冲击，短期对资本市场运行造成扰动。但是中长期资本市场深化改革方向不变，力度有望进一步加码。新《证券法》作为标志性的改革措施，将于2020年3月1日起正式施行，从注册制、投资者保护、法治建设等方面进行完善，助力资本市场深化改革，规范、公平、高效、透明的多层次资本市场建设可期。

专栏8

新三板全面深化改革[①]

自2019年9月中国证监会资本市场“深改12条”政策出炉后，新三板全面深化改革各项措施陆续落地。证监会于11月发布改革具体措施，涵盖精选层遴选标准、公开发行安排、连续竞价交易机制、投资者适当性管理、转板须符合的条件等关键细节；12月20日发布实施新三板改革的两项基础文件：《非上市公众公司监督管理办法》《非上市公众公司信息披露管理办法》；2019年12月27日至2020年1月19日，全国股转公司配套制定的三批相关业务规则陆续下发并执行，涵盖了新三板市场上股票公开发行、股票定向发行、公司监管、股票交易、市场分层管理及投资者适当性管理6大方面，至此新三板全面深化改革所涉及的7项基本业务规则已经全部发布实施。

截至2019年底，新三板市场共有挂牌公司8953家，总市值为2.94万亿元，挂牌公司数量和总市值下降均超过10%；创新层企业占总数量的7.5%。2019年新三板市场日均成交额3.38亿元，同比下降7.4%，首批改革规则实施后，全市场日均成交额升至5.65亿元，显著高于2018年的3.65亿元，日均有成交股票数量、成交额超1000万元的股票数量均环比增加，显示出集合竞价撮合有效提升了流动性，其中创新层集合竞价股票日均撮合次数由规则实施前两周的1.9次提升至4.0次，基础层由1.0次提升至1.6次。

2019年新三板市场发行股票次数、融资金额，重大资产重组次数和交易金额均出现了超过50%的下降，企业摘牌数量超过上年底挂牌数量的10%。与此同时，从披露的

① 作者：郭荆璞，国金证券研究所副所长。

三季报数据看来，创新层挂牌公司2019年前三季度实现营业收入3047亿元，同比增长7.8%；实现净利润170亿元，同比增长5.3%，营业收入和净利润同步增长，经营性净现金流也实现了由负转正。优秀挂牌企业的经营数据亮眼，却不能获得投资者的足够关注，因此新三板市场的深化改革势在必行。

部分优秀企业摘牌转板至场内市场，固然是企业发展的必然选择和场外市场的初心所在，然而新三板市场融资功能不强、交易不活跃对中小初创企业吸引力差的问题不容忽视，多项改革措施也直指要害。

新三板制度改革的主要措施是引入公开发行制度，以市值为核心指标遴选精选层，并在精选层引入实施连续竞价交易机制，以及允许公募基金投资精选层股票，改革措施均围绕新三板市场的进一步分层，纳入更多背景更为丰富的投资者，活跃场外市场交易，提高流动性的方向，希望以此推动优秀的企业在场外市场脱颖而出，鼓励优秀企业在多层次资本市场中逐渐提升，以实现努力建设规范透明开放有活力有韧性的资本市场的长远目标。

专栏9

《上海市高级人民法院关于服务保障设立科创板并试点注册制的若干意见》发布实施①

据《人民法院报》消息，2019年6月17日，上海市高级人民法院正式发布《上海市高级人民法院关于服务保障设立科创板并试点注册制的若干意见》（以下简称《意见》）。《意见》共29条，内容涵盖司法服务保障设立科创板并试点注册制的重大意义、总体目标、工作原则及具体措施等。

《意见》指出，上海市高级人民法院将根据相关法律及司法解释规定，报请最高人民法院批准后，对因设立科创板并试点注册制引发的相关金融民商事纠纷和涉金融行政纠纷，探索由上海金融法院实行集中管辖；将依法惩治涉科创板刑事犯罪，妥善处理涉科创板证券交易过程中因虚假陈述、内幕交易、操纵市场等证券欺诈行为引发的民事赔偿纠纷，切实保障科创板以信息披露为中心的发行上市制度；将依法保障证券交易所实施自律监管，明确涉证券交易所行政纠纷与民事纠纷的边界，尊重证券交易所业务规则、证券交易所民事责任相对豁免规则。对证券交易所自律监管行为引发的纠纷，引导当事人穷尽证券交易所复核等救济程序，减少司法的直接干预。同时，规范证券中介机构依法履责，明确保荐人与各证券服务机构之间的责任边界。

此外，针对科创板上市企业在公司治理和公司经营方面的特殊性，《意见》强调，尊重科创板上市公司的表决权差异安排及科创板相关业务规则，尊重科创板上市公司的

---

① 摘编：何海峰，中国社会科学院金融政策研究中心主任。

股权激励计划，依法妥善处理因红筹企业及存托凭证带来的跨境司法管辖、法律适用及司法执行等问题。

2019年6月21日，最高人民法院召开新闻发布会，最高人民法院审委会专职委员刘贵祥、中国证券监督管理委员会副主席李超及最高人民法院民二庭庭长林文学出席，发布《最高人民法院关于为设立科创板并试点注册制改革提供司法保障的若干意见》（以下简称《若干意见》）并回答记者提问。《若干意见》共四部分17条。

2019年7月23日，上海金融法院举行新闻发布会，通报《上海金融法院关于服务保障设立科创板并试点注册制改革的实施意见》（以下简称《实施意见》）相关情况。《实施意见》旨在为设立科创板并试点注册制改革营造良好的金融法治环境，为上海国际金融中心和科创中心建设提供优质的司法服务保障。《实施意见》聚焦各项措施的可操作性，紧紧围绕审判执行工作，积极创新探索金融审判机制，从完善专业化的审判机制、健全证券群体性诉讼机制、依法加强投资者保护、强化证券侵权责任落实、加大涉科创板案件执行力度、依法保障证券监管机构行使职权等多个方面制定了23条具体工作举措。

三、保险市场发展政策[①]

2019年，保险行业坚决落实党中央、国务院的决策部署，加强监管和鼓励创新双管齐下，主动防范和化解突出风险，维护金融体系稳定，提升服务社会经济的能力，加大对消费者权益的保护力度，不断深化改革扩大开放，推动行业向高质量发展道路转型，为未来继续健康发展奠定了良好的基础。

（一）2019年保险市场政策主要内容

1. 加强车险业务监管，进一步治理行业乱象

自2015年6月商业车险改革启动以来，改革的阶段性成效已逐步显现，消费者获得感持续提升，保障能力不断扩大，社会管理功能得到更好发挥，但当前车险市场中的违法违规问题比较突出。为整治市场乱象、维护消费者合法权益、推进车险高质量发展，为下一步的商业车险改革营造良好市场环境，中国银保监会办公厅于2019年1月14日印发了《关于进一步加强车险监管有关事项的通知》（以下简称《通知》）。

《通知》主要针对当前车险市场未按照规定使用车险条款费率和业务财务数据不真实两个方面的突出问题。

《通知》采取的主要措施有：一是各派出机构按照职责，依法对辖区内财产保险机构车险经营违法违规行为进行查处。为确保监管措施的及时性和有效性，对市场乱象问题快速进行纠正，各派出机构查实财产保险机构未按照规定报批和使用车险条款、费率的行为后，中国银保监会或其派出机构可对相关财产保险机构采取责令停止使用车险条

---

① 作者：中国保险行业协会课题组；统稿人：王未，中国保险行业协会人身险二室部主任。

款和费率、限期修改等监管措施，并依法对相关财产保险机构及责任人员进行处罚。二是由中国保险行业协会建立对会员单位投诉举报的受理、核查制度，并将违法违规线索及时报送中国银保监会财险部。三是由中国保险信息技术管理有限责任公司建立车险费率执行相关数据的监测机制，将数据异常情况及时报送中国银保监会财险部。

《通知》的发布，对维护车险市场秩序、遏制违法违规行为起到了良好的作用，提升了车险经营公司依法合规经营的意识，有利于车险行业持续健康发展，为后续的商业车险改革营造了良好市场环境。

2. 明确保险资金投资银行资本补充债券细节

为服务实体经济，防范化解金融风险，扩大保险资金配置空间，根据《保险资金运用管理办法》《保险资金投资债券暂行办法》等规定，2019 年 1 月 25 日，中国银保监会印发《关于保险资金投资银行资本补充债券有关事项的通知》。

《通知》对各保险集团（控股）公司、保险公司、保险资产管理公司，投资银行资本补充债券提出了七个方面要求。

一是保险资金可以投资银行发行的二级资本债券和无固定期限资本债券。

二是政策性银行发行的二级资本债券和无固定期限资本债券，比照准政府债券的投资规定执行。

三是将商业银行发行的二级资本债券和无固定期限资本债券纳入无担保非金融企业（公司）债券管理。

四是保险资金投资的商业银行二级资本债券和无固定期限资本债券，其发行人应当符合下列条件：（1）公司治理完善，经营稳健；（2）最新经审计的总资产不低于 10000 亿元人民币，净资产不低于 500 亿元人民币；（3）核心一级资本充足率不低于 8%，一级资本充足率不低于 9%，资本充足率不低于 11%；（4）国内信用评级机构评定的 AAA 级或者相当于 AAA 级的长期信用级别。

五是保险资金投资的商业银行二级资本债券应当具有国内信用评级机构评定的 AAA 级或者相当于 AAA 级的长期信用级别。

六是保险资金投资的商业银行无固定期限资本债券应当具有国内信用评级机构评定的 AA + 级或者相当于 AA + 级以上的长期信用级别。

七是保险机构应当切实加强信用风险管理，审慎判断债券投资的效益与风险，自主决策，自担风险。

3. 推动“一带一路”建设综合试验区和国家保险创新综合试验区建设，提高宁波航运保险服务水平和国际竞争力

为提高宁波航运保险服务水平和国际竞争力，提升宁波港航运物流发展能级，推动“一带一路”建设综合试验区和国家保险创新综合试验区建设，宁波市人民政府办公厅于 2019 年 2 月 25 日起施行《关于推进航运保险发展的实施意见》（以下简称《实施意

见》）。

《实施意见》结合党中央、国务院关于推进“一带一路”建设、深化金融业对外开放、实现高质量发展等战略部署，贯彻落实《关于宁波建设国家保险创新综合试验区的实施意见》等文件精神，明确了宁波市发展航运保险的总体要求、重点工作和保障措施。

《实施意见》正文主要分为三个部分。第一部分是总体要求。提出四条基本原则和宁波航运保险发展的目标。第二部分是主要举措。包括“服务‘一带一路’建设综合试验区创建”“建设航运保险产业基础设施”“推进航运保险产品服务创新”“提升航运保险综合服务效能”“推动航运保险监管制度创新”“扩大宁波航运保险国际影响力”等六方面主要内容。第三部分为保障措施。提出加强组织领导、加大财政税收扶持力度、强化人才培养等举措，营造良好发展环境，推动试验区建设。

《实施意见》各项措施的落地，将有利于聚集航运资源，推动宁波航运保险发展迈上一个新台阶，促使宁波向全国航运保险产业基地和创新中心迈进。

4. 规范市场秩序，强化保险公司中介渠道管理，进一步筑牢防范中介市场系统性风险的底线

伴随着保险业的发展壮大，我国的保险中介市场从无到有、从小到大、从弱到强，从单一到多元，已经成为保险市场的重要组成部分，近 5 年来保费贡献率占比 80% 以上。为进一步加强监管、防范系统性金融风险，筑牢风险防控工作底线，中国银保监会于 2019 年 2 月 26 日发布《关于加强保险公司中介渠道业务管理的通知》（以下简称《通知》），其核心原则是明确保险公司中介渠道管理必须做到管理责任到人、管理制度到位、信息系统健全，建立内部合规审计监督，强化保险公司对中介渠道合作主体的业务合规管理责任。

《通知》共 25 条，主要包括四方面：一是要求保险公司建立权责明晰的中介渠道业务管理制度体系，明确“五大要求”，保险公司通过个人保险代理人、保险专业代理机构、保险经纪机构、保险兼业代理机构、保险公估机构和互联网等保险中介渠道开展保险业务，应当加强中介渠道业务管理；保险公司应当在总部设置中介渠道业务条线管理部门和专岗，总部管理层应当设有中介渠道业务管理责任人，并向中国银保监会报备；保险公司应当具备合法、有效、稳健的中介渠道管理制度；具备覆盖中介渠道业务全流程的信息化管理手段以及建立中介渠道业务合规审计制度。二是要求保险公司加强对合作中介渠道主体的管理，提出九大严格把关，落实对中介渠道业务主体的管控责任，加强资质管理、业务管理、档案管理，并及时报告发现的中介渠道业务主体违法违规行为。三是要求保险公司不得利用中介渠道主体开展违法违规活动，并提出了 9 个“不得”要求。四是要求保险公司完善中介渠道业务合规监督，保险公司要重视中介渠道合规内审，按时报送有关中介业务渠道相关报告以及数据，并对报告真实性负责。中国银

保监会及各派出机构将加强对保险公司中介渠道业务的现场检查和非现场监管。

《通知》涵盖了保险中介机构和从业人员，通过强化对保险公司中介渠道业务各条线的监管，加强对中介渠道相关主体的全流程监管，有利于进一步有效规范市场秩序，促进保险中介市场长期稳健发展。

5. 积极助力精准脱贫攻坚战，大力服务乡村振兴战略

近年来，保险业积极响应党中央号召，通过大力发展农业保险、创新产品服务模式、推进保险科技创新等多种方式，加强对“三农”工作的支持力度，围绕脱贫攻坚和乡村振兴积极发挥保险保障功能。2019 年 3 月 1 日，中国银保监会发布《关于做好 2019 年银行业保险业服务乡村振兴和助力脱贫攻坚工作的通知》（以下简称《通知》）。

《通知》中涉及保险业的要求主要包括：一是保险机构要强化风险保障功能。聚焦提质增效，推进保险服务乡村振兴的专业化体制机制建设。提高农村地区疾病、自然灾害和意外事故等风险的保险保障水平，持续扩大保险资金在乡村振兴中的投入，依法合规稳妥推进保险资金支农支小融资业务试点。加快建立农业大灾风险分散机制，落实农业保险大灾风险准备金制度。推进组建中国农业再保险公司，完善多层次的农业保险风险分散机制。进一步深化改革，促进涉农类保险综合费率逐步稳定在合理水平。二是支持农业供给侧结构性改革。优先保障国家粮食安全，重点支持优质特色产业，助力提升农产品质量和促进农业科技成果转化应用。加大对农业“走出去”项目的支持力度。加大对各类农机企业和新型农机服务组织的支持，鼓励发展农机保险。大力推进奶业振兴，推进奶业保险扩面、提标。增加农业保险承保农作物和畜产品品种，扩大承保农作物播种面积和森林保险覆盖面积。三是创新保险产品和服务。探索农业保险保单质押贷款、农户信用保证保险贷款等银保合作产品。研发符合农民实际需求的人身保险、财产保险产品。推广“政银保”合作融资模式，加大对农村创业担保贷款的投放力度。不断优化涉农类保险业务的理赔流程，改善农民服务体验。扩大保险产品试点范围。深入开展三大粮食作物完全成本保险和收入保险试点，扩大农业大灾保险试点和“保险 + 期货”试点，稳步开展生猪和蔬菜价格保险试点。鼓励各地开展地方特色优势农产品保险试点、设施农业保险试点，扩大森林保险保费补贴试点范围。四是推动基础保险服务扩面提质。鼓励保险机构进一步下沉服务重心，在服务渠道等方面加强配合、发挥合力，更加便捷有效地提供基础金融服务。运用新技术推进基础保险服务向位置偏远、服务空白的自然村延伸。优先在机构空白地区尤其是深度贫困地区新设网点，简化在空白乡镇设立简易保险网点的审批程序。在不具备网点设立条件的乡镇，鼓励通过电子机具、流动服务站和便民服务点等方式实现服务覆盖。五是聚焦深度贫困地区精准施策。加强对深度贫困地区的政策倾斜，提高保险保障水平，落实好降低保费的要求，对深度贫困地区财政补贴型农业保险的保险费率在已降费 20% 的基础上再降低 10% ~30% 。创新支持产业扶贫的保险产品服务，鼓励在贫困地区发展特色农产品保险，力争扶贫专属农业

保险产品持续增加、覆盖面持续扩大。

《通知》的发布，是保险业聚焦主业、服务大局的重要举措，为打赢精准脱贫攻坚战和实施乡村振兴战略提供了更丰富的保险支持工具，为农业现代化和农民增收致富提供了更有力的风险保障支撑，为保险业回归保障本源、走高质量发展之路提供了更清晰的政策导向。

6. 明确保险资产负债管理报告报送要求

为进一步完善保险资产负债管理监管规则，2019 年 4 月 3 日，中国银保监会办公厅发布《关于明确保险资产负债管理报告报送要求的通知》（以下简称《通知》），明确了季度及年度资产负债管理报告的报送等要求。

《通知》明确，从 2019 年第一季度起，各公司应按照修订后的《保险资产负债管理监管规则（1－5 号）》《保险资产负债管理能力评估表和量化评估表》的要求，开展资产负债管理量化评估，并在保险资产负债管理监管信息系统模块下载“保险资产负债管理监管 XBRL 接口转换工具 3. 0”，按要求报送季度报告。

关于年度报告，各公司应当按照《保险资产负债管理监管规则第 5 号：资产负债管理报告》的要求，编制资产负债管理年度报告，并于每年 5 月 31 日前，通过保险资产负债管理监管信息系统模块上报。年度报告应包括四部分内容：（一）资产负债管理量化评估表和年度分析报告；（二）资产负债管理能力评估表；（三）资产负债管理能力评估的支持性文件；（四）资产负债管理年度报告签字盖章页，年度分析报告中的组织架构图和流程图。

7. 明确无固定期限资本债券的风险计量标准，提高行业风险防范能力

2019 年 1 月，中国银保监会印发《关于保险资金投资银行资本补充债券有关事项的通知》，就保险资金投资银行发行的无固定期限资本债券等资本补充债券有关事项作出规定。在此基础上，中国银保监会又于 4 月研究制定了《保险公司偿付能力监管规则——问题解答第 2 号：无固定期限资本债券》，对偿付能力报告中保险公司投资银行发行的无固定期限资本债券的风险计量方法进行了明确，要求按照《保险公司偿付能力监管规则第 8 号：信用风险最低资本》，计量交易对手违约风险的最低资本。其中，风险暴露为其账面价值；政策性银行和国有控股大型商业银行的基础风险因子为 0. 20，全国性股份制商业银行的基础风险因子为 0. 23。

该政策的出台，进一步明确了无固定期限资本债券的风险计量标准，有利于行业风险防范能力的提高。

8. 完善市场信用风险分散分担机制，明确保险资金参与信用风险缓释工具和信用保护工具业务有关事项

为进一步提升保险资金服务实体经济质效，丰富保险资金运用管理工具，完善市场信用风险分散、分担机制，2019 年 5 月 7 日，中国银保监会办公厅印发《关于保险资金

参与信用风险缓释工具和信用保护工具业务的通知》（以下简称《通知》）。

《通知》旨在允许和规范保险资金参与信用衍生产品业务行为，共七条。主要内容：一是明确参与目的，规定保险资金参与信用衍生产品业务仅限于对冲风险，不得作为信用风险承担方。二是明确参与方资质条件，保险机构需具备衍生品运用能力、信用风险管理能力方可参与信用衍生产品业务。三是明确业务开展遵循“监管 + 业务”双规范原则，既要遵守中国银保监会对于金融衍生产品交易的监管规定，也要遵守中国银行间市场交易商协会、上海证券交易所和深圳证券交易所的业务规则。四是强化风险管理，保险机构应制定相应的管理制度和操作流程，监测并定期评估风险，向中国银保监会报送月度、季度和年度报告。

《通知》的发布是中国银保监会贯彻落实党中央、国务院支持民营企业融资的重要举措，有利于进一步丰富保险资金运用工具，为信用风险管理提供对冲手段；有利于充分调动保险资金的积极性，发挥保险资金长期稳健优势，加大对民企融资的支持力度；有利于改善民企债券投资者结构，提高民企债券的流动性并促进民企债券的发行。

9. 深入推进首台（套）重大技术装备保险补偿机制试点，助力制造业高质量发展

党中央、国务院高度重视首台（套）重大技术装备研发应用。自 2015 年起，财政部、工业和信息化部、原中国保监会组织实施了首台（套）重大技术装备保险补偿机制试点工作，通过市场化方式支持破解初期市场信任不足导致的研发应用瓶颈，促进重大技术装备创新。为落实中央经济工作会议精神，更好满足新形势下重大技术装备创新发展需求，进一步完善首台（套）重大技术装备保险补偿机制试点工作，助力制造业高质量发展，财政部、工业和信息化部、中国银保监会于 2019 年 5 月 10 日联合发布《关于进一步深入推进首台（套）重大技术装备保险补偿机制试点工作的通知》（以下简称《通知》）。

《通知》进一步明确了首台（套）重大技术装备及其保险定义。首台（套）重大技术装备是指经过创新，其品种、规格或技术参数等有重大突破，具有知识产权但尚未取得市场业绩的首台（套）或首批次装备、系统和核心部件等。其中，“首台（套）”是指用户首次使用的前三台（套）装备产品；“首批次”是指用户首次使用的同品种、同技术规格参数、同批签订合同、同批生产交付的装备产品。同时，部分关键零部件和小型关键装备覆盖范围扩展到用户在首年度内（即从用户首次购买之日至当年 12 月 31 日期间）购买使用的同品种、同技术规格参数的装备产品。首台（套）重大技术装备保险是指由生产《首台（套）重大技术装备推广应用指导目录》内装备制造企业投保，与用户共同受益，承保首台（套）重大技术装备质量风险和责任风险的综合险保险产品。其中，质量风险主要保障因产品质量缺陷导致用户要求修理、更换或退货的风险；责任风险主要保障因产品质量缺陷造成用户财产损失或发生人身伤亡的风险。首年度关键零部件保险责任限额应不低于装备价值的 2 倍，首台（套）装备、首批次装备和首年度小

型关键装备保险责任限额应不低于装备价值。

《通知》表示，首台（套）重大技术装备保险补偿机制应充分发挥市场机制的决定性作用，由中央财政对符合条件的投保企业给予适当额度保险补偿，利用财政资金杠杆作用，强化保险的风险保障功能，降低用户风险，并引导培育首台（套）重大技术装备保险市场，加快首台（套）重大技术装备研发应用。

《通知》明确，《首台（套）重大技术装备推广应用指导目录》由工业和信息化部制定，并根据重大技术装备发展情况进行适时调整。制造目录内装备，且投保首台（套）重大技术装备综合险或选择国际通行保险条款投保的企业，在装备交付用户、保单正式生效、累计保费满 20 万元后集中申请保险补偿。中央财政对符合条件的投保企业按照实际投保费率不超过 3% 及实际投保年度保费的 80% 给予保险补偿。保险期间应连续不间断，保险补偿期间按保险期限据实核算，不超过 3 年。

《通知》鼓励有条件的地方结合当地产业基础、行业特征，因地制宜制定地方首台（套）重大技术装备保险补偿政策，并做好与国家政策的衔接。鼓励首台（套）重大技术装备用户企业对投保装备免收质保金，发挥保险对质保金的替代功能。进一步完善首台（套）重大技术装备保险补偿机制试点工作，助力制造业高质量发展。

10. 巩固市场乱象治理成效，促进保险行业高质量发展

保险行业自 2017 年起连续两年开展整治市场乱象工作，已取得了阶段性成效。但保险业市场乱象成因复杂，整治工作具有长期性、复杂性和艰巨性。特别是当前国际国内形势复杂严峻，保险业仍然处于风险易发多发期，一些重点领域重点机构的风险及顽疾仍然存在。为全面贯彻党的十九大和十九届二中、三中全会精神，落实中央经济工作会议和全国金融工作会议要求，巩固前期整治工作成果，防止乱象反弹回潮，推动保险业实现高质量发展，中国银保监会决定开展“巩固治乱象成果　促进合规建设”工作，坚持不懈治理市场乱象，于 2019 年 5 月印发了《关于开展“巩固治乱象成果　促进合规建设”工作的通知》（以下简称《通知》）。

《通知》明确了 2019 年整治工作的三个目标：一是查处屡查屡犯违规问题，消化存量，在推动保险机构合规建设方面取得新成效；二是查处重点风险，遏制增量，在推动保险业生态修复方面取得新进展；三是推进金融供给侧结构性改革，在实现高质量发展和提升服务实体经济水平、能力方面取得新突破。

《通知》强调整治工作应坚持四项工作原则：一是防风险与稳增长相结合；二是削减违规存量问题与遏制违规增量问题相结合；三是强内控与严监管相结合；四是保持定力与把握力度相结合。

《通知》还规定了整治工作的四项主要任务：一是夯实乱象整治工作的思想根基。以党的政治建设为统领，以贯彻落实习近平总书记对完善金融服务、防范金融风险的要求为首要政治责任、领导责任、工作责任，坚持不懈推进乱象整治，确保金融监管机构

改革与市场乱象整治工作“两不误、两促进”。二是巩固乱象整治工作成果。对2018年深化整治市场工作自查和监管检查发现问题整改问责情况进行“回头看”。一看问题整改，二看问责处理，三看机制建设。三是持续推动重点领域问题整治。按照相关要点开展整治，通过整治，严查政策执行，严查新规落实，突出风险和问题导向，突出处罚和问责，下大力气解决违规成本过低的问题。四是开展强内控促合规建设。按照“强内控、强合规”的工作思路，督促保险机构通过增强内部控制的充分性和有效性，提升合规水平和全面风险管理能力。强调“两会一层”等治理主体履职尽责，提升三道防线的独立性、权威性和有效性，强化内部控制制度建设、流程建设和动态完善机制，着力培育合规文化。

组织实施方面，《通知》要求保险机构要切实承担起整治乱象和合规建设的主体责任，分级管理实行一把手负责制，确保责任到位、措施到位、落实到位；各银保监局要严格落实一把手负责制，专题研究部署，细化工作方案，扎实有序推进；加强条线管理和功能监管；做好信息共享和沟通协调；严肃监督执纪和问责处理。《通知》还规定了半年及年度工作报告制度。

除此之外，《通知》附件就公司治理、资金运用、产品开发、销售理赔、业务财务数据等环节进一步明确保险领域“巩固治乱象成果　促进合规建设”相关工作要点。

《通知》表明保险行业治乱象从“治标”走向“治本”，既巩固了市场乱象治理成效，又通过从严监管督促保险机构作为市场主体落实主体责任，引导并推动保险机构合规建设，提升了服务质量，维护了市场秩序，促进保险行业进一步回归保障本源并持续高质量发展。

11. 提高保险企业手续费佣金支出税前扣除比例，促进保险行业健康发展

2019年5月28日，财政部、国家税务总局发布《关于保险企业手续费及佣金支出税前扣除政策的公告》，对于保险企业手续费佣金扣除比例进行调整。主要内容有：保险企业发生与其经营活动有关的手续费及佣金支出，不超过当年全部保费收入扣除退保金等后余额的18%（含本数）的部分，在计算应纳税所得额时准予扣除；超过部分，允许结转以后年度扣除。保险企业应建立健全手续费及佣金的相关管理制度，并加强手续费及佣金结转扣除的台账管理。该公告自2019年1月1日起执行。保险企业2018年度汇算清缴按照该公告规定执行。

通过这次政策调整，保险企业发生的手续费及佣金支出企业所得税税前扣除比例由原来人身险公司的10%、财产险公司的15%，统一调整为18%；超过18%的部分，允许结转以后年度扣除。这将对保险行业产生积极的、长期的减负效果，对保险行业回归保障本源和高质量发展发挥推动作用。

12. 支持地方优势特色农产品保险发展，助力农业农村现代化和农民增收

根据党中央、国务院关于打赢脱贫攻坚战、实施乡村振兴战略的有关要求，为进一

步完善农业保险制度，支持地方优势特色农产品保险发展，助力农业农村现代化和农民增收，财政部于2019年6月14日下发《关于开展中央财政对地方优势特色农产品保险奖补试点的通知》（以下简称《通知》）。

《通知》以内蒙古、山东、湖北、湖南、广西、海南、贵州、陕西、甘肃、新疆等10个省份（自治区）为试点，对省（区）级财政引导小农户、新型农业经营主体等开展的符合条件的地方优势特色农产品保险，按照保费的一定比例给予奖补，支持地方特色农产品保险发展。通知自2019年1月1日起施行，试点期限暂定一年。

《通知》按照"突出地方主责，体现激励导向，助力脱贫攻坚，循序渐进实施"的原则，中央财政出台奖补政策，在给予保费"补贴"的同时，充分体现"奖励"的特点，要求地方财政具备一定工作基础，承担主要保费补贴责任，并做好绩效评价等工作，以落实好党和政府支持的惠农政策。

《通知》明确试点省（区）自主确定申请奖补不超过两种的优势特色农产品保险标的或保险产品，且应满足相关条件。对已纳入中央财政保费补贴范围的保险标的进行保险产品创新，如开展价格保险、收入保险等，符合条件的，中央财政也将给予奖补政策支持。关于补贴比例，对纳入试点范围的地方优势特色农产品保险保费，在省级及省级以下财政至少补贴35%的基础上，中央财政对中西部地区补贴30%，对东部地区补贴25%。原则上，对国家扶贫开发工作重点县和集中连片特困地区县，县级财政承担的保费补贴比例不超过5%。

《通知》体现了推动农业保险"扩面、增品、提标"的发展导向，切实把党和政府支持的惠农政策落到实处，是贯彻落实党中央、国务院有关要求的具体举措，对进一步完善农业保险保费补贴品种体系，促进农业保险改革发展，助力农民增收和脱贫攻坚战略实施具有积极意义。

13. 优化资产支持计划发行程序，提升保险资金服务实体经济质效

为进一步落实党中央、国务院"放管服"工作部署，推动资产支持计划业务发展，提高监管效率和透明程度，根据《保险资金运用管理办法》等相关规定，2019年6月17日，中国银保监会办公厅发布《关于资产支持计划注册有关事项的通知》，从即日起，中国银保监会对保险资产管理机构首单资产支持计划之后发行的支持计划实行注册制管理，交由中保保险资产登记交易系统有限公司办理。

优化资产支持计划发行程序，是中国银保监会落实党中央、国务院关于转变政府职能，把"放管服"改革作为全面深化改革重要工作部署的具体举措，有利于提升资产支持计划发行效率，增加产品供给，丰富保险资金配置渠道，更好地服务保险主业发展；有利于盘活实体经济存量资产，促进融资结构调整，提升保险资金服务实体经济质效，切实推动保险机构更好地服务国家重大改革举措。

14. 加强保险机构投资集合资金信托业务管理，明确保险资金投资集合资金信托有关事项

近年来，保险资金投资资金信托规模快速增长，截至2018年底，保险机构投资资金信托规模为1.27万亿元。为进一步加强保险机构投资集合资金信托业务管理，规范投资行为，防范资金运用风险，根据《关于规范金融机构资产管理业务的指导意见》的精神，中国银保监会办公厅于2019年6月19日发布《关于保险资金投资集合资金信托有关事项的通知》（以下简称《通知》）。

《通知》由原来的8条增加为19条，保留了保险机构投资资金信托的决策授权机制、专业责任人资质、基础资产范围、法律风险、投后管理、信息报送、行业自律管理等要求；调整了信托公司条件、信托信用等级、关联交易、责任追究等内容；新增了禁止将信托作为通道、强化信托公司主动管理责任、对底层资产进行穿透、加强投资者适当性管理、设置投资比例限制以及信用增级安排和免增信条件等要求。

《通知》的发布是中国银保监会推动保险资金更好地服务保险主业和实体经济的重要举措。扩大"保信"合作范围，有利于为保险机构和信托公司营造良好的公平竞争环境；明确保险资金去通道、去嵌套的监管导向，有利于限制不合理、不合规的投资业务开展；明确保险资金投资信托的信用增级安排不得由金融机构提供，有利于打破金融机构刚性兑付；明确基础资产投资范围，有利于进一步发挥信托公司在非标资产方面积累的行业优势，引导保险资金更多地流入实体经济。同时，《通知》实行"新老划断"，有利于维持机构必要的流动性和市场稳定，确保制度平稳过渡。

15. 延长对香港地区偿付能力监管等效框架协议过渡期内再保信用风险因子适用期限

2017年5月，原中国保监会与原香港保监处签署了《关于开展偿付能力监管制度等效评估工作的框架协议》（以下简称《框架协议》），双方承诺自协议签署之日起即进入等效互认过渡期，在过渡期内视同对方已达到等效资格并给予等效条件下的监管便利政策。为落实《框架协议》精神，2018年6月，中国银保监会发布《关于印发〈保险公司偿付能力监管规则——问题解答第1号：偿付能力监管等效框架协议过渡期内的香港地区再保险交易对手违约风险因子〉的通知》（以下简称《问题解答第1号》），明确了内地直接保险公司向香港地区合格再保险机构分出再保险业务时，应适用的偿付能力评估信用风险因子方案，给予香港地区偿付能力信用风险方面为期1年的过渡期监管便利政策。2019年6月28日，中国银保监会修订了《问题解答第1号》，明确将过渡期内香港地区合格再保险机构分入内地直保公司业务时适用的再保险信用风险因子方案期限再延长一年，截至2020年6月30日。

从市场运行情况看，《问题解答第1号》的实施，为促进内地与香港两地再保市场共同发展繁荣、实现互利共赢发挥了积极作用。《框架协议》的签署和本次《问题解答

第1号》的修订，是中国银保监会深入贯彻落实党中央关于维护香港长期繁荣稳定、进一步扩大金融业开放部署要求的重要举措，必将对进一步促进内地与香港保险市场共同发展产生积极影响。下一步，相关部门将继续就偿付能力监管等效互认框架下双方可适用的监管便利政策进行研究，共同推动提升两地保险市场效率和跨区域风险防范能力，促进保险市场的相互开放和深度融合。

16. 国际会计准则理事会积极推动新保险合同会计准则实施

2017年5月，国际会计准则理事会（IASB）发布了《国际财务报告准则第17号——保险合同》（以下简称IFRS17）。该准则在保费收入确认口径、准备金分拆列示等多个方面对现行保险合同准则作出了重大改进，以便在全球范围内统一保险合同会计处理方法，真实完整地反映保险企业的财务状况和经营成果，进一步提升保险行业财务报表的可比性。财政部根据中国会计准则与国际会计准则趋同的原则，相应修订我国保险合同准则，并于2018年12月发布《企业会计准则第×号——保险合同（修订）（征求意见稿）》。

各国保险公司在筹备IFRS17实施过程中提出了一些担忧和挑战。国际会计准则理事会考虑后，提出在不改变该准则的基本原则、不造成对财务报表使用者有用信息的重大缺失、避免不恰当的阻碍进行中的实施进程或导致生效日不恰当延误的前提下，对IFRS17进行适当修改，并于2019年6月，发布了对IFRS17修订的征求意见稿（以下简称征求意见稿），向全球公开征求意见。本征求意见稿提议对IFRS17的下列议题进行针对性的修订：排除在适用范围之外的事项——符合保险合同定义的信用卡合同和贷款合同；保险获取现金流的预期收回；可归属于投资回报服务和投资相关服务的合同服务边际；持有的再保险合同——标的保险合同的亏损摊回；在财务状况表中的列报；风险缓释选择权的适用性；《国际财务报告准则第17号》的生效日期和《国际财务报告准则第4号》中对《国际财务报告准则第9号——金融工具》的临时豁免；过渡安排的修改和豁免；其他修订。

国际会计准则理事会将对其于2019年9月25日之前收到的关于本征求意见稿的意见进行考虑，并决定是否对IFRS17进行提议的修订，并计划于2020年中发布IFRS17的修订结果。

17. 完善保险资产负债管理监管制度体系，强化监管硬约束

为进一步完善保险资产负债管理监管制度体系，加强分类监管，强化资产负债管理监管硬约束，2019年7月24日，中国银保监会发布《保险资产负债管理监管暂行办法》（以下简称《暂行办法》）。

《暂行办法》共5章37条。主要内容如下：第一章总则，主要规范制定目的、适用范围、资产负债管理的定义，明确相关职责，构建资负联动和上下联动的监管机制。第二章保险公司资产负债管理，主要从组织体系、控制流程、模型工具、绩效考核、管理

报告以及期限结构匹配、成本收益匹配和现金流匹配等方面，对保险公司建立健全资产负债管理体系提出了相应要求，与能力评估规则和量化评估规则的具体内容相对应。第三章监管评估，主要规范资产负债管理监管评估的方式。第四章监管措施，明确依据资产负债管理能力和匹配状况对保险公司实施差别化监管，强化资产负债管理监管硬约束。第五章附则，主要规范保险集团、再保险公司和不经营保险业务的养老保险公司的资产负债管理监管政策以及生效日等。

《暂行办法》的发布和实施有利于推动保险公司提高资产负债管理能力，防范资产负债错配风险，有利于引导保险行业转型和稳健审慎资产配置，促进行业高质量发展。

18. 健全银行兼业代理保险业务的规则和标准，推动银保业务规范健康发展

近年来，银行保险代理渠道业务发展迅速，促进了人身保险业保费规模、资产规模的快速增长，但银保渠道发展仍存在着利益短期化、消费者权益保护不到位等问题。中国银保监会的成立，增强了银行保险监管工作的协调性和统一性。2019 年 8 月 23 日，中国银保监会正式下发《商业银行代理保险业务管理办法》（以下简称《办法》），并于 2019 年 10 月 1 日起施行，从监管层面建立起商业银行代理保险业务全流程统一的监管制度，同时由原保监会和原银监会针对不同监管主体、从不同角度出台的 7 个相关文件废止。

《办法》主要包含了总则、业务准入、经营规则、业务退出、监督管理、附则等 6 个章节共 70 条细则，具体包括：一是严格准入退出机制。业务准入方面，明确要求经营保险代理业务的商业银行具有相应的专业管理能力，着重强调对于管控保险产品消费风险的要求和对于保险销售从业人员管理的要求。中国银保监会及其派出机构作出批准商业银行经营保险代理业务决定的颁发许可证，并且许可证不设有效期。业务退出方面，商业银行出现许可证依法被撤销、撤回或吊销的；因解散或者被依法宣告破产等原因依法终止的；法律、行政法规和中国银保监会规定的其他情形，中国银保监会及其派出机构将依法注销许可证，并予以公告。二是严治销售误导，保护消费者合法权益。明确规定商业银行及其保险销售从业人员不得将保险代理业务转委托给其他机构或个人，进一步细化销售误导和手续费支付不规范的表现形式，将其列为负面清单。三是严禁账外核算和经营。要求商业银行对保险代理业务应当进行单独核算，对不同保险公司的代收保费、佣金进行独立核算，不得以保费收入抵扣佣金。商业银行和保险公司均需建立保险代理台账。四是强调回归本源。要求保险公司、商业银行加大力度发展风险保障型和长期储蓄型保险产品，商业银行销售健康保险、定期寿险、终身寿险等的占比不得低于保险代理业务总保费收入的 20%。五是加强人员管控。要求商业银行应当由法人机构或其授权的分支机构在中国银保监会规定的监管信息系统中为其保险销售从业人员办理执业登记。商业银行保险销售从业人员只限于通过 1 家商业银行进行执业登记，如通过保险公司执业登记的，具体办法由中国银保监会另行制定。

《办法》的出台，从制度根源上解决了银保业务转型难、销售误导和手续费“小账”屡禁不止等突出问题，是指引银保业务发展的现实需要，对银保业务发展的新形势提出了更全、更细的要求，促进了商业银行代理保险业务规范健康发展。

19. 进一步完善保险公司关联交易监管机制

为深入贯彻落实党中央、国务院在中央经济工作会议和全国金融工作会议上关于金融工作的有关精神，进一步加强保险公司关联交易监管，严厉打击通过违规关联交易进行利益输送等乱象，有效防范金融风险，2019 年 8 月 25 日，中国银保监会发布《保险公司关联交易管理办法》(以下简称《办法》)。

《办法》共 7 章 64 条，按照关联交易管理流程，从关联关系认定、关联交易的内控管理及外部监管等方面进行明确规定。第一章总则，明确《办法》制定的法律依据和总体原则。第二章关联方与关联交易，明确关联方认定标准和关联交易类型。第三章关联交易金额的计算与比例限制，明确不同类型关联交易金额的计算方式，并对资金运用类关联交易设置比例监管指标。第四章关联交易的内部控制，明确要求保险公司建立董事会关联交易控制委员会，加强对关联交易的管理、审查、批准和风险控制，并对重大关联交易和统一交易协议的管理和审批流程等方面进行明确规定。第五章关联交易的报告和披露，规定报告和披露的内容、时限、路径等以强化外部监督。第六章关联交易的监督管理，规定对关联交易的管理和审查措施，依法完善相应监管措施。第七章附则，对《办法》中关键用语进行详细解释。

《办法》明确了从严监管、穿透监管的原则，建立事前、事中、事后全流程的关联交易审查和报告制度，突出重点、抓大放小，重点监控公司治理不健全机构的关联交易和大额资金运用行为，控制关联交易的数量和规模，从而达到提高保险公司经营独立性、防止利益输送风险的监管目标。《办法》的发布，进一步完善了保险业公司治理监管制度体系，对防范系统性金融风险必将发挥重要作用。

20. 完善人身保险业责任准备金评估利率形成机制，防范行业利差损风险

为全面贯彻落实党中央、国务院关于金融工作的决策部署，深化金融供给侧结构性改革，守住不发生系统性风险的底线，中国银保监会于 2019 年 8 月 30 日发布《关于完善人身保险业责任准备金评估利率形成机制及调整责任准备金评估利率有关事项的通知》(以下简称《通知》)。

《通知》出台的目的是完善人身保险业责任准备金评估利率形成机制，健全相关组织保障，进一步深化人身保险费率形成机制改革，防范人身保险市场系统性风险，推动人身保险市场高质量发展。《通知》包括以下主要内容：

第一，支持中国保险行业协会设立人身保险业责任准备金评估利率专家咨询委员会，以强化人身保险业责任准备金评估利率形成机制的组织保障。中国保险行业协会定期组织人身保险业责任准备金评估利率专家咨询委员会成员召开会议，结合市场情况变

化研究讨论人身保险业责任准备金评估利率调整的必要性及其影响，形成相关建议供监管部门决策参考。

第二，将在充分考虑负债特点的基础上，基于对市场利率未来走势、行业投资收益率等因素的判断确定评估利率参考值，并结合人身保险业责任准备金评估利率专家咨询委员会的意见，适时调整评估利率水平。

第三，人身保险业责任准备金评估利率执行以下规定：一是2013年8月5日及以后签发的普通型人身保险保单评估利率上限为年复利3.5%和预定利率两者中的较小者；2013年8月5日以前签发的普通型人身保险保单评估利率继续执行原规定。二是分红型人身保险责任准备金的评估利率上限为年复利的3%和预定利率两者中的较小者；三是万能型人身保险责任准备金的评估利率上限为年复利的3%。

《通知》的出台，从短期看，对人身保险公司的产品开发、销售策略、定价策略将产生一定的影响；从长期看，评估利率的确定充分考虑了负债的特征，体现了不同业务分类监管的原则，有助于推动行业转变发展方式，优化人身保险业供给结构，提升行业整体价值。专家咨询委员会定期研究评估利率调整问题，形成意见和建议供监管部门决策参考，有助于强化监管与行业的沟通互动，提高决策的科学性。按照新规行业需增提责任准备金近千亿元，有利于行业更好地履行未来保险赔付责任，更好地保护消费者权益。

21. 应对生猪市场变化形势，积极服务“稳产保供”工作

一段时期内，受“猪周期”影响、非洲猪瘟疫情冲击多重因素叠加作用，我国一些地区生猪市场供给偏紧，猪肉价格短期内上涨较快。这带动了居民消费价格指数较快上涨，影响了居民正常需求特别是困难群众基本生活，而且带动相关产业链出现整体性价格波动，不利于实体经济稳定健康发展。对此，党中央、国务院高度重视，统筹部署稳产保供措施。中国银保监会、农业农村部认真落实部署，于2019年9月6日联合发布《关于支持做好稳定生猪生产保障市场供应有关工作的通知》（以下简称《通知》）。

《通知》中涉及保险业的要求主要包括：一是要完善生猪政策性保险政策。提高能繁母猪、育肥猪保险保额，暂时将能繁母猪保险保额从1000～1200元提高至1500元，育肥猪保险保额从500～600元提高至800元，具体事项按财政部门有关要求办理。立足于长期稳定生猪生产，鼓励具备条件的地方把握时间窗口，持续开展并扩大生猪价格保险试点。二是要推进保险资金深化支农支小融资试点。保险资金要更好服务生猪屠宰、肉类加工、仓储等生猪产业发展，加强与生猪养殖产业链上龙头企业的合作，支持新建和异地重建的生猪规模养殖场发展。三是要拓宽抵质押品范围。选取辽宁省、河南省、广东省、重庆市开展土地经营权、养殖圈舍、大型养殖机械抵押贷款试点，积极稳妥推进银行业金融机构拓宽抵质押品范围。支持具备生猪活体抵押登记、流转等条件的地区按照市场化和风险可控原则，积极稳妥开展生猪活体抵押贷款试点，充分发挥银行信

贷、保险保障、融资担保等多方合力，更好满足生猪产业融资需求。四是要强化政策协调。加强各方政策联动，从融资担保、开展政策性保险等方面充分拓宽风险抵补渠道，切实建立健全生猪产业风险缓释机制。严格落实生猪保险与病死猪无害化处理联动措施，强化信息共享和工作衔接。

《通知》的发布，是保险业落实国家关于生猪稳产保供政策的重要举措。一方面，以风险补偿的方式促进生猪生产、保障市场供应，特别是加大了对生猪养殖、生产、储运、销售等全产业链的风险保障力度；另一方面，与“稳产保供”各项举措形成组合拳，缓解了猪肉市场价格波动，保障人民群众正常生活。

22. 完善现代农业支持保护制度，加快农业保险高质量发展

农业农村农民问题是关系国计民生的根本问题，解决好“三农”问题始终是全党工作的重中之重。党的十九大报告明确提出，坚持农业农村优先发展，构建现代农业产业体系、生产体系、经营体系，完善农业支持保护制度。财政部、农业农村部、中国银保监会、国家林草局于2019年9月19日联合印发了《关于加快农业保险高质量发展的指导意见》（以下简称《指导意见》）。

《指导意见》明确了加快农业保险高质量发展的指导思想、基本原则、主要目标，作出了提高服务能力、优化运行机制、加强基础设施建设、做好组织实施工作等方面安排部署，是新的历史时期推动我国农业保险改革发展的重要举措，是今后一段时期开展农业保险工作的根本遵循。

《指导意见》首次明确了农业保险的政策性属性。明确提出“农业保险作为分散农业生产经营风险的重要手段，对推进现代农业发展、促进乡村产业振兴、改进农村社会治理、保障农民收益等具有重要作用”，明确提出“推进政策性农业保险改革试点”。

《指导意见》拓展了农业保险的内涵和外延。在农业保险涵盖种植业、养殖业和林业的基础上，提出进一步拓宽农业保险服务领域，探索开展一揽子综合险，将农业生产设施设备、农民短期意外险等一并纳入农业保险服务范围，满足农户多元化的风险保障需求。同时鼓励探索开展“农业保险+”，加强农业保险赔付资金与政府救灾资金的协同运用，推进农业保险与信贷、担保、期货（权）等金融工具联动。

《指导意见》突出强调了提质增效、转型升级的要求。坚持问题导向和目标导向，提出了一系列加快农业保险高质量发展的创新性举措。根据《指导意见》要求，我国农业保险的发展目标更加明确，顶层设计更加统一，财政支持更加有力，地方责任更加清晰，基础设施更加完善，管理要求更加严格。

《指导意见》将提升农民获得感作为出发点和核心且贯穿始终，给出了一系列的解决方案和措施，提出了具有很强操作性的思路和办法。《指导意见》进一步明确，到2022年，稻谷、小麦、玉米三大主粮作物农业保险覆盖率达到70%以上，收入保险成为我国农业保险的重要险种，农业保险深度达到1%，农业保险密度达到500元/人；到

2030年，农业保险持续提质增效、转型升级，总体发展基本达到国际先进水平，实现补贴有效率、产业有保障、农民得实惠、机构可持续的多赢格局。

《指导意见》特别提出组织实施工作的原则。强调地区和部门加强协同配合。明确由财政部会同中央农办、农业农村部、中国银保监会、国家林草局等部门成立农业保险工作小组，统筹规划、协同推进农业保险工作。有关部门要抓紧制定相关配套措施，确保各项政策落实到位。强调加大政策扶持。优化农业保险财政支持政策，探索完善农业保险补贴方式，加强农业保险与相关财政补贴政策的统筹衔接。中央财政农业保险保费补贴重点支持粮食生产功能区和重要农产品生产保护区以及深度贫困地区，并逐步向保障市场风险倾斜。对地方优势特色农产品保险，中央财政实施以奖代补予以支持。农业农村、林业草原等部门在制定行业规划和相关政策时，要注重引导和扶持农业保险发展，鼓励和引导农户和农业生产经营组织参保，帮助保险机构有效识别防范农业风险。强调要营造良好市场环境。深化农业保险领域“放管服”改革，健全农业保险法规政策体系。发挥保险行业协会等自律组织作用。加大农业保险领域监督检查力度。

23. 持续改善营商环境，积极稳妥推动保险业对外开放

2019年，在持续提升风险防范水平和监管能力的基础上，保险业稳步扩大对外开放。9月30日，国务院对《中华人民共和国外资保险公司管理条例》（以下简称《条例》）部分条款予以修改，进一步扩大保险业对外开放。此次修改，放宽了外资保险公司准入条件，对申请设立外资保险公司的外国保险公司，取消“经营保险业务30年以上”和“在中国境内已经设立代表机构2年以上”的条件，鼓励更多有经营特色和专长的保险机构进入中国市场。此外，修改后的《条例》允许外国保险集团公司在中国境内投资设立外资保险公司，允许境外金融机构入股外资保险公司，进一步丰富外资保险公司的股东类型，激发市场活力，促进保险业高质量发展。

11月29日，中国银保监会公布修订后的《中华人民共和国外资保险公司管理条例实施细则》，进一步落实保险业最新开放举措要求，放宽外资人身险公司外方股比限制，将外资人身险公司外方股比放宽至51%。12月6日，中国银保监会办公厅发布了《关于明确取消合资寿险公司外资股比限制时点的通知》，自2020年1月1日起，正式取消经营人身保险业务的合资寿险公司的外资比例限制，合资寿险公司的外资比例可达100%。

上述开放措施的陆续出台，有利于营造国际化、法治化和市场化的营商环境，也有利于提高我国金融业服务实体经济的能力。外国优质保险资本的进入，将大大促进中国保险市场的转型与高质量发展。

24. 加强健康保险保障属性，完善消费者权益保护

为贯彻落实党中央、国务院有关深化医药卫生体制改革、加强金融监管、开展扶贫攻坚、发展健康产业、推进健康中国建设等政策文件要求，进一步发挥健康保险在构建

中国特色多层次医疗保障体系中的重要作用，有效满足人民群众对多样化健康保障需求，中国银保监会于11月12日发布了新修订的《健康保险管理办法》（以下简称《办法》），并于12月1日起施行。这是原办法自2006年发布以来的首次重大修订。

《办法》强调了健康保险保障属性，明确发展健康保险的目的在于提升人民群众健康保障水平，进一步提升保障水平和服务能力；加强了对消费者的保护，进一步完善了健康保险经营规则、产品定价规则、理赔和纠纷处理规则等，切实维护消费者合法权益。《办法》主要包括以下创新内容：

第一，完善健康保险的定义和业务分类，首次将医疗意外险纳入健康保险范畴。

第二，对财产险和人身险公司健康保险的监管制度、经营规则和准备金评估标准等管理规范进行了统一。

第三，鼓励健康保险产品针对医疗新方法、新药品、新器械提供保障，支持医学进步，促进健康产业发展。

第四，引导保险业发挥社会责任，针对贫困人口给予倾斜支持，助力健康扶贫工作。

第五，明确长期医疗保险可以进行费率调整，引导健康保险产品结构向长期化方向发展。为加强消费者权益保护，明确长期医疗保险应设置不少于15天的合同犹豫期。

第六，要求保险公司销售健康保险产品时严格执行备案或者审批的条款和费率，不得强制搭售其他产品。

第七，禁止保险公司非法搜集、获取被保险人除家族病史之外的遗传信息、基因检测资料等。

第八，支持健康保险与健康管理相结合，鼓励保险公司提供疾病预防、慢病管理等服务，降低健康风险，减少疾病损失。

《办法》的出台为我国健康保险业的发展规划了顶层设计，完善了制度安排，在我国保险业发展史上具有重要的里程碑意义，有利于规范行业竞争、发展，加快保险服务和产品创新，鼓励健康保险充分承担社会责任，引导行业回归保障，满足人民群众多层次、多样化的健康保障需求，进一步推动健康保险服务国家医改工作和健康中国战略实施。

25. 加强保险机构消费者权益保护工作主体责任，提升消费者保护水平

随着金融市场的迅速发展，金融产品和服务日趋丰富，金融消费者更多地参与到金融发展中。消费者权益保护，是贯彻落实以人民为中心的发展思想的必然要求，更是事关金融风险防控的重要手段。消费者权益保护一直是金融监管部门关注的重点，监管部门多次出台各项监管措施以加强消费者权益保护力度。消费者保护工作也需要与时俱进，金融行业如何提升消费者权益保护的成效性已经提上议事日程。

2019年11月，中国银保监会发布《关于银行保险机构加强消费者权益保护工作体

制机制建设的指导意见》（以下简称《指导意见》），这是一份在消费者保护领域具有基础性和框架性意义的政策文件。其将消费者保护纳入保险机构的整体规划发展中，建立健全消费者权益保护体制机制，是针对侵害消费者权益行为进行整治的“治本之策”，也是提升保险机构消费者权益保护的重要前提。

《指导意见》包括八个部分，从体制、机制、监管和行业自律等方面提出具体意见。

（1）体制方面。一是要求保险机构将消费者权益保护融入公司治理各环节，董事会承担消费者权益保护工作最终责任，是消费者权益保护工作的最高决策机构，对消费者权益保护工作进行总体规划及指导，并对高级管理层履行消费者权益保护职责情况进行监督；董事会应设立消费者权益保护委员会，承担消费者权益保护相关职责；高级管理层应确保消费者权益保护战略目标和政策得到有效执行。二是保险机构还应明确部门履行消费者权益保护职责，从人员配备和经费预算等方面保障开展消费者权益保护工作的独立性、权威性、专业性。

（2）机制方面。一是保险机构应强化消费者权益保护决策执行和监督机制，建立完备的消费者权益保护产品和服务审查、内部考核、信息披露、投诉管理、金融知识宣传教育、突发事件应对等工作机制，确保涉及消费者权益保护工作各部门之间的横向信息共享以及工作协调配合机制有效运行，确保消费者权益保护工作政策和要求的纵向传导和执行机制有效运行，充分发挥监事会及内部审计对消费者权益保护工作的监督机制；二是应建立消费者权益保护审查机制，对面向消费者提供的产品和服务，在设计开发、定价管理、协议制定等环节进行评估审查，建立专门的消费者权益保护审查制度，将消费者权益保护审查纳入保险机构风险管理和内部控制体系，线上线下并重，风控关口前移，应结合产品和服务相关投诉、诉讼、舆情、满意度调查等情况，对消费者权益保护审查要点进行更新和完善；三是应完善消费者权益保护内部考核机制，强化消费者权益保护内部考核结果在经营管理中的运用，将其纳入机构综合绩效考评体系、问责体系和人力资源管理体系；四是加强和完善消费者权益保护信息披露机制，包括消费者权益保护工作重大信息、产品和服务、投诉管理等相关信息，信息披露需充分考虑消费者需求，应有利于消费者在接受产品和服务前充分了解其特点和风险，使消费者能更加理智地决策。

（3）监管方面。各级监督管理机构应加强对保险机构消费者权益保护工作体制机制建设的监督管理，加强对辖内保险机构消费者权益保护工作体制机制建设的指导和监督，将保险机构消费者权益保护工作体制机制建设情况纳入消费者权益保护监管考核评价，将消费者权益保护监管考核评价结果作为开展综合监管评级、配置监管资源和采取监管措施的重要参考内容。

（4）行业自律方面。要求中国保险行业协会成立消费者权益保护专业委员会，结合自身定位，发挥专业优势，组织制定并实施消费者权益保护方面的行规行约，对行业内侵害消费者合法权益行为进行自律惩戒，将专业委员会建设成为行业内、消费者与保险机构间有效沟通交流的平台。

《指导意见》的发布，针对保险机构的消费者权益保护工作在公司治理、组织架构、内部管理等方面明确提出了建章立制的各项要求，通过强化保险机构内部制度保障、监管机构外部监管保障以及行业协会作用，发挥公司治理机制作用，促进保险机构自我规范和约束，对于新形势下强化保险业消费者权益保护工作的监管要求，充分落实保险机构保护消费者权益的主体责任，杜绝违法违规行为，推动消费者权益保护工作水平再上新台阶，健全合规经营长效机制，防范化解金融风险和维护金融稳定都具有重要意义。

26. 构建银行保险机构公司治理监管评估指标体系，切实提升公司治理有效性

为深入贯彻以习近平同志为核心的党中央关于防范化解金融风险的决策和部署，进一步加强银行保险机构公司治理监管，切实提升公司治理有效性，2019 年 11 月 25 日，中国银保监会发布《银行保险机构公司治理监管评估办法（试行）》（以下简称《办法》）。

《办法》适用于我国境内依法设立的商业银行和商业保险机构，包括国有大型商业银行、股份制商业银行、城市商业银行、民营银行、农村商业银行、外资银行、保险集团（控股）公司、保险公司、相互保险社及自保公司，实现了银行保险业公司治理监管政策的统一。

《办法》包括党的领导、股东治理、董事会治理、监事会和高管层治理、风险内控、关联交易治理、市场约束、其他利益相关者治理等八个方面的内容。每个方面均涉及一系列合规性指标和有效性指标，其中商业银行公司治理评价指标共计 162 项，保险机构公司治理评价指标共计 163 项。《办法》首次对公司治理机制失灵等情形设置调降评级项，相关风险问题一旦发生，该机构评价等级直接降为最低级（E 级）。同时，为鼓励良好公司治理实践，《办法》还增设额外加分指标，对银行保险机构的企业文化、经营理念、创新精神、客户服务等“软指标”进行评价。《办法》为试行，监管部门将根据公司治理监管实践，择机对《办法》进行修订完善。

《办法》坚持党的领导，坚持建立现代金融企业制度，在全面梳理银行业和保险业相关监管制度的具体要求，充分吸收和借鉴杭州峰会通过的《二十国集团/经合组织公司治理原则》、巴塞尔银行监管委员会《银行公司治理原则》、国际保险监督官协会《保险核心原则》等国际规则，在深刻分析近年来市场乱象整治中发现的各类公司治理风险的基础上制定完成。《办法》确定了评估重点内容，明确了各类指标权重，努力构建具有中国特色银行保险机构公司治理监管评估指标体系。《办法》的发布和实施，是中国银保监会坚决打好防范化解重大金融风险攻坚战的重要手段，是推动银行保险机构建立现代金融企业制度的重要举措，将对引导规范银行保险机构提升公司治理水平起到重要作用。

27. 规范人身保险产品开发设计，保护消费者合法权益

为加快推进保险业供给侧结构性改革，进一步丰富保险产品供给，规范人身保险产品开发设计行为，保护保险消费者合法权益，中国银保监会办公厅于 2019 年 12 月 4 日发布《关于规范两全保险产品有关问题的通知》（以下简称《通知》）。《通知》主要有以下内容：

第一，规定两全保险产品的保险期间应当与实际存续期一致。禁止通过保单质押贷款、部分领取等条款设计，或者通过退保费用、持续奖励等产品定价参数设计改变保险产品实际存续期间，也不得通过调整现金价值利率等方式，变相提高或降低产品现金价值。

第二，明确两全保险产品应当以 5 年期及以上业务为主。因流动性管理或者资产负债匹配管理需要，保险公司可以开发设计保险期间为 5 年期以下的产品，但不得短于 3 年。

第三，对 5 年期以下两全保险产品实施额度和比例控制。规定保险公司 5 年期以下两全保险产品的年度规模保费应控制在公司上年度末投入资本和净资产较大者的 1 倍以内，且占公司年度规模保费比例不得超过 20%。

第四，规范两全保险产品销售宣传行为，明确对违规行为的监管措施。

《通知》在规范保险产品开发设计行为的基础上，适度放开 5 年期以下两全保险产品，有利于保险公司进一步丰富保险产品供给，满足保险消费者的真实需求，也有利于保险公司优化负债结构，防范利率风险。

28. 支持粤港澳大湾区建设，将澳门纳入保险资金境外可投资的地区

为规范保险资金境外投资行为，支持粤港澳大湾区建设，2019 年 12 月 16 日，中国银保监会印发《关于将澳门纳入保险资金境外可投资地区的通知》（以下简称《通知》）。

《通知》要求，将澳门纳入保险资金境外可投资地区，具体投资品种应当符合《保险资金境外投资管理暂行办法》及实施细则有关要求。各保险机构应当严格遵守境内及澳门法律、行政法规和相关监管要求，在依法合规、风险可控的前提下开展投资活动。

中国银保监会还要求，保险机构应当严格执行保险资金境外投资相关规定，建立健全相关投资管理制度和风险控制制度，提升境外投资能力，加强投资管理，防范投资风险。此外，保险机构应当按照监管规定要求，真实、准确、完整、及时地报送相关投资信息。

29. 强化员工履职行为监管，推动行业自律廉洁建设

为进一步加强对银行保险机构员工履职行为的监管，推动行业自律和内部廉洁建设，提升内控机制有效性，督促各机构员工公平公正履职，中国银保监会于 2019 年 12 月 19 日发布《关于银行保险机构员工履职回避工作的指导意见》（以下简称《指导意

见》）。

《指导意见》涉及总体要求、回避对象、任职回避、业务回避、回避程序、工作要求和回避惩戒七个方面，共计21条。主要包括以下内容：

一是确立履职回避工作目标及基本原则。在遵循突出重点、实事求是、强化监督、稳妥有序原则的基础上，推动银行保险机构履职回避制度的建立健全。二是明确履职回避工作的对象范围、回避方式和回避程序。对《指导意见》适用的机构范围、人员范围、亲属范围等作出规定，明确回避方式包括任职回避和业务回避两种形式，并对相应的回避程序进行规范。三是区分关键人员和普通人员，重点抓好对关键人员的亲属回避管理。对关键人员实行业务回避和任职回避的双重管理，对普通员工则根据其岗位职责，要求其在从事重点业务时实行亲属回避。四是强化机构的主体责任。要求各机构根据自身实际，制定并完善内部专门的履职回避制度办法，同时要求各机构健全配套保障机制，持续优化对员工应回避亲属信息的获取和核实手段。五是明确内外部回避惩戒措施。一方面加强内部问责，对于员工通过不正当手段逃避履职回避管理的，要求各机构依据内部规章制度进行处理；另一方面强化监管约束，要求监管机构定期对发现的问题进行通报，并建立整改跟踪台账，持续跟进整改进展和结果，开展整改问责。

《指导意见》的发布，有利于银行保险机构建立健全履职回避制度，构建履职回避长效工作机制，营造主动申报、严格回避、公正履职、强化内控的文化氛围。同时，也有利于进一步完善监管制度建设，强化对银行保险机构员工履职行为的监管。

30. 规范现场检查行为，促进保险机构合规经营

为进一步完善现场检查制度框架，规范现场检查行为，提升现场检查质效，中国银保监会于2019年12月24日发布《中国银保监会现场检查办法（试行）》（以下简称《办法》）。

《办法》严格落实上位法规定，适应监管架构调整要求，加强顶层设计，总结以往现场检查实践经验，厘清现场检查职责，规范现场检查程序，确保检查流程的完整性和一致性。《办法》包括总则、职责分工、立项管理、检查流程、检查方式、检查处理、考核评价、附则八个章节，共计68条。主要包括以下内容：

一是明确现场检查定位。明确现场检查是监管流程的重要组成部分，通过发挥查错纠弊、校验核实、评价指导、警示威慑等作用，有效履行监管职责。二是完善检查工作职责。明确承担现场检查职责的部门在现场检查工作中的牵头和归口管理作用，进一步强调相关部门、各级监管机构之间的信息共享和联动机制，提升检查效率，形成监管合力。三是严格规范检查立项程序。确立“未经立项审批程序，不得开展现场检查”，明确“分级立项、分级实施”原则，突出现场检查立项的严肃性、科学性和公平性。四是丰富现场检查方法。借鉴国际经验，新增了检查手段和方式方法，强化信息技术手段的运用，并根据工作需要，探索线上检查、函询稽核等新型检查方法。五是鼓励自查自

纠，促进机构合规经营。对于被查机构在现场检查前反馈的自查情况中主动发现并及时纠正相关问题，符合《中华人民共和国行政处罚法》第二十七条规定的相关情形，将依法提出从轻、减轻或不予行政处罚的意见建议。

《办法》为中国银保监会做好银行业和保险业现场检查工作奠定了制度基础，将进一步提升中国银保监会现场检查的科学性、规范性和有效性，有助于更好发挥现场检查的独特优势，督促和推动银行业和保险业机构全面贯彻落实国家宏观政策，在有效防范金融风险的同时，更好地支持实体经济持续稳健发展，更好地维护金融安全稳定大局。

（二）2019 年保险市场发展政策效果

2019 年，保险业在“严监管、回本源”的大环境下，保持平稳较好发展，在服务实体经济方面发挥积极作用，在防范化解金融风险方面取得关键进展。

1. 保险市场稳步增长

2019 年全年全行业实现原保险保费收入 4. 26 万亿元，同比增长 12. 17%（见图 1），高于经济增长约 6. 1 个百分点；分月看，4 月以后保费收入增速企稳，各月间增速差距保持在 0. 5 个百分点左右。

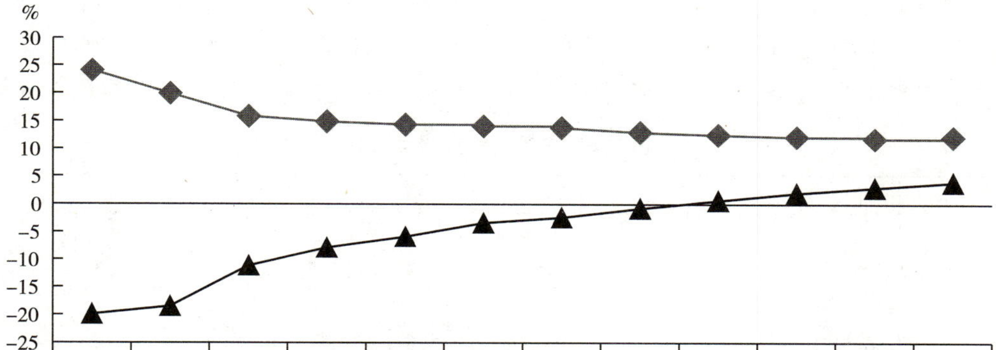

	1月	2月	3月	4月	5月	6月	7月	8月	9月	10月	11月	12月
2018年	−19.89%	−18.48%	−11.15%	−7.84%	−5.86%	−3.33%	−2.36%	−0.74%	0.67%	1.99%	2.97%	3.92%
2019年	24.05%	19.94%	15.89%	14.92%	14.40%	14.16%	13.85%	13.04%	12.58%	12.19%	11.86%	12.17%

图 1　2018—2019 年累计保费收入增速图

2019 年实现保险金额 6470. 04 万亿元，同比下降 6. 20%；新增保单 495. 38 亿件，同比增长 70. 45%。赔款和给付支出 1. 29 万亿元，同比增长 4. 85%。再保险公司分保费收入 1577. 91 亿元，同比增长 15. 05%；分保赔付支出 677. 57 亿元，同比增长 23. 94%。2019 年末，保险公司资产合计 20. 56 万亿元，较年初增长 12. 18%；资金运用余额为 18. 53 万亿元，较年初增长 12. 92%。从资产配置结构看，银行存款占比 13. 62%，债券占比 34. 56%，证券投资基金占比 5. 09%，股票占比 8. 06%，整体保持稳定。

2. 产险市场进一步多元化

近年来，随着汽车销量下滑，车险市场收入呈现下行态势，非车市场迅速发展，产险多元化格局逐步形成。2019 年，各季度车险保费收入增速大致保持在 4% ~4.5% 的区间（见图 2），全年实现车险保费收入 8188.32 亿元，同比增长 4.52%，比上年提高 0.36 个百分点。车险份额为 62.9%，比上年下降 3.7 个百分点。

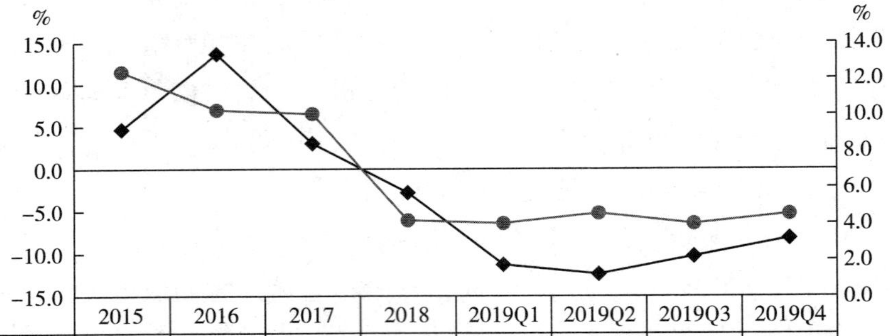

	2015	2016	2017	2018	2019Q1	2019Q2	2019Q3	2019Q4
汽车销量增速（左轴）	4.7%	13.7%	3.0%	-2.8%	-11.3%	-12.4%	-10.3%	-8.2%
车险保费增速（右轴）	12.38%	10.25%	10.04%	4.16%	3.99%	4.55%	3.98%	4.52%

图 2 汽车销量与车险保费增速

财产险市场进一步多元化，2019 年非车险实现保费收入 3461.15 亿元，同比增长 17.88%，其中，保证险、责任险、家财险和农险保持较高增速，分别为 30.80%、27.51%、18.82% 和 17.43%；意健险同比增长 38.68%，市场占比 10.50%，较上年同期增加 2.12 个百分点，拉动行业增长 3.24 个百分点，是行业增长的第一拉动力（见表 1）。

表 1　　2019 年财产险公司分险种原保险保费收入

险种	保费收入（亿元）	同比增长（%）
合计	13016.33	10.72
企业财产保险	464.10	9.69
家庭财产保险	91.21	18.82
机动车辆保险	8188.32	4.52
工程保险	117.84	-2.44
责任保险	753.30	27.51
信用保险	199.95	-17.53
保证保险	843.65	30.80
船舶保险	55.51	4.81
货物运输保险	130.12	7.44
特殊风险保险	68.89	15.84
农业保险	672.48	17.43
健康险	840.29	47.68
意外伤害保险	526.57	26.40
其他险	64.09	107.03

3. 寿险保障性特征更加突出

普通寿险保费增速稳步提升，健康险保持高速增长，保障性特征更加突出。2019 年全年普通寿险保费收入同比增长14.83%，市场占比35.35%，拉动行业增长5.15个百分点，是寿险行业增长的第一拉动力；健康险保费收入同比增长27.60%，增速比上年同期提高5.48个百分点，市场占比20.01%，同比提高2.43个百分点，拉动行业增长5.13个百分点，拉动力基本与普通寿险持平。

分红寿险保费收入同比增长5.90%，增速比前三季度回落3.38个百分点，比上年同期回落30.82个百分点，市场占比40.07%；意外险保费收入648.60亿元，较上年同期略降1.57%（见表2）。

表2 **2019年人身险公司分险种原保险保费收入**

险种	保费收入（亿元）	同比增长（%）
合计	29628.42	12.82
寿险	22754.14	9.80
普通寿险	10473.62	14.83
分红寿险	12166.97	5.90
投资连结保险	4.40	6.89
万能保险	109.15	0.54
意外险	648.60	-1.57
健康险	6225.68	27.60

4. 服务实体经济能力提升，偿付能力充足稳定

保险充分发挥保障功能，服务实体经济能力进一步提高。一是服务脱贫攻坚。2019年全年农业保险赔款527.87亿元，同比提高34.15%，为农业提供风险保障3.8万亿元。二是维护社会稳定。全年责任保险原保险保费收入同比增长27.51%，占产险业务的6.47%，同比提高0.98个百分点。三是为国民经济提供长期资金。保险资金运用余额18.53万亿元，较年初增长12.92%。

从第三季度偿付能力来看，保险业偿付能力充足稳定。178家保险公司综合偿付能力充足率为246.5%，同比提高1.5个百分点；核心偿付能力充足率为235.2%，同比提高1.2个百分点；财产险公司、人身险公司综合偿付能力充足率分别为277.4%、239.8%。

5. 中小寿险公司增势良好

2019年人身险行业集中度明显下降，“老七家”平均增速为8.58%，比行业低4.24个百分点；市场占比60.15%，同比下降2.35个百分点。中小寿险公司快速增长，全年保费收入近2300亿元，同比增长53.46%，市场占比7.71%，较上年同期提高近2个百分点。

财产险行业集中度稳定。“老三家”人保财险、太保产险和平安财险原保险保费同

比增速分别为11.25%、12.65%、9.49%，合计市场占比64.14%，与上年同期基本持平。

6. 扩大开放政策推动外资公司加速发展

随着银行保险业扩大开放政策的落地，外资保险业加速发展。2019年已有两家外资保险机构在筹建，还有5家外资保险机构开业，分别是工银安盛资产管理有限公司、交银康联资产管理有限公司、安联（中国）控股有限公司、中信保诚资产管理有限公司和大韩再保险有限公司。另外，8家外资保险公司增资获批，增资金额累计达38.84亿元；15家外资保险公司17个省级分支机构获批筹建或开业，中高端健康险领域成为外资险企发力重点。

2019年外资公司市场份额显著增加，实现保费收入3057.26亿元，同比增长29.86%，高于中资18.85个百分点，市场占有率7.17%，较上年同期上升0.98个百分点。其中，外资人身险公司实现保费收入2804.65亿元，同比增长31.89%，市场占比9.47%，较上年同期提高1.37个百分点；外资财产险公司实现保费收入252.61亿元，同比增长10.89%，市场占比1.94%，与上年基本持平。

7. 减税、投资双重利好促使效益明显提升

在保险业减税政策的实施落地、投资收益趋好的双重利好推动下，保险业企业盈利能力明显增强。2019年全年实现资金运用收益8824.13亿元，资金运用平均收益率4.94%，较去年提高0.61个百分点，其中投资收益7414.76亿元，同比增长10.55%。

全年产、寿险公司预计利润总额3030.84亿元，同比增长39.61%，实现净利润3048.70亿元，同比增长115.27%。其中，人身险公司预计利润总额2396.26亿元，同比增长41.15%，净利润2429.19亿元，同比增长108.40%。86家非专业养老公司中，59家公司净利润正增长，其中10家公司扭亏为盈；产险公司预计利润总额634.58亿元，同比增长34.11%，净利润619.51亿元，同比增长147.24%。84家非自保公司中，55家公司正增长，其中12家扭亏为盈。

（三）2020年保险市场发展展望

展望2020年，机遇与挑战并存。一是新冠肺炎疫情带来不确定因素。疫情从2月开始对保险业产生影响，保费收入出现较大幅度下降，预计这种影响将持续到上半年。从短期来看，新单业务受到较大影响，对以趸交业务为主的公司的影响大于以续缴业务为主的公司。但长期来看，疫情的影响是暂时的、局部的，保险业发展向好势头不变。疫情发生以来，保险业积极履行社会责任，踊跃向抗疫一线人员捐赠保险，截至2月24日全行业累计捐赠总计保额11.58万亿元的保险保障。疫情期间，消费者对健康、医疗等方面的关注和需求明显提升，与疫情防控、医疗等相关险种、健康险业务将迎来较好的发展契机。二是政策新规形成一定利好。健康险管理新规落地，助推产品多样化；两全保险政策调整，丰富寿险产品供给；普通型人身保险规定发布，助推相关产品价格调

整。预计2020年保险市场将继续保持稳定发展态势，在加强风险防控与结构调整的同时，进一步增强发展韧性，服务经济社会发展大局。

附表

2019年中国保险市场政策一览表

发布日期	政策文件名称	发文单位	文件号
1月14日	中国银保监会办公厅关于进一步加强车险监管有关事项的通知	中国银保监会	银保监办发〔2019〕7号
1月25日	中国银保监会关于保险资金投资银行资本补充债券有关事项的通知	中国银保监会	银保监发〔2019〕7号
1月31日	宁波市人民政府办公厅关于推进航运保险发展的实施意见	宁波市人民政府办公厅	甬政办发〔2019〕9号
2月26日	中国银保监会办公厅关于加强保险公司中介渠道业务管理的通知	中国银保监会	银保监办发〔2019〕19号
3月1日	中国银保监会办公厅关于做好2019年银行业保险业服务乡村振兴和助力脱贫攻坚工作的通知	中国银保监会	银保监办发〔2019〕38号
4月3日	中国银保监会办公厅关于明确保险资产负债管理报告报送要求的通知	中国银保监会	银保监办发〔2019〕98号
4月28日	中国银保监会关于印发《保险公司偿付能力监管规则——问题解答第2号：无固定期限资本债券》的通知	中国银保监会	银保监发〔2019〕22号
5月7日	中国银保监会办公厅关于保险资金参与信用风险缓释工具和信用保护工具业务的通知	中国银保监会	银保监办发〔2019〕121号
5月10日	关于进一步深入推进首台（套）重大技术装备保险补偿机制试点工作的通知	财政部、工业和信息化部、中国银保监会	财建〔2019〕225号
5月17日	中国银保监会关于开展“巩固治乱象成果 促进合规建设”工作的通知	中国银保监会	银保监发〔2019〕23号
5月28日	关于保险企业手续费及佣金支出税前扣除政策的公告	财政部、国家税务总局	财政部 税务总局公告 2019年第72号
6月14日	关于开展中央财政对地方优势特色农产品保险奖补试点的通知	财政部	财金〔2019〕55号
6月17日	中国银保监会办公厅关于资产支持计划注册有关事项的通知	中国银保监会	银保监办发〔2019〕143号
6月19日	中国银保监会办公厅关于保险资金投资集合资金信托有关事项的通知	中国银保监会	银保监办发〔2019〕144号

续表

发布日期	政策文件名称	发文单位	文件号
6月28日	中国银保监会关于修订《保险公司偿付能力监管规则——问题解答第1号：偿付能力监管等效框架协议过渡期内的香港地区再保险交易对手违约风险因子》的通知	中国银保监会	银保监发〔2019〕30号
7月19日	关于就国际会计准则理事会发布的新保险准则征求意见稿公开征求意见的函	财政部会计司	财会便〔2019〕25号
7月24日	中国银保监会关于印发《保险资产负债管理监管暂行办法》的通知	中国银保监会	银保监发〔2019〕32号
8月23日	中国银保监会办公厅关于印发《商业银行代理保险业务管理办法》的通知	中国银保监会	银保监办发〔2019〕179号
8月25日	中国银保监会关于印发《保险公司关联交易管理办法》的通知	中国银保监会	银保监发〔2019〕35号
8月30日	中国银保监会办公厅关于完善人身保险业责任准备金评估利率形成机制及调整责任准备金评估利率有关事项的通知	中国银保监会	银保监办发〔2019〕182号
9月6日	中国银保监会办公厅　农业农村部办公厅关于支持做好稳定生猪生产保障市场供应有关工作的通知	中国银保监会、农业农村部	银保监办发〔2019〕189号
9月19日	关于印发《关于加快农业保险高质量发展的指导意见》的通知	财政部、农业农村部、中国银保监会、国家林草局	财金〔2019〕102号
9月30日	国务院关于修改《中华人民共和国外资保险公司管理条例》和《中华人民共和国外资银行管理条例》的决定	国务院	国令第720号
10月31日	健康保险管理办法	中国银保监会	银保监会令2019年第3号
11月4日	中国银保监会关于银行保险机构加强消费者权益保护工作体制机制建设的指导意见	中国银保监会	银保监发〔2019〕38号
11月25日	中国银保监会关于印发银行保险机构公司治理监管评估办法（试行）的通知	中国银保监会	银保监发〔2019〕43号
11月29日	中华人民共和国外资保险公司管理条例实施细则	中国银保监会	银保监会令2019年第4号
12月4日	中国银保监会办公厅关于规范两全保险产品有关问题的通知	中国银保监会	银保监办发〔2019〕228号
12月6日	中国银保监会办公厅关于明确取消合资寿险公司外资股比限制时点的通知	中国银保监会	银保监办发〔2019〕230号
12月16日	中国银保监会关于将澳门纳入保险资金境外可投资地区的通知	中国银保监会	银保监发〔2019〕48号

续表

发布日期	政策文件名称	发文单位	文件号
12 月 19 日	中国银保监会关于银行保险机构员工履职回避工作的指导意见	中国银保监会	银保监发〔2019〕50 号
12 月 24 日	中国银保监会现场检查办法（试行）	中国银保监会	银保监会令 2019 年第 7 号

专栏 10

国务院发文修改外资保险公司管理条例①

党中央、国务院高度重视金融业对外开放工作。2018 年 4 月 10 日，习近平主席在博鳌亚洲论坛开幕式的主旨演讲中指出要“加快保险业开放进程”。为贯彻党中央、国务院的决策部署，落实重大金融开放举措，2019 年 9 月 30 日，国务院发布关于修改《中华人民共和国外资保险公司管理条例》（以下简称《管理条例》）的决定。2019 年 11 月，中国银保监会配套修订并发布《中华人民共和国外资保险公司管理条例实施细则》（以下简称《实施细则》）。2019 年 12 月，中国银保监会发布《关于明确取消合资寿险公司外资股比限制时点的通知》。修订后的《管理条例》及配套制度，扩大了中国保险业的对外开放，具体包括：

1. 放宽外资准入条件。《管理条例》取消了申请设立外资保险公司的外国保险公司应当“经营保险业务 30 年以上”“在中国境内已经设立代表机构 2 年以上”等要求。《实施细则》相应不再对“经营年限 30 年”“代表机构”等相关事项作出规定。

2. 放宽外资比例限制。《实施细则》第三条相关规定修改为“外国保险公司与中国的公司、企业合资在中国境内设立经营人身保险业务的合资保险公司，其中外资比例不得超过公司总股本的 51%”并增加“中国银行保险监督管理委员会另有规定的，适用其规定”。随后，中国银保监会发布《关于明确取消合资寿险公司外资股比限制时点的通知》，明确“自 2020 年 1 月 1 日起，正式取消经营人身保险业务的合资保险公司的外资比例限制，合资寿险公司的外资比例可达 100%”。

3. 丰富外资股东类型。《管理条例》增加条文，允许“外资保险集团公司”在中国境内投资设立外资保险公司，允许“境外金融机构”入股外资保险公司，并授权国务院保险监督管理机构制定具体管理办法。上述规定进一步丰富了外资保险公司的股东类型，有利于进一步激发市场活力，促进保险业高质量发展。

4. 规范外资保险公司股权管理。《实施细则》要求“外资保险公司至少有 1 家经营

① 作者：刘学庆，上海保险交易所执行委员会委员兼法律合规部总监。本文内容不代表作者任职单位观点。

正常的保险公司作为主要股东，进行股权变更的，变更后至少有1家经营正常的保险公司作为主要股东”。同时要求“外资保险公司主要股东应当承诺自取得股权之日起五年内不转让所持有的股权，并在外资保险公司章程中载明”；“外资保险公司主要股东拟减持股权或者退出中国市场的，应履行股东义务，保证保险公司偿付能力符合监管要求”。上述规定有利于进一步完善外资保险公司股权管理监管制度，优化外资保险公司治理机构，保障外资保险公司持续稳健运行。

5. 统一中外资保险公司监管规则。修订后的《实施细则》在以下两个方面进一步统一了中外资保险公司的监管规则：在分支机构管理方面，明确外资保险公司分支机构在设立和管理方面与中资保险公司均适用《保险公司分支机构市场准入管理办法》等相关规定，确保在统一规则下开展合作与竞争。在中国申请人的资格管理方面，明确设立合资保险公司的中国申请人的条件和管理统一适用《保险公司股权管理办法》，确保相关监管规定的协调统一。

《管理条例》及配套制度的修订，为中国保险业对外开放提供了更好的法治保障，有利于激发外资参与中国保险业发展的活力。同时，通过持续完善法规制度建设，有利于防范金融风险与维护金融安全，促进保险业健康发展，确保新时代保险业改革开放行稳致远。

四、债券市场发展政策[①]

2019年，中国债券市场快速发展，发行规模继续扩大，市场交易大幅提高，对外开放步伐加快、开放力度加大，产品创新、机制创新与规范管理持续加强，债券市场服务实体经济功能进一步提升。

（一）市场发展概况

一是债券价格指数上行，债券收益率波动下行。如图1所示，2019年，中债总财富指数年初震荡调整后，4月至8月中一路上行，区间波动后11月起持续上涨，指数从年初的184.07上涨至年末最高点192.09，上涨了4.4%。上海清算所银行间信用债综合指数的总收益指数也是基本同步，从年初的121.13上涨至年末的126.83，涨幅达4.7%。上证公司债指数（全价）整体保持上升趋势，年初为192.53，年内一路上行，年末升至202.88，增幅5.4%。2019年末，1年期、3年期和5年期中债中短期票据（AAA）到期收益率分别为3.18%、3.43%和3.71%，较2018年末分别下降33个基点、34个基点和29个基点。

二是债券发行小幅增长。2019年，中国债券市场共发行各类债券45.32万亿元，较上年增加1.73万亿元，同比增长3.1%。其中，银行间债券市场发行了38.03万亿元，同比增长0.6%，占债券市场发行总量的83.9%。交易所债券市场发行量为7.30万亿

① 作者：荣艺华，中国人民银行上海总部金融市场部副主任。

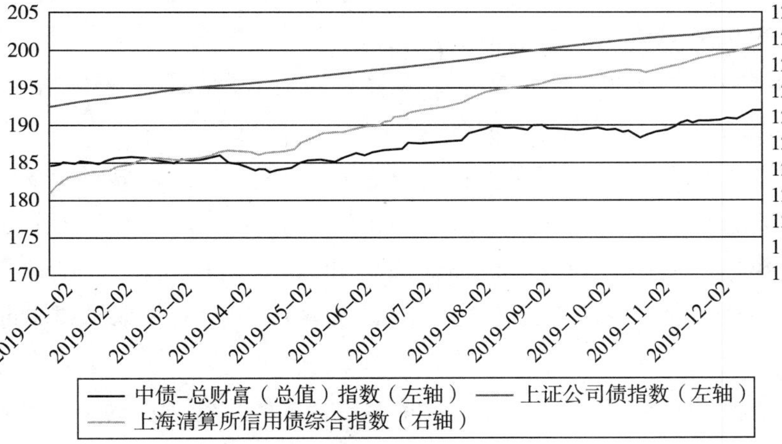

图1　2019年债券价格指数

元，占债券市场发行总量的16.1%。发行量排名前三位的券种依次是同业存单、公司信用类债券和地方政府债，发行量分别为17.97万亿元、9.73万亿元和4.36万亿元。

三是交易量大幅上升。2019年，债券市场现券累计成交217.10万亿元，同比增长38.6%，日均交易量超8000亿元。其中，银行间债券市场现券累计成交208.75万亿元，同比增长38.5%，占全国债券市场现券成交量的96.2%。从银行间债券市场现券交易的券种结构看，交易量排名前三位的券种依次是政策性金融债、同业存单和国债，占比分别为42.7%、23.7%和16.3%，这三个券种交易量合计占银行间债券市场的82.7%。交易所债券市场现券累计成交8.35万亿元，同比增长40.8%，占全国债券市场现券成交量的3.8%。

四是境外机构投资者持债规模显著增加。2019年末，共有796家境外机构投资者进入银行间债券市场，较上年增加了220家，增长了38.2%。境外机构持债量为2.20万亿元，较上年增加了0.47万亿元，增长了27.4%，占银行间市场债券托管量的2.5%。

五是债券市场违约数量和规模有所增加，民营企业违约占比较大。2019年，共有68家企业的179只债券发生违约，金额为1444.50亿元，占整个债券市场托管量的0.6%。其中，民营企业债券违约数量为148只，占违约债券数的82.7%；违约金额为1095.20亿元，占违约总额的75.8%。

（二）出台的主要政策

1. 市场创新方面

（1）创设央行票据互换工具（CBS），支持银行发行永续债。1月，人民银行下发通知，决定创设央行票据互换工具，公开市场业务一级交易商以持有的合格银行发行的永续债从人民银行换入央行票据。并明确，将主体评级不低于AA级的银行永续债纳入人民银行中期借贷便利、定向中期借贷便利、常备借贷便利和再贷款的合格担保品范围。

（2）推出绿色债务融资工具。5月，人民银行下发《关于支持绿色金融改革创新试验区发行绿色债务融资工具的通知》，内容包括：鼓励发行定向工具、资产支持票据等不同品种的绿色债务融资工具；支持试验区内企业开展绿色债务融资工具结构创新，发行与各类环境权益挂钩的结构性债务融资工具、以绿色项目产生的现金流为支持的绿色资产支持票据等创新产品；探索扩大绿色债务融资工具募集资金用途，支持地方绿色产业发展；鼓励试验区依法设立市场化运作的绿色产业担保基金或融资担保机构，为绿色债券提供增信服务，支持绿色债券发行和绿色项目实施；鼓励地方政府出台优惠政策措施支持绿色债务融资工具发行，对试验区内发行人或承销机构予以一定的财政奖励。

（3）推出证券公司金融债券。为补充非银行金融机构经营流动资金及向中小非银机构提供流动性支持，7月，经人民银行批准，广发证券公开发行了50亿元金融债券，这是全国首单由证券公司发行的金融债券。

（4）推出债券指数公募基金。5月，人民银行、证监会联合发布《关于做好开放式债券指数证券投资基金创新试点工作的通知》，拟推出以跨市场债券品种为投资标的，可在交易所上市交易或在银行间市场协议转让的债券指数公募基金。

（5）积极推进资产证券化产品创新。9月，人民银行将交易所企业资产支持证券纳入社会融资规模中的“企业债券”指标；中国银保监会发布了《资产支持计划注册有关事项的通知》，简化了资产支持计划的审批制度；上海证券交易所明确了资产支持证券分期发行的条件和安排；深圳证券交易所制定PPP、应收账款、融资租赁和基础设施等大类基础资产挂牌审查和信息披露指南，统一准入和信息披露标准。

（6）完善扶贫票据工作机制。银行间市场交易商协会发布了《非金融企业扶贫票据业务指引》及配套信息披露表，持续完善扶贫票据工作机制，并且发布了《扶贫票据业务操作手册》，进一步提升扶贫票据工作规范性。

（7）创新商业银行发行创新创业债券。8月，人民银行、中国银保监会发布《关于支持商业银行发行创新创业金融债券的意见》，鼓励商业银行发行双创金融债券增加双创领域信贷投放，支持各类创新主体的创造潜能，推动中国经济结构调整和产业升级。

2. 规范债券发行

（1）规范政府债券。6月，中共中央办公厅、国务院办公厅印发《关于做好地方政府专项债券发行及项目配套融资工作的通知》，按照坚持疏堵结合、协同配合、突出重点、防控风险、稳定预期的原则，从支持做好专项债券项目融资工作、进一步完善专项债券管理和配套措施、依法合规推进重大公益性项目融资、加强组织保障等方面，提出了相关工作要求，正面引导地方政府履职尽责，依法合规做好专项债券发行及项目配套融资工作。

（2）进一步加强政府性债务风险管控。6月，国家发展改革委发布《关于对地方国有企业发行外债申请备案登记有关要求的通知》，明确地方国有企业作为独立法人承担外债偿还责任，地方政府及其部门不得直接或承诺以财政资金偿还地方国有企业外债，不得为地方国有企业发行外债提供担保。

（3）规范债券结构化发行。上海证券交易所和深圳证券交易所联合发布《关于规范公司债券发行有关事项的通知》，明确禁止发行人在发行环节直接或者间接认购自己发行的债券；披露发行人的董事、监事、高级管理人员，持股比例超过5%的股东以及其他关联方认购债券情况。

（4）拓展地方债发行渠道。3月，财政部发布《关于开展通过商业银行柜台市场发行地方政府债券工作的通知》，明确地方政府公开发行的一般债券和专项债券，可通过商业银行柜台市场在本地区范围内发行，标志着地方债一级市场面向个人投资者开放。地方债成为继记账式国债、政策性银行债和国开行债后又一类可开展银行间债券市场柜台业务的品种。

3. 提高债券交易效率

（1）正式推出高收益债券匿名拍卖业务。2019年，为支持低流动性债券、到期违约债转让和回购违约债券处置，由全国银行间同业拆借中心依据市场需求，在特定时间、在中国外汇交易中心本币交易系统进行债券集中匿名交易。全年中国外汇交易中心共组织开展匿名拍卖业务18场次。

（2）银行间市场推出国开债做市支持业务。2019年，中国外汇交易中心、中央国债登记结算有限责任公司和国家开发银行合作推出了国开债做市支持机制，并发布了国家开发银行人民币金融债券做市支持操作规则和业务细则，通过运用随买、随卖等工具，开展做市商对公开上市流通的国开债做市的行为。

（3）延长境外机构投资者债券交易结算周期。8月，为进一步便利境外投资者追踪相关指数、配置人民币债券资产，中国外汇交易中心、中央国债登记结算有限责任公司和上海清算所联合发文，在已有的T+0、T+1和T+2结算周期的基础上，为境外投资者投资银行间债券市场增加T+3的结算周期选择。

（4）明确标准化债权类资产认定。10月，人民银行发布《标准化债权类资产认定规则（征求意见稿）》，明确了标准化债权类资产的范围、应符合的条件，规范了金融机构资产管理产品投资，强化了投资者保护，将促进直接融资健康发展。

（5）完善银行间债券市场准入管理。10月，人民银行发布《中国人民银行金融市场司关于商业银行理财子公司进入银行间债券市场有关事宜的通知》，商业银行理财子公司理财产品不再逐只向人民银行备案，而由理财子公司作为资产管理人仅做一次准入备案。

（6）推出外币回购业务。12月16日，中国外汇交易中心与上海清算所推出外币回购业务。银行间外币货币市场参与者可使用上海清算所托管债券作为抵押品，向资金融出方借入美元、欧元、港元、英镑、日元、澳元、加拿大元、新加坡元、新西兰元9个币种的外币资金，通过中国外汇交易中心外汇交易平台达成外币回购交易，并通过上海清算所完成后续清算、结算操作。

4. 强化市场约束力

（1）规范债券发行企业信息披露。12月，中国人民银行、国家发展改革委、证监会联合发布《公司信用类债券信息披露管理办法（征求意见稿）》，以及两份配套文件《公司信用类债券募集说明书编制要求（征求意见稿）》和《公司信用类定期报告编制要求（征求意见稿）》，统一各类公司信用类债券信息披露内容、披露要件、披露频率等信息，提高企业信息披露质量和透明度，强化投资者保护机制，完善市场化约束机制。

（2）升级投资人保护机制。4月，银行间市场交易商协会修订发布《投资人保护条款示范文本》（2019年版），增加三类投资人保护条款，优化四类条款触发情形，细化五项条款处置机制，加强债务融资工具市场信用风险防范，包括企业的治理结构、经营行为、财务表现、投资融资、信用增进等多个方面，有效丰富投资人保护工具箱，给予投资人更多维度救济措施。

（3）开展资产支持证券信息披露工作。11月，上海证券交易所、深圳证券交易所发布了《资产支持证券临时报告信息披露指引》，着力解决资产支持证券临时报告信息披露的及时性、有效性和针对性问题，明确规范了临时报告信息披露的适用情形、披露内容与时限要求等，对于完善资产支持证券存续期信息披露体系，保护投资者合法权益，提升资产支持专项计划管理人、投资者等市场参与机构风险发现和防控能力具有重要意义。

（4）建立健全信用评级业监管制度框架。11月，人民银行、国家发展改革委、财政部、证监会联合发布《信用评级业管理暂行办法》，突出信用评级业治理体系和治理能力现代化目标，明确了行业规范发展的政策导向，建立了统一监管的制度框架，包括：建立市场化约束机制；弱化事前监管，以事中、事后管理为重点，加强对信用评级机构在独立性、透明度、利益冲突管理、评级程序规范等方面的监管；健全符合管理实际的监管模式，明确人民银行为信用评级行业主管部门，国家发展改革委、财政部、证监会为业务管理部门，依法实施具体监管；明确相关部门的监管权及各方法律责任。随后，中国银行间市场交易商协会发布了《银行间债券市场非金融企业债务融资工具信用评级业务信息披露规则》和《银行间债券市场非金融企业债务融资工具信用评级业务利益冲突管理规则》。

5. 建立违约债券处置机制

（1）推出担保品违约处置机制。6月，中央国债登记结算有限责任公司发布《担保品违约处置业务指引（试行）》，明确出现债券违约情形后，可通过协议折价、拍卖和变卖方式，委托办理担保品违约处置，以实现担保物权，并规范了债券违约后的担保品处置流程。

（2）推出回购违约处置、回购债券拍卖处置机制。6 月，上海清算所制定了《银行间市场清算所股份有限公司债券回购违约处置业务实施细则（试行）》和《银行间市场清算所股份有限公司回购债券拍卖处置业务实施细则（试行）》，明确了违约处置的范围、方式和流程，有助于提升回购违约处置效率，改善资金融出方的信心和融出意愿。

（3）建立特定债券相关转让机制。5 月，上海证券交易所和中国证券登记结算有限公司联合发布了《关于为上市期间特定债券提供转让结算服务有关事项的通知》及《关于为挂牌期间特定非公开发行债券提供转让结算服务有关事项的通知》，建立适应特定债券特点和满足市场化风险化解处置需要的转让制度安排，探索建立市场化、法治化违约处置机制。

（4）建立健全债务融资工具违约处置机制。12 月 27 日，中国银行间市场交易商协会发布《银行间债券市场非金融企业债务融资工具违约及风险处置指南》《银行间债券市场非金融企业债务融资工具受托管理人业务指引（试行）》《银行间债券市场非金融企业债务融资工具持有人会议规程（修订稿）》，建立健全债务融资工具违约处置机制，明确债券违约的处置路径，为丰富市场化处置手段提供了制度保障，进一步提高债务融资工具违约处置效率。

（5）建立多元化债券违约处置机制。12 月，人民银行发布公告〔2019〕第 24 号，推动建立银行间债券市场到期违约债券转让机制，提高违约债券处置效率，促进市场有效出清。同月，中国人民银行、国家发展改革委、证监会联合发布《关于公司信用类债券违约处置有关事宜的通知（征求意见稿）》，明确债券违约处置的原则，丰富市场化债券违约处置方式，并加大对发行人逃废债的打击力度。

（6）提高司法解决效率。12 月 24 日，最高人民法院、人民银行、国家发展改革委、证监会联合召开全国法院审理债券纠纷案件座谈会，要求依法提高违法违规成本，切实保护投资者合法权益；用足用好现有制度，贯彻落实诉讼经济原则，促进降低投资者维权成本；全面加强债券纠纷多元化解工作，建立健全有机衔接、协调联动、高效便民的债券纠纷多元化解机制；构建债券纠纷排查预警机制，拓宽投资者诉求表达和权利救济渠道。

6. 加大市场对外开放力度

（1）明确熊猫债发债细则。1 月，中国银行间市场交易商协会发布《境外非金融企业债务融资工具业务指引（试行）》，在熊猫债发行的信息披露、募集资金使用、中介机构等方面明确了核心制度安排，有助于推动熊猫债市场发展成为规则透明、机制高效、流程规范的市场。

（2）增加境外债券中介在境内债券市场开展业务范围。7 月 20 日，人民银行明确《关于进一步扩大金融业对外开放的有关举措》，推出 11 条金融业对外开放措施，允许外资机构在华开展信用评级业务时，可以对银行间债券市场和交易所债券市场的所有种类债券评级。允许外资机构获得银行间债券市场 A 类主承销牌照，进一步便利境外机构投资者投资银行间债券市场。

（3）大幅缩减央行类机构入市流程周期。7月，优化更新《境外央行类机构进入境内银行间市场指引》，提升境外央行类机构投资代理服务能力和水平。

（4）统一境外机构投资者不同渠道投资银行间市场的政策原则。10月16日，人民银行会同国家外汇局制定了《关于进一步便利境外机构投资者投资银行间债券市场有关事项的通知》，允许同一境外主体QFII/RQFII和直接入市渠道下的债券进行非交易过户，资金账户之间可以直接划转，同一境外主体通过上述渠道入市只需备案一次。

（三）政策评估

1. 债券市场规模进一步扩大。在优化、规范债券发行机制的政策推动下，债券市场发行量稳步增长，市场规模进一步扩大。2019年，全国债券市场共发行各类债券45.32万亿元，较上年增加1.73万亿元；年末，全国债券市场托管余额为99.10万亿元，同比增长14.7%，世界排名第二。

2. 服务实体经济能力进一步增强。2019年，公司信用类债券发行量大幅增长，全年公司信用类债券发行总额为9.73万亿元，同比增长33.3%，有效地发挥了债券市场的直接融资功能，支持实体经济健康发展。其中，在支持民营企业方面，全年中国银行间市场交易商协会注册民营企业债务融资工具金额为4714.61亿元，发行量为3318亿元。在民营企业债券为标的债券的信用风险缓释凭证方面，共发行了83笔，名义本金总计104.58亿元，支持债券发行354.66亿元。

3. 创新产品快速发展，多角度加大支持企业发展。截至2019年末，商业银行永续债累计发行5696亿元，拓宽了商业银行补充其他一级资本工具渠道，对于提升商业银行服务实体经济能力具有积极作用。各类创新绿色债券相继成功发行，更好地资助符合规定条件的绿色项目或为这些项目进行再融资。2019年资产证券化市场规模继续快速增长，全年发行各类产品2.3万亿元。资产证券化产品创新积极推进，3月，全国首单地铁客运收费收益权ABS“广发恒进—广州地铁集团地铁客运收费收益权资产支持专项计划”成功发行；3月，首单可扩募类RETIs“菜鸟中联—中信证券—中国智能骨干网仓储资产支持专项计划”成功发行；7月，由京东世纪贸易担任原始权益人的“京东数科—中信证券7号京东白条应收账款债权资产支持专项计划”的首单标的为ABS的信用保护合约成功发行。

4. 交易活跃度上升。2019年，债券市场现券成交量为217.10万亿元，同比上升38.6%。银行间债券市场现券换手率为219%，同比上升38个百分点。交易活跃度排名的前三大券种依次为政策性银行债、同业存单和记账式国债，换手率分别为589.2%、470.1%和236.7%。

5. 市场开放度明显提高。在引进来方面，2019年，有220家境外法人机构投资者进入银行间债券市场，现券成交量5.3万亿元，同比增长66%，截至2019年末，共有

796家境外机构主体进入银行间债券市场。年末，境外机构在银行间债券市场的债券托管总量为2.2万亿元，同比增长27.4%，在银行间债券市场占比达2.5%。熊猫债发行成果显著，外国政府类机构、国际开发机构、金融机构和非金融企业等发债主体在中国债券市场发债，累计发行215只，发行金额3756.7亿元，其中银行间市场累计发行2515亿元。1月，标普信用评级（中国）有限公司获准进入银行间市场对各类债券开展信用评级业务。8月，德意志银行（中国）有限公司、法国巴黎银行（中国）有限公司成为银行间债券市场非金融企业债务融资工具A类主承销商。在走出去方面，全年人民银行在香港发行央行票据12期，募集资金1500亿元；财政部在香港发行人民币国债6期，募集资金120亿元，同比增加20%，并发行60亿美元主权债券，在澳门发行20亿元人民币国债，在法国发行40亿欧元主权债券。2月，以"中债—10年期国债及政策性银行债绿色增强指数"为跟踪标的的新光中国10年期国债及政策金融附加绿债债券ETF正式在台湾证券交易所挂牌上市。11月，"中债—工行人民币债券指数"在新加坡向全球发布，境内债券市场的国际影响力进一步提升。在纳入国际债券指数方面，自4月1日起，以人民币计价的中国国债和政策性银行债券被正式纳入彭博巴克莱全球综合指数。9月，美国摩根大通宣布，自2020年2月28日起的10个月内，计划将9只以人民币计价的高流动性中国政府债券纳入其旗下摩根大通全球新兴市场政府债券指数系列。富时罗素也已将中国列入其追踪资金量最大的富时世界国债指数的观察国家。

（四）展望

2020年是全面建成小康社会和"十三五"规划收官之年，债券市场服务实体经济功能将进一步加强。债券市场将根据党的十九大精神和中央经济工作会议决策部署，继续紧紧围绕服务实体经济、防控金融风险和深化金融改革的主线，坚持市场化、法治化和国际化原则，以创新驱动和改革开放为两个轮子，进一步加强体制机制建设和产品创新，持续推动债券市场对外开放，进一步完善债券市场基本制度，提升基础设施服务水平，进一步加大服务实体经济的能力和水平。

五、基金行业市场发展政策[①]

（一）基金行业市场发展概述

2019年，回归本源成为行业的主基调，权益市场获得快速发展。随着资管新规的落地，资产管理业务出现新的发展格局。中国证券投资基金业协会统计数据显示，截至2019年末，基金管理公司及其子公司、证券期货经营机构私募资产管理业务以及私募基金管理机构资产管理业务总规模约52.2万亿元[②]，较上年末增加超7000亿元。其中，

① 作者：蔡恒培，中国证券投资基金业协会研究与统计部高级主办。

② 总规模已剔除私募基金顾问管理产品与私募资管重复计算部分。

公募基金管理机构管理公募基金规模约14.8万亿元，同比增加1.7万亿元。持牌机构私募资产管理计划规模总计约19.5万亿元，同比减少3.6万亿元，其中证券公司私募资管业务规模11万亿元①，基金公司私募资管业务规模4.3万亿元，基金子公司私募资管业务规模4.2万亿元，期货公司私募资管业务规模1429亿元。协会存续登记私募基金管理人24471家，同比增加23家，存续备案私募基金81710只，同比增加7081只，私募基金规模约14.1万亿元，同比增加1.4万亿元。截至2019年末，基金管理公司管理的养老金规模2.4万亿元，同比增加超7000亿元。在协会备案资产支持专项计划存续规模1.6万亿元，同比增加超5000亿元。

2019年，作为大众理财的重要工具，以主动权益类基金为代表的公募基金充分发挥专业价值，在严防风险的基础上为投资者实现了富有竞争力的回报，服务于社会财富的保值增值。截至2019年末，公募基金管理机构管理公募基金产品6544只，份额13.7万亿元，规模约14.8万亿元，同比增加1.7万亿元，其中封闭式基金增加7039亿元，开放式基金中货币市场基金减少5008亿元，股票型基金增加4748亿元，混合型基金增加5289亿元，债券型基金增加5032亿元。自成立以来，截至2019年末，偏股型基金年化收益率平均为14.1%，超过同期上证综指平均涨幅9.4个百分点。2019年内，新发权益类基金（基金合同约定股票投资仓位在60%以上）产品的募集规模同比增长约70%，公募基金持股市值上涨超过50%，主动权益类基金平均业绩为47.4%，超过上证综指25.1个百分点，权益类基金得到大幅发展，主动管理能力提升。

证券期货经营机构资管业务结构不断优化，降杠杆、去通道效果明显，服务实体经济效用提升。自2018年10月资管新规细则发布实施以来，通道业务规模下降4.95万亿元，降幅32.8%，主动管理规模占比增加11个百分点；分级产品规模下降2346亿元，降幅55%；偏股类产品杠杆倍数下降19%。截至2019年末，设立私募股权基金940只，在投项目4879个，形成股权资本金4583亿元；设立民企纾困基金累计198只，项目落地规模605.91亿元，支持上市公司215家。资产证券化丰富融资方式、盘活存量资产、结构性去杠杆作用不断显现。截至2019年末，累计备案REITs类产品64只，规模1255亿元，住房租赁ABS产品30只，规模265亿元；企业资产证券化发行主体中，民营企业规模达1.65万亿元，占比45.4%，有力支持了住房租赁、民营企业发展等国家战略部署，拓宽了实体企业直接融资渠道。新设绿色ABS产品48只，规模450亿元；扶贫惠农ABS31只，规模169亿元，支持重点领域发展，助力普惠金融。

私募基金支持实体经济的重要作用日益凸显。截至2019年第三季度末，私募基金累计投资于境内未上市未挂牌企业股权、新三板企业股权和再融资项目11.2万个，为实体经济形成股权资本金6.4万亿元。2019年前3个季度，私募基金投向境内未上市未

---

① 包含大集合产品存续规模以及私募子公司私募基金规模。

挂牌企业股权项目本金新增4492亿元，相当于同期新增社会融资规模的2.4%。同时，私募基金成为落实国家创新发展战略、支持中小企业发展的有力工具。截至第三季度末，私募基金在投中小企业项目6.0万个，在投本金2万亿元；在投高新技术企业3.1万个，在投本金1.3万亿元。互联网等计算机运用、机械制造等工业资本品、原材料、医药生物、医疗器械与服务、半导体等产业升级及新经济代表领域成为私募股权与创业投资基金布局重点，在投项目5.5万个，在投本金2.7万亿元。

（二）基金行业政策分析

资产管理业务的本质是受人之托、代人理财，资产管理人应诚实守信、勤勉尽责，充分履行受托人信义义务，由投资者自担风险并获得收益，做到卖者有责、买者自负。《基金法》作为基金行业的根本大法，以信托关系和信义义务为基础，构建了完整的基金法律关系，将保护投资人合法权益置于首要位置。资管新规推动各类金融机构资产管理业务统一监管标准，在打破刚兑、回归净值管理方面发挥了重要作用。2019年，行业监管政策继续围绕落实信义义务、保护投资者合法权益，在进一步加强统一法理基础、规范信息披露、规范销售行为、强化信用约束等环节的同时，切实防范行业风险，推进行业文化建设、培育专业能力，提升行业的适应性、竞争性和普惠性。

1. 适度监管、强化自律、信用制衡，推进私募基金行业治理现代化

7月16日，《国务院办公厅关于加快推进社会信用体系建设构建以信用为基础的新型监管机制的指导意见》发布，明确提出加强信用监管、建设信用体系、加强行业自律等要求。私募基金行业适应国家现代化治理要求，信用积累、信用约束机制稳步推进。11月11日，中国证券投资基金业协会在私募证券投资基金管理人会员信用信息报告工作试点经验的基础上，发布《私募股权、创业投资基金管理人会员信用信息报告工作规则（试行）》，建立了以“一性三度”23项指标和投资风格15项指标为主要内容的信用信息考察维度及指标体系，会员信用信息报告制度扩展至私募全行业；异常私募经营机构等诚信信息公示力度进一步加强，在私募基金管理人综合查询页面增加行政处罚、行政监管措施等信息，形成透明清晰的公示惩戒机制。10月24日，国家发展改革委、商务部联合发布《市场准入负面清单（2019年版）》，首次将私募基金纳入全国统一的市场准入制度体系，对“伪私募”的监管力度进一步加大。中国证券投资基金业协会坚持扶优限劣原则，强化入口管理，切实维护行业展业秩序。管理人登记方面，新版《私募基金管理人登记须知》正式实施，以“通过”“中止办理”“不予登记”三种方式办结登记申请，实现增量分流，减少平均退回补正次数，优化机构登记办理流程。产品备案方面，中国证券投资基金业协会于12月23日发布新版《私募投资基金备案须知》，进一步明晰私募基金的外延边界，厘清管理人、托管人职责，重申合格投资者要求，明确募集完毕概念、扩募条件，细化投资运作要求，从严规范关联交易，防范利益冲突，并针对不同类型基金提出差异化备案要求，推进行业优胜劣汰。

2. 统一监管、防范风险、回归本源，行业服务实体经济能力提升

2019年7月26日，中国证监会发布《公开募集证券投资基金信息披露管理办法》，进一步优化公募基金信息披露机制，提升投资者保护水平，引导机构落实合规主体责任。11月29日，中国银保监会发布《商业银行理财子公司净资本管理办法（试行）》，建立与理财子公司业务模式和风险特征相适应的净资本管理制度，通过净资本约束，引导其根据自身实力开展业务，避免追求盲目扩张，促进理财子公司规范健康发展。12月24日，中国人民银行、中国银保监会、中国证监会和国家外汇管理局联合发布《关于进一步规范金融营销宣传行为的通知》，对不当行为提出八大禁止，对各类金融机构的销售宣传行为作出统一规范，继续强化“卖者尽责”责任、打破刚性兑付。12月28日，全国人大常委会通过《证券法》（修订），将资产支持证券和资产管理产品写入《证券法》，明确了资管产品的证券属性，为资产管理行业统一监管、消除监管套利奠定了法理基础。随着资管新规的实施，各类资产管理业务回归本源，统一监管深入推进。

在严监管、防风险的同时，行业文化建设提上日程，行业发展生态不断优化，发展空间不断拓展，核心竞争力稳固提升。10月24日，中国证监会发布《关于做好公开募集证券投资基金投资顾问业务试点工作的通知》，公募基金投资顾问业务试点正式启动，代表基金投资者利益的买方力量崛起，推动行业从提供资管产品到提供系统性、全方位的财富管理方向进化，优化行业发展生态。11月21日，证券基金行业文化建设动员大会召开，提出“合规、诚信、专业、稳健”八字方针，推动夯实行业发展文化软实力和内涵根基。12月6日，中国证监会发布《证券期货经营机构管理人中管理人（MOM）产品指引（试行）》，规范MOM产品投资运作，推动发挥资管机构专业投资能力，满足投资者和中长期资金的资产配置需求，提升行业服务社会财富管理效率。

（三）行业发展展望

资产管理行业经过20余年的发展，已经成为现代金融体系的重要组成部分，是大众理财和实体经济资本形成的重要工具与载体。《基金法》奠定了公私募基金统一监管的法理基础，大资管办法参考基金业经验制定了大资管统一规范，但从实质和行业实践来看，统一监管、功能监管任重道远。行业监管必须从业务本质、投资者利益出发，推动上位法和监管规则的统一，实现从准入到持续运作的功能监管。《证券法》的修订将资产管理业务纳入证券范围，明确“资产支持证券、资产管理产品发行、交易的管理办法，由国务院依照本法的原则规定”，打破了监管壁垒，为建立统一的证券发行、交易、监管体系提供了法律依据。随着法律基础和顶层设计的完善，统一监管、功能监管不断推进，资产管理行业将迎来长足健康发展。在统一法律框架和监管规则要求下，各类资管产品百花齐放、多元竞争的格局正在形成；同时，资本市场深化改革、全面加快开放力度，国际竞争和国际经验的引入，使行业面临新的机遇与挑战。

附表

2019 年以来中国基金市场主要监管政策

日期	主要政策	发布单位
1 月 15 日	公开募集证券投资基金投资信用衍生品指引	证监会公告〔2019〕1 号
1 月 18 日	证券投资基金投资信用衍生品估值指引（试行）	中国证券投资基金业协会
3 月 29 日	关于发布《集合资产管理计划资产管理合同内容与格式指引（试行）》等自律规则的通知 1. 集合资产管理计划资产管理合同内容与格式指引（试行） 2. 单一资产管理计划资产管理合同内容与格式指引（试行） 3. 资产管理计划风险揭示书内容与格式指引（试行）	中国证券投资基金业协会
4 月 4 日	关于证券公司从事大集合产品管理业务相关人员资质管理的通知	中国证券投资基金业协会
6 月 3 日	证券期货经营机构私募资产管理计划备案管理办法（试行）	中国证券投资基金业协会
6 月 14 日	公开募集证券投资基金参与转融通证券出借业务指引（试行）	证监会公告〔2019〕15 号
6 月 21 日	证券投资基金参与转融通证券出借业务会计核算和估值业务指引（试行）	中国证券投资基金业协会
6 月 24 日	关于发布《政府和社会资本合作（PPP）项目资产证券化业务尽职调查工作细则》等系列自律规则的通知 《PPP 项目资产证券化业务尽职调查工作细则》 《企业应收账款资产证券化业务尽职调查工作细则》 《融资租赁债权资产证券化业务尽职调查工作细则》	中国证券投资基金业协会
7 月 2 日	关于证券期货经营机构从事私募资产管理业务投资经理登记的通知	中国证券投资基金业协会
7 月 3 日	关于基金从业人员资格注册有关事项调整的通知	中国证券投资基金业协会
7 月 26 日	公开募集证券投资基金信息披露管理办法	证监会第 158 号令
8 月 1 日	关于增设已注销私募基金管理人信息公示的通知	中国证券投资基金业协会
8 月 7 日	关于发布《公开募集证券投资基金信息披露管理办法》提示性公告模板的通知	中国证券投资基金业协会
9 月 29 日	关于登记备案工作的严正声明（2019）	中国证券投资基金业协会
10 月 8 日	证券期货经营机构私募集合资产管理计划适用简易备案核查程序条件清单	中国证券投资基金业协会
10 月 19 日	关于进一步明确规范金融机构资产管理产品投资创业投资基金和政府出资产业投资基金有关事项的通知	国家发展改革委、 中国人民银行、 财政部、银保监会、证监会、 国家外汇管理局
10 月 24 日	关于印发《市场准入负面清单（2019 年版）》的通知	国家发展改革委、商务部
11 月 11 日	私募股权、创业投资基金管理人会员信用信息报告工作规则（试行）	中国证券投资基金业协会
11 月 29 日	商业银行理财子公司净资本管理办法（试行）	中国银保监会
12 月 2 日	关于私募基金信息披露备份系统定向披露功能上线相关事项的通知	中国证券投资基金业协会
12 月 6 日	证券期货经营机构管理人中管理人（MOM）产品指引（试行）	证监会公告〔2019〕26 号

续表

日期	主要政策	发布单位
12 月 23 日	私募投资基金备案须知（更新版）	中国证券投资基金业协会
12 月 24 日	关于进一步规范金融营销宣传行为的通知	中国人民银行、银保监会、证监会、国家外汇管理局
12 月 26 日	关于证券期货经营机构私募管理人中管理人（MOM）产品备案相关事项的通知	中国证券投资基金业协会
12 月 28 日	中华人民共和国证券法（修订）	全国人大常委会

专栏 11

《关于进一步明确规范金融机构资产管理产品投资创业投资基金和政府出资产业投资基金有关事项的通知》①

2018 年 4 月 28 日，人民银行、银保监会、证监会、外汇管理局联合印发了《关于规范金融机构资产管理业务的指导意见》(以下简称资管新规)。资管新规在打破刚性兑付、限制期限错配、产品净值化等方面提出了更加严格的要求，旨在为资产管理业务健康发展创造良好的制度环境。虽然资管新规第二条明确了创业投资基金、政府出资产业投资基金（以下简称两类基金）的相关规定将另行制定，但由于金融机构资产管理产品是两类基金的主要出资方之一，在资管新规对金融机构资产管理产品的新要求下，投资两类基金的操作细则不够明朗，这使得两类基金资金来源受到较大阻碍。在此背景下，2019 年 10 月 19 日，国家发展改革委、人民银行等六部委联合制定并发布了《关于进一步明确规范金融机构资产管理产品投资创业投资基金和政府出资产业投资基金有关事项的通知》(以下简称《通知》)。

《通知》的主要内容包括以下五个方面。一是对适用《通知》的两类基金进行了一个更加细致的界定，包括金融机构资产管理产品所投资的创业基金“基金份额不得进行结构化安排，但政府出资设立的创业投资引导基金作为优先级的除外”，政府出资产业投资基金必须满足“政府认缴出资比例不低于基金总规模的 10%，其中，党中央、国务院批准设立的，政府认缴出资比例不低于基金总规模的 5%”等。二是明确在资管新规出台前金融机构已与符合《通知》规定要求的两类基金签订的认缴协议继续有效。过渡期内，金融机构可以发行老产品出资，但应当控制在存量产品整体规模内，并有序压缩递减，防止过渡期结束时出现断崖效应；过渡期结束仍未到期的，经金融监管部门同意，采取适当安排妥善处理。三是除党中央、国务院另有规定外，明确资管新规出台后新签订认缴协议的两类基金，涉及金融机构发行资产管理产品出资的，应严格按照资管

① 作者：蒋健蓉，上海申银万国证券研究所有限公司副总经理、首席战略研究员。

新规有关规定执行。四是对于投资方向限定于符合本通知规定要求的两类基金的资产管理产品，可以将该产品整体视为合格投资者，不合并计算该产品的投资者人数。五是符合本通知规定要求的两类基金接受资产管理产品及其他私募投资基金投资时，该两类基金不视为一层资产管理产品。

《通知》着眼于解决当前两类基金募资中遇到的现实难题，对两类基金的持续健康发展具有重要的推动作用，不仅完善了资管新规的配套制度体系，而且稳定了市场预期。

六、货币市场发展政策①

2019 年，在坚持稳中求进的工作总基调和稳健的货币政策背景下，货币市场运行总体平稳，利率中枢整体下行，市场成员家数继续增加，市场规模进一步扩大。

（一）同业拆借市场

1. 市场运行概况

2019 年，全国银行间同业拆借市场稳健运行，市场价格总体平稳下行，交易量继续扩大，市场成员增加。如图 1 所示，2019 年，同业拆借市场共成交 151.6 万亿元，同比上升 8.86%，日均成交量为 6065 亿元。同业拆借在货币市场总交易规模中占比 15.61%，同比下降 0.55 个百分点。全国银行间同业拆借市场成员共计 2190 家，较上年末新增 144 家。

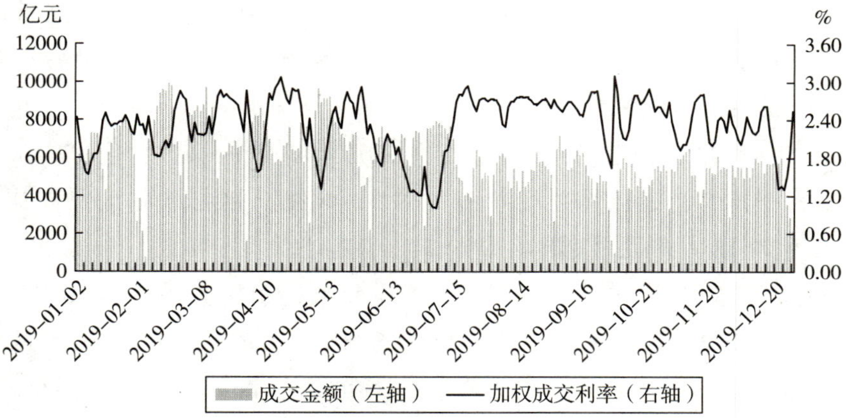

图 1　2019 年全国银行间同业拆借市场成交情况

数据来源：中国外汇交易中心。

同业拆借市场利率中枢整体下行。全年，同业拆借市场加权成交利率为 2.2724%，同比下行 31.65 个基点。其中，主要银行类金融机构的隔夜拆入利率下行 24～29 个基点，7 天拆入利率下行 13～23 个基点。

① 作者：荣艺华，中国人民银行上海总部金融市场部副主任；王雯珠，中国人民银行上海总部金融市场管理部主任科员。

从各类金融机构同业拆借市场资金流向看，大型商业银行、政策性银行、股份制银行是市场的主要资金融出方，证券公司、城商行和财务公司是主要的资金融入方。

2. 展望

2020年，同业拆借市场将更加规范有序运行，市场规模将进一步扩大，流动性调剂功能将更加突出。

（二）票据市场

2019年，票据市场制度建设稳步推进，基础设施持续优化，票据资产流动性逐步改善，票据业务创新层出不穷，票据服务实体经济的能力大幅提升。

1. 市场运行情况

2019年，票据市场规模扩大，各类票据业务量同步上升。全年票据业务总量达131.45万亿元，同比增长19.04%。其中，签发承兑汇票20.38万亿元，企业背书46.47万亿元，票据贴现12.46万亿元，票据交易50.94万亿元。年末，中国票据交易系统共接入法人机构2884家，会员2913家，系统参与者101622家。

票据承兑稳步增长，商业承兑汇票增幅明显。全年，市场累计签发承兑票据20.38万亿元，同比增长11.55%；年末承兑余额12.73万亿元，比年初增长15.27%。其中，银行承兑汇票累计签发承兑17.36万亿元，同比增长10.41%；年末余额为10.89万亿元，比年初增长14.27%；商业承兑汇票累计签发承兑3.02万亿元，同比增长18.61%，年末余额为1.84万亿元，比年初增长21.56%。票据签发承兑量在社会融资规模中占比为5.07%，比上年提高0.2个百分点。

票据贴现持续活跃，银票占比超过九成。2019年，票据累计贴现12.46万亿元，同比增长25.33%。其中，银行承兑汇票占比为92.46%，商业承兑汇票占比为7.54%。年末贴现余额为8.18万亿元，比年初增长24.03%。

票据交易大幅增长，回购交易增幅迅猛。全年票据市场交易量为50.94万亿元，同比增长22.01%。其中，转贴现交易累计发生38.82万亿元，同比增长12.11%；质押式回购交易累计发生12.04万亿元，同比增长69.30%；买断式回购交易累计发生1.19万亿元，同比增长71.31%。

表1　2019年中国票据市场规模　单位：亿元

季度	承兑	贴现	转贴现	回购
第一季度	53869.65	35634.02	118766.78	25314.44
第二季度	46314.78	27606.72	93154.20	34890.66
第三季度	49873.85	30140.71	94137.30	31033.74
第四季度	53735.31	31207.32	82161.87	29972.79
合计	203793.59	124588.77	388220.16	121211.62

数据来源：上海票据交易所。

再贴现力度进一步加大，有效降低实体经济融资成本。人民银行年内增加再贴现额度2000亿元，加强对中小银行的流动性支持，引导金融机构加大对小微、民营企业、“三农”、扶贫等国家经济重点领域和薄弱环节的支持力度，年末再贴现余额为4714亿元，较上年同期增长43.28%。

票据市场利率持续下行，利率宽幅震荡。如图2所示，票据贴现月加权平均利率从1月的3.67%降至12月的3.24%，比上年同期下降59个基点，比贷款基准利率低111个基点，比12月的1年期贷款市场报价利率（LPR）低91个基点。票据转贴现月加权平均利率从1月的3.60%降至12月的3.11%，比上年同期下降61个基点。票据质押回购月加权平均利率从1月的2.61%降至12月的2.40%，比上年同期下降72个基点。

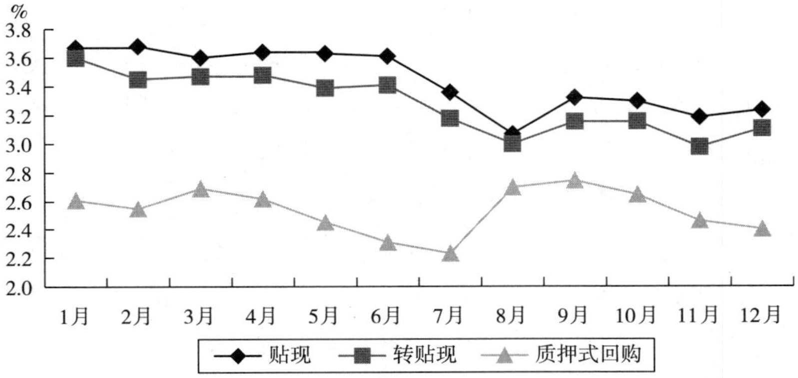

图2　2019年中国票据市场利率走势

2. 出台的主要政策

2月，中共中央办公厅、国务院办公厅印发《关于加强金融服务民营企业的若干意见》，要求加大对民营企业票据融资的支持力度，简化贴现业务流程，提高贴现融资效率，及时办理再贴现。

4月，中国银行业协会发布《中国银行业协会票据业务自律公约》，倡导通过协商、调解或仲裁等多元化方式解决会员单位间票据业务争议，在防范和化解票据业务法律风险和银行声誉风险方面具有可操作性。从依法合规经营票据业务、服务实体经济和“一带一路”建设、加强风险管理和信息共享、规范业务操作和从业人员管控、业务争议解决、违规处理机制等多方面进行了自律约定，对规范银行业票据业务经营行为和竞争行为，促进各机构积极履行主体责任，树立良好行业形象，维护良好行业声誉，营造公平、有序的经营环境具有推动作用。

5月，银保监会发布《关于开展“巩固治乱象成果　促进合规建设”工作的通知》（银保监发〔2019〕23号），加大了对票据违规行为的排查力度，包括“票据业务贸易背景尽职调查不到位，保证金来源不实；利用票据业务调节存贷款规模及资本占用等监管指标；以利率倒挂等形式办理贴现业务，开展资金套利等”。

7月，银保监会下发《关于进一步加强企业集团财务公司票据业务监管的通知》，强调财务公司应严格审查票据业务贸易背景真实性，不得办理无真实贸易背景或贸易背景不清的票据业务，并要求财务公司依法合规开展票据业务。

11月，最高人民法院发布《关于印发〈全国法院民商事审判工作会议纪要〉的通知》，明确票据贴现属于国家特许经营业务，不具有法定资质的票据中介以“贴现”为业的行为涉嫌犯罪。该纪要就贴现、转贴现、民间票据贴现效力、票据清单交易和恶意公示催告等在实践中存在争议的问题作出明确规定。纪要指出，票据贴现属于国家特许经营业务，合法持票人向不具有法定贴现资质的当事人进行“贴现”的，该行为应当认定无效，贴现款和票据应当相互返还。当事人不能返还票据的，原合法持票人可以拒绝返还贴现款。同时，人民法院在民商事案件审理过程中，发现不具有法定资质的当事人以“贴现”为业的，因该行为涉嫌犯罪，应当将有关材料移送公安机关。基于上述认定，票据中介行使追索权将失去法院支持。部分票据中介如涉及案件官司，将有可能因为违规被送公安机关处理。上述纪要对非法票据中介活动起到了遏制作用，有利于进一步规范票据行为，维护市场稳健发展。

12月，中共中央、国务院发布《关于营造更好发展环境支持民营企业改革发展的意见》，提出推进依托供应链的票据、订单等动产质押融资，鼓励第三方建立供应链综合服务平台，并指出建立清理和防止拖欠账款长效机制。

3. 政策效果分析

形成了票据市场规范发展的市场环境。2019年伊始，票据套利问题引发社会各方的关注。2月20日国务院常务会议中提及票据融资上升较快可能造成“套利”和资金“空转”等行为。随后的包商银行事件暴露出来的票据业务信用风险和流动性风险，使得监管部门进一步加强了票据业务监管力度。为切实防范金融风险，守住不发生系统性金融风险的底线，监管部门对票据承兑和贴现环节真实贸易背景的审核要求不断提高，银保监会下发通知要求严查票据业务贸易背景尽职调查不到位、以利率倒挂等形式办理贴现业务开展资金套利等问题，并对财务公司依法合规开展票据业务提出明确要求。地方监管部门也纷纷提高票据业务监管要求，如北京银保监局针对北京地区票据领域风险特征和违规现象，印发了《关于规范银行业金融机构票据业务的监管意见》，重点从资金审查、贸易背景审查、商业承兑汇票业务、高比例担保票据业务以及跨省异地票据业务五个方面强化规范整治。上海票据交易所发布《关于加强电子商业汇票信息真实性审核的通知》《关于防范冒名开立电子商业承兑汇票的风险提示》等公告信息，引导票据经营机构防控操作风险和道德风险。

推动了票据市场健康发展。中共中央、国务院印发《关于加强金融服务民营企业的若干意见》《关于营造更好发展环境支持民营企业改革发展的意见》等指导性文件，对票据在服务实体经济、支持民营企业融资、防止拖欠账款等方面提出了更高要求。各地方监管部门也先后出台了相关支持文件，如人民银行营业管理部联合北京银保监局、证监局等部门联合印发《北京市金融支持清理拖欠民营企业中小企业账款行动方案（2019—2020年）》，提出在涉及民营企业中小企业的贸易结算中，鼓励金融机构和企业签发、承兑商业汇票，便利民营企业中小企业票据融资。人民银行上海总部与上海市浦东新区政府共同研究制定《关于金融支持浦东新区改革开放再出发　实现新时代高质量发展的指导意见》，鼓励金融机构积极运用商业汇票发展供应链金融，鼓励商业银行对科技创新企业签发的商业汇票提供保贴服务，加大小额商业汇票的推广。在政策的推动下，票据市场持续活跃，年累计签发承兑票据同比增长11.55%，票据贴现规模同比增长25.33%。

产品创新不断涌现。随着票据市场基础设施的不断完善，票据交易系统功能进一步优化。在高效、便捷、安全的电子化操作平台基础上，上海票据交易所先后推出了多项创新产品。"票付通"产品通过互联网线上处理模式，实现票据签发和企业背书全线上、一站式处理。"贴现通"业务通过在中国票据交易系统进行贴现信息登记、询价发布、交易撮合后，由贴现申请人与贴现机构通过电子商业汇票系统办理完成票据贴现的服务机制安排，降低票据直贴环节的信息不对称，有助于解决企业融资难、融资贵问题。"标准化票据"的推出，有助于增加中小银行所承兑票据的流动性，提高中小银行的市场信用程度，同时对票据标准化进行了积极探索。"城商银票转贴收益率曲线"的发布，丰富了票据市场利率基准体系，有利于提高中小银行承兑票据的流动性和交易活跃度。

4. 展望

2020年，围绕服务实体经济，票据市场透明度将大幅提升，市场信用环境将逐步改善，创新热情将进一步释放，市场基础设施持续优化，票据市场健康发展，将在服务实体经济，尤其是中小企业方面发挥更大作用。

专栏12

《天津市地方金融监督管理条例》出台实施①

2019年5月31日，据天津市地方金融监督管理局官网消息，《天津市地方金融监督管理条例》（以下简称《条例》）正式出台，这是中国首个省级地方金融监管条例。《条例》自2015年底启动立法工作，历经近四年的广泛调研、科学论证和修改完善，于2019年5月30日经天津市第十七届人大常委会第十一次会议审议通过，自2019年7月1日起施行。

《条例》共6章44条，包括总则、地方金融组织、监督管理、风险防控、法律责任

① 摘编：何海峰，中国社会科学院金融政策研究中心主任。

和附则。《条例》的颁布是天津市地方金融法治建设进程重要的里程碑，为提升天津市地方金融组织监管工作水平，维护地方金融健康有序发展奠定了坚实的法治基础。

《条例》明确了地方金融组织的具体范围。将天津市行政区域内的小额贷款公司、融资担保公司、区域性股权市场、典当行、融资租赁公司、商业保理公司、地方资产管理公司等国家授权本市监督管理的开展金融业务活动的组织纳入监管范围，并对其行为规范、风险防控和法律责任等作出了具体规定。

《条例》明确了天津市和各区人民政府防范和处置金融风险责任，负责制定地方金融风险突发事件应急预案。对地方金融组织未报告其发生的重大风险情况的，可以采取责令改正并处罚款、责令停业整顿、吊销经营许可证等措施。明确规定任何单位和个人不得非法吸收公众存款、擅自发行有价证券，或者以其他方式从事非法金融活动；不得以广告、公开劝诱或者变相公开宣传的方式，向社会不特定对象、超过法律规定数量的特定对象承诺或者变相承诺，对投资收益或者投资效果作出保本、高收益或者无风险等保证。

《条例》明确了违法行为的法律责任。对违反《条例》相关规定的行为，通过责令限期改正、罚款、没收违法所得、责令停业整顿、吊销经营许可证等措施加大处罚力度。根据具体情形，可以同时对负有直接责任的董事、监事、高级管理人员等给予警告、罚款的处罚。

同时，实施失信联合惩戒方面，《条例》指出，市地方金融监督管理部门应当按照规定将地方金融组织相关信用信息纳入市场主体信用信息公示系统和信用信息共享平台，对失信的地方金融组织及相关人员实施联合惩戒。

七、信托与财富管理市场发展政策①

（一）2019 年主要政策内容

2019 年，信托与财富管理市场发展政策在业务经营、风险管理和基础制度等多个方面得到进一步完善，尤其是司法部门关于信托财产独立性的确认对信托业务回归本源具有基础性意义。

1.《关于开展“巩固治乱象成果　促进合规建设”工作的通知》

2019 年 5 月 8 日，中国银行保险监督管理委员会发布《关于开展“巩固治乱象成果　促进合规建设”工作的通知》（银保监发〔2019〕23 号）（以下简称《工作通知》）。《工作通知》开宗明义阐明发布背景：“为全面贯彻党中央、国务院关于金融工作的决策部署，打好防范化解金融风险攻坚战，推动银行业保险业实现高质量发展”。《工作通知》进一步明确了需要完成的主要任务：夯实乱象整治工作的思想根基；巩固乱象整

① 作者：李青云，天津民晟资产管理有限公司总裁。

治工作成果；持续推动重点领域问题整治；开展强内控促合规建设。为保障具体工作能够细致落实，《工作通知》同时发布了两个配套工作要点（以下简称《工作要点》），其中关于信托机构的主要内容有：

（1）关于宏观调控政策执行

《工作通知》要求信托机构经营活动必须符合宏观调控政策的要求，不符合调控意图的经营行为必须纠正。在具体要求上，《工作要点》对房地产、政府融资以及“两高一剩”等领域的经营行为给予了高度关注，要求重点检查消除下列情况：向不合格房地产项目融资、变相向房地产企业融资、违规向地方政府融资或接受担保、利用表内外资金直接或间接投向“两高一剩”等限制或禁止领域等。

（2）关于公司治理

公司治理机制的完善情况是《工作要点》的另一个关注重点。《工作要点》针对信托公司的公司治理情况，从股权关系、股东行为、关联交易、董事会履职、监事会监督、激励约束机制、考评体系、薪酬与任职等角度提出了一系列规范要求。

（3）关于资产质量

资产质量的重要性在注重风险防控的背景下显得尤为突出，《工作要点》在资产质量方面主要关注以下几点：信托风险资产和固有资产质量的分类、风险项目的识别与上报、是否故意隐匿风险、资产减值准备或预计负债的计提等。

（4）非标资金池业务

非标资金池一向是监管机构的关注重点，《工作要点》同样保持了这一风格，要求信托公司重点关注以下事项：是否变相新增非标资金池业务、存量非标资金池业务是否存在期限错配严重、存量非标资金池流动性风险情况、是否有效穿透管理。

（5）关于同业业务

对于同业业务，《工作要点》的关注点有：是否违规向银行、保险资金违规提供通道服务，是否与银行、保险公司违规签订抽屉协议、阴阳合同，是否协助保险资金变相投资事务管理类信托或单一信托，是否按“穿透”原则识别最终投资者和底层资产等。

（6）关于经营管理

在经营管理方面，《工作要点》的关注点集中在销售推广环节：是否存在违背“双录”要求的情况，是否存在由不合格第三方机构推介信托产品等。

2.《中国银保监会办公厅关于保险资金投资集合资金信托有关事项的通知》

2019 年 6 月 19 日，中国银保监会发布《中国银保监会办公厅关于保险资金投资集合资金信托有关事项的通知》（银保监办发〔2019〕144 号）（以下简称《保信通知》）。

《保信通知》一共十九条，就保险资金投资集合资金信托的业务条件、信用增级、投资限制、关联交易、合规管理、行业自律等多个方面作出了详细规定，其主要内容有：

（1）重申基本业务要求

2019 年版《保信通知》相比 2014 年版做了大量修订和补充，但在基本业务要求方面保持了较好的稳定性。《保信通知》要求保险机构在投资集合资金信托计划时，应当具备完善的内控和决策机制，应当配备独立的信托投资专业责任人并建立责任追究机制，应当建立信托公司选择标准并持续评价。在投资限制方面，两版《保信通知》也保持了较好的一致性，如保险资金不得投资基础资产属于国家及监管部门明令禁止的行业或产业的资金信托等，不得投资单一信托，不得投资结构化信托的劣后级受益权。在专项报告方面，不动产和县级政府融资平台相关项目的报告要求也未作改变。

（2）扩大基础资产范围

《保信通知》第四条规定："保险资金投资的集合资金信托，基础资产限于非标准化债权资产、非上市权益类资产以及银保监会认可的其他资产，投资方向应当符合国家宏观政策、产业政策和监管政策。"相比旧版规定，基础资产范围增加了银保监会认可的其他资产一项。显而易见，其他资产的主要类型是标准化资产，如股票和债券等。这一调整有助于保险资金通过投资集合资金信托计划的方式进入资本市场，既有利于保险资产本身的收益性和流动性改善，也有利于促进资本市场本身的进一步发展。

（3）非标资产信用增级

《保信通知》第六条规定："对于基础资产为非标准化债权资产的集合资金信托，应当确定有效的信用增级安排。"在此基础上，《保信通知》又进一步要求：信用增级方式与融资主体还款来源相互独立；信用增级可选择保证担保、抵押或质押担保等方式；不得由金融机构提供直接或间接、显性或隐性的担保、回购等承诺；部分信用等级为 AAA 级的融资主体可豁免信用增级。关于信用增级的规定具有明显的积极意义，首先有助于提升保险资金运用的安全性，其次有助于降低金融市场的内生风险水平。

（4）规范关联交易

《保信通知》第十一条规定："保险资金投资集合资金信托，不得发生涉及利益输送、利益转移等不当交易行为，不得通过关联交易或者其他方式侵害公司或者被保险人利益。"对于可能的关联交易，《保信通知》进一步要求如下："应当符合合规、诚信和公允的原则，不得偏离市场独立第三方的价格或者交易条件，应当建立健全内部审批机制和评估机制，并按照有关规定及时进行信息披露。"

（5）投资限制及其他新增规定

《保信通知》在投资限制等多个方面增加了一些新规定：在投资限制方面，投资嵌套不能超过一层；在信用评级方面，以非标准化债权资产为基础资产的，信用等级不得低于 AA 级；关于投资者适当性，相关集合资金信托如涉及个人投资者，必须确保其为合格投资者；关于时间衔接，采用"新老划断"的方式处理。《保信通知》的上述新增规定细化了执行标准，大大增强了政策的操作性与可靠性。

3. 《信托受益权账户管理细则》

2019 年 7 月 19 日，中国信托登记有限责任公司（以下简称中国信登）制定的《信托受益权账户管理细则》（以下简称《账户细则》）经中国银保监会批准施行。《账户细则》共五章五十三条，包括总则、信托受益权账户类型、代理开户机构管理、账户业务和附则。

《账户细则》作为《信托登记管理办法》（以下简称《登记办法》）的配套制度，致力于落实《登记办法》关于信托受益权账户的相关规定，细化管理流程及操作内容，显著增强了信托登记的规范性和可操作性。其主要内容有：

（1）指导原则

根据《账户细则》的规定，信托受益权账户管理业务应当遵循以下指导原则进行：

①自愿开户原则。开立信托受益权账户不是强制性规定，由受益人自主决定是否在中国信登开立信托受益权账户。并且，受益人也可自主选择是否由代理开户机构开立信托受益权账户。

②账户实名原则。受益人开立信托受益权账户，必须以自己或金融产品名义进行，一般应由本人实名申请开立。为保障实名制的可靠性，申请人应保证所提交的信息真实、准确、完整。

③一人一户原则。每一个受益人，原则上只能开立一个信托受益权账户。

④信息保密原则。中国信登以及代理开户机构负有信息保密的义务，不得泄露开户资料信息和账户信息，不准违规使用信托受益权账户。

（2）账户类型

符合规定的自然人、法人、依法成立的其他组织，都可以申请开立信托受益权账户。根据受益人类型的不同，《账户细则》将信托受益权账户分为下列四类：

①自然人账户。由本人申请开立，无民事行为能力人及限制民事行为能力人可由监护人代为办理。

②金融机构账户。由金融机构法人或者由经金融机构法人授权的分支机构申请开立，并提供开立机构的金融业务许可证明。

③其他机构账户。由该机构法人或符合信托合同约定的主体申请开立。

④金融产品账户。由产品管理人申请开立，并在开立前履行相应的金融产品备案或登记手续。

（3）代理开户机构

根据《账户细则》，代理开户机构指代办信托受益权账户开立等业务的机构。信托公司以外的其他金融机构也可以申请成为代理开户机构，但必须通过中国信登的资格审核。

金融机构申请代理开户机构资格应具备以下条件：一是持有银行业监督管理机构及中国信登认可的其他经营金融业务许可证；二是具备开展业务所需的人员、场所、业务设施等条件；三是具备完备的内部控制和风险管理体系；四是具备开展业务所必要的信息系统及具备保障业务持续运营的技术与措施以及中国信登要求的其他条件。

代理开户机构必须按照中国信登规定及代理开户协议约定开展信托受益权账户相关业务，不得违规、越权开展业务，不得将所代理的信托受益权账户相关业务转委托第三方。

（4）账户业务

根据《账户细则》，账户业务主要包括账户开立、使用、变更和注销四个环节，具体如下：

①账户开立。受益人可以在中国信登或代理开户机构申请办理信托受益权账户开立业务。在完成申请材料核验后，由中国信登为符合条件的受益人开立信托受益权账户，配发唯一信托受益权账户编码，并出具“信托受益权账户开户证明书”。

②账户使用。信托受益权账户的主要用途是记载受益人基本信息、账户功能权限信息，以及信托受益权持有及变动情况。中国信登有权对不合格账户和不规范账户采取特别管理措施，如单独管理、限制使用等。

③账户变更。受益人的姓名或名称、身份证明文件、产品管理人名称、联系方式如果发生变更或需要补充时，应当办理信托受益权账户信息变更手续。

④账户注销。受益人申请账户注销必须满足特定条件，即信托受益权账户同时出现以下三种情况：信托受益权账户内信托受益权份额为零；信托受益权账户的使用不存在未了结事项；中国信登规定的其他情形。特殊情况下，可由继承人或承继人等利害关系人申请办理注销。

4.《关于进一步做好下半年信托监管工作的通知》

2019 年 8 月 8 日，中国银保监会下发《关于进一步做好下半年信托监管工作的通知》（信托函〔2019〕64 号）（以下简称《下半年通知》）。

《下半年通知》要求各地方监管机构深刻认识当前防范化解信托业风险任务的重要性和紧迫性，处置信托机构风险的态度要坚决、行动要迅速、措施要有效。具体内容主要有：

（1）继续大力坚持去通道

严厉禁止所属区域内信托机构继续开展为各类委托方监管套利、隐匿风险提供便利的信托通道业务。加大存量信托通道业务压缩力度，原则上到期必须清算，不得展期或续作，鼓励提前清算。按照“一司一策”原则，督导所属区域内信托机构制订下半年信托通道业务压降计划。对于上半年继续违规开展信托通道业务的信托机构要进一步加大规模压降和业务整改力度。

（2）加强房地产信托管理

要求严格执行已经发布的各项监管规定以及工作要求，督促所属区域内信托机构依法合规开展房地产信托业务，提高风险防控前瞻性和主动性，控制业务发展增速。及时采取监管约谈、现场检查，暂停部分或全部业务、撤销高管任职资格等多种措施，坚决遏制房地产信托过快增长、风险过度积累的势头。

（3）推动信托业务结构优化

引导所属区域内信托机构根据金融服务供给侧结构性改革的需要，加快发展具有直接融资特点的资金信托业务，更好地为实体经济提供服务。防止信托资金流入限制性或禁止性领域，支持鼓励信托机构发展以受托管理为特点的服务信托，以及体现社会责任的公益信托，推动信托在财富管理、财富传承、慈善救济、社会稳定等方面发挥积极作用，更好地服务于人民群众对美好生活的向往。

同时，信托机构应当积极调整固有业务结构，确保固有资产保持充分流动性和安全性，不得以短期滚动负债的方式变相加杠杆经营，切实增强风险防御能力。

5.《全国法院民商事审判工作会议纪要》

2019 年 11 月 8 日，最高人民法院发布《全国法院民商事审判工作会议纪要》（法〔2019〕254 号）（以下简称《民商纪要》）。

《民商纪要》的指向是民商事审判中的前沿疑难争议问题，其内容在广泛征求意见的基础上，经最高人民法院审判委员会民事行政专业委员会讨论确认。虽然《民商纪要》不是司法解释，不能作为裁判依据进行援引，但在《民商纪要》发布后人民法院尚未审结的一审、二审案件中，裁判文书分析法律适用理由时，可以根据《民商纪要》的相关规定进行说理。因此，《民商纪要》的出台在具体司法实践中具有极为重要的意义。

《民商纪要》由引言和十二个核心部分共同构成，其中第七部分是关于营业信托的专门章节。《民商纪要》认为："营业信托纠纷主要表现为事务管理信托纠纷和主动管理信托纠纷两种类型。在事务管理信托纠纷案件中，对信托公司开展和参与的多层嵌套、通道业务、回购承诺等融资活动，要以其实际构成的法律关系确定其效力，并在此基础上依法确定各方的权利义务。在主动管理信托纠纷案件中，应当重点审查受托人在'受人之托，忠人之事'的财产管理过程中，是否恪尽职守，履行了谨慎、有效管理等法定或者约定义务。"根据这一总体描述，《民商纪要》进一步就营业信托认定等具体情况进行了说明，其中比较关键的内容有以下几点：

（1）关于营业信托的认定

《民商纪要》认为："信托公司根据法律法规以及金融监督管理部门的监管规定，以取得信托报酬为目的接受委托人的委托，以受托人身份处理信托事务的经营行为，属于营业信托。"据此，根据资管新规的规定，其他金融机构的资产管理业务构成信托关系的，其纠纷也应适用《信托法》及有关规定。

（2）关于资产或者资产收益权转让及回购

《民商纪要》认为："信托公司在资金信托成立后，以募集的信托资金受让特定资产或者特定资产收益权，属于信托公司在资金依法募集后的资金运用行为，由此引发的纠纷不应当认定为营业信托纠纷。”因此，如果合同中约定由转让方或者其指定的第三方在一定期间后以固定价款无条件回购的，只要合同不存在法定无效事由，对信托公司的诉讼请求应予支持。

（3）关于保底或者刚兑条款

《民商纪要》认为，信托公司等金融机构作为资产管理产品受托人，与受益人订立保底或者刚兑条款的条款，属于无效条款。

（4）关于信托财产独立性

《民商纪要》认为：“信托财产在信托存续期间独立于委托人、受托人、受益人各自的固有财产。委托人将其财产委托给受托人进行管理，在信托依法设立后，该信托财产即独立于委托人未设立信托的其他固有财产。”在此基础上，《民商纪要》进一步确认因对信托财产进行管理而形成的财产，也独立于受托人的固有财产；受益人仅拥有信托受益权，信托财产不属于受益人。因此，在《信托法》第十七条规定的情形外，各方均不得提出对信托财产采取保全措施。但在符合规定的情况下，可以对受益人的受益权采取保全措施。

（5）关于信托公司固有财产保全

《民商纪要》认为，只有在信托公司作为被告的情况下，原告才可以申请对信托公司固有资产采取保全措施。但在对信托公司固有财产采取保全措施时，应当强化善意执行理念，杜绝超标的执行，防范发生金融风险。

（二）2019 年政策效果评估

1. 深化金融风险防控

消费品结构、产业结构和融资结构联动转换的格局在 2019 年得到进一步确认，从实体经济向金融领域的传导效应也随之逐渐显现。从金融风险角度看，风险传导事件的发生频率明显高于 2018 年，这一情况在信托领域中也有所反映。中国信托业协会数据显示，2019 年信托行业风险项目个数与规模均呈上升趋势。正是基于这一背景，信托领域防风险政策的力度不仅没有减弱，反而持续深化。

首先，上半年适时发布的《工作通知》，针对信托机构经营活动中的重点环节——宏观调控政策执行、公司治理、资产质量、非标资金池和同业业务等方面提出了严格规范要求。《工作通知》与 2018 年出台的一系列风险防控政策紧密衔接，在深入风险防控的同时充分消除了出现松懈的可能。

其次，随着宏观经济形势的进一步发展，要求更为细致的《下半年通知》适时发布。监管机构从总量和结构两个角度提出针对性要求，在进行信托资产总量控制的同时，对潜在风险相对集中的通道业务和房地产业务提出了更为严格的要求。《保信通知》的出台，及时更新完善了保信合作的业务规则，通过一系列的标准更新提高了风险防控水平。

受上述多项政策要求的共同影响，信托行业受托资产规模延续了2018年以来的收缩态势，并且收缩集中于潜在风险较为集中的业务板块。显然，受政策影响的主动收缩是一种良性收缩，对于风险防范化解具有基础性意义。根据中国信托业协会的数据，截至2019年第三季度末，全国68家信托公司受托资产余额为22万亿元，较第二季度末下降5376.9亿元，环比下降2.39%，同比下降4.94%。

2. 进一步完善制度环境

一直以来，信托业向本源业务回归面临多种现实层面的限制，从融资结构、业务惯性、人才储备到制度环境不一而足，其中制度环境是无法回避的一点。2019年，信托市场发展政策在制度环境优化上取得了突破性进步。

《民商纪要》就信托领域发布了若干司法阐述，其中关于信托财产独立性的表述引起了极大关注。众所周知，尽管《信托法》就信托财产独立性进行了相应规范，但一直有人对此持有疑议，其理由在于：一是《信托法》中的信托定义有模糊性；二是缺少司法环节的有力支撑。受此影响，部分委托人对是否设立信托持保留态度，甚至选择在海外设立信托。《民商纪要》从司法角度援引《信托法》对信托财产独立性进行充分确认，可以进一步消除关于信托财产独立性的各种误解，有助于信托本源业务的快速发展。

作为信托登记制度的重要配套制度，《账户细则》的发布进一步完善了制度环境。信托受益权账户管理进入实施，从投资者角度看，管理相关事务的便捷程度大为提高，并且在不同信托机构持有的信托产品可以统一查询管理；从市场整体角度看，信托受益权转让将会更加规范，同时也可为信托受益权质押、流转提供相应支撑。

显然，上述政策有力完善了我国信托业发展的制度环境。特别地，信托财产独立性在司法环节得到确认，对信托业务回归本源的意义尤为重大，家族信托等注重财产独立性的业务有望进入发展快车道。

（三）2020年政策展望

如前所述，我国已经进入消费品结构、产业结构和融资结构联动转换的新阶段，显然，这种深层转换难以一蹴而就。在确认2020年仍将处于联动转换阶段的背景下，加快业务回归本源、防范金融风险、推动行业整合发展将是2020年的重要任务，信托与财富管理市场相关政策可在如下方面继续深化：

1. 加快业务回归本源

随着消费品结构的继续深化，服务消费必将快速增长，财富管理本身将成为一种重要的新兴消费对象。信托作为一种“受人之托、代人理财”的典型业态，理应在这一背景下取得实质性突破。有鉴于此，建议出台政策加快本源业务发展，构建层次多样的业务体系：探索大众普惠信托服务、完善受托资产管理业务、推广家族信托和慈善信托。

2. 持续防范金融风险

经济下行的压力尚未消除，传统行业收缩引致信贷资产不良的可能性仍然存在。尽管信托业务规模和结构已经出现优化态势，但以信贷融资为基础的传统业务仍然规模庞大，违约风险难言消除。建议监管政策继续保持从严态势，持续稳妥调整业务规模和结构，积极应对潜在违约风险。

3. 推动行业整合发展

随着融资结构进入系统性调整，信托行业的发展背景将会面临深刻变化，行业经营模式发生变化是应有之义。另外，随着金融科技的不断深入，信托服务的地域性特征将逐渐淡化，服务能力本身成为发展关键。建议出台行业整合发展政策，促使信托机构在服务能力和行业集中度上得到提升，从而更好地面对金融领域对外开放的广阔局面。

附表

2019 年中国信托与财富管理市场发展主要政策

日期	文件名称	发布单位
5 月 8 日	关于开展“巩固治乱象成果　促进合规建设”工作的通知	中国银行保险监督管理委员会
6 月 19 日	中国银保监会办公厅关于保险资金投资集合资金信托有关事项的通知	中国银行保险监督管理委员会
7 月 19 日	信托受益权账户管理细则	中国信托登记有限责任公司
8 月 8 日	关于进一步做好下半年信托监管工作的通知（信托函〔2019〕64 号）	中国银行保险监督管理委员会
11 月 8 日	全国法院民商事审判工作会议纪要（法〔2019〕254 号）	最高人民法院

八、金融衍生品市场发展政策①

（一）2019 年相关政策法规汇总

2019 年金融衍生品市场新出相关政策法规、制度公告

日期	主要内容	颁布机构
1 月 11 日	关于国债作为保证金业务的通知	中国金融期货交易所
1 月 17 日	关于完善外汇市场交易确认业务的通知（中汇交发〔2019〕24 号）	中国外汇交易中心
3 月 29 日	关于在银行间外汇远期掉期市场推出协商交易功能和即时通讯工具直连功能的通知（中汇交发〔2019〕101 号）	中国外汇交易中心
4 月 19 日	关于调整股指期货手续费标准的通知	中国金融期货交易所
4 月 19 日	关于调整中证 500 股指期货交易保证金的通知	中国金融期货交易所
5 月 24 日	关于发布《中国金融期货交易所风险准备金管理办法》的通知	中国金融期货交易所
5 月 31 日	关于股指期货跨品种双向持仓按照交易保证金单边较大者收取交易保证金的通知	中国金融期货交易所

① 作者：王勤准，中国外汇交易中心全国银行间同业拆借中心研究部总经理；陆晨希，中国外汇交易中心全国银行间同业拆借中心研究部研究员。

续表

日期	主要内容	颁布机构
5月31日	关于发布《中国金融期货交易所异常交易管理办法》《中国金融期货交易所风险控制管理办法》及相关规定的通知	中国金融期货交易所
8月8日	关于全国银行间同业拆借中心、银行间市场清算所股份有限公司联合发布《人民币利率互换集中清算实时承接合约交易规程》的通知（中汇交发〔2019〕276号）	全国银行间同业拆借中心 银行间市场清算所股份有限公司
8月22日	关于在银行间外汇市场推出外币对期权交易的通知（中汇交发〔2019〕282号）	中国外汇交易中心
8月29日	关于在X－Swap系统增加LPR利率互换合约的通知	全国银行间同业拆借中心
9月2日	关于推出LPR利率互换曲线和利率互换估值的通知	全国银行间同业拆借中心
10月18日	关于做好新本币回购及衍生品一期交易接口升级改造准备工作的通知（中汇交发〔2019〕351号）	中国外汇交易中心
12月14日	关于发布《沪深300股指期权合约》及相关业务规则的通知	中国金融期货交易所

资料来源：课题组整理。

（二）相关热点政策效应

1. 场内金融衍生品市场

（1）沪深300股指期权上市

2019年12月23日，中国金融期货交易所开展沪深300股指期权上市交易。首批上市合约月份为2020年2月（IO2002）、2020年3月（IO2003）、2020年4月（IO2004）、2020年6月（IO2006）、2020年9月（IO2009）和2020年12月（IO2012）。上市沪深300股指期权，是落实全面深化资本市场改革的重要举措，有助于完善资本市场风险管理体系，吸引长期资金入市，对于促进资本市场健康发展具有重要意义。自上市到2019年底，沪深300股指期权共成交12.7万手，年末持仓27167手。

（2）进一步优化股指期货交易运行

2019年4月19日，中国金融期货交易所进一步调整股指期货交易安排：一是自2019年4月22日结算时起，将中证500股指期货交易保证金标准调整为12%；二是自2019年4月22日起，将股指期货日内过度交易行为的监管标准调整为单个合约500手，套期保值交易开仓数量不受此限；三是自2019年4月22日起，将股指期货平今仓交易手续费标准调整为成交金额的万分之三点四五。此次调整是进一步优化股指期货交易运行、恢复常态化交易管理、促进市场功能发挥的积极举措，有利于进一步满足投资者风险管理需求，引导更多中长期资金进入资本市场，促进产品创新，更好满足各类投资者的需要。

（3）国债期货做市正式启动

2019年5月16日，中国金融期货交易所正式启动国债期货做市交易。在国债期货市场引入做市商，是完善国债期货交易机制的重要举措，有助于提升国债期货市场运行的质量和效率。

（4）发布风险准备金管理办法

2019 年 5 月 24 日，中国金融期货交易所发布《中国金融期货交易所风险准备金管理办法》（以下简称《办法》），并于发布之日起正式实施。风险准备金是金融期货市场有效应对风险、维护正常运转的财务保障。《办法》对规范风险准备金的提取、存管、使用、审批等方面作出了明确规定，夯实了风险准备金管理工作的制度基础。《办法》有助于完善风险准备金使用操作流程，便于及时应对和处理可能存在的市场风险，促进金融期货市场长期稳健发展。

（5）发布实施修订后的风险控制管理办法和异常交易管理办法

2019 年 5 月 31 日，中国金融期货交易所发布修订后的《中国金融期货交易所风险控制管理办法》《中国金融期货交易所异常交易管理办法》及相关规定，并于 2019 年 6 月3 日起正式实施。此次修订的主要内容包括：一是在《中国金融期货交易所风险控制管理办法》中增加交易限额制度，进一步丰富和完善风控措施，防范市场风险；二是提升异常交易管理的制度层级，将《中国金融期货交易所异常交易监控指引（试行）》升级为《中国金融期货交易所异常交易管理办法》，优化异常交易类型，明确实控关系账户组异常交易合并规则，加强会员管理责任。

2. 场外金融衍生品市场

（1）推出利率互换实施承接业务，市场效率不断提高

2019 年 8 月 8 日，全国银行间同业拆借中心、银行间市场清算所股份有限公司新增集中清算实时承接的人民币利率互换合约。利率互换实施承接业务试点阶段，支持 FR007、Shibor3M 和 ShiborO/N 等参考利率、1 个月至 10 年的各标准期限的利率互换合约。人民币利率互换作为市场参与者最主要的利率风险管理工具，过去存在授信难等阻碍市场提质增效发展的因素。此次推出的实时承接功能，有助于缓解授信问题，进一步提高利率互换交易效率，推动利率互换市场发展。利率互换实时承接业务试点上线首周市场反应良好，机构积极参与，取得较好成果。首批 20 家试点机构均达成了交易，合计成交 125 笔，共计 58.9 亿元。

（2）推出外币对期权交易，外汇风险管理工具进一步丰富

2019 年 8 月 26 日，中国外汇交易中心在新一代外汇交易平台 CFETS FX2017 中推出外币对期权交易，品种包括欧元对美元、美元对日元、英镑对美元、澳元对美元和美元对港元五个货币对的普通欧式期权交易，支持看涨期权价差组合、看跌期权价差组合、风险逆转期权组合、跨式期权组合、异价跨式期权组合、蝶式期权组合和自定义期权组合等期权组合。外币对期权产品的推出，进一步丰富了银行间外币对市场产品，满足了市场外汇风险管理需求。

（3）发布高等级CDS指数，信用衍生品市场进一步完善

2019年12月26日，全国银行间同业拆借中心、银行间市场清算所股份有限公司、国泰君安证券股份有限公司联合发布试运行CFETS－SHCH－GTJA高等级CDS指数（以下简称高等级CDS指数）。12月27日起每日发布相应的CDS指数信用曲线。高等级CDS指数包含40个高信用等级实体。成分实体债券发行存量约占银行间市场信用债总存量的15%，交易量约占22%，覆盖公用事业、交通运输、房地产、建筑等多个主要行业，具备一定代表性。高等级CDS指数是全球首个立足于中国市场的CDS指数，也是中国市场首个CDS指数。高等级CDS指数的发布进一步发展了我国信用衍生品市场，发挥了信用衍生品的风险管理作用。12月27日高等级CDS指数试运行首日，共22家机构踊跃参与了高等级CDS指数0.25年、0.5年、1年、2年、3年、4年和5年全期限的报价。

（4）推出外币利率互换、NDF及外币对期权交易确认等交易后服务

2019年1月21日，中国外汇交易中心推出外币利率互换交易确认业务，并优化人民币外汇远期交易确认相关系统功能：一是各外币利率互换市场会员自1月21日起可向中国外汇交易中心申请开展外币利率互换交易确认业务；二是自1月21日起，人民币外汇远期双边清算交易确认参与机构之间新达成的无本金交割远期交易，及其差额交割产生的现金流在交易后处理服务平台进行确认，交易后服务进一步完善。

（三）金融衍生品市场发展展望

当前，国际经济金融形势错综复杂，世界大变局加速演变的特征更趋明显，金融衍生品在管理金融风险、提高金融市场流动性和提升金融市场运行效率中的重要性进一步增强，对金融衍生品品种创新、工具创新、技术创新、机制创新以及制度与监管的创新需求不断增加。未来，金融衍生品市场将继续在习近平新时代中国特色社会主义思想指引下，引入更多市场参与者，提高市场流动性，丰富金融衍生产品供给，推动产品创新和市场稳健发展，加强金融衍生品市场监管，维护市场安全平稳运行。

一是引入更多市场参与者，提高市场流动性。在外汇市场，近年来银行间外币对市场发展迅速，产品序列持续丰富，目前已覆盖即期、远期、掉期、期权、货币掉期和利率互换交易；参与主体持续扩容，截至2019年底，有22家境内外外币对做市商为外币对市场提供流动性，近200家会员参与外币对交易。下一步将继续完善交易机制，丰富产品序列，引入更多活跃做市机构，推动境内外币对市场蓬勃发展。在利率衍生品市场，利率互换业务于2006年试点推出，2014年中国外汇交易中心推出了利率互换的匿名撮合交易（X－Swap系统），上海清算所推出了利率互换集中清算机制，推动市场快速发展。2019年8月19日，中国外汇交易中心和上海清算所设计的实时承接业务模式，既提高了交易结算效率，减少了机构中后台操作环节和工作量，又较好地实现了风险控制，节约了风险资本计提。下一步，将继续推动更多机构参与利率互换实时承接业务，

进一步提高利率衍生品交易效率和市场流动性。

二是丰富金融衍生品供给，推动产品创新和市场稳健发展。在信用衍生品市场，适时推进 CDS 指数交易。CDS 指数交易在帮助投资者进行风险管理、加强债券市场流动性和提高债券市场对外开放程度等多方面，都具有重要作用。首先，适时推进 CDS 指数交易可以协助市场进一步完善信用风险转移和分担机制，帮助投资者更好地转移和分散信用风险；其次，适时推进 CDS 指数交易有助于完善中国信用衍生品市场种类，丰富交易策略，提高市场机构参与信用衍生品市场的积极性；最后，适时推进 CDS 指数交易有助于接轨国际市场，满足境外投资者信用风险管理的需求，吸引更多的境外投资者进入中国债券市场。因此，可以适时推出针对高等级 CDS 指数的交易和双边清算，并在时机成熟时纳入集中清算，以协助市场参与者更有效地管理交易对手信用风险、缩短交易链条、降低交易成本、进一步提高市场透明度。并在高等级 CDS 指数的基础上，继续创新更多类型的 CDS 指数，以满足市场参与者的多样化需求，不断优化信用衍生品对于实体经济的服务能力，推动中国信用衍生品市场稳健发展。

三是加强金融衍生品市场监管，维护市场安全平稳运行。下一步，要继续依法依规加强金融衍生品市场监管，切实履行监管职责，强化监管效能，维护金融衍生品市场安全平稳运行；加强市场风险监测与交易行为监管，积极完善监管制度；加强金融衍生品立法工作，促进金融衍生品市场健康有序发展。

九、商品期货市场发展政策①

（一）2019 年商品期货市场政策主要内容

1. 服务国家战略的地位不断提升

随着期货品种的增加，期货市场功能的完善，期货市场在“三农”服务、区域经济发展等国家战略中的地位不断提升。2019 年 1 月，《中共中央　国务院关于坚持农业农村优先发展做好“三农”工作的若干意见》提出，推进稻谷、小麦、玉米完全成本保险和收入保险试点，扩大“保险＋期货”试点，支持重点领域特色农产品期货期权品种上市。同月，中国人民银行、银保监会、证监会、财政部、农业农村部五部门联合发布《关于金融服务乡村振兴的指导意见》，文件提出发挥期货市场价格发现和风险分散功能。具体措施包括：加快推动农产品期货品种开发上市，创新推出大宗畜产品、经济作物等期货交易，丰富农产品期货品种。积极运用期货价格信息引导农业经营者优化种植结构，完善农产品期货交易、交割规则。创新农产品期权品种，改进白糖、豆粕期权规则，加快推进并择机推出玉米、棉花等期权合约，丰富农业风险管理手段。稳步扩大“保险＋期货”试点，探索“订单农业＋保险＋期货（权）”试点，探索建立农业补贴、

① 作者：甘正在，国元期货有限公司副总经理。

涉农信贷、农产品期货（权）和农业保险联动机制，形成金融支农综合体系。2月，中共中央、国务院印发的《粤港澳大湾区发展规划纲要》提出，支持广州建设绿色金融改革创新试验区，研究设立以碳排放为首个品种的创新型期货交易所。7月，农业农村部发布《关于2019年度金融支农创新试点政府购买服务有关事宜的通知》，将通过政府购买服务方式开展金融支农创新试点，收入险和农产品期货产品创新列入试点范畴。

2. 品种供给持续增加

2019年，我国商品期货新品种上市步伐明显加快，全年共上市7个商品期货品种和7个商品期权品种。其中，郑州商品交易所上市了红枣、尿素、纯碱等三个商品期货品种和棉花、PTA、甲醇等三个商品期权品种；大连商品交易所上市了粳米、苯乙烯两个商品期货品种和玉米、铁矿石两个商品期权品种；上海期货交易所上市了20号胶、不锈钢两个商品期货品种和天胶、黄金两个期权品种。截至2019年底，期货市场共上市69个商品期货期权品种，其中包括58个商品期货品种、11个商品期权品种。我国商品期货市场已覆盖粮、棉、油、糖、果、木、蛋、有色、化工、黑色、能源、贵金属等国民经济大多数领域，丰富、完善的商品期货期权品种体系，有利于更好地服务实体经济，推动市场长期健康发展。

3. 对外开放深入推进

期货市场的对外开放体现在两方面：一是以特定品种方式开放的范围稳步扩大，通过引进境外投资者来推动现有品种和规则制度的国际化。商品期货市场自2018年开始引入境外交易者，先后上市了原油期货、铁矿石期货、PTA期货等国际化品种，2019年8月12日在上海国际能源交易中心挂牌交易的20号胶期货是国内第4个国际化品种。20号胶作为全球天然橡胶的主流品种，采用"国际平台、净价交易、保税交割、人民币计价"的模式，全面引入境外交易者参与。二是期货公司外资股比限制将率先于2020年开始取消。2019年7月，国务院金融稳定发展委员会办公室宣布，按照"宜快不宜慢，宜早不宜迟"的原则，将原定于2021年取消期货公司外资股比限制的时点提前到2020年。证监会决定自2020年1月1日起，取消期货公司外资股比限制，符合条件的境外投资者持有期货公司股权比例可至100%。具有良好国际声誉和经营业绩的境外金融机构的加入，将不断丰富我国期货市场的参与主体，激发市场竞争活力，有助于期货行业加快构建核心竞争力。

4. 期货风险管理业务政策迎来重大修订

近年来，"保险+期货"、仓单服务、合作套保、基差贸易、场外衍生品业务等风险管理业务模式日益清晰，业务规模稳步增加，做市业务发展迅速，期货风险管理公司正成长为衍生品的专业交易商和服务商。2019年2月15日，中国期货业协会发布《期货公司风险管理公司业务试点指引》（以下简称《指引》），以期更好地指导期货公司设立子公司开展以风险管理服务为主的业务试点工作，进一步规范期货行业创新发展。较此前的业务规则，本次《指引》主要在五个方面完成了修订，包括进一步明确主要业务类型、修订公司备案和业务备案的条件、新增对未能达到相应条件公司的限制措施；进一步细化风险管理公司业务发展的负面清单；进一步加强对期货公司管理责任的要求；进一步完善了对信息报送的要求；进一步明确了风险管理公司的业务边界，使风险管理公司可以专注于《指引》允许开展的业务，进一步提升期货行业服务实体经济的能力。

5. 市场运行质量显著提升

一是做精做深现有品种。各交易所从合约规则、品牌注册及仓库布局等方面全面优化现有品种，持续完善交易机制，降低交易成本，增强市场流动性，提高市场套保效率。二是推进期货不连续期货合约、期权品种做市商制度。各交易所加大期货和期权做市业务的投入，扩大期货及期权做市品种范围，通过做市商提供合理报价，为不同类型的期货市场参与者提供有效的交易机会，改善标的合约活跃度及连续性。目前，做市商制度已扩大至19个主要期货品种，镍、动力煤、棉花、豆粕、豆二等品种的活跃合约连续性改善显著。三是夯实法治基础。证监会先后修订发布了《期货公司监督管理办法》《期货公司分类监管规定》，《期货交易所管理办法》正在向社会公开征求意见。《期货法》已经征求完国务院意见，进入了全国人大的立法程序。四是加强风险防范。监管部门不断完善风险监测、预警和应对机制，优化规则制度，打击期货市场价格操纵，坚决抑制市场过度投机，妥善处置个别风险事件，市场保持了稳定健康运行。

6. 期货市场扶贫力度逐年加大

期货市场作为资本市场的主要市场之一，始终不忘服务实体经济的使命，扶贫工作的广度和深度呈逐年加大趋势。截至2019年12月31日，结对帮扶方面，已有98家期货经营机构与160个国家级贫困县（乡、村）签署了267份结对帮扶协议。资金投入方面，行业累计投入扶贫资金达3.39亿元。专业扶贫方面，期货经营机构通过“保险+期货”模式为贫困地区天然橡胶、玉米、大豆、鸡蛋、苹果、棉花、白糖等品种提供了价格保障，承保货值约110.7亿元；帮助18家贫困地区企业成为期货交易所交割仓库；为贫困地区实体机构或个人提供合作套保、点价、场外期权等风险管理服务方案83个，名义本金约52310.16万元。期货公司围绕大宗商品、期现结合、资产管理等业务，衍生出“保险+期货”、基差贸易、场外期权等支持实体企业间接参与期货市场的模式，大大提升了期货市场服务实体经济和“三农”的广度和深度。

（二）2019年期货市场政策效果

1. 商品期货市场规模稳步扩大

2019年我国期货市场新品种上市数量、市场资金规模、持仓量等均创下历史新高。根据中国期货业协会统计，2019年全国期货市场累计成交量为39.6208亿手，全国期货市场累计成交额为290.61万亿元，同比分别增长30.81%和37.85%。分交易所来看，2019年上海期货交易所累计成交量为1412.01百万手，累计成交额为96.95万亿元，同比分别增长20.12%和18.89%，分别占全国市场的35.64%和33.36%。上海国际能源中心累计成交量为35.59百万手，累计成交额为15.58万亿元，同比分别增长34.24%和22.27%，分别占全国市场的0.90%和5.36%。郑州商品交易所累计成交量为1092.49百万手，累计成交额为39.54万亿元，同比分别增长33.58%和3.45%，分别占全国市场的27.57%和13.61%。大连商品交易所累计成交量为1355.58百万手，累计成交额为68.93万亿元，同比分别增长38.05%和32.05%，分别占全国市场的34.21%和23.72%。2019年末全市场持仓量达2044.4万手，市场资金规模超过5000亿元，均创出了历史新高。数据说明，我国期货市场规模稳步扩大，市场运行质量不断提升，吸引了实体经济和广大产业客户利用期货衍生品市场进行风险管理。

2. 风险管理业务快速发展

2019年，风险管理公司行业累计业务收入1780.04亿元，同比增长57%；累计净利润4.05亿元，同比增长130%。截至2019年12月31日，共有86家风险管理公司通过期货业协会备案，其中有84家公司备案了试点业务；风险管理公司总资产为621.74亿元，同比增长81%；净资产为219.49亿元，同比增长39%；注册资本为247.88亿元，同比增长36%；实收资本为232.91亿元，同比增长37%。

（三）2020年商品期货市场展望

1. 进一步加大期货期权产品供给

预计2020年我国商品期货市场将进一步加大品种供给，丰富衍生品工具体系。各商品期货交易所将继续推出各类符合实体经济发展需求的商品期货，逐步实现已上市期货品种的期权全覆盖，并加大对商品指数期货、航运指数期货等指数类期货的研究开发力度。目前，上海期货交易所正在稳步推进低硫燃料油期货、集装箱运价指数期货以及原油、锌、铝期权的上市进程；郑州商品交易所正在积极筹备花生、短纤、瓶片、PX等期货品种及动力煤、玻璃期权的上市；大连商品交易所正在加快推进生猪、液化石油气、集装箱运力期货的上市进程，加快推进气煤、废钢、鸡肉、果葡糖浆、乙醇、木材期货和相关化工期权的研发，在主要品种上实现期货、期权，境内、境外的“一全两通”。

2. 加快成熟品种的国际化

2020年，各交易所在现有四个特定品种的基础上，逐步将具备条件的商品期货和商品期权品种实现国际化。上海期货交易所将推进低硫燃料油期货和铜期货国际化进程，郑州商品交易所将推进甲醇期货国际化进程，大连商品交易所将推进棕榈油、黄大豆1号、线性低密度聚乙烯、聚丙烯期货国际化进程。对于已经国际化的品种，各交易所将加大国际市场推介力度，提升市场运行质量，降低交易成本，吸引更多国际客户前来参与交易。成熟品种的国际化有利于增强期货市场国际定价影响力，提升我国市场的国际竞争力和服务实体经济的能力，也有助于进一步推动金融市场的开放进程。

3. 多措并举提高市场运行质量

在改进市场运行机制方面，将不断丰富交易指令，研究推出大宗交易，探索结算价交易机制；进一步扩大做市商制度试点范围，持续改善合约连续性，提升产业客户的套保效率。在降低市场交易成本方面，优化担保品管理，研究推出组合保证金，提高市场资金使用效率。在提高市场流动性方面，逐步推出更多品种、不同类型的期货 ETF 产品，提升期货市场的机构化、专业化水平。

附表

2019 年中国商品期货市场主要政策

发布日期	政策名称	发文单位
1 月 3 日	关于坚持农业农村优先发展做好“三农”工作的若干意见	中共中央、国务院
1 月 3 日	关于同意大连商品交易所开展玉米期权交易的批复	中国证监会
1 月 3 日	关于同意上海期货交易所开展天然橡胶期权交易的批复	中国证监会
1 月 3 日	关于同意大连商品交易所开展玉米期权交易的批复	中国证监会
1 月 3 日	关于同意上海期货交易所开展天然橡胶期权交易的批复	中国证监会
1 月 29 日	关于金融服务乡村振兴的指导意见	中国人民银行、银保监会、证监会、财政部、农业农村部
2 月 15 日	关于发布实施《期货公司风险管理公司业务试点指引》及配套文件的通知	中国期货业协会
2 月 15 日	关于修改《期货公司分类监管规定》的决定	中国证监会
2 月 18 日	粤港澳大湾区发展规划纲要	中共中央、国务院
4 月 12 日	关于同意郑州商品交易所开展红枣期货交易的批复	中国证监会
6 月 4 日	期货公司监督管理办法	中国证监会
7 月 3 日	关于同意大连商品交易所开展粳米期货交易的批复	中国证监会
7 月 3 日	关于同意郑州商品交易所开展尿素期货交易的批复	中国证监会
7 月 3 日	关于同意上海国际能源交易中心开展 20 号胶期货交易的批复	中国证监会
7 月 5 日	关于 2019 年度金融支农创新试点政府购买服务有关事宜的通知	农业农村部
7 月 20 日	关于进一步扩大金融业对外开放的有关举措	国务院金融稳定发展委员会办公室
8 月 23 日	关于同意上海期货交易所开展不锈钢期货交易的批复	中国证监会
8 月 29 日	关于同意大连商品交易所开展苯乙烯期货交易的批复	中国证监会
11 月 8 日	关于同意郑州商品交易所开展纯碱期货交易的批复	中国证监会
11 月 18 日	关于《期货交易管理条例》第七十条第五项“其他操纵期货交易价格行为”的规定	中国证监会
11 月 22 日	关于同意郑州商品交易所开展 PTA、甲醇、菜籽粕期权交易的批复	中国证监会
11 月 22 日	关于同意大连商品交易所开展铁矿石期权交易的批复	中国证监会
11 月 22 日	关于同意上海期货交易所开展黄金期权交易的批复	中国证监会

十、外汇市场发展政策①

（一）政策列表

2019 年中国外汇市场主要政策

日期	发文单位	政策文件名称	文件号
1 月 17 日	中国外汇交易中心	关于完善外汇市场交易确认业务的通知	中汇交发〔2019〕24 号
2 月 22 日	中国外汇交易中心	关于完善银行间外汇市场用户实名制管理的通知	中汇交发〔2019〕66 号
3 月 15 日	国家外汇管理局	关于印发《跨国公司跨境资金集中运营管理规定》的通知	汇发〔2019〕7 号
3 月 29 日	中国外汇交易中心	关于在银行间外汇远期掉期市场推出协商交易功能和即时通讯工具直连功能的通知	中汇交发〔2019〕101 号
5 月 15 日	国家外汇管理局	关于印发《银行外汇业务合规与审慎经营评估办法》的通知	汇发〔2019〕15 号
5 月 25 日	中国人民银行 国家外汇管理局	存托凭证跨境资金管理办法（试行）	中国人民银行、国家外汇管理局公告〔2019〕8 号
6 月 18 日	中国外汇交易中心	关于银行间外汇市场电子化服务平台上线的公告	中汇交公告〔2019〕28 号
6 月 26 日	中国外汇交易中心	关于调整银行间外汇市场做市机构月报等报表发布方式的通知	中汇交发〔2019〕214 号
7 月 19 日	中国外汇交易中心	关于推出新西兰元和新加坡元拆借交易的通知	中汇交发〔2019〕240 号
8 月 21 日	中国外汇交易中心	关于优化境内美元拆借加权成交利率的通知	中汇交发〔2019〕283 号
8 月 22 日	中国外汇交易中心	关于在银行间外汇市场推出外币对期权交易的通知	中汇交发〔2019〕282 号
9 月 16 日	中国外汇交易中心	关于在银行间外汇市场推出市场数据高速接口服务（CMDS Pro）的通知	中汇交发〔2019〕314 号
9 月 30 日	中国人民银行、 国家外汇管理局	中国人民银行 国家外汇管理局关于进一步便利境外机构投资者投资银行间债券市场有关事项的通知	银发〔2019〕240 号
10 月 23 日	国家外汇管理局	关于精简外汇账户的通知	汇发〔2019〕29 号
10 月 23 日	国家外汇管理局	关于进一步促进跨境贸易投资便利化的通知	汇发〔2019〕28 号
11 月 29 日	中国外汇交易中心	关于推出线上外币同业存款业务的通知	中汇交发〔2019〕394 号
12 月 3 日	中国外汇交易中心	关于推出以境内债券为抵押品的外币回购业务的通知	中汇交发〔2019〕414 号
12 月 5 日	中国外汇交易中心	关于发布《银行间人民币外汇市场交易规则》的通知	中汇交发〔2019〕401 号
12 月 10 日	中国银保监会、 商务部、 国家外汇管理局	关于完善外贸金融服务的指导意见	银保监发〔2019〕49 号

① 作者：储幼阳，《上海金融》执行主编。

续表

日期	发文单位	政策文件名称	文件号
12 月 20 日	中国人民银行、中国银保监会、中国证监会、国家外汇管理局	关于进一步规范金融营销宣传行为的通知	银发〔2019〕316 号
12 月 26 日	国家外汇管理局	关于在自由贸易试验区试点取消部分外汇管理行政许可申请材料的通知	汇发〔2019〕37 号

（二）政策效果

2019 年 1 月 17 日，中国外汇交易中心发布了《关于完善外汇市场交易确认业务的通知》（中汇交发〔2019〕24 号），确定了 2019 年 1 月 21 日推出外币利率互换交易确认业务，并优化人民币外汇远期交易确认相关系统功能，更好地满足了市场需要，规范了外汇市场交易确认行为。

2 月 22 日，中国外汇交易中心发布了《关于完善银行间外汇市场用户实名制管理的通知》（中汇交发〔2019〕66 号），进一步完善了实名制管理安排，更好地满足了市场发展需要。

3 月 15 日，国家外汇管理局发布了《跨国公司跨境资金集中运营管理规定》（汇发〔2019〕7 号），对《跨国公司外汇资金集中运营管理规定》（汇发〔2015〕36 号，以下简称 36 号文）进行了修订：一是实施外债和境外放款宏观审慎管理；二是大幅简化外债和境外放款登记；三是实行资本项目外汇收入结汇支付便利化；四是完善准入退出机制；五是调整优化账户功能；六是加强事中事后监管。该规定进一步促进了贸易投资便利化，服务了实体经济。

3 月 29 日，中国外汇交易中心发布了《关于在银行间外汇远期掉期市场推出协商交易功能和即时通讯工具直连功能的通知》（中汇交发〔2019〕101 号），更好地满足了市场需求，提高了交易效率。

5 月 15 日，国家外汇管理局发布了《银行外汇业务合规与审慎经营评估办法》（汇发〔2019〕15 号），该办法是对《银行执行外汇管理规定情况考核办法》的修订与更名，进一步提高了外汇管理水平，维护了金融体系稳定。

5 月 25 日，中国人民银行、国家外汇管理局发布了《存托凭证跨境资金管理办法（试行）》（中国人民银行、国家外汇管理局公告〔2019〕8 号），该办法规范了存托凭证跨境资金管理。

6 月 18 日，中国外汇交易中心发布了《关于银行间外汇市场电子化服务平台上线的公告》（中汇交公告〔2019〕28 号），推出银行间外汇市场电子化服务平台，通过在线方式提供银行间外汇市场会员资格及相关业务申请服务，进一步提升了外汇市场服务体验与效率。

6月26日，中国外汇交易中心发布了《关于调整银行间外汇市场做市机构月报等报表发布方式的通知》（中汇交发〔2019〕214号）规定中国外汇交易中心拟于2019年7月1日起，通过外汇交易系统CFETS FX2017发布银行间外汇市场做市机构月报等报表，不再通过电子邮件发送，便利了机构，提高了效率。

7月19日，中国外汇交易中心发布了《关于推出新西兰元和新加坡元拆借交易的通知》（中汇交发〔2019〕240号），进一步发展了外币货币市场，更好地满足了市场需要。

8月21日，中国外汇交易中心发布了《关于优化境内美元拆借加权成交利率的通知》（中汇交发〔2019〕283号），推出境内银银间美元拆借加权成交利率，并对原境内美元拆借加权成交利率进行优化，更好地满足了市场需求。

8月22日，中国外汇交易中心发布了《关于在银行间外汇市场推出外币对期权交易的通知》（中汇交发〔2019〕282号），进一步发展了银行间外币市场，满足市场外汇风险管理需求。

10月23日，国家外汇管理局发布了《关于精简外汇账户的通知》（汇发〔2019〕29号），进一步深化外汇管理改革，简化相关业务操作流程，便利银行、企业等市场主体真实合规办理外汇业务。国家外汇管理局决定对部分外汇账户进行清理整合，进一步减少账户种类，此次清理整合工作涉及20类外汇账户。为保障本次账户清理整合工作顺利开展，国家外汇管理局制定了《银行办理相关资本项目外汇业务操作指引》对银行办理相关资本项目外汇账户开立、入账和使用等业务操作进行了明确。

10月23日，国家外汇管理局发布了《关于进一步促进跨境贸易投资便利化的通知》（汇发〔2019〕28号），深入推进“放管服”改革，提升外汇管理服务实体经济能力和水平，促进跨境贸易投资便利化，进一步优化了外汇管理政策措施，便利了市场主体合规办理外汇业务。

11月29日，中国外汇交易中心发布了《关于推出线上外币同业存款业务的通知》（中汇交发〔2019〕394号），规定参与主体为：外币货币市场会员向交易中心提交签署完成的承诺函后即可通过交易中心外汇交易系统开展外币同业存款业务；其他具备外币同业存款业务资格的金融机构可向交易中心申请外币货币市场会员资格后参与该业务。存入方必须是存款类金融机构。该通知更好地满足了市场需求。

12月3日，中国外汇交易中心发布了《关于推出以境内债券为抵押品的外币回购业务的通知》（中汇交发〔2019〕414号），满足了市场降低外币融资成本、释放授信额度等需求，进一步丰富了外币融资工具。

12月5日，中国外汇交易中心发布了《银行间人民币外汇市场交易规则》（中汇交发〔2019〕401号），对银行间人民币外汇市场相关交易规则进行了整合修订，更好地规范和发展银行间外汇市场，促进了市场诚信、公平、有序、高效运行，维护了市场参与者合法权益。

12月10日，中国银保监会、商务部、国家外汇管理局联合发布《关于完善外贸金融服务的指导意见》（银保监发〔2019〕49号），引导银行保险机构在依法合规、风险可控、商业可持续的前提下，进一步加强和改进外贸金融服务，补齐服务短板，提升服务质效。

12月20日，中国人民银行、中国银保监会、中国证监会、国家外汇管理局联合发布了《关于进一步规范金融营销宣传行为的通知》（银发〔2019〕316号），贯彻落实了党中央、国务院决策部署和全国金融工作会议要求，进一步规范了市场主体金融营销宣传行为，保障了金融消费者合法权益，促进了金融行业健康平稳发展。

12月26日，国家外汇管理局发布了《关于在自由贸易试验区试点取消部分外汇管理行政许可申请材料的通知》（汇发〔2019〕37号），更好地推进优化营商环境，促进了贸易投资自由化便利化。

（三）外汇市场发展展望

2020年是全面建成小康社会和“十三五”规划收官之年，中国外汇管理工作将坚持以习近平新时代中国特色社会主义思想为指导，深入贯彻党的十九大和十九届二中、三中、四中全会精神，认真落实中央经济工作会议部署，增强“四个意识”，坚定“四个自信”，做到“两个维护”，紧扣全面建成小康社会目标任务，按照“四个坚持”和“六稳”要求，不断完善与国家治理体系治理能力现代化要求相适应的外汇管理体制机制，切实把党领导经济工作的制度优势转化为治理效能，为全面建成小康社会和“十三五”规划圆满收官努力奋斗。

2020年外汇管理重点工作有以下几个方面。一是进一步把全面从严治党引向深入，把党的领导落实到外汇管理领域各方面各环节。把加强党的政治建设摆在首位，强化创新理论武装，认真贯彻落实党中央、国务院决策部署，巩固深化主题教育成果，建设忠诚干净担当的高素质专业化干部队伍，切实落实“两个责任”，建设让党中央放心、让人民群众满意的模范机关。二是适应国家治理体系治理能力现代化要求，不断完善外汇市场“宏观审慎＋微观监管”两位一体管理框架，维护国际收支基本平衡。宏观审慎管理旨在维护外汇市场基本稳定，防范系统性金融风险。微观监管立足对外汇市场各类主体及其交易行为实施真实性审核、行为监管和微观审慎监管，维护外汇市场秩序。三是深化外汇领域改革开放，服务全面开放新格局。认真落实国务院常务会审议通过的12项便利化措施。稳妥有序推进资本项目开放，支持金融市场互联互通和双向开放，促进贸易投资自由化便利化和高质量发展。支持贸易新业态，推进跨境金融区块链服务平台建设。深化“放管服”改革，支持自贸试验区、海南自由贸易港、粤港澳大湾区等外汇管理改革先行先试。建设开放的、有竞争力的外汇市场。四是防范外部冲击风险，维护国家经济金融安全。深入分析外部冲击对我国贸易投资、国际收支结构、跨境资本流动的影响，丰富政策工具箱。引导企业树立“财务中性”理念。完善外汇批发市场法律法规，建立健全外汇批发市场非现场监管和现场检查工作机制。严厉打击外汇领域违法违规行为，保持执法标准跨周期的一致性、稳定性和可预期性，维护外汇市场秩序。推进“数字外管”和“安全外管”建设。五是完善中国特色外汇储备经营管理，提升运营管理现代化水平。稳妥审慎推进多元化运用，服务共建“一带一路”高质量发展，保障外汇储备资产安全、流动和保值增值。

专栏13

第二届中新（重庆）战略性互联互通示范项目金融峰会成功举办①

2019年11月4日，第二届中新（重庆）战略性互联互通示范项目金融峰会在重庆悦来国际会议中心开幕。本次峰会主题为“金融互联互通·服务‘一带一路’——金融开放创新助推陆海新通道”，来自中新两国和东盟地区的金融界嘉宾齐聚山城，共同探讨金融互联互通实现路径，共同描绘金融合作美好蓝图，共同推动金融服务“一带一路”走深走实。中新（重庆）战略性互联互通示范项目是中国和新加坡设立在中国西部地区的中新第三个政府间合作项目，以中国直辖市重庆作为项目运营中心。

据新华社报道，本次峰会由中华人民共和国商务部、中国人民银行、中国银保监会、中国证监会、国家外汇管理局和新加坡贸工部、新加坡金管局及重庆市人民政府共同主办。峰会签约56个重大合作项目，协议金额1945.4亿元，涉及绿色债券、债务融资、跨境物流、教育、旅游等多个领域，进一步深化了中新互联互通示范项目框架下各领域特别是金融领域的合作。

重庆市市长唐良智在致辞中说，金融服务是中新互联互通项目的重点合作领域，当前，我们正深化拓展重庆与新加坡“点对点”的金融合作，持续推进中国西部地区与东盟各国“面对面”的互联互通，谋划建设立足西部、面向东盟的内陆国际金融中心。我们将充分发挥重庆作为中新互联互通项目运营中心的作用，积极推进中国西部地区与东盟各国在金融政策创新、金融资源合作、金融监管协作、金融服务交流等领域深化合作，努力推动共建“一带一路”走深走实，实现互利共赢、共同发展。包括重点项目集中签约活动在内，峰会期间举办了“跨境投融资助力‘一带一路’”“物流金融赋能陆海新通道”“金融科技促进普惠金融发展”等6场分论坛，并举办了金融合作成果展、中新金融成果展、金融支持陆海新通道建设对接会等活动。

2019年8月2日，中国—新加坡（重庆）战略性互联互通示范项目联合工作委员会

① 何海峰，中国社会科学院金融政策研究中心主任。

第一次会议在京举行。中方表示，中新互联互通项目、陆海新通道是中新共建“一带一路”的重大项目。2019年4月和5月，习近平主席分别会见哈莉玛总统和李显龙总理，双方一致同意要高质量共建“一带一路”，推进陆海新通道建设和三方合作。在两国领导人的关心支持下，中新互联互通项目协调机制不断完善，金融服务、航空产业、交通物流、信息通信等四大重点领域合作成效显著，务实成果不断显现，两国企业签署合作项目160余项，金额超过260亿美元。新方表示，将按照两国领导人达成的合作共识，落实已经签署的中新互联互通项目有关协议，积极推进陆海新通道建设，推动双方企业在中新互联互通项目框架下扩大合作规模，提升合作水平。新加坡愿与中方一道，加快推动区域经济一体化进程。

十一、黄金市场发展政策①

2019年，中国黄金市场稳步实施市场化、国际化发展战略，进步显著。中国黄金市场制度建设持续推进，金融市场基础设施建设不断完善，创新引领发展。上海黄金交易所（以下简称上金所）精耕细耘国内黄金市场，大力拓展国际黄金市场，市场交易规模保持增长。上海期货交易所黄金期货交易量大幅增加。黄金市场作为我国金融基础设施重要组成部分的制度框架已初步形成。

（一）黄金市场发展概况

2019年，国际黄金价格上涨，创九年新高，年度涨幅近两成。2019年初，伦敦现货黄金定盘价在1300美元/盎司附近横盘震荡，年末金价为1523美元/盎司，比2018年末上涨241.35美元/盎司，涨幅18.83%。上金所黄金Au99.99合约年初开盘价283.98元/克，最高价369.24元/克，最低价277.5元/克，年末收盘价340.8元/克，比2018年末上涨19.75%，全年加权平均价308.7元/克，同比上涨13.74%。

2019年，上金所交易总规模再创历史新高，全年总成交额28.76万亿元，同比增长33.18%。其中，黄金成交量6.86万吨，成交额21.49万亿元，同比分别增长0.12%和15.69%，保持全球场内黄金现货交易量第一。上金所黄金实物出库量累计1642.01吨，同比下降20.08%。2019年，上海期货交易所黄金期货成交9.24万吨，同比增长186.58%。

截至2019年末，上金所会员总数270家，包括普通会员157家、特别会员113家。普通会员包括金融类会员30家、综合类会员127家。特别会员包括外资金融类会员8家、国际会员79家和券商、信托、中小银行等机构类的特别会员26家。主板代理机构客户11460户，国际板代理机构客户85户，个人客户1010.82万户。上金所国际板市场保持较好增长，对外开放度不断提升。2019年国际板成交金额3.67万亿元，同比增长

① 作者：罗江，上海黄金交易所研究发展部副总经理。

99.11%，其中黄金成交量0.82万吨，成交金额2.62万亿元。

（二）行业市场发展政策

2019年，我国黄金市场认真贯彻执行人民银行上年末发布的关于黄金资产管理业务、互联网黄金业务和黄金积存业务的三个管理办法。上金所修订了会员管理相关办法，租借和交割规则，竞价、询价和定价交易规则，以及违规处理办法等规则，健全了黄金市场制度体系。年内，黄金市场推进产品创新和完善交易机制取得长足进步。上金所金融基础设施合格中央对手方（QCCP）评估工作基本完成，并持续推动实施反洗钱工作，优化黄金市场基础设施建设。

1. 贯彻落实人民银行关于黄金资产管理业务、互联网黄金业务和黄金积存业务的三个管理办法

2019年，黄金市场全面贯彻落实人民银行办公厅于2018年末印发的《关于黄金资产管理业务有关事项的通知》（银办发〔2018〕215号）、《金融机构互联网黄金业务管理暂行办法》（银办发〔2018〕221号）、《黄金积存业务管理暂行办法》（银办发〔2018〕222号）。《关于黄金资产管理业务有关事项的通知》要求上金所承担黄金资产管理业务的登记托管职责。根据人民银行的指导意见，上金所于2019年7月发布了《上海黄金交易所黄金资产管理业务登记托管实施细则》，同步推动配套的黄金资产管理业务登记托管系统上线试运营，并成功搭建向人民银行月度报送机制，黄金资产管理业务获得完整梳理，为人民银行管理场外黄金市场提供了有力依据。同时，上金所严格贯彻《金融机构互联网黄金业务管理暂行办法》和《黄金积存业务管理暂行办法》要求，通过登记托管系统办理登记，为互联网黄金业务提供监管示范，并筹划进一步为积存金、互联网黄金组建连通上金所的创新渠道，提升场外金融机构在上金所业务的参与度，通过规范化管理，降低市场快速发展积累的风险。

2. 上金所修订完善市场制度

2019年，上金所根据黄金市场发展需要和建设金融基础设施要求，对市场规则和配套制度做了进一步修订和完善。上金所持续强化会员管理，修订发布《上海黄金交易所会员管理办法》《上海黄金交易所交易席位管理办法》等制度。上金所优化租借和交割规则，修订发布《上海黄金交易所黄金租借业务总协议（2019年版）》、《上海黄金交易所保管库管理办法》（2019年11月修订稿）、《上海黄金交易所交割细则》（2019年11月修订稿）。上金所全面完善交易规则，修订发布《上海黄金交易所竞价交易细则》（2019年11月修订稿）、《上海黄金交易所银行间黄金询价业务交易规则（2019修订版）》、《上海黄金交易所做市商管理办法》、《上海黄金交易所集中定价交易细则》（2019年11月修订稿）。同时，上金所修订公布《上海黄金交易所违规处理办法（2019修订版）》，明确了对会员及市场相关参与者违规行为调查、认定和处罚措施，加强黄金市场管理，规范交易行为，保障市场参与者的合法权益。

3. 推进产品创新，完善交易机制

2019年，黄金市场在产品创新和完善交易机制方面取得了长足进步。黄金市场产品创新取得重大进展，上金所落实人民银行金融对外开放和上海国际金融中心建设战略规划，积极推进与CME跨市场合作，于2019年10月挂牌沪纽金延期产品，为投资者提供了参与国际黄金市场新渠道，为推进中国黄金市场国际化进程，上海国际金融中心建设发挥积极作用。2019年12月，上海期货交易所在上金所询价市场黄金期权后，推出以黄金期货为标的资产的黄金期权，该黄金期权为国内首个场内黄金期权。

上金所为提升市场效率延长交易时间，顺利实现午间连续交易，交易日开市时间已延长至13小时，加强中国黄金市场与全球市场联动效应。上金所丰富投资者结构，拓展做市商管理模式，推出线上交易经纪，完善特别法人户业务规范，加强程序化交易日常管理，积极对接理财子公司等新型投资者需求。

4. 持续推动反洗钱工作

上金所根据“风险为本”原则，积极履行反洗钱义务，不断深化洗钱风险防控。2019年3月发布《会员反洗钱、反恐怖融资和反逃税自律指引》，加强增值税发票开具管理，协助相关部门做好场外涉税案件处理工作。

《会员反洗钱、反恐怖融资和反逃税自律指引》是在2017年人民银行印发《关于加强贵金属交易场所反洗钱和反恐怖融资工作的通知》和2018年《上海黄金交易所会员反洗钱和反恐怖融资工作实施办法（试行）》（上金交发〔2018〕59号）基础上，落实推进贵金属行业反洗钱工作的举措，是上金所实施反洗钱工作的具体操作指引。

5. 优化黄金市场基础设施建设

2019年，上金所继续完善黄金市场基础设施建设。一是价格基准建设持续深化。2019年元旦正式开启黄金询价期权波动率曲线线上报价功能；2019年6月起向全市场公开发布询价黄金期权波动率曲线。依托询价期权隐含波动率曲线建设，推动期权资管、衍生品应用向“上海金”市场积聚，询价衍生品价格基准逐步成为深化“上海金”品牌建设的新元素。二是上金所加入人民银行大额支付系统，进一步完善货币结算机制。三是积极参与国际标准制定，推进国际黄金公斤条标准制定，输出国际黄金质量标准的中国方案。四是提升交割仓储服务水平，规范租借业务发展。设立工行深圳国际板指定仓库，压缩黄金转口业务流程，发布场内黄金同业租借参考基准利率，为租借业务和相关衍生品定价提供参考，积极配合人民银行制定黄金租借管理办法，为市场参与主体提供合规保障。五是稳步推进信息系统建设，确保信息系统安全高效，信息系统建设平稳推进，强化系统安全管理，提升网络安全防护能力。

6. 上金所金融市场基础设施合格中央对手方（QCCP）评估工作基本完成

合格中央对手方（Qualifying Central Counter Party，QCCP）是金融市场基础设施（FMI）的重要部分。FMI为金融交易提供支付、结算、清算、存管以及记录等服务，能有效提高交易效率、降低参与成本、限制系统性风险，维护金融市场稳定运行。2008年国际金融危机后，国际金融市场监管层就FMI达成普遍共识。2012年，国际清算银行支付结算体系委员会［CPSS，现更名为支付与市场基础设施委员会（CPMI）］和国际证监会组织（IOSCO）制定并发布了《金融市场基础设施原则》（Principles for Financial Market Infrastures，PFMI）。人民银行和证监会都以该原则为标准监督管理国内金融市场基础设施。国内具有金融市场基础设施性质或类似性质的科技平台开发和设计，需要参照并遵循该原则，以提高安全性和合法基础。

2019年，上金所全面推进合格中央对手方评估工作，根据PFMI和人民银行的要求，从法律基础、治理结构、全面风险管理框架、信用和流动性风险管理、结算最终性、货币结算和实物交割、一般业务风险和运行风险、准入、效率和透明度等方面对原有业务规则进行了全面修订，完成自评估报告与制度汇编材料，并顺利通过人民银行外部评估，为我国黄金市场提高国际竞争力提供了基础性保障。

（三）政策评价与展望

2019年是我国黄金市场稳步发展的重要时期。我国黄金市场在贯彻落实人民银行黄金市场相关管理办法、金融基础设施评估和建设、修订完善市场制度体系、推进产品创新完善交易机制、持续推动反洗钱工作、优化黄金市场基础设施建设等方面都取得了显著的进展，为黄金市场持续稳健发展筑牢了制度基础。

2019年，黄金市场全面贯彻落实人民银行办公厅关于黄金资产管理业务、互联网黄金业务和黄金积存业务的三个管理办法。上金所年内积极推动黄金资产管理业务登记托管，使黄金资产管理业务在规范中发展，同时为市场监管机关及时和有效监管黄金资产管理提供支持。上金所严格执行人民银行有关黄金资产管理业务、互联网黄金业务和黄金积存业务三个办法，优化上金所手机应用程序“易金通”的功能和用户体验，加快资管登记托管平台的建设和功能上线，规范积存金业务管理，构建风险监测框架，协助人民银行做好金融市场风险控制管理。前些年互联网借黄金业务快速发展背后的乱象得到治理，避免了业务创新脱实向虚，化解了黄金市场潜在的风险，为黄金市场持续发展打好了基础。

2019年，上金所合格中央对手方通过人民银行外部评估，合格中央对手方获得认证有助于改善风险管理水平，为我国黄金市场与国际接轨、提高国际竞争力提供基础性保障。

上金所系统修订完善市场制度，加强了对会员和市场参与者的管理，严防系统性风险事件的发生。上金所强化会员管理，规范会员业务活动，严格落实《上海黄金交易所会员管理办法》，完成会员分级试评分，启动个人代理业务“双录”工作，优化市场参与者结构；严格执行《上海黄金交易所违规处理办法》，对不合格会员、客户坚决清理；强化全市场风控意识，整合内部资源，构建会员风险一体化监测体系，加强对异常交易行为的监督检查力度，建立更加完善、高效的风险事件应急体系，做好各类极端情况的风险处置预案，切实增强风险防控的针对性和有效性。上金所修订完善市场规则和配套制度，使我国黄金市场制度体系建设上到了新台阶，市场管理和风险防控水平进一步提升，为黄金市场持续发展提供了重要制度保障。

在人民银行鼓励创新政策的支持下，黄金市场推进产品创新和完善交易机制取得重大进展，上金所跨市场创新产品“沪纽金”，上海期货交易所挂牌黄金期货期权等。上金所2019年10月推出沪纽金延期合约后，年内成交量38.02吨，成交额128.48亿元；日均成交量667.07千克，日均成交额2.25亿元。上海期货交易所黄金期货期权在年末上市，标志着我国场内黄金衍生品市场进一步完善，为黄金市场参与者提供了更多管理风险的工具。上金所健全完善程序化交易规则制度，积极拓展“上海金”应用范围，上线履约担保型询价产品，积极开展创新产品研究，为未来发展做好产品储备。

在人民银行支持金融市场国际化政策推动下，中国黄金市场在国际黄金市场的份额和影响力都进一步提升。上金所基于“上海金”基准价的“上海金”期货合约和基于COMEX黄金期货亚洲现货价格的“沪纽金”延期合约，同日分别在芝加哥商业交易所集团和上金所上线，实现了全球最大的场内现货黄金市场与全球最大的衍生品交易所之间的跨市场合作，也标志着“上海金”定价国际交易影响力不断增强。这有效提升了人民币黄金定价的全球影响力和中国黄金市场的国际话语权，助力人民币国际化和上海国际金融中心建设向深入推进。上金所启动了“黄金之路”项目，探索“一带一路”沿线合作新模式，完成首笔“黄金租借+珠宝加工”业务交接及复出口业务。

上金所有序推进反洗钱工作实施，制定发布《上海黄金交易所会员反洗钱、反恐怖融资和反逃税自律指引》，在北京、上海、深圳面向150余家会员开展现场专题培训，指导会员切实履行反洗钱义务；完善上金所内部制度和工作流程，提高洗钱风险监测能力，加强可疑交易日常监控；配合落实人民银行工作要求，积极组织会员开展反洗钱数据报送试点工作；通过官网、官方微信公众号、座谈会及会员走访等形式开展反洗钱宣传，赴十余省（市）实地走访20余家会员，深入调研反洗钱工作现状，大力宣讲反洗钱工作要求；继续开展员工反洗钱培训，提升各岗位员工反洗钱工作技能；加强课题研究，探索适合贵金属行业的反洗钱工作模式。上金所发挥行业自律平台作用，推进贵金属行业反洗钱工作达到更高水平，提升场外风险研判能力，落实“三反”责任。制定发布身份识别、可疑报告报送等细则，规划完善增值税涉税管理信息系统二期建设，强化对出入库和开票活动的动态监控，研判预警各类场外风险，坚决防范场外风险向场内传导。上金所加强“三反”自律指引等培训宣传和工作指导，确保了“三反”责任落到实处。

展望未来，我国黄金市场将继续沿着市场化和国际化两条主线发展，将在做精做细国内黄金市场的同时，扩大对外开放，并服务国家“一带一路”合作倡议。黄金市场政策和制度将围绕打造与国际接轨的金融基础设施，使用金融科技和监管科技，提升金融服务实体经济水平，鼓励支持创新，进一步规范市场参与者行为，防范化解金融风险等方面展开，为我国黄金市场成为全球有影响力的金融基础设施提供制度保障。

主要金融监管政策

一、中国人民银行主要监管政策[①]

（一）2019 年人民银行主要监管政策梳理

一是防范化解重大金融风险政策。人民银行认真履行国务院金融稳定发展委员会（金融委）办公室职责，牵头实施防范化解重大金融风险攻坚战行动方案。持续治理影子银行，对重点金融机构进行风险处置，完善债券违约处置机制，全面治理互联网金融风险。依法果断接管包商银行。同时，加强长效机制建设，加快补齐外债、房地产金融等宏观审慎政策框架，以及金融控股公司监管、统筹金融基础设施监管等制度短板。

二是金融支持实体经济政策。推动金融机构支持重点领域、重大项目和重要在建工程，促进制造业高质量发展。实施金融精准扶贫，持续改善乡村振兴金融服务，有效衔接“两权”抵押贷款试点。进一步缓解小微民营企业融资难融资贵，继续推动形成“几家抬”政策合力，创新运用多种货币政策工具，充分发挥民营企业债券融资支持工具作用，加大小微企业应收账款融资支持，创新改进小微企业征信服务。

三是落实推动金融改革开放政策。集中宣布 30 多条开放措施，明确将取消证券、基金、期货、人身险的外资持股比例时间提前至 2020 年。全面取消合格境外投资者投资额度限制。允许外资机构开展银行间市场债券承销和评级业务。出台 12 项进一步促进跨境贸易投资便利化措施。取消人民币合格境外机构投资者试点国家和地区限制。提高澳门个人人民币汇款额度。扩大人民币跨境支付系统参与机构数量。推动债券市场基础设施互联互通。积极做好金融支持海南自贸试验区及自贸港、粤港澳大湾区、长三角高质量一体化发展等区域金融改革工作。国际和区域金融合作持续深化。发挥 G20 平台作用，加强国际宏观经济金融政策协调，维护多边规则和体制。推动落实第二届“一带一路”国际合作高峰论坛成果。

四是行政服务及管理政策。切实履行统筹金融业重要立法职责，提高依法行政水

---

① 作者：朱小川，上海市法学会金融学研究会。本部分主要参考中国人民银行官网内容，人民银行货币政策梳理详见前面章节。

平。金融业综合统计工作进展顺利。全面取消企业开立银行账户行政许可。完成支付机构客户备付金全额集中存管。发布金融科技发展规划，开展金融科技应用试点。进一步规范大额现金管理。优化国库退库流程，确保减税政策红利在小微企业落地落实。出台《信用评级业管理暂行办法》，在北京、上海开展动产担保统一登记和查询。《中国反洗钱和反恐怖融资互评估报告》通过金融行动特别工作组全会审议。建立金融消费权益保护协调工作机制，进一步规范金融营销宣传行为。

（二）2019 年人民银行主要监管政策评价

2019 年，面对国内外风险挑战明显上升的复杂局面，人民银行认真贯彻党中央、国务院决策部署，坚持稳中求进工作总基调，推动高质量发展，扎实做好“六稳”工作，坚决打好防范化解重大金融风险攻坚战，持续深化金融供给侧结构性改革，落实金融服务实体经济各项政策，不断改善金融管理和服务，切实维护金融稳定，有力支持地方金融业发展，各项工作取得了显著成效。

宏观杠杆率过快上升势头得到有效遏制，影子银行治理成效明显，重点金融机构风险处置取得重大突破，外部冲击风险得到有效应对。在最大限度保护存款人和客户合法权益的同时，坚决打破刚性兑付，严肃市场纪律，促进了金融市场信用分层，推动了市场风险合理定价。

持续改善金融服务扶贫和乡村振兴工作，进一步缓解小微民营企业融资难融资贵问题。小微企业融资呈“量增、面扩、价降”良好趋势，超额完成 2019 年国有大型商业银行小微企业贷款增长 30% 以上、小微企业信贷综合成本下降 1 个百分点的政策目标。

推动金融改革开放不断深化，金融服务和管理水平不断提升。人民银行基础性重大问题研究水平稳步提高，现代中央银行财务治理建设、中央银行资产负债表健康机制建设不断深化。移动支付便民工程向纵深发展。全球法人识别编码（LEI）赋码量显著提升，法定数字货币研发进展顺利，助力我国营商环境世界排名的大幅提升。

（三）未来人民银行监管政策展望

2020 年，人民银行将全面贯彻党的十九届四中全会和中央经济工作会议精神，紧扣全面建成小康社会目标任务和“十三五”规划收官，坚持稳中求进工作总基调，坚持新发展理念，坚持以供给侧结构性改革为主线，围绕防范化解重大金融风险，深化金融改革开放，继续全面做好“六稳”工作，统筹推进稳增长、促改革、调结构、惠民生、防风险、保稳定，为经济高质量发展创造良好的金融政策环境。

一是坚决打赢防范化解重大金融风险攻坚战。厘清各方职责边界，压实各方责任，压实金融机构的主体责任、地方政府属地风险处置责任和维稳第一责任、金融监管部门监管责任和人民银行最后贷款人责任，坚决防范道德风险。建立健全金融机构恢复处置机制、损失分担机制和激励约束机制。继续依法依规做好重点金融机构风险处置工作。持续开展互联网金融风险专项整治，基本化解互联网金融存量风险，建立健全监管长效机制。加快建立房地产金融长效管理机制。进一步发挥存款保险机构在风险处置中的作用。加快建立金融委办公室地方协调机制。

二是以缓解小微企业融资难融资贵问题为重点，加大金融支持供给侧结构性改革力度。健全小微企业贷款考核激励机制，落实授信尽职免责制度，营造敢贷愿贷能贷的政策环境。推动发挥多部门合力，用好定向降准、再贷款再贴现、宏观审慎评估和征信管理等政策工具，切实推动改进小微企业融资。加大对重点领域和薄弱环节的信贷支持。聚焦深度贫困地区，健全金融支持产业带动脱贫机制，助力打赢精准脱贫攻坚战。

三是加快完善宏观审慎管理框架。编制宏观审慎政策指引。构建宏观审慎压力测试体系。加快建立完善本外币一体化的跨境资金流动宏观审慎管理机制。逐步扩大宏观审慎政策覆盖领域。组织实施系统重要性银行评估，推动出台实施金融控股公司监督管理办法。

四是继续深化金融改革开放。深化金融市场和金融机构改革。积极发展债券市场，继续推动债券市场基础设施互联互通。加强金融基础设施统筹监管与建设规划。深化中小银行和农信社改革，进一步健全政策性银行治理结构。积极稳妥推进人民币国际化。深入推进外汇管理体制改革，支持自贸试验区、自贸港等在外汇管理改革方面先行先试。完善跨境资本流动“宏观审慎 + 微观监管”两位一体管理框架。

五是加强金融科技研发和应用。贯彻落实金融科技发展规划，建立健全金融科技监管基本规则体系，做好金融科技创新监管试点工作。继续稳步推进法定数字货币研发。进一步扩大全球法人识别编码（LEI）在我国的应用领域。

六是全面提高金融服务与金融管理水平。统筹推进金融法律法规和规则体系建设。强化金融统计监测分析，打造符合大数据发展方向的金融统计平台和金融基础数据库。深化科创金融、绿色金融、普惠金融、金融开放创新和区域协调发展等区域金融改革试点。推进中央银行财务治理现代化。探索建立支付行业统筹监管、落实属地监管职责机制，推动移动支付便民工程继续向纵深发展，全力配合打击治理电信网络新型违法犯罪和跨境网络赌博活动。打击假币违法犯罪活动。加快推进国库高质量发展，及时准确办理各项预算收支业务。稳步推进征信二代系统上线升级，加强个人征信信息安全管理和个人隐私保护。进一步加强反洗钱协调机制建设，继续强化反洗钱监管力度。完善金融消费权益保护协调工作机制，协调推进普惠金融工作。

附表

2019 年中国人民银行主要监管政策

发布日期	政策名称	发文单位	文件号
1 月 10 日	关于金融行业贯彻《推进互联网协议第六版（IPv6）规模部署行动计划》的实施意见	中国人民银行、银保监会、证监会	银发〔2018〕343 号

续表

发布日期	政策名称	发文单位	文件号
1月11日	关于印发《广西壮族自治区建设面向东盟的金融开放门户总体方案》的通知	中国人民银行、国家发展改革委、教育部、科技部、工业和信息化部、财政部、人力资源社会保障部、自然资源部、商务部、海关总署、银保监会、证监会、国家外汇管理局	银发〔2018〕345号
1月21日	关于调整普惠金融定向降准有关考核标准的通知	中国人民银行	银发〔2018〕351号
1月23日	关于印发《境内上市公司外籍员工参与股权激励资金管理办法》的通知	中国人民银行、国家外汇管理局	银发〔2019〕25号
1月24日	关于发布银行间市场基础数据元和银行间市场业务数据交换协议行业标准的通知	中国人民银行	银发〔2019〕6号
1月29日	关于金融服务乡村振兴的指导意见	中国人民银行、银保监会、证监会、财政部、农业农村部	银发〔2019〕11号
1月31日	关于印发《上海国际金融中心建设行动计划（2018—2020年）》的通知	中国人民银行、国家发展改革委、科技部、工业和信息化部、财政部、银保监会、证监会、国家外汇管理局	银发〔2019〕17号
2月3日	关于取消企业银行账户许可的通知	中国人民银行	银发〔2019〕41号
3月11日	关于印发证券期货保险机构反洗钱执法检查数据提取接口规范的通知	中国人民银行	银发〔2019〕63号
3月22日	关于进一步加强支付结算管理防范电信网络新型违法犯罪有关事项的通知	中国人民银行	银发〔2019〕85号
3月29日	关于做好个人所得税住房贷款利息专项附加扣除相关信息归集工作的通知	中国人民银行、财政部、国家税务总局	银办发〔2019〕71号
4月26日	关于支持绿色金融改革创新实验区发行绿色债务融资工具的通知	中国人民银行	银发〔2019〕116号
5月15日	关于切实做好2019—2020年金融精准扶贫工作的指导意见	中国人民银行	银发〔2019〕124号
5月25日	存托凭证跨境资金管理办法（试行）	中国人民银行、国家外汇管理局	中国人民银行、国家外汇管理局公告〔2019〕第8号
6月10日	关于优化空头支票违规行为综合治理工作的通知	中国人民银行	银发〔2019〕155号
6月21日	关于印发2019年政务公开工作要点的通知	中国人民银行	银办发〔2019〕103号

续表

发布日期	政策名称	发文单位	文件号
8月22日	关于印发《金融科技（FinTech）发展规划（2019—2021年）》的通知	中国人民银行	银发〔2019〕209号
8月25日	中国人民银行公告〔2019〕第16号（LPR改革中个人住房贷款利率有关事宜）	中国人民银行	中国人民银行公告〔2019〕第16号
9月30日	关于进一步便利境外机构投资者投资银行间债券市场有关事项的通知	中国人民银行、国家外汇管理局	银发〔2019〕240号
10月19日	关于进一步明确规范金融机构资产管理产品投资创业投资基金和政府出资产业投资基金有关事项的通知	国家发展改革委、中国人民银行、财政部、银保监会、证监会、国家外汇管理局	发改财金规〔2019〕1638号
11月18日	关于金融服务支持收费公路制度改革的指导意见	中国人民银行、银保监会	银办发〔2019〕185号
11月22日	应收账款质押登记办法	中国人民银行	中国人民银行令〔2019〕第4号
11月26日	信用评级业管理暂行办法	中国人民银行、国家发展改革委、财政部、证监会	中国人民银行、国家发展和改革委员会、财政部、中国证券监督管理委员会令〔2019〕第5号
12月6日	国库资金经收支付服务管理办法（试行）	中国人民银行	银发〔2019〕292号
12月24日	关于进一步规范金融营销宣传行为的通知	中国人民银行、银保监会、证监会、国家外汇管理局	银发〔2019〕316号

资料来源：人民银行网站。发布日期以文件落款时间为准；如没有落款日期，则以官网发布的日期为准。

专栏14

中国人民银行启动金融科技创新监管试点工作①

根据中国政府网2019年12月9日消息，为贯彻党的十九届四中全会精神，落实《金融科技（FinTech）发展规划（2019—2021年）》，中国人民银行积极构建金融科技监管基本规则体系，探索运用信息公开、产品公示、社会监督等柔性管理方式，努力打造包容审慎的金融科技创新监管工具，着力提升金融监管的专业性、统一性和穿透性。按照《国务院关于全面推进北京市服务业扩大开放综合试点工作方案的批复》，中国人

① 作者：何海峰，中国社会科学院金融政策研究中心主任。

民银行支持在北京市率先开展金融科技创新监管试点，探索构建符合我国国情、与国际接轨的金融科技创新监管工具，引导持牌金融机构在依法合规、保护消费者权益的前提下，运用现代信息技术赋能金融提质增效，营造守正、安全、普惠、开放的金融科技创新发展环境。

2019年12月23日，人民银行营业管理部会同相关部门组织召开北京市金融科技创新监管试点启动会，会上营业管理部介绍了试点工作方案并对试点工作进行了部署。2020年1月14日向社会公示了6个创新应用，涉及国有商业银行、全国性股份制商业银行、大型城市商业银行、清算组织、支付机构、科技公司等多家机构，主要聚焦物联网、大数据、人工智能、区块链、API等前沿技术在金融领域的应用，涵盖数字金融等多个应用场景，旨在纾解小微企业融资难融资贵问题、提升金融便民服务水平、拓展金融服务渠道等。试点项目代表了目前我国金融科技发展的主流方向和先进成果，具有技术先进、场景普适、示范性强等特点。这6个首批试点项目分别是：中国工商银行的基于物联网的物品溯源认证管理与供应链金融，中国农业银行的微捷贷产品，中信银行、中国银联、度小满、携程的中信银行智令产品，百信银行的AIBank Inside产品，宁波银行的快审快贷产品，中国银联、小米数科、京东数科的手机POS创新应用。

本次试点工作对于我国建设国际一流的金融科技生态，形成具有全球影响力的金融科技中心具有重要意义。下一步人民银行营业管理部将在总行指导下，会同相关部门深入开展“信息公开、产品公示、公众监督”等柔性管理方式的监管效能评估，并进一步探索构建符合我国国情、与国际接轨的金融科技创新监管工具，引导持牌金融机构在依法合规、保护消费者权益的前提下，运用现代信息技术赋能金融提质增效，营造守正、安全、普惠、开放的金融科技创新发展环境。

专栏15

中国人民银行数字货币与电子支付（DC/EP）①

中国人民银行较早开始法定数字货币的研究工作，2014年成立专门团队，开始对数字货币发行框架、关键技术、发行流通环境及相关国际经验等问题进行专项研究。2016年，成立数字货币研究所。2017年末，经国务院批准，人民银行组织实力雄厚的商业机构开展数字货币与电子支付（Digital Currency/Electronic Payment，DC/EP）工具研发。DC/EP作为我国正在研发的法定数字货币，目前已基本完成顶层设计、标准制定、功能开发、联调测试等工作。

我国法定数字货币是人民币的数字化形态，其发行、流通管理机制将与实物人民币相同，严格遵守现行人民币管理、反洗钱、反恐怖主义融资、反逃税以及外汇管理规

① 作者：伍旭川，中国人民银行金融研究所互联网金融研究中心副主任兼秘书长。

定，既具有纸钞支付即结算的便利性，又具有电子支付工具成本低、便携性强、效率高、不易伪造的特点。我国法定数字货币服务于小额零售支付，目标是替代一部分M_0，也就是替代一部分实物人民币，而不是替代M_1或广义货币M_2。为落实法定数字货币M_0地位，最大限度降低其对现有货币政策传导机制和金融稳定的影响，参研机构运营分工不同，商业银行负责向人民银行缴纳100%保证金并兑换法定数字货币，其他类型参研机构参与法定数字货币流通生态建设。

我国法定数字货币研究的基本思路是：一是注重维护人民银行货币发行权；二是坚持对M_0的替代，而不是对M_1、M_2的替代；三是坚持“中央银行—商业机构”双层运营体系；四是坚持中心化管理，交易流通不依赖账户；五是坚持“可控匿名”设计，在隐私保护和落实“三反”（反洗钱、反恐怖融资、反逃税）要求上取得平衡。

我国法定数字货币定位于实物现金的数字化，选择零售领域、不计息、双层运营、不依赖账户等设计思路，确保相关设计不会对现有货币金融体系产生大的冲击。一是不改变流通中货币（M_0）的债权债务关系。法定数字货币是中央银行的负债，由国家信用担保，具有无限法偿性，为保证法定数字货币不超发，不形成通胀预期，运营机构需向人民银行缴纳100%保证金。二是不改变现有货币投放体系和二元账户结构。法定数字货币发行、流通管理机制与实物人民币相同，不影响现有货币政策传导机制，不会对现有货币体系、金融体系和实体经济运行产生大的冲击。三是不向用户计付利息。法定数字货币是数字人民币，用户持有不会获得利息收入，不会对商业银行存款货币形成挤出效应，不增加商业银行融资成本。

考虑到法定数字货币问题高度复杂、敏感，人民银行不寻求在国际上第一个推出法定数字货币，策略上采取做好充分准备、完善基础设施、持续推进测试，确保必要时可顺利推出。

二、中国银行业主要监管政策①

（一）2019年中国银行业监管政策主要内容

2019年，银保监会在以习近平同志为核心的党中央的坚强领导下，坚决贯彻落实党中央、国务院各项决策部署，坚持稳中求进的工作总基调，聚焦打好防范化解金融风险攻坚战，牢牢守住不发生系统性风险的底线，进一步引导银行业更加积极主动地支持和参与供给侧结构性改革，有效提升银行业服务实体经济的质效，切实整治市场乱象、弥补监管短板，保护金融消费者的合法权益，提高监管有效性，切实深化银行业改革，积极稳妥推动银行业扩大开放，持续释放银行业发展创新的潜能和活力。

1. 防范和化解系统性金融风险，维护金融市场健康有序发展

一是强化整治市场乱象，打击违法金融活动。2019年银保监会巩固整治金融市场乱

---

① 作者：宋艳伟，浦发银行战略发展部高级分析师。

象的已有成果，对存在问题较为严重的银行相关业务进行专项检查和治理。5月8日，银保监会印发《关于开展“巩固治乱象成果　促进合规建设”工作的通知》，在前期乱象整治工作的基础上，对重点领域、重点风险开展深入整治，严查违法违规行为。5月27日银保监会印发《关于开展银行违规涉企服务收费专项治理工作的通知》，进一步督促银行机构严格落实各项服务价格规定，降低企业融资成本。7月8日银保监会印发《关于开展银行保险机构股权和关联交易专项整治工作的通知》，从银行业机构股权获得的合规性、资金来源的真实性、关联交易报告及信息披露的合规性等方面作出规范。8月7日银保监会印发《关于开展2019年银行机构房地产业务专项检查的通知》，进一步推进银行机构贯彻落实房地产调控政策和监管规定，严厉查处各种将资金通过挪用、转道等方式流入房地产行业的违法违规行为。12月24日，人民银行联合银保监会等四部委制定并发布《关于进一步规范金融营销宣传行为的通知》，规范金融营销的宣传行为，切实保护广大金融消费者合法权益。

二是强化长效机制建设，树立合规经营理念。2019年银保监会持续关注银行经营过程中突出存在的风险问题，通过建立健全相关业务合规管理的长效机制预防银行业系统性风险的产生。1月29日，银保监会发布《银行业金融机构反洗钱和反恐怖融资管理办法》，从完善银行业金融机构内控制度、健全监管机制、明确市场准入标准等方面，建立银保监会银行业反洗钱工作的基本框架。4月30日，银保监会制定了《商业银行金融资产风险分类暂行办法（征求意见稿）》并向社会公开征求意见，该暂行办法要求商业银行遵循真实性、及时性、审慎性和独立性原则，对承担信用风险的金融资产开展风险分类。12月19日，银保监会印发《关于银行保险机构员工履职回避工作的指导意见》，推动银行保险机构建立健全履职回避制度，建立履职回避长效工作机制。

三是防范交叉性金融风险，确保金融体系稳定。2019年银保监会先后出台多项政策法规预防和管控不同金融机构关联业务中存在的交叉性风险。8月23日，银保监会印发《商业银行代理保险业务管理办法》，明确商业银行代理相关保险业务的具体要求，避免银行业和保险业在参与相关业务时产生交叉性风险。10月9日，银保监会等九部委发布《关于印发融资担保公司监督管理补充规定的通知》，强化融资担保业务牌照管理，避免没有相应业务资质的机构违规参与带来的交叉性风险。10月19日，国家发展改革委联合银保监会等六部委印发《关于进一步明确规范金融机构资产管理产品投资创业投资基金和政府出资产业投资基金有关事项的通知》，明确政府产业基金和创投基金的监管部门及多个监管部门之间的信息互通机制，防范银行业在参与相关业务时的交叉风险。

2. 深化并完善金融业服务实体经济能力，多渠道扩大金融供给

一是进一步支持民营经济及小微企业健康持续发展。2019年，银保监会出台多项政策和法规，聚焦民营及小微企业融资中存在的突出问题，督促银行业金融机构切实加大服务力度。2月25日，银保监会印发《关于进一步加强金融服务民营企业有关工作的通

知》，从持续优化金融服务体系、抓紧建立“敢贷、愿贷、能贷”长效机制、公平精准开展民营企业授信业务、着力提升民营企业信贷服务效率等方面提出具体措施，进一步提升银行业对民营企业的综合金融服务能力。3月4日，银保监会印发《关于2019年进一步提升小微企业金融服务质效的通知》，优化“两增两控”总体目标，巩固银行业小微企业贷款减费让利成效，带动降低小微企业综合融资成本。9月12日，国家发展改革委、银保监会联合印发《关于深入开展“信易贷”支持中小微企业融资的通知》，加大对授信主体的融资支持力度，支持金融机构破解中小微企业融资难融资贵问题。

二是加强对社会民生重点领域的金融支持和保障。2019年，银保监会多次出台相关政策促进银行业深化“三农”、普惠金融等和民生息息相关领域金融业务的支持和保障。1月29日，人民银行联合银保监会等五部委共同印发《关于金融服务乡村振兴的指导意见》，旨在提高金融机构服务乡村振兴的积极性和可持续性，强化对金融机构的激励约束，提升政策实施效果。2月13日，银保监会联合自然资源部印发《关于延长农村集体经营性建设用地使用权抵押贷款工作试点期限的通知》，明确试点地区银行业、金融机构要按照暂行办法要求稳步推进农村集体经营性建设用地使用权抵押贷款业务。3月1日，银保监会印发《关于做好2019年银行业保险业服务乡村振兴和助力脱贫攻坚工作的通知》，督促银行业大力发展农村普惠金融，实现农村金融与农业农村农民共赢发展。5月9日，银保监会联合人民银行等四部委印发《关于进一步规范和完善扶贫小额信贷管理的通知》，进一步规范扶贫小额信贷管理，促进扶贫小额信贷健康发展。9月6日，银保监会联合农业农村部印发《关于支持做好稳定生猪生产保障市场供应有关工作的通知》，就银行业支持做好稳定生猪生产和保障市场供应提出明确要求。12月10日，银保监会联合商务部和国家外汇管理局印发《关于完善外贸金融服务的指导意见》，引导银行业进一步加强和改进外贸金融服务，补齐服务短板，提升服务质效。

三是推动金融供给侧结构性改革迈出坚实步伐。2019年，银保监会多渠道全方位推进金融供给侧结构性改革，进一步提升和完善银行业服务实体经济能力。1月25日，银保监会印发《关于保险资金投资银行资本补充债券有关事项的通知》，扩大保险资金配置空间，为服务实体经济拓宽渠道。7月9日，银保监会印发《关于推动供应链金融服务实体经济的指导意见》，指导银行保险机构规范开展供应链金融业务，进而推动实体经济的健康发展。7月19日，银保监会联合证监会印发《关于商业银行发行优先股补充一级资本的指导意见（修订）》，疏通非上市银行优先股发行渠道，有利于保障中小银行信贷投放，进一步提高银行业服务实体经济的能力。10月18日，银保监会印发《关于进一步规范商业银行结构性存款业务的通知》，对银行结构性存款业务管理进一步强化要求，明确要求银行控制结构性存款的负债成本。11月1日，国家税务总局联合银保监会印发《关于深化和规范“银税互动”工作的通知》，充分发挥纳税信用信息在普惠金融体系建设中的重要作用，破解民营和小微企业融资难题。

3. 不断推进监管机构制度革新，提升监管政策细致化、透明化、完备化

一是完善监管机构制度，提高监管机构效率。2019年，银保监会继续完善和细化相应的规章制度和流程，有力提升了监管部门的效能。12月24日，银保监会印发《中国银保监会现场检查办法（试行）》，进一步完善现场检查制度框架，规范现场检查行为，提升现场检查质效。12月25日，银保监会印发《银行保险违法行为举报处理办法》，进一步规范银保监会及其派出机构的举报处理工作。12月26日，银保监会印发《中国银保监会农村中小银行机构行政许可事项实施办法》，进一步完善农村金融服务体系，强化监管政策引领，提升准入监管的有效性。

二是构建差异化监管政策，促进金融监管有效性提升。2019年，银保监会针对不同机构、不同业务出台了多项差异化监管政策和法规，进一步强化金融监管的有效性。1月4日，银保监会印发《关于推进农村商业银行坚守定位　强化治理　提升金融服务能力的意见》，促进建立健全农村商业银行金融服务监测、考核和评价指标体系，更好满足实体经济结构性和多元化的金融服务需求。1月9日，银保监会印发《关于加强中资商业银行境外机构合规管理长效机制建设的指导意见》，进一步健全跨境合规管理机制，提高跨境合规管理有效性，实现中资商业银行境外机构安全稳健运行。10月18日，银保监会印发《关于加强商业保理企业监督管理的通知》，规范商业保理企业经营行为，加强监督管理，防范化解风险，促进商业保理行业健康发展。11月25日，银保监会印发《银行保险机构公司治理监管评估办法（试行）》，进一步加强银行保险机构公司治理监管，切实提升公司治理有效性。11月26日，人民银行联合银保监会印发《系统重要性银行评估办法（征求意见稿）》，完善我国系统重要性金融机构监管框架，建立系统重要性银行评估与识别机制。12月20日，银保监会印发《关于推动村镇银行坚守定位　提升服务乡村振兴战略能力的通知》，推动中小银行回归本源，提升金融服务乡村振兴战略的能力。

三是推进监管信息及政策透明化，切实维护消费者合法权益。2019年，银保监会更加注重监管信息的公开，出台了多项政策保护银行业和保险业消费者的切身利益。3月4日，银保监会印发《商业银行净稳定资金比例信息披露办法》，进一步强化市场约束，提高商业银行流动性风险管理水平。11月4日，银保监会印发《关于银行保险机构加强消费者权益保护工作体制机制建设的指导意见》，进一步夯实银行保险机构的消费者权益保护工作主体责任，维护金融秩序、防范和化解金融风险。11月6日，银保监会印发《关于易安财险、广发银行侵害消费者权益案例的通报》，旨在引起各银行保险机构的重视，依法、合规开展经营活动，切实保护消费者合法权益。

4. 大力深化银行业改革，稳步推进创新开放步伐

一是完善银行业公司治理结构和股权管理，防范道德风险。2019年，银监会推出多项政策，进一步推进银行业公司治理机制的优化和完善。7月12日，银保监会印发《商

业银行股权托管办法》，加强商业银行股权管理，提升商业银行股权信息透明度，促进做好商业银行股权穿透式监管工作。11 月 29 日，银保监会印发《商业银行理财子公司净资本管理办法（试行）》，促进落实资管新规等相关制度要求，引导理财子公司树立审慎经营理念，坚持业务发展与自身经营管理能力相匹配，避免业务盲目扩张，保护投资者合法权益。

二是稳步推进银行业务创新和对外开放过程。2019 年，银保监会在确保风险可控的基础上进一步推进银行业各项开放措施落地实施，出台了多项政策对相关业务创新作出明确规定，吸引外资参与我国金融市场的发展与完善。8 月 6 日，银保监会联合国家知识产权局和国家版权局印发《关于进一步加强知识产权质押融资工作的通知》，促进银行保险机构加大对知识产权运用的支持力度，扩大知识产权质押融资业务。11 月 22 日，银保监会印发《关于商业银行资本工具创新的指导意见（修订)》，推动和规范商业银行资本工具发行，增强银行体系稳健性，支持实体经济持续健康发展。12 月 18 日，银保监会印发《中华人民共和国外资银行管理条例实施细则》，贯彻落实银行业对外开放政策，进一步优化银行业投资和经营环境，激发外资参与中国银行业发展的活力，促进提升银行业竞争力与服务实体经济的质效。12 月 26 日，银保监会印发《中国银保监会外资银行行政许可事项实施办法》，强调持续推进银行业对外开放，推进简政放权，强化审慎监管。

（二）2019 年中国银行业监管政策效果

2019 年，银保监会不断提升监管水平，各项工作迈出坚实步伐，通过“严监管”“补短板”等，对各类金融风险挑战主动出击，坚决守住不发生系统性金融风险的底线，金融机构服务实体经济质效得以不断提升。

一是银行业管控和抵御风险能力进一步提升。针对跨行业、跨地区、跨市场风险等新特点，银保监会督促银行业金融机构将防范系统性金融风险放在更加重要的位置，严格开展市场乱象整治。从罚单数量看，2019 年银保监会对市场乱象的惩罚力度、高压态势不减，依法查处大案要案。全年处罚银行保险机构 2849 家次，平均每天开出超 7 张罚单，处罚责任人员 3496 人次，罚没合计 14. 5 亿元。银行业金融机构的合规经营、理性发展理念明显增强。据统计，全年处置不良贷款约 2 万亿元，商业银行逾期 90 天以上贷款全部纳入不良资产管理；影子银行和交叉金融风险持续收敛，三年来影子银行规模较历史峰值压降了 16 万亿元。问题金融机构得到有序处置，网络借贷风险大幅下降，机构数量、借贷余额及参与人数连续 18 个月下降。

二是银行业服务实体经济质效不断提升。在全年经济下行压力较大的形势下，银保监会主动推动银行保险机构持续加大对经济社会发展重点领域和薄弱环节的支持力度，满足实体经济有效金融需求，全面做好“六稳”工作。2019 年，银行业新增人民币贷款 17 万亿元，同比多增加 1. 1 万亿元。对于我国金融体系中各类型机构发展不均衡、信贷资源分配不合理，中小微企业融资难融资贵等问题，银保监会2019年从体制机制、信贷投放、产品服务、风险管理等方面出台了一系列重磅政策，成效显著。从数据上来看，截至2019年末，普惠型小微企业贷款余额达11.6万亿元，同比增长25%，5家大型银行普惠型小微企业贷款增长超过55%。有贷款余额户数2100多万户，较年初增加380万户，新发放普惠型小微企业贷款平均利率较2018年平均水平下降0.64个百分点。

三是银行业改革开放取得重要成果。2019年12月召开的中央经济工作会议明确提出，对外开放要继续往更大范围、更宽领域、更深层次的方向走。回顾2019年，银行业改革开放进程不断推进，为我国金融改革画卷留下了浓墨重彩的一笔。银保监会全年新推出19条对外开放措施，批准51项外资银行保险机构筹建和开业申请。截至2019年10月末，外资银行在华共设立了41家外资法人银行、114家母行直属分行和151家代表处，外资银行营业机构总数976家，资产总额3.37万亿元。同时，银保监会支持中资机构走出去，至今已有11家中资银行在29个“一带一路”沿线国家设立80家一级机构。在完善银行业治理机制、提升银行业治理能力上，银保监会全年发布了40项规章制度，加快了补齐监管制度短板的步伐，进一步深化了相关机构革新。

面对当前风云变幻的国内外经济金融形势，在看到成绩和进步的同时，也需意识到银行业监管仍存在有待完善的领域，主要表现在：银行业差异化监管体系有待完善；银行业交叉金融业务的监管能力仍需提升；银行业金融机构的公司治理能力有待加强；银行业金融机构海内外合规经营面临新的问题；金融科技的快速演进和发展给银行业监管带来挑战等。

（三）2020年中国银行业监管政策展望

2020年，银保监会将贯彻落实习近平总书记重要指示精神和党中央重大决策部署，坚决打赢防范化解金融风险攻坚战，大力做好“六稳”相关工作，积极支持新型冠状病毒肺炎疫情防控，推动提升金融服务实体经济质效，引导资金更多投向重点领域和薄弱环节，全面深化金融供给侧结构性改革，提升对外开放水平，努力开创监管工作新局面，为全面建成小康社会和实现中华民族伟大复兴提供金融保障和支持。

第一，坚决打赢防范化解金融风险攻坚战。2020年防范金融机构风险依然是银保监会的重点任务之一，对于银行业而言，银保监会将继续拆解影子银行，大力压降高风险影子银行业务。坚决落实“住房不炒”的政策，严防信贷资金流入房地产领域。深入推进网络借贷专项整治，继续推进P2P业务转型小贷业务，持续治理金融业尤其是银行业市场乱象。继续努力配合地方政府深化国有企业重组，加快经济结构调整，化解隐性债务风险。防范外部冲击风险，做好银行保险机构压力测试，完善应对预案，稳定市场预期。

第二，进一步提升金融服务实体经济质效。服务好实体经济是防范系统性风险的根本举措，银保监会将按照“六稳”要求，引导资金更多投向重点领域和薄弱环节。抓紧出台商业银行小微企业金融服务监管评价办法，强化对民营企业特别是民营制造业企业金融服务，突出支持先进制造业和产业集群，重点纾解暂时受疫情影响、有市场前景企业的流动性困难。指导银行机构持续加大对疫情防控相关领域的金融支持，加强社会服务领域金融支持，落实支持生猪生产金融政策措施。助力打赢疫情防控阻击战、脱贫攻坚战和污染防治攻坚战，大力发展绿色金融，推出一批有利于环境保护的金融产品。

第三，多渠道全面深化金融供给侧结构性改革。2020 年银保监会将着力深化金融供给侧结构性改革，完善金融服务体系和传导机制，拓宽小微企业融资渠道，解决小微企业融资难融资贵等核心问题。引导银行理财和信托业稳妥转型，建立完善养老保障第三支柱，在优化金融产品结构和机构体系的同时，为资本市场长期持续健康发展打牢基础。以中小银行和农信社改革为重点，全面深化各类银行保险机构改革。

第四，持续提升金融机构对外开放水平。银保监会将进一步扩大对外开放，加快已出台政策落地见效。大力改善股本结构，鼓励主业突出、管理先进、具有优良记录的境内外专业机构入股中资银行。持续加强监管制度建设，完善审慎性标准，不断完善与开放水平相适应的监管方式方法，确保引入的机构具有优秀的专业能力、良好的风控能力和充足的资本实力。

第五，推进建立中国特色的现代金融企业制度。2020 年银监会将持续完善公司治理，将党的领导有机融入银行公司治理各个环节，建立和完善既有中国特色又符合20 国集团规则的现代银行企业制度。全面加强资产和负债质量监管，在现有五级分类基础上，细化分类规则，提高资产分类准确性。尽快制定负债质量监管办法，提高银行保险机构，特别是中小机构负债的稳定性和匹配性。探索完善银行保险机构恢复与处置机制，会同相关部门抓紧研究确定国内系统重要性金融机构名单。区分系统重要性与非系统重要性机构，实施差异化监管。

附表

2019 年中国银行业主要监管政策

发布时间	政策名称	发文单位
1 月 4 日	关于推进农村商业银行坚守定位　强化治理　提升金融服务能力的意见（银保监办发〔2019〕5 号）	银保监会
1 月 9 日	关于加强中资商业银行境外机构合规管理长效机制建设的指导意见（银保监办发〔2019〕13 号）	银保监会
1 月 25 日	关于保险资金投资银行资本补充债券有关事项的通知（银保监发〔2019〕7 号）	银保监会
1 月 29 日	关于金融服务乡村振兴的指导意见（银发〔2019〕11 号）	人民银行、银保监会、证监会、财政部、农业农村部
1 月 29 日	银行业金融机构反洗钱和反恐怖融资管理办法（中国银保监会令 2019 年第 1 号）	银保监会

续表

发布时间	政策名称	发文单位
2月13日	关于延长农村集体经营性建设用地使用权抵押贷款工作试点期限的通知（银保监办发〔2019〕27号）	银保监会、自然资源部
2月25日	关于进一步加强金融服务民营企业有关工作的通知（银保监发〔2019〕8号）	银保监会
3月1日	关于做好2019年银行业保险业服务乡村振兴和助力脱贫攻坚工作的通知（银保监办发〔2019〕38号）	银保监会
3月4日	关于2019年进一步提升小微企业金融服务质效的通知（银保监办发〔2019〕48号）	银保监会
3月4日	关于印发《商业银行净稳定资金比例信息披露办法》的通知（银保监发〔2019〕11号）	银保监会
4月30日	商业银行金融资产风险分类暂行办法（征求意见稿）	银保监会
5月8日	关于开展“巩固治乱象成果　促进合规建设”工作的通知（银保监发〔2019〕23号）	银保监会
5月9日	关于进一步规范和完善扶贫小额信贷管理的通知（银保监发〔2019〕24号）	银保监会、财政部、人民银行、国务院扶贫办
5月27日	关于开展银行违规涉企服务收费专项治理工作的通知（银保监办发〔2019〕131号）	银保监会
7月8日	关于开展银行保险机构股权和关联交易专项整治工作的通知（银保监办便函〔2019〕934号）	银保监会
7月9日	关于推动供应链金融服务实体经济的指导意见（银保监办发〔2019〕155号）	银保监会
7月12日	商业银行股权托管办法（中国银保监会令2019年第2号）	银保监会
7月19日	关于商业银行发行优先股补充一级资本的指导意见（修订）（银保监发〔2019〕31号）	银保监会、证监会
8月6日	关于进一步加强知识产权质押融资工作的通知（银保监发〔2019〕34号）	银保监会、国家知识产权、国家版权局
8月7日	关于开展2019年银行机构房地产业务专项检查的通知（银保监办便函〔2019〕1157号）	银保监会
8月23日	商业银行代理保险业务管理办法（银保监办发〔2019〕179号）	银保监会
9月6日	关于支持做好稳定生猪生产保障市场供应有关工作的通知（银保监办发〔2019〕189号）	银保监会、农业农村部
9月12日	关于深入开展“信易贷”支持中小微企业融资的通知（发改财金〔2019〕1491号）	国家发展改革委、银保监会
10月9日	关于印发融资担保公司监督管理补充规定的通知（银保监发〔2019〕37号）	银保监会、国家发展改革委、工信部、财政部、住建部、农业农村部、商务部、人民银行、国家市场监管总局

续表

发布时间	政策名称	发文单位
10月18日	关于进一步规范商业银行结构性存款业务的通知（银保监办发〔2019〕204号）	银保监会
10月18日	关于加强商业保理企业监督管理的通知（银保监办发〔2019〕205号）	银保监会
10月19日	关于进一步明确规范金融机构资产管理产品投资创业投资基金和政府出资产业投资基金有关事项的通知（发改财金规〔2019〕1638号）	国家发展改革委、人民银行、财政部、银保监会、证监会、国家外汇管理局
11月1日	关于深化和规范“银税互动”工作的通知（税总发〔2019〕113号）	国家税务总局、银保监会
11月4日	关于银行保险机构加强消费者权益保护工作体制机制建设的指导意见（银保监发〔2019〕38号）	银保监会
11月6日	关于易安财险、广发银行侵害消费者权益案例的通报（银保监消保发〔2019〕2号）	银保监会
11月22日	关于印发《关于商业银行资本工具创新的指导意见（修订）》的通知（银保监发〔2019〕42号）	银保监会
11月25日	银行保险机构公司治理监管评估办法（试行）（银保监发〔2019〕43号）	银保监会
11月26日	系统重要性银行评估办法（征求意见稿）	人民银行、银保监会
11月29日	商业银行理财子公司净资本管理办法（试行）（中国银保监会令2019年第5号）	银保监会
12月10日	关于完善外贸金融服务的指导意见（银保监发〔2019〕49号）	银保监会、商务部、国家外汇管理局
12月18日	中华人民共和国外资银行管理条例实施细则（中国银保监会令2019年第6号）	银保监会
12月19日	关于银行保险机构员工履职回避工作的指导意见（银保监发〔2019〕50号）	银保监会
12月20日	关于推动村镇银行坚守定位 提升服务乡村振兴战略能力的通知（银保监办发〔2019〕233号）	银保监会
12月24日	中国银保监会现场检查办法（试行）（中国银保监会令2019年第7号）	银保监会
12月24日	关于进一步规范金融营销宣传行为的通知（银发〔2019〕316号）	人民银行、银保监会、证监会、国家外汇管理局
12月25日	银行保险违法行为举报处理办法（中国银保监会令2019年第8号）	银保监会
12月26日	中国银保监会农村中小银行机构行政许可事项实施办法（中国银保监会令2019年第9号）	银保监会
12月26日	中国银保监会外资银行行政许可事项实施办法（中国银保监会令2019年第10号）	银保监会

三、中国证券业主要监管政策[①]

（一）2019 年证券业监管政策主要内容

2019 年，证监会进一步做好证券期货监管规章等立法工作，完善证券期货监管法律实施规范体系，依法推进资本市场稳定健康发展。

1. 落实创新驱动发展战略，提升科技创新服务水平

证监会统筹推进设立科创板并试点注册制改革，助力多层次资本市场建设，切实服务科技创新和经济高质量发展。

制定《科创板首次公开发行股票注册管理办法（试行）》，对科创板试点注册制改革进行了系统性的规范。主要内容：一是明确科创板试点注册制的总体原则，规定股票发行适用注册制。二是以信息披露为中心，精简优化现行发行条件，突出重大性原则并强调风险防控。三是对科创板股票发行上市审核流程作出制度安排，实现受理和审核全流程电子化，全流程重要节点均对社会公开，提高审核效率，减轻企业负担。四是强化信息披露要求，压实市场主体责任，严格落实发行人等相关主体在信息披露方面的责任，并针对科创板企业特点，制定差异化的信息披露规则。五是明确科创板企业新股发行价格通过向符合条件的网下投资者询价确定。六是建立全流程监管体系，对违法违规行为负有责任的发行人及其控股股东、实际控制人、保荐人、证券服务机构以及相关责任人员加大追责力度。

制定《科创板上市公司持续监管办法（试行）》，明确对科创板上市公司的持续监管要求。主要内容：一是明确适用原则。科创板上市公司应适用上市公司持续监管的一般规定，《科创板上市公司持续监管办法（试行）》与证监会其他相关规定不一致的，适用《科创板上市公司持续监管办法（试行）》。二是明确科创公司的公司治理相关要求，尤其是存在特别表决权股份的科创公司的章程规定和信息披露。三是建立具有针对性的信息披露制度，强化行业信息和经营风险的披露，提升信息披露制度的弹性和包容度。四是制定宽严结合的股份减持制度。适当延长上市时未盈利企业有关股东的股份锁定期，适当延长核心技术团队的股份锁定期；授权上交所对股东减持的方式、程序、价格、比例及后续转让等事项予以细化。五是完善重大资产重组制度。科创公司并购重组由上海证券交易所审核，涉及发行股票的，实施注册制；规定重大资产重组标的公司须符合科创板对行业、技术的要求，并与现有主业具备协同效应。六是股权激励制度。增加了可以成为激励对象的人员范围，放宽限制性股票的价格限制等。七是建立严格的退市制度。根据科创板特点，优化完善财务类、交易类、规范类等退市标准，取消暂停上市、恢复上市和重新上市环节。此外，《科创板上市公司持续监管办法（试行）》还对

① 作者：赵湘怀，光大证券企划与经营管理部总经理。

分拆上市、募集资金使用、控股股东股权质押和法律责任等方面作出了规定。

为规范科创板上市公司信息披露行为，配套制定了多项信息披露规定。如：《公开发行证券的公司信息披露内容与格式准则第 41 号——科创板公司招股说明书》《公开发行证券的公司信息披露内容与格式准则第 42 号——首次公开发行股票并在科创板上市申请文件》《公开发行证券的公司信息披露编报规则第 24 号——科创板创新试点红筹企业财务报告信息特别规定》。

为落实科创公司并购重组注册制试点改革要求，建立高效并购重组制度，规范科创公司并购重组行为，制定《科创板上市公司重大资产重组特别规定》。主要内容：一是对科创公司重大资产重组认定标准、发行定价机制、创新试点红筹企业并购重组等重点问题作出规定。二是明确科创公司发行股份购买资产实施注册制，由上海证券交易所进行审核，证监会收到上海证券交易所报送的审核意见等相关文件后，在 5 个交易日内对科创公司注册申请作出同意或者不予注册的决定。

2. 夯实基础性制度，稳步推进新三板改革

修改《非上市公众公司监督管理办法》，重点围绕实施向不特定合格投资者公开发行、优化定向发行机制等改革内容进行针对性调整，服务新三板改革，优化融资功能。主要修改内容：一是引入向不特定合格投资者公开发行制度，允许挂牌公司向新三板不特定合格投资者公开发行，实行保荐、承销制度。二是优化定向发行制度，放开挂牌公司定向发行 35 人限制，推出自办发行方式。三是优化公开转让和发行的审核机制，公司公开转让和发行需要履行行政许可程序的由全国股转公司先出具自律监管意见，证监会以此为基础进行核准。四是创新监管方式，确定差异化信息披露原则，明确公司治理违规的法律责任，压实中介机构责任，督促公司规范运作。

制定《非上市公众公司信息披露管理办法》，充分借鉴科创板改革成果，明确挂牌公司信息披露义务，并针对新三板改革后各层次公司特点确立差异化的信息披露体系。主要内容：一是从新三板市场和挂牌公司实际情况出发，明确挂牌公司信息披露基本要求，保障挂牌公司信息披露质量。二是结合分层建立差异化信息披露体系，在披露形式、披露内容和信息披露事务管理方面进行差异化安排，与各发展阶段中小企业实际情况和投资者信息需求相匹配。三是证监会行政监管与全国股转公司自律监管相衔接，强化分工协作，形成高效监管机制。

3. 完善资本市场功能，规范市场主体行为

（1）调整优化监管规则，促进上市公司质量提升

修改《上市公司重大资产重组管理办法》和《〈上市公司重大资产重组管理办法〉第十四条、第四十四条的适用意见——证券期货法律适用意见第 12 号》，优化重组上市监管制度，完善符合中国国情的资本市场多元化退出渠道和出清方式。《上市公司重大资产重组管理办法》主要修改内容：一是简化重组上市认定标准，取消“净利润”指

标。二是将“累计首次原则”计算期间进一步缩短至36个月。三是允许符合国家战略的高新技术产业和战略性新兴产业相关资产在创业板重组上市，其他资产不得在创业板实施重组上市交易。四是恢复重组上市配套融资。五是丰富重大资产重组业绩补偿协议和承诺监管措施，加大问责力度。此外，明确科创板公司并购重组监管规则衔接安排，简化指定媒体披露要求。

制定《上市公司分拆所属子公司境内上市试点若干规定》，进一步完善资本市场并购重组功能，拓宽上市公司融资渠道。主要内容：一是明确分拆条件。为保障上市公司分拆后具备独立上市地位，要求上市公司具备一定的盈利能力和规范运作水平，分拆后母公司与子公司符合证监会、证券交易所关于独立性的基本规定。二是规范分拆流程。上市公司分拆应及时披露信息，并经董事会、股东大会审议通过，子公司发行上市须履行首发上市或重组上市程序。三是强化中介机构职责。要求上市公司聘请独立财务顾问、律师事务所、会计师事务所等中介机构就分拆是否合规等发表意见，独立财务顾问还应对分拆后的上市公司进行持续督导。

修改《上市公司章程指引》，督促上市公司规范运作，提升公司治理水平。主要修改内容：一是明确了存在特殊股权结构上市公司章程相关要求。二是落实《公司法》关于上市公司股份回购的新规定。三是进一步完善上市公司治理相关要求。

（2）健全证券行业管理机制，提升证券公司竞争力

为进一步加强证券公司股权监管，规范证券公司股东行为，制定《证券公司股权管理规定》及《关于实施〈证券公司股权管理规定〉有关问题的规定》，并重启内资证券公司设立审批。

其中，《证券公司股权管理规定》提出了“分类管理、资质优良、权责明确、结构清晰、变更有序、公开透明”的原则，明确基本制度安排包括：一是推动证券公司分类管理，支持差异化发展。根据证券公司从事业务的复杂程度，区分专业类证券公司和综合类证券公司，要求专业类证券公司的股东满足基本法定条件，综合类证券公司的主要股东和控股股东具备较高的管控水平及风险补偿能力。二是强化穿透核查，厘清股东背景及资金来源。穿透核查股权结构、资金来源，禁止以委托资金等非自有资金入股。按照实质重于形式的原则穿透核查股东关联关系，防止规避监管。维持股权的稳定性。要求股东在股权锁定期内不得质押所持股权，锁定期满后质押股权比例不得超过50%。实际控制人一并遵循锁定期要求。三是内外结合，实现全程监管。强化内部管理要求，落实主体责任。明确证券公司董事会办公室是股权管理事务办事机构，董事长是第一责任人，董事会秘书是直接责任人。强化内部追责，完善外部追责。要求公司章程约定限制违规股东行使表决权等权利，约定内部责任追究机制。对擅自变更股权、虚假出资等违法违规行为，明确处理措施；对公司治理失信行为记入资本市场诚信数据库，与分类监管挂钩。

作为配套规定，《关于实施〈证券公司股权管理规定〉有关问题的规定》进一步明确以下内容：一是设立证券公司或者证券公司变更注册资本、股权、5%以上股权的实际控制人等事项的申报文件要求。二是实施《证券公司股权管理规定》的过渡期安排。对综合类证券公司控股股东暂时达不到《证券公司股权管理规定》明确的资产规模等条件的，给予5年过渡期；5年后仍未达到要求的，不影响该证券公司开展证券经纪、证券投资咨询、财务顾问、证券承销与保荐等常规证券业务，但不得继续开展股票期权做市、场外衍生品等高风险业务。

为建立健全证券行业流动性支持长效机制，提升行业抗风险能力，制定《证券投资者保护基金实施流动性支持管理规定》。主要内容：一是明确基金使用情形。当证券公司发生的流动性风险可能在短期内对金融市场稳定产生重大影响，且证券公司具有持续经营及还本付息能力的情形下，证券公司可申请使用投保基金予以短期流动性支持。二是明确证券公司的主体责任。出现重大流动性风险时，证券公司应当首先采取自救或者其他市场化方式化解风险，在相关措施均未能生效的情况下，才可申请使用投保基金。三是强化使用约束。为防范道德风险，对证券公司使用投保基金的程序、成本、期限进行了严格规定，同时要求证券公司在使用投保基金期间，限制高管薪酬和股东分红等资本消耗行为，并提高后续投保基金缴纳比例。四是强化监督追责。监管部门及投保基金公司对投保基金使用实施全程监测监控，发现问题及时制止，并依法依规追究责任。

（3）推进期货市场建设，加强期货公司监管

为适应期货市场发展新要求，进一步落实全面从严监管，重新制定颁布《期货公司监督管理办法》。主要修订内容：一是提高期货公司主要股东，尤其是控股股东、第一大股东资格条件。明确持续经营时间、持续盈利能力相关要求；增加出资资金、主营业务相关性及经营能力等方面规定。二是加强期货公司股东管理，强化股东义务。增加股东、实际控制人和其他关联人与期货公司进行关联交易的监管要求；完善股东、实际控制人重大事项报告规则。三是完善期货公司境内分支机构、子公司及境外经营机构的管理。要求期货公司建立健全对境内分支机构、子公司及境外经营机构的合规风控体系，实现风险管理全覆盖。四是完善期货公司对客户开户及其交易行为管理要求。五是完善期货公司信息系统管理规定，明确信息系统合规运行的制度要求。

针对期货市场改革开放环境下，期货公司业务模式和监管工作出现的新情况和新特点，修改《期货公司分类监管规定》，引导期货公司专注主业、合规经营、稳健发展、做优做强，提升服务能力和竞争力。主要修改内容：一是优化加分指标，包括将服务国家战略纳入专项评价、新设服务实体经济能力指标大类、微调部分指标的评价标准等内容。二是调整扣分指标，包括重组风险管理能力指标、调整特定情形扣分项目、细化措施和处罚扣分项目、扩充适用降级处理的严重违规情形等内容。三是完善评价程序，包括适当增加自评内容、合理安排初审分工、明确监管协作要求等内容。

为打击操纵期货交易价格行为，维护期货市场秩序，制定《关于〈期货交易管理条例〉第七十条第五项“其他操纵期货交易价格行为”的规定》。明确以下四种行为构成操纵行为，缓解“入罪难”的问题：一是不以成交为目的，频繁申报、撤单或者大额申报、撤单，影响期货交易价格或者期货交易量，并进行与申报方向相反的交易或者谋取相关利益的，构成操纵。二是编造、传播虚假信息或者误导性信息，影响期货交易价格或者期货交易量，并进行相关交易或者谋取相关利益的，构成操纵。三是对合约或合约标的物作出公开评价、预测或者投资建议，影响期货交易价格或者期货交易量，并进行与其评价、预测或者投资建议方向相反的期货交易的，构成操纵。四是在临近交割月或者交割月，利用不正当手段规避持仓限制，形成持仓优势，影响期货交易价格的，构成操纵。

（4）规范资产管理机构，切实保护投资者合法权益

优化公募基金信息披露制度，修订《公开募集证券投资基金信息披露管理办法》，并配套发布《关于实施〈公开募集证券投资基金信息披露管理办法〉有关问题的规定》《公开募集证券投资基金信息披露 XBRL 模板第 5 号〈基金产品资料概要〉》两项规则。《公开募集证券投资基金信息披露管理办法》主要修订内容：一是优化指定信息披露媒体制度，简化报刊披露内容。二是强调简明性与易得性，引入基金产品资料概要，提高投资者服务水平。三是强化风险揭示等关键信息的披露，提升投资者保护水平。四是加强事中事后监管，引导机构落实合规主体责任。

制定《公开募集证券投资基金投资信用衍生品指引》，规范公募基金投资信用衍生品行为，提升信用风险管理能力。主要内容：一是明确基金投资信用衍生品以风险对冲为目的。二是明确货币市场基金不得投资信用衍生品。三是要求基金管理人应当合理确定信用衍生品的投资金额、期限等，同时加强信用衍生品交易对手方、创设机构的风险管理。四是要求在定期报告及招募说明书中详细披露投资信用衍生品的相关情况。五是明确规定参照行业协会的相关规定进行估值。六是强化基金管理人及托管人职责。七是明确老基金投资信用衍生品应当依法履行适当程序。

为完善资本市场融券机制，规范公开募集基金参与转融通证券出借业务的行为，制定《公开募集证券投资基金参与转融通证券出借业务指引（试行）》。主要内容：一是明确公募基金参与出借业务的基本原则以及业务参与各方的主体责任。二是明确公募基金参与出借业务的定义和性质。三是规定具体的产品类型及投资比例，强化流动性风险管控，并要求基金管理人加强信用风险以及关联交易管理。四是明确相关估值核算、信息披露、法律文件等方面的要求。

制定《证券期货经营机构管理人中管理人（MOM）产品指引（试行）》，规范 MOM 产品运作，促进 MOM 产品健康发展。主要内容：一是明确产品定义及运作模式。二是界定参与主体职责，管理人履行法定管理人的受托管理职责，投资顾问依法提供投资建

议等服务。三是管理人及投资顾问应具备相应的胜任能力。四是规范产品投资运作，要求管理人建立健全投资顾问管理制度，加强信息披露。五是加强利益冲突防范及风险管控，要求管理人与投资顾问强化关联交易、公平交易、非公开信息等管控。

（5）完善证券交易所风险基金管理机制，提高风险处置效率

制定《证券交易所风险基金监管指引》，对证券交易所风险基金使用提出规范性要求。主要内容：一是明确证券交易所风险基金的定义和用途。二是要求证券交易所就风险基金制定专门管理办法。管理办法应当包括风险基金的日常管理机构及具体职责、监事会检查风险基金使用和管理的具体方式等内容。三是明确风险基金日常使用和年度信息报送要求。四是证监会对风险基金的使用和管理进行指导和检查，并将有关情况纳入现场检查范围。

4. 推进资本市场高水平对外开放，促进境内外金融市场互动

为解决境外上市公司存量股份境外上市流通问题，促进H股公司完善公司治理，助力境内企业充分利用境内外市场获取发展资源，制定《H股公司境内未上市股份申请"全流通"业务指引》，全面推开H股"全流通"改革。主要内容：一是明确申请H股"全流通"的适用范围，包括H股公司境外上市前境内股东持有的未上市内资股、境外上市后在境内增发的未上市内资股以及外资股东持有的未上市股份。二是不再对公司规模、行业等设置限制条件，在满足外资准入等管理规定的情形下，公司和股东可自主决策，依法依规申请实施"全流通"。三是对申请批准后，依据境内外相关业务规则办理股份转登记业务、股票挂牌上市、信息披露等程序进行明确。

5. 落实"放管服"改革要求，提升行政服务能力

修订《境外证券期货交易所驻华代表机构管理办法》，加强备案制改革后对境外证券期货交易所驻华代表处的事中事后监管。主要修订内容：一是完善适用范围。把境外期货交易所代表处纳入监管，消除监管空白。二是落实"放管服"改革成果，将代表处设立从审批改为事后备案，明确备案材料、备案程序等具体要求，并增加公示备案材料环节。三是规范代表处活动范围，加强风险防控。明确代表处活动范围为"从事联络、调研等非营利性活动"；市场介绍业务由事前批准改为事后报告，并新增负面清单，包括不得涉及具体产品，不得介绍开户、交易方式、交易费用等具有交易导向的内容；进一步明确相关禁止事项，主要包括代表处及其工作人员不得与法人或者自然人签订可能给代表处或者其境外交易所带来收入的协议或者合同，不得从事或者变相从事任何营利性活动，不得向境内单位或者个人提供交易直接接入服务，以及其他法律、法规规定的禁止性活动。四是强化事中事后监管。增加了备案、变更、撤销等事项透明度，以及对代表处违法违规行为进行公示并通报境外监管当局等内容，提升公众知情权，细化和明确了代表处违法违规行为的法律责任。

发布《关于取消部分行政许可事项申请材料、压缩部分行政许可事项承诺办理时限

的公告》，深入推进行政审批服务便民化。主要内容：一是取消下列行政许可事项申请材料，包括：证券公司设立、收购分支机构审批；公募基金管理人资格审批；保荐机构注册；基金托管人资格核准；公募基金管理公司变更重大事项审批；上市公司重大购买、出售、置换资产行为（构成借壳上市的）审批；上市公司发行股份购买资产核准；上市公司合并、分立核准；要约收购义务豁免核准。二是压缩下列行政许可事项承诺办理时限，包括：上市公司发行股份购买资产核准；上市公司合并、分立核准；要约收购义务豁免核准；外国证券类机构设立驻华代表机构核准。

（二）2019 年证券业监管政策效果

2019 年，证监会坚持稳中求进工作总基调，贯彻新发展理念，紧扣深化金融供给侧结构性改革的主线，进一步加强市场基础制度建设，完善证券期货监管法律实施规范体系，全力推进资本市场稳定健康发展。

2019 年全年证监会发布监管政策共计 30 项，以法令形式发布 10 项，以公告形式发布 20 项。在落实创新驱动发展战略方面，制定《科创板首次公开发行股票注册管理办法（试行）》《科创板上市公司持续监管办法（试行）》《科创板上市公司重大资产重组特别规定》并配套多项信息披露规定，统筹推动设立科创板并试点注册制重大改革成功落地。在稳步推进新三板改革方面，修改《非上市公众公司监督管理办法》，制定《非上市公众公司信息披露管理办法》，进一步健全多层次资本市场监管体系。在完善资本市场功能，规范市场主体行为方面，修改《上市公司重大资产重组管理办法》《上市公司章程指引》《期货公司监督管理办法》《期货公司分类监管规定》《公开募集证券投资基金信息披露管理办法》，制定《上市公司分拆所属子公司境内上市试点若干规定》《证券公司股权管理规定》《证券投资者保护基金实施流动性支持管理规定》《公开募集证券投资基金投资信用衍生品指引》《公开募集证券投资基金参与转融通证券出借业务指引（试行）》《证券期货经营机构管理人中管理人（MOM）产品指引（试行）》《证券交易所风险基金监管指引》等，在适度调整监管规则完善资本市场功能的同时，持续加强对上市公司、证券期货公司、证券交易所等市场主体的监管，切实保护投资者利益。在扩大市场开放方面，制定《H 股公司境内未上市股份申请“全流通”业务指引》，全面推开 H 股“全流通”改革，促进 H 股公司完善公司治理，助力境内企业充分利用境内外市场获取发展资源。此外，落实“放管服”改革要求，不断提升行政服务能力。

在完善立法的同时，证监会持续保持执法高压态势，打击内幕交易、操纵市场、财务造假等各类违法违规行为。证监会各派出机构监管执法水平显著提升，对辖区各类违法案件快速反应、及时查处，消除市场风险隐患。全系统形成行政处罚合力，为深化资本市场改革，打造一个规范、透明、开放、有活力、有韧性的资本市场保驾护航。

证监会 2020 年系统工作会议总结 2019 年的九大成绩单：（1）设立科创板并试点注册制重大改革成功落地，以信息披露为核心的注册制运行良好，科创板引领经济发展向创新驱动转型作用初步显现。(2) 加强资本市场顶层设计，全面深化资本市场改革方案出台并稳步实施。(3) 推动新修订的证券法获得顺利通过，市场法治建设和投资者保护取得重大突破。(4) 实施推动提高上市公司质量行动计划，不断夯实资本市场“晴雨表”功能有效发挥的基础。(5) 进一步健全多层次资本市场体系，研究制订创业板改革方案，全面启动新三板改革。(6) 加强行业文化建设，引导行业机构回归本源，有效提升权益类投资比重，推进中介机构责任能力建设呈现新面貌。(7) 持续深化市场、机构、产品双向开放，稳步提升资本市场对外开放水平。(8) 坚持标本兼治，加强监管和防范化解资本市场重点领域风险取得阶段性成效。(9) 发挥市场股债融资和并购重组功能，加快期货期权品种创新，服务实体经济高质量发展成效明显。

2019 年，中国资本市场基础制度不断完善，资本市场治理能力不断提升，营造良好市场生态，支持实体经济发展，坚决防范金融风险。在新时代下，中国资本市场正朝着稳健高效的方向发展。

(三) 2020 年证券业监管政策展望

2020 年是全面建成小康社会和“十三五”规划收官之年，也是资本市场建立三十周年。展望新的一年，证监会一方面将继续坚持稳中求进工作总基调，统筹全面深化改革和切实防范风险，集中精力建设资本市场，进一步增强实体经济服务功能，稳步提升资本市场对外开放水平；另一方面将坚持市场化、法治化方向，以贯彻实施新《证券法》为契机，完善基础制度建设，提升资本市场治理能力，维护资本市场平稳健康运行。

未来证券业监管政策方向将注重以下几个方面：

1. 以注册制改革为龙头，全力打好各项重大改革攻坚战

(1) 持续优化科创板制度，进一步落实创新驱动发展战略，助力更多“硬科技”企业高质量发展。

2019 年底，证监会就《科创板上市公司证券发行注册管理办法（试行)》公开征求意见，有望在 2020 年正式出台。主要内容：

一是设定基本发行条件，规范上市公司再融资行为。鉴于非公开发行对象主要针对具有较高风险识别和承受能力的合格投资者，设置相对公开发行较低的负面清单形式的基本发行条件。

二是优化调整非公开发行股票制度安排，支持上市公司引入战略投资者，有效提升非公开发行股票的便捷性。

三是设置便捷高效的注册程序，提升融资效率。最大限度压缩监管部门的审核和注册期限，上海证券交易所审核期限为 2 个月，证监会注册期限为 15 个工作日。授权上海证券交易所根据科创板再融资运行总体情况和市场实际需要，研究制定小额融资的业务规则。

（2）稳步推出创业板改革并试点注册制，推动新三板改革平稳落地。

（3）科学合理保持IPO常态化，推动再融资改革落地。2020年2月14日，证监会发布修改后的再融资规则，在发行条件、发行机制、融资规模等方面作出调整，畅通主板和创业板融资渠道，为上市公司再融资创造更多可灵活操作空间，有望提升各方参与积极性，从供需两端着手改善目前相对低迷的再融资市场环境。

（4）深化资本市场双向开放，服务“一带一路”建设。以落实资本市场9条对外开放举措为抓手，深化境内外市场互联互通，稳扎稳打做好境内外交易所合作项目，加大期货市场开放力度，扩大特定品种范围，推进交易所债券市场对外开放。同时，提升开放环境下的监管能力和风险防控能力，推动资本市场服务“一带一路”建设。

2. 以贯彻新《证券法》为契机，全面加强市场法治建设，构建更加科学的证券期货法规体系

（1）推进现行规章制度系统性清理工作。2020年2月21日，证监会发布《关于废止部分证券期货规范性文件的决定》，废止18部证券期货规范性文件。本次废止部分证券期货规范性文件不仅是基于上位法修订作出的调整，也是对不完全适应证券市场发展实践、不适应资本市场全面深化改革需要的部分制度文件的清理。后续监管将抓紧制定并修改配套规章制度，优化资本市场治理体系。用好用足相关法律规定，显著提升违法违规成本。

（2）配合支持全国人大有关部门，推动《刑法》修改、《期货法》制定。推动出台私募基金条例和新三板条例。

（3）推动建立证券代表人诉讼制度，完善投资者保护制度体系。

3. 防风险强监管，持续优化市场生态

（1）加强对杠杆资金和输入性、交叉性风险的监测研判，强化预期引导，积极防范和化解市场运行风险。

（2）坚持遏制增量与化解存量并举，继续稳妥开展股票质押、债券违约、私募基金、行业机构及各类交易场所等重点风险的防控处置。

（3）压实监管责任，提升监管效能，加大对欺诈发行、财务造假、内幕交易、操纵市场等严重违法违规行为的打击力度。

（4）以科技监管为支撑，进一步增强监管效能。推进监管科技基础能力建设，加快构建新型监管模式。加强对证券期货行业科技的监管，推动提升行业科技发展水平。

4. 抗击疫情支持经济，促进资本市场平稳运行

2020年初，面对突如其来的新冠肺炎疫情，证监会全力应对，有效调度金融资源支持实体经济，确保资本市场平稳有序运行。

（1）做好疫情影响下的风险防范工作。为纾解相关企业和个人流动性困难，防止市场出现异常波动，根据不同地区受疫情影响情况，支持市场机构分类采取股票质押协议

展期，对部分融资融券客户不主动强制平仓，适当延长客户补充担保品的时间等措施。暂停期货夜盘交易，引导证券投资者开展非现场交易，避免人群聚集风险。

（2）优先支持疫情严重地区和抗击疫情相关企业融资。简化手续、特事特办，支持疫情严重地区企业发行公司债券、资产支持证券等。

（3）及时启动监管“绿色通道”。合理延长股票、债券融资等相关许可的有效期，适当放宽并购重组业务时限。支持证券公司在银行间市场和交易所市场通过金融债券等募集资金，增强行业机构抵御风险的能力。

（4）全力做好股市正常开市工作。开市以来，市场自我调节功能有效发挥，经受住了疫情冲击的严峻考验，投资者交易顺畅，市场实现常态化运行。

附表

2019 年中国证券业主要监管政策一览表

发布日期	政策文件名称	发文单位
1 月 15 日	公开募集证券投资基金投资信用衍生品指引	证监会
2 月 15 日	关于修改《期货公司分类监管规定》的决定	证监会
3 月 1 日	科创板首次公开发行股票注册管理办法（试行）	证监会
3 月 1 日	科创板上市公司持续监管办法（试行）	证监会
3 月 1 日	公开发行证券的公司信息披露内容与格式准则第 41 号——科创板公司招股说明书	证监会
3 月 1 日	《公开发行证券的公司信息披露内容与格式准则第 42 号——首次公开发行股票并在科创板上市申请文件》申请文件	证监会
3 月 7 日	公开发行证券的公司信息披露编报规则第 24 号——科创板创新试点红筹企业财务报告信息特别规定	证监会
3 月 21 日	关于取消部分行政许可事项申请材料、压缩部分行政许可事项承诺办理时限的公告	证监会
4 月 17 日	关于修改《上市公司章程指引》的决定	证监会
6 月 4 日	期货公司监督管理办法	证监会
6 月 14 日	公开募集证券投资基金参与转融通证券出借业务指引（试行）	证监会
7 月 5 日	证券公司股权管理规定	证监会
7 月 5 日	关于实施《证券公司股权管理规定》有关问题的规定	证监会
7 月 25 日	境外证券期货交易所驻华代表机构管理办法	证监会
7 月 26 日	公开募集证券投资基金信息披露管理办法	证监会
7 月 26 日	关于实施《公开募集证券投资基金信息披露管理办法》有关问题的规定	证监会
7 月 26 日	公开募集证券投资基金信息披露 XBRL 模板第 5 号《基金产品资料概要》	证监会
8 月 23 日	科创板上市公司重大资产重组特别规定	证监会
9 月 12 日	证券交易所风险基金监管指引	证监会
9 月 30 日	证券期货业软件测试规范	证监会
10 月 18 日	《上市公司重大资产重组管理办法》第十四条、第四十四条的适用意见——证券期货法律适用意见第 12 号	证监会

续表

发布日期	政策文件名称	发文单位
10 月 18 日	关于修改《上市公司重大资产重组管理办法》的决定	证监会
11 月 14 日	H 股公司境内未上市股份申请“全流通”业务指引	证监会
11 月 18 日	关于《期货交易管理条例》第七十条第五项“其他操纵期货交易价格行为”的规定	证监会
12 月 6 日	证券期货经营机构管理人中管理人（MOM）产品指引（试行）	证监会
12 月 12 日	上市公司分拆所属子公司境内上市试点若干规定	证监会
12 月 12 日	证券期货业统计指标标准指引（2019 年修订）	证监会
12 月 20 日	关于修改《非上市公众公司监督管理办法》的决定	证监会
12 月 20 日	非上市公众公司信息披露管理办法	证监会
12 月 25 日	证券投资者保护基金实施流动性支持管理规定	证监会

四、中国保险业主要监管政策[①]

（一）2019 年中国保险业主要监管政策分析

2019 年，银保监会在以习近平同志为核心的党中央坚强领导下，全面加强党的领导和党的建设，坚决落实党中央、国务院决策部署，全力化解突出风险，维护金融体系稳定，提升保险业服务实体经济能力，不断深化改革扩大开放，各项工作迈出坚实步伐，取得积极成效。全年主要监管政策如下：

1. 发挥保险姓“保”的重要作用，响应真正的社会需求

一是在人身保险方面，进一步推动健康保险发展。10 月 31 日，中国银保监会发布新修订的《健康保险管理办法》（中国银保监会令　2019 年第 3 号）。本办法从健康保险定义分类、产品监管、销售经营等方面作了全面修订，规范健康保险产品设计、销售经营和理赔行为，鼓励健康保险充分承担社会责任。在概念定位方面，将健康保险定位为国家多层次医疗保障体系的重要组成部分，将医疗意外保险纳入健康保险。在产品规范和经营销售方面，明确经营健康保险应当具备的条件。在消费者权益保护方面，提出不得强制搭配其他产品销售、不得诱导重复购买保障功能相同或者类似的费用补偿型医疗保险产品等；首次将健康管理以专章写入。

二是大力加快农业保险高质量发展，切实服务“三农”经济。9 月 19 日，银保监会会同财政部、农业农村部和林草局印发《关于加快农业保险高质量发展的指导意见》的通知（财金〔2019〕102 号），明确了提高农业保险服务能力的发展政策。同时，也列明了一系列监管政策，包括明晰政府与市场边界，完善大灾风险分散机制，清理规范农业保险市场打击骗补，完善农险信息共享，完善农险条款和费率拟订机制，优化农险经营机构布局，完善风险防范机制等方面。

---

① 作者：谈亮，德勤中国保险行业风险咨询主管合伙人。

以上两个产品，分别面向广大的个人消费者和农业经营者，在保险业供给侧改革中有着非常重要的地位。

2. 稳步扩大保险资金运用范围，同时强化资产负债管理硬约束

1 月 25 日，银保监会发布《关于保险资金投资银行资本补充债券有关事项的通知》（银保监发〔2019〕7 号），允许保险资金投资符合条件的银行发行的无固定期限资本债券，服务实体经济，扩大保险资金配置空间。4 月 28 日，银保监会印发《保险公司偿付能力监管规则——问题解答第 2 号：无固定期限资本债券》的通知（银保监发〔2019〕22 号），明确上述无期限资本债在偿二代计算中的信用风险基础因子，从而形成了完整的制度配套。5 月 7 日，银保监会发布《关于保险资金参与信用风险缓释工具和信用保护工具业务的通知》（银保监办发〔2019〕121 号），允许保险资金参与信用衍生产品业务，包括合约类和凭证类产品。同时明确险资参与这些信用衍生产品的，仅限于对冲风险。6 月 19 日，银保监会发布《关于保险资金投资集合资金信托有关事项的通知》（银保监办发〔2019〕144 号），鼓励投资集合信托，并就决策机制和授权、责任追究及评价、基础资产范围和投向、投后管理和处置等提出了要求。12 月 16 日，银保监会印发《关于将澳门纳入保险资金境外可投资地区的通知》（银保监发〔2019〕48 号），将澳门纳入保险资金境外可投资的地区，并明确具体投资品种按《保险资金境外投资管理暂行办法》及实施细则管理。

另外，银保监会于 7 月 24 日印发《保险资产负债管理监管暂行办法》（银保监发〔2019〕32 号），共五章三十七条：从组织体系、控制流程、模型工具、绩效考核、管理报告等角度对建立健全资产负债管理体系提出管理要求；并对保险公司在期限结构匹配、成本收益匹配和现金流匹配等方面提出目标要求，与能力评估规则和量化评估规则的具体内容相对应。该办法规范了资产负债管理监管评估的方式，明确依据资产负债管理能力和匹配状况对保险公司实施差别化监管，强化资产负债管理监管硬约束。

以上两个方面的监管政策，既体现了资金运用中分类监管、硬性约束、底线思维的监管要求，同时，也顺应了市场和业界呼声，在风险可控的前提下，不断拓宽资金运用范围和内容。这是我国监管机构殷切希望保险企业进一步提升资金运用能力和资产负债管理水平的良苦用心。

3. 常抓不懈公司治理和风险合规

公司治理、风险管理、内控合规是保险企业基业长青、行稳致远的三驾马车。我国监管机构从未放松过在这方面的高标准、严要求，这从下列一系列监管文件中以“办法”作为后缀的文件居多，就可见这一类政策法规的力度。

5 月 17 日，银保监会发布《关于开展“巩固治乱象成果　促进合规建设”工作的通知》（银保监发〔2019〕23 号），涉及公司治理、资金运用、产品开发、销售理赔和业务财务数据等方面；强调巩固乱象整治工作成果，持续推动重点领域问题整治，开展

强内控、促合规建设。

8 月 25 日，银保监会印发《保险公司关联交易管理办法》（银保监发〔2019〕35 号），共七章六十四条，以规范保险公司关联交易行为，加强保险公司关联交易监管，防范利益输送风险。该办法完善关联方认定标准，科学制定监管指标，强化穿透监管，完善内控和问责机制，加强信息披露，强化董事会监管。

11 月 25 日，银保监会印发《银行保险机构公司治理监管评估办法（试行）》（银保监发〔2019〕43 号），共五章二十五条：针对评估内容和方法、评估程序和分工、评估结果和运用作出详细规定，并附商业银行和保险机构各自的公司治理评价表。在评估内容方面，主要包括党的领导、股东治理、董事会治理、监事会和高管层治理、风险内控、关联交易治理、市场约束、其他利益相关者治理等八个方面；首次提出了合规性评价和有效性评价两类指标。并且，为了鼓励良好公司治理实践，将企业文化、经营理念、创新精神、客户服务等"软指标"也纳入评价范围。

12 月 24 日，中国银保监会发布《中国银保监会现场检查办法（试行）》（中国银保监会令 2019 年第 7 号）（以下简称《检查办法》），一是明确现场检查定位，二是完善检查工作职责，三是严格规范检查立项程序，四是丰富现场检查方法，五是鼓励自查自纠，为银保监会做好现场检查工作奠定了制度基础。次日，银保监会发布《银行保险违法行为举报处理办法》（中国银保监会令 2019 年第 8 号），共二十四条，主要规定了适用范围、基本原则、举报要求、管辖、受理条件、不予受理的情形、举报处理程序、举报人的义务等内容。这进一步强化了"吹哨人"体系，结合 24 日发布的《检查办法》，形成组合拳完整配套。

4. 系统性强化消费者权益保护相关的制度法规

9 月 24 日，银保监会下发《关于开展银行保险机构侵害消费者权益乱象政治工作的通知》（银保监办发〔2019〕194 号），要求各机构对照行业乱象的 17 种表现形式进行全面排查。从产品、销售、理赔、互联网保险的四个层次点出侵害消费者的主要乱象。11 月 4 日，银保监会发布《关于银行保险机构加强消费者权益保护工作体制机制建设的指导意见》（银保监发〔2019〕38 号），分为体制、机制、监管、行业自律四个方面，要求保险机构将消费者权益保护纳入机构的整体规划。11 月 1 日至 11 月 30 日，银保监会就《银行业保险业消费投诉处理管理办法（征求意见稿）》向社会公开征求意见。该办法明确了消费投诉事项、机构职责、投诉处理程序和制度机制，着力便民高效，强化监督和外部披露。该办法最终稿通过审批后，将于 2020 年 3 月 1 日正式施行。

5. 大幅强化中介管理，形成银保合力

2 月 26 日，银保监会发布《关于加强保险公司中介渠道业务管理的通知》（银保监办发〔2019〕19 号），进一步规范保险中介市场秩序，推动保险中介市场健康发展。该通知明确保险公司中介渠道管理必须做到管理责任到人、管理制度到位、信息系统健全，建立内部合规审计监督，强化保险公司对中介渠道合作主体的业务合规管理责任；通过建立中介渠道业务管理制度体系，加强资质管理、业务管理、档案管理，及时报告中介渠道业务主体违法违规行为等。

8 月 23 日，银保监会印发《商业银行代理保险业务管理办法》（银保监办发〔2019〕179 号），对商业银行接受保险公司委托，代理保险公司销售保险产品及提供相关服务并收取佣金的经营活动作出了规范，涵盖了业务准入、经营规则、业务退出等方面。本办法体现了银保监会在银行和保险监管上形成合力，从银行侧对保险代理业务进一步强化监管的要求。

6. 积极扩大保险业对外开放，提供更多便利

6 月 5 日，《国家外汇管理局关于进一步促进保险公司资本金结汇便利化的通知》（汇发〔2019〕17 号）明确：为进一步推进简政放权，完善保险业务外汇管理，防范金融风险，保险公司可依据实际经营需要，直接在经营外汇业务的金融机构（以下简称金融机构）办理外汇资本金和境外上市募集外汇资金结汇。

11 月 29 日，银保监会修订发布《中华人民共和国外资保险公司管理条例实施细则》（中国银保监会令 2019 年第 4 号）。本文件是贯彻国务院关于保险业进一步扩大开放的决策部署，落实 9 月 30 日新修改的《中华人民共和国外资保险公司管理条例》的具体细则：放宽外资人身保险公司外方股比限制至 51%；不再对“经营年限 30 年”“代表机构”等相关事项作出规定；同时删除关于外资保险公司分支机构管理等相关条款，并明确与中资保险公司同等适用《保险公司股权管理办法》。12 月 6 日，银保监会印发《关于明确取消合资寿险公司外资股比限制时点的通知》（银保监办发〔2019〕230 号），明确自 2020 年 1 月 1 日起，合资寿险公司的外资比例可达 100%。

以上所有这些措施，展现了我国保险业的成熟自信和开放胸怀。据银保监会相关负责人介绍，2019 年已有两家外资保险机构在筹建，分别是恒安标准养老保险有限责任公司和招商信诺资产管理有限公司。还有 5 家外资保险机构开业，分别是工银安盛资产管理有限公司、交银康联资产管理有限公司、安联（中国）控股有限公司、中信保诚资产管理有限公司和大韩再保险有限公司。

（二）2020 年保险监管政策展望

2020 年 1 月初，银保监会召开了 2020 年银行业保险业监督管理工作会议。会议以习近平新时代中国特色社会主义思想为指导，全面贯彻党的十九大和十九届二中、三中、四中全会以及中央经济工作会议精神，回顾 2019 年工作，研判当前经济金融形势，部署 2020 年工作任务。

根据会议精神，2020 年度保险业监管政策将很可能在以下方面有所强化和突破：一是打赢防范化解金融风险攻坚战，包括稳妥处置高风险机构、压实各方责任的监管要求。二是大力做好“六稳”（即稳就业、稳金融、稳外贸、稳外资、稳投资、稳预期）

相关工作，推动提升金融服务实体经济质效，加强社会服务领域金融支持的相关监管政策，例如提高环境污染责任强制保险覆盖面与渗透率等。三是全面深化保险产品的金融供给侧结构性改革，包括建立完善养老保障第三支柱，健全商业车险费率市场化形成机制，推进再保险市场建设，扩大巨灾保险试点范围等政策。四是进一步扩大对外开放，鼓励保险公司改善股本结构，鼓励优秀的境内外专业机构入股中资保险公司等政策。五是完善公司治理、风险防控和内控合规，包括加强党的领导，建立和完善既有中国特色又符合20国集团规则的现代企业制度；全面加强资产负债质量监管；完善保险机构恢复与处置机制；区分系统重要性与非系统重要性机构，实施差异化监管等方面的政策法规。

2020年1月的新型冠状病毒肺炎（COVID－19）疫情爆发后，保险业传统线下模式受到了严峻的挑战。监管反应迅速，2020年1月26日，银保监会发布《关于加强银行业保险业金融服务　配合做好新型冠状病毒感染的肺炎疫情防控工作的通知》（银保监办发〔2020〕10号），从落实疫情防控要求、保障金融服务顺畅、开辟金融服务绿色通道、强化疫情防控金融支持、做好受困企业金融服务等五方面加强银行业保险业金融服务。同时，相关监管部室出台了一系列针对性的文件，体现了“有松有紧”的监管思想：“松”是针对疫情要求扩展保险责任范围。例如财险部提到，对受疫情影响受损的出险理赔客户优先处理，做到应赔尽赔；对感染新型冠状病毒的出险客户，确诊后可提高理赔效率等。又如，人身险部提到，在风险可控的前提下，在疾病险、医疗险等产品中针对新型冠状病毒感染肺炎客户取消等待期（观察期）、免赔额、定点医院等限制，支持将意外险、疾病险等产品的保险责任范围扩展至新型冠状病毒感染肺炎等。“紧”是提出人身险四“严禁”和财产险三“不得”。笔者认为，疫情将加速传统保险业往线上的业务转型，相应地，监管也将积极跟进，探索对于线上＋线下模式、互联网保险等新模式的监管创新。

附表

2019年中国保险业主要监管政策

日期	文件名称	发文单位	文件号
1月14日	中国银保监会办公厅关于进一步加强车险监管有关事项的通知	中国银保监会	银保监办发〔2019〕7号
1月25日	中国银保监会关于保险资金投资银行资本补充债券有关事项的通知	中国银保监会	银保监发〔2019〕7号
2月26日	中国银保监会办公厅关于加强保险公司中介渠道业务管理的通知	中国银保监会	银保监办发〔2019〕19号
3月12日	中国人民银行关于印发证券期货保险机构反洗钱执法检查数据提取接口规范的通知	中国人民银行	银发〔2019〕63号

续表

文件名称	发文单位	文件号	
4月3日	中国银保监会办公厅关于明确保险资产负债管理报告报送要求的通知	中国银保监会	银保监办发〔2019〕98号
4月28日	中国银保监会关于印发《保险公司偿付能力监管规则——问题解答第2号：无固定期限资本债券》的通知	中国银保监会	银保监发〔2019〕22号
5月7日	中国银保监会办公厅关于保险资金参与信用风险缓释工具和信用保护工具业务的通知	中国银保监会	银保监办发〔2019〕121号
5月17日	中国银保监会关于开展"巩固治乱象成果　促进合规建设"工作的通知	中国银保监会	银保监发〔2019〕23号
6月5日	国家外汇管理局关于进一步促进保险公司资本金结汇便利化的通知	国家外汇管理局	汇发〔2019〕17号
6月19日	中国银保监会办公厅关于保险资金投资集合资金信托有关事项的通知	中国银保监会	银保监办发〔2019〕144号
6月28日	中国银保监会关于修订《保险公司偿付能力监管规则——问题解答第1号：偿付能力监管等效框架协议过渡期内的香港地区再保险交易对手违约风险因子》的通知	中国银保监会	银保监发〔2019〕30号
7月24日	中国银保监会关于印发《保险资产负债管理监管暂行办法》的通知	中国银保监会	银保监发〔2019〕32号
8月23日	中国银保监会办公厅关于印发《商业银行代理保险业务管理办法》的通知	中国银保监会	银保监办发〔2019〕179号
8月25日	中国银保监会关于印发保险公司关联交易管理办法的通知	中国银保监会	银保监发〔2019〕35号
8月30日	中国银保监会办公厅关于完善人身保险业责任准备金评估利率形成机制及调整责任准备金评估利率有关事项的通知	中国银保监会	银保监办发〔2019〕182号
9月19日	关于印发《关于加快农业保险高质量发展的指导意见》的通知	财政部、农业农村部、银保监会、林草局	财金〔2019〕102号
10月19日	关于进一步明确规范金融机构资产管理产品投资创业投资基金和政府出资产业投资基金有关事项的通知	国家发展改革委、中国人民银行、财政部、中国银保监会、中国证监会、国家外汇管理局	发改财金规〔2019〕1638号
10月31日	健康保险管理办法	中国银保监会	中国银保监会令2019年第3号

续表

文件名称	发文单位	文件号	
11 月 4 日	中国银保监会关于银行保险机构加强消费者权益保护工作体制机制建设的指导意见	中国银保监会	银保监发〔2019〕38 号
11 月 25 日	中国银保监会关于印发银行保险机构公司治理监管评估办法（试行）的通知	中国银保监会	银保监发〔2019〕43 号
11 月 29 日	中国银保监会修订发布《中华人民共和国外资保险公司管理条例实施细则》	中国银保监会	中国银保监会令 2019 年第 4 号
12 月 4 日	中国银保监会办公厅关于规范两全保险产品有关问题的通知	中国银保监会	
12 月 6 日	中国银保监会办公厅关于明确取消合资寿险公司外资股比限制时点的通知	中国银保监会	银保监办发〔2019〕230 号
12 月 16 日	中国银保监会关于将澳门纳入保险资金境外可投资地区的通知	中国银保监会	银保监发〔2019〕48 号
12 月 19 日	中国银保监会关于银行保险机构员工履职回避工作的指导意见	中国银保监会	
12 月 24 日	中国银保监会现场检查办法（试行）	中国银保监会	中国银保监会令 2019 年第 7 号
12 月 25 日	银行保险违法行为举报处理办法	中国银保监会	中国银保监会令 2019 年第 8 号
12 月 25 日	关于进一步规范金融营销宣传行为的通知	中国人民银行、中国银保监会、中国证监会、国家外汇管理局	银发〔2019〕316 号

注：各汇总表中的文件时间优先以文件落款时间为准，如没有落款时间，则以官网发布时间为准。

专栏 16

创新金融审判工作机制　提升上海国际金融中心软实力①

2018 年 8 月 20 日，上海金融法院正式挂牌成立。一年多来，上海金融法院主动对标世界主要国际金融中心，发挥金融审判职能作用，创新金融审判工作机制，提升金融审判专业化水平，积极为上海国际金融中心建设营造良好的金融法治环境。

截至 2019 年 12 月，上海金融法院共受理各类案件 8785 件，标的总额达 1859.96 亿元人民币，案件主要类型涵盖证券虚假陈述、金融借款、融资租赁、公司债券交易和质押式证券回购纠纷等。依法审理了一批重大、疑难、复杂、新类型和在法律适用方面具

① 作者：刘为念，上海金融法院综合办公室副主任。

有普遍指导意义的案件，通过司法裁判厘清市场规则，规范和引导金融交易行为。全国首例涉上市公司证券虚假陈述责任群体性纠纷示范案件，全国首例外国人隐名代持上市公司股份的股权转让纠纷案件等，证券从业人员操纵亲属账户炒股不服证监局高额罚款的金融行政处罚案件、大宗股票执行案件等6件案件分别入选2019年度人民法院十大民事行政及国家赔偿案件、十大执行案件、金融纠纷多元化解十大典型案例、全国法院系统年度优秀案例。

上海金融法院大力推动金融审判机制创新，为金融发展提供更加完备的司法保障。一是在全国首创证券示范判决机制，并创建“示范判决+专业调解+司法确认”全链条的纠纷多元解决机制，依法公正高效化解3473件涉群体性证券纠纷，切实保护了中小投资者的合法权益。该机制被评为2019年度上海法治建设十大优秀案例。世界银行专家赞扬上海金融法院“有力提升了上海营商环境的国际化、法治化、便利化程度”，并评价上海金融法院的成立是全球法治的最佳实践。二是创新科创板并试点注册制改革司法保障机制。强化涉科创板上市公司纠纷集中管辖司法应对，制定发布《关于服务保障设立科创板并试点注册制改革的实施意见》，组建涉科创板案件专门审判团队，发挥专业审判优势，统一司法裁判标准，为构建公开透明有序的资本市场，服务保障资本市场基础改革创新提供有力的司法支撑。三是首创大宗股票司法协助执行方式。在全国率先探索人民法院处置上市公司股票的全新路径，启用全国首个大宗股票司法协助执行平台，首只大宗股票仅用时半个月处置成功，成交金额高达2.7亿余元，与市场价格基本持平，在破解执行难的同时，维护证券市场稳定，防范金融风险。

上海金融法院与国内顶尖金融学院——上海交通大学中国金融研究院签署战略合作协议，在金融法律复合性高端人才培养、金融法律决策咨询、联合开展金融风险防范专题研究等领域开展全方位合作。

上海金融法院积极深化国内国际交流合作，分别举办“优化法治化营商环境下的金融审判与投资者保护”金融司法国际研讨会和“金融司法与金融改革开放”学术研讨会，推动金融司法智库建设。共接待来访近1500人次，其中包括近20个国家、地区或国际组织代表团，打造互学互鉴的法律交流合作新平台。

CHINA FINANCIAL POLICY REPORT

2020

Chief Editor：Wu Xiaoling　Lu Lei
Executive Editor：He Haifeng

中国金融出版社

Editorial Board

Foreword

The *China Financial Policy Report 2020* was jointly prepared by the National Institute of Financial Research (NIFR) of Tsinghua University and the Institute of Financial Policy (IFP) of the Chinese Academy of Social Sciences (CASS). As the first comprehensive annual financial policy report in China, it was established in 2011 with the mission and principle of "communicating China's financial policies with the world". Over the last decade, we have upheld and adhered to this stance, comprehensively and accurately reflected the major themes and policy dynamics in China's financial policies annually, and strived to put forth the true image of China's financial development and the positive energy of China's financial policies to the world. Our efforts have been confirmed and recognized by the financial industry, which, in turn, has expanded our influence while increasing our responsibilities.

In 2019, China's economic and social development reached new heights as the the country celebrated the 70th anniversary of the founding of the People's Republic of China. According to preliminary data, China's GDP in 2020 is forecast at RMB 99.0865 trillion, up 6.1% year on year (YoY), while per capita GDP is RMB 70,892, up 5.7% YoY. In terms of economics, China carried out structural reforms on the supply-side, steadily advanced high-quality development and made key progress in the three tough battles against risks, poverty, and pollution.

The reform and opening-up continued to deepen and expand, and its economic operation generally remained smooth and stable. Furthermore, China increased its efforts to deepen financial structural reforms on the supply side, enforced sound monetary policies, and enhanced its efficacy in catering the financial system (including banks and insurance firms) to the needs of the real economy. In addition, China strengthened the top-level design of the capital market, inaugurated the Science and Technology Innovation Board (STIB), and piloted the registration-based IPO system to ensure larger-scale and more in-depth opening-up of the financial industry. The country has effectively prevented risks related to cross-border capital flows, stabilized the foreign exchange market, and stood firm in the battle against key systemic risks.

In 2019, for the first time, the research team of *China Financial Policy Report* and Xinhua Finance jointly selected "Top Ten Financial Policies of 2019", which comprised top 10 international financial policies, top 10 financial policies of China, and top 10 regional financial policies within China. This inclusive list covers domestic and foreign financial policies that have positively influenced economic and financial development, financial market development, and deepening of financial reforms.

For China, 2020 is a year of landmark importance to holistically build a well-off society and achieve its first national strategic goal of the "two centenaries"; it is also a decisive year for its battle against poverty. However, the sudden outbreak of the COVID-19 virus has impacted China's economic and social development in unprecedented ways. In the face of this difficult crisis, not only has China united and cooperated with the global community to fight against the pandemic, it has also strengthened its coordination with international macroeconomic policies. China plans to introduce more proactive fiscal policies, improve the flexibility and moderation of its prudent monetary policies, promote its financial policies to synchronize consumption, investment, employment, industrial, and regional policies, provide support in its effort to triumph over the pandemic, and ensure stable economic and social development.

Maintaining its previous framework, the *China Financial Policy Report 2020* is divided into two major modules: thematic report and dynamic reports. The former, entitled "China's Modern Financial Governance under Marketization, Rule of Law, and Internationalization," deepens the execution of proposed goals, principles, and tasks and offers a reflective summary of the recent practices in financial risk management. Moreover, we included two feature articles on financial policies in 2019: "Enforcing the *Revised Securities Law* and Improving the Legal Framework of Wealth Management" and "Preventing Financial Risks, Achieving Breakthroughs, and Targeting Key Missions: Foci of Foreign Exchange Rate Reform in 2020."

For the 2019 dynamic reports, we reviewed and analyzed monetary policies, exchange rate and balance of payments, the development of the banking market, the stock market, the bond market, the fund market, the money market, the trust and wealth management market, the financial derivatives market, the commodity and futures market, the foreign exchange market, and the gold market. Apart from the major regulatory policies of the People's Bank of China and of China's banking, securities, and insurance industries, the reports also included evaluations on policy effects and policy outlooks.

In addition, we compiled 16 articles to reflect the trending issues of China's financial policies, including articles on financial reform and development, financial opening-up, financial markets, regional and local finance, and financial innovations such as fintech.

In order to comprehensively and timely reflect the latest developments and dynamic changes in China's financial policies, *Financial Policy Information*, a derivative of the *China Financial Policy Report*, was officially introduced and disseminated to weekly newspapers and monthly magazines in 2019. We will continue to compile policy information and evaluate policy effects to improve laws and regulations and promote the rule of law in our country as well as expand the influence of China's financial policies to the world.

The *China Financial Policy Report 2020* is a result of collective research. The team mainly comprises professionals from financial management, financial institutions, universities, and academic institutions (although their views do not represent those of their respective organizations). The report was revised and edited by Wu Xiaoling, Lu Lei, and He Haifeng. Authors included Wu Xiaoling, Lu Lei, He Haifeng, Liu Feng, Zhang Chen, Li Peijia, Liang Si, Ma Yun, Wu Yu, He Xiaobei, Shen Yi, Du Shuming, Zhang Yiwei, Zhao Qingming, Guo Mengyang, Zhang Wei, Zhou Kunping, Zhao Yarui, Ma Qiang, Zhang Yulong, Wu Pingping, Guo Jingpu, Wang Wei, Liu Xueqing, Rong Yihua, Wang Wenzhu, Cai Hengpei, Jiang Jianrong, Li Qingyun, Wang Qinhuai, Lu Chenxi, Gan Zhengzai, Chu Youyang, Luo Jiang, Zhu Xiaochuan, Wu Xuchuan, Song Yanwei, Zhao Xianghuai, Tan Liang, and Liu Weinian. Ding Yuxi and Yu Yue edited and proofread the English manuscript. The student interns of the *China Financial Policy Report* collected and compiled information such as financial policies of 2019. We are grateful to Director Wang Xiaoduan and Editor Zhang Juxiang of the China Financial Publishing House for their conscientious and prudent attitude toward work.

We, as always, look forward to criticism and advice from our readers.

He Haifeng (Foreword Author)
Director of the Institute of Financial Policy,
Chinese Academy of Social Sciences
April 17, 2020

Top 10 Global Financial Policies (2019)

No.	Policy	Formulated/ Released on	Formulated/ Released by
1	Fed cut interest rates three times within the year	July 30	Federal Reserve System
2	ECB cut its deposit rate by 10 basis points and restarted its quantitative easing measures	September 12	European Central Bank
3	IMF issued a report identifying vulnerabilities in the global financial system	October 16	International Monetary Fund
4	Fed announced it would continue repo operations and expand its balance sheet	October 11	Federal Reserve System
5	The Belt and Road Forum for International Cooperation released the Debt Sustainability Frameworks for the Belt and Road	April 27	Belt and Road Forum for International Cooperation
6	EU presented 30 recommendations on regulation, innovation and finance	December 13	European Commission
7	The Japanese government launched a large economic stimulus package	December 5	Japanese Government
8	US Congress halted Libra	July 2	United States House Committee on Financial Services
9	Fed's beige book shows trade tensions and slowing global growth weighed on economic activity	October 16	Federal Reserve System
10	Lagarde took office as the first female president of ECB, facing the challenge to boost economy	November 2	European Central Bank

Top Ten Financial Policies of China (2019)

No.	Major Policies	Formulated/ Released on	Formulated/ Released by
1	China's Revised Securities Law	December 28	Standing Committee of the 13th National People's Congress
2	Implementation Opinions on Establishing a Science and Technology Innovation Board and Piloting a Registration-Based IPO System at the Shanghai Stock Exchange	January 30	CSRC
3	Certain Guidelines on Strengthening Financial Support to Private Enterprises	February 14	General Office of the CPC Central Committee and General Office of the State Council

Continued

No.	Major Policies	Formulated/ Released on	Formulated/ Released by
4	The Financial Stability and Development Committee under the State Council held its 10th meeting	November 28	The Financial Stability and Development Committee
5	PBOC announced its decision to improve the loan prime rate (LPR) formation mechanism (Announcement No.15 [2019]of the PBOC)	August 17	PBOC
6	Notice on Issuing the Fintech Development Plan (2019--2021)	August 22	PBOC
7	Evaluation Measures for Systematically Important Banks (Exposure Draft)	November 26	PBOC and CBIRC
8	Notice on Further Clarifying and Regulating Investment from Asset Management Products of Financial Institutions in Venture Capital Funds and Government-Sponsored Industry Investment Funds	November 25	NDRC, PBOC, MOF, CBIRC, CSRC, and SAFE
9	Announcement on the Takeover of Baoshang Bank Co., Ltd.	May 24	PBOC, MOF and CBIRC
10	The People's Bank of China cut RRR three times within the year	January 4, May 15, September 16	PBOC

Top Ten Regional and Local Policies (2019)

No.	Major Policies	Formulated/ Released on	Formulated/Released by
1	The People's Bank of China Piloted Fintech Regulation: Starting from Beijing	December 6	PBOC
2	Several Opinions of Shanghai High People's Court on Serving and Securing the Establishment of a Science and Technology Innovation Board and the Implementation of the Pilot Registration System	June 18	Shanghai High People's Court
3	Notice on Issuing the Detailed Implementation Rules for Further Promoting the Pilot Program of Reform on Foreign Exchange Administration in China (Shanghai) Pilot Free Trade Zone (Version 4.0)	July 15	Shanghai Branch of SAFE

Continued

No.	Major Policies	Formulated/ Released on	Formulated/Released by
4	Notice on Issuing the Opinions on Deepening Supply-side Structural Reform in the Financial Sector to Continuously Improve the Business Environment for Financial Credit	April 11	Beijing Local Financial Supervision and Administration, Operations Office of PBOC, and Beijing Office of CBIRC
5	Promulgation and Implementation of Tianjin Local Financial Supervision Regulations	May 30	Standing Committee of the 17th People's Congress of Tianjin
6	"The Guangdong-Hong Kong-Macau Greater Bay Area Series Index" was official launched.	April 9	Shenzhen Stock Exchange
7	Guidelines on Providing Financial Support for the High-Quality Development of Beijing's Manufacturing Industry	November 15	Operations Office of PBOC, Beijing Office of CBIRC, Beijing Office of CSRC, and Beijing Local Financial Supervision and Administration
8	The 2nd China-Singapore (Chongqing) Connectivity Initiative (CCI) Financial Summit was successfully held.	November 4	Co-organized by MOC, PBOC, CBIRC, CSRC, SAFE, Ministry of Trade & Industry of Singapore, Monetary Authority of Singapore, People's Government of Chongqing Municipality
9	Overall Plan for Piloting the Reform of Inclusive Finance in Ningbo, Zhejiang Province	December 11	Five Departments and Ministries in China including the PBOC, NDRC, and MOF
10	Three-Year Action Plan for Reforming Financial Opening-up Policies	November 14	Beijing Local Financial Supervision and Administration, Operations Office of PBOC, Beijing Office of CBIRC and Beijing Office of CSRC

Contents

Part One

Thematic Report and Feature Articles

THEMATIC REPORT:

China's Modern Financial Governance under Marketization, Rule of Law, and Internationalization[①]

In May 2018, the *Modern Financial System Plan under the Thirteenth Five-Year Plan* was released. Led by the People's Bank of China (PBOC) and jointly drafted by eight ministry-level bodies including the National Development and Reform Commission, the Ministry of Science and Technology, the Ministry of Industry and Information Technology, the Ministry of Finance (MOF), the Ministry of Agriculture, the Ministry of Commerce (MOC), the China Banking and Insurance Regulatory Commission (CBIRC), and the China Securities Regulatory Commission (CSRC), the plan outlines five strategic goals: reach a higher level of financial marketization; promote a more comprehensive financial internationalization; achieve efficient and secure financial informatization through innovation; push for a complete and unified financial rule of law; and realize a modernization of the financial governance system and governance capability.

On July 2, 2018, the Financial Stability and Development Committee (FSDC) was established under the State Council and convened a meeting to discuss on and assign work related to key risk prevention strategies. The meeting stated that since the 19th National Congress of the Communist Party of China (CPC), great progress was made in the construction of China's financial supervision and regulation system and the financial risk management framework. Structural deleveraging improved in an orderly way, high-risk financial services scaled down, aggressive expansions of institutions were contained, market chaos was curbed preliminarily, market constraints gradually secured, positive changes took place in the psychological expectations of market participants, and the notion of prudent management was reinforced, altogether demonstrating a predominantly steady functioning of the financial sector.

The meeting deliberated a three-year action plan proposed by the FSDC on the battle

---

① This report was authored by Wu Xiaoling, Lu Lei, He Haifeng, Liu Feng, Zhang Chen, Li Peijia, Liang Si, Ma Yun, and Wu Jue and edited by He Haifeng.

against key financial risks. Particularly, in accordance with the principle of "better early than late, quick than slow", China has significantly eased market access since April 2018, and has continuously accelerated the implementation of major measures such as lifting foreign ownership restrictions on firms in the banking, securities, and insurance industries. China's financial reform and development, along with its financial risk management framework, are striving to move towards a market-oriented, law-based, and internationalized modern financial governance.

I. Building a Modern Financial Governance System and a Modern Financial System

When the Third Plenary Session of the 11th Central Committee of the CPC was held in 1978, China's financial industry had been almost nonexistent. At the time, the country had only one formal financial institution – the People's Bank of China. Acting both as a central bank and a commercial bank, and overseen by the MOF, the PBOC alone accounted for 93% of the country's total financial assets. More than forty years have passed, China now has a substantial financial system owing to decades of reform and opening-up. In terms of industry assets and market size, China has already reached second-place globally. In terms of M2/GDP, a financial deepening indicator defined by Ronald I. Mackinnon, China has grown by as much as 200% by the end of 2019, ranking first in the world. Over years of endeavor, from the reform of commercial banks to the construction and expansion of a capital market from the ground up, from the making of a modern central bank and the improvement of monetary policy through practice, to the establishment of a financial supervision and regulation system, the construction of China's financial governance and financial system has achieved tremendous progress. As China enters a new era of development, especially since the 19th CPC National Congress, the country's modern financial system and modern financial governance have become important targets for China's financial reform and development in addition to financial risk management.

(i) The intrinsic needs of a modern financial system

Generally, there are two standards of comparison for financial systems between different countries. First, based on their financial structures, they can be either commercial-bank-oriented or capital-market-oriented. Alternatively, based on their main channels of capital allocation, they can be either market-based or government-controlled. Notably, given how financial systems have supported national economic and social development in various countries, it is difficult to simply say which financial system is better or which is worse, and it is also impossible to say that the free-market and government-intervention financial systems are absolute substitutes. In fact, financial system is the subsystem of an entire socioeconomic system, and its structural characteristics are subject to a country's socioeconomic development origin, a government's economic precepts upheld during a certain period, as well as the economic development model formed as a consequence.

Since the 18th century, market-oriented financial systems have persistently emphasized decentralized competition and liberal decision-making. They maintain the doctrine of laissez-faire economics, and reckon that the role of the government should stay within the lines of a "night watchman." For instance, the basic characteristics of the Anglo-Saxon model in the United Kingdom and the United States highlight individualism and market competition. The market is the decisive force in resource allocation, with decentralized corporate decisions substituting for government directives, and shareholders' interests as the principle of corporate governance. Under this economic model, direct financing led by the capital market becomes a major feature of the financial system. On the contrary, under the influence of the economic philosophy focused on political centralization, national uniformity, and common interests, developed countries such as Germany and Japan have embarked on a path of economic development significantly different from the Anglo-Saxon model since the late 19th century, forming financial systems that are distinct from their U.K. and U.S. counterparts. Subsequently, Germany and Japan further cultivated their unique bank-oriented and government-intervention-oriented financial systems on the basis of the Rhine model (or social market economy model) and corporate capitalist economic development model formed after the Second World War, respectively.

Using China's historical and cultural traditions and its political system as a starting point, specifically in reference to the practical experience of economic and financial development since the reform and opening-up, and relying on the long-term goals of comprehensively deepening reforms and realizing a modern system and modern governance, the construction of a modern financial system holds the following intrinsic objectives:

First, the ideal modern financial system should have functional completeness to optimize resource allocation and improve allocation efficiency.

Second, the modern financial system should be highly competitive and elastic to handle the structural changes in economic development; it should realize structural adjustments in the absence of major systemic crises.

Third, the modern financial system should be highly internationalized and surpass the opening-up model of the past 40 years, which had been premised on the attraction of foreign investment and technology. This will allow for better utilization of global financial resources and the system itself in order to fully compete and cooperate in the global markets.

Fourth, the modern financial system should be characterized by high technology. The Internet, big data, cloud computing, and artificial intelligence (AI), evolving rapidly in the recent years, are in the process of fundamentally optimizing the ways and means in which humans process information. They are exerting a lasting impact on economic and social development.

Indeed, China's current financial system has yet to meet these four requirements. At one end, it needs to let the market play a significant role in efficient allocation of financial resources. In a structurally changing environment of economic development, the system has to continuously improve competition and elasticity. At the other end, it needs to enhance of the role of the government by strengthening marketization and the rule of law in economic and financial systems, regulating systemic risks, and preventing economic and financial volatility and crises.

(ii) The structure and direction of China's financial governance

On November 28, 2019, the FSDC held its 10th meeting, which reviewed progress made in the battle against key financial risks and discussed forthcoming plans and measures. New tasks related to the financial reform and opening-up were assigned. It should be pointed out that this was the first time the meeting clearly outlined requirements for "improving financial governance", which demonstrated the urgency of risk management and stronger financial governance in the modernization of national governance.

Financial governance generally covers financial institutions, the market, financial supervision and regulation, and financial system construction, which together constitute an interconnected and mutually supportive system. From the perspective of the institutional system, financial governance involves the corporate governance of financial institutions, the supervision and regulation of the financial industry, financial macro-control, financial self-regulation, and public oversight. In terms of system capabilities, in addition to the implementation capability of the institutional system mentioned earlier, financial governance, in the context of China's socioeconomic development and the modernization of national governance, also includes the capabilities of finance in serving the real economy, preventing and mitigating financial risks, maintaining financial stability and security, enhancing financial innovation and development, competing globally, and participating in global financial governance. If we look at the underlying systems, financial governance also requires support from laws and regulations, infrastructure, industry professionals, financial technology (fintech), and financial ecology.

To improve China's financial governance, the country should adhere to three important principles and directions.

Firstly, China should adhere to the new development philosophy. The fundamental purpose of improving financial governance is to better serve the development of the real economy and achieve more effective risk management. To accomplish this, the new vision of an innovative, coordinated, green, open, and shared development should be upheld firmly, and by tackling the problems of imbalances and insufficiencies, the country will be able to boost high-quality economic development. First, China should innovate financial products and services, and optimize the supply side of the industry. It has to optimize the institutional system, market system, and product system through the improvement of internal governance in the financial industry, and by using in combination a variety of instruments including investment, loan, bond, equity, lease, and advisory services, facilitate the transmission of monetary policy, support the development of the manufacturing sector, medium-, small- and micro-sized enterprises (MSMEs), the private sector, and the science and technology industry, and address the impact of large unanticipated events in the economy and society. Second, China needs to improve the efficiency of financial resource allocation, promote coordinated regional development, allow the market to play a significant role in resource allocation, and mobilize financial resources to promising areas. In addition, to boost the overall efficiency of China's economy, the country should support coordinated development in the Beijing-Tianjin-Hebei region, the construction of the Xiongan New Area, the development of the Yangtze River Economic Belt, the construction of the Guangdong-HK-Macao Greater Bay Area, the integrated development of the Yangtze River Delta, and the ecological protection and high-quality development of the Yellow River Basin. Third, China has to innovate institutional management, develop green finance, guide and encourage more social capital to invest in green industries, effectively cut back on investments that cause pollution, and actively develop green financial instruments such as green credit, green bonds, green stock indices, green development funds, green insurance, and carbon finance to drive green growth and sustainable development.

Secondly, the effective prevention and mitigation of financial risks should continue to stay in focus, as it is not only an important feature of high-quality economic development but also an unchanging theme of financial governance. Although China's current financial system is generally robust and capable of defusing various risks, it should constantly improve its governance for effective risk management. First, a balance between risk prevention and steady growth is needed. As complements that reinforce each other, they have to be coordinated and optimized in the high-quality development process. At present, it is necessary to further improve the coordinated risk mitigation mechanism involving enterprises, financial institutions, governments, and regulatory bodies in order to avoid mishaps in the process of risk mitigation. Second, a balance between risk prevention and openness is also needed. With the continuous expansion and deepening of the financial opening-up, new problems, challenges, and risks will emerge, making it essential to accelerate the improvement of the risk management system in a global context, as well as to upgrade merger management, inter-industry cooperation, and global compliance. Third, a firm stance against financial corruption has to be declared. The system for monitoring and restricting the exercise of power should be refined and the risk management at the "three lines of defense" strengthened, such that people and money are effectively supervised and controlled, and that an institutional firewall is well put in place.

Finally, the competitiveness of financial institutions should be increased with the improvement of financial governance. First, China needs to enhance its cross-border service capabilities, focus on the Belt and Road Initiative regions as well as areas that have close economic and trade ties with China, optimize the global network of financial institutions, and further strengthen and optimize the core markets. Integrated operational capabilities should be elevated and domestic and overseas business linkages should be fortified. It should innovate the business model overseas, so that eventually, a single-point contact will activate a global response. Second, China has to improve its financing structure by integrating old debts and new debts. Concentrating on debt restructuring on the supply-side and new debt optimization on the other, it should also boost momentum conversions between the two. Third, financial platforms need to offer more services, and their coordinated development should be accelerated. To better meet the "one-stop" financial service needs of customers, financial institutions, in accordance with regulatory provisions and on the premise of effectively mitigating risks, can set up a collaborative and resource-sharing mechanism between entities with different types of financial licenses, so as to achieve cross-customer referrals, service interconnection, complementary product channels, and data sharing. On top of that, fintech should be integrated and achieve higher levels of intelligence and automation. Financial institutions should improve their internal technological system and mechanisms. With the trend of finance becoming a part of everyday life, and more industries becoming connected on the Internet, cross-border cooperation needs to be strengthened, and technologies like AI, blockchain, cloud computing, and big data should all have a stake in the building of an intelligent financial system.

Altogether, as seen in both the development histories of financial systems in major Western countries and in the practice of China's financial reforms, the modern financial system is largely characterized by marketization and the rule of law, with the latter referring to the continuous standardization and institutionalization of the domestic financial development practices, namely, the national characteristics of financial governance. However, in today's world of open economy and internationalized finance, global financial governance calls for additional rules, standards, and even institutions to keep up with the pace of modernization. For China, this approach means a two-way opening of exchanges and mutual learning. Particularly, after the signing and implementation of the phase-one economic and trade agreement between China and the United States, China's financial opening-up and financial internationalization have become the focus of modern financial governance reform, as well as a commitment to the world.

Ⅱ. Increase Institutional Supply and Improve the Operational Quality and Efficiency of Financial Institutions

Financial institutions are the most direct and crucial link in building China's modern financial system as well as improving its governance capability. Financial institutions encompass government authorities as represented by the central bank, as well as other commercial banks, non-bank financial institutions, and burgeoning financial holding companies. Since the reform and opening-up, the number of China's financial institutions has increased rapidly. This has contributed to the shift from a "unified" financial landscape dominated by the PBOC at the beginning of the reform, to the formation of a multi-tier financial system composed of banking, securities, insurance, funds, and leasing, drastically changing China's financial system. In recent years, following the guidelines of "taking a financial development path with Chinese characteristics and deepening financial supply-side structural reform", China's financial institutions have improved their institutional supply, letting the market play a decisive role in financial resource allocation, and raising the quality and efficiency of financial services in the real economy.

(i)Construct a modern central bank and a macro-prudential management mechanism

The Fourth Plenary Session of the 19th Central Committee of the CPC proposed to "build a modern central banking system, improve the monetary base issuance mechanism, and enhance the benchmark interest rate and market-based interest rate systems." Building a modern central banking system is an important part of modernizing the national governance system and governance capacity. This marks the first time that the government explicitly set forth this priority. Such a construction will help unblock and rationalize the transmission mechanism of monetary policy, standardize financial market management, achieve stability, improve the effect of macro-control policies, and promote the establishment of a modern national governance mechanism. With changes taking place in the economic and market environments, the duties of the modern central bank gradually came down to two goals: monetary stability and financial stability. In response to economic development and the changes in the financial market, the PBOC took the lead globally in forming a two-pillar regulatory framework of monetary policy and macroprudential policy in order to achieve monetary and financial stability more effectively.

In 2019, the PBOC actively promoted and improved the modern central banking system in the course of strengthening counter-cyclical adjustment. First, it combined long-term and short-term liquidity injections to consolidate the liquidity supply mechanism, which the PBOC has gradually established through short-term reverse repurchase agreements and medium-term lending facilities (MLF). It also set up a targeted medium-term lending facility (TMLF), encouraged financial institutions to increase their support for small-sized, micro, and private enterprises, and met the liquidity needs of financial institutions with different maturities and purposes by combining long- and short-term policy instruments. Second, the PBOC located the market focal point and created a benchmark interest rate for the money market. The central bank has repeatedly expressed its willingness to create a money-market base interest rate from the weighted average of 7-day interbank pledged repo rate for deposit institutions (DR007). Third, it simplified and built a "three notches and two preferential" deposit reserve ratio framework. The "three notches" framework helps the central bank's targeted constraints over different types of financial institutions, whereas the "two preferential" may encourage financial institutions to better support the development of small- and medium-sized enterprises and promote the supply-side reform. Fourth, the PBOC broke barriers by promoting the reform of the loan prime rate (LPR). Announcing the LPR quotation mechanism on August 17, 2019, the PBOC mandated the LPR quotation reference for all commercial bank loans. The LPR reform will help increase the sensitivity of loan rate to changes in the market interest rate, break the barriers between the money market, bond market, and loan market, and increase the transmission efficiency of the rate-setting mechanism. Fifth, the PBOC strengthened supervision and issued the *Trial Measures on the Supervision and Regulation of Financial Holding Companies (Exposure Draft)*. The promulgation of these measures is conducive to reducing all kinds of market chaos, regulating financial order, and preventing systemic risks. Sixth, the PBOC stabilized the market and issued the *Evaluation Measures for Systematically Important Banks (Exposure Draft)*, which will help strengthen its macroprudential management mechanism and maintain prudent operation of the financial market.

To maintain monetary stability in the long run, China's monetary governance needs to improve continuously in four regards. First, the construction of the liquidity supply mechanism must be advanced. In one respect, it is necessary to increase liquidity supply coverage, and update timely the list of primary dealers. In another, a multi-tiered and qualified collateral system with wide coverage should be introduced to meet the needs of different types of financial institutions and address the lack of liquidity sources for small- and medium-sized financial institutions. Second, the base rate status of DR007 must be strengthened and raised. The PBOC should consider encouraging more products in the market to reference the DR007 or advising institutions to launch DR007-linked products. Third, the LPR quotation mechanism must be consolidated and enhanced. As the LPR is set by basis-point increments on top of the rate of MLF, the PBOC must increase the MLF rate elasticity to enable market participants better adapt to interest rate liberalization, shift to a market-driven pricing mindset, and enhance the overarching role of a policy rate system. Fourth, the construction of the base rate system for government bonds must be boosted. The PBOC should improve its coordination mechanism with the MOF, which has to gradually pick up the scale of short-term government bonds, achieve rolling issuance, and further open the bond market to attract more international investors.

To achieve financial stability, the macroprudential mechanism needs to continue optimizing in three aspects. First, new types of financial operations must be evaluated, and risk control measures must be taken promptly. The PBOC needs to track the development of emerging business forms in a timely manner, accurately assess changes in industry risks, and take targeted management measures without any delay. Second, non-bank financial institutions that have greater influence within the macroprudential framework, including financial holding companies, fintech companies, and currency funds, must be incorporated into the macroprudential management framework to prevent systemic risks caused by operational issues. Third, the relationship between macroprudential and monetary policies must be properly handled and avoid incompatibility. Further establishing a coordination mechanism between the two policies, finding an optimal function for policy objectives, and maintaining both monetary stability and financial stability are also necessary.

(ii) Promote the stable operation of commercial banks and support prosperity of the real economy

For more than 40 years since the reform and opening-up, Chinese commercial banks have significantly contributed to the take-off of the real economy and promoted the overall improvement of their scale, standards, efficiency, and competitiveness. Having developed a multi-layered banking system with broad coverage, China's banking industry has topped the global ranking of world's largest banks. It not only comprises traditional banking institutions but also new types of banking institutions, such as private banks, rural banks, loan companies, and rural mutual credit cooperatives. Commercial banks have become market-oriented entities with clear property ownership, well-defined power and responsibilities, and scientific management. However, in recent years, as China entered a new stage of economic transformation and development, inconsistencies, inadequacies, and imbalances between China's financial supply and demand have become evident. These phenomena are not only against the diversification of the real economy but also lead to new problems, such as the situation where money only circulates within the financial system rather than flowing into the real economy, as well as the occurrence of money abandoning the real economy for the financial market.

In 2019, in "carrying on with the battle against key financial risks," commercial banks continued to optimize the supply-side of the financial system based on the principle of "strengthening top-level design, addressing development inadequacies, curbing market chaos, rationalizing the market mechanism, accelerating financial opening-up, and boosting the development of fintech." First, top-level design was strengthened and financial supply-side structural reform promoted. Second, development shortcomings were tackled, and the financial support to private, small, and micro-enterprises increased. Commercial banks are the primary implementers of financial policies, examples of which include *Notice on Strengthening Financial Services for Private Enterprises* and *Guideline on Fostering a Better Environment to Support the Reform and Development of Private Enterprises*. By the end of 2019, loans in the private sector increased by RMB 3.1 trillion, marking a year-on-year (YOY) surge of RMB 551.6 billion. Loans to small and micro-enterprises as part of inclusive finance also witnessed a 1.4 times YOY expansion, with a boost of RMB 1.8 trillion. Third, market chaos was controlled and new progress was made in constructing the risk management mechanism, as seen in the successive takeovers or capital injections of Baoshang Bank, Jinzhou Bank, and Hengfeng Bank by the CBIRC in May, July, and December 2019. Fourth, the market mechanism was streamlined, and financing costs lowered under the LPR reform. In August 2019, China's loan pricing "anchor" shifted from the previous loan base rate to the LPR, which will not only help facilitate monetary transmission but also play an important role in reducing the financing costs for the real economy. Fifth, financial opening-up was accelerated, making it easier for foreign financial institutions to operate in China. In July 2019, the office of the FSDC unveiled 11 measures for further opening of the financial industry which, apart from offering new opportunities for global capital to enjoy the dividends of China's economic growth, will also provide a consistent policy environment for onshore and offshore capitals. Sixth, fintech development was also advanced to transform the competition dynamics in the banking industry. In August 2019, the PBOC issued the *FinTech Development Plan (2019-2021)*, which will have a significant impact on banking products, services and technological applications as well as revamp the competition environment of the entire industry.

Looking ahead, commercial banks must continue to reform and develop alongside firms in the real economy by focusing on the optimization of their financial structures and address muted supply. First, they should promote the formation of a "multi-level, expansive, and differentiated" banking system and enable finance to better serve the real economy. In the future, it is necessary to define the functional positioning and business characteristics for all types of banks, strengthen the financial service capabilities of local small- and medium-sized banks, cultivate the unique advantages of non-bank financial institutions, strengthen continuously the specialization and differentiation of the banking system, and provide more targeted financial support for corporate entities. Second, they should understand the inherent needs of high-quality economic development and support the prosperity of the real economy. Commercial banks need to advocate national strategies, such as the deep integration of China's manufacturing and modern service industries, the formation of a solid domestic market, the upgrade of industry value chains, and "Made in China 2025." Moreover, they need to help with precision poverty alleviation and contribute to a shared development by boosting supply to financially inadequate areas including the private sector, micro and small enterprises, as well as agricultural and rural areas. Third, commercial banks need to accelerate the opening-up of China's banking industry while safeguarding national financial security. China's entering a new stage of high-level opening-up necessitates the appropriate adaptation of global financial service capabilities in the country's banking industry. In one respect, Chinese banking institutions must adjust to the pace of enterprises going global in terms of their global positioning, service capabilities, and comprehensive competitiveness. In another, they should actively participate in global economic and financial governance and improve their financial safety net. Fourth, commercial banks should understand the new characteristics and regulatory requirements of financial risks in the new era and help win the battle against key financial risks. By striking a balance between stable growth and risk prevention, banking institutions have to ensure that neither is delayed and both are furthered. Bearing in mind the different risk origins and development trends, they should adopt a differentiated risk treatment strategy of maintaining consumption while capping investment so that "black swan" and "gray rhino" incidents are prevented. In risk management, it is crucial to regulate the pace and extent when implementing new measures. Commercial banks should prevent rigidity caused by overlapping policies and avoid possible repercussions from a "one-policy-fits-all" approach.

(iii)Return to the fundamental purpose of non-bank financial institutions and serve the development of modern investment and financing

As an integral part of the financial system, non-bank financial institutions① are both the beneficiaries of China's financial marketization and the drivers of financial system diversification. For more than 40 years since the reform and opening-up, China's non-bank finance sector has come a long way before landing in its strong position today. In 2019, the assets of non-bank financial institutions accounted for as much as 16.1% of the total assets of all financial institutions. The rapid development of non-bank financial institutions has significantly contributed to China's expansion of social financing channels, financial institutions variety, and the construction of a diversified and multi-level financial market. In terms of scale, China's stock and bond markets now rank third and second globally. The total asset of the insurance industry has also increased continuously. With increasing insurance density and insurance depth, China has become the world's second largest insurance market.

Despite the rapid development of China's non-bank financial institutions over the recent years, an increasing number of problems have also been exposed. These problems not only add to the hidden dangers of the financial system but also contribute to the financialization of China's economy. First, the overextended financial service chain has led to a rise in financing costs for firms in the real economy. Second, through a large volume of interbank activities, shadow banks have stemmed from non-bank financial institutions. Third, excessively complex financial products have triggered risks in financial service integration. Fourth, threats of a financialized economy have surfaced with the continuous inflow of private capital. Fifth, all kinds of financial and non-financial institutions have been involved in financial activities, free from financial supervision.

---

① There are two main categories of non-bank financial institutions. One is the non-commercial banking institutions, including asset management companies, trust companies, corporate finance companies, financial leasing companies, consumer finance companies, auto finance companies, and money brokers. The other is non-bank financial institutions, including securities, insurance, and funds.

In 2019, with respect to the issues above and in accordance with the guideline of "winning the battle against key financial risks" from the CPC Central Committee, regulatory authorities continuously tightened their control on non-bank financial institutions and guided them back to their fundamental purpose of serving the real economy. First, asset management subsidiaries of banks were officially activated, and the transformation of the asset management industry accelerated. In December 2019, the CBIRC introduced the *Measures for Administration of the Net Capital of Wealth Management Subsidiaries of Commercial Banks (for Trial Implementation)*, which came into effect on March 1, 2020. As new market entities emerge from the new asset management regulations, these subsidiaries are shouldering the historic responsibility of promoting the transformation and upgrading of wealth management in China, and they will undoubtedly change the competition landscape for the entire industry. Second, the regulatory authorities steadily strengthened governance, curbed market chaos and drove financial institutions back to serving the real economy. In May 2019, the CBIRC issued the *Notice on Reinforcing Success in Curbing Market Irregularities and Promoting Regulatory Compliance*, which aimed to consolidate the achievements of rectifying market disorder in the past two years. The notice also highlighted new regulatory trends starting from the second half of 2018. Third, substantial progress was made in the targeted crackdown on fintech. Carrying on the supervision and regulation of Internet finance first launched in 2016, the Two Offices[①] issued *Opinions on Work Related to Risk Handling for P2P Lending Institutions and Risk Prevention* in January 2019. As a result, numerous entities that did not meet operation requirements have since exited the field, and the volume of illegal or uncompliant activities of the remaining entities dropped significantly. Fourth, regional financial risks were contained and the entry of local asset management companies saw an acceleration. In July 2019, the CBIRC issued documents including the *Notice on Strengthening Supervision over Local Asset Management Companies*. This notice decreed non-performing assets acquired and disposed by local asset management companies must meet the conditions of truthfulness and effectiveness, conduct fair market pricing through a valuation procedure, and realize the real and complete transfer of assets and risks.

Going forward, in order to ensure that non-bank financial institutions return to serving

---

① The Two Offices refer to the Office of the Leading Group for the Special Campaign against Internet Financial Risks and the Office of the Leading Group for the Special Campaign against P2P Lending Risks the real economy, the construction of a modern financial system compatible with high-quality economic development must be expedited. First, the modern system for financial enterprises needs to be improved to support high-quality economic development, especially for non-bank financial institutions with business lines in capital markets, banking, and trust. Second, the market's role in allocating financial resources must be enhanced. To promote interest rate marketization, implicit guarantees must be banished and financial institutions should implement market-based risk pricing. Third, the level of corporate governance must be improved for legal representatives of financial institutions. In addition to establishing firewalls between financial and non-financial businesses, barriers should also be set up between parent and subsidiary companies and between subsidiaries themselves in order to stifle risk transmission. Fourth, financial supervision must keep up with financial upgrading to support high-quality development. Supervision weak spots must be strengthened and regulatory vacuum avoided such that a comprehensive, systematic, penetrating, and unified regulatory landscape can be formed. On top of that, the establishment of a new digital financial supervision model consistent with the era of digital economy must be accelerated by following the new direction of mobile, digital, and intelligent development in financial services.

(iv) Strengthen supervision of financial holding companies and manage systemic risks

A financial holding company is an important form of corporate innovation rooted in the extensive integration of industrial and financial capitals. By classifying, integrating, and coordinating resources and clients, it helps to improve efficiency for financial services, meet the diverse financial needs of society, and better serve the real economy.

The timeline for the development of China's financial holding companies can be classified into four stages. The first was the exploration period before 1993. After the reform and opening-up, major state-owned banks began setting up trust companies and experimented with the financial holding company model. Subsequently, the four major state-owned banks gradually diversified their range of services to encompass securities companies beyond the initial commercial banking businesses, transforming into a de facto financial holding group. The second stage of separate operation began in 1993 and extended to 2006. The financial chaos in 1993 had led regulatory authorities to reflect and correct the systems and institutions of supervision. Thus, sector-specific operation and supervision gradually became the core objective. With the successive introduction of the *Commercial Bank Law*, the *Law of the People's Bank of China*, and the *Insurance Law*, a separate supervision structure started to form.

After the Asian financial crisis broke out in 1997, the sector-specific supervision system was further strengthened. In 2003, with the establishment of the CBRC, the "One Bank, Three Commissions" system was formally installed. The third stage was the pilot period of mixed operation under the separate operation supervision system from 2006 to 2016. Both the 11th Five-Year Plan Outline and the 2007 National Financial Work Meeting proposed to "steadily advance the pilot of mixed operation in the financial industry." Commercial banks began to set foot in non-bank activities such as funds, securities, insurance, and leasing, which removed the operating boundaries between various financial institutions. Meanwhile, many central SOEs, investment platforms, and private enterprises also successively established de facto financial holding groups. However, the lack of supervision had led to an accumulation of risks in financial holding companies and a slew of illegal activities were calling on urgent actions from regulation. Finally, the fourth stage from 2017 up to now is the period of standardization for mixed operations. In 2017, state leaders began emphasizing the need to coordinate supervision of financial holding companies, address regulatory shortcomings, and avoid regulatory gaps. Issues related to the supervision of financial holding companies in 2018 were written into government reports. In July 2019, the PBOC issued the *Trial Measures on the Supervision and Regulation of Financial Holding Companies (Exposure Draft)*. With the gradual improvement of the supervisory and regulatory framework, financial holding companies are geared up to stride further.

Since the mixed operation pilot in 2006, many enterprises have taken advantage of this new policy and expanded into finance, especially certain private financial holding companies, which have grown uncontrollably in size and business scope, posing great risks. The lack of supervision and regulation for these enterprises may trigger systemic risks and threaten economic and social stability. Problems can be divided into four main categories. First, false capital injections and loose constraints. Second, related-party transactions and regulatory arbitrage. Third, complex equity structure and abuse of power. Fourth, straying from core functions and financialization. The Baoshang Bank incident in May 2019 was a credit crisis in which the bank's major shareholder, Tomorrow Holding Co., Ltd. had illegally acquired large amount of funds from the bank and could not pay back. The incident has reignited discussions on strengthening the supervision of financial holding companies. In response to the problems above, relevant efforts to improve supervision and regulation had been exerted continuously in 2019 to further make up for the shortcomings in this area as well as strengthen systemic risk prevention. These include first, setting the tone for regulatory policymaking and promptly introducing management measures; second, achieving internal penetration and pinpointing operational risks; third, combining both easing and tightening and formally introducing systematic supervisory and regulatory measures; fourth, supporting supervision and regulation by promulgating the amended *Securities Law*.

Preventing and controlling systemic risks is a long-term mission that involves multiple parties and scattered risk origins. With the official promulgation of the *Trial Measures on the Supervision and Regulation of Financial Holding Companies*, risks caused by financial holding companies will be significantly mitigated. In the future, it is necessary to focus on the following aspects in jointly fighting systemic risks. 1) Making comprehensive plans and ensuring the delegation of supervisory responsibilities to authorities. 2) Laying a solid foundation and improving supervision and regulatory efficiency. 3) Enhancing coordination and encouraging the participation of all actors. 4) Maintaining license management and deterring illegal activities. 5) Moderating the extent of supervision and regulation and effectively encouraging rational innovation.

Ⅲ. Underpin the Market and Promote High-standard Global Financial Governance

Finance is the blood of the real economy and plays a vital role in optimizing the modern financial system and promoting the modernization of the national governance system. While capitalizing fully on the international and domestic markets and the resources therein, and basing on the goal of deepening high-level reform and opening-up, the fundamental purpose of finance serving the real economy must be defended, apart from promoting high-quality economic development and safeguarding national economic and financial security. Therefore, it is necessary to respect the rules of finance, allow the market to play a decisive role in resource allocation, stay the course on industry reforms, and steadily improve the modernization of China's financial governance system and governance capability in the context of stable opening-up.

(i) Comprehensively expand the opening-up of the market and build a global financial market

First, the construction of a major open economy in China's new era should be promoted. Building and improving the socialist market economy with Chinese characteristics in the new era means developing a new high-level open economic system by comprehensively expanding the width, breadth, and depth of opening; it is seizing the period of strategic opportunities for China's reform and development, adhering to the mutually beneficial and win-win opening strategy, promoting the joint high-quality development of the Belt and Road Initiative (BRI), maintaining and improving the multilateral trading system, promoting the liberalization and facilitation of trade and investment, establishing a global network of high-standard free trade zones, as well as promoting the construction of an open world economy.

Second, the liberalization and facilitation of trade and investment should be boosted. It is necessary to continue opening up the manufacturing, service, and agriculture industries, ensure fair competition between domestic and foreign enterprises, protect the rights and interests of foreign investment, and diversify trade. It is crucial to improve the management system of pre-entry national treatment plus a negative list for foreign investment, promote the institutional opening of rules, regulations, management, and standards, improve the economic trade laws and rule system for foreign businesses. Aside from that, the policies for foreign investment and financing as well as the relevant service system should be improved. The building of open highlands needs to be accelerated, including pilot free-trade zones and free-trade ports. It is also necessary to promote the establishment of an international macroeconomic policy coordination mechanism, and improve the national security review process of foreign investment and antitrust, the management of the national technological security list, the unreliable entity list, and other institutions.

Finally, the financial industry must continue to open up. It is necessary to take advantage of the China-US phase-one economic and trade agreement, strengthen top-level design in market-oriented reforms, such as increasing capital account convertibility and improving the RMB exchange rate formation mechanism, and allowing the market to play a decisive role in resource allocation. Upon examining the business scope expansion of foreign banks, qualified entities should be allowed to acquire major underwriting licenses through market evaluations, and the subsequent expansion of their business scopes should be permitted. The domestic financial market has to accelerate its opening on a higher level, and keep promoting the opening-up of the bond, stock, and derivative markets according to international standards. It should draw more long-term international investors to China's financial market, and facilitate the investing process. Furthermore, in line with the management principles of the pre-entry national treatment plus a negative list for foreign investment, more extensive opening of the financial industry should be promoted, and advanced management concepts, technologies, and rules to enhance the international competitive edge of China's financial industry should be brought in. The credit rating market should also be opened in an orderly way with the establishment of a unified registration management system covering international rating institutions. Onshore bond rating agencies should progressively open to their international counterparts and provide offshore issuers with greater flexibility in terms of auditing and accounting. Lastly, management measures for the issuance of RMB bonds by foreign institutions in the domestic market should be introduced. They should specify the requirements of interbank bond issuance for foreign governments, international institutions, and overseas commercial entities.

(ii) Promote interest rate liberalization and achieve efficient resource allocation

With over 40 years of reform and opening-up, China has basically established a financial market and a financial regulatory system that are compatible with the socialist market economy with Chinese characteristics, albeit price fixing still exists to varying degrees in the sector. The money market interest rate, bond market interest rate, and foreign currency deposit and loan interest rates have successively achieved marketization, and together with the remarkable progress achieved in merging the dual-track interest rates, reform for interest rate liberalization has entered a critical stage.

First, the positive effects of interest rate liberalization must be maximized. Price reflects the supply and demand of financial resources. As such, market-oriented reforms on prices of key market elements should be deepened, and interest rate liberalization must be advanced. It is necessary to improve PBOC's policy interest rate system, merge the two tracks of interest rates gradually, establish a risk pricing mechanism for the market, integrate steadily into the global financial system, and allow prices to fully reflect investors' risk appetite and the return on investment. From the angle of improving prices of key market elements and cost supply, the marketization of resource allocation by key market elements, as best represented by the interest rate, should be implemented, and the credit risk pricing mechanism has to be restored.

Second, the transmission mechanism of interest rate policies should be improved. The purpose of interest rate liberalization is to reflect the independent pricing power of financial institutions in the competitive market and optimize resource allocation through differentiated pricing. From the perspective of control, especially in shifting from direct to indirect regulation, the LPR should act as a guidance to the loan rate, and financial institutions should be encouraged to change their thought patterns on loan pricing, so that the actual loan rate is lowered, and a market-driven rate mechanism and a rate transmission mechanism are formed. A moderate expansion of the MLF and direct counterparties should be executed, implicit limits on the effect of the loan rate should be eliminated, and an "anchor change" for the existing floating loan rate should be advocated.

Third, the exploration of a monetary policy framework with Chinese characteristics should be orchestrated. China's control framework for monetary policy is in the process of gradually transforming from quantity-based to price-based. It is necessary to take China's national conditions into account, adhere to the principles of finance serving the real economy as well as marketization, explore innovative monetary policy instruments in line with China's actual conditions, and develop a monetary policy toolbox with Chinese characteristics. As interest rate becomes more marketized, the construction of an interest rate corridor mechanism should be done. Scale and structure should keep their balance, and the micro-foundation of smooth monetary transmission should be strengthened on both fronts of supply and demand, in order to relieve the contraction pressure on local credit. Moreover, the effects of monetary and credit policies on promoting economic restructuring should be amplified. Policy instruments such as targeted cuts to required reserve ratios, refinancing, and rediscounting should be fully utilized, and along with new innovations and new combinations of policy instruments, structural monetary policy tools will be able to demonstrate their power of precision drip irrigation.

(iii) Reform the direct financing system and reshape capital market ecology

First, capital markets can set off chain reactions in the financial market. The Third Plenary Session of the 18th Central Committee of the CPC prioritized the reform targets of "improving a multi-level capital market system, advancing the reform of stock issuance and stock registration system, promoting equity financing through diverse channels, developing and regulating the bond market, and increasing the proportion of direct financing". The boundary between government and market has to be clarified, and the functions of the government as well as its role in market supervision should be decided scientifically. It is important to reform the supply model of financial resources with determination, and establish a resource allocation system with the law and credit as the base, a modern multi-level capital market as the core, and direct finance as the body. A resource allocation system that is characterized by standardization, transparency, openness, vitality, and resilience has to be constructed. This will not only help the market play a decisive role in resource allocation, but also promote the healthy and orderly development of China's direct financing market.

Secondly, efforts should be devoted to creating a long-term stabilizing mechanism for capital markets to serve the real economy. In order for capital markets to better serve the real economy, increasing the proportion of direct financing and optimizing the structure of the financial system are essential. The basic system for capital markets should be further strengthened and improved, and a non-bank financial institution system and product system compatible with the modern socialist market economy need to be formed. In order to support development in the real economy, financial services with higher quality and more efficiency should be provided, and the deep-rooted challenge of limited financing availability which has long restricted the development of China's capital markets has to be overcome. Moreover, the development of CDRs, the STAR board, and bond market facilitations should continue, and trading, clearing, rating, and other intermediary services of capital markets need to be advanced further. Capital markets should continue to open up to the international market and draw long-term institutional investors such as international pension funds through the qualified institutional investors' and cross-border connectivity systems.

Lastly, government work related institutional supply and supervision must be fulfilled effectively. The IPO pricing system, investors' due diligence and suitability management, adequate and effective information disclosure mechanism, a scientific trading and price discovery mechanism, the upholding of market rules, and investor rights protection mechanism are all crucial in the fundamental institutional construction of capital markets. These underlying institutions need to embody fairness, justice, and openness. As the market regulator and the leader for institutional arrangements, the government needs to stay neutral, know its boundaries, lawfully maintain the effective operation of the market's underlying institutional arrangements, and keep appropriate distance from the market to avoid being both the referee and the player. The STAR board should be fully utilized in its pilot functions for institutional reform, and help identify a feasible path for the comprehensive and systematic improvement of the underlying institutional system for China's financial market.

(iv) Upgrade the asset management industry and innovate a new era of wealth management

In the new century, China's asset management business has shown cross-market, cross-institutional, cross-industry, and cross-product financial innovation and development in the context of economic and financial globalization, technological orientation, and marketization. It has also promoted new changes to the financial system, which had been dominated by indirect financing. In recent years, with the rise of non-performing loans in banks and the gradual buildup of local debt, local asset management companies have been developing rapidly. Playing a positive role in the disposal of nonperforming assets, they have revitalized existing assets, managed risks, and supported the development of the real economy. Nevertheless, these companies have also contributed to the emergence of major risks and even illegal business operations.

Firstly, financial policies were promulgated and implemented comprehensively. In accordance with the overall guidelines of the CPC Central Committee and the State Council for "serving the real economy, preventing and controlling financial risks, and deepening financial reforms" as well as the decision to "resolutely win the battle against key financial risks," in April 2018, the PBOC, CBIRC, CSRC, and the State Administration of Foreign Exchange (SAFE) jointly issued the *Guiding Opinions on Regulating the Asset Management Business of Financial Institutions* ("Guiding Opinions"). Adhering to the bottom line principle of rigorous risk control, the fundamental goal of serving the real economy, and the regulatory direction of combining macroprudential management and microprudential supervision, and by using a targeted problem-orientated approach, and the basic idea of active and prudent advancement, the regulatory authorities fully covered and uniformly regulated the asset management businesses of all financial institutions, implemented fair market access and supervision, eliminated regulatory arbitrage opportunities to the greatest extent, and effectively protected the legal rights and interests of financial consumers. In implementing the Guiding Opinions, the asset management industry has developed from a period of rapid development to a period of optimization and transformation. In July 2019, the CBIRC issued the *Notice of Strengthening the Supervision and Management of Local Asset Management Companies* to standardize the acquisition and disposal procedures of nonperforming assets by local asset management companies, conduct fair market pricing, improve assessment or valuation procedures, and achieve an actual and complete transfer of assets and risks.

Secondly, the asset management businesses require further standardization. (1) Set strict standards and tightly control market entry and market exit. Take actual circumstances into account, stick to strict standards and procedures, control both market entry and market exit, and promote the healthy development of local asset management companies. (2) Return to the fundamentals and focus on the core business line. Carry out the acquisition and disposal of non-performing assets according to the market-based approach, the rule of law, and professional methodologies. Stick to the main objectives of risk management, maintain economic and financial order, and support the development of the real economy. (3) Follow the problem-oriented approach, and effectively ensure the fulfillment of oversight responsibilities. Each regulatory commission must supervise the asset management companies in its jurisdiction on a daily basis, including activities related to the establishment, change, termination, risk prevention, disposal, etc. of local asset management companies. (4) Hold up the bottom line of risk prevention and curb market chaos. Adhere to the bottom line principle of rigorous risk management and the principle of prudent supervision. Remain problem-oriented in deepening structural reform from the financial supply-side. (5) Encourage policy support and create a sound business environment. Encourage local governments and relevant authorities to devise and issue support policies on taxation, asset disposal, credit support, industrial development, justice, talent attraction, etc., to support the healthy development of local asset management companies.

Finally, in improving the financial intermediary organizations and product supply, a category-specific financial instrument system for asset allocation with the goal of intertemporal risk management needs to be vigorously developed. The asset management market should have a "basic assets - collective investment instrument - category-specific asset allocation" ecosystem, create tax-deferred personal pension accounts with independent investment in such financial products as public funds and insurance. Banking, insurance, and other distribution institutions should be encouraged to make secondary selection of public funds through category-specific asset allocation. Investors should have asset allocation solutions across life cycles and economic cycles. In addition, stable long-term funds need to flow into capital markets, capital formation should be promoted, in order to develop a new era of innovative wealth management.

(v) Tackle investment-financing contradictions and rationally handle risks in local debt

The institutional arrangement between public finance and the financial industry is one of the core institutions of the modern economic system. It is necessary to coordinate risk sharing and oversight responsibilities between the central and local governments, which have both overlapping conflicts and gaps in their supervisory functions. Local financial supervisory authorities have limited capabilities in risk identification and supervision as they lack specialized knowledge and skills in the area. It is necessary to improve the coordination of macroeconomic policies and boost synergy between the government and the market.

First, starting from the top-level design, the structure of fiscal expenditure for local governments should be optimized, and the expectation of local governments should be regulated. The increasing downward pressure on the economy and accelerating reduction reforms on taxation and fees have intensified local financial turmoil. Therefore, it is imperative to focus on both revenue and expenditure, comprehensively work out the division of administrative power and expenditure responsibility between different blocs, break the rigid fiscal expenditure structure, optimize transfer of payment, and eliminate institutional obstacles in the local optimization of expenditure structure. A work timeline for the reform of fiscal relations between governments should be introduced as soon as possible, and an acceleration of the revenue division reform is needed, in addition to regulating local government expectations.

Second, the reform of local investment and financing systems has to be expedited. With a results-oriented mindset, local governments should innovate their means of independent financing. In line with the comprehensive goal of stable growth, a new approach should be taken in controlling debt-related vulnerabilities. The first is to allow local governments to innovate investment and financing methods according to local conditions. Local governments have many public resources and public assets at their disposal; thus, a revitalization of assets to acquire financing can not only help local governments control and reduce leverage, but also assist them in making the best use of available resources, improving macro efficiency, and making room for fiscal policy. The second is to appropriately give more autonomous power to local governments with regard to investment and financing, provided that the total debt volume is kept within bounds. Local governments should truly take on public risk prevention responsibilities and stop expecting bailouts from the central government.

Finally, coordination between fiscal, monetary, and macroprudential regulatory policies should be improved. It is necessary to reconsider the nature and functional positioning of local governments' investment and financing platforms, which, through remodeling, should control risks with an open-market approach while abiding by the law and regulations. For platforms with high asset-liability ratios, a market-based debt-to-equity swap upgrade in combination with local SOE reforms should be considered as a solution.

(vi) Scientifically control onshore and offshore debts and deflate asset price bubbles

Financial security is a vital part of national security. For that reason, preventing and defusing key financial risk is placed at the top among the Three Critical Battles. The essence of finance is to serve the real economy; an active and stable financial industry means an active and stable economy. Their macro and micro relationships are respectively reflected through the leverage ratio and the corporate debt ratio, and risks mainly lie in asset price bubbles and micro-debts. The domestic economic transformation and the high-quality development of the financial industry require a balance between development in the real economy and debt risks. In recent years, downward pressure on the economy and risks from excessive leverage remain the most prominent vulnerabilities. This is specifically reflected through structural risks of high leverage ratios in local governments and SOEs, possible repayment risks caused by economic downturn, risk importing and risk accumulation from offshore debt issuance, and the risk of asset price bubbles created via domestic and foreign financing channels. In the future, it is necessary to defuse risks from different angles, such as supply and demand, existing debts and flows as well as system and mechanism, so that national economic and financial security is ensured.

First, the modernization of the financial governance system in an open economy needs to be accelerated. The modern central banking system should be improved, and the modern financial system should be marked by high adaptability, competitiveness, and inclusivity. The systems should promote an overall virtuous circle of the national economy, coordinate domestic and foreign currency policies, and maintain balance both internally and externally. In addition, advancements in the two-pillar regulatory framework of monetary policy and macroprudential policy need to be made, as well as in expanding the policy toolbox. Counter-cyclical policies should hedge against macroeconomic financial threats, and macroeconomic and financial stability alongside national security need to be maintained. Moreover, it is imperative to accelerate the establishment of the two-in-one management framework of macroprudential and micro-supervision for cross-border capital flows, expand policy reserves, improve cross-border funds monitoring and the early warning system, and maintain balance of international payments and the stability of the foreign exchange market. The Office of FSDC should elevate its function of coordination, strengthen the joint action of cross-sector financial supervision and policy coordination, and effectively implement enduring mechanisms for cross-border, cross-market, and cross-institution risk prevention.

Second, the battle against key financial risks must be fought with determination. In thoroughly implementing the overall guidelines of the CPC Central Committee and the State Council to "serve the real economy, prevent and control financial risks, and deepen financial reforms", the action plan to prevent and mitigate key financial risks must be implemented. Furthermore, persistent efforts to prevent and mitigate risks are essential in promoting high-quality development, and orderly advancements in structural deleveraging in conjunction with risk prevention against abnormal fluctuations in the market have to be carried out, so that vulnerabilities in key areas are accurately and effectively dealt with. Regulatory shortcomings should also be addressed and accountability of financial institutions in risk management needs to be improved.

Thirdly, debt risks should be handled properly. In order to achieve steady growth, stable expectations, and leverage reductions while keeping the macro leverage ratio and the economic development stage aligned, market-control mechanisms have to be improved, and domestic and foreign debt should be managed scientifically, so that medium- and long-term foreign and domestic debt risks are effectively contained. Aside from this, local government debt has to be strictly monitored with full-scale statistical surveillance and supervision. Local governments need to be held accountable and their debt management methods must be standardized. It is necessary to promptly uncover and resolve hidden debt risks in addition to normalizing the monitoring mechanisms. While strictly controlling risks, debt structures need to be optimized, and resources from both home and abroad should be fully utilized, in order to facilitate cross-border financing, support the development of the real economy, and scientifically and rationally monitor and manage domestic and foreign debts. Among other things, corporate financing has to be standardized, and market-based financing of enterprises should be supported as long as it's in accordance with laws and regulations, so that they are able to use funds denominated in the RMB or other foreign currencies based on their creditworthiness. When using foreign capital, enterprises should be encouraged to consider such factors as exchange and interest rates, currency and corporate asset-liability structures, and information disclosure, so as to effectively prevent currency or term mismatches and liquidity risks.

Fourthly, in order to meet the needs of high-quality economic development in China, structural reforms of the financial supply-side must be deepened, because apart from increasing effective financial supply, structural reforms are the key to financial risk prevention. Direct financing should be developed actively, and the function of low-cost financing in offshore capital markets has to be maximized in helping the transformation and upgrading of the real economy and in promoting supply-side structural reforms. On top of that, market-based offshore bond issuance should be supported for large-scale enterprises as long as their comprehensive economic capabilities are strong, level of internationalized operation is high, and risk control mechanisms are sound. Debt raised should mainly go towards innovation development, green development, strategic emerging sectors, high-end equipment manufacturing, BRI infrastructure projects, production capacity cooperation with other countries, etc.

Ⅳ. Conclusion and Suggestions

Financial governance cannot exist in isolation from the logic of historical evolution and the reality of economic and financial development. The foregoing analysis demonstrates that financial governance should not only meet the domestic political framework and macroeconomic policy choices, but also interface and resonate with the global financial governance system. Therefore, the modernization of financial governance is not a simple technical proposition, but a subsystem within the framework of international competition and national governance. In order to modernize a financial governance system, aside from a modern organizational structure, policy instruments, coordination mechanisms, and technical means, the implementation of modern ideas and principles are also crucial. Conceptually, modern financial governance should adhere to an international and systematic vision and prevent escalating problems globally and governance fragmentation. It is necessary to improve the blueprint of financial modernization in order to serve the overall goals of national governance, respect the current global financial market order and its rules, and gradually contribute to China's globalization think tank. The choice of the governance model should not only meet the development stage of the domestic financial market but should also strictly maintain the bottom line of systemic risk prevention, promote the coordination between financial and fiscal policies, so that the market can function as a "booster" for the development of the real economy and the improvement of social governance. As a matter of principle, the unified and centralized leadership of the Party should always take precedence in financial governance. The role of the market needs to be strengthened in resource allocation, and the rule of law should have stronger influence in its functions, which include building a governance bedrock, stabilizing market expectations and benefiting in the long-term. More enthusiasm and initiative are also needed from all actors involved in this process.

(i) Ensuring the decisive role of the market in resource allocation is the basis of financial governance modernization

After detaching finance from the MOF, the overall framework for the marketization of China's financial institutions has been largely set up. A financial institution system consisting of capital with diverse attributes, coexistence between policy and commercial finance, and characterized by varying formats and a range of functions was formed. Beyond that, trading systems for securities, futures, gold, and foreign exchange were developed. The focus of marketization has gradually shifted from the cultivation of financial institutions to the streamlining of market-driven pricing mechanisms for financial elements, including the marketization of the exchange and interest rates.

Meanwhile, the two basic institutions most significant to the marketization process, namely, foreign exchange control/renminbi (RMB) internationalization and the approach of regulated marketization, have also gradually gained momentum in terms of using market operations instead of administrative orders in market intervention. Allowing the market to play a decisive role in resource allocation is an indisputable aspect of modern financial governance. Being the core of modern economy, the financial market requires extensive, efficient, and accurate resource allocation. As such, it should have a higher degree of marketization compared to the real economy, and the scope, timeliness, matching accuracy, and regulatory capabilities of its resource mobilization mechanism need to be improved.

Beyond that, in the processes of risk management, it can also be seen that asset restructuring and risk mitigation have become increasingly marketized. The thorough integration of marketization, internationalization, the rule of law, and financial supervision modernization is necessary for the market to exercise greater power in resource allocation, and so is the acceleration of opening-up. Internationalization can broaden the horizons of marketization, while the rule of law can cement its progress. It is important to continuously improve the "One Committee, One Bank, and Two Commissions" regulatory framework. Stability of marketization should be achieved through the regulatory "dual-pillar", propped up by macroprudential and monetary policies. Financial institutions with different types of capitals should be supported, so they can fully utilize their advantages in the market, and more efficiently guide the reasonable allocation of financial resources in an independent and accountable way.

(ii) Upholding the fundamental principle of law-based market governance is at the core of financial governance modernization

Market-driven allocations of financial resources are done through a large volume of transactions. This reaffirms the central position of the contract spirit and the rule of law in modernizing financial governance. In recent years, China's financial industry has seen great innovation, especially in terms of fintech, which has broken down the traditional boundaries between finance and the real economy, finance and the Internet, and financial business form and functions. On the other hand, uninhibited growth of regulatory arbitrage, excessive leverage, and false capital injections have all posed risks.

The fundamental strategy for risk prevention entails clearly defining the rules, determining responsibilities, and ensuring strict accountability. With increasingly clarified administrative responsibilities for central and local financial affairs, the State has formulated, or is in the process of drafting, applicable laws and regulations as well as regulatory documents in key problem areas such as financial holding companies, bank wealth management segments, equities of bank insurance and related-party transactions, as well as peer-to-peer (P2P) lenders. All local governments have also promulgated financial supervisory regulations in order to strengthen governance in areas with frequent and concentrated financial risks. However, law-based municipal governance will remain an arduous task in the future.

In one respect, with the acceleration of financial opening-up, offshore financial institutions have basically reached "citizen treatment", though market participants vary in their abilities to benefit from the rule of law. Opening-up will promote a more refined law-based municipal financial governance system. In another respect, financial institutions currently divide their businesses by province. However, with an integrated economy and an acceleration of the regional flow of economic elements, the cross-regional flow of financial elements supported by the Internet will no longer be a technical problem. Therefore, how the financial supply will change existing modes of operation and supervision in order to meet the endogenous needs of the economy and society will be an extraordinarily challenging issue, which might lead to changes in a series of rules and regulations. In addition, with increasing significance of the private economy in terms of perception and policy, the principles of financial fairness and justice will be further enhanced. The most effective and critical breakthrough in stabilizing the confidence of private entrepreneurs and shareholders in private financial institutions lies in implementing and securing the rule of law.

(iii) Continuing high-level internationalization is key to modernizing the financial system

Against the backdrop of economic and financial globalization, China's financial industry has achieved greater opening and deeper integration with the global financial market. As the second largest economy in the world, China gradually saw its role shifting from an important player in the world economy, to one of its most active builders and leaders. In the global financial governance reform led by developed countries, China has also strived to fulfill its own responsibilities. The country actively promoted the reform of international financial institutions such as the International Monetary Fund (IMF) and the World Bank, set up the Silk Road Fund, promoted the internationalization of the RMB, and pushed forward the establishment of a new global financial governance pattern characterized by multilateral participation, equality, and mutual benefit. However, due to the impact of domestic financial risk management, the drive to "go-global" will transitorily remain upstaged by the "bring-in" impetus of financial reform, which has gradually entered the deep end. Modernizing financial governance is undoubtedly a high-standard internationalization process, which has to focus on three key issues. Firstly, it must have a clear grasp on the actual conditions, follow prevailing rules in the international domain, and gradually increase the voice of China and share the country's experience in global financial governance reform. Secondly, research on the latest developments in international financial innovation and supervision should be promoted, including capital supervision under the Basel system, the supervision of systemically important financial institutions, and the supervision of financial derivatives. Thirdly, RMB internationalization and cross-border capital supervision should continue to advance. Under the dominant trend of free flow for financial elements in the open-economy financial system, the most immediate tasks are to pilot first, accumulate experience, and improve cross-border risk supervision capabilities.

(iv) Building a modern financial regulatory system is an important guarantee for financial modernization

A financial supervision system can only be considered scientific and effective if it is suitable for national conditions. At this time, China has developed a supervision system under the centralized and unified leadership of the Party, under the "One Bank, Two Commissions" framework of the FSDC. From the perspective of implementation effects, this is a complete setup with clear responsibilities and good results. However, there are still some issues that need to be ironed out soon going forward. The first problem is the interconnection and interoperability of financial information and the unity of data standards and scale after data interchanges. Only when direct channels of communication between the central and local governments are formed can risk warning indicator analysis be identical. Secondly, regulatory authorities have been relatively lagging in fintech applications. Highly-developed modern finance is powerful in its ability to self-reproduce. Financial supervision technology is lagging behind market developments, especially in its ability to foresee risk warnings. For example, its ability to intelligently associate and form a three-dimensional image of risks in different markets, different business forms, and different areas is weak, and does not meet the current and future risk management needs. Thirdly, local financial regulatory authorities have trouble handling the relationship between economic development and risk supervision. Local finance has long served local economic development, but professional financial supervision has yet to mature, and the conceptual foundation of a risk-based supervision has yet to settle. Fourthly, financial pro-cyclicality has not been handled appropriately, as evidenced by continuous market volatility. Though, this is a headache for the world markets as well.

(v) Supporting the modernization of financial governance will promote national development in the new era

Currently, China's economy and financial markets are at a critical stage of reform and development. Domestically, the investment-led and export-oriented economic model has transformed into a high-quality development path driven by innovation. Functioning as a growth pivot, domestic demand is crucial to breaking away from unsustainable development, leaving the middle-income trap, and joining the ranks of high-income countries. The transformation of the economic development model will inevitably reshape the allocation and utilization of key economic and financial elements in industries, sectors, and local areas. Meanwhile, the financial-hub mechanism will need to mobilize additional high-quality forces from China and other countries to better serve the real economy. The expansion of financial resources and the market-based pricing of elements, especially the improvement of the efficiency and accuracy of financial services, will gain even more significance. From the viewpoint of global financial development history, major financial crashes have caused turbulence in the national modernization process of some countries, instigating great social turmoil. As the construction of the financial governance system and governance capacity are important ingredients in national modernization, improving the financial governance model will effectively contribute to a comprehensive and high-quality socioeconomic development in China.

FEATURE ARTICLE 1:

Enforcing the Revised *Securities Law* and Improving the Legal Framework of Wealth Management[1]

On December 28, 2019, China's top legislature approved revisions to the country's *Securities Law* at the 15th Session of the Standing Committee of the 13th National People's Congress. The revised *Securities Law* expanded its scope of application and adopted the registration-based initial public offering (IPO) system. Furthermore, it underscored the standardization of IPOs and trading, further crackdowns on illegal activities in the sector, protection of the rights and interests of investors, and improvement of regulatory measures. The revised law will play an active role in the healthy development of the capital market. Article 2 of the General Provisions pertains to the scope of application for the *Securities Law* and specifies that "the administrative measures on the issuance and trading of asset-backed securities and asset management products shall be formulated by the State Council under the principles of this Law," confirming the classification of asset-backed securities and asset management products as securities. We must, under the authorization of the *Securities Law*, upgrade the legal framework of the wealth management market, promote the development of the financial market and boost the efficiency of financial services in catering to social and economic developments.

Following the reform and opening-up, capital accumulation at home has sparked off a demand for wealth management. As such, helping nationals achieve wealth appreciation and improving capital use efficiency have become key responsibilities for the financial industry. Wealth management denotes the planning and administration of asset allocation for a client's material wealth (physical assets, monetary assets, and financial assets) and non-material wealth (intellectual property and goodwill). The planning of asset allocation involves investment advisory, investment consultation, and financial advice services, while the execution of wealth planning is wealth management. A classic service offered by a trust company is the fiduciary

---

[1] About the Author: Wu Xiaoling; Chairwoman People's Bank of China School of Finance, Tsinghua University, China.

management of a client's physical assets, and when assets under management are monetary and financial, it is known as a financial trust service, which is what asset management service offered by Chinese financial institutions generally refers to presently. The *Guidance on Regulating the Asset Management Business of Financial Institutions* (*New Rules on Asset Management*) defines asset management services as "the financial services that asset management institutions including banks, trust, securities, fund, futures, or insurance companies perform for the purpose of investing and managing the entrusted assets of the client." This definition does not exclude the fiduciary management of physical assets. However, since the *New Rules on Asset Management* stipulates that "depending on the ways in which asset management products are pooled, they shall be classified as either publicly offered products or non-publicly offered products," the main subject of regulation here are financial asset management services, specifically.

Currently, China has three laws regulating wealth management. The first is the revised *Securities Law*, which now lists asset management products as part of securities and authorizes the State Council to formulate rules on the issuance and trading of asset management products. The second is the *Securities Investment Fund Law*, which regulates "the formation of securities investment funds through public or non-public pooling of capital." Lastly, the *Trust Law* governs fiduciary relationships, "through the form of a trust institution, the trustee renders trust services, whose specific organization and management measures are formulated by the State Council." The three-law framework should serve as the foundation for our improving the laws and regulations on wealth management in the financial industry, as well as standardizing the practice and supervision measures for wealth management.

I. Formulating Regulations for Trust Companies and Underscore the Independent Nature of Entrusted Assets

Japan has had a profound impact on China's trust industry. In the mid-20th century, Japan developed loan trusts despite deposit interest rate regulation and a lack of long-term supporting capital. The *Loan Trust Act*, promulgated and implemented in June 1952, defined loan trust as "a money trust in which a trustee accepts money under trust agreements concluded with a number of settlors based on the same basic terms and conditions of trust, and which is jointly operated mainly by providing loans or discounting bills, with the beneficial interests under the trust agreements being represented by means of beneficiary certificates." At its pinnacle (late 1993), Japan's loan trust exceeded 50.7 trillion yen. Thereafter, however, loan trusts waned as the country's high-growth period grinded to a halt, with demand for capital tumbling and interest rate becoming marketized. After 2009, loan trusts died out completely.

When trust was first introduced to China in the 1980s, the country faced challenges also of a highly regulated financial sector, strictly planned credit management in banks, limited financing for economic activities beyond social planning, and a shortage of long-term capital. Trust companies then became an important channel for bypassing regulations and financing off-plan investment vehicles, for which they underwent five industry-wide clampdowns as a result. It was not until 2001, when the National People's Congress enacted the *Trust Law* and the People's Bank of China promulgated the *Administrative Rules on Trust and Investment Companies* and *Provisional Rules on Entrusted Funds Management of Trust and Investment Companies*, that the trust industry turned back to its fundamental purpose of managing entrusted assets. However, due to the lack of provisions on property registration in the *Trust Law*, trust companies basically only manage assets pooled privately as they find it difficult to manage physical assets. Driven by this path-dependent inertia and induced by the need for social financing, trust companies have engaged in quite a number of financing and pipeline services. With the growing need for wealth inheritance and wealth accumulation, and the gradual standardization of the asset management space, trust companies must re-shift their focus to traditional services including personal trusts (i.e., philanthropic and family trusts) and corporate physical-asset trusts (i.e., property rights trusts), in order to maximize their competitive edge. Therefore, it is important to set forth the legitimacy of trust property registration by revising the *Trust Law*. Since revising the *Trust Law* takes time as it covers a wide range of subjects, *Trust Company Regulations* (a legislative plan is in place) can be formulated first to specify the validity of trust property registration against bona fide third parties, in order to provide a legal basis for the independent nature of entrusted assets, and to create a sound institutional environment for traditional trust services.

II. Improving the New Rules on Asset Management Based on the Inclusion of Asset Management Products into Securities

The asset management market gradually restored its order after the *New Rules on Asset Management* were unveiled for public comments in 2017 and went into effect in 2018. Meanwhile, the financial sector steadily came to par on the notion that asset management products must revert to the tradition of "sellers sell responsibly, and buyers buy at their own risk." Although there remain issues regarding the restructuring and clearing out of existing products, a need to extend the transition period for underlying assets of existing products has emerged. Nonetheless, efforts dedicated to the standardization of the asset management space have gained increasing recognition. After the inclusion of asset management products into securities in the *Securities Law*, we are legally equipped to further improve the *New Rules on Asset Management* as well as clarify other unresolved issues.

First, asset management products invested by two or more entities should be established as funds, which are divided into public and private funds according to the *Securities Law*. Second, we need to clarify the fact that, regardless of the type of investing financial institution, the asset managers shall implement uniform provisions by virtue of their underlying responsibilities in asset management. When issuing public funds, the manager must obtain a license in accordance with the measures for public fund management. Furthermore, when issuing private funds, both the manager and product must be registered in accordance with the *Securities Investment Fund Law*. Third, upon the Article 94 amendment of the *Securities Investment Fund Law*, we need to specify that the new rules of asset management apply to all types of public and private funds. Fourth, we should promote the integration of registration systems established by the banking, securities, insurance, trust, and funds industries for private asset management products, so as to eventually break the barriers of private asset management products and arrive at a unified registration system that promotes the trading and circulation of private asset management products. Fifth, the supporting regulations for banks, insurance, securities, funds and futures institutions as well as other institutions shall be clarified as interim regulations after the enactment of the *New Rules on Asset Management*. After public and private fund products are included in the *Securities Investment Fund Law*, regulatory authorities can put forth unified implementation methods based on the advantages of different types of regulation. Sixth, we should clarify the requirements regarding the corporate governance, risk management, and employee standards of financial institutions engaged in wealth planning and asset management. Seventh, the demarcation between wealth planning and product selling and their legal obligations shall be clarified according to the source of income. When income is derived from the buyer, it is wealth planning, and when income is obtained from the seller, it is sales and brokerage. In addition, a number of provisions can be upgraded based on the two years of implementation of the *New Rules on Asset Management*.

III. Amending Article 94 of the Securities Investment Fund Law to Allow Non-public Funds Invest in Equity of Unlisted Companies and Regulate the Operation and Management of Private Equity Funds

A highlight of the 2013 revision of the *Securities Investment Fund Law* was the addition of a new chapter called Non-public Funds, which endowed private funds (i.e., non-public funds) with legal status. Article 89 stipulates that a private fund manager is a financial intermediary who is exempt from approval but requires registration. Article 96 stipulates that qualified private fund managers may, upon approval, engage in public fund management.

When drafting private fund regulations, private securities funds mainly invested in listed stocks and private equity funds mainly invested in unlisted equities were intended to be included into the definition of non-public funds. However, this did not materialize as no consensus was reached on equity investment funds, mostly with regard to whether the equity of a company should be considered as securities. There was no objection against the stocks of unlisted companies should be viewed as securities. However, since equity funds, particularly venture capital funds, are frequently invested in the equity of limited liability companies (LLCs), disputes over whether or not the equity of LLCs should be seen as securities. We believe that, in China, securities are a form of proof of property rights. If property can be divided and transferred without causality, then it has the attributes of securities and shall be specified as securities under the *Securities Law* and *Securities Investment Fund Law*. Although stocks of LLCs are transferable with the consent of the shareholders, and they hold the attributes of securities, no accord was reached. Therefore, Article 94 of the *Securities Investment Fund Law* stipulates that "the trading of publicly issued stocks, bonds, and fund units of an LLC, as well as other securities and derivatives specified by China Securities Regulatory Commission (CSRC) under the State Council, all constitute as securities investment of non-public fund assets." As the investment target is confined to publicly issued shares of an LLC in the article, private equity funds are excluded from the *Securities Investment Fund Law*. In 2013, two measures were taken to ensure the unified management of the fund market. First, the regulation duty of private equity funds was transferred from the National Development and Reform Commission (NDRC) to the CSRC with the approval of the State Commission Office for Public Sector Reform. Second, the policymaking duty of supporting policies for venture capital companies will continue to be handled by the NDRC.

After the *Securities Investment Fund Law* came into effect in 2013, and legal status was granted to private securities funds, the fund industry took off, and a substantial asset management market emerged. Private equity funds also boomed, and because they played an important role in economic innovation and corporate financing, a pressing need to grant them a rightful place in law surfaced. Since 2014, the State Council has been drafting regulations on private equity funds, but has yet to issue them. Given the need to stabilize overall leverage in the macro economy and to enable the market play a decisive role in resource allocation, developing and improving equity financing is essential. Currently, the significance of private equity funds is recognized widely by the society, and the clear definition of equity as securities has laid a great social foundation for the legal status of equity investment funds. The rapid development of the U.S. capital market owed to the *Securities Act of 1933* and *Securities Exchange Act of 1934*. After the U.S. *Securities Act* first instituted a few dozens of types of securities, it adopted the Howey Test to determine whether specific investment contracts would qualify as securities. The test comprises four criteria: (1) money is the means of investment; (2) investment is in a shared enterprise; (3) investment is solely the result of efforts from the initiator or a third party; (4) profitability is expected through investment. One example of a qualifying investment contract is the LLC operating agreement. We should give it recognition within the *Securities Investment Fund Law*. By also including corporate equity investment into Article 94 of the Securities Investment Fund Law, which imposes the restriction on non-public fund investment and confines it to publicly issued shares of LLCs only, we can make the law applicable to private equity funds, thereby minimizing legislative costs while opening up the channel for equity financing.

Similar to the 2015 special provision amendment of the *Law on Commercial Banks*, we can solve the market's headache with minimum legislative costs by only amending one provision within Paragraph 2 of Article 94 of the *Securities Investment Fund Law*:

First, we should add "securities investment of non-public fund assets, including the buying and selling of the company's equity, bonds, and fund units ...." In this way, the inclusion of private equity funds into the *Securities Investment Fund Law* will follow a logic train of thought. Second, we can solve the regulation problem for funds with varying structures. Article 153 of the *Securities Investment Fund Law* stipulates that "where the assets of a company or partnership formed by raising funds in a public or non-public manner for the purpose of engaging in investment in securities are managed by a fund manager or general partners, this law shall apply to any investment of a company or partnership in securities." According to this Article, since contractual, corporate, and partnership funds only differ in their internal governance mechanisms, this law shall apply to their relevant investments. Because funds are only investment vehicles and not the subjects of taxation, applicable taxes should be borne by the investor and deducted and paid by the fund manager. Thus, for any private equity fund, whether it is a company or partnership, tax issues can also be resolved in Article 8 of the *Securities Investment Fund Law*, by specifying that funds are not the subjects of taxation, and applicable taxes are deducted and paid by fund managers after income distribution.

Building a country with law-based governance necessitates upgrades in laws and regulations. The financial industry must improve its laws and regulations, promptly overcome institutional weaknesses, enhance its financial risk management capabilities and boost global competitiveness. With the rapid development of fintech and intensified competition in international finance, the obligation to straighten out the laws and improve the legal environment is becoming increasingly urgent!

FEATURE ARTICLE 2:

Preventing Financial Risks, Achieving Breakthroughs, and Targeting Key Missions: Foci of Foreign Exchange Rate Reform in 2020[①]

I. What we learned from stabilizing the foreign exchange market in 2019: using reform and opening-up as the main tool to effectively brace for external headwinds

For the foreign exchange market, 2019 was an anomalous year filled with hurdles for balancing risk prevention and reform, which we took on mainly with further reform and opening-up. Faced with mounting risks and challenges both domestic and abroad, in particular the volatile economic relations between China and the United States, the State Administration of Foreign Exchange (SAFE) adhered to the general guideline of ensuring progress while maintaining stability. In addition, it adopted a series of comprehensive measures to increase fluctuations of the RMB exchange rate in both directions, enhance countercyclical macro regulation, and strengthen expectation guidance for the foreign exchange market. It constantly optimized the framework and toolbox of macro-prudential management of cross-border capital flow, maintained the consistency, stability, and predictability of periodic micro-regulation, and clamped down on illegal transactions in the foreign exchange market. These concerted policy efforts safeguarded the stability and smooth operation of China's foreign exchange market.

Moreover, 2019 marked a year of stronger push for the opening-up of the foreign exchange market. Reform requires momentum and pressure, and opening-up further heightened the sense of urgency for reform. The fundamental aim of reform for foreign exchange administration is always to reduce the transaction costs of the economic sector, given that the managing governance capability is accommodative to systemic risk management in practice.

---

① About the Author: Lu Lei, Deputy Administrator of the State Administration of Foreign Exchange (SAFE).

In a complicated environment, the purpose of exerting constant policy efforts to accelerate opening-up and reduce restrictions on foreign exchange administration is to reduce transaction costs for the financial sector and the real economy. The SAFE continued to optimize foreign exchange risk management for foreign institutional investors in the interbank bond market, lifted investment quotas on qualified foreign institutional investors, and piloted the foreign exchange trading of securities companies. These practices were in line with the opening-up of the financial market and facilitated cross-border investment and financing. In the first 11 months, a net increase of US $100 billion worth of bonds and stocks held by foreign investors was observed, becoming an important force in stabilizing the foreign exchange market. Regarding trade and investment facilitation, the SAFE launched a cross-border financial blockchain service platform in March 2019 and piloted in seven provinces/municipalities and 14 corporate banks to reduce the financing threshold and costs for small- and medium-sized enterprises. By end-October, six measures to promote cross-border trade and another six to facilitate cross-border investment and financing were introduced with the approval of the State Council to further support and reduce restrictions on trade and investment. Beyond that, active assistance was provided at the frontlines of opening-up, such as free trade zones. On December 20, six measures were proposed to facilitate cross-border investment and financing of Macau's investment companies in the Hengqin Free Trade Zone, allowing special economic zones to play the exemplary role for the new frontlines of foreign exchange's reform and opening-up.

II. Balance is the highlight of foreign exchange administration reform and foreign exchange market operation in 2019

If we were to describe the relationship between the financial sector and the real economy, which incorporate reform of systems and mechanisms in foreign exchange, the opening-up of the financial market, cross-border capital flow, and international balance of payments, the word "balance" is the most exact. Such a balance has created a stable monetary, investment, and financing environment for trade and investment in the real economy and portfolio selection in finance. Within China's foreign exchange market, risk control over monetary and foreign exchange has been maintained at a most stable level in the world. I will illustrate this with a set of numbers.

In 2019, China's foreign exchange market primarily struck a balance between supply and demand and displayed stability in four aspects. First, the RMB exchange rate was steady compared with global currencies. The trend of the RMB exchange rate throughout the year was highly consistent with the development of the China-U.S. trade frictions and negotiations. As of December 16, the central parity rate of RMB against USD depreciated by 1.8%; the CFETS RMB Index dropped by 1.7% and the Emerging Market Currency Index dropped by 1.9%. In contrast, RMB remained stable among major non-USD currencies worldwide. Second, the balance of payments was at equilibrium for the most part. In the first three quarters of 2019, the current account surplus was US$143.2 billion, compared with a deficit of US$5.5 billion over the same period in 2018. The capital and financial accounts in general indicated a net inflow, of which net investment inflow accounted for US$27.7 billion. Third, an overall balance was achieved between foreign exchange supply and demand. In the first 11 months of 2019, the average monthly foreign exchange trading deficit for banks was US$5.3 billion compared with the period when the China-U.S. trade discord initially broke out in 2018. Cross-border funds in non-bank sectors generally showed a slight net inflow. In the first 11 months, cross-border funds from non-bank sectors, such as companies and individuals, recorded a net inflow of US$13billion. Fourth, the total volume, structure, investment direction, and returns on international reserves were self-balanced. By the end of November 2019, China's foreign exchange reserve balance reached US$3095.6 billion, which climbed by US$22.9 billion compared with end-2018. Furthermore, gold reserves showed a steady rise.

Such a balance would lead to a virtuous circle of policy practices, that is, by employing a combination of market-oriented policy tools, we can attain a stabilization of confidence and expectations in the real economy and the financial sector, in addition to significantly reduced risks of abnormal fluctuations in the foreign exchange market and a stable monetary and financial environment for the real economy. The question is, how can we achieve such a balance? Active measures should be taken in the face of external headwinds while avoiding excessive action. Only when careful and detailed attention is given to foreign exchange positions, international reserves, and gains and losses in trade and investment accounts can we promote the balanced development of the foreign exchange market.

III. The foci of foreign exchange rate reform in 2020 are preventing financial risks, achieving breakthroughs, and targeting key missions

As the external environment for China's foreign exchange market undergoes profound changes in 2020, we will encounter exceptional opportunities as well as unprecedented challenges in foreign exchange administration. In a positive outlook, China's economy has registered stable performance with good momentum for long-term growth. Going forward, we will adhere to the key mission of supply-side structural reform and promote high-quality development through the reform and opening-up. This will help maintain upbeat economic performance, accelerate opening-up in a comprehensive way, and lay a solid foundation for the stable operation of the foreign exchange market. The progress achieved in the phase-one trade negotiations between China and the U.S. is conducive not only to the healthy development of the global economy and global trade, but also to a stable external environment for the overall balance of the foreign exchange market. Moreover, we must be more heedful of risks, remain vigilant against "black swan" or "gray rhino" events in the international market and prepare effective response plans. We must continue to stay the course of the reform and opening-up, focus on key missions, overcome weaknesses, and accelerate opening-up. We must conscientiously maintain stable operation of the foreign exchange market and promote high-quality development.

First, we must prevent financial risks. We have to remain steadfast in the battle against key financial risks in the foreign exchange market and conscientiously maintain the overall health of China's financial system. Preventing and mitigating risks in foreign exchange is a tough and long-term battle. Therefore, we should catalyze the improvement of the regulatory framework of "macro-prudence + micro-regulation" in cross-border capital flow. From the macro level, we must prevent abnormal cross-border capital flow brought on by external risk impacts, accurately identify the inevitable relationships between key variables, and regulate procyclical fluctuations of cross-border capital in a countercyclical and market-oriented manner. From the micro level, we need to protect the stability, consistency, and predictability of policies, crack down on illegal and criminal acts in foreign exchange, and maintain market order.

Second, we must achieve breakthroughs. We will continue to advance supply-side structural reform of the foreign exchange rate, serve the real economy, and facilitate trade and investment. We must achieve watershed leaps in reform, institution, opening-up, and regional development. We shall consider the current stage of economic development, current conditions in the financial market, and the requirement for financial stability, in promoting the opening-up of non-convertible capital accounts in an orderly way and further improving trade facilitation under convertible capital accounts. We should further refine the management system of pre-entry national treatment plus a negative list for foreign investment, conscientiously safeguard the legal rights and interests of foreign investors and continue to optimize the business environment. We must also support the construction of new opening-up frontlines in the Shanghai Pilot Free Trade Zone, Xiongan New Area, Guangdong-HK-Macau Greater Bay Area, and Hainan Free Trade Port.

Third, we must stay focused on our key missions, which encompass boosting the integration of fintech and the foreign exchange market and regulating technological development. The new round of scientific and technological revolution has ushered in a widespread application of innovative technologies, such as artificial intelligence and big data, and spawned a large volume of new fintechs. Previously, Facebook's "Libra" sparked in-depth discussions on financial stability, cross-border transactions, and the international monetary system. General Secretary Xi Jinping, during the 18th Group Study Session of the Political Bureau of the CPC Central Committee, emphasized that blockchains shall be used as a key breakthrough in the independent innovation of core technologies. In addition, efforts shall be made to accelerate the innovation of blockchain technology and development of the blockchain industry. The cross-border financial blockchain service platform established by the SAFE is currently the only blockchain platform registered by an organ of state in the Office of the Central Cyberspace Affairs Commission. We will gradually expand piloting the platform and application of blockchain technology in cross-border financing and macro-prudential management. Moreover, supporting cutting-edge research on the reform and opening-up in foreign exchange is necessary to tackle challenges brought by digital currencies, and to explore the technological system for foreign exchange administration in the new context.

IV. Looking ahead for foreign exchange administration, we must deepen the reform and opening-up of the financial market on the premise of effective risk management, and advance the modernization of the governance system and governance capacity on the basis of an open economy

In April 2018 at the Boao Forum for Asia, President Xi Jinping pointed out that the "opening-up was key to China's economic growth over the past 40 years, and in the same vein, high-quality development of China's economy can only be achieved with greater openness." He said that "China's door of opening-up will not be closed and will only open wider!" In the course of building a new and high-level economic system for opening-up, merits, and demerits were observed, which leads to the need to strike a dynamic balance between multiple goals of reform, opening-up, and stability.

First, we must select the best timing and pace for China's financial market opening-up and strive for a higher level of opening contingent on effective risk control. We will steadily promote the opening-up of the financial market in terms of width, breadth, and depth and gradually execute the opening-up of commodity and key financial element markets. Then, we will open up institutions, such as rules, regulations, management, and standards, to better cater to the need of high-quality economic development. Clearly, the financial market cannot be opened up in one stroke. Instead, it will be founded on effective financial risk prevention. As such, preparing for worst-case scenarios is necessary. Furthermore, we should increase risk awareness and adopt the progressive opening-up approach, which follows the order of "current account before capital account; long-term capital flow before short-term capital flow; institutional investment before personal investment; inflow before outflow; and direct investment before indirect investment." This direction leads to financial opening-up with Chinese characteristics, and a path that shall be followed for a long time to come.

Second, we must always cater financial opening-up to the development of the real economy. China's economic development has entered a new stage, shifting its focus from high-growth to high-quality. We must adhere to the new development concept and target supply-side structural reforms, fully utilize domestic and international markets and resources, and continuously boost the efficiency of resource allocation and competition. Finance is the core of modern economy and an important medium for allocating resources across periods, sectors, persons, and borders. Given that we cater financial opening-up to the real economy from beginning to end, the efficiency of financial asset allocation will continue to improve, and the financial industry and the financial market will become supporters of and driving forces for high-quality development.

Article 1

China's Revised Securities Law①

The Xinhua News Agency reported that China's top legislature approved (by voting) a revision of the Securities Law at the end of the 15th Session of the Standing Committee of the 13th National People's Congress, the morning of December 28, 2019. Chinese President Xi Jinping signed Chairman's Order No. 37 to promulgate the revised Securities Laws, which will take effect March 1, 2020.

The revised Securities Law has 14 chapters with 226 articles. The revised Law has six major points:

(1)Types of Securities: Chinese depositary receipts (CDR) and asset management products are defined as securities, while derivatives are removed.

(2)Initial Public Offerings (IPOs): A registration-based IPO system must be fully launched,

① About the Author: He Haifeng, Director of the Institute of Financial Policy, Chinese Academy of Social Sciences.

the Stock Issuance Examination Committee of China Securities Regulatory Commission (CSRC) is cancelled; while the limit of 200 or more shareholders for public offerings will be lifted to some extent.

(3)Securities Exchange: companies which trigger delisting warnings will be immediately delisted with no warning; while provisions on prohibited exchange have been improved.

(4)Takeover of a Listed Company: Rules on the disclosure of changes in stockholders' equity, and on short-swing trading have been improved, as well as requirements changing tender offer conditions.

(5)Investor Protection: Information Disclosure (Chapter 5) and Investor Protection (Chapter 6) are added to introduce the representative litigation system, and to clarify more specifically the rights and responsibilities of investor protection organizations.

(6)Regulation of Irregularities: Much heavier penalties have been specified for irregularities; regulatory measures have been clarified, and law enforcement methods have been improved.

It is worth notifying that CDR is defined as a new type of securities in addition to regular securities, special securities, financial products, and overseas securities of which the Securities Law applies; and "derivative securities" are removed.

On December 29, 2019, celebrating the approval China's revised Securities Law, the CSRC posted an article—"Improving Basic Rules and Regulations of the Securities Market and Guaranteeing the Reform and Development of the Capital Market" on its website. Accordingly, the revised Securities Law further improves basic rules and regulations of the securities market, given the requirement of top-level systematic design; reflects the call for market-led and globally-oriented development based on the rule of law; provides legal guarantees and deepens reforms of the securities market; preventing and controlling market risks; improving the quality of listed companies; safeguarding the legitimate rights and interests of investors; galvanizing the securities market toward the real economy; and building a regulated, transparent, and open market full of vigor and resilience.

The CSRC article discusses the systematic reform and improvement of the revised Securities Law, summarizing it in ten points:

(1)Requiring the full launch of a registration-based IPO system,

(2)Requiring much heavier penalties for illegal and criminal activities,

(3)Improving the investor protection system,

(4)Strengthening information disclosure requirements,

(5)Improving the securities exchange system,

(6)Requiring reforms to delegate power, streamline administration, and optimize government services; and relevant administrative licensing items to be canceled,

(7)Requiring securities intermediaries, acting as gatekeepers, to perform their legal responsibilities more conscientiously,

(8)Requiring the multi-layer capital markets system to be developed and improved,

(9)Requiring more regulation, law enforcement; and risk prevention and mitigation; and

(10) Increasing coverage of the Securities Law

In addition, the revised Law has improved: the procedure for acquiring a listed company; the business management system for securities companies; the securities registration and settlement system; and cross-border, collaborative regulation.

On December 30, 2019, four major Chinese securities journals published reviews of the revised Securities Law: ***China Securities Journal,*** "Putting New Securities Law into Effectual Execution and Improving the Legal Framework for Wealth Management," (Author: Wu Xiaoling); ***Securities Daily,*** "Consolidating the Foundation of the Rule of Law and Opening up a New Chapter of the Capital Market Reform"; ***Securities Daily,*** "The 21 Years of the Securities Law: Born out of the Need of the Times and Progressing with the Times"; ***Shanghai Securities Journal,:*** "Providing Solid Legal Guarantee for Deepening Reform of the Capital Market in an All-around Way."

Part Two

Chinese Financial Policies in 2019

Macro Financial Policies

I. Monetary Policies[①]

In 2019, China's macro-economy experienced mounting downward pressure due to the escalation of the trade friction and other external factors. The financial market underwent a fluctuation amid risk events involving small and medium-sized banks. As part of its response to the complex economic and financial landscape, the People's Bank of China (PBOC) carried out appropriate countercyclical adjustments, while maintaining prudent monetary policies.

PBOC created new financial instruments to improve the transmission mechanism of monetary policy, reduced the financing cost of small and micro-businesses, and defused financial market risks. It continued to deepen reform by further promoting the interest rate liberalization reform, improving the RMB exchange rate formation mechanism, and making monetary policies more independent and effective.

(i) Main contents of monetary policies in 2019

1. Reserve requirement ratio (RRR)

PBOC announced three reductions of RRR: a comprehensive reduction, a targeted reduction, and a comprehensive plus targeted reduction. On January 4, it announced the decision to comprehensively reduce the RRR by 1 percentage point in two steps. On January 15 and 25, it reduced the RRR by 0.5 percentage point, releasing RMB1.5 trillion worth of long-term funds. On May 21, PBOC officially issued the Notice of Lowering the RRR for RMB Deposits for county-level Rural Commercial Banks. As part of the notice, the adjustment was to be completed in three steps: a reduction of 1 percentage point on May 15, a reduction of 1 percentage point on June 17, and a reduction of the RRR to 8% on July 15. A total of about RMB300 billion worth of long-term funds were released. On September 6, PBOC announced a comprehensive reduction of 0.5 percentage point and a targeted reduction of 1 percentage point. Among them, the comprehensive reduction was completed on September 16, and the targeted reduction was completed in two steps: a reduction of 0.5 percentage point on October

① About the Authors: He Xiaobei, a postdoctoral fellow at Tsinghua PBOCSF and researcher at the Financial and Development Research Center of Tsinghua National Institute of Financial Research. Shen Yi, a researcher at the Financial and Development Research Center of Tsinghua National Institute of Financial Research.

15 and another reduction of 0.5 on November 15. A total of about RMB900 billion worth of long-term funds were released. As a whole, a total of around RMB2.7 trillion worth of liquidity was released throughout 2019.

2. Open market operation

(1) Open market operation

In the first 10 months of 2019, the 7-day reverse repurchase rate of open market operation maintained at 2.55%. Quickly after lowering of Medium-term Lending Facility (MLF) on November 5, PBOC lowered the 7-day reverse repurchase rate by 5 percentage points to 2.50%, the first such downward adjustment since October 2015. At the end of 2019, the reverse repurchase operation balance of open market stood at RMB3.69 trillion, and a total of RMB7.395 trillion worth of reverse repurchase operation was conducted, among which the accumulated amount of 7-day operation reported RMB5.205 trillion.

(2) Medium-term Lending Facility (MLF)

In the first 10 months of 2019, the MLF remained unchanged. On November 5, PBOC lowered the 1-year interest rate of MLF by 5 basis points from 3.30% to 3.25%. That same year, PBOC conducted a total of RMB3.69 trillion worth of 1-year MLF operation, with the ending balance of RMB3,690 billion, RMB1,241.5 billion less than the beginning of the year. In November, PBOC announced the decision to link the Loan Prime Rate (LPR) to MLF in a bid to further enhance the role of MLF in the transmission mechanism of monetary policy.

(3) Targeted Medium-term Lending Facility (TMLF)

In 2019, PBOC conducted the TMLF operation for the first time as a market-oriented incentive for banks to increase credit to private, small, and micro-enterprises and reduce their financing costs. In January, April, and July, PBOC carried out seasonal TMLF operations with the term of 1 year and the interest rate of 3.15%. The TMLF operation for Q4 was suspended. Throughout the year, PBOC conducted a total of RMB822.6 billion worth of TMLF operations.

(4) Central Bank Bills Swap (CBS)

To ease the capital constraints facing banks and improve their credit supply capability, PBOC used perpetual bonds as a new impetus to help banks obtain supplementary capital. On January 24, 2019, PBOC created the CBS to improve the liquidity of perpetual bonds, and support banks in issuing perpetual bonds to obtain supplementary capital. CBS allows the primary dealers of open market operation to swap their perpetual bonds issued by qualified banks to Central Bank Bills from PBOC. At the same time, the perpetual bonds of banks with a corporate rating of at least AA were included in the scope of qualified collateral of PBOC's

MLF, TMLF, Standing Lending Facility (SLF) and Re-lending. Compared to the perpetual bonds, the Central Bank Bills carry no credit risks. When they serve as PBOC's collateral in monetary policy operation or collateral for interbank pledge-style repo, a lower haircut applies, which encourages commercial banks to invest in and hold perpetual bonds, improves the liquidity of perpetual bonds, reduces the cost of perpetual bonds issued by banks, and thus helps them obtain supplementary capital through perpetual bonds. Since the first CBS on February 20, PBOC conducted seven CBS operations throughout the year, with a total of RMB32 billion.

3. SLF

The interest rates with different terms of SLF remained unchanged throughout 2019. At the end of 2019, the overnight rate, 7-day rate, and 1-month rate stood at 3.40%, 3.55%, and 3.90%. PBOC conducted a total of RMB546.56 billion worth of SLF operations throughout the year, with the balance of RMB102.11 billion at year end.

4. Pledged supplementary Lending (PSL)

In 2019, PBOC issued a total of RMB267 billion worth of PSL, down by 61.4% from the previous year. At the end of 2019, the balance of PSL stood at RMB3,537.4 billion, an increase of RMB157.9 billion over the previous year.

5. Money market interest rate

In the first half of 2019, the center of the 7-day pledged repo rate (DR007) of interbank market deposit financial institutions remained at 2.4%–2.6%. Due to the takeover of Baoshang Bank, DR007 rose to 2.8% before dropping to the range of 2.4%–2.5%. With the downward trend of the reverse repo rate of open market operation and SLF rate in Q4, DR007 trended down by about 20 basis points to around 2.2%–2.3% in late December. On average, the 7-day pledged repo rate (R007) stood at 2.6%–2.7% in the first half of the year but experienced significant fluctuations. Due to the takeover of Baoshang Bank at the middle of the year, the pledged repo rate of small banks and non-bank financial institutions rose, with R007 jumping to 3.6% and maintaining a high level, which indicates the serious stratification of the money market. On average, the Shanghai Interbank Offered Rate (Shibor) dropped from 2.4% in January to 1.9% in December, with the overall rate center moving down.

6. Loan Prime Rate (LPR)

The LPR was created by PBOC to represent the interest rate at which commercial banks offer loans to their best customers, and to serve as the basis where other lending rates can be generated through point addition or reduction. Its purpose was to promote the liberalization of interest rate. However, since its inception in October 2013, LPR has remained unchanged, making it difficult to reflect changes in bank lending rates. On August 16, 2019, PBOC announced the decision to improve the LPR formation mechanism, marking a step towards deepening the interest rate liberalization reform.

As part of the new mechanism, LPR was formed by adding points on the basis of the open market operation rate, which mainly refers to MLF rate. Before the reform, there was only 1-year LPR. After the reform, 5-year LPR was added to provide reference for the interest rate pricing of housing mortgage loans issued by banks and other long-term loans. Meanwhile, the list of banks eligible for making LPR quotation is expanded from 10 national banks and now includes 2 city commercial banks, 2 rural commercial banks, 2 foreign banks and 2 private banks, bringing the total to 18. This effectively enhanced the representativeness of LPR quotation.

On August 20, the first quotation of LPR was made after the reform. The 1-year LPR was further adjusted down by 6 basis points. On November 20, PBOC lowered the MLF rate by 5 basis points, and then lowered the 1-year LPR and 5-year LPR by 5 basis points to 4.15% and 4.80%. As of the end of 2019, no adjustment has been made.

PBOC promoted the pricing of bank lending rates in reference to LPR, using the method of "pursuing increment first and then focusing on stock". Starting from October 8, 2019, the benchmark for setting the interest rate of newly issued commercial mortgage loans was linked to LPR. At the end of 2019, the interest rate of nearly 90% of newly issued loans was set in reference to LPR[①]. In a statement released on December 28, PBOC decided to replace the benchmark for setting the existing floating-rate loans with the LPR. As part of the efforts to replace the benchmark for setting existing loans with the LPR, the borrower and the lender can reach a one-time agreement on whether to replace the pricing benchmark with LPR or fixed interest rate. In principle, the conversion period is scheduled to start from March 1, 2020 and stop on August 31, 2020. The converted lending rate will be decided by the two parties through consultation. PBOC has incorporated the implementation of LPR into the Macro Prudential Assessment (MPA) and the management of the self-discipline mechanism.

(ii)Role of monetary policies in guarding against financial risks and promoting financial inclusion

1. Macro Prudential Assessment (MPA)

Starting with Q1 of 2019, the loan assessment standard for small and micro-businesses

---

① Xinhuanet.com, "Market-oriented conversion will protect the interests of borrower and lender", December 30, 2019, link: <http://www.xinhuanet.com/fortune/2019-12/30/c_1125402677.htm>.

was adjusted to align with the targeted reduction of the RRR for inclusive finance. On January 2, PBOC decided to: adjust the loan assessment standard for small and micro-enterprises entitled to the targeted reduction of the RRR for inclusive finance from "granting less than RMB5 million worth of credit to a single business" to "granting less than RMB10 million worth of credit to a single business," expand the coverage of the preferential policy of the targeted reduction of the RRR for inclusive finance, guide financial institutions to meet the loan demands of small and micro-enterprises, and further enhance MPA's role in encouraging and guiding private, small, and micro-enterprises. To protect the manufacturing industry from the impact of the trade friction, PBOC has incorporated the medium- and long-term loans and credit loans of the manufacturing industry into the assessment in Q1. In Q2, to prepare for the targeted reduction of the RRR for rural commercial banks that focus on localities and serve county regions effective on May 15, PBOC adjusted the loan index for small and micro-enterprises, and private enterprises in the MPA.

2. Resolving financial risks

On May 24, PBOC announced that it would take over Baoshang Bank, which experienced a severe credit risk. It also introduced monetary policies to add to the liquidity of the market. Rediscount, SLF, deposit reserve and liquidity re-lending were used to create "four lines of defense." As the Baoshang Bank event broke the "rigid payment" practices in the interbank markets, the market risk was re-priced, with the significant stratification of interest rate in the money market. On June 14, PBOC announced the decision to incorporate the interbank negotiable certificates of deposit into the SLF collateral to improve the availability of liquidity to small- and medium-sized banks.

Other small and medium banks were affected by the Baoshang Bank event, and in early June PBOC announced the decision to provide targeted liquidity support to small and medium banks.

3. Policies to improve finanical inclusion

Starting from 2019, PBOC upgraded the loan assessment standard for small and micro-businesses. On May 6, PBOC announced the decision to merge the RRR for rural commercial banks at the county level and that for rural credit cooperatives, in a bid to simplify the division of RRR. The combination was completed in three steps. After the third step was implemented on July 15, a new RRR system featuring "three levels and two preferential rates" was established. The "three levels" refer to 13.5% for large banks, 11.5% for medium-sized banks (joint-stock commercial banks and city commercial banks), and 8% for small banks (rural credit cooperatives, rural cooperative banks, village banks, and rural commercial banks at the county level). The "two preferential rates" means that Level I and Level II banks are entitled to the reduction of RRR by 0.5 or 1.5 percentage point.

As part of the requirements of the executive meeting of the State Council held on December 12, the comprehensive financing cost of inclusive loans for micro- and small enterprises will be cut by another 0.5 percentage point by 2020; the loans for such enterprises will continue to grow faster than other loans; and their inclusive loans will grow at a speed of at least 20%.

(iii) Exchange rate and opening up of financial market

1. Exchange rate formation mechanism

2019 witnessed a significant event where the RMB's exchange rate against the US dollar crossed the threshold of 7. When it comes to the RMB's exchange rate against the dollar, 7 is a number that draws extensive attention. This is because the markets around the world argue that the divergence of inflation expectations and the sharp depreciation of RMB will arise if the exchange rate against the dollar exceeds 7. On August 5, due to the trade friction between China and the US and subsequent imposition of additional tariffs, the RMB's exchange rate against the dollar surpassed 7 and fluctuated around it. In 2019, the volatility of the RMB's exchange rate against the US dollar reached 4%, marking a significant improvement of the exchange rate flexibility and playing a role as an automatic stabilizer. At the end of 2019, China's foreign exchange reserve remained above RMB3 trillion. Despite being driven by market forces, the event can be dubbed as "a de facto reform."[①] The event marks an important step towards improving a market-oriented RMB exchange rate formation mechanism, and enhances the independence of monetary policy.

2. Offshore RMB market

Since the end of 2018, PBOC has gradually established a permanent mechanism to issue RMB Central Bank Bills in Hong Kong, and in 2019 it conducted 11 issues of RMB140 billion worth of Central Bank Bills This mechanism has enriched RMB assets with high credit rating in the offshore market, optimized its structure, and served as a long-term mechanism to stabilize expectations for offshore RMB exchange rate.

3. Currency swap agreements

In 2019, PBOC successively signed an RMB1 billion (SRD1.1 billion) bilateral currency

---

① Sun Guofeng, "Review of Monetary Policy in 2019 and Prospect in 2020", China Finance, January 2020, link: http://www.financialnews.com.cn/ft/zj/202001/t20200116_175358.html.

swap agreement with the Central Bank of Suriname, while renewing other bilateral currency swaps: RMB300 billion (SGD61 billion) with the Monetary Authority of Singapore, RMB12 billion (YTL10.9billion) with the Central Bank of the Republic of Turkey, RMB350 billion (EUR45 billion) with the European Central Bank, and RMB30 billion (MOP35 billion) with the Monetary Authority of Macao.

4. Opening up of financial industry

In 2019, the opening up of China's financial market was accelerated. Starting from January, the quota for the Qualified Foreign Institutional Investor (QFII) was increased from $150 billion to $30 billion. On September 10, the State Administration of Foreign Exchange (SAFE) announced the decision to lift the investment quota limit for QFII and RMB Qualified Foreign Institutional Investors (RQFII). Other measures China introduced to boost financial opening up included lifting the 50% restriction on foreign shareholding in banks and financial asset management companies, and continuing to ease access restrictions in such fields as credit reference, rating, and payment. Starting from July, the Financial Stability and Development Commission of the State Council and PBOC introduced 11 measures to further open up the financial market. As part of the measures, foreign institutions are allowed to rate all types of bonds traded in the interbank market and the exchange as they engage in credit rating business in China; foreign institutions are allowed to obtain the Type-A lead underwriting license in the interbank bond market; efforts will be made to further facilitate the investment of foreign institutional investors in the interbank bond market.

(iv) Effect and evaluation of implementation of monetary policies in 2019

The escalation of the trade friction and the mounting downward pressure on economy posed a severe threat to China. As the Federal Reserve cut interest rates three times, dozens of central banks around the world downgraded interest rates. Due to the outbreak of the African swine fever, China saw a significant increase in pork price. The consumer price index (CPI) increased by 2.9% over the previous year, a new high in 8 years. However, the year-on-year growth of the core CPI excluding food and energy prices continued to drop. In December, it grew by just 1.4% compared to the same period of the previous year, indicating weak demands. Since July, the year-on-year growth of the producer price index remained negative, a significant divergence from the trend of CPI.

In the face of the complex economic and price landscape, the monetary policies remained prudent. Considering the improvement of the exchange rate flexibility, PBOC implemented appropriate counter-cyclical regulatory measures. Despite the fact that the quick rise of CPI was driven by food prices, sluggish total demand continued to serve as the main contradiction. Therefore, in November, PBOC lowered the 7-day reverse repo rate and MLF rate by five basis points to guide the reduction of market interest rate and loan interest rate. Compared to October, the average DR007 rate was down by 20 basis points in December. On average, the interest rate of 1-year, 5-year, and 10-year bonds in the same period dropped by 5–8 basis points. At the end of September, the weighted average interest rate of general loan was down by 8 basis points.

2019 saw a reasonable growth of the credit supply. In 2019, total social financing grew by RMB25.58 trillion, an increase of RMB3.08 trillion over the previous year. In particular, the scale of newly added RMB loans grew by RMB16.88 trillion throughout the year, an increase of RMB1.21 trillion over the previous year. The fact that the newly added entrusted loans dropped by RMB939.6 over the previous year and the newly added trust loans by RMB346.7 shows the shadow banking activities were effectively controlled. In 2019, the balance of the broader measure of the money supply (M2) stood at RMB198.65 trillion, an increase of 8.7% over the previous year.

The monetary policy also yielded effective results in supporting key sectors and weak links of socioeconomic development. At the end of 2019[①], the bank loans to the manufacturing sector increased by RMB780 billion compared to the start of the year; the balance of the infrastructure construction loans extended by the banking sector stood at RMB29.2 trillion, an increase of RMB2.8 trillion compared to the start of the year; the balance of loans for science and technology enterprises exceeded RMB4.1 trillion, 24% higher than the start of 2019. At the end of 2019, the balance of inclusive loans for small and micro-enterprises stood at RMB11.6 trillion, an increase of 25% over the previous year. There were more than 21 million small and micro-enterprises taking bank loans, an increase of 3.8 million enterprises compared to the start of the year. Compared to 2018, the average interest rate of new inclusive loans to small and micro-enterprises declined by 64 basis points.

As a whole, considering the complex economic landscape in 2019, PBOC further improved the transmission mechanism of monetary policy, supported small and micro-enterprises and key sectors of social development, and created room for monetary policy to maneuver in case of shocks.

---

① Xinhuanet.com, "Chinese banks extended RMB17 trillion worth of new RMB loans in 2019", January 13, 2020, http://www.xinhuanet.com/fortune/2020-01/13/c_1125457326.htm.

(v) Prospects for monetary policy in 2020

On January 6, 2020, PBOC cut the RRR to free up RMB800 billion in a bid to meet the liquidity demands of such seasonal factors as the Spring Festival and fiscal deposit fluctuations. However, in January the outbreak of COVID-19 quickly spread across the country. In response to it, local governments imposed strict traffic restrictions. Considering the severity of the outbreak, provincial governments decided to postpone the resumption of work. Small- and medium-sized enterprises were hit hard, as they lack a risk sharing mechanism and cannot survive longer than 3 months due to a shortage of cash flow[①].

On February 1, government authorities including PBOC, MOF, CBIRC CSRC, and SAFE jointly set out 30 financial measures to support the epidemic prevention and control, which include, among others, setting up an RMB300 billion worth of low-cost special re-lending fund, and providing credit support with preferential interest rates to major medical and daily necessities material production enterprises. On February 7, PBOC stressed that the actual financing rate for major enterprises that produce supplies for the epidemic prevention and control shall not be greater than 1.6%[②], and that financial institutions shall not blindly withdraw, cut off, or suppress loans made to enterprises hit hard by the epidemic or those encountering difficulties due to the outbreak. On February 3, PBOC lowered the interest rates on reverse repurchase agreements by 10 basis points, and made an injection of RMB1.2 trillion through open market operations. The overall liquidity in the interbank market increased by RMB900 billion compared to the same period of the previous year. Following the introduction of a series of policies, the market interest rates represented by DR007 dropped from 2.7% in the middle of January to 2.2% at the start of February.

The macro-economic situation in 2020 is expected to remain uncertain. Considering that the Phase I trade deal reached between China and the US only involves canceling some of the newly added tariffs, uncertainties still persist, as there might be a second phase for the China-US trade talks. Domestically, considering the significant decline of economic activities amid the COVID-19 outbreak and government restrictions, the Q1 GDP is expected to drop significantly year-on-year. If the outbreak was effectively controlled in Q1, production activities are expected to recover soon in Q2. Driven by food prices, the CPI in January 2020 increased

---

① A survey of 995 small and medium-sized enterprises conducted by Zhu Wuxiang, Liu Jun and Wei Wei; a survey of 1500 public companies by Ba Shusong et al.

② For companies that receive special reloan support from PBOC, discounts are given at 50% of the actual loan interest rate.

by 5.4% over the same period of the previous year. Therefore, it is important for PBOC to avoid the divergence of inflation expectations, and to provide strong credit support to mediun, small, and micro-enterprises. Considering that the pork price will be stabilized and the food prices gradually decline, we see a low possibility of inflation or deflation in the long run. Therefore, PBOC is likely to tolerate a slightly higher inflation in the short run, focus on using structured instruments to help small- and medium-sized enterprises severely hit by the COVID-19, and alleviate the difficulties faced by small and micro-enterprises in accessing affordable financing. When it comes to the mid-term monetary policies, PBOC will continue to handle the balance between internal and external equilibrium, implement appropriate counter-cyclical adjustment, strengthen banks' capacity to supply credit, and deepen the interest rate liberalization reform by resolving the "dual-track" problem in the interest rate system.

Appendix

Chronicle of Major Events of China's Monetary Policies in 2019

Released on	Major Policies
January 4	PBOC decides to cut the RRR for financial institutions by 1 percentage point and replace part of MLF on January 15 and 25.Meanwhile, PBOC will not renew an MLF that expires in Q1 of 2019.
January 15	PBOC lowers the RRR for financial institutions by 0.5 percentage point.
January 18	The *Notice of the People's Bank of China on Adjusting the Examination Standard for Targeted Reduction of Reserve Requirement Ratio for the Sake of Inclusive Finance (No.351 [2018] of the People's Bank of China)* is issued. The notice includes, among others, adjusting the examination standard for targeted reduction of RRR for inclusive finance, and adjusting the examination standard for loans made to small and micro-enterprises.
January 24	PBOC announces its decision to launch CBS.
January 25	PBOC lowers the RRR for financial institutions by 0.5 percentage point.
January 29	PBOC, CBIRC, CSRC, the Ministry of Finance (MOF), and the Ministry of Agriculture and Rural Affairs (MOA) jointly issued the *Guiding Opinions on Finance Serving Rural Revitalization (No. 11 [2019] of PBOC)* in a bid to improve the efficiency and level of finance serving rural revitalization.
February 11	PBOC renews the bilateral currency swap agreement worth RMB1 billion (SRD1.1 billion) with Central Bank van Suriname.
May 6	PBOC announces its decision to cut the RRR for county-level rural commercial banks to a level equal to that for rural credit cooperatives. The planned reduction will be implemented in three steps: on May 15, on June 17, and the rest on July 15. After this round of reduction, the RRR system featuring "three notches and two preferential treatments" will be streamlined.
May 10	PBOC and the Monetary Authority of Singapore renew the bilateral currency swap agreement worth RMB300 billion (S$61 billion).

Continued

Released on	Major Policies
May 15	The *Guiding Opinions of the People's Bank of China on Effectively Conducting Financial Precision Poverty Alleviation Work from 2019 to 2020 (No.124 [2019] of the People's Bank of China)* is issued in a bid to effectively conduct the financial precision poverty alleviation work from 2019 to 2020, increase financial support efforts, and effectively prevent financial risks.
	PBOC and the China Securities Regulatory Commission (CSRC) jointly issue the *Notice of Effectively Carrying out Innovative Pilot Programs in Open-end Bond Index Securities Investment Funds (No. 128 [2019] of PBOC)* to promote the development of bond index mutual funds in the interbank market and stock exchanges.
May 21	The *Notice by the People's Bank of China of Lowering the Reserve Requirement Ratio for RMB Deposits for Rural Commercial Banks Serving County Regions (No. 127 [2019] of PBOC)* is issued. As part of the notice, the RRR for county-level rural commercial banks will be cut in three phases.
May 24	PBOC and the China Banking and Insurance Regulatory Commission (CBIS) say they will take control of Baoshang Bank.
May 25	PBOC and SAFE jointly issued the *Measures for the Administration of Cross-Border Funds of Depositary Receipts (for Trial Implementation) (No. 8 [2019] Announcement of PBOC and SAFE)*, effective on May 27.
May 30	PBOC and the Central Bank of the Republic of Turkey renew a bilateral local currency swap agreement worth RMB12 billion (TRY10.9 billion).
June 5	The RQFII pilot area is expanded to the Netherlands, with an investment quota of RMB50 million.
June 14	PBOC issues the *Notice on Offering Liquidity Support to Small and Medium-Sized Banks (No.159 [2019] of PBOC)*, increasing the quota of central bank discount and SLF by RMB200 billion and RMB100 billion, strengthening the liquidity support for small- and medium-sized banks, building "four defenses" to forestall and mitigate the liquidity risks, and maintaining adequate liquidity for the banks.
June 24	PBOC and CBIRC jointly issue the *Report on Financial Services for China's Micro and Small Enterprises (2018)*, which is the first publicly released white paper on the financial services for micro- and small enterprises by Chinese authorities.
July 20	The Office of the Financial Stability and Development Committee of the State Council releases *Relevant Measures for Further Opening up Financial Sector*, known as 11 measures to further open up the financial sector.
July 24	PBOC implements the pricing mechanism of optimizing and using poverty alleviation re-lending to issue loans, guided financial institutions to determine the reasonable interest rate of loans made by using the poverty alleviation re-lending funds, and reduces the financing cost for poor regions.
July 26	PBOC issues the *Tentative Measures on Regulating Financial Holding Companies (Draft for Comments)*. Under the measures, conglomerates that invest in or serve as the shareholder of two or more types of financial institutions and reach a certain scale shall apply with PBOC to set up a financial holding company. PBOC shall regulate financial holding companies according to law.
August 16	PBOC issues the *Announcement on Reforming and Improving the Loan Prime Rate (LPR) Formation Mechanism (No.15 [2019])*, linking the bank loan interest rate to the new LPR and replacing the LPR quotation reference with MLF rate. Meanwhile, to effectively enhance the representativeness of LPR, PBOC will add 2 city commercial banks, 2 rural commercial banks, 2 foreign banks, and 2 private banks to the existing 10 national banks that are allowed to submit LPR quotations.

Continued

Released on	Major Policies
August 20	PBOC authorizes the National Interbank Funding Centre to publish the first LPR under the new mechanism. The 1-year LPR is set at 4.25%, and the 5-year LPR at 4.85%.
August 22	PBOC issues the *FinTech Development Plan (2019-2021)*, clearly guiding the guiding ideology, basic principles, development goals, key tasks, and safeguard measures for financial technology work in the next three years. The 6 key priorities set out in the plan include strengthening the strategic deployment of Fintech, promoting rational application, improving the quality, and efficiency of financial services, strengthening risk control and prevention, increasing prudential supervision, and consolidating foundation support.
August 25	PBOC issues the *Announcement on Matters Related to Individual Housing Loan Interest Rates Amid LPR Reform (No. 16 [2019])*. While reforming and improving the LPR formation mechanism, PBOC will ensure the policy of setting mortgage rates based on property policies applied in different regions, and standardize matters related to the interest rates of new commercial housing loans made to individuals.
August 27	The General Office of PBOC and the General Office of CBIRC jointly issued the *Opinions on Supporting Commercial Banks in Issuing Innovation and Entrepreneurship Financial Bonds (No.161 [2019] of the General Office of PBOC)* to encourage commercial banks issue innovation and entrepreneurship financial bond, increase credit supply, give full play to the creative potential of all kinds of innovators, and support economic restructuring, and industrial upgrading.
September 6	PBOC announces a 0.5 percentage point reduction in all financial institutions' RRRs, except for finance companies, financial leasing companies, and auto finance companies, effective September 16. PBOC will reduce regional city commercial banks' RRRs on October 15 and November 15.
September 10	SAFE announces that it will remove the quota limits on QFII and RQFII.
September 16	All financial institutions' RRRs, except for finance companies, financial leasing companies, and auto finance companies, are lowered by 0.5 percentage point.
September 30	PBOC issues the *Circular on Matters Related to Further Facilitating Investments by Foreign Institutional Investors in Interbank Bond Markets (No.240 [2019] of PBOC)* to specify matters related to further facilitating investments by foreign institutional investors in interbank bond markets.
October 15	Regional city commercial banks' RRRs are lowered by 0.5 percentage point.
October 25	PBOC extends a bilateral currency swap deal of RMB350 billion (€45 billion) with the European Central Bank. The agreement will be valid for three years.
November 15	Regional city commercial banks' RRRs are lowered by 0.5 percentage point.
November 26	PBOC issues the *Assessment Measures of Systematically Important Banks (Draft for Comments)*. The measures will help regulators to identify banks that are crucial to China's financial system, and serve as a precondition to propose additional regulatory requirements for them, carry out macro prudential management and set up a special disposal mechanism.
December 5	PBOC and the Monetary Authority of Macau sign an RMB30 billion (MOP35 billion) currency swap agreement, which will be valid for three years.
December 28	PBOC issues the *Announcement on Using LPR as New Benchmark for Pricing Existing Floating-rate Loans (No.30 [2019])*. According to the announcement, LPR will be used as a new benchmark for pricing existing floating-rate loans; financial institutions shall have consultations with the customers of existing floating-rate loans on the new pricing terms; the interest rate pricing method specified in the original contract shall be replaced with a method of adding points with LPR as the new pricing benchmark.

Article 2

An Analysis of the Implementation Opinions on Establishing a Science and Technology Innovation Board and Piloting a Registration–Based IPO System at the Shanghai Stock Exchange[①]

At the opening ceremony of the first China International Import Expo on November 5, 2018, the Chinese President, Xi Jinping, announced that China would establish a science and technology innovation board (STIB) at the Shanghai Stock Exchange (SSE) and pilot a registration-based initial public offering (IPO) system. Executing and effectuating these requirements thus became the primary tasks of the China Securities Regulation Commission (CSRC) and the SSE. On January 23, 2019, the *Implementation Opinions on Establishing a Science and Technology Innovation Board and Piloting a Registration-Based IPO System at the Shanghai Stock Exchange* (hereinafter, the *Implementation Opinions*) was deliberated upon and approved during the sixth meeting of the Central Comprehensively Deepening Reforms Commission in order to provide key policy guidance regarding the piloting of a registration-based system by the STIB.

1.Properly Positioning the STIB

It is emphasized in the *Implementation Opinions* that the STIB shall be oriented toward the world's technological cutting edge, economic development, and the major needs of the country and shall mainly serve innovation-oriented and highly recognizable technology companies that comply with national strategies and that achieve breakthroughs in key technologies. The board shall also emphatically support a new generation of high-tech industries and strategic emerging industries, such as the information technology industry, the high-end equipment industry, the new materials industry, the new energy industry, the conservation and environmental protection industry, and the biomedical industry, as well as prompting the in-depth integration of the Internet, big data, cloud computing, artificial intelligence, and manufacturing.

2. Reflecting Pluralism and Inclusiveness in IPO Requirements

The STIB shall allow the listing of companies that comply with its positioning but have not yet achieved profitability or have accumulated unrecovered losses, companies with special ownership structures, and red chip companies that meet the relevant requirements.

3. Devolving the Power of Listing Examination Pertaining to Stocks on the STIB

It is specified in the *Implementation Opinions* that the SSE and the CSRC shall be responsible

---

① About the Author: Du Shuming, Vice President of CGS Academy and General Manager of Strategy Research Department of CAS.

for listing examinations and registrations, respectively, pertaining to stocks on the STIB. The IPO requirements, examination standards, and procedures shall first be formulated by the SSE, and then, subsequently, they will be submitted to the CSRC for approval.

4. Reconstructing the Basis of the Capitalist Market System by Fully Leveraging the Central Role of the Market

The STIB shall adopt a market-led stock issuance and underwriting system. Thus, issued prices and volumes, as well as the tempo of issuance, shall be determined by the market and the IPO examination process, and such results shall be made public. A rigorous information disclosure system shall be integrated in an all-round manner and also rigorously executed to ensure the authenticity, correctness, entirety, timeliness, and fairness of the information disclosed. A more market-led trading system shall be built. An efficient mechanism for mergers and acquisitions (M&A) and restructurings shall be built, and requests for M&A and restructurings proposed by listed companies on the STIB shall be submitted to the SSE for examination. The de-listing system shall be more rigorously executed.

5. Further Enforcing Intermediaries to Fulfill Their Responsibilities

A mechanism shall be established to link the qualification of a sponsor to the quality of information regarding newly listed companies disclosed by them. Heavier penalties shall be imposed on sponsors, accounting firms, law firms, and asset appraisal institutions that are responsible for fraudulent descriptions and misleading statements made by issuers and listed companies and for major omissions in documented materials that they submit.

6. Further Enhancing the Efforts to Protect the Legitimate Rights and Interests of Investors

The CSRC will enhance the linkage between law enforcement and the administration of justice; upgrade relevant legal systems and judicial interpretations; build and improve the model judgment mechanism for China Securities Investor Services Center (CSISC)-supported lawsuits; and explore and upgrade the civil procedure system for the securities market in compliance with the registration-based system.

Upon the establishment of the STIB, the piloting of the registration-based IPO system will be gradually launched, and the reform of the basic systems pertaining to issuance, listing, information disclosure, trading, and de-listing will be carried out in a coordinated manner. On the one hand, this opens up new financing channels for innovation-oriented technology companies, and more importantly, on the other hand, it ushers in the era of the registration-based IPO in the Chinese capital market through the establishment of the STIB, thereby enabling the Chinese capital market to achieve historical progress. In the future, reforms featuring the registration-based IPO system will be fully launched in the Chinese capital market.

Article 3

Detailed Interpretations on the Certain Guidelines on Strengthening Financial Services for Private Enterprises①

On February 14, 2019, the General Office of the CPC Central Committee and the General Office of the State Council printed and issued the *Certain Guidelines on Strengthening Financial Services for Private Enterprises (the Guidelines),* which clarifies the basic principles of financial services for private enterprises and details *guidelines* on multiple areas. Through comprehensive policies, the purpose of the *Guidelines* is to give equal treatment to enterprises with different ownership systems in financing; improve the financial services for private enterprises; expand financing scale; enhance financing efficiency; reduce and stabilize financing cost at a reasonable level; effectively alleviate the difficulties faced by private enterprises, especially small and micro ones, in accessing affordable financing; and boost the dynamism and creativity of the private economy.

The *Guidelines* serve as an unprecedented, all-dimensional guideline for financial services with respect to private enterprises that focuses on expanding the financing channel; enhancing financial institutions' ability and readiness to provide financing support to private enterprises; and optimizing and adjusting the underlying system and structure that cause the difficulties encountered by private enterprises in accessing affordable financing. It will address the root cause of financing challenges staring at private enterprises in the face. In particular, the *Guidelines* involve increasing support for private enterprises by formulating measures in financial policy support, financing infrastructures, and performance appraisal and incentive mechanisms, and providing financial relief for private enterprises (see details in Table 1).

First, increase the support for financial policies, and focus on improving the pertinence and effectiveness of financial services for private enterprises. This mainly involves financing private enterprises through the policy combination of credit, equity, and bonds; increasing credit release for private enterprises; expanding the financing channels for private enterprises; taking measures in capital, appraisal, investment scope, and disposal of nonperforming assets; and enhancing intermediary agencies' ability to serve the financing demands of private enterprises.

Second, strengthen the construction of financial service infrastructures, and focus on

---

① About the Author: Zhang Yiwei, a Financial industry analyst of China Galaxy Securities Co., Ltd.

tackling challenges facing private enterprises, such as asymmetric information and insufficient credit. This involves taking measures such as promoting the construction of an information service platform; improving the local credit enhancement system to promote information disclosure and sharing among private enterprises; and addressing the low credit of private enterprises. Meanwhile, Chinese regulators should take seriously the force of early angel investors and venture capital and regulate the development of local equity financing so as to tackle the difficulties encountered by private enterprises, such as high risk of innovation and limited financing channel.

Third, improve the performance appraisal and incentive mechanisms and focus on tackling financing difficulties that private enterprises are faced with. This mainly involves linking the appraisal and incentive mechanisms of banks to the financing of private enterprises; creating a permanent mechanism that enhances banks' confidence, readiness, and capability for loans; eliminating discriminatory requirements against private enterprises in loan approval; reducing commercial banks' excessive reliance on mortgage guarantee; and improving the response speed and time limitation of loan demands and the sustainability of financing for private enterprises. The aforementioned measures are conducive to easing the credit rationing of banks, addressing the lack of collateral for private enterprises, and reducing the impact of capital shortage on the business development of private enterprises.

Fourth, actively support private enterprises in tackling their difficulties through financing, and focus on mitigating liquidity risks and safeguarding the legitimate rights and interests of private enterprises. Considering high operational risks facing private enterprises, Chinese regulators take into account the reality, help enterprises experiencing risk events tide over difficult times, accelerating the reduction of overdue accounts receivable for private enterprises, and protecting their legitimate rights and interests. Moreover, Chinese regulators encourage private enterprises to conduct business in accordance with law and regulation, cherish their business reputation and credit record, and create favorable conditions for financing. These measures aim at improving the operational risks of private enterprises, and providing necessary basic conditions for high-quality private enterprises to access financial support.

In 2019, following the spirit of the *Guidelines*, the People's Bank of China (PBOC), the China Banking and Insurance Regulatory Commission (CBIRC) and the China Securities Regulatory Commission (CSRC) published policies in multiple areas to strengthen financial services for private enterprises. These policies have yielded remarkable results. The PBOC worked on improving the financing environment for small and micro and private enterprises through targeted reduction of the reserve requirement ratio and increasing the line of credit of re-loan for supporting small and micro enterprises. The PBOC also promoted the reform of LPR mechanism, reviewed the monetary policy transmission mechanism, lowered loan interest rates for enterprises, and reduced the financing cost for enterprises. Valuing the role of insurance institutions' long-term funds in supporting the real economy, the CBIRC properly expanded the investment scope of special products, allowed special products to pass brokers' asset management plan and trust plan, mitigated the liquidity risk of stock pledge, and helped private enterprises tackle their difficulties. In the meanwhile, CBIRC supported commercial banks and unlisted banks in replenishing their capital by issuing perpetual bonds and preferred shares, contributed to expansion at the capital end, and increased credit release for private enterprises. Moreover, CBIRC introduced policies and measures in the rectification of irregularities in the banking and insurance industry, intellectual property financing, financing guarantee and the construction of the national SME financing credit service platform "Yixindai," in a bid to improve the financing environment and enhance the financing capabilities of private enterprises. Being committed to deepening the reform of capital market, CSRC optimized the basic system to effectively serve the financing demands of real economy. Through the successful launch of the sci-tech innovation board, the initiation of the reform of NEEQ, easing of limits on refinancing and mergers, acquisitions and restructurings, and the improvement of the multi-level capital market, CSRC contributed to the development of direct financing, and effectively expanded the financing channels for private enterprises (see details in Table 2).

Table 1 List of Measures Set out in the Certain Guidelines on Strengthening Financial Services for Private Enterprises

Area	Specific measures
Increase financial policy support	Implement differentiated monetary credit support policies. Adjust the MPA parameter of commercial banks. Improve the policies for RRR reduction in favor of inclusive finance. Increase the line of credit of re-loan and rediscount. Increase the negotiable instruments financing support for private enterprises. Accelerate the introduction of rules for non-deposit lending organizations. Support the development of small and medium-sized banks. Deepen the joint credit granting pilot.
	Increase direct financing support. Improve the stock insurance and refinancing system. Deepen the reform of the mergers, acquisitions and restructurings system of listed companies. Study and expand the application scope and issuance size of convertible bonds. Expand the piloting of entrepreneurship and innovation boards, and support unlisted and non-quoted private enterprises in issuing privately-offered convertible bonds. Promote the establishment of the sci-tech innovation board and the piloting of registration system, and deepen the reform of the offering and trading system of the NEEQ. Support private enterprises in issuing bonds, and encourage financial institutions to increase investment in bonds issued by private enterprises.

Continued

Area	Specific measures
Increase financial policy support	Enhance financial institutions' ability to serve the real economy. Support banks in issuing perpetual bonds and debt-equity swap tier 1 capital bonds to replenishing their capital. Conduct counter-cyclic adjustment on commercial bank's reserve capital from the macro-prudential perspective. Regard the quality and size of financing services for private, small and micro enterprises as an important factor when it comes to the issuance of stocks by small and medium-sized commercial banks. Study and cancel the limits on the scope of venture capital financial equity investment industry, and regulate strategic equity investment. Expand the coverage of credit insurance and bond credit enhancement institutions. Direct and support banks in accelerating the disposal of nonperforming assets, and invest the revitalized funds in private enterprises.
Strengthen the building of financial service infrastructures	Promptly and effectively promote the construction of the information service platform from the strategic perspective. Open up relevant information resources according to law. Through the national data sharing and exchange platform system, local governments should promptly establish and improve the big data service platform for finance, tax, market supervision, social security, customs and judicial services. Improve and optimize the information sharing mechanism between financial institutions and private enterprises. Develop credit service institutions, and encourage the development and innovation of credit service products. Support credit investigation institutions and credit rating institutions in utilizing public information to provide private enterprises with credit products and services. Increase incentives for keeping faith and punishment for losing faith.
	Improve local credit enhancement system through multiple means. Give full play to the leading role of the national financing guarantee fund, and promote the construction of government-backed financing guarantee funds at local level and business cooperation between them. government-funded financing guarantee institutions should stick to quasi-public, non-profit purposes, and gradually reduce counter guarantee requirements. Increase risk sharing ratio and line of credit of loan cooperation for commercial banks which grant growing loans to a large number of private, small and micro enterprises. Encourage competent localities to establish special loan risk compensation funds, guide funds or credit insurance funds for private enterprises and small and micro enterprises, and focus on providing credit enhancement services for initial loan, on-lending and renewal of loans. Study and explore ways to financing guarantee companies to access PBOC's credit investigation system.
	Actively regulate the development of equity financing at local level. Foster early investment forces such as angel investors and venture capital that invest in private sci-tech innovation enterprises, and promptly improve tax policies in support of the development of venture capital funds. Regulate the development of regional equity market. Encourage local governments to organize equity financing consulting and training courses for private enterprises.
Improve the performance appraisal and incentive mechanism	Promptly establish a permanent mechanism that enhances banks' confidence, readiness and capability for granting loans. Commercial banks should encourage their basic-level branch offices to break down their tasks to lower level. Improve the internal performance appraisal mechanism, formulate annual targets for serving private enterprises, and increase positive incentives. Conduct comprehensive appraisal on branch offices serving private enterprises and relevant personnel, with a focus on how many enterprises they serve and credit quality. Establish and improve the due diligence and exemption mechanism, and enhance the appraisal tolerance toward nonperforming loans. Set up an internal accountability and complaint channel to provide institutional guarantee for due diligence and exemption. When granting credit to an enterprise, the bank should not attach any unreasonable conditions such as deducting a portion of loans as deposit. Crack down on such behaviors as forced return of gains in the financial credit field.

Continued

Area	Specific measures
Improve the performance appraisal and incentive mechanism	Effectively improve the accessibility of financing for private enterprises. In the newly issued corporate loans, the ratio of loans for private enterprises should be further increased. Banks should not impose discriminatory requirements against private enterprises in loan approval. The financial regulatory authority should implement differentiated appraisal on legal person institutions, and form an appraisal mechanism that focuses on the number of enterprises receiving loans and the amount of loans. Large commercial banks in which the state has a controlling stake should take the initiative to enhance the building of inclusive finance business departments, implement special credit policies in the field of inclusive finance, improve the special evaluation mechanism and performance appraisal system of inclusive finance business, and play their leading role.
	Reduce excessive reliance on mortgage guarantee. Commercial banks should adhere to the principle of approving the first source of repayment, regard prominent primary business, robust finance, good credit of large shareholder and actual controller as the main basis when granting credit, and increase the ratio of credit loan in a rational way. Commercial banks should relay on the core corporate credit of industrial chain, real transaction background and closed loop of logistics, information flow and capital flow, and provide order financing and accounts receivable and payable financing without mortgage guarantee for upstream and downstream enterprises.
	Improve the response speed and approval time limitation of loan demands. Commercial banks should actively use financial technology to support risk assessment and credit decision-making to improve the approval efficiency of credit granting. If an enterprise requests the renewal of matured loans, the commercial bank should coordinate beforehand. Commercial banks are encouraged to conduct online approval operation, take into consideration their reality, and delegate the approval power of a certain amount of credit business to their branch offices. If centralized approval is required, internal time limit should be clarified.
	Enhance the sustainability of financial service for private enterprises. Commercial banks should formulate a science-based credit plan, and should not organize movement credit release. Improve the credit risk management and control mechanism, enhance the capabilities for data governance, customer rating and loan risk pricing, and enhance the penetrating risk management of full life cycle of loans. Strengthen the management of use of low-cost funds under preferential policies, strictly monitor and control the direction of capital flows, and prevent individual institutions or individuals from misappropriating or reselling funds for arbitrage.
Actively support private enterprises in tackling their difficulties through financing	Help enterprises experiencing risk events tide over difficult times while considering the reality. Accelerate the implementation of bond financing support instruments of private enterprises, and encourage the securities industry to support private enterprises in developing collective asset management plans. Study and support private enterprises in equity financing, and encourage eligible privately-offered fund managers to initiate the establishment of development support funds for private enterprises. Support private equity funds and other institutions approved by the regulator in using asset management products and insurance funds according to law and regulation, and participating in mitigating and disposing of the stock pledge risks of listed private companies. For private enterprises that experience temporary difficulties, financial institutions should take classified support and disposal measures following the market-oriented and law-based principle.

Continued

Area	Specific measures
Actively support private enterprises in tackling their difficulties through financing	Accelerate the clearing up of overdue accounts receivable for private enterprises. Adhere to the principle of clear boundary, highlighting key points, source governance and gradual improvement, use market-oriented and law-based means to promptly clear up overdue arrears arising from business dealing between government departments and their affiliates, large state-owned enterprises and private enterprises, so that private enterprises will have a sense of gain. Government departments and large state-owned enterprises, especially central enterprises, should set a model in honoring contract and keeping faith, organize the clearing up of overdue arrears, and timely pay accounts payable and unpaid funds. Strengthen policy support, improve permanent mechanism, guard against additional arrears, and safeguard the legitimate rights and interests of private enterprises.
	Enterprises should take the initiative in creating favorable conditions for financing. Private enterprises should conduct business according to law and regulation, and cherish their business reputation and credit record. Distinguish between household balance of payments and the balance of payments of production and marketing, regulate the accounting system, and take the initiative to effectively conduct information disclosure. Strengthen one's own financial constraints, arrange financing structure in a science-based manner, and regulate the management of affiliated transactions. Refrain from evading financial debts, and provide necessary basic conditions for financial support.
	Strengthen the supervision and inspection of implementation of policies. All localities, departments and financial institutions should uphold "four consciousnesses", "four confidences" and "two safeguards", adhere to problem orientation, clarify responsibilities, determine time limit and effectively ensure the implementation of policies. Encourage third-party institutions to evaluate the implementation of policies of financial services for private enterprises, and improve the transparency of implementation. Timely review and provide all localities with replicable successful cases and effective practices. Whoever fails to implement the policies should be held accountable according to law and regulation, so that all policies are effectively implemented.

Source of data: www.gov.cn, consolidated by China Galaxy Securities Co., Ltd.

Table 2 2019Policies and measures regarding financial services for private enterprises and small and micro enterprises

Date	Department	Main content
January 24	CBIRC	CBIRC removed limits, and allowed insurance institutions to invest in eligible tier-two capital bonds and perpetual bonds.
January 28	CBIRC	Encourage insurance companies to increase holdings in listed companies, expand the investment scope of special products and maintain the stability of the capital market.
March 4	CBIRC	*Notification on Further Improving the Quality and Efficiency of Financial Services for MSEs in 2019*
March 6	Ministry of Finance	*Notice on Effectively Managing the Special Inclusive Finance Development Funds under Central Finance in 2019*
April 7	CPC Central Committee, State Council	*Guiding Opinions on Promoting the Healthy Development of Small and Medium-sized Enterprises*

Continued

Date	Department	Main content
April 17	Executive meeting of the State Council	A policy framework for applying a fairly low required reserve ratio for small and medium-sized banks will be established. China will work to ensure the outstanding loans offered by five large state-owned commercial banks to MSEs will be increased by more than 30%, and the comprehensive financing cost of credit will be reduced by another 1 percentage point in 2019.
April 19	Political Bureau of the CPC Central Committee	Effectively support the development of private economy and MSEs, accelerate the supply side structural reform in the financial sector, tackle the problem of inaccessible and unaffordable financing faced by MSEs, and guide competitive private enterprises to accelerate transformation and upgrading.
May 6	PBOC	PBOC said that for county-level small and medium-sized banks, the RRR will be reduced from 11% to 8%, starting from May 15.
May 8	CBIRC	*Notice by the China Banking and Insurance Regulatory Commission of Commencing the Work on "Consolidating Achievements in Irregularity Rectification and Promoting Compliance Building"*
July 19	CBIRC, CSRC	Under the *Guidelines on Commercial Banks' Issuance of Preferred Stock for Tier-1 Capital Replenishment (Revised)*, on the precondition that the conditions of issuance and the requirements of prudential regulation are met, unlisted banks with cumulative shareholders exceeding 200 can directly issue preferred stock without getting listed on NEEQ.
July 22	CSRC	The sci-tech innovation board started trading on the Shanghai Stock Exchange, with the first batch of companies debuting on the board, which marked the official implementation of the major reform task of the STAR market and pilot registration-based IPO system.
July 31	PBOC	PBOC listed its re-lending quota by RMB 50 billion to boost financial support for small and private businesses, and supported small and medium-sized banks in increasing credit release for small and micro enterprises and private enterprises.
August 6	PBOC, CBIRC and CSRC	Expand scope of banks participating in exchange bond trading to better serve the real economy.
August 6	CBIRC, the National Intellectual Property Administration (CNIPA) and the National Copyright Administration (NCAC)	*Notice on Further Strengthening Intellectual Property Pledged Financing*
August 20	PBOC	Implement the reform of LPR mechanism, review the monetary policy transmission mechanism, and guide the decline of loan interest rates.

Continued

Date	Department	Main content
September 9-10	CSRC	CSRC held a symposium on comprehensively deepening the reform of the capital market.
September 16	PBOC	PBOC announced a 0.5% cut of RRR for financial institutions and a 1% cut of RRR for city commercial banks operating in provincial-level administrative regions.
September 12	NDRC, CBIRC	*Notice on Further Developing the "Credit Easy Loan" to Support Financing of Micro, Small and Medium Enterprises*
October 9	CBIRC, NDRC, Ministry of Industry and Information Technology, MOF, Ministry of Housing and Urban-Rural Development, Ministry of Agriculture and Rural Affairs, Ministry of Commerce, PBOC and General Administration of Market Supervision	*Notice on Issuing Supplementary Provisions on Supervision of Financing Guarantee Companies*
October 18	CSRC	*Decision of the China Securities Regulatory Commission to Amend the Measures for the Administration of the Material Asset Restructurings of Listed Companies*
October 25	CSRC	CSRC initiated the work of comprehensively deepening the reform of the NEEQ.
November 8	CSRC	Solicit public comments on revising such refinancing rules as the *Administrative Measures for the Issuance of Securities by Listed Companies* and the *Interim Measures for the Administration of the Offering of Securities by Companies Listed on ChiNext.*
December 4	CPC Central Committee, State Council	The *Opinions of the CPC Central Committee and the State Council on Creating a Better Development Environment and Supporting the Reform and Development of Private Enterprises* introduce a series of measures in optimizing the market environment for fair competition, improving the precise and effective policy environment, improving equal-footed legal environment and other four aspects.

Source of data: official websites of government and relevant regulators, consolidated by China Galaxy Securities Co., Ltd.

II. Policies on Exchange Rate and Balance of Payments[①]

The year 2019 was special for the foreign exchange market, in performing the arduous task of balancing risk prevention and reform promotion. Significantly rising risks and challenges in domestic and foreign markets result in complex situations; for example, the recurrent and ever-changing economic and trade frictions between China and the United States. As a result, the People's Bank of China (PBOC) and the State Administration of Foreign Exchange (SAFE) firmly undertook reforms and opened up. Moreover, they adhered to the general principle of progress to achieve stability and implemented comprehensive measures to strengthen the bilateral exchange rate fluctuations of the RMB, counter-cyclical moderation of macroeconomic policies, and expected guidance of the foreign exchange market. The PBOC and SAFE also continuously optimized the macro-prudential management framework and toolkit for cross-border capital flows and maintained the consistency, stability, and predictability of cross-cyclical micro-regulation, and adopted comprehensive measures to crack down on illegal transactions in the foreign exchange market. Generally, these measures produced favorable effects, China's cross-border capital flows, exchange rate expectations and foreign exchange market operations have been basically stable, and the RMB exchange rate has remained basically stable at a reasonable and balanced level.

(i) Overview of RMB exchange rates and China's balance of payments in 2019

1. The RMB depreciated slightly against a basket of currencies but appreciated slightly in the effective exchange rate.

At the end of 2019, the CFETS RMB exchange rate index was reported at 91.39, which is 2.03% lower than that in 2018. Furthermore, the RMB exchange rate indices against SDR and Bank for International Settlements (BIS) currency baskets were reported at 91.81 and 95.09, which are 1.43% and 1.75% lower than those from the end of 2018, respectively. As calculated by the BIS, RMB depreciated by 1.5% in the nominal effective exchange rate but appreciated by 1.11% in the real effective exchange rate in 2019. In addition, as a result of the RMB exchange rate formation mechanism reform from 2005 to the end of 2019, RMB appreciated by 32.31% and 46.69% in nominal effective and real effective exchange rates, respectively.

2. The RMB/USD exchange rate further increased in elasticity, experienced significant exchange rate fluctuations throughout the year, and stabilized after breaking through "7."

In 2019, RMB exchange rates showed a trend of appreciation, depreciation, and then

---

① About the Authors: Zhao Qingming, Deputy Director of the CFFEX Institute for Financial Derivatives; Guo Mengyang, Research Fellow of the CFFEX Institute for Financial Derivatives.

appreciation again, with onshore and offshore RMB spot exchange rates depreciating by 1.46% and 1.33% from 2018 and closing at RMB 6.9662/USD and RMB 6.9617/USD, respectively. The difference in the onshore RMB spot exchange rate between the highest and lowest price was 5,165 BPS. Its amplitude has also reached up to 7.4%, which is higher by 0.4% compared with that in 2018 and with its JPY/USD and EUR/USD counterparts by 7.3% and 6.2% in amplitudes, respectively, during the same period.

In 2019, the RMB exchange rate experienced a huge change, that is, the RMB returned below 7 after breaking through it. On August 5, 2019, as the China–United States trade negotiations fell into crisis again, offshore and onshore spot exchange rates of RMB/USD fell below 7 and then remained above 7 after a brief "return to 6" during November 5–11, 2019. On December 13, 2019, China and the United States announced the closure of their first-stage agreement and postponed the new round of tariffs scheduled to be implemented on December 15, 2019. As a result, the RMB exchange rate rose sharply back to below 7.

In 2019, the RMB/USD middle exchange rate, with RMB 6.6850 and RMB 7.0884 in maximum and minimum, respectively, appreciated for 113 of the 244 trading days, depreciated for 130 trading days, and remained flat for 1 trading day. The highest single-day appreciation and depreciation were 0.70% (469 points) and 0.66% (458 points), respectively. At the end of 2019, the middle rate of RMB/USD, that is, RMB 6.9762, depreciated by 1.62% from the end of 2018. With the reform of the RMB exchange rate formation mechanism from 2005 to the end of 2018, the cumulative appreciation of the RMB/USD exchange rate rose by 18.64%.

3. Differential trends of RMB exchange rates against other major international currencies

At the end of 2019, the middle exchange rates of RMB against EUR, GBP, and JPY were RMB 7.8155, RMB 9.1501, and RMB 100, appreciating by 0.41%, −5.18%, and −3.43%, respectively.

Based on the reform of the RMB exchange rate formation mechanism from 2005 to the end of 2019, the cumulative exchange rate appreciation of RMB was 28.13% and 14% against EUR and JPY, respectively.

4. International balance of payments showed a double surplus while foreign exchange market remained generally stable

In 2019, China's current account surplus was USD 177.5 billion, which is 1.2% of the current GDP, compared with 0.4% in 2018. The surplus in goods trade expanded, whereas the deficit in services trade diminished. In capital and financial accounts, the net inflow of direct investment and the securities investment surplus was approximately USD 59.1 and 60 billion, respectively. At the end of 2019, China's balance of foreign exchange reserves was USD 3.17 trillion, which is USD 35.2 billion higher than that from the end of 2018.

Foreign debt continued to grow steadily in size with generally controllable risk. As of the end of December 2019, China's full-scale (including local and foreign currencies) foreign debt balance was USD 2.05 trillion. The short-term foreign debt balance was USD 1.2 trillion, accounting for 58.6% of the foreign debt balance, which is 6.4% lower than that from the end of 2018.

5. Cross-border RMB business is growing rapidly, and the revenue and expenditure are basically balanced

In 2019, the total amount of cross-border RMB receipts and payments was RMB 10 and 9.7 trillion, respectively, amounting to a 23% year-on-year (YOY) increase in total and with a ratio of 1:0.97. Thus, its outflow and inflow were more balanced. In addition, RMB settlements in cross-border trade and foreign direct investment (FDI) were RMB 6.04 and 2.78 trillion, respectively. That is, the cross-border trade in goods and trade in services and other current items were RMB 4.25 and 1.79 trillion, respectively, whereas outward FDI and RMB settlement in FDI were RMB 0.76 trillion and RMB 2.02 trillion, respectively. The total amount of RMB receipts and payments under capital account totaled RMB 13.6 trillion, that is, a 26% YOY increase.

6. The amount of foreign currencies used by the People's Bank of China under currency swap agreements significantly increased.

In 2019, in the interbank foreign exchange market, the RMB experienced active direct transactions and significantly improved liquidity; there was a reduction in the exchange costs of microeconomic entities and promotion of bilateral trade and investment. Concurrently, the interbank foreign exchange spot market had 28 RMB/foreign currency trading pairs, similar to that in 2018. The trade volume in 2019 was equivalent to RMB 14.04 trillion, which is 72.4% lower compared with that in 2018. The main reason is that the turnover of RMB against US dollar spot foreign exchange transactions in 2019 was 13.37 trillion yuan, a significant decrease from 49.19 trillion yuan in the previous year.

In 2019, the PBOC and foreign currency authorities signed bilateral domestic currency swap agreements. Under these agreements, the foreign currency authorities and the PBOC used RMB 32.92 billion and USD 2.25 billion in foreign currency; that is, an increase of RMB 136 million and USD 1.78 billion than in 2018, respectively. These agreements were entered into by the two parties to promote bilateral trade and investment.

(ii) Analysis policies on major exchange rates and the balance of payments in 2019

1. China maintaining self-centeredness and well-balanced internal and external equilibrium

In 2019, the foreign exchange market operated smoothly with generally stable market expectations. Based on market supply and demand, the RMB exchange rate experienced depreciations and appreciations against the exchange rate changes of a basket of currencies, maintained a two-way floating exchange rate and basic stability at a reasonable and balanced level, and improved its marketization. The relation between the financial sector and real economy in the reform of the foreign exchange rate mechanism, opening of financial markets, cross-border capital flows, and balance of payments can be described as balanced. This balance created a more stable currency and investment/financing environment for the real economy sector's trade and investment as well as for the financial sector's asset portfolio. The currency and exchange risks in China's foreign exchange market are at a globally stable level.

2. Normal mechanism based on issuing RMB central bank bills in Hong Kong

In 2019, the PBOC issued 12 periods of RMB central bank bills, amounting to RMB 150 billion, on a rolling basis in the Hong Kong offshore market. Further, the PBOC established a normal mechanism for issuing central bank bills in Hong Kong. That is, Hong Kong RMB central bank bills were issued through the Central Moneymarkets Unit as a debt instrument of the Hong Kong Monetary Authority, tendering for offshore market investors. The central bank bills' main types of maturities were 3 months, 6 months, and 1 year or 1 month, if necessary. The current issue frequency is approximately every 1.5 months, with volume mainly determined by market demand. Since November 2018, the PBOC has issued 3-month, 6-month, and 1-year Hong Kong RMB central bank bills amounting to RMB 70, 20, and 50 billion, respectively, in addition to one-month central bank bills amounting to RMB 20 billion. According to the previous issuance of central bank bills, the subscription multiple of each period of central bank bills was more than 2. Subscribers included commercial banks, funds, central banks, international financial organizations, and other international investors that reflected the confidence of foreign investors in the Chinese economy. The central bank bills were matched to market demand in issuance scale and consistent with market expectations in the pricing of issuance rate. As a monetary policy instrument suitable for China's national conditions, central bank bills have played an important role in different historical periods. Because of continuous large inflows of foreign exchange and to avoid excess liquidity in the banking system, the PBOC created and issued central bank bills from 2002 to 2011 and supported such instruments to maintain statutory liquidity ratio and thus to effectively reduce excess liquidity. Regularly issued central bank bills with short maturity and a potential continuous risk-free rate of return curve have provided a suitable short-term liquidity management instrument for the market in the absence of short-term instruments during the early days of the Chinese bond market. Furthermore, these central bank bills promoted the development of China's money and bond market. In 2013, as a result of the changing foreign exchange situation, China completed its historical mission and temporarily exited open market operation. In recent years, with increasing RMB internationalization, the monetary policy regulatory environment has changed. A critical period of increasing uncertainty and long-term impact of external shock has been observed during the end of 2018. Since then, the central bank bills in the PBOC's monetary policy toolbox that are activated in the offshore market have played an important role in promoting RMB's internationalization in several ways. First, these bills that have enriched the Hong Kong market's high-credit RMB investment product series and RMB liquidity management instruments met international investors' need for the allocation of short-term high quality high-liquid RMB assets. Second, the bills have improved the offshore RMB yield curve, provided a benchmark for other offshore RMB bond issuance and prices, and promoted the development of offshore RMB currency markets. Third, the bills have changed the pattern of the RMB market dominated by the foreign exchange market and promote the optimization and balanced development of offshore RMB market structure. Subsequently, the PBOC will continue to normalize the issuance of RMB central bank bills in Hong Kong, reasonably arrange issuing size and maturity according to market demand, drive other issuers to issue RMB bonds in the offshore market, and promote the continuous and healthy development of the offshore RMB market. In the future, central bank bills will also play an important role in advancing financial supply-side structural reform and RMB internationalization.

3. Improving the level of foreign exchange management services in the real economy

First, China developed its administration through its laws and reforms such as "government streamlining, power delegation, streamlining and supervision, and service optimization" ("FGF"), continued government streamlining, power delegation, and clarification of laws, and optimized foreign exchange management services. Second, the country promoted trade and investment facilitation by issuing the *Notice of the State Administration of Foreign Exchange on Promoting Cross-Border Trade and Investment Facilitation*, launching 12 cross-border trade and investment facilitation measures; simplifying related business operations; and facilitating foreign exchange business for banks, enterprises, and other market players. Third, China explored and supported foreign exchange management measures on the construction of China Pilot Free-Trade Zone, the Guangdong–Hong Kong–Macao Greater Bay Area, and the comprehensive development of reforms and opening up in Hainan. Fourth, China actively supported equity incentives for foreign employees of listed companies and steadily increased the opening of the domestic capital market. Fifth, the country amended and issued *Regulations on the Management of Centralized Operation of Multinational Corporations' Cross-Border Funds* to facilitate foreign exchange settlement and payment of income for capital projects, create a rational business environment, and promote cross-border investment and financing facilitation. Sixth, China updated and issued the *Belt and Road State Foreign Exchange Management Policy Overview 2018* to provide policy reference to market players. Seventh, China fully implemented electronic tax filing for payment of foreign exchange and realized online processing of tax filing under trade in services. Lastly, China streamlined foreign exchange accounts, issued the *Notice of the State Administration of Foreign Exchange on Streamlining Exchange Accounts*, and effectively improved the operating efficiency of market players.

4. Expanding reform in key areas

China increased the total limit of qualified foreign institutional investors (QFII) from USD 150 billion to 300 billion to meet the investment needs of foreign investors in the Chinese capital market. Second, China studied and promoted the reform of the QFII and RMB QFII (RQFII) systems by easing access conditions and expanding investment scope. Third, the country issued the *Management Measures for Foreign Employees of Domestic Listed Companies to Enjoy Equity Incentive Funds* to facilitate the participation of foreign employees of domestic listed companies in equity incentives. Fourth, China issued the *Management Measures for Depositary Receipts of Cross-Border Funds* to support the healthy development of the Sci-Tech innovation board (STAR Market) and to implement the Shanghai–London Stock Connect. Fifth, the China–Japan Exchange-Traded Funds Connect was launched by China together with the China Securities Regulatory Commission, to support China–Japan financial market cooperation. Sixth, China formulated the *Notice on Matters about Facilitating Foreign Institutional Investors' Investment in the Interbank Bond Market*, improved the policy for opening the interbank bond market, and eased the restrictions on foreign investors' domestic and foreign currencies remittance ratios. Seventh, the country removed investment limits for QFII and RQFII and improved the convenience of foreign institutional investors in allocating RMB assets. Eighth, China cancelled some administrative license application materials of foreign exchange management in the China Pilot Free-Trade Zone to optimize business environments. Ninth, China amended and issued the *Guidelines on Statistical Reporting for the Balance of Payments by Banks 2019* to improve the system of statistical reporting requirements for the balance of payments. Lastly, China amended and issued the *System of Foreign Exchange Settlement and Sales Statistics by Banks* to standardize the statistical behavior of foreign exchange settlement and sales.

5. Effectively maintaining order in the foreign exchange market

China strengthened its supervision of the foreign exchange market, seriously restrained false and deceptive foreign exchange transactions and other violations, curbed money laundering and related law violations and crimes, and maintained a healthy and virtuous order in the foreign exchange market. Furthermore, the country enhanced its verification of high-risk businesses and took multi-sector joint actions against underground money houses and their counterparties in transferring illegal funds. China also intensified its cross-border regulatory cooperation, curbed illegal Internet speculation and foreign exchange crimes, strictly investigated and exposed typical cases to form a deterrent, and maintained a healthy and virtuous order in the foreign exchange market.

(iii) Outlook of coming policies

Comprehensively, the PBOC and SAFE will have the following key tasks with regard to the exchange rate and balance of payments.

First, they will steadily expand the reform on exchange rate marketization, persistently play the decisive role of market in the formation of exchange rate, and keep the RMB exchange rates largely stable at a reasonable and balanced level. They will also strengthen macro-prudential management, stabilize market expectations, maintain the elasticity of RMB exchange rates, and support the role of the exchange rate as an automatic stabilizer in moderating macroeconomy and balance of payments.

Second, they will adapt to the modernization of the state governance system and capability and constantly improve the "macro-prudence + micro-regulation" two-in-one management framework of the foreign exchange market to maintain a basic balance of international payments. Macro-prudential management is aimed at maintaining the basic stability of the foreign exchange market and preventing systemic financial risks. Micro-regulation involves conducting of authenticity audits, behavior supervision, and micro-prudential supervision based on all foreign exchange market players and their transactions to maintain order in the foreign exchange market.

Third, the PBOC and SAFE expand reforms and open up to the foreign exchange field and serve a new pattern of comprehensive opening up. They seriously implement 12 facilitation measures, reviewed and approved by the Standing Committee of the State Council. They also steadily and orderly promote the opening of capital projects, support the connection and two-way opening of financial markets, and promote the liberalization and facilitation of trade and investment as well as high-quality development. Moreover, the PBOC and SAFE support new business forms of trade and promote the construction of cross-border financial blockchain service platforms. They deepen the FGF reforms and support the pioneering of foreign exchange management reform in the Pilot Free-Trade Zone, Hainan Free-Trade Port, and the Guangdong–Hong Kong–Macao Greater Bay Area. The PBOC and SAFE also build an open and competitive foreign exchange market.

Fourth, they prevent external shock risks and maintain national economic and financial security by analyzing the impact of external shocks to China's trade and investment, structure of international payments, and cross-border capital flows. They enrich the policy toolbox, improve foreign exchange wholesale market laws and regulations, and establish reliable off-site supervision and on-site inspection working mechanism of the foreign exchange wholesale market. Furthermore, the PBOC and SAFE strictly curb the violations of laws and regulations in foreign exchange; maintain the consistency, stability, and predictability of enforcement standards across cycles; and keep order in the foreign exchange market.

Fifth, the PBOC and SAFE accelerate the development of the foreign exchange market and provide exchange rate risk management services for import and export enterprises based on the principle of actual demand. They also guide enterprises to establish a "risk-neutral" financial concept and manage exchange rate risk through foreign exchange derivatives to eliminate foreign exchange costs and reduce uncertainty in production and operation.

Sixth, the PBOC and SAFE steadily promote the convertibility of RMB capital projects, improve the policy framework and infrastructure of RMB's cross-border use, and support RMB use in cross-border trade and investment.

Appendix

Summary of China's Major Policies on Exchange Rates and Balance of Payments in 2019

Released on	Major Policies	Remarks
February 12	Notice of the People's Bank of China and the State Administration of Foreign Exchange on Issuing the *Management Measures for Foreign Employees of Domestic Listed Companies to Enjoy Equity Incentive Funds*	Regulate the management of foreign employees of domestic listed companies to participate in A-share equity incentive funds.
March 11	Notice of the People's Bank of China on Issuing the *Data Extraction Interface Specifications for Anti-Money Laundering Enforcement and Inspection over Securities and Futures Insurance Institutions*	Data extraction interface specifications for anti-money laundering enforcement and inspection
March 15	Notice of the State Administration of Foreign Exchange on Issuing the *Management Regulations on the Centralized Operation of Cross-Border Funds of Multinational Corporations*	Facilitate foreign exchange settlement and payment of income from capital projects as well as cross-border investment and financing.

Continued

Released on	Major Policies	Remarks
April 29	Notice of the State Administration of Foreign Exchange on Issuing the *Management Measures for the Foreign Exchange Service of Payment Institutions*	Facilitate cross-border e-commerce settlement.
May 15	Notice of the State Administration of Foreign Exchange on Issuing the *Evaluation Measures for Banking Foreign Exchange Service Compliance and Prudent Operation*	Standardize the compliance management of foreign exchange service operation of commercial banks.
May 25	*Management Measures on Cross-border Funds for Depositary Receipts (Trial)* issued by the People's Bank of China and the State Administration of Foreign Exchange	Standardize the management of cross-border funds for depositary receipts, support the healthy development of the science and technology board, and promote the implementation of the Shanghai–London Stock Connect.
May 27	The General Administration of Customs and the State Administration of Foreign Exchange have announced the complete cancellation of customs declaration receipts, foreign exchange payment certificates, and customs write-offs for processing trade write-offs. For handling foreign exchange receipts and payments in goods trade and processing trade write-offs, enterprises shall submit paper-based customs declarations as required by independently printing the declaration form in A4-size paper through China E-port and affixing it with a corporate official seal.	Implement the plan of the Central Committee of the Communist Party of China (CPC) and the State Council to advance the FGF reform and simplify the declaration and verification materials.
May 28	Notice of the State Administration of Foreign Exchange and the General Administration of Customs on Issuing the *Management Regulations on Transfer of Foreign Exchange Cashes across Border*	Implement the State Council's *Work Plan to Optimize the Port Business Environment and Facilitate Cross-Border Trade* (GF [2018] No. 37).
May 31	Notice of the State Administration of Foreign Exchange on Facilitating Insurance Companies' Capital Foreign Exchange Settlement	Promote streamlining and power delegation; improve the foreign exchange management of the insurance business; and prevent financial risks.
July 20	*Measures on Further Opening Financial Industry* and *Introduction by Relevant Leaders of the People's Bank of China to the Measures on Opening up the Financial Industry* issued by the People's Bank of China and the State Council Office of Financial Stability and Development Committee	Opening up of the financial industry
July 24	Catalogue of Current Major Effective Foreign Exchange Regulations (as of June 30, 2019)	Perform legislation and document sorting in key areas of foreign exchange management to facilitate public inquiry and use.

Continued

Released on	Major Policies	Remarks
September 30	*Notice on Matters of Facilitating Foreign Institutional Investors' Investment in the Interbank Bond Market* issued by the People's Bank of China and the State Administration of Foreign Exchange	Matters related to further regulating and facilitating foreign institutional investors' investment in the interbank bond market
October 23	Notice of the State Administration of Foreign Exchange on Streamlining Foreign Exchange Accounts	Implement the arrangement of the CPC Central Committee and the State Council in expanding the FGF reform; simplify relevant business operation procedures; and facilitate banks, enterprises, and other market players in handling foreign exchange businesses in real and compliant principle.
October 23	Notice of the State Administration of Foreign Exchange on Facilitating Cross-Border Trade and Investment	Implement the arrangement of the CPC Central Committee and the State Council to facilitate cross-border trade and investment.
December 16	Notice of the General Administration of Market Supervision, the Ministry of Commerce, and the State Administration of Foreign Exchange on Well Carrying out the Multi-in-one Reform of Annual Report	Implement the arrangement of the CPC Central Committee and the State Council to advance the FGF reform.
December 26	Notice of the State Administration of Foreign Exchange on Cancelling Some Application Materials for Administrative Licensing of Foreign Exchange Administration in the Pilot Free-Trade Zone	Promote the optimization of business environment and liberalization and facilitation of trade and investment.

Article 4

Efforts to Prevent and Mitigate Financial Risks Must Fundamentally Rely on the Driving Forces Generated by Financial Reform and Opening Up①

On November 28, 2019, the Financial Stability and Development Committee, under the State Council (hereinafter the Financial Committee), held its 10th meeting, highlighted by the following accomplishments:

1. Summarizing the progress made to prevent and mitigate major financial risks in the previous stage, and to clarify "achievements hitherto",

2. Exploring measures to further prevent and mitigate financial risks, while pointing out the

① About the Author: Zhang Wei, Associate Professor at the School of Economics and Management, Tsinghua University, Director of the Alumni Office, Deputy Editor in Chief & Director of the Editorial Department of *Tsinghua Financial Review*, and Chairman of the Board of Qingkong Jinxin Capital Management(Beijing) Co., Ltd.

requirements to "balance the relationships between steady growth and risk prevention";

3. Planning key efforts around risk prevention and mitigation, and emphasizing "efforts to prevent and mitigate risks must rely on financial reform and opening up."

Risk prevention and mitigation is a long-term endeavor, serving as the innermost core of financial work. As is well known, not only is it one of the three tasks of the 5th China National Financial Work Conference, but it is also the first of "three tough battles" (risk prevention and mitigation; targeted poverty alleviation; and pollution control) proposed in the report to the 19th National Congress of the Communist Party of China (CPC).

Since its establishment in November 8, 2017, the issue of risk prevention and mitigation has been discussed in all plenary sessions, even becoming a theme of some. (Furthermore, the Financial Committee also has held several thematic sessions on risk prevention and mitigation.) However, in different stages of development, the priority (and relationship) between stability and development; risk control and crackdown;and reform and opening up; should tweak towards the constantly changing situation at home and abroad. Since instability and stagnant development are the biggest threats to the importance of stability and development, efforts to risk prevent and mitigate must be preconditioned by stability and development, and fueled by reform and opening up. In other words, risks shall be prevented and mitigated attendant with reform and development.

The quintessence of the 10th meeting of the Financial Committee was the clarification of the relationships (and priority) between risk prevention and management; stability and development; and reform and opening up, which lays an effective foundation for subsequent efforts to tweak various approaches and measures to prevent and mitigate financial risks.

Since the second half of 2018, we have witnessed unprecedented changes, producing both crises and opportunities—in fact they are two sides of the same coin. Although the current period is crucial to develop strategic opportunities for China, there are some dangers in the stable economic operation: the pressure of an economic downturn and financial risks looms increasingly larger and gradually comes into full light. Despite these, multi-party efforts to prevent and mitigate financial risks in the previous stage paid off. Currently, the leverage ratio has been effectively prevented from soaring; the crackdown on shadow banks has been effectively executed; major breakthroughs have been achieved in risk handling for key financial institutions; the risk of external impact has been effectively defused; the mechanism to deal with bond defaults has been greatly improved; and Internet financial risks have been ubiquitously cracked down.

The resolute (and legal) takeover of Baoshang Bank, in May, 2019 is an especially outstanding effort, which has not only vigorously protected the legitimate rights and interests of depositors, but has also broken the hidden rule of rigid payment, improved market discipline, promoted credit stratification in the financial market, and made for proper market risk pricing.

In response to the increasing likelihood of an economic downturn since the second half of 2019, China must adjust and optimize measures to prevent and mitigate financial risks in a timely and proper manner, while taking solace from our successful efforts during the previous stage. In the next stage, we shall adhere to established policies and guidelines, and clarify the responsibilities of each party, requiring them to assume their own responsibilities; adjust the approach and measures to strike a balance between steady growth and risk prevention; expand counter-cyclical regulation; prioritize mitigating risks in concurrence with reform and development, and enhance the capital strength of commercial banks—especially small- and medium-sized—through multiple channels; upgrade the long-term mechanism for risk prevention, mitigation and handling; and establish and upgrade the recovery and handling mechanism, the loss sharing mechanism and the incentive and restriction mechanism for financial institutions; conscientiously perform the duties of risk handling for key financial institutions according to law; steady the operation of the financial system, and maintain economic and social stability; and stand firm in the tough battle to prevent and mitigate major financial risks.

Preventing financial risks must fundamentally rely on previous reforms and opening up. Since 2019, China has enacted a series of such enabling measures. For instance, more than 30 measures were announced at one stroke, and more than 10 measures were rolled out to facilitate cross-border trading and investment; with measures also to support financial reform in the Hainan Free Trade Zone, the Hainan Free Trade Port, the Guangdong-Hong Kong-Macao Greater Bay Area, and the Yangtze River Delta Economic Zone.

Not only have these highly effective measures boosted confidence in the market, but they have provided a mechanism guarantee and driving forces in order to prevent financial risks. In the next stage, we shall intensify our efforts of financial reform and opening up, especially including: enacting key financial laws and regulations; efficaciously enforcing existing financial laws; strengthening reforms of financial markets and financial institutions; boosting infrastructure connectivity in the bond market; deepening reforms of small- and medium-sized banks and rural credit cooperatives, improving the management structure of policy banks; regulating the development of the private funds industry; strengthening the efforts of coordinated regulation and the planning of financial infrastructures; deepening the reform of the foreign exchange system, supporting the piloting of foreign exchange reform in free trade zones and free trade ports; and actively and steadily internationalizing the renminbi in.

Through these reform efforts and opening up, the financial markets will be energized and imbued with increased competitiveness, thus leading to a virtuous cycle of finance and economy.

Policies for Major Financial Markets Development

I. Policies for Banking Market Development[①]

(i) Highlights of China's 2019 banking sector development policies

In 2019, the China Banking and Insurance Regulatory Commission (CBIRC), the People's Bank of China (PBOC) and other regulators introduced policies to ensure moderate progress and flexible application of regulatory measures. In addition to highlighting the need to guard against systematic risks and to serve the real economy, these measures epitomize further progress in deepening financial reform and opening up, improving corporate governance, mechanism, and optimizing financial institutions.

1. Interest rate liberalization reform

On August 16, the PBOC announced its decision to improve the Loan Prime Rate (LPR) formation mechanism. Its objective is to leverage LPR's role in guiding loan interest rates, advancing the efforts to "merge two loan interest rate tracks into one", and improve the efficiency of interest rate transmission. On December 28, 2019, the PBOC issued Announcement No.30 to smoothly switch the benchmark for pricing existing floating-rate loans. As of the end of 2019, five LPR quotations have been submitted.

To date, these efforts have encouraged banks to reduce loan interest rates, and to strengthen banking support for the real economy. While improving LPR, the PBOC conducted comprehensive and targeted RRR reductions to further improve the transmission mechanism of monetary credit, and reduce financing costs for enterprises. On January 4, the PBOC announced its decision to lower financial institutions' RRRs by 1 percentage point. On May 15, PBOC applied lower RRRs to small and medium-sized banks engaging in local county-level operation. This was implemented in three phases: May 15; June 17; July 15. On September 16, the RRRs for all banks were decreased by 0.5 percentage points. Moreover, the PBOC announced a 1 percentage points RRR cut (with 0.5 on October 15 and 0.5 on November 15)for

① About the Authors: Zhou Kunping, deputy general manager and chief researcher, Development Research Development (Center for Financial Research) at the Bank of Communications; Zhao Yarui, senior researcher, Development Research Development (Center for Financial Research) at the Bank of Communications.

city commercial banks operating solely in provincial administrative areas.

As a whole, improving the LPR formation mechanism is key liberalizing interest rates, complementing the targeted reduction of RRRs in reducing the financial cost for increasing support for the real economy.

2. Banking sector enters a new stage of opening up

Since 2019, China has been opening up its banking sector. The CBIRC formulated policies to further open up the banking sector, with a qualitative improvement in the breadth and depth of the opening up efforts. On July 20, the Office of Financial Stability and Development Committee of the State Council announced *Relevant Measures for Further Opening Up the Financial Sector* (11 measures) to welcome and facilitate foreign investments in China's financial markets. On September 30, the State Council announced the *Decision to Amend the Regulation of the PRC on the Administration of Foreign-Funded Banks* in order to ease the establishment conditions and expand the scope of foreign-funded banks. On November 7, the State Council released the *Opinions on Further Improving the Utilization of Foreign Investment*. Accordingly China will remove restrictions on the business scope of foreign-invested banks, securities companies, fund companies and other financial institutions in order to enrich market supply and enhance market vitality.

Regulators implemented the decisions of the CPC Central Committee and the State Council, and implemented measures to open up the banking sector. The CBIRC announced 12 measures to open up the banking and insurance sectors on May 1, and seven more in July. These 19 measures will enrich the existence form of foreign-funded institutions in China, expand business scope, improve regulatory rules, ease market access conditions, and remove restrictions on the share ratio. On September 10, the State Administration of Foreign Exchange (SAFE) announced removal the quota restrictions on the qualified foreign institutional investor (QFII) and the qualified foreign institutional investor (RQFII)—a significant improvement facilitating foreign investment in domestic financial markets.

On September 30, the PBOC and the SAFE jointly issued the *Notice on Matters Relating to Further Facilitating Investments by Foreign Institutional Investors in Inter-bank Bond Markets* to further facilitate investment by foreign institutional investors and to enhance openness. On November 8, the CBIRC issued the *Implementation Measures for Administrative Licensing Matters Relating to Foreign-funded Banks (Draft for Comments)* to continue implementing opening up measures, improving the business environment, and strengthening the supervision of foreign-funded banks. On December 18, the CBIRC issued the amended *Detailed Rules for the Implementation of the Regulation of the People's Republic of China on the Administration of Foreign-funded Banks (No.6 [2019] of CBIRC)* to open up the banking sector.

Overall, the measures and documents announced by the State Council, and the strong measures taken by regulators to implement various opening-up measures have achieved positive effects, resulting in an all-dimensional, multi-level, wide-ranging and open banking system. The banking sector enters a new stage of two-way opening up.

3. Further improving the quality and efficiency of inclusive finance service

In 2019, China successively introduced a series of financial policies, which continue to encourage the banking sector to increase financial support for small and micro enterprises; enterprises that engage in agriculture; operate in rural areas and serve rural constituents; and private enterprises.

The PBOC implemented here RRR cuts. Moreover, at the start of 2019, it adjusted inclusive finance, direction RRRs and assessment standards for small and micro enterprises; and agriculture, rural areas and farmers, and private enterprises of the real economy.

Regulators introduced policies from institution and mechanism to credit supply, production, and service, to improve the quality and efficiency of inclusive financial services.

Support for private enterprise: On February 3, the PBOC issued the *Notice on Canceling the Bank Account License for Enterprises* to improve financial services and to support high-quality development of private enterprises and small and micro enterprises. On February 14, the General Office of the CPC Central Committee and the General Office of the State Council issued the *Several Opinions on Strengthen Financial Service for Private Enterprises* to increase financial policy support, and supporting private enterprises wishing to surmount difficulties through financing. On February 25, the CBIRC issued the Notice on Further Strengthening Work Relating to Financial Service for Private Enterprises to improve the financial service system and enhance the efficiency of credit for private enterprises.

On December 4, the CPC Central Committee and the State Council issued the *Opinions on Fostering a Better Environment to Support the Reform and Development of Private Enterprises*, calling for improving banking and financial services for private enterprises; encouraging banks to meet beforehand their demands to extend loans; and further reduce the financing cost for private enterprises and small and micro enterprises.

Support for agriculture, rural areas and farmers: On January 29, the PBOC, the CBIRC, the China Securities Regulatory Commission (CSRC), the Ministry of Finance (MOF,) and the Ministry of Agriculture and Rural Affairs (MOA) jointly issued the *Guiding Opinions on Finance Serving Rural Revitalization* to direct rural financial resources back to rural areas and improve the efficiency and quality of financial service for rural revitalization.

On March 1 and 4, the General Office of CBIRC issued the *Notice on Working Effectively to Support the Banking and Insurance Industries in Serving Rural Revitalization and Assisting Poverty Alleviation in 2019* and the *Notice on Further Improving the Quality and Effect of Financial Services for Micro and Small-sized Enterprises in 2019* to increase financial support for agriculture, rural areas and farmers, and small and micro enterprises.

On May 9, the CBIRC, the MOF, the PBOC, and the Leading Group Office of Poverty Alleviation and Development jointly issued the *Notice on Further Regulating and Improving the Management of Microfinance for Poverty Alleviation* to help win the battle of poverty alleviation. On May 15, the PBOC issued the *Guiding Opinions of the People's Bank of China on Effectively Conducting Financial Precision Poverty Alleviation Work from 2019 to 2020* in a bid to effectively conduct the financial precision poverty alleviation work from 2019 to 2020; increase financial support efforts; and effectively prevent financial risks.

On August 6, the CBIRC, the State Intellectual Property Office, and the National Copyright Administration jointly issued the *Notice on Further Strengthening Intellectual Property Rights Pledge Financing* to facilitate financial access for innovative enterprises with light assets. On September 12, the National Development and Reform Commission (NDRC,) and the CBIRC jointly issued the *Notice on Further Conducting the Work Relating to the "Xinyidai" Loan Business to Support the Financing of Micro, Small and Medium-Sized Enterprises* to support financial institutions in addressing the difficulty in, and the high cost of financing micro, small and medium-sized enterprises. On September 29, the CBIRC and the PBOC jointly released the *2019 China Inclusive Finance Development Report*, which fully incorporates the latest data and achievements of China's inclusive finance. On December 20, the CBIRC issued the *Notice on Encouraging Village and County-level Banks to Hold Position and Improve Their Ability to Serve Rural Revitalization Strategy* (to urge village and county-level banks to better hold position and effectively improve financial service for rural revitalization. On December 26, the CBIRC issued a draft, the *Implementation Measures of the CBIRC for the Administrative Licensing Items Concerning Small and Medium-Sized Rural Financial Institutions* to further promote the reform development and risk disposal of rural small and medium-sized rural financial institutions for inclusive finance development.

Protect the legitimate rights and interests of consumers and improve financial services: On April 4, the CBIRC and the Ministry of Justice jointly issued the *Notice on Matters Concerning Simplifying the Inquiry of Deposit Accounts of Deceased Depositors* to pursue the cut certification to create convenience reform initiative and improve banking services. On September 24, the CBIRC issued the *Notice of Addressing Banking and Insurance Institutions' Irregularities Against Consumer Rights and Interests* (No.194 [2019] of the General Office of the CBIRC) to protect the legitimate rights and interests of banking and insurance consumers. On November 1, the CBIRC issued three documents: the *Administrative Measures for Handling Consumers' Complaints in Banking and Insurance Industry;* the *Measures for Reporting and Handling Illegal Banking and Insurance Activities;* and the *Measures of the CBIRC for the Administration of Public Complaints and Proposals* to solicit public opinion on handling complaints; reports of illegal banking and insurance activities and the administration of public complaints and proposals, to protect the legitimate rights and interests of financial consumers.

On November 4, the CBIRC issued the *Guidance on Strengthening the Construction of Consumer Protection System and Mechanism by Banking and Insurance Institutions* to strengthen the decision making process, and the supervision mechanism of consumer protection, and the banking and insurance institutions' efforts in protecting the rights and interest of consumers.

On November 20, the Supreme People's Court, the PBOC, and the CBIRC jointly issued the *Opinions on Comprehensively Advancing the Construction of Diversified Dispute Resolution Mechanism for Financial Disputes*, to construct a coordination mechanism to address financial disputes and foster a business environment.

On December 2, the PBOC solicited public comments on the *Notice on Regulating the Collection Business* to regulate the behavior of the participants of the collection business, and to protect the legitimate rights and interests of financial consumers.

On December 24, the PBOC, the CBIRC, the China Securities Regulatory Commission (CSRC), and the State Administration of Foreign Exchange (SAFE) jointly issued the *Notice on Further Regulating Financial Marketing and Publicity Activities* to earnestly protect the legitimate rights and interests of financial consumers.

On December 27, the PBOC issued the *Implementation Measures of the People's Bank of China for Protecting Financial Consumers' Rights and Interests,* to protect the long-term, fundamental interests of financial consumers.

Under the guidance of the State Council's opinions, the PBOC, and the CBIRC coordinated strengthening policy support, incentives, and supervision. Here, banks and financial institutions continue to make it easier for private enterprises and small and micro enterprises to obtain financial resources, promote inclusive finance, alleviate poverty, improve basic financial coverage, and strengthen consumers' rights and interests.

4. Continued modernizing the governance mechanism of banking financial institutions

Since 2019, the PBOC, and the CBIRC have introduced policies to improve the governance mechanism and capabilities of banking and financial institutions.

On January 4, the CBIRC issued the *Opinions on Advancing Rural Commercial Banks'*

Adherence to Their Position, Governance Enhancement and Improvement of Financial Service Capabilities to encourage rural commercial banks to better serve their role as county legal person institutions.

On January 9, the CBIRC issued the *Guiding Opinions on Strengthening the Building of a Permanent Mechanism for the Compliance Management of Overseas Institutions of Chinese-funded Commercial Banks* in order to promote Chinese-funded commercial banks with overseas profit-oriented institutions to further optimize their group compliance management systems.

On April 30, the CBIRC solicited public opinion on *Measures for Risk Classification of Financial Assets of Commercial Banks* to clarify the five-level classification of financial assets, and to establish a risk classification governance structure the banking sector. On July 12, the CBIRC issued the *Measures for the Equity Custody for Commercial Banks* to regulate the equity custody for commercial banks and improve the penetrating regulation framework of commercial banks' equity. On July 26, the PBOC requested public comments on the *Interim Measures for the Supervision and Administration of Financial Holding Companies*, which defined three principles: macro-prudential administration, penetrating and coordinated supervision, to regulate the development of financial holding companies and to effectively prevent and mitigate financial risks.

On October 18, the CBIRC issued the *Notice on Further Regulating the Structural Deposit Business of Commercial Banks* to increase the supervision of structural deposit business and to enhance the robustness of banks, and their compliance. On November 25, the CBIRC issued the *Notice on Issuing the Measures for the Supervision and Evaluation of Corporate Governance in Banking and Insurance Institutions* which for the first time proposes measures of effective compliance evaluation; and to lower the rating of commercial banks where major issues arise. The regulators decided to take seriously and evaluate the effectiveness and failure of corporate governance.

On November 26, the PBOC and the CBIRC solicited public opinion about the *Measures for the Evaluation of Systematically Important Banks* to establish an evaluation and identification mechanism of banks critical to China's financial system; and to improve the supervision framework of financial institutions.

Strengthening and improving the governance mechanism of commercial banks is an important component of continued reform of the banking sector. The policies and measures undertaken will strengthen the guidance and supervision of the corporate governance of banking financial institutions; encourage the banking sector to take a science-based, robust and effective approach to corporate governance; construct a solid foundation for the banking sector to modernize its governance system and its capabilities, to develop sustainably.

5. Accelerate data governance, and digital and intelligent transformation of the banking sector

On November 6, the Financial Stability and Development Committee under the State Council held its 9th meeting, urging financial support for technology innovation; optimizing the financing mode of science and technology innovation; and to improve the supporting policy environment. Regulators built a basic rule system of financial technology supervision for integrated development of finance and technology. Due to multiple financial policies and measures, the data governance, digital and intelligent transformation of the banking sector has been accelerated.

On January 10, the PBOC, the CBIRC, and the CSRC jointly issued *Opinions on the Implementation of the Action Plan for Advancing the Extensive Deployment of Internet Protocol Version 6 (IPv6) in the Banking Sector* to accelerate the integration of the internet into the financial sector.

On January 24, the PBOC issued the *Notice on Issuing the Industrial Standards Titled as the Interbank Market Metadata and the Interbank Market Information Exchange Protocol* to further improve relevant data standards and data governance of the interbank market.

On July 9, the CBIRC issued the *Guiding Opinions on Advancing the Supply Chain Financial Service for Real Economy* to encourage banking and insurance institutions to embed the IoT and blockchain into transactions; conduct remote monitoring on logistics and inventory; and improve intelligent risk control.

On August 22, the PBOC issued the *FinTech Development Plan (2019-2021)*. As the first top design document for financial technology, it proffers the guiding ideology, basic principles, development goals, key tasks and safeguard measures for financial technology in the next three years.

On October 29, the PBOC and the State Administration for Market Regulation said jointly that China will include financial technology products in its unified certification system, continue to strengthen the safety and quality management of financial technology through implementation of standards; improve the honesty, innovation capability, and comprehensive governance of financial technology.

Thanks to multiple policies, commercial banks accelerated technological change, and promoted digital transformation and development. After the China Construction Bank (CCB)established the banking sector's first wholly-owned financial technology subsidiary, the

Industrial and Commercial Bank of China (ICBC), and the Bank of China (BOC) did likewise.

Moreover, the BOC, CCB and the ICBC launched intelligent outlets to integrate 5G with life scenarios. The ICBC launched its ECOS smart bank information system to promote the cross-border, cross-industry, and cross-sector transformation and development of the banking sector. The ICBC, Ping An Bank, China Zheshang Bank, Jiangsu Bank, WeBank and the Suning Bank launched 14 blockchain service projects. The CCB launched its "BCTrade2.0 Blockchain Trade Finance Platform". As a whole, the introduction of regulatory policies relating to financial technology plays an important role in guiding the development of financial technology in the banking sector, accelerating its promotion and application of blockchain technology.

6. Establishing the policy framework of the asset management industry

The year 2019 is the "first year of wealth management subsidiaries". The overall policy framework of the asset management industry was has been established via deepening reform, and multiple regulatory policies, thus entering a new stage of transformation and development.

On October 12, the PBOC, CBIRC, CSRC and SAFE jointly solicited public comments on the *Standardization Rules for Standardized Debt Assets* to further regulate investment in asset management products of financial institutions. On October 19, the NDRC, PBOC, MOF, CBIRC, CSRC, and the SAFE jointly issued the *Notice on Further Clarifying the Matters Concerning Regulating Asset Management Products for Financial Institutions to Invest in Venture Capital Funds and Government-funded Industry Investment Funds* to standardize rules for investing asset management products in private equity and venture capital funds.

On November 29, the CBIRC issued *Measures for the Management of Net Capital of Wealth Management Subsidiaries of Commercial Banks (for Trial Implementation)* Complementing the *Measures for the Administration of Wealth Management Subsidiaries of Commercial Banks.* The proffered measures maintain the unified supervision of deleveraging and asset management; restricts and guides, through net capital management, wealth management subsidiaries to foster the concept of prudent management; guards against regulatory arbitrage, and promotes the sound and orderly development of China's asset management industry.

On December 27, the CBIRC and PBOC issued the draft *Notice on Matters Concerning Regulating the Management of Cash Management Wealth Management Products.* Complementing the new asset management regulations, new regulations on wealth management, and the *Measures for the Administration of Wealth Management Subsidiaries of Commercial Banks,* the Notice offers specific regulatory requirements for the cash management products issued by commercial banks, and the wealth management subsidiaries of commercial banks.

Responding to the development trend and regulatory requirements for the asset management industry, many banks launched wealth management subsidiary pilot programs. Fifteen Chinese-funded banks, including six state-owned and four joint-stock, have established wealth management subsidiaries. The CBIRC approved Amundi and BOC Wealth Management to establish an asset management joint-venture in Shanghai, China's first foreign-controlled wealth management company. The wealth management business of commercial banks has entered a new stage of development.

As a whole, the introduction of multiple measures and policies provided a foundational basis for regulating the development of the asset management business, and guarding against related risks; and accelerating its transformation and development.

7. Regulate business operation and guard against financial risks

In 2019, given a complex external environment, regulators introduced multiple policies to strengthen weak links, regulate the business operation of banks, strengthen capital replenishing, and mitigate financial risks.

Regulate the business operation of the banking sector, and improve the service for real economy.

On May 13, the PBOC issued the *Notice on Supporting the Issuance of Green Debt Financing Instruments in Green Finance Reform and Innovation Pilot Zones* to strengthen green finance reform, implement innovation pilot zones, and enrich financing channels for enterprises.

On May 25, the PBOC and SAFE issued the *Measures for the Administration of Cross-Border Funds of Depositary Receipts* to regulate the management of cross-border funds of depositary receipts; and to strengthen the business operation of banks.

On November 22, the PBOC amended the *Measures for the Registration of the Pledge of Accounts Receivable* to further regulate the registration of the pledge of accounts receivable and to protect the legitimate rights and interests of all stakeholders. On December 10, the CBIRC, the Ministry of Commerce (MOC), and the SAFE jointly issued the *Guiding Opinions on Improving Financial Service for Foreign Trade* to further regulate the foreign trade of the banking and insurance industry, and to guide banking and insurance institutions to effectively provide financial services. On December 30, the PBOC and the CBIRC amended the *Measures for the Administration of Bank Card Clearing Institutions* to further improve the management system of the bank card market.

Continue to improve the capital replenishing and innovation mechanism. At the executive meeting of the State Council (February 11) China gave support commercial banks in replenishing capital through multiple channels, enhance financial service for real economy, and increase risk prevention capabilities.

On July 19, the CBIRC and the CSRC issued the *Guiding Opinions on Commercial Banks Offering Preferred Shares to Replenish Tier 1 Capital (Revision)* to regulate the offering of preferred shares by commercial banks, and to improve the commercial banks; capital quality.

On November 22, the CBIRC issued the *Guiding Opinions on Commercial Banks' Innovation on Capital Instruments (Revision)* to promote and regulate the offering of capital instruments by commercial banks; enhance risk prevention capabilities; and provide a favorable policy environment for commercial banks to replenish capital.

Due to regulatory policies, domestic commercial banks accelerated the innovation of capital instruments. The issuance of perpetual bonds entered a fast track. As of the end of December, the ICBC, the Agriculture Bank of China (ABC), BOC, CCB, and the Bank of Communications (BOC) issued over RMB 5 trillion worth of perpetual bonds. Moreover, the integration of the banking sector with the capital markets was accelerated. With the launch of IPOs by many banks, a permanent mechanism of capital replenishing was established.

Strengthen risk prevention, and promote market clearing. A preponderant objective of regulatory policies is to forestall and fuse financial risks. In 2019, with the introduction of multiple policies and measures, significant progress was achieved in forestalling financial risks.

On January 29, the CBIRC issued *Measures for the Administration of Combating Money Laundering and Financing of Terrorism by Banking Financial Institutions* to effectively combat money laundering and terrorism financing, as well as safeguarding socio-economic security and stability.

On March 19, the CBIRC issued the *Notice on Printing and Issuing the Measures for Disclosing Information on Net Stable Funding Ratio of Commercial Banks* to strengthen the management of liquidity risk of the commercial banks. On March 23, the PBOC issued the *Notice of Matters Concerning Further Strengthening Administration of Payment and Settlement to Prevent New Types of Telecommunications and Online Illegal and Criminal Activities* to build a safety defense of payment and settlements in the financial sector.

On May 8, the CBIRC issued the *Notice of Commencing the Work on "Consolidating Achievements in Irregularity Rectification and Promoting Compliance Building* to effectively mitigate risks in key areas and consolidate the irregularity rectification work in the banking sector.

On May 24, the PBOC and CBIRC issued the *Announcement on the Takeover of Baoshang Bank Co., Ltd.* to defuse possible risks by disposing of problematic financial institutions. On

June 11, the PBOC issued the *Notice on Optimizing the Comprehensive Control over Bad Check Violations* (No.155 [2019] of the PBOC) to strengthen the control over bill-related business violations. On October 12, the CBIRC issued the draft *Notice on Soliciting Public Comments on the CBIRC's Measures for Administrative Punishment* to improve administrative punishment; rectify market irregularities; and mitigate financial risks. On December 19, the CBIRC issued the *Guiding Opinions for the Recusal of Employees of Banking and Insurance Institutions in Performance of Duties* to strengthen the supervision and administration of the performance of duties by employees of banking and insurance institutions, and to improve the effectiveness of internal control mechanisms.

On December 27, the PBOC, NDRC, and the CSRC jointly issued the draft *Notice on Matters Related to Handling Corporate Credit Bond Defaults (Draft for Comments)* to officially establish a unified organization of handling and preventing bond defaults.

(ii) Results of China's 2019 banking sector development policies

1. China's banking sector development policies achieved positive results in multiple areas

In 2019, central and local governments successively implemented multiple policies. Due the support, improvement and regulation of multiple financial regulatory policies, the banking sector operated steadily well within the reasonable range. Successful results were achieved in supporting the real economy, improving the quality and efficiency of financial services, and deepening reform and development. As a whole, China's banking sector experienced the following positive changes:

Firts, steady growth of asset size and profits. Due to monetary and regulatory policies, continued expansion of interest-bearing assets, recovery of non-interest income, and preferential tax policies, the domestic and foreign currency assets of Chinese banking financial institutions for the end of 2019 (IV) stood at RMB 290.0 trillion, an increase of 8.1% over the previous year, indicating a steady growth of asset size. Specifically, the domestic and foreign currency asset of large commercial banks was RMB 116.8 trillion, accounting for 40.3% of the total, an increase of 8.3% over the previous year. The domestic and foreign currency asset of joint-stock commercial banks was RMB 51.8 trillion, accounting for 17.9% of the total, an increase of 10.1% over the previous year. In 2019, the accumulated net profit of commercial banks was RMB 2.0 trillion, with an average capital profit margin of 10.96%.

Second, asset quality remained basically stable. Due to favorable monetary, financial, and regulatory policies; and the increasing disposal of non-performing loans, the quality of commercial banks' assets remained basically stable. By the end of 2019 (IV), the balance of non-performing loans of commercial banks was RMB 2413.5 billion; the NPL ratio 1.86%; the provision coverage ratio 186.08%; and the loan provision ratio 3.46%. With the increasing disposal of non-performing assets, the NPL ratio of commercial banks equaled that of 2018 (IV) The growth rate of non-performing assets for a single quarter was significantly decreased. With the continued increase of loan loss reserves, the quality of commercial banks' assets remained stable.

Third, the capital replenishing channels were diversified, and the risk offset capacity was sufficient. As Chinese regulators successively introduced policies to encourage banks to innovate capital instruments, more opportunities were created for banks to further replenish capital. Many listed banks replenished their capital through the issuance of convertible bonds, Tier 2 capital bonds, preferred shares, perpetual bonds, financial bonds, and private placement. At the end of 2019 (IV) the core Tier 1 capital adequacy ratio of commercial banks (excluding the branches of foreign banks) was 10.92%, an increase of 0.08 percentage points from 2018 (IV). The Tier 1 capital adequacy ratio was 11.95%, an increase of 0.11 percentage points from 2018 (IV). The capital adequacy ratio was 14.64%, an increase of 0.10 percentage points from the end of 2019 (IV). These statistics suggesting the risk offset capacity of commercial banks was sufficient.

With the improvement of the overall situation, the quality and efficiency of banking services for the real economy were improved. China continued to strengthen credit support for small and micro enterprises and private enterprises. Key progress was made in mitigating financial risks. The reform of key institutions and areas was deepened. The corporate governance mechanism was further improved.

The following are specific results China has achieved:

First, key progress was achieved in the battle of forestalling and defusing financial risks. In 2019, China disposed of a total of non-performing loans worth about RMB 2 trillion, and all loans that remained unpaid 90 days after their due date in commercial banks were regarded as non-performing. Risks from shadow banking and cross-industry financial businesses continued to diminish. Over the past three years, the size of shadow banking decreased by RMB 16 trillion from its historical peak. Troubled financial institutions were dealt with in an orderly manner. Risks in the key areas of the banking sector were mitigated. The financialization and potential bubbles in the real estate market were curbed. The risks of hidden debt of local governments were gradually defused. The number of problems in the market fell steadily, and any increases were effectively contained. A number of major illegal fund-raising cases were severely investiqated and dealt with.

Second, the quality and efficiency of financial institutions serving the real economy continued to improve. In 2019, the banking industry witnessed an increase of RMB 17 trillion in loans, i.e., year-on-year growth of RMB 1.1 trillion. Loans to private enterprises increased by RMB 4.25 trillion. Loans to micro and small enterprises for the purpose of inclusive finance were RMB 11.6 trillion, up by more than 25% year on year, specifically loans from five large banks increased by more than 55%. The comprehensive financing cost of new inclusive finance loans to small and micro enterprises dropped by more than 1 percentage point.

Third, two-way opening-up was further expanded and the momentum for reform was fully unleashed. A total of 19 new opening-up measures were introduced and 51 applications for the establishment and business opening of foreign banks and insurance institutions were approved. Chinese institutions were encouraged to expand overseas, and 11 Chinese banks established 80 tier-1 institutions in 29 countries along the "Belt and Road" route. To improve the weak areas of the regulatory system, 40 rules and regulations were issued throughout the year. The institutional reform had been successfully completed, from "physical integration" to "chemical reaction", which provides the energy and driving forces for further reforms.

2. There is still room for the improvement of banking market development policies in some areas

In 2019, the banking sector was generally stable, the quality and effect of financial institutions serving the real economy were further enhanced, and the policies and measures introduced by Chinese regulators achieved good results. However, the banking market is still facing complex situations as well as many uncertainties and instabilities at home and abroad. Follow-up policies are required to regulate and direct some areas of the banking sector for greater development:

First, guarding against and defusing financial risks is still the first priority. Since 2019, such troubled banking financial institutions as Baoshang Bank and Jinzhou Bank were properly dealt with. However, some small and medium-sized banks are experiencing lack of corporate governance, highly centralized business, aggressive expansion of interbank business, and rising credit risks. These risks are spread from city commercial banks to rural financial institutions and other small and medium-sized financial institutions, which should be carefully handled. More efforts should be made to increase the supervision of these areas.

Second, the policies and regulations on asset management should be further detailed and improved. Currently, the policy framework of the asset management industry has been basically established. However, many detailed rules should be further improved and published.

For example, the new regulation on asset management (No.106 [2018] of the PBOC) clarifies five follow-up detailed rules, among which three have been issued, and two to be released, that is the restrictions on investments in the right to profit (interest) of credit assets of commercial banks and the specific system of asset management product statistics, and the administration of license of various market entities in the asset management industry.

Third, the scope of capital replenishing policies should be further expanded. To effectively guard against risks and improve the quality and effect of services for real economy, Chinese regulators continued improving policies and measures replenishing the capital of commercial banks in 2019. As of December 30, under the guidance of policies, 20 banks had obtained the approval to issue perpetual bonds, among which 15 banks issued a total of RMB 569.6 billion worth of perpetual bonds. Although the Chinese regulators eased restrictions on capital replenishing, the issuance of perpetual bonds was still confined to nation-wide banks. To guard against risks and support the real economy, more funds are required to replenish the capital of non-public small and medium-sized banks. The scope of policies for these banks should be further adjusted.

(iii) Prospects and Suggestions for China's Banking Market Development Policy in 2020

Against the backdrop of ongoing global trade frictions and extremely unclear prospects for COVID-19 pandemic control, combating the COVID-19 pandemic and catering to the real economy will be the priority of the banking industry throughout the year of 2020. Relevant policies shall adjust the efforts of regulation according to timely changes in pandemic prevention and control and economic situations, and attach greater importance to supporting the recovery and development of the real economy. Monetary policies shall also place greater emphasis on aggregate amount and counter-cyclical regulation to balance the relationships between steady growth, risk prevention, and inflation control. The following are specific strategies and measures:

Firstly, continue risk prevention and mitigation under new circumstances. In 2020, the spread of the COVID-19 pandemic worldwide will have a huge impact on economy and finance, and intensify the turmoil in the international financial market. In order to effectively contain the transmission of overseas risks to China, financial regulatory policies shall pay more attention to adjusting the efforts of financial regulation, strengthen the role of counter-cyclical regulation, and emphasize the need to mitigate risks in concurrence with reform and development. The first is to further deepen financial structural reform on the supply side and enhance the anti-risk ability of financial institutions in the banking industry. The second is to continue to improve the corporate governance mechanism of commercial banks when the pandemic is further alleviated, and in particular, to promote the standardization of equity management. The third is to deepen the reform of small and medium-sized banks (SMBs), adopt a variety of effective methods to replenish the capital of SMBs, and enhance their anti-risk and credit extension abilities. The fourth is to effectively control and mitigate credit risks in key fields such as overcapacity and consumer finance, speed up market-led debt-to-equity swaps, and eliminate non-performing assets through more diversified approaches.

Secondly, step up opening-up in an all-around way. In recent years, the banking industry has achieved positive results in its opening-up to the outside world. Until now, even the pandemic hasn't disturbed its opening-up progress, and opening-up policies in the banking market have been firmly enforced. It is recommended that regulatory institutions shall continue to introduce policies that serve to expand two-way opening-up of commercial banks according to the progress of the pandemic. The first is to ensure that existing opening-up policies are effectuated under new circumstances. The second is to promote the opening-up of the asset management industry and lift the limit on foreign ownership of financial asset investment companies and wealth management companies newly established by commercial banks. The third is to improve the infrastructures of the financial market and create a level playing field for commercial banks.

Thirdly, enhance the support of the banking industry in the recovery of the real economy, and divert more funds towards key and vulnerable fields. The first is to strengthen the enforcement of macro policies, adjust monetary policies in a timely manner, make comprehensive use of different policy tools to maintain reasonable and sufficient liquidity, and guide financial institutions to prioritize the task of promoting the recovery and development of the real economy. The second is to improve financial services for SMEs and private companies that are severely affected by the pandemic and divert more credit resources into these fields; fully consider the characteristics of SMEs and the constraints they are facing, and introduce and enforce countermeasures. The third is to coordinate pandemic prevention and control and control and poverty eradication, consolidate financial support to agriculture, rural areas and farmers, and contribute to the battle against poverty; the fourth is to adopt multiple measures to overcome policy weaknesses, speed up new infrastructure construction under the support of the banking industry, and make new infrastructure play a positive role in economic growth.

Appendix

Major Policies for China's Banking Market Development in 2019

Released on	Major Policies	Released by
January 2	PBOC decided to adjust the assessment standard of loans to small and micro businesses targeted by the RRR cut for inclusive finance	PBOC
January 4	PBOC decided to lower the RRRs for financial institutions and replace it with some MLF in January 2019	PBOC
January 4	*Opinions on Advancing Rural Commercial Banks' Adherence to Their Position, Governance Enhancement and Improvement of Financial Service Capabilities* (No.5 [2019] of the General Office of CBIRC)	CBIRC
January 9	*Guiding Opinions on Strengthening the Building of a Permanent Mechanism for the Compliance Management of Overseas Institutions of Chinese-funded Commercial Banks* (No.13 [2019] of the General Office of CBIRC)	CBIRC
January 10	*Opinions on the Implementation of the Action Plan for Advancing the Extensive Deployment of Internet Protocol Version 6 (IPv6) in the Banking Sector* (No.343 [2018] of the PBOC)	PBOC, CBIRC and CSRC
January 24	*Notice on Issuing the Industrial Standards Titled as the Interbank Market Metadata and the Interbank Market Information Exchange Protocol* (No.6 [2019] of the PBOC)	PBOC
January 29	*Guiding Opinions on Finance Serving Rural Revitalization*	PBOC, CBIRC, CSRC, MOF and MOA
January 29	*Measures for the Administration of Combating Money Laundering and Financing of Terrorism by Banking Financial Institutions* (Order No.1 [2019] of the CBIRC)	CBIRC
February 2	*Decision to Cancel the Bank Account Licensing of Enterprises* (No.1 [2019] of PBOC)	PBOC
February 3	*Notice on Canceling the Bank Account License for Enterprises* (No.41 [2019] of PBOC)	PBOC
February 25	*Notice on Further Strengthening Work Relating to Financial Service for Private Enterprises* (No.8 [2019] of CBIRC)	CBIRC
March 1	*Notice on Working Effectively to Support the Banking and Insurance Industries in Serving Rural Revitalization and Assisting Poverty Alleviation in 2019* (No.38 [2019] of the General Office of CBIRC)	CBIRC
March 4	*Notice on Further Improving the Quality and Effect of Financial Services for Micro and Small-sized Enterprises in 2019* (No.48 [2019] of the General Office of CBIRC)	CBIRC
March 4	*Notice on Printing and Issuing the Measures for Disclosing Information on Net Stable Funding Ratio of Commercial Banks* (No.11 [2019] of the CBIRC)	CBIRC

Continued

Released on	Major Policies	Released by
March 23	*Notice of Matters Concerning Further Strengthening Administration of Payment and Settlement to Prevent New Types of Telecommunications and Online Illegal and Criminal Activities* (No.85 [2019] of the PBOC)	PBOC
April 4	*Notice on Matters Concerning Simplifying the Inquiry of Deposit Accounts of Deceased Depositors*	CBIRC and the Ministry of Justice
April 30	*Measures for Risk Classification of Financial Assets of Commercial Banks* (Draft for Comments)	CBIRC
May 8	*Notice of Commencing the Work on "Consolidating Achievements in Irregularity Rectification and Promoting Compliance Building"* (No.23 [2019] of the CBIRC)	CBIRC
May 9	*Notice on Further Regulating and Improving the Management of Microfinance for Poverty Alleviation* (No.24 [2019] of the CBIRC)	CBIRC, the MOF, the PBOC and the Leading Group Office of Poverty Alleviation and Development
May 13	*Notice on Supporting the Issuance of Green Debt Financing Instruments in Green Finance Reform and Innovation Pilot Zones* (No.116 [2019] of the PBOC)	PBOC
May 15	*Guiding Opinions of the People's Bank of China on Effectively Conducting Financial Precision Poverty Alleviation Work from 2019 to 2020* (No.124 [2019] of the PBOC)	PBOC
May 21	*Notice by the People's Bank of China of Lowering the Reserve Requirement Ratio for RMB Deposits for Rural Commercial Banks Serving County Regions* (No. 127 [2019] of the PBOC)	PBOC
May 24	*Announcement on the Takeover of Baoshang Bank Co., Ltd.*	PBOC and CBIRC
May 25	*Measures for the Administration of Cross-Border Funds of Depositary Receipts (for Trial Implementation)* (Announcement No.155 [2019] of the PBOC and SAFE)	PBOC and SAFE
June 11	*Notice on Optimizing the Comprehensive Control over Bad Check Violations* (No.155 [2019] of the PBOC)	PBOC
July 9	*Guiding Opinions on Advancing the Supply Chain Financial Service for Real Economy* (No.155 [2019] of the CBIRC)	CBIRC
July 12	*Measures for the Equity Custody for Commercial Banks* (Decree No.2 (2019) of the CBIRC)	CBIRC
July 19	*Guiding Opinions on Commercial Banks Offering Preferred Shares to Replenish Tier 1 Capital (Revision)* (No. 31 [2019] of CBIRC)	CBIRC and CSRC

Continued

Released on	Major Policies	Released by
July 20	*Relevant Measures for Further Opening Up Financial Sector*	Office of Financial Stability and Development Committee of the State Council
July 26	*Interim Measures for the Supervision and Administration of Financial Holding Companies* (Draft for Comments)	PBOC
August 6	*Notice on Further Strengthening Intellectual Property Rights Pledge Financing* (No.34 [2019] of CBIRC)	CBIRC, the State Intellectual Property Office and the National Copyright Administration
August 16	PBOC announced its decision to improve the loan prime rate (LPR) formation mechanism (Announcement No.15 [2019]of the PBOC)	PBOC
August 22	*FinTech Development Plan (2019-2021)*	PBOC
September 6	PBOC announced its decision to lower the RRRs for financial institutions on September 16, 2019	PBOC
September 12	*Notice on Further Conducting the Work Relating to the "Xinyidai" Loan Business to Support the Financing of Micro, Small and Medium-Sized Enterprises* (No.1491 [2019] of the NDRC)	NDRC and CBIRC
September 20	*Measures for the Management of Net Capital of Wealth Management Subsidiaries of Commercial Banks (for Trial Implementation) (Draft for Comments)*	CBIRC
September 24	*Notice of Addressing Banking and Insurance Institutions' Irregularities Against Consumer Rights and Interests* (No.194 [2019] of the General Office of the CBIRC)	CBIRC
September 29	*2019 China Inclusive Finance Development Report*	CBIRC and PBOC
September 30	*Notice on Matters Relating to Further Facilitating Investments by Foreign Institutional Investors in Interbank Bond Markets* (No.240 [2019] of PBOC)	PBOC and SAFE
October 12	*Standardization Rules for Standardized Debt Assets (Draft for Comments)*	PBOC
October 12	*Notice on Soliciting Public Comments on the CBIRC's Measures for Administrative Punishment (Draft for Comments)*	CBIRC
October 15	*Decision of the State Council to Amend the Regulation of the People's Republic of China on the Administration of Foreign-Funded Banks*	State Council
October 18	*Notice on Issuing the Measures for the Supervision and Evaluation of Corporate Governance in Banking and Insurance Institutions (for Trial Implementation)* (No.43 [2019] of the CBIRC)	CBIRC

Continued

Released on	Major Policies	Released by
October 19	*Notice on Further Clarifying the Matters Concerning Regulating Asset Management Products for Financial Institutions to Invest in Venture Capital Funds and Government-funded Industry Investment Funds* (No.1638 [2019] of the NDRC)	NDRC, PBOC, MOF, CBIRC, CSRC and SAFE
October 29	PBOC and the State Administration for Market Regulation said in a joint announcement that China will include financial technology products into its unified certification system	PBOC and the State Administration for Market Regulation
November 1	*Measures for Reporting and Handling Illegal Banking and Insurance Activities (Draft for Comments)*	CBIRC
November 4	*Guidance on Strengthening the Construction of Consumer Protection System and Mechanism by Banking and Insurance Institutions* (No.38 [2019] of the CBIRC)	CBIRC
November 6	*Implementation Measures of the China Banking Regulatory Commission for the Administrative Licensing Items Concerning Small and Medium-Sized Rural Financial Institutions* (Draft for Comments)	CBIRC
November 8	*Implementation Measures for Administrative Licensing Matters Relating to Foreign-funded Banks (Draft for Comments)*	CBIRC
November 22	*Measures for the Registration of the Pledge of Accounts Receivable* (Order No.4 [2019] of the PBOC)	PBOC
November 22	*Guiding Opinions on Commercial Banks' Innovation on Capital Instruments (Revision)* (No.42 [2019] of the CBIRC)	CBIRC
November 25	*Notice on Issuing the Measures for the Supervision and Evaluation of Corporate Governance in Banking and Insurance Institutions (for Trial Implementation)* (No.43 [2019] of the CBIRC)	CBIRC
November 26	*Measures for the Evaluation of Systematically Important Banks (Draft for Comments)*	PBOC and CBIRC
November 29	*Measures for the Management of Net Capital of Wealth Management Subsidiaries of Commercial Banks (for Trial Implementation)* (Order No.5 [2019] of the CBIRC)	CBIRC
December 2	*Notice on Matters Concerning Regulating the Management of Cash Management Wealth Management Products (Draft for Comments)*	PBOC
December 4	*Opinions on Fostering a Better Environment to Support the Reform and Development of Private Enterprises*	CPC Central Committee and the State Council
December 10	*Guiding Opinions on Improving Financial Service for Foreign Trade* (No.49 [2019] of the CBIRC)	CBIRC, MOC and SAFE
December 18	*Detailed Rules for the Implementation of the Regulation of the People's Republic of China on the Administration of Foreign-funded Banks (No.6 [2019] of CBIRC)*	CBIRC

Continued

Released on	Major Policies	Released by
December 19	*Guiding Opinions for the Recusal of Employees of Banking and Insurance Institutions in Performance of Duties* (No.50 [2019] of the CBIRC)	CBIRC
December 20	*Notice on Encouraging Village and County-level Banks to Hold Position and Improve Their Ability to Serve Rural Revitalization Strategy* (No.233 [2019] of the General Office of CBIRC)	CBIRC
December 24	*Notice on Further Regulating Financial Marketing and Publicity Activities* (No.316 [2019] of the PBOC)	PBOC, CBIRC, CSRC and SAFE
December 25	*Measures for the Handling of Tips on Illegal Activities Related to Insurance in Banks* (Order No.8 [2019] of CBIRC)	CBIRC
December 26	*Implementation Measures of the CBIRC for the Administrative Licensing Items Concerning Small and Medium-Sized Rural Financial Institutions (Draft for Comments)* (Decree No.9 [2019] of the CBIRC)	CBIRC
December 27	*Implementation Measures of the People's Bank of China for Protecting Financial Consumers' Rights and Interests (Draft for Comments)*	PBOC
December 27	*Notice on Matters Related to Handling Corporate Credit Bond Defaults* (Draft for Comments)	NDRC, PBOC and CSRC
December 27	*Notice on Matters Concerning Regulating the Management of Cash Management Wealth Management Products (Draft for Comments)*	CBIRC and PBOC
December 28	Switch the benchmark for pricing existing floating-rate loans to LPR (Announcement No.30 of the PBOC)	PBOC
December 30	*Decision to Amend the Measures for the Administration of Bank Card Clearing Institutions* (Draft for Comments)	PBOC and CBIRC

Article 5

Science-Based Assessment of Systemically Important Banks①

On November 26, 2019, the People's Bank of China (PBOC) and the China Banking and Insurance Regulatory Commission (CBIRC) jointly issued, through correspondence, the notice that they would be soliciting public opinions on the *Assessment Measures of Domestic Systematically Important Banks* (*Draft for Comments*) (hereinafter, the "*Assessment Measures*"). The Assessment Measures represents a significant achievement as these two central financial

① About the Author: Ma Qiang, Executive Vice President of the Shanghai Banking Association.

regulators make progress in improving the supervision of systemically important financial institutions, thus enhancing the safety of key financial institutions, cooperating with each other in the fight against major financial risks, and effectively implementing the state's strategic tasks.

The *Assessment Measures* consists of 20 articles in four chapters; its contents include the following. First, it provides a determination of the legal basis and purpose of the Assessment Measures, which is based on three laws and one guidance, that is, *the Law of the People's Republic of China on the People's Bank of China, the Banking Supervision Law of the People's Republic of China, the Law of the People's Republic of China on Commercial Banks*, *and the Guidance on Improving Supervision of Systematically Important Financial Institutions* (CBIRC [2018] No. 301, hereinafter, the "*Guidance*"). The purpose of the *Assessment Measures* is to improve the regulatory framework of China's systemically important financial institutions and establish an assessment and identification mechanism for domestic systemically important banks. Second, the *Assessment Measures* clarifies list system management, publishes a list of domestic systemically important banks (D-SIBs) every year, and conducts differentiated supervision of them in order to reduce the potential of major risks. Third, it defines the assessment process, which includes the determination of the scope of participating banks, the collection of data from participating banks, the calculation of scores on systemic importance, the establishment of supervisory judgments, and the confirmation and publishing of the D-SIBs list. Fourth, it specifies the assessment approach. The score of participating banks' systemic importance is calculated using quantitative indicators, and supervisory judgment is made by combining these scores with other quantitative and qualitative information. The first-level indicators for quantitative assessment include "scale," "connectivity," "substitutability," and "complexity." The weight of each indicator is 25%, and each first-level indicator features several additional second-level indicators. Fifth, it identifies the differentiated supervision model. Banks with scores above the specified threshold of 300 points are included in the initial list of systemically important banks, and different groups of banks are subject to differentiated supervision. Sixth, it clarifies responsibilities. The CBIRC will calculate the systemic importance score, the PBOC will conduct continuous pressure tests, and the list of D-SIBs will be submitted to the Financial Stability and Development Committee of the State Council for review. Based on supervisory judgment, the PBOC and the CBIRC may put forward recommendations on adding banks to the list of D-SIBs that have scores below the defined 300-point threshold. The proposed list of D-SIBs is also submitted to the Financial Stability and Development Committee for review, and the final list will be jointly issued by the PBOC and the CBIRC.

On June 29, 2012, the Basel Committee on Banking Supervision (BCBS) issued the consultative document "*Framework for dealing with systemically important banks*," which outlined eight principles on the assessment methodology and four higher-loss absorbency requirements for D-SIBs. On December 10, the BCBS issued its framework for Dealing with Domestic Systemically Important Banks, which conducts operational interpretation and principle description of 12 foundational principles for the determination of D-SIBs. On November 27, 2018, the PBOC, the CBIRC, and the CSRC jointly issued the *Guidance on Improving Supervision of Systematically Important Financial Institutions*. As an overall system, the *Guidance* covers general institutional arrangements for the identification, supervision, and resolution of systemically important financial institutions in China, including banking institutions, securities institutions, insurance institutions, and other financial institutions certified by the Financial Stability and Development Committee. Compared to the *Guidance*, which sets forth principle provisions, the *Assessment Measures* provides guidelines for implementation, operability, and improvements in transparent supervision. This also demonstrates the fact that Chinese financial regulators have more ideas, robust actions, and diversified means in terms of reflecting its experiences from the 2008 international financial crisis, specifically, guarding against the "too big to fail" risk of systemically important banks, strengthening macro-prudential supervision, and improving financial supervision systems to maintain financial and economic stability.

The Industrial and Commercial Bank of China (ICBC), the Agricultural Bank of China (ABC), the Bank of China (BOC), and the China Construction Bank (CCB) have been included in the list of global systemically important banks (G-SIBs). As a draft for comments, the *Assessment Measures* will be supplemented, amended, and improved. However, as a mature working practice for the assessment of D-SIFs, it will offer a good model and a feasible reference for the subsequent formulation of detailed implementation rules for the assessment of systemically important insurance institutions and systemically important securities institutions. On November 25, 2019, the CBIRC issued the *Measures for the Regulatory Assessment of Corporate Governance of Banking and Insurance Institutions* (*for Trial Implementation*), which utilizes quantitative ratings, downgrading, and point-adding indicators for the purpose of assessment. As another regulatory milestone since the realization of the China's version of Basel III, the implementation of the *Assessment Measures* will open up bright prospects for China to accelerate the market-oriented and law-based governance and internalization of its banking institutions.

Article 6

Takeover of Baoshang Bank as China Tightens the Market Exit of High-Risk Financial Institutions①

On May 24, 2019, Baoshang Bank was taken over by the People's Bank of China (PBOC) and the China Banking and Insurance Regulatory Commission (CBIRC). PBOC and CBIRC jointly announced that, in line with the *Law of the People's Republic of China on the People's Bank of China*, the *Law of the People's Republic of China on Banking Regulation of and Supervision over the Banking Industry*, and the *Law of the People's Republic of China on Commercial Banks*, the CBIRC decided to take over Baoshang Bank Co., Ltd. for one year starting on May 24, 2019, in response to its serious credit risk and in order to safeguard the legitimate rights and interests of its depositors and other clients.

Chinese regulators decided to take over Baoshang Bank because it experienced serious credit risk and significant credit losses caused by some of its large shareholders taking up a majority of the funds and overdue loans. It also failed to ease the liquidity crisis through interbank borrowing. Baoshang Bank was previously a well-recognized urban commercial bank in China and Asia as a whole and operated normally without serious problems. Established in December 1998, it was the first joint-stock commercial bank in the Inner Mongolia Autonomous Region. Formerly known as Baotou City Commercial Bank, it later changed its name to Baoshang Bank upon approval from the China Banking Regulatory Commission (CBRC, predecessor of the CBIRC) in September 2007. It ranked No. 14 among urban commercial banks throughout the country in 2017 and moved down to No. 37 in 2018. By the end of 2018, Baoshang Bank's total assets stood at 550.8 billion renminbi (RMB).

The takeover by the CBIRC was based generally on the principle of macro-prudential supervision. First, we review the principle of legal prescription. The announcement outlined three laws as the foundation of the takeover. Second, we mention the principle of guaranteeing the principal and interest payments of personal saving deposits. Since the takeover, Baoshang Bank has been operating normally and providing customer services as usual in order to safeguard the legitimate rights and interests of depositors and other clients in a lawful manner. Third, we emphasize the principle of taking firm measures to prevent the spread of regional systemic risk and minimize economic cost. Fourth, the principle of financial moral risk responsibility governance should be included as a reason for the takeover.

---

① About the Author: Ma Qiang, Executive Vice President of the Shanghai Banking Association.

To ensure a smooth takeover, central regulators adopted thoughtful and robust measures. First, they initiated the deposit insurance system. Deposit Insurance Fund Management Co. (hereinafter, the Deposit Insurance Fund) was established on May 24, 2019, the day of the takeover announcement. The PBOC is a shareholder in the company, and its registered capital totals RMB 10 billion. Principal and interest payments on personal savings deposits were wholly secured by the PBOC, the CBIRC, and the Deposit Insurance Fund. Second, regulators ensured payment. After takeover, the PBOC and the CBIRC provided succor by offering liquidity support, allocating adequate cash in a timely manner, and ensuring the smooth operation of the payment system. Third, the China Construction Bank (CCB), one of the six largest banks in China, was entrusted with the custody of Baoshang Bank so as to guarantee normal operations. The takeover did not affect any of Baoshang Bank's personal wealth management businesses. Existing contracts continue to be effective, with no need to be re-signed. Fourth, a "firewall" of moral risk between the entrusting bank and the entrusted bank was established. The CCB promised that it would make an all-out effort to help Baoshang Bank improve its corporate governance structure and risk control system, that it would not compete for Baoshang Bank's client resources, and that it would not conduct inappropriate affiliate transactions. Fifth, the cross-regional spread of risk was stopped. According to media reports, Baoshang Bank would change its name and be designated as a regional bank after its restructuring, which means that it would not engage in cross-regional business. After the takeover, village banks established under the initiation of Baoshang Bank would continue to operate independently as the independent subject of a legal person. Sixth, a strong architecture of banking governance was established. According to media reports, the Department of Finance of Inner Mongolia Autonomous Region, the Deposit Insurance Fund, Huishang Bank, and CCB Financial Asset Investment Co., Ltd. would become the new shareholders of Baoshang Bank.

For banking regulators, the takeover raises the requirement for public sentiment response and reputation risk management in the financial market. First, Baoshang Bank enjoyed a relatively high ranking, and its performance was closely followed by other urban commercial banks. Second, small- and medium-sized banks tend to be overwhelmed amid de-leveraging. Third, as China's economic and financial sector is further opened up, small- and medium-sized banks are under increasing pressure to adjust their structures and promote transformation. Baoshang Bank is not the first bank that has been subject to takeover. For example, Shantou City Commercial Bank, after the suspension of its business, rectification, and restructuring, changed its name to Guangdong Huaxing Bank. Hainan Development Bank was directly closed, and the Industrial and Commercial Bank of China (ICBC) was entrusted with all of its assets and liabilities. However,

Baoshang Bank is the first bank that was taken over by Chinese regulators within the past 20 years. The good news is that the takeover was well-organized and creative. Under the new circumstances of the new era, the takeover not only serves as a successful case of the Chinese approach toward dealing with troubled banks but also sets forth a new model for developing countries to improve the corporate governance of their financial institutions.

II. Policies for Stock Market Development①

(i) Facts about China's Stock Market in 2019

In 2019, financial market regulators in China committed to coordinating efforts to deepen reforms and guard against risks, to promote supply-side reforms in the financial sector in a market-oriented and regulation-based manner, and to protect the interests of individual investors and enhance the vitality of the capital markets through institutional improvements. The regulators value the role of the capital markets, especially that of the stock market, and wanted to vigorously promote the development of direct financing. The potential of the real economy continued to expand, and with the rapid increase in wealth management demands from individuals, supply-side structural reforms in the financial sector deepened. The capital markets vigorously supported and encouraged enterprises involved in science and technology innovation to be listed on the Shanghai Stock Exchange's Science and Technology Innovation Board, to help contribute to the transformation and expansion of China's economy.

After a sharp decline in 2018, all three major Chinese stock market indexes experienced a significant increase in 2019. The Shanghai Index rose from 2494 points to 3050 points, a year-on-year increase of 22.30%. The SZSE SME Price Index jumped from 4703 points to 6633 points, an increase of 41.03%. The SZSE ChiNext Index rose from 1250 points to 1798 points, up 43.79%. Year-end market values of all companies listed on the Shanghai and Shenzhen exchanges amounted to RMB 59.29 trillion, an increase of 36.33% from the previous year.

In 2019, all SWS first-class industries excluding steel and architectural decoration saw positive returns, with significant increases for electronics (73.77%), food and beverage (72.87%), household appliances (56.99%), building materials (51.03%), computer (48.05%), non-banking financial institutions (45.51%), and agriculture, forestry, animal husbandry and fishery (45.45%), and moderate increases for the communications (19.96%), light manufacturing (19.27%), transport (17.28%), automobile (14.60%), mining (9.07%), business and trade

① About the Auther: Zhang Yulong, chief strategist, Research and Development Department at China Securities Co., Ltd.

(8.80%), textile and garments (7.09%) and public utilities (5.12%) industries, and a minor decrease for steel (–2.09%) and architectural decoration (–2.12%).

The valuation gap among different boards widened; while valuations for blue-chip stocks rebounded, they were still lower than valuations on the SME board and the ChiNext board. As of the end of the year, the rolling P/E ratios of all A and B shares on the Hushen300, SME and ChiNext boards were 17.50, 12.48, 43.47 times and 122.47 times, respectively.

(ii) Analysis of Main Stock Market Development Policies for 2019

1. Improvements to the stock repurchase system

On January 11, 2019, the Shanghai Stock Exchange (SSE) issued its Detailed Rules for Listed Companies Implementing Share Repurchases, specifying the conditions and requirements for listed companies that plan to implement share repurchases, including implementation procedures, information disclosure rules, and the handling and supervision of repurchased shares.

The following were specified as permitted reasons for share repurchases: (1) to decrease the company's registered capital, (2) for employee stock ownership plans or equity incentives, (3) for debt-to-equity conversions of convertible corporate bonds, and (4) to support the value of listed companies and the rights and interests of their shareholders. The last reason, "to support the value of listed companies and the rights and interests of shareholders" must meet one of the following conditions: (1) a company's closing stock price is lower than the net asset value per share in the latest financial reporting period; (2) a company's closing stock price has declined by more than 30% over 20 consecutive trading days; (3) other conditions specified by the China Securities Regulatory Commission (CSRC). In addition to internally generated funds and bank borrowings, listed companies can use funds raised from preferred stock offerings, bond issues and other legitimate funds for share repurchases.

These Detailed Rules that further improved the share repurchasing mechanisms for listed companies are of great importance in optimizing the capital structure of listed companies, protecting investor returns and improving equity incentives.

2. Successful creation of a Science and Technology Innovation Board and development policies

On November 5, 2018, Chinese President Xi Jinping delivered a keynote speech at the opening ceremony of the first China International Import Expo in Shanghai. In his remarks he announced the decision to launch a Science and Technology Innovation Board at the Shanghai Stock Exchange and to experiment with a registration system for listed companies. He said that China would support Shanghai's efforts to cement its position as an international financial center and a hub of science and innovation, and to steadily improve its fundamental capital markets institutions.

On January 28, 2019, the CSRC released its *Opinions on Launching the Science and Technology Innovation Board and Implementing the Pilot Registration-Based IPO System on the Shanghai Stock Exchange*. Regarding the positioning of the Science and Technology Innovation Board, its goals are to be at the frontier of the world's science and technology development efforts, to support China's economy by serving science and technology innovation enterprises that are consistent with the nation's strategy, to make breakthroughs in key technologies, and to achieve high market recognition. The Board offers priority support for high-tech industries and strategic emerging industries such as the new generation of information technology, high-end equipment, new materials, clean energy, energy conservation and environmental protection and biomedicine.

The Science and Technology Innovation Board will streamline and optimize IPO procedures. In addition to conforming to the requirements of listing on the Science and Technology Innovation Board, companies applying for an IPO should meet basic prerequisites in terms of organization, business systems, the ability to operate independently, accounting and financial analyses, policies against illegal activities and other conditions specified by the CSRC. The Science and Technology Board will list companies with special shareholding structures as well as "red chip" enterprises (i.e., stocks of companies located in mainland China that are incorporated outside mainland China and listed in Hong Kong).

In accordance with these objectives, the CSRC will formulate *Measures to Administer the Registration of IPOs on the Science and Technology Innovation Board*, which provides for the offering conditions, registration procedures and specific information disclosure requirements under the Science and Technology Innovation Board's pilot registration-based IPO system.

The Science and Technology Innovation Board will adopt an independent trading module and independent market display. The SSE is responsible for managing share issuance and listings on the Science and Technology Innovation Board, and the CSRC is responsible for supervising those activities and reviewing work done by the SSE.

On March 1, 2019, CSRC Chairman Yi Huiman signed the *Measures to Administer the Registration of IPO Stocks on the Science and Technology Innovation Board (for Trial Implementation)* (Order No.153 of the CSRC) and *Measures for Continuous Supervision of Companies Listed on the Science and Technology Innovation Board (for Trial Implementation)* (Order No.154 of the CSRC). The CSRC released its *Standards for the Content and Format of*

Information Disclosure by Companies Offering Securities to the Public No.41—Prospectuses of Companies Listed on the Science and Technology Innovation Board (Announcement No.6 of the CSRC) and *Standards for the Content and Format of Information Disclosure by Companies Offering Securities to the Public No. 42—Application Documents for Initial Public Offerings of Stocks and for Listing on the Science and Technology Innovation Board* (Announcement No.7 of the CSRC).

The SSE also announced its decision to implement relevant supporting rules and guidelines, including (1) *Implementation Measures for Offering and Underwriting Stocks for Listing on the Science and Technology Innovation Board of the Shanghai Stock Exchange*, (2) *Rules Governing the Review of Offerings and Listings of Stocks on the Science and Technology Innovation Board of the Shanghai Stock Exchange*, (3) *Guidelines for the Acceptance of Application Documents for Issuing and Listing Stocks on the Science and Technology Innovation Board of the Shanghai Stock Exchange*, (4) *Guidelines for the Content and Format of the Sponsor Letter for Listing on the Science and Technology Innovation Board of the Shanghai Stock Exchange*, (5) *Shanghai Stock Exchange Working Rules for the Science and Technology Innovation Board Advisory Committee*, (6) *Shanghai Stock Exchange Rules for the Administration of the Listing Committee for the Science and Technology Innovation Board*, (7) *Essential Terms of the Risk Disclosure Letter for Stocks Listed on the Science and Technology Innovation Board of the Shanghai Stock Exchange*, (8) *Shanghai Stock Exchange Guidelines for After-hours Fixed Price Trading of Stocks on the Science and Technology Innovation Board*, and (9) *Special Provisions of the Shanghai Stock Exchange for Trading Stocks on the Science and Technology Innovation Board*. On March 3, 2019, the SSE released its *Q&A on the Listing Review of Stocks on the Science and Technology Innovation Board of the Shanghai Stock Exchange* and *Guidelines for Recommending Enterprises for Listing on the Science and Technology Innovation Board of the Shanghai Stock Exchange* to further clarify these rules. Compared to the existing system, the SSE Science and Technology Innovation Board made significant improvements to the requirements and trading rules for listed companies. Five IPO standards stress the importance of estimated market capitalization. Companies that apply to list their stock on the Science and Technology Innovation Board may not be required to show an operating profit. The standards propose higher requirements for estimating the market capitalization of red chip enterprises and companies that have differentiated voting rights. The continuous supervision requirements state that a science and technology innovation company that is not profitable shall fully disclose the reason it failed to make a profit and various impacts of this failure. In terms of stock incentives, a listed company may implement multiple stock incentive schemes simultaneously, provided that the total number of underlying shares covered by all valid stock incentive schemes shall not exceed 20% of its total capital stock. The standards for delisting have strict requirements for such indicators as trading volume, price of a company's stock, market valuation and number of shareholders.

The Science and Technology Innovation Board (STAR) also has suitability standards regarding investors. To participate in trading STAR stocks, an individual investor must meet the following conditions: the daily average balance of assets in the investor's combined securities and funds accounts must have been no less than RMB 500,000 for the 20 trading days before he or she applies to trade STAR stocks, and the investor must have been trading securities for more than 20 months. A member shall obtain a comprehensive understanding of the suitability of investors who intend to trade STAR stocks, and will provide an explicit opinion about them. In terms of limits on trading, the Exchange will impose a price limit of 20% on auction trading of STAR stocks. If STAR stocks are traded through limit orders, the size of each order shall be no less than 200 shares and no more than 100,000 shares; for market orders, the size of each order shall be no less than 200 shares and no more than 50,000 shares. Sales of stocks in odd lots of less than 200 shares shall be made in a single order. When auction trading of a STAR stock results in an abnormal fluctuation, the Exchange shall disclose the names of the top five members' business offices involved in the auction, based on the total value of the stock purchased or sold that day, as well as the value of the stock purchased or sold by each of them.

After-hours fixed-price trading refers to the trading mode under which the Exchange's trading system will, after the closing call auction, match orders under the principle of time priority, and execute such orders at the closing price of the day. After-hours fixed-price trading is permitted for stocks from 3:05 p.m.to 3:30 p.m. on each trading day, except for stocks where trading was suspended as of 3:00 p.m. on that day. The size of each closing price order for stocks on the Science and Technology Innovation Board shall be no less than 200 shares and no more than one million shares. The sale of such stocks in odd lots of less than 200 shares shall be made in one order.

Regarding offering and underwriting stocks, in the event of an IPO on the Science and Technology Innovation Board, the issuer shall comply with the following provisions with respect to the size of the offering: If the total post-IPO capital stock consists of no more than 400 million shares, the initial size of the placement offering shall account for at least 70% of the stocks to be offered in the IPO; if the total post-IPO capital stock consists of more than 400 million shares or the issuer is not yet profitable, the initial size of the placement offering shall account for at least 80% of the stocks to be offered in the IPO.

Regarding the quota of an issuer's stock that is available to investors under the subscription portion of the offering, an investor may participate in the subscription portion of the offering only if he or she meets the investor suitability requirements of the Science and Technology Innovation Board, and the market value held by the investor is no less than RMB 10,000. For each RMB 5,000 of such market value, the investor may subscribe to one subscription unit; the portion of such market value that is less than RMB 5,000 shall not be included in calculating the quota of stocks available to the investor. Each subscription unit of the issuer's new stock shall consist of 500 shares. The number of shares allocated through subscription to an investor shall be 500 shares or a multiple thereof, but not more than one thousandth of the initial size of the subscription tranche and not more than 99.9995 million shares; otherwise, the subscription shall be void.

The Science and Technology Innovation Board will allow relevant subsidiaries of sponsors to participate in strategic placements on a pilot basis. An issuer's sponsor shall participate in the issuer's pre-IPO strategic placement through an alternative investment subsidiary legally incorporated by the sponsor, or an alternative investment subsidiary legally incorporated by a securities company that exercises de facto control over the sponsor, and must establish a lock-up period for the stocks so placed.

On March 7, 2019, the CSRC issued its *Rules for Preparing Information Disclosures by Companies Offering Securities to the Public No. 24–Special Provisions Regarding Financial Reporting for Red Chip Enterprises under the Pilot Program for Listing on the Science and Technology Innovation Board* to further regulate financial information disclosures by red chip enterprises. On March 15, 2019, the SSE issued *Guidelines for Sponsors Handling Business via the Review System for Offering and Listing Stocks on the Science and Technology Innovation Board of the Shanghai Stock Exchange* and *Guidelines on Financial Reporting Disclosures for Red Chip Enterprises under the Pilot Program for Listings on the Science and Technology Innovation Board.*

On March 18, 2019, the Science and Technology Innovation Board began accepting applications for listing. On March 22, 2019, the Shanghai Stock Exchange accepted the first batch of applications for IPOs and listings on its Science and Technology Innovation Board.

On April 30, 2019, the SSE issued its *Notice of Revisions to Certain Rules Governing the Listing of Stocks on the Science and Technology Innovation Board of the Shanghai Stock Exchange*. The revised sections concern a director's term, the shareholders' general meeting and shareholding by a subsidiary of a listed company. Under the revised rules, a director's term of office shall not exceed three years, and the director may be eligible for re-election upon expiry of the term. A listed company shall set forth procedures for convening, holding and voting at a shareholders' general meeting in its articles of association, shall develop procedural rules for the general meeting, and shall incorporate these rules into, or attach them as an appendix to its articles of association. A subsidiary of a listed company shall not acquire shares issued by the listed company. If a subsidiary holds shares in the listed company for some special reason, that reason shall be legally eliminated within one year. The subsidiary involved shall not exercise the voting rights corresponding to the shares held during the time the above-mentioned situation exists.

On August 23, 2019, the CSRC issued its *Special Provisions Regarding Significant Assets Reorganizations of Listed Companies on the SSE STAR Market*. It stipulated that if a STAR company plans to issue additional shares, the issue price must be at least 80% of the market reference price. The market reference price refers to the average transaction price of the company's stock for either 20, 60 or 120 trading days prior to the announcement of the board of directors' resolution to issue new shares to buy assets. On November 29, 2019, the *SSE Rules for Reviewing Significant Asset Reorganizations of Listed Companies on the SSE STAR Market* were issued, specifying the standards and conditions of reorganizations, and information disclosure requirements and review procedures.

Launching the SSE STAR Market and the pilot registration-based IPO system on the SSE are intended to deepen reforms in, and improve the openness of China's capital markets. These measures have been taken to promote financial supply-side structural reform, advance the integration of technology and capital and guide economic growth towards innovation-driven transformation.

3. Improved guidelines for revising the articles of association of listed companies

A company's articles of association establish the basic rules that govern its business. This mandatory document reflects the consensus of the company's shareholders, and is of great importance in establishing the company. On April 17, 2019, the CSRC issued its *Decision to Amend the Guidelines for Articles of Association of Listed Companies (Announcement No. 10)* to specify requirements for the articles of association for listed companies with special equity structures, with respect to share repurchases, convening a shareholders' general meeting, setting up an audit committee and certain job requirements for senior executives.

The requirements state that (1) Listed companies with special voting rights shares shall specify the following items in their articles of association: qualifications for holders of special voting rights shares, ratio between votes of special voting rights shares and ordinary shares, scope of items on which holders of special voting rights shares can vote, lock-in arrangements and transfer limitations on special voting rights shares, and transfers between special voting rights shares and ordinary shares. Provisions regarding the above items shall meet all relevant provisions of the exchanges; (2) Share buybacks may be carried out via centralized public trading or other methods recognized by laws, regulations and the CSRC; (3) The shareholders' general meetings shall be held at a specific address, and individuals who hold administrative positions other than director and supervisor in the company's controlling shareholder shall not be appointed to the company's senior management.

This amendment to the *Guidelines for Articles of Association of Listed Companies* will further improve a company's self-governance capacity, will help to resolve such issues as equity disputes in a rational manner, and will clarify the relationship between rights and obligations of shareholders.

4. Tightening rules for margin trading and short selling to control broker risks

Margin trading and short selling includes trades done by brokers for investors, and trades done by financial institutions for brokers. These transactions deserve special attention since investors can significantly increase exposures through margin trading and short selling and are at risk for suffering large losses as a result.

On August 9, 2019, the SSE issued the *Notice of Amendments to the Shanghai Stock Exchange's Detailed Implementation Rules Regarding Margin Trading and Short Selling with a Maintenance Margin Requirement*, amending rules concerning collateral, and calculations of both minimum and maintenance margin requirements.

When calculating the maintenance margin requirement, "other collateral" refers to collateral other than cash and securities in accounts provided by the client, with the approval of the Exchange member, when the client's maintenance margin falls below the minimum maintenance margin requirement. The value of other collateral is calculated according to the valuation method agreed upon by the member and the client, or a third-party valuation that is agreed upon both parties. If certain securities in the client's account experience special circumstances, such as being excluded from eligible margin securities, or being suspended from trading or subjected to a risk alert, or are in-transit securities that have not yet arrived in the account, are generated due to the handling of rights and interests, when calculating the client's maintenance margin requirement the member may calculate the market value of these securities according to the fair price or may use other pricing methods as agreed upon with the client.

When the client's maintenance margin falls below the minimum margin requirement, the Exchange member shall notify the client, who must add collateral within the agreed time limit. With the approval of the member, the client may submit securities, real estate, equity and other property or property rights that can be guaranteed according to law, other than offsettable margin securities as other collaterals.

When the maintenance margin based on the total market value of cash and securities exceeds 300%, the client may withdraw cash from the available balance. However, the maintenance margin based on the total market value of cash and credit securities remaining in the account shall not be less than 300%.

5. Revision of rules regarding material asset restructurings

On October 18, 2019, the CSRC issued its *Decision to Amend Measures for the Administration of the Material Asset Restructurings of Listed Companies* (Order No. 159), amending the criteria for determining that a material asset restructuring has occurred, provisions for material asset restructurings, requirements for the purchase of assets by a company that is included in the ChiNext index as of the date of a change of control and the relevant index calculations.

Where a company listed on ChiNext purchases assets of high-tech industries and strategic emerging industries in line with national strategies from the acquirer and the affiliates thereof as of the date of change of control, resulting in any of the circumstances set forth in paragraph 1 of this Article, the business entity of which the assets are purchased shall be a joint-stock company or limited liability company and shall meet other offering conditions as set out in the *Measures for the Administration of the Initial Public Offerings and Listing of Stocks on ChiNext.*

Where the assets purchased by the listed company from the acquirer and the affiliates thereof as of the date of change of control fall within the scope of finance, venture capital investment or any other specific industry, it shall be otherwise prescribed by the CSRC. The following clause is also added: "If the other party to the transaction fails to honor, or violates performance compensation agreements and commitments, the CSRC shall order the violator to correct the deficiencies and may take regulatory measures, such as holding a regulatory interview, issuing a letter of caution, ordering the violator to make a public explanation, or determining the violator as unfit for a position and recording relevant information in the violator's integrity file."

6. Improvement of information disclosure rules

Information disclosure refers to the actions of a company in disclosing relevant information to investors and the public. The information disclosed by listed companies shall be authentic, comprehensive, timely and adequate. When disclosing information, listed companies shall follow the relevant regulations and rules that are designed to protect investors.

On November 3, 2019, the Shenzhen Stock Exchange (SZSE) issued the *Guidelines of Shenzhen Stock Exchange on Information Disclosure by Listed Companies No.4–Employee Stock*

Ownership Schemes, that provides for required information disclosures by listed companies when implementing employee stock ownership schemes. This includes the content of suggested announcements, the content of the full text of drafts of employee stock ownership schemes and the content of legal opinions. Under the guidelines, if the shares held by the employee stock ownership scheme are purchased from the secondary market, the listed company shall announce the time, method, quantity and price of share purchases once a month, within six months after the shareholders' general meeting approves the employee stock ownership scheme, and will complete the purchase of the shares within six months. The guidelines also specifies other information that listed companies shall disclose on a timely basis.

On December 20, 2019, the CSRC issued its *Measures for the Administration of Information Disclosures by Non-listed Public Companies*, which applies to the disclosure of periodic reports and interim reports by non-listed public companies whose stocks are quoted and publicly transferred via the National Equities Exchange and Quotations (NEEQ) system. NEEQ-admitted companies under the Selected layer, the Innovation layer and the Basic layer disclose information according to different systems. NEEQ-admitted companies under the Selected layer shall disclose annual, interim and quarterly reports. Companies under the Innovation and Basic layers shall disclose annual and interim reports. A company under the Selected layer shall also disclose in its annual report any relevant industry information and risk factors that may have a significant adverse impact on the company's core competitiveness, business activities and future development, taking into consideration the industry's characteristics. A NEEQ-admitted company shall formulate an information disclosure system, and shall disclose it publicly, after the board of directors approves it. NEEQ-admitted companies under the selected and innovation layers must appoint a board secretary, while companies under the basic layer may appoint a board secretary. If a company does not intend to appoint a board secretary, it shall appoint a member of the senior management team to be in charge of information disclosure.

These measures put forth requirements for listed companies, boards of directors and the CSRC. Listed companies are responsible for timely disclosure, and their boards of directors are responsible for ensuring the annual and periodic/interim reports are disclosed within a prescribed time limit. The CSRC is responsible for protecting investors' legitimate rights and interests, and safeguarding market order and public interests in accordance with applicable law.

7. Rules regarding restrictions on transactions revised to protect investors

Restrictions on transactions can include suspension of intraday trading and restrictions on after-hours trading. These are measures the exchanges use to address abnormal investment behavior and to restrict trading in an investor's account.

On November 29, 2019, the SZSE issued *Detailed Implementation Rules of the Shenzhen Stock Exchange for Restrictions on Transactions (2019 Revision)*. Under these rules, if any of the following abnormal trading behaviors on the part of investors seriously affects the orderliness or fairness of securities trading, the Shenzhen Stock Exchange may take measures to restrict the investor's transactions: (1) suspected insider trading, market manipulation or other illegal acts; (2) buying or selling securities in violation of laws, administrative regulations, or relevant provisions of the CSRC or the Shenzhen Stock Exchange; (3) abnormal trading behavior that may affect or has affected the prices or volume of securities trading as set out in the Trading Rules of the Shenzhen Stock Exchange or other rules and guidelines of the Shenzhen Stock Exchange; (4) other circumstances where the CSRC or SZSE deems it necessary to take measures to restrict transactions.

If an investor engages in significant abnormal trading behavior, the Shenzhen Stock Exchange may take one or more of following measures to restrict the investor's trading activities: (1) prohibiting the investor from engaging in certain or all types of buying activities, with selling allowed; (2) prohibiting the investor from engaging in certain or all types of selling activities, with buying allowed; (3) prohibiting purchases or sales of designated securities, or of all securities; (4) other restrictive trading measures the SZSE deems necessary.

Trading restrictions applied to an investor's account by the exchange shall not be in place for more than six months; however, if the situation is severe the restrictions may be extended. If a suspension of intraday trading is implemented, the exchange shall restrict the intraday trading authority for relevant accounts; the exchange may also implement after-hours trading restrictions as needed.

8. The registration system is incorporated into revisions of the securities law

The Securities Law was adopted in December 1998 and came into force in July 1999. Since then, the law has undergone one revision and three amendments. The existing law came into force after a revision in 2005. However, with the deepening of economic and financial reforms and the growth of China's socialist market economy, the securities market has seen major changes. The stock market experienced abnormal fluctuations in 2015, indicating a need for improvement in capital market regulations and laws, and that simply amending the law could not meet the demands of China's capital market.

The Securities Law of the People's Republic of China (Revised Draft) was adopted at the 15th Session of the Standing Committee of the 13th National People's Congress on December 28, 2019. The revised Securities Law came into force on March 1, 2020.

Compared to the original version, the new Securities Law incorporates the following revisions: (1) the scope of the Securities Law was expanded to include depositary receipts as legal securities. In addition, asset-backed securities and asset management products were incorporated into the Securities Law, and the State Council was authorized to develop administrative measures for offering and trading asset-backed securities and asset management products under the principles of the Securities Law; (2) the registration system was implemented, and a requirement regarding IPOs changed from "having sustainable profitability" to "having sustainable operating capability". Conditions for issuing corporate bonds were significantly simplified, and the issuance examination commission was eliminated; (3) the securities trading system was improved, and listing and delisting rules, trading suspension and resumption rules, and market risk controls were optimized; (4) a special chapter on information disclosure was created to expand the scope of information disclosure obligations and to improve the information disclosure system; (5) a representative litigation mechanism was introduced, allowing an investor protection agency to serve as a litigation representative, and to file litigation seeking civil damages for the injured investor; (6) efforts to combat illegal acts were increased to improve the market's legal enforcement system.

These revisions to the Securities Law further improve the basic systems governing the securities market, and reflect the market-oriented and law-based direction of reforms. It has improved market risk prevention and control capabilities, and the quality of listed companies, and will further protect the legitimate rights and interests of investors.

9. Policies regarding equity structure and governance of listed companies

(1) Corporate governance. To further standardize corporate governance for listed companies and improve retail investor protections, the SSE revised its *Rules Governing the Listing of Stocks on the Shanghai Stock Exchange* and added the relevant provisions as follows on April 30, 2019: （1） A new paragraph was added to Section 3.1.5 as the first paragraph of this Section: "A director's term of office shall not exceed three years; the director may be eligible for re-election upon the term's expiry. Directors shall be elected and replaced at the shareholders' general meeting, and can be removed from their duties at the shareholders' general meeting before the expiry of their terms of office." （2） A new paragraph was added to Section 8.2.1 as the third paragraph as follows: "The shareholders' general meeting shall be held in a venue in the form of a live meeting. The timing and place of the meeting should be convenient, to allow shareholders to participate. After issuing the notice of the shareholders' general meeting, there shall be no change in the venue of the meeting without justifiable cause. If there is a need for change, the convener shall announce and explain the reasons at least two trading days before the meeting date. Listed companies shall open a channel for online voting to make it

convenient for shareholders to participate in the general meeting. Shareholders who attend the shareholders' general meeting through the above means shall be deemed to be present."

(3) A new paragraph was added to Section 11.9.5 as the second paragraph of the Section: "A subsidiary of a listed company shall not acquire shares issued by the company. A subsidiary's holdings of shares in a listed company that exist for a special reason shall be legally eliminated within one year. The subsidiary involved shall not exercise the voting rights corresponding to the shares held prior to elimination of the above-mentioned situation."

Since there are a large number of retail investors and their knowledge of capital markets is limited, they are less capable than institutional investors with respect to information collection, research and analysis. Protecting retail investors from risks inherent in the market inhibits market development and makes it more difficult to improve market efficiency. Therefore, rational protection for retail investors has been a focus of market regulators. In recent years, regulators have been vigorously enforcing the rule of law, combating violations, and gradually improving protection for retail investors.

These revisions establish new requirements for listed companies that should better protect retail investors' interests and improve the governance of listed companies.

(2) Full circulation. The term "Full Circulation" means that unlisted domestic shares of mainland Chinese companies can be converted into H-shares to be listed and circulated on the HKEX. Domestic-funded shares held by domestic shareholders prior to an overseas listing, domestic-funded shares issued on the Chinese mainland after an overseas listing and unlisted shares in circulation held by foreign shareholders are all included under full circulation.

On November 14, 2019, the CSRC issued its *Guidelines on Applying for "Full Circulation" Treatment for H-shares Companies' Domestic Unlisted Shares*. Shareholders with unlisted domestic shares may determine the number and proportion of shares they hold and then engage the H-shares company to submit their application for "Full Circulation". After being listed and circulated on the HKEX, unlisted domestic shares shall not be circulated back to the Chinese mainland. Shareholders with unlisted domestic shares may decrease or increase the number of shares they hold that are in circulation on the HKEX according to the exchange's rules. On December 31, 2019, the China Securities Depository and Clearing Corporation Limited (CSDC) and SZSE jointly issued *Implementation Rules for H-shares "Full Circulation" Business*.

After an application for "full circulation" is verified and approved by the CSRC, shareholders with unlisted domestic shares must complete a share transfer registration process according to the CSDC's rules, and handle the process of share registration and listing according to the relevant provisions for the Hong Kong market. They must also provide information disclosure in compliance with the relevant laws and regulations.

(3) Stock options. On November 15, 2019, the SSE issued *Business Guidelines for Stock Option Portfolio Strategies for the Shanghai Stock Exchange and China Securities Depository and Clearing Co., Ltd.* to improve the efficiency of the use of funds, reduce transaction costs incurred in trading options and maintain order in options trading.

The term "portfolio strategies" in the title of the guidelines include bullish call spread strategies, bearish call spread strategies, bullish put spread strategies, bearish put spread strategies, short straddle strategies and short strangle strategies. The standard for opening and maintenance margins for bullish call and bearish put spread strategies is zero, while the levels of opening and maintenance margins for other option strategies depends upon their respective constructions.

Investors submit transfer reserve opening instructions and transfer margin opening instructions. After confirming the declaration to build an option portfolio strategy, the SSE increases the daytime margin balance of the corresponding settlement participant in real time according to a specified formula (daytime balance of increased margin = the sum of margin collected for the constituent contracts of the portfolio strategy – opening margin to be collected for the portfolio strategy). The investor may propose an instruction to lift the portfolio strategy at 9:30-11:30 or 13:00-15:15 of each trading day. A portfolio strategy constructed on a given day can be lifted that same day.

With respect to terminating option portfolio strategies, bullish call spread strategies, bearish call bear spread strategies, bullish put spread strategies and bearish put spread strategies will be automatically terminated at the end of the second trading day before the expiry of their constituent contracts. The short straddle and short strangle strategies shall be automatically terminated at the end of the day of the expiry of their constituent contracts.

On December 7, 2019, the SZSE officially issued its *Rules Governing Pilot Stock Option Transactions on the Shenzhen Stock Exchange* and nine other rules, as well as *Brokerage Business Guidelines Governing Securities Companies in Pilot Stock Option Transactions on the Shenzhen Stock Exchange* and three other guidelines related to the stock option business. These business rules and guidelines cover contract management, risk control, regulation, transactions and option exercise, and investor suitability management, market maker management and other items. They also specify portfolio strategies, option portfolio exercise and market-maker bilateral quotations, facilitate investor account creation, and set rules for block transactions, securities margin and other aspects of trading options. Formulating clear business rules and guidelines regarding stock options consolidates the institutional foundation for the steady rollout of the SZSE's stock option business, helps to improve risk mitigation and control capabilities, and supports the sound development of the capital markets.

On December 17, 2019, the SSE issued its *Notice on Matters Related to the Listing and Trading of CSI 300 ETF Option Contracts*, and on December 19, 2019, the SZSE issued its *Notice on Matters Related to the Listing and Trading of CSI 300 ETF Option Contracts*. On the same day, the SSE issued three notices to elaborate on issues concerning the trading of CSI 300 ETF option contracts. The SZSE will also launch stock option transactions, and the variety of stock options transactions on the SSE and the SZSE will gradually increase.

According to the standards of participation in options transactions, (1) the listed company and its directors, supervisors, senior management, shareholders holding more than 5% of the shares of the company and persons acting in concert shall not buy or sell option contracts with the company's stock as the underlying. (2) If an individual investor intends to buy or sell options, the average daily value of assets in the investor's securities account and capital account shall be not less than RMB 500000 for the 20 trading days before applying to open an options account. Furthermore, individual investors shall have maintained an account with the securities company for more than six months, must be qualified to participate in margin trading and short selling or have experience trading financial futures, or shall have maintained an account with the securities company for more than six months and have experience in trading financial futures. (3) If an institutional investor intends to participate in options transactions, the daily average value of assets in its securities and capital accounts shall be not less than RMB 1 million for the 20 trading days prior to applying for the account, with net assets of not less than RMB 1 million.

Implementing a stock options trading business can attract long-term funds and improve the efficiency and risk management capabilities of the market. Further expanding the pilot program of the stock index options business is conducive to establishing and improving a multi-faceted capital market, expanding the role of the market in capital formation, and improving market stability.

(iii) Policy Evaluation and Outlook

In 2018, stock market development policies continued the trend of being law-based and market-oriented. At the institutional level, due to the successful establishment of the Science and Technology Innovation Board, the revised Securities Law, the improvement of systems concerning share repurchases, information disclosure, articles of association of listed companies, margin trading and short selling, asset restructuring and restrictions on trading, the rule of law in the markets was further established and the stability of the market was improved. Chinese regulators reduced illegal acts through institutions, effectively protecting investors' interests.

In addition, the improved stock listing rules by the SSE, the CSRC's support for "full circulation" business and the introduction of stock options on the SZSE further enhances the vitality of the stock market and improves the ability to manage and control risk, contributing to the establishment of a robust, multi-dimensional capital market in China.

In 2020, consistency will be maintained in China's stock market policies. Chinese regulators will implement the new Securities Law, and by combining finance with technology, China will continue to control risks and strengthen regulations using a market-orientation and a firm legal base. Chinese regulators will further optimize the delisting standard to improve the quality of listed companies, and regulators will steadily improve the registration system to deepen reforms in the capital market. These steps will help the financial sector to further serve the real economy.

Appendix

Major Policies for China's Stock Market Development in 2019

Released on	Major Policies	Released by
January 2	· *Measures for Management of Options Trading of Dalian Commodity Exchange*	Dalian Commodity Exchange
January 7	· *Measures for Market Maker Management of Zhengzhou Commodity Exchange*	Zhengzhou Commodity Exchange
January 11	*Notice on Issuing the Detailed Rules for Listed Companies Implementing Share Repurchase*	SSE
January 15	[Announcement No.1] *Guidelines for the Investment of Publicly Offered Securities Investment Funds in Credit Derivatives*	CSRC Announcement
January 17	*Notice by the Shanghai Stock Exchange of Amending Relevant Clauses of the Detailed Implementation Rules for Trading in Bonds on the Shanghai Stock Exchange*	SSE
January 18	*Notice on Issues Related to Collateralized Repo Trading of Shares*	SSE
January 18	*Notice on Matters Related to Transaction Handling Fee of Credit Protection Instrument*	SSE
January 18	*Notice on Issuing the SSE Guidelines on Trading Business of Credit Protection Instrument*	SSE
January 18	*Notice on Issuing the Measures for Pilot Management of Credit Protection Instrument Business of Shanghai Stock Exchange and China Securities Depository and Clearing Co., Ltd.*	SSE

Continued

Released on	Major Policies	Released by
January 28	[Announcement No.2] *Implementation Opinions on Setting up the Science and Technology Innovation Board and Launching the Pilot Program of the Registration System on the Shanghai Stock Exchange*	CSRC Announcement
January 29	[Announcement No.2] *Announcement of the CSRC on Launching Online Application Platform of Government Information Disclosure according to Application*	CSRC Announcement
February 1	[Announcement No.4] *Announcement on Engaging Member of the 18th Issuance Review Committee of CSRC*	CSRC Announcement
February 15	[Announcement No.5] *Decision to Amend the Provisions on the Categorized Supervision and Administration of Futures Companies*	CSRC Announcement
February 15	*Notice on Revising the Business Guidelines for Open-end Funds Listed on the Shanghai Stock Exchange*	SSE
March 1	[Decree No.153] *Measures for the Administration of the Registration of IPO Stocks on the Science and Technology Innovation Board (for Trial Implementation)*	CSRC Decree
March 1	[Decree No.154]*Measures for the Continuous Supervision of Companies Listed on the Science and Technology Innovation Board (for Trial Implementation)*	CSRC Decree
March 1	[Announcement No.6] *Standards for the Contents and Formats of Information Disclosure by Companies Offering Securities to the Public No. 41—Prospectuses of Companies Listed on the Science and Technology Innovation Board*	CSRC Announcement
March 1	[Announcement No.7] *Standards for the Contents and Formats of Information Disclosure by Companies Offering Securities to the Public No. 42—Application Documents for Initial Public Offering of Stocks and Listing on the Science and Technology Innovation Board*	CSRC Announcement
March 1	*Announcement of the Shanghai Stock Exchange on Repealing Some Business Rules (Twelfth Group) of the Shanghai Stock Exchange*	SSE
March 1	*Notice on Issuing the Implementation Measures of Shanghai Stock Exchange for Issuance and Underwriting of the Stocks on the Sci-Tech Innovation Board*	SSE
March 1	*Notice on Issuing the Rules of Shanghai Stock Exchange for Review of Issuance and Listing of Stocks on the Sci-Tech Innovation Board*	SSE
March 1	*Notice on Issuing the Guidelines of Shanghai Stock Exchange for the Acceptance of the Application Documents for the Issuance and Listing of the Stocks on the Sci–Tech Innovation Board*	SSE
March 1	*Notice on Issuing the Guidelines of the Shanghai Stock Exchange for the Contents and Formats of the Sponsor Letter for Listing on the Sci-Tech Innovation Board*	SSE
March 1	*Notice on Issuing the Working Rules of Shanghai Stock Exchange for the Sci-Tech Innovation Board Advisory Committee*	SSE

Continued

Released on	Major Policies	Released by
March 1	*Notice of the Shanghai Stock Exchange on Issuing the Measures of the Shanghai Stock Exchange for the Administration of the Listing Committee for Stocks on the Science and Technology Innovation Board*	SSE
March 1	*Notice on Issuing the Essential Terms of the Risk Disclosure Letter of the Shanghai Stock Exchange for the Stocks on the Sci-Tech Innovation Board*	SSE
March 1	*Notice on Issuing the Guidelines of Shanghai Stock Exchange for the After-hours Fixed Price Trading of the Stocks on the Sci-Tech Innovation Board*	SSE
March 1	*Notice on Issuing the Special Provisions of Shanghai Stock Exchange on Trading of Stocks on the Sci-Tech Innovation Board*	SSE
March 3	*Notice on Issuing the Q&A on the Listing Review of the Stocks on the Sci-Tech Innovation Board*	SSE
March 3	*Notice on Issuing the Guidelines for Recommending Enterprises for Listing, the Guidelines for the Issuance and Underwriting Business*	SSE
March 7	[Announcement No.8]*Preparation Rules for Information Disclosure by Companies Offering Securities to the Public No. 24—Special Provisions on the Financial Report Information of Red Chip Enterprises under Innovation Pilot Program Listed on the Sci-tech Innovation Board*	CSRC Announcement
March 15	*Notice on Issuing the Guidelines on the Financial Report Information Disclosure by Red Chip Enterprises under Innovation Pilot Program Listed on the Sci-tech Innovation Board*	SSE
March 19	*Notice by the Shanghai Stock Exchange of Matters Concerning the Education and Suitability Management of Investors in the Sci-tech Innovation Board*	SSE
March 21	[Announcement No.9] *Announcement on Cancellation of Application Materials for Some Administrative Licensing Items and Reduction of the Promised Time Limit for Handling Some Administrative Licensing Items*	CSRC Announcement
March 24	*Notice on Issuing the Q&A on the Listing Review of the Stocks on the Sci-Tech Innovation Board (II)*	SSE
March 29	*Notice by the Shanghai Stock Exchange of Issues Concerning Adjusting Trading Models of Listed Bonds*	SSE
April 3	[Announcement No.12] *Decision to Establish the Day of National Investor Protection Publicity on May 15*	CSRC Announcement
April 4	*Notice on Issuing the Working Rules of Public Offering Self-discipline Committee for Sci-tech Innovation Board*	SSE
April 4	*Notice on Issuing the Guidelines for Credit Protection Instruments of Shenzhen Stock Exchange and the Business Guide No. 1 - Credit Protection Contracts of Shenzhen Stock Exchange*	SZSE
April 16	*Notice of the Shanghai Stock Exchange on Issuing the Guidelines for the Offering and Underwriting of Stocks on the Science and Technology Innovation Board of the Shanghai Stock Exchange*	SSE

Continued

Released on	Major Policies	Released by
April 17	[Announcement No.10] *Decision of the China Securities Regulatory Commission to Amend the Guidelines on the Bylaws of Listed Companies*	CSRC Announcement
April 17	*Measures for the Administration of Comprehensive Business Platform of Zhengzhou Commodity Exchange*	ZCE
April 23	[Announcement No.11]	CSRC Announcement
April 30	*Notice on Issuing the Detailed Rules of SSE, CSF and CSDC on Implementation of Business of Refinancing's Securities Lending and Securities Refinancing on Sci-tech Innovation Board*	SSE
April 30	*Notice on Revising Certain Articles of the Rules Governing the Listing of Stocks on Shanghai Stock Exchange*	SSE
April 30	*Notice on Revising Certain Articles of the Rules Governing the Listing of Stocks on Shanghai Stock Exchange*	SSE
May 13	*Notice on Adjusting Stock Period Authority Opening Standard*	SSE
May 15	*Notice on Issuing the SSE Guidelines for Education of Member Investors*	SSE
May 15	*Notice on Issuing the SZSE Guidelines for Education of Member Investors*	SZSE
May 24	*Notice on the Matters Concerning Providing Transfer and Settlement Services for Specific Non-publicly Offered Bonds during Listing Period*	SSE
May 24	*Notice on the Matters Concerning Providing Transfer and Settlement Services for Specific Bonds during Listing Period*	SSE
May 31	*Management Measures on Futures Trader Suitability of Dalian Commodity Exchange*	DCE
June 4	[Decree No.155] *Measures for the Supervision and Administration of Futures Companies*	CSRC Decree
June 5	[Announcement No.13] *Announcement on Engaging the Members of the 7th Review Committee of Merger and Reorganization of Listed Companies of CSRC*	CSRC Announcement
June 5	*Management Measures on Futures Trader Suitability of Zhengzhou Commodity Exchange*	ZCE
June 8	*Notice on Issuing the Guidelines on the Content and Format of Listing Announcement of Securities on the Science and Technology Innovation Board*	SSE
June 14	[Announcement No.15] *Guidelines for the Participation of Publicly Offered Securities Investment Funds in Securities Lending Transactions for Refinancing (for Trial Implementation)*	CSRC Announcement
June 14	*Notice on Issuing the SSE Detailed Rules for Real-time Monitoring on Abnormal Trading of Stocks on SSE Star Market (Soft Implementation)*	SSE
June 21	*Notice by the Shanghai Stock Exchange of Issues on Trading in Stocks and Depositary Receipts on the STAR Market*	SSE
June 21	*Notice on Matters Related to Corporate Bond Resale Business*	SSE
July 5	[Decree No.156] *Provisions on the Administration of Equities of Securities Companies*	CSRC Decree

Continued

Released on	Major Policies	Released by
July 5	[Announcement No.16]*Provisions on Issues Concerning the Implementation of the Provisions on Administration of Equities of Securities Companies*	CSRC Announcement
July 5	*Notice on Matters Related to Fees for Shares and Depository Receipts on the Science and Technology Innovation Board of SSE*	SSE
July 5	*Notice by the Shanghai Stock Exchange of Temporarily Excluding STAR Market Stocks from the Underlying Securities of Stock Pledges and Securities Repos*	SSE
July 8	*Notice by the Shanghai Stock Exchange of Matters Concerning the Disclosure of Financial Information on Issuers in the STAR Market*	SSE
July 12	*Notice on Issuing the General Business Guidelines on the Continuous Supervision of Listed Companies on SSE STAR Market and Business Guide Directory*	SSE
July 25	[Decree No.157] *Measures for the Administration of Representative Offices of Overseas Stock and Futures Exchanges in China*	CSRC Decree
July 26	[Decree No.158]*Measures for the Administration of Disclosure of Information on Publicly Offered Securities Investment Funds*	CSRC Decree
July 26	[Announcement No.17] *Provisions on Issues concerning the Implementation of the Measures for the Administration of Disclosure of Information on Publicly Offered Securities Investment Funds*	CSRC Announcement
July 26	[Announcement No.18] *No.5 XBRL Template of Information Disclosure of Publicly Offered Securities Investment Funds (Summary of Information of Fund Products)*	CSRC Announcement
August 9	*Notice by the Shanghai Stock Exchange of Amending Several Clauses of the Detailed Implementation Rules of the Shanghai Stock Exchange for Margin Trading and Short Selling involving the Maintenance Margin Requirement*	SSE
August 13	*Measures for Designated Depository Banks Mnt of Dalian Commodanagemeity Exchange*	DCE
August 23	[Announcement No.19]*Special Provisions on Material Asset Restructuring of STAR Market-Listed Companies*	CSRC Announcement
August 30	*Notice on Issuing the Implementation Measures for Business of Non-public Issuance of Convertible Corporate Bonds by Non-Listed Companies*	SSE
September 12	[Announcement No.14] *Guidelines for the Supervision of the Risk Funds of Stock Exchanges*	CSRC Announcement
September 12	*Notice on Temporary Exemption from Charging Related Fees of Listed Funds*	SZSE
September 20	*Measures for Hedging Management of Dalian Commodity Exchange*	DCE
September 27	*Notice of the Shenzhen Stock Exchange on Issuing the Detailed Implementation Rules for the Trading and Redemption of Securities Investment Funds on Shenzhen Stock Exchange (2019 Revision)*	SZSE

Continued

Released on	Major Policies	Released by
September 30	[Announcement No.20] *Specification for Securities and Futures Industry Software Test*	CSRC Announcement
October 11	*Notice on Issuing the SSE Detailed Rules on Implementation for Hearing of Self-regulatory Management (2019 Revision)*	SSE
October 11	*Notice on Issuing the SSE Implementation Methods on Disciplinary Sanction and Regulatory Measures (2019 Revision)*	SSE
October 11	*Notice on Issuing the SSE Implementation Methods on Review (2019 Revision)*	SSE
October 14	· *Measures for Standard Warehouse Receipt Management of Dalian Commodity Exchange*	DCE
October 14	· *Measures for Risk Management of Dalian Commodity Exchange*	DCE
October 18	[Decree No.159] *Decision of the China Securities Regulatory Commission to Amend the Measures for the Administration of the Material Asset Restructurings of Listed Companies*	CSRC Decree
October 18	[Announcement No.21] *Opinions on the Application of Articles 14 and 44 of the Measures for the Administration of the Significant Asset Restructurings of Listed Companies—Opinions No. 12 on the Application of Securities and Futures Laws*	CSRC Announcement
October 18	*Notice on Revising Essential Term of Risk Disclosure of Transactions under SSE Shanghai-Hong Kong Stock Connect*	SSE
October 18	*Notice on Revising Essential Term of Risk Disclosure of Transactions under SZSE Shenzhen-Hong Kong Stock Connect*	SZSE
October 27	*Notice on Issuing Information Disclosure Guidelines for Film and TV and 9 Other Industries on ChiNext Board (2019 Revision)* 2019-10-27	SZSE
October 27	*Notice on Issuing Information Disclosure Guidelines for SZSE-listed Companies Engaging in Livestock and Poultry Aquaculture and 7 Other Industries (2019 Revision)*	SZSE
October 30	*Detailed Rules of Futures Trading of Zhengzhou Commodity Exchange*	ZCE
November 1	*Notice on Issuing the SSE Rules for Management of Members (2019 Revision)*	SSE
November 1	*Notice on Issuing the SSE Information Disclosure Guidelines for Interim Reports on Asset-backed Securities*	SSE
November 1	*Notice on Issuing the SZSE Information Disclosure Guidelines for Interim Reports on Asset-backed Securities* 2019-11-01	SZSE
November 1	*Notice on Issuing the SZSE Rules for Management of Members (2019 Revision)*	SZSE
November 3	*Notice on Issuing the Guidance No. 4 of Shenzhen Stock Exchange on Information Disclosure by Listed Companies - Employee Stock Ownership Plans* 2019-11-03	SZSE

Continued

Released on	Major Policies	Released by
November 3	*Notice on Issuing the No.11 Industry Information Disclosure Guidelines for Industries on SZSE ChiNext Board- Listed Companies Engaging in Industrial Robotics Industrial Chain, the No.12 Industry Information Disclosure Guidelines for Industries on SZSE ChiNext Board- Listed Companies Engaging in Integrated Circuit Business and the No.13 Industry Information Disclosure Guidelines for Industries on SZSE ChiNext Board- Listed Companies Engaging in Lithium Battery Business* 2019-11-03	SZSE
November 3	*Notice on Issuing the No.13 Industry Information Disclosure Guidelines for Industries on SZSE ChiNext Board- Listed Companies Engaging in Non-metallic Building Materials Business* 2019-11-03	SZSE
November 14	[Announcement No.22] *Guidelines on Applying for "Full Circulation" Business for H-shares Companies' Domestic Unlisted Shares*	CSRC Announcement
November 14	[Announcement No.23]	CSRC Announcement
November 15	*Notice on Matters Relating to Adjusting Transactions on the Comprehensive Electronic Platform of Fixed Income Securities*	SSE
November 15	*Notice on Issuing the Business Guidelines for Stock Options Portfolio Strategy of Shanghai Stock Exchange and China Securities Depository and Clearing Co., Ltd.*	SSE
November 18	[Decree No.160] *Provisions on Paragraph V "Other Acts of Manipulating Futures Trading Prices" of Article 70 of Regulation on the Administration of Futures Trading*	CSRC Decree
November 18	[Announcement No.24] *Securities and futures industry data model—Part 1: Abstract model design method*	CSRC Announcement
November 26	*Notice of the Shenzhen Stock Exchange on Issuing the Detailed Implementing Rules of the Shenzhen Stock Exchange for Online Voting at Shareholders' Meetings of Listed Companies (2019 Revision)* 2019-11-26	SZSE
November 29	*Notice of Releasing "SSE Rules for Reviewing Significant Asset Reorganization of Listed Companies on SSE STAR Market"*	SSE
November 29	*Notice of the Shenzhen Stock Exchange on Issuing the Detailed Implementation Rules of the Shenzhen Stock Exchange for Trading Restriction (2019 Revision)*	SZSE
December 2	*Measures for Delivery Management of Dalian Commodity Exchange*	DCE
December 2	*Management Measures for Risk Control of Futures Trading of Zhengzhou Commodity Exchange*	ZCE
December 6	[Announcement No.26] *Guidelines for Manager of Managers (MOM) Products of Securities and Futures Business Institutions (for Trial Implementation)*	CSRC Announcement
December 7	*Notice on Initial Charges of Stock Options Pilot*	SCSE
December 7	*Notice by the Shenzhen Stock Exchange of the Management of Programmed Trading in Stock Options*	SCSE

Continued

Released on	Major Policies	Released by
December 7	*Notice on Issuing the Detailed Rules on the Work of Canceling the Audit Committee of Pilot Stock Options Transactions of Shenzhen Stock Exchange*	SCSE
December 7	*Notice on Issuing the Guidelines on Contract Term Management of Pilot Stock Option Transactions of Shenzhen Stock Exchange*	SCSE
December 7	*Notice on Issuing the Business Guidelines for Stock Option Portfolio Strategy of Shenzhen Stock Exchange and China Securities Depository and Clearing Co., Ltd.*	SCSE
December 7	*Notice on Issuing the Guidelines on the Position Limit Management Business of Pilot Stock Option Transactions of Shenzhen Stock Exchange*	SCSE
December 7	*Notice on Issuing the Guidelines on the Market Maker Business of Pilot Stock Option Transactions of Shenzhen Stock Exchange*	SCSE
December 7	*Notice on Issuing the Guidelines on the Investor Suitability Management of Pilot Stock Option Transactions of Shenzhen Stock Exchange*	SCSE
December 7	*Notice on Issuing the Measures for the Administration of Risk Control of Pilot Stock Option Transactions of Shenzhen Stock Exchange and CSDC*	SCSE
December 7	*Notice on Issuing the Trading Rules of Pilot Stock Option Transactions of Shenzhen Stock Exchange*	SCSE
December 9	*Measures for Clearing Management of Dalian Commodity Exchange*	DCE
December 12	[Announcement No.27] *Several Provisions on the Pilot Program of Listed Companies' Spin-off of Subsidiaries for Domestic Listing*	CSRC Announcement
December 12	[Announcement No.28] *Guidelines on the Statistical Indicator Standards for the Securities and Futures Industry (2019 Revision)*	CSRC Announcement
December 13	*Notice on Matters Related to Standardization of Issuance of Corporate Bonds*	SSE
December 13	*Notice on Matters Related to Standardization of Issuance of Corporate Bonds*	SZSE
December 17	*Notice on Matters Related to the Listing and Trading of SSE CSI 300 ETF Options Contracts*	SSE
December 19	*Notice on Matters Relating to Adjusting Position Limit of ETF Options*	SSE
December 19	*Notice on Fee Standard Relating to Hushen 300ETF Options Pilot of SSE*	SSE
December 19	*Notice on Adjusting the Fusing Standard of Stock Options Trading and Maximum Number of Declarations Per Transaction*	SSE
December 19	*Notice on Matters Relating to the Listing of Harvest CSI 300ETF Option Contract for Trading on SZSE*	SZSE
December 20	[Decree No.16] *Decision of the China Securities Regulatory Commission on Amending the Measures for the Supervision and Administration of Unlisted Public Companies*	CSRC Decree
December 20	[Decree No.16] *Measures for the Administration of the Information Disclosure by Unlisted Public Companies*	CSRC Decree

Continued

Released on	Major Policies	Released by
December 20	*Notice on Revising the SSE Implementation Measures on Shanghai-Hong Kong Stock Connect Business*	SSE
December 20	*Notice on Issuing the Business Guidelines for Information Disclosure for Major Asset Restructuring of Listed Companies*	SSE
December 20	*Notice on Revising the SZSE Implementation Measures on Shenzhen-Hong Kong Stock Connect Business*	SZSE
December 25	[Announcement No.29] *Provisions on the Administration of Liquidity Support by the Securities Investor Protection Fund*	CSRC Announcement
December 31	*Notice on Temporary Exemption of Relevant Fees of Listed Funds*	SSE
December 31	*Notice of SSE Cutting Listing Fees for Listed Companies*	SSE
December 31	*Notice on Issuing the Implementation Rules for H-shares "Full Circulation" Business*	China Securities Depository and Clearing Corporation Limited (CSDC) and SZSE

Article 7

The CSRC Held a Symposium on Comprehensively Deepening the Reforms of the Capital Market①

Between September 9th and 10th, 2019, the China Securities Regulatory Commission (CSRC) held a symposium on comprehensively deepening the reform of the capital market. The CSRC analyzed the current circumstances that were facing the capital market and delivered an in-depth account of the strategic, overall, and practical significance of comprehensively deepening the reform of the capital market. The CSRC emphasized the need to follow the general objective of "building a standard, transparent, open, vibrant and resilient capital market," adhering to the general keynote of seeking progress while maintaining stability, upholding market-oriented and law-based reform, learning from international best practices, optimizing capital market supply, promoting the innovation of key institutions, enhancing the internal stability of the market, implementing supply-side structural reforms in the financial sector with concrete actions, and better serving high-quality economic growth.

Based on the aforementioned objectives, the CSRC listed 12 priorities for deepening the comprehensive reform of China's capital market. First, China should give full play to the role of

① About the Author: Wu Pingping, Financial Industry Analyst of China Galaxy Securities Co., Ltd.

China's science and technology innovation board as an experimental field. Second, China should encourage listed companies to enhance their quality. Third, China should confront the weak links within their multi-level capital market system. Fourth, China should promote capacity-building on the part of intermediary institutions. Fifth, China should accelerate the high-level opening up of the capital market. Sixth, China should encourage more medium- and long-term capital to enter the market. Seventh, China should resolve risks in key areas such as stock pledging, bond defaults, and privately offered funds. Eighth, China should further enhance its legal system. Ninth, China should augment the protection of investors. Tenth, China should enhance the efficiency of inspection and law enforcement. Eleventh, China should promote reform in streamlining the administration and delegation of power to lower levels. Twelfth, China should improve its scientific and technological supervision capabilities (*see* details presented in Table 1).

The CSRC outlined key tasks to be accomplished in comprehensively deepening the reform of the capital market, which aims to optimize the basic system, contribute to the healthy and sound operation of the capital market, and better serve the real economy. In 2019, the CSRC achieved remarkable progress in deepening basic systemic reforms of the capital market, promoting market-oriented reform, enhancing internationalization and institutionalization, shaping market ecology, and implementing capital market reform. The specific achievements are as follows.

The sci-tech innovation board was smoothly opened and the piloting of a registration-based initial public offering (IPO) system was successfully implemented. China also achieved institutional innovation in aspects such as issuance, trading, information disclosure, and de-listing. China amended the ***Measures for the Administration of the Material Asset Restructurings of Listed Companies***, eased re-financing policies, and issued provisions on listed companies' spin-offs of subsidiaries for domestic listing, which is conducive to animating the market, promoting supply-side structural reforms in the financial sector, and enhancing the capabilities of financial services for the real economy. In addition, China continued to optimize systems such as de-listing, information disclosure, and stock repurchase, encouraged listed companies to enhance their quality, strengthened the function of "survival of the fittest" in the capital market, and guided the clearing up of backward production capacities. The reform of the National Equities Exchange and Quotations Co., Ltd. (NEEQ) was also initiated. Reforms in the ChiNext registration system were accelerated. The fees and margin ratios of stock index futures were reduced. The piloting of stock index options was expanded. This is conducive for improving the multi-level capital market system and market functions. The opening up of the financial industry was accelerated. The connectivity mechanism was deepened. The date for lifting restrictions on the foreign ownership ratio in brokerages, funds, and futures companies was shifted to an earlier date, which complies with the objective requirement of promoting the reform and development of the capital market and financial industry through the opening up process. This is conducive to encouraging benign competition in the industry, fostering good market ecology and a beneficial business environment, and enhancing the international level of the capital market. The regulator also guided the building of flagship brokers, enabled the brokerage industry to grow stronger, and encouraged intermediaries to enhance their service capabilities.

In 2020, the impact of COVID-19 on the macroeconomy will cause a short-term disruption in the operations of the capital market. However, from the mid- to long-term perspective, China will continue to deepen their reform of the capital market. Starting on March 1, 2020, the new *Securities Law* will become effective, which will make improvements in the registration system, the protection of investors, and legal system development, which will contribute to deepening the reform of the capital market and helping to build a standard, fair, efficient, and transparent multi-level capital market.

Table 1 Symposium on Comprehensively Deepening the Reform of the Capital Market

Key Tasks	Contents
Give full play to the role of China's science and technology innovation board as an experimental field	Adhere to the position of the sci-tech innovation board, optimize the linking mechanism between approval and registration, and maintain momentum in reforms. Take stock of and promote the effective institutional arrangements of the sci-tech innovation board, gradually implement a registration system, and improve the basic systems of the market.
Encourage listed companies to enhance their quality	Formulate and implement an action plan to encourage listed companies to enhance their quality, effectively control their entrance and exit, optimize increments, and adjust stocks. Strictly control the quality of IPO approvals; give full play to the role of the capital market as a main channel for mergers, acquisitions, and restructurings; promote the building of diversified de-listing channels; and uphold the "survival of the fittest" principle among listed companies. Optimize systems such as restructuring, listing, and re-financing as well as support the piloting of spin-offs and listings. Strengthen the continuous, classified, and precise supervision of listed companies.
Tackle weak links in the multi-level capital market system	Promote the reform of ChiNext, accelerate the reform of the NEEQ, and select a number of regional equity markets to carry out pilot projects regarding system and business innovation. Allow high-quality brokers to expand their counter business. Step up efforts in developing private equipment investment. Promote innovation in bonds and asset-backed securities on the exchange market. Diversify futures and options products.

Continued

Key Tasks	Contents
Promote the capacity-building of intermediary institutions	Accelerate the building of high-quality investment banks, improve differentiated supervision measures, support high-quality brokers in promoting innovation and quality, and encourage small and medium-sized brokers to seek development with unique features. Encourage publicly offered fund institutions to develop equity funds. Clarify intermediaries' responsibilities and promote the cultural building of the industry.
Accelerate the high-level opening up of the capital market	Implement announced opening-up measures and safeguard financial security in an open environment.
Encourage more medium- and long-term capital to enter the market	Strengthen the long-term performance orientation of the securities fund business institutions and promote the classified supervision of publicly offered fund managers. Encourage more medium- and long-term capital to enter the market. Promote the inclusion of publicly offered funds into the investment scope of individual tax-deferred commercial pension insurance.
Resolve risks in such key areas as stock pledging, bond defaults, and privately offered funds	—
Further enhance the legal system	Accelerate an amendment to the *Securities Law* and the *Criminal Law* to significantly increase the illegal cost of violations such as fraudulent issuance, false information disclosure by listed companies, and intermediaries' provision of false certifying documentation. Effectively utilize existing legal systems, adhere to strict law enforcement, and enhance the deterrence force of supervision.
Step up the protection of investors	Promote the establishment of a collective litigation system with Chinese characteristics in the securities sector. Explore ways to establish a mechanism for using administrative fines and confiscated money as a remedy for investors. Promote the revision or formulation of judicial interpretations of civil compensation for false statements, insider trading, and market manipulation.
Enhance the efficiency of inspection and law enforcement	Step up the hierarchical and classified management of cases, centralize resources to investigate and handle major cases of fraud and falsification, and enhance the investigation and handling efficiency of cases.
Promote reforms in streamlining the administration and delegation of power to lower levels	Reduce examination, approval, and recordation items, optimize approval and recordation procedures, and improve the transparency of supervision. Strengthen interim and ex-post regulation.
Enhance scientific and technological supervision capabilities	Promote the integration of technology and business and enhance the technological and intelligence level of supervision.

Source: The CSRC, collated by China Galaxy Securities Co., Ltd.

Article 8

Comprehensive Deep Reform of the "New Third Board" Market①

In September 2019, the China Securities Regulatory Commission (CSRC) announced the "12 policies of deepened reform" of the capital market. Since then, various measures have been implemented to comprehensively deepen the reform of the National Equities Exchange and Quotations (NEEQ), which is also referred to as "The New Third Board." In November, the CSRC announced specific measures for the reform, covering key details including criteria for the Selection Tier, public offering arrangements, continuous auction market mechanism, investor suitability management, and relisting requirements. Two documents, namely, Measures for the Supervision and Administration of Unlisted Public Companies and Measures for the Administration of Information Disclosure of Unlisted Public Companies, were released on December 20 for the implementation of the NEEQ reform. From December 27, 2019 to January 19, 2020, the NEEQ has issued and implemented three groups of related business rules, covering six aspects of the market, namely, public offerings, stock placing, supervision and administration of listed companies, stock trading, market tier management, and investor suitability management. Thus, the seven basic business rules involved in the comprehensively deepened reform of the NEEQ have been promulgated and implemented.

By the end of 2019, the NEEQ had 8,953 listed companies with a total market value of 2.94 trillion yuan, which both decreased by more than 10%. The number of Innovation Tier enterprises accounted for 7.5% of the total. In 2019, the average daily turnover of the NEEQ was RMB 338 million, a 7.4% year-on-year decrease. After the first reform rules were implemented, the average daily turnover of the market rose to 565 million yuan, which was significantly higher than 365 million yuan in 2018. The average number of stocks traded daily and the number of stocks with more than 10 million yuan turnover increased compared with the previous month. This finding indicates that a call auction can improve liquidity by matching buyers and sellers. Two weeks before the implementation, the Innovation Tier had an average daily matching time of 1.9 times, which subsequently rose to 4.0 times. The average daily matching times of the Basic Tier increased from 1.0 to 1.6 times.

In 2019, the NEEQ witnessed a downfall of over 50% in the number of shares issued, financing amount, material asset restructuring frequency, and transaction amount. Moreover,

① About the Author: Guo Jingpu, General Manager of R&D Center, CINDA Securities.

the number of companies delisted exceeded that of listed companies by 10% at the end of the previous year. According to the third quarter disclosure, the revenue and net profit of listed companies in the Renovation Tier during the first three quarters was 304.7 and 17 billion yuan, with a year-on-year growth of 7.8% and 5.3%, respectively. The simultaneous increase in revenue and net profit resulted in positive net operating cash flow. Although, the operating data of these excellent listed enterprises were encouraging, they had not received much attention from investors. Therefore, a comprehensive reform of the NEEQ was imperative.

Relisting well-operated enterprises in securities exchange markets is ideal to accomplish NEEQ's goal. However, the NEEQ faced problems of weak financial abilities, inactive trading, and insufficient appeals to small and medium-sized start-up companies. Many reforms measures have been aimed at solving these key problems.

The main measures of the reform are to introduce a public offering mechanism, implement a continuous auction market mechanism for Selection Tier, and allow public offerings of investment funds for Selection Tier. All reform measures help to stratify the market further, attract additional investors with a broad range of backgrounds, activate trading in the NEEQ market, and promote fluidity. The goals are to help worthy enterprises to stand out in the NEEQ market and encourage them to grow in a stratified capital market to achieve their long-term objective of building a transparent, dynamic, and resilient capital market in accordance with standards.

Article 9

Several Opinions of Shanghai High People's Court on Serving and Securing the Establishment of a Science and Technology Innovation Board and the Implementation of the Pilot Registration System①

According to the *People's Court Daily*, on June 17, 2019, the Shanghai High People's Court formally issued the *Several Opinions of the Shanghai High People's Court on Serving and Securing the Establishment of a Science and Technology Innovation Board and the Implementation of the Pilot Registration System* (the "*Opinions*"). The *Opinions*, composed of 29 clauses, cover the major significance, overall goals, working principles, and specific measures of judicial service as well as guarantees for establishing the science and technology board and implementing the pilot registration system.

---

① He Haifeng, the Director of the Institute of Financial Policy, Chinese Academy of Social Sciences.

The *Opinions* state that the Shanghai High People's Court will, in accordance with the applicable laws and judicial interpretations, report to the Supreme People's Court for approval and then explore centralized jurisdiction by the Shanghai Financial Court over the relevant financial civil and commercial as well as financial and administrative disputes caused by the establishment of the science and technology board and the implementation of the pilot registration system; punish by law criminal offences related to the science and technology innovation board, properly handle any civil compensation disputes caused by securities fraud such as false statements, insider trading, and market manipulation in relation to science and technology innovation board-related securities trade, and effectively secure the issuance and listing system centered on information disclosure; secure under law the self-regulatory supervision of stock exchanges, define the boundaries between administrative and civil disputes involving stock exchanges, and respect the business rules of stock exchanges and the relative exemption rules for the civil liability of stock exchanges; guide parties to exhaust remedy procedures such as stock exchange reviews and reduce direct judicial intervention in disputes arising from the self-regulatory behavior of stock exchanges; and standardize securities intermediaries to perform their duties under the law and define the boundaries of responsibility between sponsors and the various securities service agencies.

In addition, in view of the special aspects of corporate governance and corporate management of listed companies on the science and technology board, the *Opinions* emphasize that it is necessary to respect the differential arrangement in voting rights of listed companies on the science and technology board, their related business rules as well as their equity incentive programs, and properly solve according to the law problems such as cross-border jurisdiction, legal application, and judicial enforcement that are caused by red-chip enterprises and depositary receipts.

On June 21, 2019, the Supreme People's Court held a press conference. Liu Guixiang, a full member of the Judicial Committee of the Supreme People's Court, Li Chao, Vice Chairman of China Securities Regulatory Commission, and Lin Wenxue, President of the Second Civil Tribunal of the Supreme People's Court, issued the *Several Opinions of the Supreme People's Court on Providing Judicial Guarantee for the Establishment of the Science and Technology Innovation Board and the Implementation of Pilot Registration System Reform* (the "*Several Opinions*") and answered questions from reporters. The *Several Opinions* have four parts and 17 clauses.

On July 23, 2019, the Shanghai Financial Court held a press conference to report on the *Implementation Opinions of the Shanghai Financial Court on Service Guarantees for the Establishment of the Science and Technology Innovation Board and the Implementation of Pilot Registration System Reform* (the "*Implementation Opinions*"). The *Implementation Opinions* aim to create a sound financial and legal environment for establishing a science and technology board and implementing pilot registration system reform and provide quality judicial service guarantees for the construction of the Shanghai International Finance Center and the Science and Technology Innovation Center. The *Implementation Opinions* focus on the workability of all measures and trial execution and explore financial trial mechanisms by active innovation, including 23 specific work measures on improving professional trial mechanisms and mass securities litigation mechanisms, strengthening investor protection under the law, enhancing securities infringement liabilities accountability, strengthening the enforcement of cases involving the science and technology innovation board, and guaranteeing under law the exercising power of securities regulatory authorities.

Ⅲ. Policies for Insurance Market Development①

In 2019, China's insurance industry resolutely implemented the Communist Party of China (CPC) Central Committee's and the State Council's decisions and requirements for strengthening regulations and encouraging innovation, actively preventing and mitigating major risks, maintaining the financial system's stability, improving its ability to serve the society and the economy, enhancing the protection of consumer rights and interests, deepening the process of reform and opening up, promoting the transformation of the industry into a high-quality developmental track, and laying a solid foundation for its continuous and healthy future development.

(i) Central Elements of Policies for Insurance Market Development in 2019

1. Strengthen auto insurance regulation and tackle bad practices in the industry.

Commercial auto insurance reform has gradually demonstrated phased effects since its start in June 2015. For example, the sense of gain has kept improving among consumers; the security provided by insurance has continued to expand; the society's role of management has been better played. However, violations of laws and regulations are considered a prominent issue in the current auto insurance market. The General Office of the China Banking and Insurance Regulatory Commission (CBIRC) released the *Circular on Matters Related to Further Strengthening Auto Insurance Regulation* (the "*Circular*") on January 14, 2019, in order to rectify

① About the Author: Research Group of the Insurance Association of China (IAC); compiled by Wang Wei, Director of Life Insurance Division 2 of IAC.

bad practices in the market, safeguard the legitimate rights and interests of consumers, promote high-quality auto insurance development, and create a favorable market environment for the next steps of commercial auto insurance reform.

The *Circular* addresses two prominent problems: the failure to apply terms and rates for auto insurance as required and the propagation of false business financial data in the current auto insurance market.

The main measures required in the *Circular* are summarized as follows. Firstly, the local offices of the CBIRC shall investigate and publish illegal and non-compliant practices by property insurance institutions' auto insurance within their jurisdictions as per their duties. To ensure the timeliness and effectiveness of regulatory measures and quickly correct bad practices in the market, after verifying that any property insurance institution failed to submit or apply terms or rates of auto insurance as required by relevant provisions, the CBIRC or its local offices may take regulatory measures against the property insurance institution, such as implement orders to stop the application of such terms or rates of auto insurance or make corrections within the specified time limit and impose punishment against the property insurance institutions and responsible persons according to the law. Secondly, the Insurance Association of China shall establish rules for the acceptance and investigation of complaints and reports against member organizations and timely submit information regarding legal violations and non-compliance to the Property Insurance Department of the CBIRC. Thirdly, China Insurance Information Technology Management Co., Ltd. shall establish a mechanism for monitoring data related to the application of auto insurance rates and submit the abnormal data to the Property and Insurance Department of the CBIRC in a timely manner.

The issuance of the *Circular* has effectively maintained order in the auto insurance market, curbed illegal and non-compliant acts, improved auto insurance companies' awareness of compliance with the law in operations, promoted the sustainable and healthy development of the auto insurance industry, and created a favorable market environment for subsequent commercial auto insurance reform.

2. Clarify matters related to the investment of insurance proceeds in bank capital supplement bonds.

According to the provisions of the *Measures for Administration of Use of Insurance Proceeds* and the *Interim Measures for Investment of Insurance Proceeds in Bonds*, the CBIRC released the *Circular on Matters Related to Investment of Insurance Proceeds in Bank Capital Supplement Bonds* on January 25, 2019 in order to serve the real economy, prevent and mitigate financial risks, and expand the use of insurance proceeds.

The *Circular* set forth the requirements for insurance group (*i.e.*, holding) companies, insurance companies, and insurance asset management companies by identifying seven specific aspects that should be considered in connection with the investment of insurance proceeds in bank capital supplement bonds.

First, insurance proceeds may be invested in secondary capital bonds and non-fixed-term capital bonds that are issued by banks.

Second, investment in secondary capital bonds and non-fixed-term capital bonds issued by policy banks shall be subject to the applicable rules on investment in quasi-governmental bonds.

Third, secondary capital bonds and non-fixed-term capital bonds that are issued by commercial banks shall be included in the management of unsecured non-financial enterprise (*i.e.*, corporate) bonds.

Fourth, any issuer of secondary capital bonds or non-fixed-term capital bonds to commercial banks in which insurance proceeds are invested shall meet the following criteria: (1) it shall have sound corporate governance and stable operational performance; (2) its latest audited total assets shall not be less than one trillion renminbi (RMB) and its net assets shall not be less than RMB 50 billion; (3) its core primary capital adequacy ratio shall not be less than 8%, its primary capital adequacy ratio not less than 9%, and its capital adequacy ratio not less than 11%; (4) it shall have a long-term credit rating of AAA or the equivalent as assessed by domestic credit rating agencies.

Fifth, the secondary capital bonds of commercial banks in which insurance proceeds are invested shall have long-term credit ratings of AAA or the equivalent as assessed by domestic credit rating agencies.

Sixth, the non-fixed-term capital bonds of commercial banks in which insurance proceeds are invested shall have long-term credit ratings of AA+ or the equivalent as assessed by domestic credit rating agencies.

Seventh, insurance institutions shall effectively strengthen credit risk management, prudently judge the benefits and risks of bond investment, and make decisions and take risks independently.

3. Promote the building of the Belt and Road Initiative Comprehensive Pilot Area and the National Insurance Innovation Comprehensive Pilot Area and improve the service level and the international competitiveness of shipping insurance organizations in Ningbo.

The General Office of Ningbo Municipal Government started to implement the *Guidelines for Implementation of Driving Shipping Insurance Development* (the "*Guidelines*") in order to improve the service level and international competitiveness of shipping insurance organizations in Ningbo and drive the building of the Belt and Road Initiative Comprehensive Pilot Area and the National Insurance Innovation Comprehensive Pilot Area.

The *Guidelines* clearly provide for the general requirements, priorities, and safeguarding measures for shipping insurance development in Ningbo in light of the requirements of the CPC Central Committee and the State Council for promoting the development of the Belt and Road Initiative, deepening the opening up process of the financial industry, and realizing high-quality development as well as implementing the *Guidelines for Building National Insurance Innovation Comprehensive Pilot Area* in Ningbo.

The text of the *Guidelines* is divided into three parts. The first part contains the general requirements. This part sets forth the four basic principles and primary goals of shipping insurance development in Ningbo. The second part sets out the main measures. The measures fall into six categories, *i.e.*, measures to "serve the building of the Belt and Road Initiative Comprehensive Pilot Area," "build infrastructure for shipping insurance sector," "drive innovation in products and service of shipping insurance," "improve the general service efficiency and effectiveness of shipping insurance," "drive innovation in regulation system of shipping insurance," and "expand international influence of shipping insurance industry in Ningbo." The third part consists of safeguarding measures. These measures include those for strengthening organization and leadership, increasing fiscal and tax support, strengthening talent training, *etc.*, in order to create a favorable developmental environment and promote the construction of the pilot areas.

The implementation of the *Guidelines* will help in pooling shipping resources, promoting the development of shipping insurance to a new level in Ningbo, and facilitating Ningbo's transition to a national industrial base and an innovation center for shipping insurance.

4. Keep market order, strengthen the administration of insurance companies' intermediary channels, and further consolidate the bottom line for preventing systematic risk in the intermediary market.

Along with the growth and expansion of the insurance industry, China's insurance intermediary market has become an important part of the insurance market infrastructure in its transformation from a small market to a large one, from a weak market to a powerful market, and from a single-player market to one with a diversity of players. During the last five years, the intermediary market has accounted for more than 80% of all premiums. To further strengthen its supervision, prevent systemic financial risks, and consolidate the bottom line of risk prevention and control, the CBIRC released the *Circular on Strengthening Intermediary*

Channel Service Management of Insurance Companies (the "*Circular*") on February 26, 2019. The core principles clearly state that insurance companies must designate the personnel that are responsible for management, formulate relevant management rules, maintain complete information systems, and establish internal compliance audit supervision for intermediary channel management, as well as emphasize the responsibility of insurance companies for the compliance management of their intermediary channel partners.

There are 25 articles in the *Circular* covering four different aspects of intermediary channels. First, it requires that insurance companies shall establish an intermediary channel service management system that clearly defines their rights and responsibilities and clarifies the "five requirements" of insurance companies to enhance intermediary channel service management when conducting insurance business through individual insurance agents, professional insurance agents, insurance brokers, concurrent insurance agents, insurance assessors, the Internet, and other insurance intermediary channels; that insurance companies shall set up departments and dedicated posts for intermediary channel service line management in their head offices and the management of their head offices shall have members that are responsible for intermediary channel service management whose names are filed with the CBIRC; that insurance companies shall have a legal, effective, and stable intermediary channel management system; and that information management means that the whole process of intermediary channel services is covered and that a compliance audit system for intermediary channel services is established. Second, insurance companies shall strengthen the management of their intermediary channel partners, impose nine strict checks, ensure the management and control of intermediary channel service entities, strengthen qualification management, service management, and file management, and timely report any illegal or non-compliant acts of intermediary channel service entities. Third, insurance companies may not carry out illegal activities via intermediary channel entities and the *Circular* provides for nine specific prohibitions. Fourth, insurance companies are required to improve the supervision of intermediary channel services compliance; insurance companies shall attach importance to internal compliance audits of intermediary channels, submit relevant reports and data on intermediary service channels on time, and be responsible for the integrity of the reports. The CBIRC and its local offices will strengthen on-site inspection and off-site supervision of insurance companies' intermediary channel services.

The *Circular* covers insurance intermediary organizations and practitioners. Strengthening the supervision of all lines of insurance companies' intermediary channel services as well as the whole process of relevant intermediary channel entities will benefit the further effective maintenance of market order and promote the long-term stable development of the insurance intermediary market.

5. Actively assist in precise poverty alleviation and vigorously serve the rural revitalization strategy.

In recent years, the insurance industry has actively responded to the call by the Central Committee of the CPC to strengthen support for work related to "agriculture, rural areas and farmers" and actively expand the role of insurance security in encompassing poverty alleviation and rural revitalization by vigorously developing agricultural insurance, innovating its products and service models, promoting insurance technology innovation, as well as making other efforts. On March 1, 2019, the CBIRC released the *Circular on Work of Banking and Insurance Industry Serving Rural Revitalization and Poverty Alleviation in 2019* (the "*Circular*").

The requirements involving the insurance industry in the *Circular* include the following elements. First, insurance institutions shall strengthen risk protections. Insurance institutions shall focus on improving quality and efficiency and drive the development of specialized systems and mechanisms of insurance services for the purpose of rural revitalization. Insurance institutions shall improve the protections provided by insurance for risks such as diseases, natural disasters, and accidents in rural areas, continue to increase the investment of insurance proceeds in rural revitalization, and promote the pilot programs of small-scale financing services that are supported with insurance proceeds in accordance with applicable laws and regulations. Insurance institutions shall speed up the establishment of a mechanism to diversify the risks associated with major agricultural disasters and implement a reserve system for major agricultural insurance risks. The establishment of the China Agricultural Reinsurance Corporation shall be facilitated to improve a multi-level mechanism for agricultural insurance risk diversification. It is important to further deepen reforms and gradually stabilize the comprehensive premium rates of agricultural insurance to a reasonable level. Second, the insurance industry shall support the structural reform on the supply side of agriculture. Priority shall be given to national food security and the focus of work shall be in supporting high-quality and characteristic industries and in helping to improve the quality of agricultural products and promote the commercialization and application of agricultural scientific and technological achievements. The insurance industry shall enhance support for agricultural "going global" programs. The insurance industry shall enhance its support of various types of agricultural machinery enterprises and new-type agricultural machinery service organizations and encourage the development of agricultural machinery insurance. The insurance industry shall vigorously promote the revitalization of the dairy industry and promote the expansion and increases in dairy insurance standards. The insurance industry shall increase the varieties of crops and livestock products that are covered by agricultural insurance and expand the areas covered by both agricultural and forest insurance. Third, insurance products and services shall be advanced through innovation. The insurance industry shall explore the possibility of bank-insurance cooperation products, such as pledging loans with agricultural insurance policies, farmer credit guarantee insurance loans, and others. The insurance industry shall conduct research and development (R&D) into personal insurance and property insurance products that meet the actual needs of farmers. The insurance industry shall promote the "government-bank-insurance" cooperative financing model and increase the supply of guarantee loans for promoting rural entrepreneurship. The insurance industry shall continue to optimize the claim handling process of agricultural insurance services and improve the service experiences of farmers. The range of pilot insurance products shall be expanded. The insurance industry shall carry out in-depth pilots of full-cost insurance products and income insurance for the three major food crops, expand pilots of major agricultural disaster insurance and "insurance + futures" programs, and steadily roll out pilots of pig and vegetable price insurance. All localities are encouraged to offer pilot programs for the insurance of advantageous agricultural products with local characteristics and agricultural facilities and to expand the scope of pilot programs for premium subsidies for forest insurance. Fourth, the insurance industry shall expand and improve basic insurance services. Insurance institutions are encouraged to expand service focus to lower levels, strengthen cooperation and synergy in terms of service channels and other aspects, and provide more convenient and effective basic financial services. New technology shall be leveraged to extend basic insurance services to remote and uncovered natural villages. Priority shall be given to areas not covered, especially in heavily impoverished areas, in the establishment of new branches and approval procedures shall be streamlined for the establishment of simple insurance branches in uncovered towns and townships. In towns and townships in which conditions are not available for setting up branches, insurance institutions are encouraged to provide services by means of electronic equipment, mobile service stations, and convenient service points. Fifth, work shall be focused on the precise implementation of measures in heavily impoverished areas. The insurance industry shall strengthen policy preferences to favor heavily impoverished areas, improve the protections provided by insurance, meet the requirements for reducing premiums, and reduce the premium rates of fiscal subsidy agricultural insurance in heavily impoverished areas by 10% to 30% after a 20% reduction. The insurance industry shall innovate insurance products and services that support poverty alleviation with industrial development, encourage the development of insurance for special agricultural products in impoverished areas, and work to increase the number and coverage of exclusive agricultural insurance products for poverty alleviation.

The issuance of the *Circular* is an important measure for the insurance industry to focus on its main business and serve overall strategies. It provides more diverse insurance support tools for achieving success in precise poverty alleviation and the implementation of the rural revitalization strategy, provides stronger support against the risks of agricultural modernization and the increase in farmers' incomes, and provides clearer policy guidance for the insurance industry to return to the role of providing protection and on to a high-quality development track.

6. Clarify the requirements for the submission of insurance asset and liability management reports.

To further improve the regulatory rules on insurance asset and liability management, the General Office of the CBIRC released the *Circular on Clarifying Requirements for Submission of Insurance Asset and Liability Management Reports* (the "*Circular*") on April 3, 2019, which specifies the requirements for the submission of quarterly and annual asset and liability management reports.

The *Circular* clearly requires that all companies shall carry out quantitative assessments of asset and liability management in accordance with the requirements of the revised *Regulatory Rules for Insurance Asset and Liability Management* (Nos. 1-5) and the *Assessment Form of Insurance Asset And Liability Management Capability and Quantitative Assessment Form*. They are also required to download the "XBRL Interface Conversion Tool 3.0 for Insurance Asset and Liability Management Regulation" from the Insurance Asset and Liability Management Regulation Information System module in order to submit a quarterly report as required starting in the first quarter of 2019.

As for annual reports, each company shall prepare an annual report of asset and liability management in accordance with the requirements of *No. 5 – Regulatory Rules for Insurance Asset and Liability Management: Asset and Liability Management Reports* and submit it via the Insurance Asset and Liability Management Regulation Information System module before May 31st of each year. The annual report shall include four parts: (1) a quantitative assessment form and an annual analysis report of asset and liability management; (2) an assessment form of asset and liability management capability; (3) supporting documents for the assessment of asset and liability management capability; and (4) a signature and seal page for the annual report on asset and liability management, an organizational chart, and a flow chart of the annual analysis report.

7. Clarify the risk measurement standard for non-fixed-term capital bonds and improve the industry's risk prevention ability.

The CBIRC released the *Circular on Matters Related to Investment of Insurance Proceeds in Bank Capital Supplement Bonds* in January 2019, which provides for matters related to the investment of insurance proceeds in capital supplementary bonds such as non-fixed-term capital bonds that are issued by banks. In April, the CBIRC further prepared the *Regulatory Rules on Solvency of Insurance Companies – No. 2 Question and Answers: Non-Fixed Term Capital Bonds*, which clarifies the risk measurement method for non-fixed-term capital bonds that are issued by banks in which insurance companies have invested insurance proceeds in solvency reports. It requires that the minimum capital for the default risk of counterparties shall be measured according to *No. 8 – Regulatory Rules on Solvency of Insurance Companies: Minimum Capital against Credit Risks*. According to the provisions, risk exposure is equal to book value; the basic risk factor for policy banks and large state-owned holding commercial banks is 0.20; and the basic risk factor for national-level joint-stock commercial banks is 0.23.

The introduction of the policy further defines the risk measurement standard for non-fixed-term capital bonds and is conducive to the improvement of the industry's risk prevention capability.

8. Improve the credit risk diversification and sharing mechanism in market, and clarify matters related to the participation of insurance proceeds in credit risk mitigation instruments and credit protection instruments.

The General Office of the CBIRC released the *Circular on Insurance Proceeds Participating in Credit Risk Mitigation Instruments and Credit Protection Instruments* (the "*Circular*") on May 7, 2019, to further improve the quality and efficiency of insurance proceeds serving the real economy, enrich the management tools for use of insurance proceeds, and improve the market credit risk diversification and sharing mechanism.

The issuance of the *Circular* is an important measure taken by the CBIRC to implement the requirement of the CPC Central Committee and the State Council for supporting financing of private enterprises. It will benefit further enrichment of instruments for the use of insurance proceeds, providing hedging means for credit risk management. It fully mobilizes the enthusiasm of insurance proceeds, gives full play to the advantage of insurance proceeds being stable for a long time, and enhances support for the financing of private enterprises. It helps improve the investor structure of private enterprise bonds, improves the liquidity of private enterprise bonds, and facilitates the issuance of private enterprise bonds.

The *Circular* is intended to define and regulate business activities with insurance proceeds participating in credit derivatives, which contains seven articles. The *Circular* is summarized as follows. First, it clarifies the purpose of participation and provides that participation of insurance proceeds in the credit derivatives business is only limited to hedging risks and may not be used to bear credit risks. Second, it clarifies the qualifications of participants. Insurance institutions shall have the ability to use derivatives and manage credit risk before they are allowed to participate in the credit derivatives business. Third, it clearly states that the business shall follow the principle of compliance in "both regulation + business." The business shall comply with not only the CBIRC's regulatory rules on financial derivatives trading, but also the business rules of the China Association of Financial Market Institutional Investors, the Shanghai Stock Exchange, and the Shenzhen Stock Exchange. Fourth, it emphasizes risk management. Insurance institutions shall formulate corresponding management rules and operating procedures, monitor and regularly evaluate risks, and submit monthly, quarterly, and annual reports to the CBIRC.

The issuance of the *Circular* is an important measure taken by the CBIRC to implement the CPC Central Committee's and the State Council's requirements for supporting the financing of private enterprises. It will benefit the further enrichment of the instruments available for the use of insurance proceeds, therefore providing hedging means for credit risk management. It fully mobilizes the enthusiasm of insurance proceeds, gives full play to the advantage of insurance proceeds long-term stability, and enhances the support of financing private enterprises. It also helps improve the investor structure of private enterprise bonds, improves the liquidity of private enterprise bonds, and facilitates the issuance of private enterprise bonds.

9. Further implement pilot programs for compensation mechanisms for the insurance of initial units/sets of major technical equipment and assist in the high-quality development of the manufacturing industry.

The CPC Central Committee and the State Council attach great importance to the R&D and application of initial units/sets of major technical equipment. The Ministry of Finance, the Ministry of Industry and Information Technology, and the former China Insurance Regulatory Commission have organized the implementation of pilot programs of compensation mechanisms for the insurance of initial units/sets of major technical equipment since 2015. The mechanisms are intended to, in a market-oriented way, support solving bottlenecks in research, development, and application that are caused by a lack of market trust at the initial stage in order to promote innovation in major technical equipment. To implement the spirit of the Central Economic Work Conference, better meet the need for the innovation and development of major technical equipment under new circumstances, further improve the pilots of compensation mechanisms for the insurance of initial units/sets of major technical equipment, and assist in the high-quality development of the manufacturing industry, the Ministry of Finance, the Ministry of Industry and Information Technology, and the CBIRC jointly released the *Circular on Further Implement Pilots of Compensation Mechanisms for Insurance for Initial Units/Sets of Major Technical Equipment* (the "*Circular*") on May 10, 2019.

The *Circular* further clarified the definitions of initial units/sets of major technical equipment and their insurance. An "*initial unit/set of major technical equipment*" refers to one of the first units/sets or one of the first batches of equipment, systems, or core components with owned intellectual property rights but without market sales that features major breakthroughs in varieties, specifications, or technical parameters as a result of innovation. In the definition, the "first units/sets" refers to the first three units/sets of equipment used by a user for the first time and the "first batch" refers to equipment of the same variety, technical specifications, and batch under the same signed contract, from the same production and delivery batch to a user for first time use. Moreover, the coverage of some key parts and small key equipment is extended to equipment of the same variety and technical specifications that is purchased and used by consumers during the first year (*i.e.*, from the date of purchase to December 31st of that year). "*Insurance for initial units/sets of major technical equipment*" refers to comprehensive insurance products that are purchased by the equipment manufacturing enterprises in the *Guiding Catalog for Promotion and Application of Initial Units/Sets of Major Technical Equipment* for quality and liability risks of initial units/sets of major technical equipment with their users as co-beneficiaries. In the definition, quality risks include those of repair, replacement, or return required by users due to product quality defects; liability risks include those of property loss or personal injury caused by product quality defects. The insurance liability limit for key parts in the first year shall not be less than two times the equipment value and the insurance liability limit of first units/sets of equipment, first batches of equipment, and small key equipment in the first year shall not be less than the equipment value.

As articulated in the *Circular*, the compensation mechanisms for the insurance of initial units/sets of major technical equipment will give full play to the decisive role of market mechanisms. The central fiscal authority will grant appropriate insurance compensation to eligible insured enterprises to strengthen the risk protections provided by insurance against risks and reduce the risks to users by leveraging fiscal funds, guiding and cultivating the market for insurance for initial units/sets of major technical equipment, and facilitating the R&D and application of initial units/sets of major technical equipment.

According to the *Circular*, the *Guiding Catalog for Promotion and Application of Initial*

Units/Sets of Major Technical Equipment will be formulated by the Ministry of Industry and Information Technology and revised in a timely manner, taking into account any developments in major technical equipment. If an enterprise manufactures equipment in its catalog and has purchased comprehensive insurance for initial units/sets of major technical equipment or insurance under internationally accepted insurance terms, it may apply for insurance compensation in a cumulative way after the equipment is delivered to the users, the policy is formally effective, and the accumulated premiums reach RMB 200,000. The central fiscal authority will grant compensation to eligible insured enterprises for insurance with actual premium rates of no more than 3% and 80% of paid annual insurance premiums. The insurance period shall be continuous and the insurance compensation period shall be calculated according to the actual insurance period, being no more than three years.

The *Circular* encourages local governments to formulate local insurance compensation policies for initial units/sets of major technical equipment by taking into account the local industrial basis and industrial characteristics as well as by interfacing with national policies. Users of initial units/sets of major technical equipment are encouraged to waive quality security for the insured equipment, since the insurance is deemed as an alternative to such security. The insurance industry shall further improve the pilot programs of compensation mechanisms for the insurance of initial units/sets of major technical equipment and assist in the high-quality development of the manufacturing industry.

10. Consolidate the results of tackling bad practices in the governance of market chaos and promote the high-quality development of the insurance industry.

Actions have been taken to rectify bad market practices and have demonstrated phased effects on the insurance industry since 2017. However, the causes of such bad practices in the insurance market are complex and the rectification process is expected to be lasting, complex, and arduous. In particular, considering the fact the current international and domestic situation is complicated and difficult, the insurance industry is still in a period of relatively easy and frequent risk occurrence and traditional vulnerabilities persist in key institutions in some areas. In order to fully implement the spirit of the 19th CPC National Congress and the second and third plenary sessions of the 19th CPC Central Committee, meet the requirements of the Central Economic Work Conference and the National Financial Work Conference, consolidate the results of early rectification, prevent bad practices from reappearing, and promote the high-quality development of the insurance industry, the CBIRC decided to carry out activities for "consolidating the results of rectification and promoting compliance" to continue tackling bad market practices. The CBIRC released the *Circular on Carrying out Activities for "Consolidating the Results of Rectification and Promoting Compliance*" (the "*Circular*") in May 2019.

The *Circular* provides for the three objectives for the 2019 rectification. First, to investigate and punish repeated violations, deal with the backlog, and facilitate new achievements in promoting the compliance of insurance institutions; second, to investigate and punish cases involving key risks, curb the increase, and facilitate progress in the restoration of the insurance industry's ecology; third, to promote the structural reform of the financial supply side and to achieve new breakthroughs in high-quality development and improvement in the service level and capability for the real economy.

The *Circular* emphasizes that the rectification shall adhere to four working principles: (1) a combination of risk prevention and stable growth; (2) a combination of handling the backlog and curbing any increment of violations; (3) a combination of strong internal control and strict regulation; and (4) a combination of persistence and appropriate intensity.

The *Circular* also gives four main tasks for rectification. The first task is to consolidate the ideological foundation for the rectification of bad practices. That is, take the CPC's political building as the guiding concept and the implementation of General Secretary Xi Jinping's requirements for improving financial services and guarding against financial risk as the primary political, leadership, and work responsibility, as well as continue to tackle bad practices in order to ensure that the reform of financial regulatory agencies and tackling of bad market practices proceed concurrently and drive each other. The second is to consolidate the achievements of rectifying bad practices. It is necessary to review the correction and liability attribution of problems found during the self-inspection and regulatory inspection of the deepening market rectification that took place in 2018. This review shall cover problem rectification, liability attribution, and mechanism development. The third is to drive the rectification of problems in key areas. Rectification will address relevant key points and is expected to focus on the implementation of policies and new regulations, strict checking of the new regulation implementation, highlight risk- and problem-orientation, underscore punishment and accountability, and make a great effort to solve the problem of low-cost violations. The fourth is to carry out strong internal control and promote compliance-building. By following the concept of "strong internal control and strong compliance," insurance institutions are urged to improve the compliance level and comprehensive risk management ability by enhancing the adequacy and effectiveness of internal controls. It articulates the performance of the duties of boards of directors, boards of supervisors, and senior management responsible for the rectification. It also requires enhancing the independence, authority, and effectiveness of the three lines of defense, strengthening the building of internal control systems, processes, and dynamic improvement mechanisms, as well as working to cultivate a compliance culture.

In terms of the organization of the implementation, the *Circular* requires that insurance institutions effectively assume the primary responsibility for rectifying bad practices and improving compliance, defining levels of management, designating the head of each function that is generally responsible, ensuring the definition of duties, and formulating and implementing measures. Local bank and insurance regulation bureaus shall strictly implement the rule that the chief accountability system should carry out special research and deployment, refine work plans, and execute work in a solid and orderly manner; strengthen line management and functional regulations; ensure information-sharing, communication, and coordination; and strictly conduct supervision, enforce discipline, identify liability, and impose punishment. The *Circular* also provides for a system of semi-annual and annual work reports.

In addition, the annex to the *Circular* further clarifies the key points of "consolidating the results of rectification and promoting compliance" in the insurance sector such as corporate governance, fund use, product development, sales and claims handling, and business and financial data.

The *Circular* demonstrates that the shift from "dealing with incidents" to "solving root causes" has consolidated their effectiveness in rectifying bad market practices. It has also improved the quality of service, maintained market order, and promoted the return of the insurance industry to its primary role of high-quality security and continuous development by supervising and urging insurance institutions to be the main players in the market, defining their main responsibilities, and guiding and promoting compliance by insurance institutions.

11. Increase insurance enterprises' pre-tax deductions of commission expenses in order to promote the insurance industry's healthy development.

The Ministry of Finance and the State Tax Administration released the *Bulletin on Policy of Pre-Tax Deduction of Service Fees and Commissions of Insurance Enterprises* on May 28, 2019, to revise insurance enterprises' deduction percentage for service fees and commissions. The bulletin is summarized as follows. For service fees and commissions expenditures related to an insurance enterprise's business activities, the part that is equivalent to or not exceeding 18% of the current year's total premium income balance after deducting the surrender value is allowed to be deducted when taxable income is calculated; the part exceeding the percentage may be carried forward it to the next year for deduction. Insurance enterprises shall establish and improve the relevant management system for services fees and commissions and strengthen the account management of service fees and commissions being carried forward and deducted. The bulletin began being implemented starting on January 1, 2019. The final settlement of insurance enterprises in 2018 shall be carried out according to the provisions of this bulletin.

Due to this policy adjustment, the pre-tax deduction percentage of service fee and commission expenditures incurred by insurance enterprises is adjusted from 10% (personal insurance companies) and 15% (property insurance companies) to 18% in both cases; the part exceeding 18% may be carried forward and deducted in subsequent years. This will enable a positive and long-term reduction of burdens on the insurance industry and play a driving role in returning the insurance industry to its primary role in promoting security and high-quality development.

12. Support the development of insurance for characteristic agricultural products that have a local advantage and help modernize agricultural and rural areas in order to increase farmers' incomes.

According to the relevant requirements of the CPC Central Committee and the State Council on promoting poverty alleviation and implementing the rural revitalization strategy, the Ministry of Finance released the *Circular on Implementation of Pilots for Central Fiscal Rewards and Subsidies for Insurance for Local Advantageous Agricultural Products* (the "*Circular*") on June 14, 2019, to further improve the agricultural insurance system, support the development of insurance for local advantageous agricultural products, and help modernize agricultural and rural areas and increase farmers' incomes.

According to the *Circular*, 10 provinces (*i.e.*, autonomous regions), *e.g.*, Inner Mongolia, Shandong, Hubei, Hunan, Guangxi, Hainan, Guizhou, Shaanxi, Gansu, and Xinjiang are being designated as pilot areas in which rewards and subsidies will be granted at certain percentages of premiums to eligible local advantageous special agricultural product insurance programs that are guided by provincial (regional) fiscal authorities for small farms and new-type agricultural operational entities in order to support the development of insurance for local characteristic agricultural products. The *Circular* has been implemented since January 1, 2019, with a tentative one-year term.

By following the principle of "highlighting the main responsibility of local governments, reflecting incentive orientation, helping poverty alleviation and conducting implementation gradually," the central fiscal authority will issue policies on rewards and subsidies to provide subsidization and motivation. Local fiscal authorities shall establish the fundamental work, pay the major part of premium subsidization, and conduct performance evaluation satisfactorily in order to implement the policies of the Party and the government that support agriculture.

The *Circular* requires that each pilot province (*i.e.*, region) shall determine no more than two subjects or products for the insurance of local characteristic agricultural products and the relevant conditions that shall be met in order to receive awards and subsidies. The central fiscal authority will also provide policy support for any innovations of insurance products, such as price insurance and income insurance, for those insurance subjects that were included in the central fiscal authority's premium subsidy scope. As for the percentages of subsidies, the central fiscal authority subsidizes 30% (in the central and western provinces/regions) and 25% (in the eastern provinces) on the basis of at least 35% being subsidized by local fiscal authorities for the insurance premiums of local advantageous agricultural products that are covered by the pilot program. In principle, for the key counties targeted for poverty alleviation and development and those counties with concentrated poverty-stricken areas, the percentage of premium subsidies borne by county-level fiscal authorities shall not exceed 5%.

The *Circular* embodies the development orientation of promoting the "expansion, increase of products and rising of standards" of agricultural insurance and effectively implements preferential policies for agriculture that are supported by the CPC and the government. This is a specific measure to implement the relevant requirements of the CPC Central Committee and the State Council. This is of positive significance to further improve the agricultural insurance premium subsidy system profile, promote the reform and development of agricultural insurance, and help implement the strategy for increasing farmers' incomes and poverty alleviation.

13. Optimize the issuance procedures of asset-backed securities and improve the quality and effectiveness of insurance proceeds in serving the real economy.

According to the *Measures for Administration of Use of Insurance Proceeds* and other relevant rules, the General Office of CBIRC released the *Circular on Matters Related to Registration of Asset-Backed Securities* on June 17, 2019, in order to further implement the work requirements of the CPC Central Committee and the State Council for "de-regulation, administration, and service," promote the development of asset-backed securities and improve efficiency and transparency in supervision. Starting June 17, 2019, the CBIRC only required registration of the asset-backed securities issued by insurance asset management institutions after their initial issuance of asset-backed securities and such registration shall be handled by China Insurance Asset Registration and Trading System Co., Ltd.

Optimizing the issuance procedures for asset-backed securities is a specific measure taken by the CBIRC in order to implement the important requirement of the CPC Central Committee and the State Council to transform governmental functions and make "de-regulation, administration, and service" important tasks for comprehensively deepening reforms. This helps with improving efficiency in the issuance of asset-backed securities, increasing the supply of products, enriching the allocation channels for insurance proceeds, and better serving the development of insurance's main business. It is beneficial for invigorating the real economy's stock assets, facilitating the adjustment of the financing structure, improving the quality and effectiveness of insurance proceeds in serving the real economy, and effectively promoting insurance institutions to better serve the major national reform initiatives.

14. Strengthen the administration by insurance institutions of investment in assembled funds trusts and clarify matters related to investing in assembled funds trusts using insurance proceeds.

In recent years, the scale of investments made with insurance proceeds in funds trusts has grown rapidly. The scale of insurance institution investment in funds trusts reached RMB 1.27 trillion by the end of 2018. According to the spirit of the *Guidelines on Regulating Asset Management Service of Financial Institutions*, the General Office of the CBIRC released the *Circular on Matters Related to Investment in Assembled Funds Trust with Insurance Proceeds* (the "*Circular*") on June 19, 2019, to further strengthen the administration of investment in assembled funds trusts by insurance institutions, standardize investment practices, and prevent risks in fund use.

The *Circular* has been increased from the original eight articles to 19 articles. While having retained provisions on the decision-making authorization mechanisms for investment in funds trusts by insurance institutions, the qualification of professionally responsible personnel, the scope of basic assets, legal risks, post-investment management, information reporting, and industry self-discipline management, it has revised the conditions of trust companies, trust credit ratings, related transactions, accountability, and other provisions, and added requirements forbidding using trusts as a channel, strengthening the active management responsibility of trust companies, penetrating underlying assets, strengthening the management of investors' appropriateness, setting investment proportions and restrictions, and credit enhancement arrangements and conditions for credit enhancement exemptions.

The issuance of the *Circular* is an important measure taken by the CBIRC to promote insurance proceeds better serving the main business of the insurance industry and the real economy. It is beneficial for creating a favorable and fair competitive environment for insurance institutions and trust companies by expanding the scope of "insurance-trust" cooperation; limiting unreasonable and non-conforming investment activities by clarifying regulatory guidance for the removal of channeling and nesting of insurance proceeds; breaking the rigid cashing of financial institutions by clarifying that the credit enhancement arrangement for investment in trusts using insurance proceeds may not be provided by financial institutions;

further giving play to the industry advantages accumulated by trust companies in non-standard assets, and guiding more insurance proceeds into the real economy by clarifying the investment scope of basic assets. The *Circular* also provides for discrimination between old and new arrangements in order to maintain the necessary liquidity and market stability of institutions and ensure a smooth transition of the system.

15. Extend the term for applying the reinsurance credit risk factors in Hong Kong during the transitional period under the Equivalence Assessment Framework Agreement on Solvency Regulatory Regime.

The former China Insurance Regulatory Commission and Office of the former Commissioner of Insurance of Hong Kong signed the *Equivalence Assessment Framework Agreement on Solvency Regulatory Regime* (the "*Framework Agreement*") in May 2017. Each party agrees to deem the other party as having satisfied the equivalent qualifications and the regulatory convenience under equivalent conditions during the transitional period of mutual equivalence recognition from the date of signing the agreement. To implement the spirit of the *Framework Agreement*, the CBIRC released the *Circular on Releasing the Regulatory Rules on Solvency of Insurance Companies – No. 1 Question and Answers: Reinsurance Counterparty Credit Risk Factors in Hong Kong during Transitional Period under the Equivalence Assessment Framework Agreement on Solvency Regulatory Regime* ("*No. 1 Question and Answers*") in June 2018. According to the rules, when direct insurance companies of the mainland cede reinsurance business to qualified reinsurance institutions in Hong Kong, a solvency assessment credit risk factor scheme shall apply and a one-year transitional regulatory convenience policy was given to Hong Kong in terms of solvency credit risks. On June 28, 2019, the CBIRC revised the *No. 1 Question and Answers* to clearly extend the term for applying the reinsurance credit risk factor scheme for qualified reinsurance institutions in Hong Kong when they receive contracts from direct insurance companies in the mainland during the transitional period for another year and the renewed term will end on June 30, 2020.

Considering market operations, the implementation of the *No. 1 Question and Answers* has played a positive role in promoting the common development and prosperity of the reinsurance market in both the mainland and Hong Kong and achieving mutual benefits and win-win results. The signing of the *Framework Agreement* and the revision of the *No. 1 Question and Answers* were important measures taken by the CBIRC to further implement the requirements of the CPC Central Committee for maintaining Hong Kong's long-term prosperity and stability and further expanding the deployment of the opening up of the financial industry and are expected to have a positive impact on further promoting the common development of the insurance market of both the mainland and Hong Kong. Next, the relevant authorities will continue to study the regulatory facilitation policies applicable to both sides under the framework of mutual recognition of solvency regulatory equivalence, jointly promote the efficiency of the two insurance markets and the ability to prevent cross-regional risks, and promote the mutual opening up and deep integration of the two insurance markets.

16. The International Accounting Standards Board (IASB) actively promotes the implementation of new insurance contract accounting standards.

The IASB released *IFRS 17 Insurance Contracts* ("*IFRS 17*") in May 2017. This standard has made significant improvements to the current insurance contracts standards in many aspects such as the recognition criteria of premium incomes and the split presentation of reserves to harmonizing accounting treatment methods for insurance contracts around the world, truly and completely reflecting the financial position and operating results of insurance enterprises, and further improving the comparability of financial statements across the insurance industry. According to the principle of convergence of Chinese accounting standards and international accounting standards, the Ministry of Finance revised China's insurance contracts standards accordingly and released the *Accounting Standard for Business Enterprises No. X – Insurance Contracts* (Revised) (Draft for comments) in December 2018.

Insurance companies from various countries have raised concerns and challenges in preparing for the implementation of *IFRS 17*. After considering the feedback, the IASB decided to modify *IFRS 17* appropriately without changing the basic principles of the standard, causing significant non-availability of useful information to the users of financial statements, improperly obstructing the ongoing implementation process, and causing an undue delay in the effective date. The IASB released the revised draft of *IFRS 17* ("*Draft for Comments*") in June 2019 to solicit opinions from the public worldwide. The *Draft for Comments* proposes specific amendments to the following topics in *IFRS 17*. This includes matters excluded from the scope of application, such as credit card contracts and loan contracts, in line with the definition of insurance contracts; the expected recovery of insurance cash flows; contract service margins attributable to investment return services and investment-related services; reinsurance contracts held and the amortization of losses of underlying insurance contracts; the presentation in statements of financial position; the applicability of risk mitigation options; the effective date of *IFRS 17* and the interim exemption of *IFRS 9 – Financial Instruments* in IFRS 4; the modification and exemption of transitional arrangements; and other modifications.

The IASB will review the comments on the *Draft for Comments* it received by September 25, 2019, decide the proposed modifications to *IFRS 17*, and plan to publish the results of the modification in mid-2020.

17. Improve the regulatory system of insurance asset and liability management, and strengthen the hard, regulatory constraints

The CBIRC released the *Interim Measures for Regulation of Insurance Asset and Liability Management* (the "*Interim Measures*") on July 24, 2019, to further improve the regulatory system for insurance asset and liability management, strengthen classified regulatory provisions, and strengthen regulatory constraints on asset-liability management.

There are five chapters and 37 articles in the *Interim Measures*. The *Interim Measures* are summarized as follows. The first chapter contains general provisions on its purpose, the scope of the application of asset and liability management, clearly defined duties, and the regulatory mechanisms featuring asset-liability linkage and up-down linkage. The second chapter addresses the asset and liability management of insurance companies. It gives the requirements for the establishment and improvement of the asset-liability management system for insurance companies in terms of its organizational system, control processes, models and tools, performance appraisals, management reports, term-structure matching, cost-benefit matching, and cash-flow matching that corresponds to specific capacity evaluation rules and quantitative evaluation rules. The third chapter details regulation and evaluation and standardizes the manner of the regulation and evaluation of asset and liability management. The fourth chapter sets forth the regulatory measures, which clearly provide for differentiated regulations being applicable to insurance companies according to their abilities and the matching of asset and liability management and strengthen regulatory constraints on asset and liability management. The fifth chapter contains miscellaneous provisions, which mainly provide regulatory polices on asset and liability management for insurance groups, reinsurance companies, and pension insurance companies that do not engage in insurance business, as well as provides the effective date.

The release and implementation of the *Interim Measures* will promote insurance companies to improve their asset and liability management ability, prevent the risk of asset and liability mismatch, guide the transformation of the insurance industry and the maintenance of prudent asset allocation, and promote the high-quality development of the industry.

18. Improve the rules and standards of banks as concurrent agents of the insurance business and promote the healthy development of banking and insurance services.

In recent years, the rapid development of the services provided by banks as insurance agents has driven a rapid increase in insurance premiums and asset scale in the personal insurance industry. However, there are still problems with the development of the services provided by banks as insurance agents, such as short-term interest and inadequate protection of consumers' rights and interests. The establishment of the CBIRC has enhanced the coordination and harmonization of banking and insurance regulations. On August 23, 2019, the CBIRC officially released the *Measures for Administration of Commercial Banks as Insurance Agents* (the "*Measures*"), which was to be implemented on October 1, 2019. This establishes a unified regulatory system for the whole process of commercial banks serving as insurance agents from the regulatory level and repeals seven relevant documents released by the former China Insurance Regulatory Commission and the former China Banking Regulatory Commission that were applicable to different subjects of regulation and from different perspectives.

The *Measures* contains six chapters and 70 detailed articles, including general principles, business access, business rules, business exits, regulation and management, and miscellaneous provisions. Specifically, the *Measures* contain the following requirements. First, it provides for strict access and exit mechanisms. As for business access, it clearly requires commercial banks acting as insurance agents to have corresponding professional management ability, underlining the requirements for the control of consumption risks of insurance products and the requirements for the management of insurance sales personnel. The CBIRC and its local offices issue licenses to approve commercial banks to operate as insurance agents and these licenses are not subject to a validity period. In terms of exits, the CBIRC and its local offices will issue licenses and release bulletins on cancelations when licenses of commercial banks are revoked, withdrawn, or canceled according to the law; if licenses are terminated according to the law due to dissolution or declaration of bankruptcy; or if the licenses shall be canceled otherwise under other circumstances as specified by the laws, regulations, and rules of the CBIRC. Second, the *Measures* strictly control misleading information in sales and protect the legitimate rights and interests of consumers. They clearly provide that commercial banks and their insurance sales personnel may not subcontract insurance agency business to other institutions or individuals, further enumerates the forms of misleading information in sales and non-compliance in the payment of service fees, and list such companies in negative lists. Third, they strictly prohibit off-book accounting and operation. Commercial banks are required to conduct independent accounting for insurance agency business, keep separate records of premiums and commissions collected on behalf of different insurance companies, and may not deduct commissions from premium income. Both commercial banks and insurance companies shall establish insurance agency accounts. Fourth, they emphasize the return to the primary business by which insurance companies and commercial banks are required to strengthen the development of insurance against risks and long-term savings insurance products. Sales by commercial banks of health insurance, term life insurance, and life insurance contracts shall not be less than 20% of the total premium income of their insurance agency business. Fifth, the *Measures* require strengthening personnel controls. Commercial banks are required to register its insurance sales personnel with the regulatory information system designated by the CBIRC by corporate entity or authorized branch. Commercial banks' insurance sales personnel are limited to registration through one commercial bank. If they are registered through insurance companies, they shall be subject to specific measures formulated separately by the CBIRC.

The promulgation of the *Measures* has solved such major problems as the difficulty in the transformation of the bank-insurance business, misleading information in sales, and the existence of "secret accounts" for service fees on the institutional level. They meet the practical need to guide the development of the bank-insurance business, put forward more comprehensive and detailed requirements in the new context of bank-insurance business development, and promote the healthy development of commercial bank's insurance agency business.

19. Further improve the supervision mechanism for affiliated transactions of insurance companies.

In order to thoroughly implement the spirit of the CPC Central Committee and the State Council on financial work at the Central Economic Work Conference and the National Financial Work Conference, further strengthen the supervision of affiliated transactions of insurance companies, severely crack down on tunneling of interests through illegal affiliated transactions, and effectively guard against financial risk, the CBIRC issued the *Measures for the Administration of Affiliated Transactions of Insurance Companies* (the "*Measures*") on August 25, 2019.

The *Measures* consist of seven chapters and 64 articles detailing the management procedures for affiliated transactions, the definitions of the aspects of identification of affiliated relationships and internal controls, and the external supervision of affiliated transactions are made clear. Chapter 1, which consists of the general provisions, defines the legal basis and general principles for the formulation of the *Measures*. Chapter 2 pertains to affiliates and affiliated transactions, indicating the identification standards of affiliates and types of affiliated transactions. Chapter 3 defines the calculation and proportion of the value of affiliated transactions. It clarifies the calculation methods for values of affiliated transactions in different types and sets the proportion supervision index for affiliated transactions in terms of the use of funds. Chapter 4 presents the internal controls of affiliated transactions. It requires insurance companies to establish an affiliated transaction controls committee under the board of directors in order to strengthen the management, review, approval, and risk control of affiliated transactions and provides clear interpretation of the management and approval process for major affiliated transactions and unified transaction agreements. Chapter 5 describes the reporting and disclosure of affiliated transactions, which stipulates the content, deadline, and the paths of reporting and disclosure so as to intensify external supervision. Chapter 6 details the supervision and management of affiliated transactions, defining the management and examination measures for affiliated transactions. It will improve the supervision measures according to the law. Chapter 7 consists of supplementary provisions, which contain detailed interpretations of the key terms in the *Measures*.

The *Measures* defines the principle of strict supervision and penetrating supervision, establishes a full-process (from beginning to end) examination and reporting system for affiliated transactions and highlights the key points by concentrating on major issues while relaxing control over small ones. It emphasizes monitoring affiliated transactions and the use of large-value capital by unsound institutions and controlling the number and scale of affiliated transactions, so as to improve the operational independence of insurance companies and prevent tunneling risks. The release of the *Measures* has further improved the governance and supervisory regulatory system of insurance companies and will play an important role in preventing systemic financial risk.

20. Improve the life insurance industry's reserve valuation interest rate mechanism and prevent the risk of industrial spread losses.

In order to fully implement the decisions and the deployment of financial work made by the CPC Central Committee and the State Council, deepen financial supply-side structural reforms (SSSR), and guard the bottom line against systemic risk, the CBIRC issued the *Notice on Issues Concerning Improving Mechanism of Reserve Valuation Interest Rate of Life Insurance Industry and Adjusting Reserve Valuation Interest Rate* (the "*Notice*") on August 30, 2019.

The purpose of the *Notice* is to develop the life insurance industry's reserve valuation interest rate mechanism, improve the relevant organization guarantees, and further deepen the reform of the life insurance rate mechanism. This will prevent systematic risks in the life insurance market and, consequently, promote its high-quality development. The *Notice* includes the following contents.

First, the government is supporting the Insurance Association of China in setting up an Expert Advisory Committee of Reserve Valuation Interest Rate of Life Insurance Industry (the "Expert Advisory Committee") so as to strengthen the organizational guarantee of the life insurance industry's reserve valuation interest rate mechanism. The Insurance Association of China (the "Association") will regularly organize the members of the Expert Advisory

Committee to hold meetings in order to study and discuss the necessity and influence in terms of adjusting the life insurance industry's reserve valuation interest rate by taking into account market changes. The Association will propose corresponding referential suggestions to supervising departments for further decision-making.

Second, on the basis of fully considering the characteristics of liabilities, timely adjusting the valuation interest rate in accordance with judgements on factors such as future trends of market interest rates and rates of return on industrial investments is suggested. The opinions of the Expert Advisory Committee should be taken into account as well.

Third, the life insurance industry's reserve valuation interest rate shall be subject to the following provisions. First, the ultimate upper limit of the reserve valuation interest rate of ordinary life insurance issued on or after August 5, 2013, shall be lower as compared to the annual compound interest rate of 3.5% and corresponding expected interest rates, whereas the reserve valuation interest rate of ordinary life insurance policies issued before August 5, 2013, shall continue to be subject to the original provisions. Second, the ultimate upper limit of the reserve valuation interest rate of participating life insurance policies shall be lower as compared to the annual compound interest rate of 3% and corresponding expected interest rates. Third, the ultimate upper limit of the reserve valuation interest rate of universal life insurance shall be equal to the annual compound interest rate of 3%.

In the short run, the issuance of the *Notice* will have a certain impact on life insurance companies' product development and sales and pricing strategies. In the long run, the determination of the valuation interest rate fully considers the characteristics of liabilities and indicates principles regarding the classified supervision of different businesses. It helps to accelerate the transformation of the industrial development model, optimize the supply structure of the life insurance industry, and enhance the overall value of the industry. The Expert Advisory Committee regularly studies and evaluates the adjustment of the interest rate to raise opinions and suggestions for regulatory authorities' decision-making, which helps to facilitate communication and interaction between the regulatory authorities and the industries and makes decision-making more scientific. According to the new regulations, the life insurance industry needs to increase reserves by nearly RMB 100 billion (14.83 billion US dollars (US$)), which will be conducive to the industry better fulfilling its claim liabilities and protecting the rights and interests of consumers.

21. Respond to changes in the swine production market and strengthen efforts to ensure "stable production and supply."

During a recent time period, due to multiple influences such as the "hog cycle" and

African swine fever, the pig supply in some regions of China became constricted and the price of pork rose rapidly in the short term. This led to a rapid increase in the consumer price index, disupted people's normal needs—especially the basic needs of the poor—and triggered overall price fluctuations in the relevant industrial chain, which is not conducive to the stable and sound development of the real economy. For this reason, the CPC Central Committee and the State Council paid great attention to this and made an overall deployment to ensure stability in production and supply. CBIRC and the Ministry of Agriculture and Rural Affairs conscientiously implemented the deployment and jointly issued the *Notice on Issues Concerning Supporting Stable Swine Production and Ensuring Market Supply* (the "*Notice*") on September 6, 2019.

The requirements related to the insurance industry in this *Notice* include the following.

First, improving the policy of act insurance of the pig industry, including increasing the insurance coverage for breeding sows and fattened pigs and temporarily increasing the insurance coverage for breeding sows from RMB 1,000-1,200 to RMB 1,500 and for fattened pigs from RMB 500-600 to RMB 800 was suggested. The specific procedure shall be handled according to the relevant requirements of the financial department. Based on long-term stable pork production, qualified local governments are encouraged to take opportunities and continue to exercise and expand pilot projects regarding pork price insurance.

Second, it was suggested that the initiation of financing pilot projects of insurance funds in terms of deepening the support for the agricultural industry and small- and micro-sized enterprises should be promoted. Insurance funds should be better used for the development of the pig industry such as pig slaughtering, pork processing, and storage, *etc*.. In addition, strengthening cooperation with leading enterprises in the pig-breeding industry chain and supporting the development of newly built and rebuilt massive pig-breeding farms in other places is necessary.

Third, it is necessary to broaden the scope of mortgage and pledge products. We will select Liaoning, Henan, Guangdong, and Chongqing provinces to carry out the mortgage loan pilot projects with regards to land management rights, breeding houses, and large-scale breeding machinery and actively and steadily promote financial institutions in the banking industry in expanding the scope of mortgage and pledge products. We will encourage the regions that are suitable for the registration and circulation of live pig mortgages—in accordance with the principles of marketization and risk control—to actively and steadily initiate pilot projects of live pig mortgage loans so as to better meet the financing demands of the pig industry.

Fourth, strengthened policy coordination is suggested. Government, at all levels, should intensify coupled policies with all parties concerned, fully expand risk compensation channels, including providing financing guarantee and act insurance, and practically establish and develop risk mitigation mechanisms in the pig industry. Strictly implementing coupled measures of pig insurance and the innocent treatment of pigs that die from natural disease and strengthening information-sharing and work collaboration is necessary.

The release of the *Notice* is an important measure for the insurance industry to implement the national policy concerning the stable production and supply of pork. On the one hand, it has promoted pork production and ensured market supply by means of risk compensation, has enhanced risk prevention for the whole industrial chain such as pig breeding, production, storage and transportation, and sales, *etc*.. On the other hand, it has formed a combined action with various "stable production and supply" measures, which alleviated price fluctuations in the pork market and secured the normal life of the population.

22. Intensify support and protection for the modern agricultural industry and accelerate the high-quality development of agricultural insurance.

Issues concerning agriculture, the countryside, and farmers are fundamental to the national economy and the livelihood of the population. Solving these issues is always a top priority for all of our members. It was clearly stated in the 19th CPC National Congress report that we must prioritize the development of agricultural and rural areas, build a modern agricultural industry system, production system and management system, and intensify the support and protection of agriculture. On September 19, 2019, the Ministry of Finance, the Ministry of Agriculture and Rural Areas, the CBIRC, and the National Forestry and Grassland Administration jointly issued the *Directives on Accelerating the High-Quality Development of Agricultural Insurance* (the "*Directives*").

The *Directives* define the guiding ideology, basic principles, and main objectives of accelerating the high-quality development of agricultural insurance and make plans for the deployment of efforts to improve service quality, optimize operation mechanism, facilitate infrastructure development, and improve organization and implementation. It is not only an important measure to promote the reform and development of China's agricultural insurance in the new historical era, but also outlines the fundamental principles for developing agricultural insurance in the future.

The *Directives* explicitly define the policy characteristics of agricultural insurance for the first time. They clearly state that "agricultural insurance, as a major means to diversify the risk of agricultural production and management, plays an important role in promoting the development of modern agriculture, facilitating revitalization rural industry, improving rural social governance and securing the income of farmers, *etc.*" "Advancing the establishment of pilot project of policy-related agricultural insurance" is another goal put forward in the *Directives.*

The *Directives* enlarge the connotations and extensions of agricultural insurance. Further expanding the coverage service of agricultural insurance in addition to planting, breeding, and forestry is suggested. In addition, exploring the development of a comprehensive package of insurance that will bring agricultural production facilities and equipment and farmers' short-term accident insurance into the insurance package in order to meet the diversified risk security demands of farmers is also suggested. At the same time, initiating "Agricultural Insurance Plus," intensifying the collaborative use of agricultural insurance compensation funds and government disaster relief funds, and promoting the coupling cooperation between agricultural insurance and financial instruments such as credit, guarantees, and futures (*i.e.*, options) is encouraged.

The *Directives* highlight the requirements of improving quality and efficiency and achieving the transformation and upgrading of agricultural insurance. Adhering to problem-oriented and goal-oriented principles, they put forward a series of innovative measures to accelerate the high-quality development of agricultural insurance. According to the *Directives*, the developmental goals for China's agricultural insurance become clearer with more unified top-level design, stronger financial support, better-defined local responsibilities, more complete infrastructure, and more stringent management requirements.

The *Directives*, by improving farmers' sense of gain as a starting point and at the core throughout, propose a series of solutions and measures that are quite practical. The *Directives* further clarify that by 2022, agricultural insurance coverage for three major grain crops, namely rice, wheat, and corn, will reach over 70% and income insurance will become an important part of agricultural insurance in China. The penetration of agricultural insurance will reach 1% and the density of agricultural insurance will reach the level of RMB 500 per person. By 2030, we will continue to improve quality and efficiency and promote the transformation and upgrading of agricultural insurance, which will reach the standards of the advanced world in overall development and achieve an all-win pattern of efficient subsidies, guaranteed industries, affordable farmers, and sustainable institutions.

The *Directives* put forward the implementation principle of the work in particular. They emphasize strengthening coordination between regions and departments, clearly state that the Ministry of Finance, together with the Leading Group Office of Rural Affairs, the Ministry of Agriculture and Rural Affairs, the CBIRC, the National Forestry and Grass Administration, and other departments, will set up an agricultural insurance working group to do overall planning for agricultural insurance work and carry it out in a coordinated manner. Relevant departments should work out supporting measures to ensure the implementation of various policies. They highlight intensifying policy support. It is necessary to optimize financial policies for agricultural insurance, explore ways to increase agricultural insurance subsidies, and strengthen the overall integration between agricultural insurance and related financial subsidies. The central government's subsidy for agricultural insurance premiums is mainly used for developing functional areas for grain production and protected areas for the production of important agricultural products as well as severely poor areas, and gradually incline to guard against market risks. For local agricultural insurance with advantageous characteristics, the central government will offer rewards instead of subsidies. When formulating industry plans and relevant policies, the Ministry of Agriculture and Rural Affairs, the National Forestry and Grass Administration, and other departments should focus on guiding and supporting the development of agricultural insurance, encouraging farmers and agricultural production and operational organizations to participate in insurance, and helping insurance institutions to effectively identify and prevent agricultural risks. They emphasize the creation of a sound market environment, deepening reforms to streamline administration, delegating powers, and improving regulations and services in the field of agricultural insurance as well as improving the regulatory and policy system for agricultural insurance. In addition, it is necessary to give full play to self-regulatory organizations such as insurance industry associations and to intensify supervision and inspection in the field of agricultural insurance.

23. Continuously improve the business environment and actively and steadily promote the opening up of the insurance industry.

In 2019, on the basis of continuously improving the ability to guard against risk and regulation capability, the insurance industry steadily expanded its opening up process. On September 30, the State Council amended some provisions of the *Regulation of the People's Republic of China on the Administration of Foreign-Funded Insurance Companies* (the "*Regulation*") to further promote the opening up of the insurance industry. This amendment relaxes the entry requirements for foreign-funded insurance companies. For foreign insurance companies that apply for the formation of foreign-funded insurance companies, the requirements of "operating insurance business for more than 30 years" and "having established representative offices within China for more than 2 years" were canceled and more insurance institutions with operating characteristics and advantages were encouraged to enter the Chinese market. In addition, the amended *Regulation* allows foreign insurance companies to invest and set up foreign-funded insurance companies within China and allows foreign financial institutions to invest in foreign-funded insurance companies. It further diversifies the types of shareholders of foreign-funded insurance companies, stimulates market vitality, and promotes the high-quality development of the insurance industry.

On November 29, the CBIRC published the revised *Detailed Rules for the Implementation of the Regulation of the People's Republic of China on the Administration of Foreign-Funded Insurance Companies*, further implemented requirements of the latest opening up measures of the insurance industry, relaxed restrictions on the proportion of foreign capital of foreign-funded life insurance companies, and reduced the proportion of foreign capital of foreign-funded life insurance companies to 51%. On December 6, the General Office of the CBIRC issued the *Notice Concerning Point in Time of Explicitly Lifting Restrictions on Foreign Ownership Ratio in Joint-venture Life Insurance Companies*. As of January 1, 2020, restrictions on the proportion of foreign capital in a joint-venture insurance company engaged in the life insurance business shall be officially removed and, therefore, the proportion of foreign capital in joint-venture life insurance companies may amount to 100%.

The successive introduction of the above measures is conducive to creating an international, legal, and market-oriented business environment as well as improving the ability of China's financial industry to serve the real economy. The entry of foreign high-quality insurance capital will greatly promote the transformation and high-quality development of China's insurance market.

24. Strengthen the orientation of health insurance as a guarantee and improve the protection of consumer rights and interests.

For the purposes of implementing the requirements of the CPC Central Committee and State Council's policy documents for deepening the reform of the medical and healthcare system, strengthening financial regulation, winning the battle of poverty alleviation, developing the health industry, promoting the construction of a healthy China, further giving play to the important role of health insurance in building the multi-level healthcare guarantee system with Chinese characteristics, and effectively meeting public demands for diversified health security, the CBIRC issued the 2019 revision of the *Measures for the Administration of Health Insurance* (the "*Measures*") on November 12, which became effective on December 1. It is the first major revision since the previous issuance of the *Measures* in 2006.

The *Measures* stress the orientation of health insurance as a guarantee and clarify that the purpose of developing health insurance is for enhancing the public's health guarantee level, further boosting the guarantee level and service capability, strengthening the protection of consumers, further improving the operational rules of health insurance, pricing rules of products, claim settlement and dispute handling rules, and earnestly protecting the lawful rights and interests of consumers. The *Measures* include the following new points.

First, the *Measures* improve the definition and business classification of health insurance by incorporating medical accident insurance into the scope of health insurance for the first time;

Second, the *Measures* unify the management and regulation of the supervisory system, operating rules, and reserve evaluation standards for health insurance in property insurance companies and life insurance companies;

Third, the *Measures* encourage health insurance products to provide guarantees for new medical methods, new medicine and new medical devices, support medical progress, and promote the development of the health industry;

Fourth, the *Measures* guide the insurance industry in fulfilling its social responsibility, support poverty-stricken population with preferential policies, and contribute to poverty alleviation through health;

Fifth, the *Measures* clarify that the premium rates of long-term medical insurance can be adjusted and encourage the increase of the proportion of long-term health insurance products in health insurance products. To strengthen the protection of consumer rights and interests, it is clarified that a cooling-off period of at least 15 days should be set for long-term medical insurance;

Sixth, any insurance company that sells health insurance products should strictly implement recordation or approved terms and premium rates and should not engage in mandatory tie-in sales;

Seventh, insurance companies are prohibited from illegally collecting or obtaining the insured's genetic information and genetic test data except for the medical history of his or her family; and

Eighth, the *Measures* support the combination of health insurance and health management and encourage insurance companies to provide services such as disease prevention and chronic disease management so as to reduce health risks and loss from disease.

The *Measures* are an important milestone in the developmental history of China's insurance industry as they plan the top-level design and improve the institutional arrangement of the development of the country's health insurance industry. They are conducive to regulating competition and the development of the industry, accelerating the innovation of insurance services and products, encouraging health insurance to assume its full social responsibility, guiding the return of the industry to guarantees, meeting the multi-level and diversified health security demands of the public, and further promoting health insurance in serving the implementation of medical reform and the Healthy China strategy.

25. Enforce insurance institutions' responsibility to protect consumer rights and interests and enhance the level of consumer protection.

With financial products and services becoming more diversified amid the rapid development of the financial market, more and more financial consumers participate in financial development. The protection of consumer rights and interests not only is critical to implementing a people-centered development philosophy, but also serves as an important means of preventing and controlling financial risk. Attaching great importance to the protection of consumer rights and interests, financial regulation departments have introduced multiple regulatory measures to strengthen the protection of consumer rights and interests. When it comes to consumer protection, regulators should bear in mind the principle of keeping pace with the times. It is now on the regulator's agenda to enhance the efficacy of the protection of consumer rights and interests in the financial industry.

On November, 2019, the CBIRC released the *Guidelines on Strengthening the Development of Consumer Rights and Interests Protection System and Mechanism in Banking and Insurance Institutions* (the "*Guidelines*"). It serves as a basic policy framework for consumer protection. The *Guidelines* incorporate consumer protection into the overall planning and development of insurance institutions and establishes and improves the mechanisms for protecting consumer rights and interests. It is not only an essential strategy in rectifying infringements on consumer rights and interests, but also an important precondition for enhancing the protection of consumer rights and interests in insurance institutions.

The *Guidelines* consist of eight parts including four aspects: systems, mechanisms, supervision, and industry self-discipline.

(1) System. In terms of the systems, banking and insurance institutions are required to integrate the protection of consumer rights and interests into all aspects of corporate governance. The board of directors shall assume the ultimate responsibility for the protection of consumer rights and interests. The board of directors, as the paramount decision-making body for the protection of consumer rights and interests, shall holistically plan and guide the protection of consumer rights and interests and supervise the performance of senior management's duty to protect consumer rights and interests. The board of directors shall set up a consumer rights and interests protection committee to assume the duties related to the protection of consumer rights and interests. Senior management shall ensure the effective implementation of strategic objectives and policies for the protection of consumer rights and interests. Insurance institutions shall also make sure that departments perform their duties in

the protection of consumer rights and interests. They shall ensure departmental staffing and budgets and guarantee the independence, authority, and professionalism of the protection of consumer rights and interests.

(2) Mechanism. First, insurance institutions should strengthen the decision-making, implementation, and oversight mechanisms for the protection of consumer rights and interests and establish and improve a consumer rights and interests protection mechanism, which covers products and services reviews, internal audits, information disclosure, complaints administration, the promotion and education of financial knowledge, and emergency responses. They should ensure the effective operation of the mechanism for horizontal information-sharing and work coordination between the departments involved in the protection of consumer rights and interests as well as the effective operation of the longitudinal transmission and implementation mechanism for policies and requirements for consumer rights and interest protection and give full play to the mechanism of the supervision of consumer protection by the board of directors and internal audits. Second, consumer rights and interests' protection review mechanisms shall be established to conduct reviews of products and services that are provided to consumers in terms of their design and development, pricing management, agreement formulation, and other aspects. Consumer rights and interests' protection review systems shall be established to incorporate consumer protection review into the risk management and internal control systems of banking and insurance institutions so that equal attention can be paid to both online and offline sections and so that the risk control steps can be brought forward. Insurance institutions should consider complaints, litigation, public sentiment, and satisfaction surveys concerning products and services and update and improve the elements of consumer rights and interests' protection reviews. Third, the internal assessment mechanism for consumer protection should be improved and the application of the results of internal assessments of consumer rights and interest protection should be strengthened. The mechanism should be incorporated into comprehensive performance assessment systems, accountability systems, and human resources management systems of institutions. Fourth, to strengthen and improve the information disclosure mechanism for consumer protection, including major information on consumer protection work, products, and services, complaint management and other related information and consumer demand shall be taken into consideration, which will help consumers fully understand the features and risks of products and services and make rational decisions.

(3) Supervision. In terms of supervision, the supervisory authorities should strengthen the supervision and management of the development of consumer rights and interests

protection systems and mechanisms by insurance institutions, strengthen the guidance and supervision on the development of consumer rights and interests protection systems and mechanisms in banking and insurance institutions in their respective jurisdictions, incorporate the development of such systems and mechanisms into the supervisory assessments of consumer protection, and take assessment results as important references for comprehensive supervisory ratings, the allocation of supervisory resources, and the adoption of supervisory measures.

(4) Industry Self-Discipline. In terms of industry self-discipline, the Insurance Association of China is required to set up the Consumer Rights and Interests Protection Committee (the "Committee") to bring their professional advantage into full play, organize the formulation and implementation of industry regulations regarding consumer rights and interests' protection, enforce self-discipline on the infringement of the legitimate rights and interests of consumers in the industry, and build the Committee into a platform for effective communication and exchange among the industry, consumers, and insurance institutions.

The *Guidelines* explicitly put forward guiding requirements for consumer protection work in insurance institutions in terms of corporate governance, organizational structure, and internal management, which encourage self-regulation and constraint of insurance institutions by strengthening the internal institutional guarantees of insurance institutions, external supervisory guarantees of regulatory authorities, and the role of industry associations and by giving full play to the role of corporate governance mechanisms. The release of the *Guidelines* is of great importance to reinforcing the regulatory requirements for the protection of consumer rights and interests in the insurance industry, strengthening the main responsibility of insurance institutions to protect consumer rights and interests, prohibiting the violations of laws and regulations, elevating the protection of consumer rights and interests to a new level, improving the permanent mechanisms for compliance operations, preventing and resolving financial risk, and maintaining financial stability.

26. Establish a regulatory assessment indicator system for corporate governance in banking and insurance institutions and enhance the effectiveness of corporate governance.

For the purpose of implementing the decisions and policies on preventing and resolving financial risk of the CPC with Xi Jinping, further strengthening the regulation of corporate governance in the banking and insurance institutions, and effectively enhancing the effectiveness of corporate governance, the CBIRC released the *Measures for the Regulatory Assessment of Corporate Governance of Banking and Insurance Institutions* (for Trial Implementation) (the "*Measures*") on November 25, 2019.

The *Measures* apply to commercial banks and commercial insurance institutions legally formed within the People's Republic of China, including large state-owned commercial banks, joint-stock commercial banks, urban commercial banks, private banks, rural commercial banks, foreign-funded banks, insurance group (holding) companies, insurance companies, mutual insurance associations, and captive insurance companies, which unifies the regulatory policies of corporate governance for banking and insurance companies.

The *Measures* cover eight aspects: leadership of the CPC, governance of shareholders, governance of the board of directors, governance of the board of supervisors and senior management, internal control of risks, governance of affiliated transactions, market constraints, and governance of other stakeholders. Each aspect involves a series of compliance and effectiveness indicators. The *Measures* outline 162 assessment indicators for corporate governance for commercial banks and 163 assessment indicators for corporate governance for insurance institutions. The *Measures* incorporate, for the first time, the failure of corporate governance mechanisms regarding the scope of downgrading. If relevant risks arise, the institution's assessment level shall be downgraded to the lowest grade (*i.e.*, Grade E). At the same time, to encourage best practices in corporate governance, the *Measures* add point addition indicators to assess such soft indicators as corporate culture, business philosophy, innovation spirit, and customer service in banking and insurance institutions. Since the *Measures* are for trial implementation, regulatory authorities will revise and improve them based on corporate governance regulatory practices.

The *Measures* reflect the commitment to the leadership of the CPC and the development of a modern financial enterprise system. They are formulated on the basis of the comprehensive review of specific requirements of regulatory systems related to the banking and insurance industry, lessons learned from such international rules as the G20 Organisation for Economic Co-operation and Development Principles of Corporate Governance adopted the Hangzhou Summit, the Corporate Governance Principles for Banks released by the Basel Committee on Banking Supervision, the Insurance Core Principles released by the International Association of Insurance Supervisors, and the in-depth analysis of the risks of corporate governance identified in the rectification of market irregularities in recent years. The *Measures* define the key points of assessment and the weight of indicators, which contribute to efforts to build a regulatory assessment indicator system for the corporate governance of banking and insurance institutions with Chinese characteristics. The *Measures* are not only an important means for the CBIRC to resolutely win the battle of preventing and resolving major financial risk, but also an important step toward developing a modern financial enterprise system for banking and insurance institutions. The release and implementation of the *Measures* will be of great significance for encouraging banking and insurance institutions to enhance their corporate governance levels.

27. Regulate the development and design of life insurance products and protect consumers' lawful rights and interests.

For the purpose of accelerating the advancement of the SSSR of the insurance industry, further enriching the supply of insurance products, regulating the development and design behavior of life insurance products, and protecting the lawful rights and interests of insurance consumers, the General Office of the CBIRC released the *Notice on Issues Concerning Regulating Endowment Insurance Products* (the "*Notice*") on December 4, 2019. The *Notice* covers the following points.

First, the insurance period of an endowment insurance product shall be consistent with its actual duration. Behaviors such as changing an insurance product's actual duration in a disguised manner by designing policy-pledged loan and partial receipt clauses or by designing a product's pricing parameters, such as fees for surrender of an insurance policy and continuous rewards, or increasing or reducing the cash value of a product in a disguised manner by adjusting the interest rate of cash value and other methods shall be prohibited.

Second, the *Notice* clarifies that an insurance company selling an endowment insurance product shall concentrate on business with an insurance period of five years or greater. To meet the needs of liquidity management or asset-liability matching management, an insurance company may develop and design endowment insurance products with an insurance period of not less than three years and not more than five years.

Third, quota and proportion control shall be enforced on any endowment insurance product with an insurance period of less than five years. The *Notice* stipulates that an insurance company's annual premiums from endowment insurance products with an insurance period of not more than five years shall be controlled within one times the capital not invested or net assets at the end of the previous year, whichever is greater, and the proportion of a company's annual premiums from endowment insurance products with an insurance period of not more than five years to the company's total annual premiums shall not exceed 20%.

Fourth, the sales and marketing of endowment insurance products shall be regulated and the supervisory measures on violations shall be clarified.

On the basis of regulating the development and design of insurance products, the *Notice* eases the limit on endowment insurance products with an insurance period of not more than five years, which helps insurance companies to further enrich the supply of insurance products, meet the real demands of insurance consumers, optimize their debt structures, and guard against interest rate risk.

28.Support the development of the Guangdong-Hong Kong-Macao Greater Bay Area and include Macao as an overseas region that is eligible for investment with insurance funds.

For the purposes of regulating overseas investment with insurance funds and supporting the development of the Guangdong-Hong Kong-Macao Greater Bay Area, the CBIRC released the *Notice on Including Macao in the Overseas Regions Eligible for Investment with Insurance Funds* (the "*Notice*") on December 16, 2019.

The *Notice* stipulates that Macao will be included in the overseas regions eligible for investment with insurance funds and the scope of specific investable products shall meet the relevant requirements of the *Interim Measures for the Administration of Overseas Investment with Insurance Funds* and the detailed rules for the implementation thereof. All insurance institutions shall strictly follow the laws, administrative regulations, and relevant supervisory requirements in China's mainland and Macao and engage in investment activities following the principle of complying with laws and regulations and placing risk under control.

Insurance institutions are also required to strictly observe the provisions on overseas investment with insurance funds, establish and improve the relevant investment management and risk control systems, enhance their overseas investment capabilities, strengthen investment management, and guard against investment risk. Moreover, insurance institutions shall follow the requirements of regulatory provisions and submit relevant investment information in a true, accurate, complete, and timely manner.

29. Strengthen the supervision and administration of the performance of duties by employees and promote industrial self-regulation and integrity.

For the purposes of further strengthening supervision and administration of the performance of duties by employees of banking and insurance institutions, promoting industrial self-regulation and internal integrity construction, improving the effectiveness of the internal control mechanisms, and urging employees of all institutions to perform their duties fairly and impartially, the CBIRC released the *Guiding Opinions for the Recusal of Employees of Banking and Insurance Institutions in Performance of Duties* (the "*Guiding Opinions*") on December 19, 2019.

The *Guiding Opinions* consists of 21 articles with seven aspects, namely, general requirements, personnel subject to recusal, recusal in the performance of duties, recusal in business, recusal procedures, working requirements, and discipline for recusal. It includes the following points.

First, the work objectives and basic principles for recusal in the performance of duties should be defined. The principle of highlighting the focal points, seeking truth from the facts, strengthening supervision, being steady and orderly, and encouraging the establishment and improvement of the system of recusal in the performance of duties in banking and insurance institutions should be followed. Second, the scope of personnel subject to recusal in the performance of duties and the method and procedure of recusal should be specified. The scope of institutions, employees, and relatives subject to the *Guiding Opinions* should also be specified. It was clarified that recusal includes two forms—*i.e.*, recusal in performance of duties and recusal in business—and corresponding procedures of recusal are regulated. Third, key personnel and ordinary personnel should be distinguished and the effective administration of the recusal of key personnel's relatives should be the focus. Key personnel shall be subject to the double management of recusal in business and recusal in office-taking. Ordinary employees shall be subject to recusal based on their positions and duties. When an ordinary employee engages in key business, his or her relatives shall be subject to recusal. Fourth, the main responsibilities of institutions should be enforced. All institutions are required to formulate and improve their internal systems and measures for recusal in the performance of duties based on their realities. At the same time, institutions are required to improve the supporting guarantee mechanisms and continuously optimize the means of accessing and verifying the information regarding an employee's relatives that are subject to recusal. Fifth, the disciplinary measures for external recusal should be specified. On the one hand, internal accountability should be strengthened. Any employee that evades the management of recusal in the performance of duties through illegitimate means shall be dealt with in accordance with the institution's internal rules and systems. On the other hand, supervision and constraints should also be strengthened. Regulatory authorities are required to regularly make notifications regarding identified issues, establishing a rectification tracking account, continuously following up on the progress and results of rectification, and enforcing rectification accountability.

The release of the *Guiding Opinions* was conducive to establishing and improving the system of recusals in the performance of duties in banking and insurance institutions, establishing a long-term working mechanism for recusal in the performance of duties, and creating a cultural atmosphere characterized by active declaration, strict recusal, impartial performance of duties, and strong internal controls. Meanwhile, it also helps to further improve the construction of the supervision system and strengthen the supervision and administration of the performance of duties by employees of banking and insurance institutions.

30. Standardize on-site examination procedures and encourage compliance operations by insurance institutions.

In order to further improve the on-site examination policy framework, standardize procedures, and enhance the quality and efficiency of on-site examinations, the CBIRC released the *Rules of the China Banking and Insurance Regulatory Commission on On-site Examination (Provisional)* (the "*Rules*") on December 24, 2019.

The *Rules* strictly follow the provisions of the governing law, adapt to the adjustment of regulatory framework, and strengthen top-level design. They draw on past experiences and practices, clarify responsibilities, standardize procedures, and ensure the integrity and consistency of the examination process. The *Rules* consist of 68 articles under eight chapters, *i.e.*, general principles, division of responsibilities, project management, examination procedures, examination methods, correction, assessment and evaluation, and supplementary provisions. They include the following points.

First, they define the positioning of on-site examination and makes it clear that on-site examination is an important part of the supervisory process. Through on-site examinations, regulators can effectively perform supervisory duties by checking, identifying, and correcting malpractice and warning against and deterring misconduct. Second, they clarify the responsibilities in on-site examinations. The *Rules* clearly set the leading and centralized management role of the departments responsible for on-site examinations and further emphasize the information-sharing and coordination mechanism between relevant departments and regulatory agencies at all levels so as to improve efficiency. Third, they standardize the procedures for planning and approving examination projects. No on-site examinations shall be performed without completing prior approval procedures. They clarify the principle of classified approval and implementation, which highlights the seriousness, scientific nature, and fairness of planning and approving on-site examination projects. Fourth, they enrich on-site examination methods. Learning from international experiences and adding new methods and approaches, the *Rules* strengthen the application of information technology and explore new examination methods such as online examinations and inquiry auditing according to the work needs. Finally, they encourage self-examination and correction and promote the compliance operations of institutions. If institutions under examination voluntarily identify and correct relevant problems during self-examination and provide such feedback before on-site examination, which conforms to the relevant situations as stipulated in Article 27 of the *Law of the People's Republic of China on Administrative Penalty*, the authorities will propose to impose lighter, mitigated, or no administrative penalties in accordance with laws and regulations.

The *Rules* provide a basis for better conducting on-site examinations for the banking and insurance sectors. The promulgation of the *Rules* will further enhance the effectiveness of on-site examinations by the CBIRC. They help to better demonstrate the advantage of on-site examination, urge and promote banking and insurance institutions to fully implement national macro policies so as to effectively prevent financial risk, better support the sustainable and steady development of the real economy, and safeguard financial stability.

(ii)The Effect of Policies for Promoting the Insurance Market Development in 2019

In 2019, amid the context of strict supervision and the return to the original source, China witnessed the steady development of the insurance industry, which played a positive role in promoting service to the real economy and the achievement of key progress in preventing and resolving financial risks.

1. There was steady development of the market.

In 2019, the primary insurance premium income that was recorded totaled RMB 4.26 trillion, up by 12.17% year on year (*see* Figure 1), which is higher than economic growth by about 6.1 percentage points. According to monthly statistics, insurance premium income grew steadily starting in April, with the difference remaining of about 0.5 percentage points.

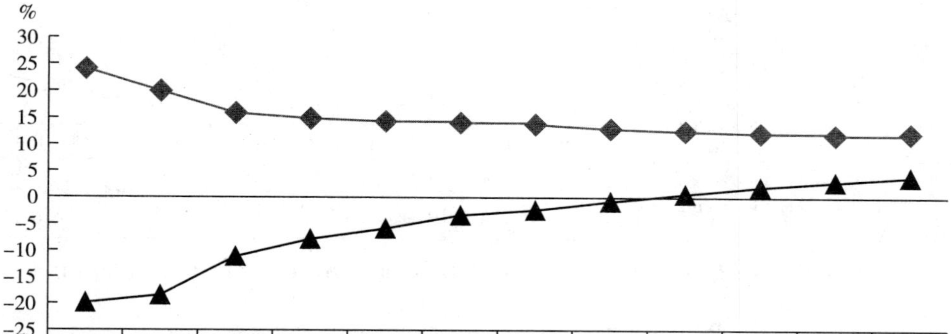

	Jan.	Feb.	Mar.	Apr.	May	Jun.	Jul.	Aug.	Sep.	Oct.	Nov.	Dec.
2018	-19.89%	-18.48%	-11.15%	-7.84%	-5.86%	-3.33%	-2.36%	-0.74%	0.67%	1.99%	2.97%	3.92%
2019	24.05%	19.94%	15.89%	14.92%	14.40%	14.16%	13.85%	13.04%	12.58%	12.19%	11.86%	12.17%

Figure 1 Diagram of the Growth Rate of Accumulative Insurance Premium Income,2018–2019

In 2019, the insured amount that was recorded totaled RMB 6470.04 trillion, down by 6.20% year on year. The number of new insurance policies increased by 49.538 billion, up by 70.45% year on year. Claims and benefit payments reached RMB 1.29 trillion, up by 4.85% year on year. The amount of reinsurance premium income of reinsurance companies recorded was RMB 157.791 billion, up by 15.05% year on year. Claims and benefit payments of reinsurance reached RMB 67.757 billion, up by 23.94% year on year. As of the end of 2019, the total assets of insurance companies amounted to RMB 20.56 trillion, up by 12.18% from the beginning of the year. The balance of insurance funds under investment registered RMB 18.53 trillion, up by 12.92% from the beginning of the year. According to the statistics of allocation structures, bank deposits, bonds, securities investment funds, and stocks accounted for 13.62%, 34.56%, 5.09% and 8.06% of total assets, respectively, maintaining overall stability.

2. The property insurance market was further diversified.

With the decrease of car sales in recent years, the income of the auto insurance market trended downwards. The non-auto insurance market developed rapidly and the property insurance market was further diversified. According to the quarterly statistics in 2019, the growth rate of premium income of auto insurance was maintained at 4% to 4.5% (*see* Figure 2). The premium income of the auto insurance business recorded RMB 818.832 billion, up by 4.52% year on year and up by 0.36 percentage points year on year. The share of auto insurance was 62.9%, down by 3.7 percentage points from the previous year.

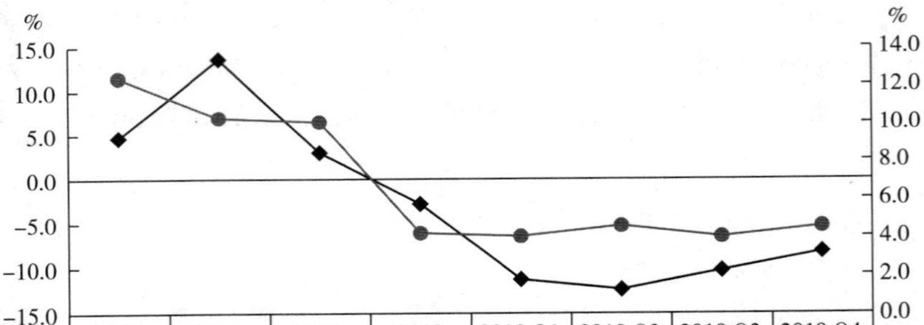

	2015	2016	2017	2018	2019.Q1	2019.Q2	2019.Q3	2019.Q4
Growth rate of auto sales	4.7%	13.7%	3.0%	−2.8%	−11.3%	−12.4%	−10.3%	-8.2%
Growth rate of auto insurance premiums	12.38%	10.25%	10.04%	4.16%	3.99%	4.55%	3.98%	4.52%

Figure 2 Growth Rate of Auto Sales and Auto Insurance Premiums

The property insurance market was also further diversified. In 2019, the premium income of non-auto insurance recorded RMB 346.115 billion, a 17.88% year-on-year increase. Among them, surety insurance, liability insurance, household property insurance, and agricultural insurance maintained high growth rates of 30.80%, 27.51%, 18.82%, and 17.43%, respectively. Accident and health insurance experienced a 38.68% year-on-year increase, which accounted for 10.50% of the market, a year-on-year increase of 2.12 percentage points contributing to 3.24 percentage points of industrial growth. This was the primary driving force for industrial growth (*see* Table 1).

Table 1 Primary Insurance Premium Income of Property Insurance Companies by Insurance Type, 2019.

Type of insurance	Premium income(RMB 100 million)	Year-on-year growth(%)
Total	13016.33	10.72
Enterprise property insurance	464.10	9.69
Household property insurance	91.21	18.82
Auto insurance	8188.32	4.52
Engineering insurance	117.84	−2.44
Liability insurance	753.30	27.51
Credit insurance	199.95	−17.53
Surety insurance	843.65	30.80
Vessel insurance	55.51	4.81
Cargo transportation insurance	130.12	7.44
Special risk insurance	68.89	15.84
Agricultural insurance	672.48	17.43
Health insurance	840.29	47.68
Accident insurance	526.57	26.40
Others	64.09	107.03

3. Life insurance's feature of providing protection became more prominent.

The premium income of ordinary life insurance increased steadily. Health insurance continued to grow rapidly. Life insurance's feature of providing protection became more prominent. In 2019, the premium income of ordinary life insurance increased by 14.83% year on year and accounted for 35.35% of the market, contributing to 5.15 percentage points of industrial growth, which made it the primary driving force behind the growth of the life insurance industry. The premium income of health insurance increased by 27.60%, up by 5.48 percentage points year on year and accounted for 20.01%, up by 2.43 percentage points year on year, contributing to 5.13 percentage points of industrial growth. The contribution of health insurance was comparable to that of ordinary life insurance.

The premium income of participating life insurance increased by 5.90% year on year, down by 3.38 percentage points compared to the first three quarters and down by 30.82% year on year and accounted for 40.07% of the market. The premium income of accident insurance that was recorded totaled RMB 64.860, down by 1.57% year on year (*see* Table 2).

Table 2 Primary Insurance Premium Income of Life Insurance Companies by Insurance Type, 2019.

Type of Insurance	Premium Income (RMB100) 100million	Year-on-Year Growth (%)
Total	29628.42	12.82
Life insurance	22754.14	9.80
Ordinary life insurance	10473.62	14.83
Participating life insurance	12166.97	5.90
Investment-linked insurance	4.40	6.89
Universal insurance	109.15	0.54
Accident insurance	648.60	-1.57
Health insurance	6225.68	27.60

4. The ability to serve the real economy was improved and solvency was adequate and stable.

The insurance industry gave full play to its ability of providing protection and further improved its ability to serve the real economy. First, the insurance industry increased its service for poverty alleviation. In 2019, agricultural insurance provided risk protection amounting to RMB 3.8 trillion for agriculture and paid RMB 52.787 billion in claims, up by 34.15% year on year. Second, the insurance industry safeguarded social stability. In 2019, the primary insurance premium income of liability insurance increased by 27.51% year on year and accounted for 6.47% of the property insurance business, up by 0.98 percentage points year on year. Third, the insurance industry provided long-term funds for national economic development. The balance of insurance funds under investment was RMB 18.53 trillion, up by 12.92% from the beginning of the year.

In terms of solvency in the third quarter, the solvency of the insurance industry was adequate and stable. The comprehensive solvency adequacy ratio of 178 insurance companies was 246.5%, up by 1.5 percentage points year on year. The core solvency adequacy ratio was 235.2%, up by 1.2 percentage points year on year. The comprehensive solvency adequacy ratio of property insurance companies and life insurance companies was 277.4% and 239.8%, respectively.

5. Medium and small life insurance companies saw positive growth.

In 2019, the concentration of the life insurance industry was significantly reduced. The average growth of the seven established life insurance companies was 8.58%, 4.24 percentage points lower than the average growth of the industry. They accounted for 60.15% of the market, down by 2.35 percentage points year on year. Medium and small life insurance companies grew rapidly. In 2019, the premium income of medium and small life insurance companies that was recorded totaled nearly RMB 230 billion, up by 53.46% year on year, and accounted for 7.71% of the market, up by two percentage points year on year.

The concentration of the property insurance industry was stable. The primary insurance premium income of the three established property insurance companies—*i.e.*, PICC Property and Casualty Company Limited, China Pacific Insurance (Group) Co., Ltd., and Ping An Insurance—grew by 11.25%, 12.65%, and 9.49%, respectively, and accounted for 64.14% of the market combined, which remained largely unchanged as compared to the same period last year.

6. Implement policies to open up the market in order to accelerate the development of foreign-funded companies.

With the implementation of policies to further open up the banking and insurance industries, the development of foreign-funded insurance companies was accelerated. Two foreign-funded insurance institutions made arrangements for establishment in 2019. Moreover, five foreign-funded insurance institutions opened their businesses—*i.e.*, ICBC & AXA Asset Management Company Limited, BOCOM & Colonial Asset Management Company Limited, Allianz (China) Holding Co., Ltd., CITIC-Prudential Asset Management Company Limited, and Korean Reinsurance Company Limited. Eight foreign-funded insurance companies were approved to increase their registered capital by RMB 3.884 billion. Sixteen foreign-funded insurance companies obtained approval to make arrangements for or open 17 provincial branch offices. High-end health insurance became a focal point for foreign-funded insurance companies.

In 2019, the market share of foreign-funded companies increased significantly. The amount of premium income recorded was RMB 305.726 billion, up by 29.86% year on year, 18.85 percentage points higher than their Chinese counterparts. Their market share was 7.17%, up by 0.98 percentage points as compared to the same period last year. Among them, foreign-funded life insurance companies registered premium income of RMB 280.465 billion, up by 31.89% year on year and accounted for 9.47% of the market, up by 1.37 percentage points as compared to the same period last year. Foreign-funded property insurance companies recorded premium income of RMB 25.261 billion, up by 10.89% year on year and accounted for 1.94% of the market, which remained the largest unchanged as compared to the same period last year.

7. Tax reduction and investment returns contributed to a significant increase in performance.

Due to the implementation of tax reduction policies in the insurance industry and positive trends in investment returns, insurance companies significantly enhanced their profitability. In 2019, insurance funds invested booked returns of RMB 882.413 billion. The average return of insurance funds under investment was 4.94%, a year-on-year 0.61 percentage points increase.

Among them, investment returns totaled RMB 741.476 billion, up by 10.55% year on year.

In 2019, the total estimated profits of property and life insurance companies amounted to RMB 303.084 billion, up by 39.61% year on year. Property and life insurance companies registered net profits of RMB 304.870 billion, up by 115.27% year on year. Among them, the total estimated profits of life insurance companies were RMB 239.626 billion, up by 41.15% year on year. Net profits reached RMB 242.919 billion, up by 108.40% year on year. Among 86 non-professional pension insurance companies, 59 companies recorded positive growth in net profits, among which 10 experienced a return to profitability. The total estimated profits of property insurance companies were RMB 63.458 billion, up by 34.11% year on year. Net profits reached RMB 61.951 billion, a 147.24% year-on-year increase. Among 84 non-captive insurance companies, 55 companies reported positive growth, 12 of which once again became profitable.

(iii) Outlook on Insurance Market Development in 2020

In 2020, the insurance industry will face opportunities and challenges. First, the uncertainties caused by the COVID-19 pandemic. Due to the outbreak, starting in February, the insurance industry witnessed a significant decrease in premium income. This is expected to last until the end of the first half of 2020. In the short run, new insurance policy business will be hard hit and companies engaging in lump-sum premiums as their primary business will be hit even harder than those for whom renewal payments comprise their primary business. However, in the long run, considering the temporary impact of the disease in some regions, the insurance industry will maintain its momentum toward positive development. Since the outbreak of the pandemic, the insurance industry has actively fulfilled its social responsibility and donated insurance to medical personnel on the front lines of epidemic prevention and control. As of February 24, the entire industry donated RMB 11.58 trillion worth of insurance and protection. In response to the outbreak, consumer demand for healthcare increased significantly. This presents a good opportunity for the development of insurance related to epidemic prevention and control as well as healthcare and the health insurance business. Second, the benefits of new policies and regulations, such as the implementation of new regulations on the administration of health insurance, will increase product diversity. The adjustment in the endowment insurance policy will enrich the supply of life insurance products. The release of provisions on ordinary life insurance will promote price adjustments of relevant products. In 2020, it is estimated that the insurance industry will continue experiencing stable development, strengthening risk prevention, control, and restructuring, and further enhancing its development resilience to serve China's socio-economic development.

Appendix

List Policies for China's Insurance Market Development in 2019

Released on	Major Policies	Released by	Document Number
January 14	Circular of the General Office of the China Banking and Insurance Regulatory Commission on Matters Related to Further Strengthening Auto Insurance Regulation	CBIRC	YBJF [2019] No. 7
January 25	Circular of the China Banking and Insurance Regulatory Commission on Matters Related to Investment of Insurance Proceeds in Bank Capital Supplement Bonds	CBIRC	YBJBF[2019] No. 7
February 25	Guidelines the General Office of Ningbo Municipal People's Government for Implementation of Driving Shipping Insurance Development	General Office of the People's Government of Ningbo Municipality	YZBF [2019] No. 9
February 26	Circular of the CBIRC General Office on Strengthening Intermediary Channel Service Management of Insurance Companies	CBIRC	YBJBF [2019] No. 19
March 1	Circular of the General Office of the China Banking and Insurance Regulatory Commission on Work of Banking and Insurance Industry Serving Rural Revitalization and Poverty Alleviation in 2019	CBIRC	[2019] No. 38
April 3	Circular of the General Office of the China Banking and Insurance Regulatory Commission on Clarifying Requirements for Submission of Insurance Asset and Liability Management Reports	CBIRC	YBJBF [2019] No. 98
April 28	Notice by the China Banking and Insurance Regulatory Commission on Issuing the Regulatory Rules on Solvency of Insurance Companies - No. 2 Question and Answers: Non-Fixed Term Capital Bonds	CBIRC	YBJF [2019] No. 22
May 7	Circular of the China Banking and Insurance Regulatory Commission on Insurance Proceeds Participating in Credit Risk Mitigation Instruments and Credit Protection Instruments	CBIRC	YBJBF [2019] No. 121
May 10	Circular of the Ministry of Finance, Ministry of Industry and Information Technology, and the China Banking and Insurance Regulatory Commission on Further Implement Pilots of Compensation Mechanisms for Insurance for Initial Units/Sets of Major Technical Equipment	Ministry of Finance, Ministry of Industry and Information Technology, and the CBIRC	CJ [2019] No. 225

Continued

Released on	Major Policies	Released by	Document Number
May 17	Circular of the China Banking and Insurance Regulatory Commission on Carrying out Activities for "Consolidating the Results of Rectification and Promoting Compliance"	CBIRC	YBJF [2019] No. 23
May 28	Bulletin of the Ministry of Finance and the State Taxation Administration on Policy of Pre-Tax Deduction of Service Fees and Commissions of Insurance Enterprises	Ministry of Finance and the State Taxation Administration	No. 72 [2019] of MOF and STA
June 14	Circular on Implementation of Pilots for Central Fiscal Rewards and Subsidies for Insurance for Local Advantageous Agricultural Products	Ministry of Finance	CJ [2019] No. 55
June 17	Circular of the General Office of the China Banking and Insurance Regulatory Commission on Matters Related to Registration of Asset-Backed Securities	CBIRC	YBJBF [2019] No. 143
June 19	Circular of the General Office of the China Banking and Insurance Regulatory Commission on Matters Related to Investment in Assembled Funds Trust with Insurance Proceeds	CBIRC	YBJBF [2019] No. 144
June 28	Circular of the China Banking and Insurance Regulatory Commission on Releasing the Regulatory Rules on Solvency of Insurance Companies - No. 1 Question and Answers: Reinsurance Counterparty Credit Risk Factors in Hong Kong during Transitional Period under the Equivalence Assessment Framework Agreement on Solvency Regulatory Regime	CBIRC	YBJF [2019] No. 30
July 19	Letter of Soliciting Public Opinions on New Revision of IFRS 17 Insurance Contracts (Draft for Comments) Issued by International Accounting Standards Board	Accounting Department of the Ministry of Finance	CKB [2019] No. 25
July 24	Notice of the China Banking and Insurance Regulatory Commission on Printing and Issuing the Interim Measures for Regulation of Insurance Asset and Liability Management	CBIRC	YBJF [2019] No. 32
August 23	Notice of the General Office of the China Banking and Insurance Regulatory Commission on Printing and Issuing the Measures for Administration of Commercial Banks as Insurance Agents	CBIRC	YBJBF [2019] No. 179
August 25	Notice of the China Banking and Insurance Regulatory Commission on Issuing the Measures for the Administration of Affiliated Transactions of Insurance Companies	CBIRC	YBJF [2019] No. 35
August 30	Notice of the General Office of the China Banking and Insurance Regulatory Commission on Issues Concerning Improving Mechanism of Reserve Valuation Interest Rate of Life Insurance Industry and Adjusting Reserve Valuation Interest Rate	CBIRC	YBJBF [2019] No. 182

Continued

Released on	Major Policies	Released by	Document Number
September 6	Notice of the General Office of the China Banking and Insurance Regulatory Commission and the General Office of the Ministry of Agriculture and Rural Affairs on Issues Concerning Supporting Stable Swine Production and Ensuring Market Supply	General Office of the CBIRC and the General Office of the Ministry of Agriculture and Rural Affairs	YBJBF [2019] No. 189
September 19	Notice of Issuing the Directives on Accelerating the High-Quality Development of Agricultural Insurance	Ministry of Finance, the Ministry of Agriculture and Rural Affairs, the CBIRC, and the National Forestry and Grassland Administration	CJ [2019] No. 102
September 30	Decision of the State Council to Amend the Regulation of the People's Republic of China on the Administration of Foreign-Funded Insurance Companies and the Regulation of the People's Republic of China on the Administration of Foreign-Funded Banks	State Council	Order No. 720 of the State Council of the People's Republic of China
October 31	Measures for the Administration of Health Insurance	CBIRC	Order No. 3 [2019] of the CBIRC
November 4	Guidelines of the China Banking and Insurance Regulatory Commission on Strengthening the Development of Consumer Rights and Interests Protection System and Mechanism in Banking and Insurance Institutions	CBIRC	YBJF [2019] No.38
November 25	Notice of the China Banking and Insurance Regulatory Commission on Issuing the Measures for the Regulatory Assessment of Corporate Governance of Banking and Insurance Institutions (for Trial Implementation)	CBIRC	YBJF [2019] No.43
November 29	Implementation Rules of the Regulations on Foreign-funded Insurance Companies	CBIRC	Order No. 4 [2019] of the CBIRC
December 4	Notice of the General Office of the China Banking and Insurance Regulatory Commission on Issues Concerning Regulating Endowment Insurance Products	CBIRC	YBJBF [2019] No. 228
December 6	Notice of the General Office of the China Banking and Insurance Regulatory Commission on the Point in Time of Explicitly Lifting Restrictions on Foreign Ownership Ratio in Joint-venture Life Insurance Companies	CBIRC	YBJBF [2019] No. 230

Continued

Released on	Major Policies	Released by	Document Number
December 16	Notice of the China Banking and Insurance Regulatory Commission on Including Macao in the Overseas Regions Eligible for Investment with Insurance Funds	CBIRC	YBJF [2019] No. 48
December 19	Guiding Opinions of the China Banking and Insurance Regulatory Commission for the Recusal of Employees of Banking and Insurance Institutions in Performance of Duties	CBIRC	YBJF [2019] No. 50
December 24	Rules of the China Banking and Insurance Regulatory Commission on On-site Examination (Provisional)	CBIRC	Order No. 7 [2019] of the CBIRC

Article 10

The State Council's Decision to Revise the Regulation of the People's Republic of China on the Administration of Foreign-Funded Insurance Companies①

The CPC Central Committee and the State Council attach great importance to the opening-up of the financial industry. On April 10, 2018, Chinese President Xi Jinping stated the need to "accelerate the opening-up of the insurance industry" in a keynote speech at the opening ceremony of the Boao Forum for Asia. On September 30, 2019, in order to implement the decisions and plans of the Party Central Committee and the State Council, by executing measures for financial opening-up, the State Council issued a decision to revise the *Regulation of the People's Republic of China on the Administration of Foreign-Funded Insurance Companies* (hereinafter the *Regulation*). In November 2019, the China Banking and Insurance Regulatory Commission (CBIRC) issued the revision of the *Detailed Rules for the Implementation of the Regulation of the People's Republic of China on the Administration of Foreign-Funded Insurance Companies* (hereinafter the *Detailed Rules*). In December 2019, the CBIRC issued the *Notice on the Point in Time of Explicitly Lifting Restrictions on Foreign Ownership Ratio in Joint-venture Life Insurance Companies*. The revision of the *Regulation* and supporting systems accelerate the opening-up of China's insurance industry. Specific provisions are:

1. Reduce access requirements for foreign investment. The *Regulation* abolishes the requirement that foreign-based insurance companies applying to establish foreign-funded

① About the Author: Liu Xueqing, is a member of the Executive Committee and Director of the Legal and Compliance Department at the Shanghai Insurance Exchange. Views in this article do not represent the views of the Exchange.

insurance subsidiaries in China shall "operate insurance businesses for more than 30 years" with "representative offices established for more than two years in China." The *Detailed Rules* correspondingly abolishes these restrictions.

2. Lift Restrictions on the Proportion of Foreign Ownership. The following provision of Article 3 of the *Detailed Rules,* "where a foreign insurance company forms a joint equity insurance company providing personal insurance services in the territory of China with a domestic company or enterprise, the proportion of foreign investment shall not exceed 51% of the total capital stocks in the company" is revised to include the addition: "where there are other provisions of the [CBIRC] such provisions shall prevail." Thereafter, the CBIRC issued the *Notice on the Point in Time of Explicitly Lifting Restrictions on Foreign Ownership Ratio in Joint-venture Life Insurance Companies*, which explicitly states, "as of January 1, 2020, restrictions on the proportion of foreign capital in a joint-venture insurance company engaged in life insurance business shall be officially removed, and thus the proportion of foreign capital in the joint-venture life insurance company may amount to 100%."

3. Diversify the types of foreign shareholders. The *Regulation* adds provisions to allow "a foreign insurance group company" to establish a foreign insurance company in China and to allow "an overseas financial institution" to hold shares of a foreign-funded insurance company; and authorizes the insurance regulatory authority of the State Council to formulate specific administrative measures. These provisions diversify the types of shareholders of foreign insurance companies, thus serving to further invigorate the insurance industry and promote its high-quality development.

4. Regularize equity management of foreign insurance companies. The *Detailed Rules* require that "a foreign-funded insurance company shall have an insurance company operating in normal condition as major shareholder at a minimum, and a foreign-funded insurance company changing equities shall have an insurance company operating in normal condition as major shareholder at a minimum after change." It also requires that "a major shareholder of a foreign-funded insurance company shall pledge not to transfer the equities held, within five years from the date of obtaining the equities, which shall be specified in the bylaws of the foreign-funded insurance company [and] a major shareholder of a foreign-funded insurance company intending to reduce equities held or exit the Chinese market shall perform the obligations of shareholder and guarantee that the solvency of the insurance company satisfies the supervision requirements." These provisions improve the foreign insurance company's equity management and regulation system, optimize its governance structure, and ensure its continued stable operation.

5. Unify regulatory rules for Chinese and foreign insurance companies. The revised *Detailed*

Rules further unifies the regulatory rules for Chinese and foreign-invested insurance companies in the following two ways: (1) the establishment and administration of branch offices of both Chinese and foreign insurance companies shall comply with the *Administrative Measures for the Market Access of Branch Offices of Insurance Companies* and some other provisions, to ensure unified rules for cooperation and competition; and (2) that requirements on the establishment of joint-venture insurance companies and qualification management for all Chinese applicants shall comply with the *Measures for Equity Management of Insurance Companies*, in order to ensure the consistency of relevant regulatory provisions.

For China's insurance industry, revising the *Regulation* and supporting systems provides better legal guarantees for opening-up, thereby attracting foreign investment. Moreover, as a further upgrade to rules and regulations, the revision will prevent financial risks and maintain financial security, promote the insurance industry's healthy development, and ensure smooth and stable progress of its reforms and opening-up.

Ⅳ. Policies for Bond Market Development[①]

China's bond market witnessed accelerated growth in 2019, with the increasing volume of issuance and trade volume, quicker opening pace, further opening, groundbreaking product innovation, stronger mechanism of innovation and standard management, and improved function of serving the real economy.

(i) Overview of market development

First, the bond price index rose, whereas the bond yield volatility dropped. Figure 1 shows that, in early 2019, ChinaBond Aggregate Wealth Index continued to rise after the fluctuating adjustment from April to mid-August and after interim fluctuation in November. The index rose from 184.07 in early 2019 to a peak of 192.09 at the end of the year (up 4.4%). The total return index of the Shanghai Clearing House Interbank Credit Bond Composite Index was also largely synchronized, rising from 121.13 in early 2019 to 126.83 at the end (up 4.7%). The Shanghai Stock Exchange (SSE) Corporate Bond Index (Full Price) as a whole maintained a rising trend and rose from 192.53 in early 2019 to 202.88 at the end (up 5.4%). At the end of 2019, the one-, three-, and five-year medium-and short-term ChinaBond bills (AAA) were 3.18%, 3.43%, and 3.71%, respectively, in yield to maturity (YTM)—a decrease of 33, 34, and 29

① About the Author: Rong Yihua, Deputy Director of Financial Market Department of Shanghai Headquarters of the People's Bank of China.

base points, respectively, from the end of 2018.

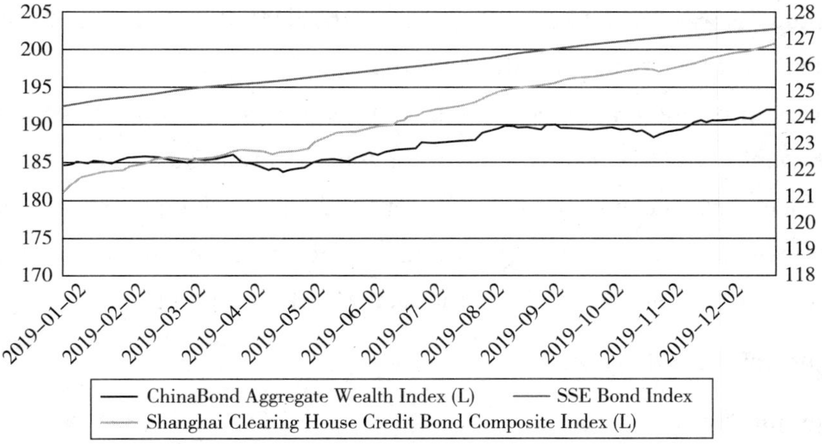

Figure 1 Bond Price Index in 2019

Second, bond issuance fairly increased. In 2019, China's bond market issued a total of RMB 45.32 trillion of all types of bonds, which indicates an increase of RMB 1.73 trillion from the previous year (an increase of 3.1% year-on-year). Inter alia, the interbank bond market issued RMB 38.03 trillion of bonds (an increase of 0.6% year-on-year), accounting for 83.9% of the total bond market issuance. The exchange bond market issued RMB 7.30 trillion, accounting for 16.1% of the total. The top three securities in issuance were negotiable certificates of deposit (NCDs), corporate credit bonds, and local government bonds, with issuances of RMB 17.97 trillion, RMB 9.73 trillion, and RMB 4.36 trillion, respectively.

Third, the trade volume increased significantly. In 2019, the cumulative turnover of cash bonds in the bond market reached RMB 217.10 trillion (an increase of 38.6% year-on-year), with daily trade volume reaching over RMB 800 billion. In particular, the interbank bond market witnessed a cumulative turnover of RMB 208.75 trillion in terms of spot bonds (an increase of 38.5% year-on-year), accounting for 96.2% of the total in the national bond market. From the perspective of the certificate-type structure of spot bonds trade in the interbank bond market, policy financial bonds, NCDs, and government bonds, accounting for 42.7%, 23.7%, and 16.3%, respectively, were the top three types of bonds traded. The total trade volume accounted for 82.7% of the interbank bond market. The cumulative turnover of the spot bonds on the exchange bond market was RMB 8.35 trillion, up 40.8% year-on-year, which accounted for 3.8% of the spot bond trade volume in the national bond market.

Fourth, the level of debt holdings by foreign institutional investors increased significantly.

In late 2019, overall 796 foreign institutional investors entered the interbank bond market (an increase of 220 from 2018, recording an increase of 38.2%). The amount of debt held by overseas institutions was RMB 2.20 trillion, growing by RMB 0.47 trillion to 27.4% from 2018, accounting for 2.5% of the bond custody of interbank market.

Fifth, the number and level of defaults in the bond market fairly increased, mainly because of private companies. In 2019, nearly 0.6% of the total bond market custody comprised a total of 179 bonds of 68 firms defaulting to the tune of RMB 144.450 billion. As many as 148 private corporate bonds defaulted, accounting for 82.7% of the total defaulted bonds; the defaulted amount was RMB 109.52 billion (75.8% of the total defaulted amount).

(ii) Major policies introduced

1. Market innovation

(1) Create a central bank bill swap instrument (CBS) to support banks in issuing perpetual bonds. In January 2019, the People's Bank of China (PBC) decided to create a CBS, which allowed the primary open-market investors to use perpetual bonds issued by qualified banks to exchange central bank bills from the PBC. It is also stated that perpetual bank bonds rated AA and above may be treated as eligible collaterals of the PBC's medium-term lending facilities, targeted medium-term lending facilities, standing loan facilities, and re-loans.

(2) Launch green debt financing instruments. In May 2019, the PBC released a *Notice on Supporting the Issuance of Green Debt Financing Instruments by the Green Finance Reform and Innovation Pilot Zone* to stimulate the issuance of various green debt financing instruments such as targeted instruments and asset-backed notes (ABNs); support enterprises in the pilot zone to undertake structural innovation of green debt financing instruments, issue structural debt financing instruments linked to various environmental rights and interests, green ABNs supported by cash flows generated by green projects, and other innovative products; seek more uses of funds raised by green debt financing instruments to support the development of local green industries; motivate the pilot zone to legally enforce market-oriented green industry guarantee funds or financing guarantee institutions, provide credit services for green bonds, and support green bond issuance and green project implementation; help local governments to introduce preferential policies and measures, support the issuance of green debt financing instruments, and provide certain financial incentives to issuers or underwriters in the pilot zone.

(3) Introduce financial bonds of securities companies. In July, to supplement capital of nonbank financial institutions and provide liquidity support to small and medium-sized

nonbank institutions, PBC approved GF Securities, a securities company in China, to offer RMB 5 billion of financial bonds.

(4) Release publicly offered bond index funds. In May, the PBC and the China Securities Regulatory Commission (CSRC) jointly released the *Notice on Well Carrying out Innovation Pilot of Open-end Bond Index Securities Investment Funds* to launch cross-market bond products as investment targets, namely the publicly offered bond index funds that can be listed on the exchange or transferred through agreement in the interbank market.

(5) Actively promote the innovation of asset securitization products. In September, the PBC included corporate asset-backed securities (ABS) of exchange into the "corporate bond" indicator of the social financing scale; China Banking and Insurance Regulatory Commission (CBIRC) issued the *Notice on Registration of Asset-Support Plan* to simplify the approval system of asset-back plan; the SSE defined the conditions and arrangements for ABS issuance in installments; the SSE-framed guidelines for the listing review and information disclosure of basic assets such as PPP, accounts receivable, financial leasing and infrastructure, and other categories to unify access and information disclosure standards.

(6) Improve the working mechanism of poverty alleviation bills. The National Association of Financial Market Institutional Investors (NAFMII) issued the *Guidelines for Poverty Alleviation Bill Business for Non-Financial Enterprises* and its supporting information disclosure forms to continuously improve the working mechanism of poverty alleviation bills and the *Poverty Alleviation Bill Business Operation Manual* to enhance the standardization of poverty alleviation bill.

(7) Make innovation and entrepreneurship bonds issued by commercial banks more innovative. In August, the PBC and the CBIRC issued the *Opinions on Supporting Commercial Banks to Issue Innovation and Entrepreneurship Financial Bonds* and encouraged commercial banks to issue "innovation and entrepreneurship" financial bonds, raise credit issuance in the innovation and entrepreneurship sector, endorse the creation potential of all innovation entities, and sustain China's economic restructuring and industrial upgrading.

2. Regulating bond issuance

(1) Regulate government bonds. In June, the General Office of the Central Committee of the Communist Party of China and the General Office of the State Council published the *Notice on Well Carrying out the Issuance of Special Bonds for Local Governments and Financing for Projects*. It proposed relevant work requirements to help local governments in performing their duties and fulfilling their responsibilities and undertake special bond issuance and project financing by law in the principle of proper density, collaboration, highlight, risk control, and

steady expectations by endorsing special bond projects financing, improving the management of special bonds and supporting measures, promoting the financing of major public welfare projects in accordance with laws and regulations, strengthening organizational security, among others.

(2) Further reinforce government debt risk control. In June, the National Development and Reform Commission (NDRC) issued the *Notice on the Relevant Requirements for the Registration and Application of Foreign Debts Issued by Local State-owned Enterprises*. It stipulates that local state-owned enterprises (SOEs), as independent legal entities, shall be responsible for external debt repayment, and the local governments and their agencies shall not repay, promise to repay local SOEs' foreign debts by financial resources, or guarantee their issued foreign debts.

(3) Regulate the structured issuance of bonds. The SSE and Shenzhen Stock Exchange (SHSE) jointly declared the *Notice on Regulating Issues Related to the Issuance of Corporate Bonds*, which expressly forbids issuers from directly or indirectly subscribing their own bonds during the offer and disclosing bond subscription status of their directors, supervisors, and senior executives, shareholders holding more than 5% of shares, and other related parties.

(4) Widen local debt issuance channels. In March, the Ministry of Finance (MOF) issued the *Notice on the Work of Issuing Local Government Bonds*. It states that the general bonds and special bonds offered by local governments can be locally issued through over-the-counter (OTC) market of commercial banks, such that the primary market of local debt is open to individual investors. Local government bonds have emerged as another category that is allowed for OTC business in the interbank bond market, following book-entry government bonds, policy bank bonds, and China Development Bank (CDB) bonds.

3. Improving the efficiency of bond trading

(1) Officially launch the anonymous auction of high-yield bonds. In 2019, to assist in the transfer of low-liquidity bonds and defaulted bonds on maturity as well as the disposal of defaulted bonds repurchase, the National Interbank Funding Center made collective and anonymous bond transactions at the local currency trading system of the China Foreign Exchange Trading Center (CFETC) at a specific time based on the market demand. The CFETC organized 18 anonymous auctions across the year.

(2) The interbank market launched CDB bond market-making support business. In 2019, the CFETC, China Central Depository & Clearing Co., Ltd. (CCDC), and the CDB jointly launched the CDB bond market-making support mechanism and issued CDB RMB financial bond market-making support operating rules and business rules for market makers to establish the market for the publicly offered CDB bonds by instruments such as buy and sell.

(3) Extend the settlement cycle of bond transactions by foreign institutional investors. In August, to further enable tracking-related indices for foreign investors and allocating RMB bond assets, the CFETC, the CCDC, and the Shanghai Clearing House (SHCH) jointly issued a document and added the T + 3 settlement cycle option for foreign investors to invest in the interbank bond market besides T + 0, T + 1, and T + 2.

(4) Define the verification of standard debt-based assets. In October, the PBC issued the *Rules for Verification of Standard Debt-based Assets (Exposure Draft)*. It explained the scope and conditions for standard debt-based assets, regulated investment in asset management products of financial institutions, and reinforced investors' protection to promote the healthy development of direct financing.

(5) Improve access management of the interbank bond market. In October, the PBC issued the *Notice of the Financial Market Department of the People's Bank of China on Relevant Matters Concerning the Entry of Financial Banking Subsidiaries of Commercial Banks in the Interbank Bond Market*. It stipulates that the wealth management products of the subsidiaries of commercial banks will be filed for access with the PBC all at once with the wealth management subsidiaries as their asset managers.

(6) Launch foreign currency repo business. On December 16, the CFETC and the SHCH established a foreign currency repo business. The stakeholders in the interbank foreign exchange market can use the bonds in custody of the SHCH as collateral to borrow funds in nine foreign currencies, including USD, EUR, HKD, GBP, JPY, AUD, CAD, SGD, and NZD; conduct foreign currency repurchase transactions through the foreign exchange trading platform of the CFETC; and complete subsequent clearing and settlement through the SHCH.

4. Strengthening market binding

(1) Regulate the information disclosure of bond issuers. In December, the PBC, the NDRC, and the CSRC jointly published the *Management Measures for the Information Disclosure of Corporate Credit Bonds (Exposure Draft)* and two supporting documents, *Requirements for Preparing the Prospectus of Corporate Credit Bonds (Exposure Draft)* and *Requirements for Preparing the Periodic Reports of Corporate Credit (Exposure Draft)*, to integrate the information disclosure contents, disclosure requirements, disclosure frequency, and other information of all corporate credit bonds; enhance the quality and transparency of corporate information disclosure; reinforce investor protection mechanism; and improve the market-based binding mechanism.

(2) Upgrade investor protection mechanism. In April, the NAFMII issued the *Model Text of Investor Protection Clauses (2019)*. It included three categories of investor protection

clauses; optimized the triggering conditions for four categories of clauses; and refined five clauses of disposal mechanism to strengthen the market credit risk prevention of debt financing instruments, including corporate governance structure, business behavior, financial performance, investment financing, credit enhancement, and other aspects; effectively enriched the investor protection toolbox; and presented investors additional means of relief measures.

(3) Undertake information disclosure of ABS. In November, the SSE and the SHSE issued the *Guidelines on the Interim Reports of Information Disclosure of Asset-Backed Securities*. The guidelines attempted to resolve the issues of timeliness, effectiveness, and pertinence of information disclosure of interim reports on ABS and standardized factors such as applicable situations, disclosure content, and time limit of information disclosure, hence vital for improving the information disclosure system in the duration of ABS, protect the legitimate rights and interests of investors, and enhance the risk discovery and prevention/control capabilities of asset-backed special plan managers, investors, and other market players.

(4) Establish and improve the regulatory framework for the credit rating industry. In November, the PBC, the NDRC, the MOF, and the CSRC jointly published the *Interim Measures for the Management of the Credit Rating Industry*. It focused on the modernization goals of the credit rating industry governance system and capacity, defined the policy guidance for standardization of the industry, and established the institutional framework of integrated supervision, in particular, to establish a market-based constraint mechanism, weaken pre-event supervision with during- and after-event managements as the key; strengthen supervision of credit rating agencies in independence, transparency, interest conflict management, rating process specifications, among others; improve the regulatory model consistent with the actual management, define the PBC as the competent authority for the credit rating industry and the NDRC, the MOF, and the CSRC as the business management authorities, and legally implement specific supervisions; and outline the supervision powers of the competent authorities and the legal liabilities of all parties. Subsequently, the NAFMII published the *Information Disclosure Rules for Credit Rating Business of Non-financial Corporate Debt Financing Instruments in the Interbank Bond Market* and the *Management Rules for Conflicts of Interest in Credit Rating Business of Non-Financial Debt Financing Instruments in the Interbank Bond Market*.

5. Establishing a disposal mechanism for defaulted bonds

(1) Establish a system for collateral default disposal. In June, the CCDC issued the *Guidelines for the Collateral Default Disposal (Trial)*. The guidelines stated that, in the case of a bond default, the mandated collateral default disposal system can be standardized by contract discount, auction, and sold to realize real rights granted in terms of security.

(2) Introduce a system for disposing repurchase default and repurchased bonds auction. In June, the SHCH framed the *Implementation Provisions of the Shanghai Clearing House Co., Ltd. for Bond Repurchase Default Disposal Service (Trial)* and the *Implementation Provisions of the Shanghai Clearing House Co., Ltd. for Repurchased Bond Auction Business (Trial)*. These provisions defined the scope, method, and process of default disposal for enhancing the efficiency of repurchase default disposal as well as instilling confidence and reinforcing the willingness of lenders.

(3) Establish a specific bond-related transfer mechanism. In May, the SSE and the CCDC jointly released the *Notice on Matters about Transfer and Settlement Business for Certain Bonds during the Listing Period* and the *Notice on Matters about Transfer and Settlement Business for Certain Non-publically Offered Bonds during the Listing Period* to establish an institutional framework for transfer consistent with the characteristics of specific bonds and the needs of market-based risk mitigation and disposal and examine the setting up of a market-based default settlement mechanism under the rule of law.

(4) Establish and improve the default disposal mechanism for debt financing instruments. On December 27, 2019, the NAFMII issued the *Guidelines on Default and Risk Disposal of Debt Financing Instruments of Non-financial Enterprises in the Interbank Bond Market*, *Guidelines on the Trustee Business of Non-Financial Corporate Debt Financing Instruments in the Interbank Bond Market (Trial)*, and the *Meeting Procedure of Debt Financing Instrument Holders of Non-Financial Enterprises in the Interbank Bond Market (Revised Draft)* to establish and improve the system for disposing of defaults on debt financing instruments, explain the method of bond default disposal, assure institutional guarantee for enriching market-oriented disposal methods, and improve the efficiency of debt financing instrument default disposal method.

(5) Establish a diversified bond default disposal mechanism. In December, the PBC issued a Notice ([2019] No. 24) to establish a transfer mechanism for bonds defaulting on maturity in the interbank bond market, improve the efficiency of defaulted bonds disposal, and promote efficient market clearing. Meanwhile, the PBC, the NDRC, and the CSRC jointly issued the *Notice on Matters about the Default Disposal of Corporate Credit Bonds (Exposure Draft)* to define the principle of defaulted bond disposal, enrich market-backed bond default disposal, and increase crackdown on issuers who escape and revoke debts.

(6) Improve the efficiency of judicial settlement. On December 24, the Supreme People's Court, the PBC, the NDRC, and the CSRC jointly held a national forum on the trial of bond dispute cases. It is required to legally raise the cost of violations and effectively protect the legitimate rights and interests of investors; fully and effectively implement for the existing

institutions, apply the economic principle of litigation, and reduce the cost of protection of investors' right; comprehensively reinforce the diversified settlement of bond disputes, establish and improve the bond dispute settlement system of a well-organized interface and coordinated linkages; establish a mechanism for investigating and early warning of bond disputes and broaden the channels of expression of appeal and rights relief for investors.

6. Increase market opening

(1) Elucidate issuance of panda bond. In January, the NAFMII issued the *Guidelines for Debt Financing Instruments of Overseas Non-Financial Enterprises (Trial)*, which defined the core institutional arrangements in information disclosure, use of funds raised, intermediary institutions, and so on, for the issuance of panda bonds to promote this market with transparent rules, efficient mechanisms, and standardized processes.

(2) Widen the scope of business for overseas bond intermediaries in the domestic bond market. On July 20, the PBC defined the *Measures on Further Opening the Financial Industry* and introduced 11 measures to liberalize the financial industry, allowed bond credit rating by foreign institutions in the Chinese interbank bond market and exchange bond market, issued Class-A lead underwriting licenses to qualified foreign-funded institutions, and promoted foreign institutional investors in the interbank bond market.

(3) Significantly reduce the market entry process cycle for central bank institutions. In July, the *Guidelines for Overseas Central Bank Institutions to Enter the Domestic Interbank Market of China* was optimized and updated to improve the capability and the service level of overseas central bank institutions' investment agencies.

(4) Integrate the policies for foreign institutional investors to invest in the interbank market through different channels. On October 16, the PBC and the SAFE drafted the *Notice on Facilitating Foreign Institutional Investors' Investment in the Interbank Bond Market*. This notice allowed nontradable transfers of bonds from the same foreign entity QFII/RQFII and those under direct market entry channels, direct transfer between funds accounts, and a single filing for the same overseas entity to enter the market through these aforementioned channels.

(iii)Evaluation of policies

1. The bond market has further expanded. Driven by the policy of optimizing and standardizing the system of bond issuance, the volume and size of bond market has grown steadily. In 2019, the national bond market issued bonds worth RMB 45.32 trillion—an increase of RMB 1.73 trillion from the previous year; at the end of the year, the national bond market custody balance was RMB 99.10 trillion, an increase of 14.7% year-on-year, ranking second in

the world.

2. The ability to serve the real economy has further expanded. In 2019, the volume of corporate credit bonds issue grew significantly. The total value of corporate credit bonds issued in 2019 was RMB 9.73 trillion, up 33.3% year-on-year, effectively exerting the direct financing function of the bond market and supporting the healthy development of the real economy. Among others, in supporting private enterprises, the total amount of debt financing instruments registered by the NAFMII for private enterprises was RMB 471.461 billion, with an issuance volume of RMB 331.8 billion. With regard to credit risk mitigation certificates for private corporate bonds as underlying bonds, 83 bonds were issued with a total nominal principal of RMB 10.458 billion and supported the issuance volume of RMB 35.466 billion.

3. The innovative products progressed to support corporate development from multiple perspectives. As of the end of 2019, the value of the cumulative issuance of perpetual bonds of commercial banks was RMB 569.6 billion, which broadened their channels to supplement other tier-1 capital instruments and play a significant role in improving the ability of commercial banks and serving the real economy. All innovative green bonds have been successfully issued consecutively to better finance or refinance green projects satisfying the required conditions. In 2019, with the rapid growth of the asset securitization market, various products worth RMB 2.3 trillion were issued. Innovation of the asset securitization product was actively encouraged. In March, several bonds were successfully issued, such as the first subway passenger toll benefit right ABS, namely GF Hengjin—Guangzhou Metro Group Special Plan on Subway Passenger Toll Revenue Right Asset Support; the first expandable REITs, Cainiao Zhonglian—CITIC Securities—China Smart Logistic Network Special Plan on Warehousing Asset Support; and in July, the credit protection contract of JD Digits–CITIC Securities Special Plan on No. 7 JD Debt Note Account Receivables Claim Support with the first subject as ABS.

4. Increase in trading activity. In 2019, the bond market saw a turnover of RMB 217.10 trillion, an increase of 38.6% year-on-year. The turnover rate of spot bonds in the interbank bond market was 219%, a rise of 38% year-on-year. The top three securities with the highest trading activity were policy bank bonds, interbank certificates of deposit, and book-entry government bonds, with turnover rates of 589.2%, 470.1%, and 236.7%, respectively.

5. Market openness improved substantially. In terms of market entry, in 2019, 220 overseas legal entities and institutional investors entered the interbank bond market with an RMB 5.3 trillion turnover of spot bonds, an increase of 66.0% year-on-year. As of the end of 2019, a total of 796 overseas institutional entities entered the interbank bond market and the total bond custody worth of foreign institutions in the interbank bond market was RMB 2.2 trillion, an

increase of 27.4% year-on-year, accounting for 2.5% of the interbank bond market. Panda bond issuance was remarkable. The bond issuers such as foreign government agencies, international development agencies, financial institutions, and non-financial companies issued a cumulative of 215 bonds worth RMB 375.67 billion in the Chinese bond market, including RMB 251.50 billion issued in the interbank market. In January, Standard & Poor's Credit Rating (China) Co., Ltd. was allowed to enter the interbank market for credit rating of all bonds. In August, Deutsche Bank (China) Co., Ltd. and BNP Paribas (China) Co., Ltd. became Class-A lead underwriters of non-financial corporate debt financing instruments in the interbank bond market. In terms of entry into global markets, throughout the year, the PBC issued 12 central bank bills in Hong Kong worth RMB 150 billion of funds; the MOF issued 6 government bonds worth RMB 12 billion of funds, up 20% year-on-year, and USD 6 of sovereign bonds in Hong Kong, RMB 2 billion of government bonds in Macau, and EUR 4 billion of sovereign bonds in France. In February, the Meoglory China 10-year Government Bond and Policy Finance Additional Green Bond ETF with ChinaBond Bonds and Policy Bank Bond Green Enhanced Index as a follow-up subject were officially listed on the Taiwan Stock Exchange. In November, the ChinaBond–ICBC RMB Bond Index was released globally in Singapore, which further enhanced the international presence of the Chinese bond market. With regard to the inclusion of international bond indexes, from April 1, the Chinese government bonds and policy bank bonds denominated in RMB were formally included in the Bloomberg Barclays Global Composite Index. In September, JP Morgan Chase announced that, within 10 months from February 28, 2020, it would include nine highly liquid Chinese government bonds denominated in RMB into its JP Morgan Chase Global Emerging Market Government Bond Index Series. FTSE Russell has also listed China as the watcher of the FTSE World Treasury Bond Index, which tracks the most funds.

(iv) Outlook

The year 2020 would be a moderately prosperous, fully established society, the Thirteenth Five-Year Plan rounded off, and the function of bond market strengthened in serving the real economy. The bond market will further concentrate on serving the real economy, preventing and controlling financial risks, and deepening financial reforms in accordance with the spirit of the 19th National Congress of the Communist Party of China and the Central Economic Working Conference; adhere to the principles of marketization, rule of law, and internationalization; strengthen the system as well as product innovation with innovation driving and reform/opening up as two wheels, promote bond market opening, improve the basic system of bond market, enhance infrastructure services, and raise the ability and level of serving the real economy.

V. Policies for Fund Market Development[①]

(i) Overview of Fund Market Developments in 2019

In 2019, returning to origins was the keynote of the fund industry. The equity fund market quickly developed and evolved. With the implementation of new provisions regarding asset management, a new developmental landscape emerged for the asset management business over this year. According to statistics reported by the Asset Management Association of China (AMAC), by the end of 2019, aggregate assets under management (AUM) by fund management companies and their subsidiaries, securities companies, futures companies, and privately offered fund management agencies totaled 52.2 trillion renminbi (RMB),[②] an increase of over RMB 700 billion since the end of 2018. Among them, the AUM by publicly offered fund management agencies totaled RMB 14.8 trillion, a year-on-year increase of RMB 1.7 trillion. Privately offered asset management plans of licensed institutions totaled RMB 19.5 trillion, a year-on-year decrease of RMB 3.6 trillion. Of all privately offered asset management business revenue, securities companies accounted for RMB 11.0 trillion,[③] fund companies RMB 4.3 trillion, fund subsidiaries RMB 4.2 trillion, and futures companies RMB 142.9 billion. The number of private fund managers registered with the AMAC increased to 24,471, a year-on-year increase of 23. Eighty-one thousand seven hundred and ten privately offered funds had their durations filed, representing a year-on-year increase of 7,081. The approximate market size of privately offered funds was RMB 14.1 trillion, a year-on-year increase of RMB 1.4 trillion. By the end of November 2019, endowment insurance funds managed by fund management companies stood at RMB 2.40 trillion, a year-on-year increase of RMB 700 billion. The duration of special asset support programs registered with the AMAC stood at RMB 1.6 trillion, a year-on-year increase of RMB 500 billion.

In 2019, publicly offered funds represented by active equity funds gave full play to their

---

① About the Author: Cai Hengpei is a senior supervisor at the Research and Statistics Department of Asset Management Association of China (AMAC).

② The portion of products managed by privately offered fund consultants that are double-counted in the privately offered asset management industry has been excluded from the total size.

③ Including the duration size of massive collective products and the size of privately offered funds of private offering subsidiaries.

professional values, bringing competitive returns to investors on the basis of risk prevention and serving the value preservation and appreciation of social wealth. By the end of 2018, publicly offered fund management institutions managed 6,544 publicly offered fund products with a share of RMB 13.7 trillion and a size of RMB 14.8 trillion, which represented a year-on-year increase of RMB 1.7 trillion. Among them, the size of closed-end funds increased by RMB 703.9 billion, the size of money market funds in open-end funds decreased by RMB 500.8 billion, equity funds increased by RMB 474.8 billion, hybrid funds increased by RMB 528.9 billion, and bond funds increased by RMB 503.2 billion. By the end of November, the average annualized returns of stock-leaning funds were 14.1%, which exceeded the average rise in the Shanghai Stock Exchange (SSE) Composite Index by 9.4 percentage points. Domestically, the offering size of newly issued equity funds (under the fund contract, the stock investment position was greater than 60%) products increased by approximately 70% over the previous year. The market value of shares held publicly offered funds increased by about 50%. The average performance of active equity funds was 47.4%, which exceeded the SSE Composite Index by 25.1 percentage points. Equity funds developed significantly since their active management capability was enhanced.

Securities and futures institutions continued to optimize asset management structure, effectuated the reduction of corporate leverage ratios and channels and enhanced its efficacy in catering to the real economy.Since the detailed rules of the Guiding Opinions on Regulating the Asset Management Business of Financial Institutions were enforced in October 2018, the size of the channel business has decreased by RMB4.95 trillion (32.8%), with its share under active management increasing by 11%; the size of classified products has decreased by 234.6 billion (55%); the leverage ratio of partial stock products dropped by 19%. As of the end of 2019, there were 940 private equity funds, and 4879 investment projects, which raised equity capital of RMB458.3 billion; there were 198 relief funds for private companies and RMB60.591 billion worth of projects which had been launched, which supported 215 listed companies. Asset securitization enriched financing modes, existing assets were revitalized, and the structural reduction in corporate leverage ratios continued to yield positive effects. By the end of 2019, a total of 64 real estate investment trust products worth RMB 125.5 billion, and 30 home-rental asset-backed securities (ABS) products worth RMB 26.5 billion were registered. Among the issuing entities of corporate asset securitization, the asset securitization of private enterprises reached RMB 1.65 billion, accounting for 46.4% of the total segment size. This supported the development of home-rental and private enterprises and the deployment of national strategies as well as expanded the direct financing channel for entity enterprises. There were 48 new green ABS products with a size of RMB45 billion; 31 new ABS products for poverty alleviation and farmers with a size of RMB16.9 billion. They were established to support development in key fields and inclusive finance.

The important role of privately offered funds in supporting the real economy became increasingly prominent during 2019. By the end of the third quarter, the total number of private fund investments in the equities of domestic unlisted enterprises, National Equities Exchange and Quotations (NEEQ)-listed businesses, and refinancings totaled 112,000, channeling equity capital of RMB 6.4 trillion into the real economy. In the first three quarters, the principal of privately offered fund investments in domestic unlisted enterprises' equity programs increased by RMB 449.2 billion, which is equivalent to a 2.4% increase in social financing during the same period the previous year. Meanwhile, privately offered funds became a strong tool for implementing the national innovation development strategy and supporting the development of small to mid-sized enterprises (SMEs). By the end of the third quarter, there were 60,000 privately offered fund investments in SMEs with principal of RMB 2 trillion. There were 31,000 investments in hi-tech enterprises with principal of RMB 1.3 trillion. Computer application fields, such as the Internet; industrial capital items and raw materials, such as machinery manufacturing; as well as the typical domains of industrial improvement and the new economy, such as medicine and biology and medical devices and services, have become hot spots in private equity and venture capital fund investments, with a total of 55,000 investment projects valuing RMB 2.7 trillion being invested during 2019.

(ii) Analysis of Policies for Fund Market Development

The essence of asset management services is that the asset manager accepts a client's commission and fulfills his or her responsibility of trusteeship and due diligence by investing and operating the client's assets according to the conditions contractually agreed upon. The client then receives income from the investment while bearing investment risks, as also prescribed in the contract. The purpose of asset management services is to follow the principle of "the seller is to duly fulfill its responsibilities and the buyer is to himself bear the liability." As a fundamental law defining the fund industry, the *Fund Law*, based on the concepts of trust relationships and fiduciary duty, establishes for funds a complete legal relationship and prioritizes protecting the legitimate rights and interests of investors. Its new provisions on asset management, which unify the regulatory standards for the asset management business of various financial institutions, play an important role in eliminating payment rigidity and returning to net value management. Continuing to fulfill fiduciary duties and protect the legitimate rights and interests of investors, these industrial regulatory policies further unify the foundations of legal theories, regulate information disclosure, standardize sales behavior, and strengthen credit restraint, while preventing industrial risk, promoting industrial culture-building, fostering professional capability, and enhancing the adaptability, competitiveness, and inclusiveness of the industry.

(iii) Main Goals of Policies for Fund Market Development in 2019

There are two main areas that the fund market policy changes and developments that were implemented in 2019 seek to address, as elaborated in #1 and #2 below.

1. Implement appropriate regulation, strengthen self-regulatory mechanisms, conduct credit checks and balances, and modernize the governance of the privately offered funds industry.

On July 9, the *Guiding Opinions of the General Office of the State Council on Accelerating the Construction of a Social Credit System and Constructing a New Credit-based Supervision Mechanism* was issued, which emphasizes the need to strengthen credit supervision and industrial self-regulation policies and construct a credit system. In line with the requirements for the modernization of national governance, the privately offered fund industry witnessed steady progress in credit accumulation and credit restraint mechanisms. On November 11, based on the experience of piloting the member credit information reporting of privately offered securities investment fund managers, the AMAC issued the *Working Rules for Member Credit Information Reporting of Private Equity and Venture Capital Fund Managers (for Trial Implementation)*, which establishes a credit information evaluation dimension and indicator system featuring 23 indicators under "one attribute and three dimensions" and 15 indicators under investment style, which incorporated the privately offered fund industry into the member credit information reporting system. Therefore, the credit information disclosure of abnormal privately offered fund institutions was further increased. Information, such as administrative penalties and administrative supervision measures, was added to the comprehensive inquiry pages of privately offered funds managers, thereby forming a transparent and clear disclosure and punishment mechanism. On October 24, the National Development and Reform Commission (NDRC) and the Ministry of Commerce (MOC) jointly issued the *Market Access Negative List (Revision)*, which, for the first time, incorporates privately offered funds into the country's unified market access system and further increases the supervision of "false privately offered funds." Following the principle of promoting high-quality funds and restricting shoddy funds, the AMAC strengthened entrance management and safeguarded the business order of the industry. On the manager registration front, the AMAC officially implemented a new version of the *Instructions for Registration of Privately Offered Fund Managers*, which organizes registration applications into "pass," "suspend handling," and "reject registration" categories, separates additional cases, reduces rejection and correction work, and optimizes the procedures with which institutions should manage registrations. On the recordation of products front, the AMAC issued a new version of the *Instructions for Recordation of Privately Offered Investment Funds* on December 23, which further clarifies the extension boundaries of privately offered funds, reviews the duties of managers and custodians, reiterates the requirements for qualified investors, specifies the concept of concluding fundraising and the conditions for increasing placement, formulates detailed requirements for investment operations, regulates affiliate transactions, prevents conflicts of interest, puts forward differentiated recordation requirements for different types of funds, and promotes the principle of "survival of the fittest" in the industry.

2. Unify supervision, guard against risks, return to origins, and enhance the industry's ability to serve the real economy.

With the implementation of these new asset management provisions, various asset management businesses returned to their origins and promoted unified supervision. On July 26, the China Securities Regulatory Commission (CSRC) issued the *Measures for the Administration of Disclosure of Information on Publicly Offered Securities Investment Funds*, which further optimizes the information disclosure mechanism of publicly offered funds, enhances protections for investors, and directs institutions to fulfill their responsibilities as compliance entities. On November 29, the China Banking and Insurance Regulatory Commission (CBIRC) issued the *Measures for the Management of Net Capital of Wealth Management Subsidiaries of Commercial Banks (for Trial Implementation)*, which establishes a net capital management system that is compatible with the business model and risk characteristics of wealth management subsidiaries, directs them to conduct business within their capacities using net capital restraints, prevents them from pursuing haphazard expansion, and encourages them to promote standards and health development. On December 24, the People's Bank of China, the CBIRC, the CSRC, and the State Administration of Foreign Exchange (SAFE) jointly issued the *Notice of Further Regulating Financial Marketing and Publicity Activities*, which imposes eight prohibitions on misconduct, unifies the regulation of marketing and publicity behaviors of various financial institutions, continues to strengthen the principle of sellers fulfilling their duties, and breaks payment rigidity. On December 28, the Standing Committee of the National People's Congress adopted the *Securities Law (Revision)*, which extends its application to ABS and asset management products, clarifies the securities attributes of asset management products, and lays a legal foundation for unifying the regulation of the asset management industry and eliminating regulatory arbitrage.

While pursuing strict supervision and risk prevention, the industry put its own cultural development on the agenda with the improvement of developmental ecology, the expansion of developmental spaces, and stronger core competitiveness. On October 24, the CSRC issued the *Notice of Effectively Piloting the Investment Advisor Business of Publicly Offered Securities Investment Funds*, which officially commences the work of experimenting with the publicly offered fund investment advisor business, marks the rise of buyers representing the interests of fund investors, promotes the evolution from simply providing asset management products to offering systematic and omni-dimensional wealth management, and optimizes the developmental ecology of the industry. At the culture-building mobilization conference held on November 21, the securities and fund industry proposed the policy of "compliance, honesty, professionalism, and robustness," promoting and cementing the cultural strength and foundation of the industry. On December 6, the CSRC issued the *Guidelines for Manager of Managers (MOM) Products of Securities and Futures Business Institutions (for Trial Implementation)*, which regulates the investment and operation of Manufacturing Operations Management (MOM) products, gives full play to the professional investment capabilities of asset management institutions, meets the asset allocation demands of investors and mid- and long-term funds, and enhances the efficiency of the industry serving social wealth management.

(iv) Industry Outlook

After more than 20 years of development, the asset management industry has become an important component of the modern financial system and an important tool and carrier for the capital formation of public wealth management and the real economy. The *Fund Law* lays the legal foundation for the unified regulation of publicly and privately offered funds. The measures for the management of massive collective assets contributed to the formulation of the specifications for the unified management of massive collective assets, in reference to the experiences of the fund industry. However, from the perspective of substance and industrial practice, unified supervision and functional supervision is a long-term, arduous task. The regulator must bear in mind the nature of business as well as investors' interests, promote the unification of superordinate law and regulatory rules, and realize functional supervision from access to continuous operation. The revisions to the *Securities Law* incorporate the asset management business into the scope of securities and clarifies that "[t]he administrative measures for the offering and trading of ABS and asset management products shall be developed by the State Council under the principles of this Law." This removes regulatory barriers and provides a legal basis for establishing a unified system for the issuance, trading, and supervision of securities. With this improvement in the legal foundation and the top-level design and progress of a unified and functional supervision system, the asset management industry will see great progress in its development. Establishing a unified legal framework and regulatory rules was urgently required by the industry. Against this backdrop, a competitive landscape in which a diversity of asset management products are emerging is currently taking shape. Meanwhile, as regulation deepens reform and accelerates the opening up of capital markets, the introduction of international competitors and their experiences will present new opportunities and challenges to the industry.

Appendix

Major Regulatory Policies for China's Fund Market Development in 2019

Released on	Major Policies	Released by
January 15	*Guidelines for the Investment of Publicly Offered Securities Investment Funds in Credit Derivatives*	Announcement No. 1 [2019] of the CSRC
January 18	*Guidelines for the Valuation of Investment Credit Derivatives of Securities Investment Funds (for Trial Implementation)*	AMAC
March 29	*Notice of Issuing the Guidelines for the Content and Format of Asset Management Contracts of Collective Asset Management Plans (for Implementation) and other Self-regulation Rules* 1. *Guidelines for the Content and Format of Asset Management Contracts of Collective Asset Management Plans (for Implementation)* 2. *Guidelines for the Content and Format of Asset Management Contracts of Single Asset Management Plans (for Implementation)* 3. *Guidelines for the Content and Format of Risk Disclosure Statement of Asset Management Plans (for Implementation)*	AMAC
April 4	*Notice on the Administration of the Qualifications of Personnel Engaging in Massive Collective Product Management Business in Securities Companies*	AMAC
June 3	*Guidelines for the Administration of Recordation of Privately Offered Asset Management Plans of Securities and Futures Business Institutions (for Trial Implementation)*	AMAC
June 14	*Guidelines for the Participation of Publicly Offered Securities Investment Funds in Securities Lending Transactions for Refinancing (for Trial Implementation)*	Announcement No. 15 [2019] of the CSRC
June 21	*Guidelines for Accounting and Evaluation Business Regarding the Participation of Securities Investment Funds in Securities Lending Transactions for Refinancing (for Trial Implementation)*	AMAC
June 24	*Notice of Issuing the Detailed Working Rules for Due Diligence Investigation of the Asset Securitization of Public-Private-Partnership (PPP) Projects and other Self-regulation Rules Detailed Working Rules for Due Diligence Investigation of the Asset Securitization of PPP Projects Detailed Working Rules for Due Diligence Investigation of the Asset Securitization of Corporate Accounts Receivable Detailed Working Rules for Due Diligence Investigation of the Asset Securitization of Financial Lease Debt*	AMAC

Continued

Released on	Major Policies	Released by
July 2	*Notice by the Asset Management Association of China of Registration of Investment Managers Engaged in Privately Offered Asset Management Business of Securities and Futures Broker-Dealer Institutions*	AMAC
July 3	*Notice by the Asset Management Association of China of Adjusting Relevant Matters on Registration of the Qualification of Fund Practitioners*	AMAC
July 26	*Measures for the Administration of Disclosure of Information on Publicly Offered Securities Investment Funds*	Decree No. 158 of the CSRC
August 1	*Notice by the Asset Management of China of Adding the Disclosure of Information concerning Deregistered Private Equity Fund Managers*	AMAC
August 7	*Notice of Issuing the Suggestive Announcement Template of the Measures for the Administration of Disclosure of Information on Publicly Offered Securities Investment Funds*	AMAC
September 29	*Solemn Statement on the Registration and Recordation Work (2019)*	AMAC
October 8	*List of Conditions for the Applicability of Simple Recordation Inspection Procedures to the Privately Offered Asset Management Plans for Securities and Futures Business Institutions*	AMAC
October 19	*Notice of Further Clarifying the Matters Concerning Regulating Asset Management Products for Financial Institutions to Invest in Venture Capital Funds and Government-Funded Industry Investment Funds*	NDRC, POB, MOF, CBIRC, CSRC, and SAFE
October 24	*Notice on Issuing the Market Access Negative List (Revision)*	NDRC and MOC
November 11	*Working Rules for the Member Credit Information Reporting of Private Equity and Venture Capital Fund Managers (for Trial Implementation)*	AMAC
November 29	*Measures for the Management of Net Capital of Wealth Management Subsidiaries of Commercial Banks (for Trial Implementation)*	CBIRC
December 2	*Notice on Matters Relating to the Launching of the Targeted Disclosure Function of the Private Equity Fund Information Disclosure Backup System*	AMAC
December 6	*Guidelines for Manager of Managers (MOM) Products of Securities and Futures Business Institutions (for Trial Implementation)*	Announcement No. 26 [2019] of the CSRC
December 23	*Updated Version of the Instructions for the Recordation of Private Equity Investment Funds*	AMAC
December 24	*Notice of Further Regulating Financial Marketing and Publicity Activities*	POB, CBRIC, CSRC, and SAFE
December 26	*Notice on Matters Relating to Private Equity Manager of Managers (MOM) Products of Securities and Futures Business Institutions*	AMAC
December 28	*Securities Law of the People's Republic of China (Revision)*	Standing Committee of the National People's Congress

Article 11

Interpretation of the Notice on Further Clarifying and Regulating Matters Regarding Financial Institutions' Investment of Assets Management Products in Venture Capital Funds and Contribution of Government in Industrial Investment Funds①

On April 28, 2018, the People's Bank of China (PBOC), the China Banking and Insurance Regulatory Commission, the China Securities Regulatory Commission, and the State Administration of Foreign Exchange jointly issued the Guiding Opinions on Regulating the Asset Management Business of Financial Institutions ("Opinions"). The Opinions imposed stringent requirements on breaking rigid payments, limiting maturity mismatches, and product netting, to create a favorable institutional environment for the healthy development of asset management services. Article 2 of the Opinions clarified that the regulations governing venture capital funds and government contribution in industrial investment funds ("Two Funds") will be formulated separately. However, because financial institutions' asset management products are one of the main contributors to the Two Funds, the operating provisions on investment in the Two Funds are not clear under the Opinions' new requirements of financial institutions' asset management products. This confusion has greatly hindered the sources of the Two Funds. Thus, on October 19, 2019, six ministries and commissions including the National Development and Reform Commission and the PBOC formulated and issued the Notice on Further Clarifying and Regulating Matters Regarding Financial Institutions' Investment of Assets Management Products in Venture Capital Funds and Contribution of Government in Industrial Investment Funds ("Notice").

The Notice covers five aspects. First, the Notice defines the Two Funds in detail. For example, shares of venture capital funds invested in financial institutions' asset management products "shall not be arranged in structure, except for shares in venture capital guidance funds established by government contribution as preferred." In contrast, for the industrial investment funds of government contribution, "the government shall subscribe capital by no less than 10% of the total size of the fund or 5% of any fund on approval by the Central Committee of the Communist Party of China (CPC) and the State Council." Second, before the promulgation of the Opinions, the subscription agreements signed by financial institutions with the Two Funds under the Notice will remain effective. During the transition, financial institutions can issue original

① About the Author: Jiang Jianrong, Deputy General Manager and Chief Strategic Researcher, SWS Research Co., Ltd.

products for contribution within the general stock of products and regularly reduce them to prevent a free-fall effect at the end of the transition. If the transition has not yet expired, then on the approval of financial regulatory authorities, they shall properly arrange and handle. Third, unless the CPC Central Committee and the State Council require otherwise, the Two Funds under new subscription agreements after the introduction of the Opinions, involving financial institutions issuing asset management products, shall seriously follow the Opinions. Fourth, any asset management product with investment direction limited to the Two Funds under this Notice can be regarded as a qualified investment without adding separate investors. Fifth, when accepting asset management products and other private equity investment funds, the Two Funds under the Notice are not considered as a tier of asset management products.

The Notice focuses on solving real problems in the Two Funds and plays an important role in promoting sustainable and healthy development of the Two Funds. Furthermore, the Notice not only improves the supporting institutional system of the Opinions but also stabilizes market expectations.

Ⅵ. Policies for Monetary Market Development①

With prudent monetary policies and by promoting economic stability while striving for improvements, the money market was generally stable in 2019. Interest rates saw a downward trend. The number of market members continued to increase and the scale of the market expanded.

(i)The Interbank Lending Market

1. Market operation overview

In 2019, China's interbank lending market continued to operate steadily. The overall market prices had a moderate downward trend. The trading volumes continued to expand and the number of market members increased. As shown in Figure 1, the interbank lending market witnessed a turnover of RMB 151.6 trillion in 2019, up by 8.86% year on year, with an average daily transaction volume of RMB 606.5 billion. Interbank lending accounted for 15.61% of the total transaction volume in the monetary market, down by 0.55 percentage points year on year. The interbank lending market had a total of 2,190 member banks nationwide, 144 more than that at the end of the previous year.

① About the Authors: Rong Yihua, Deputy Director of Financial Market Department of Shanghai Headquarters of the People's Bank of China; Wang Wenzhu, Principal Staff of Financial Market Department of Shanghai Headquaters of the People's Bank of China.

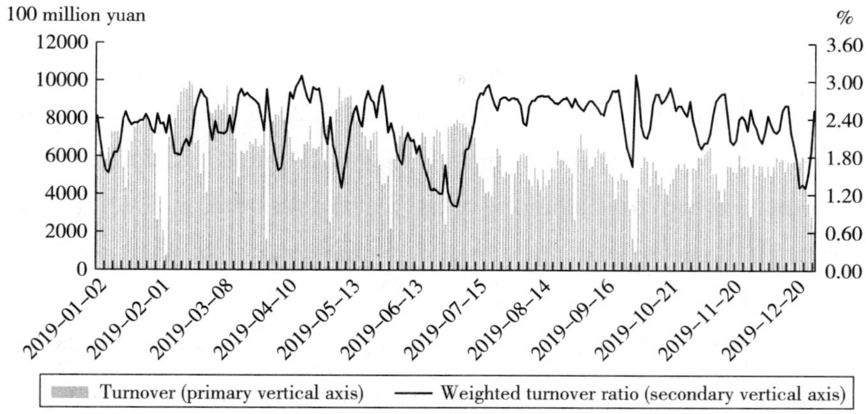

Source: China Foreign Exchange Trading System (CFETS).

Figure 1 Turnover of China's interbank lending market in 2019

The interbank market interest rates had an overall downward trend. In 2019, the weighted interest rate of the interbank lending market was 2.2724%, with a year-on-year decline of 31.65 basis points. The overnight rate of major financial banking institutions went down by 24 to 29 basis points, and the seven-day lending rate went down by 13 to 23 basis points.

In terms of fund flow in the interbank lending market, large commercial banks, policy banks, and joint-stock banks were the main financing parties, while securities companies, city commercial banks, and financial companies were the main capital importers.

2. Predictions

In 2020, the interbank lending market will operate in a more standardized and orderly manner, with an expanded scale of the market. Liquidity adjustment facilities will be more prominent.

(ii)The Bill Market

In 2019, the bill market system steadily improved. Supporting infrastructures have been continuously optimized and the liquidity of bill assets has gradually improved. There have been countless innovations in the bill business, and this led to an increased ability to serve the real economy.

1. Market operation overview

In 2019, the scale of the bill market has expanded, with the business of various bills increasing. The annual bill business volume of 2019 reached RMB 131.45 trillion, up by 19.04% year on year. This included RMB 20.38 trillion of acceptance bills, RMB 46.47 trillion of enterprise endorsement, RMB 12.46 trillion of discounted notes, and RMB 50.94 trillion of bill trading. By the end of the year, China's bill trading system had 2,884 legal entities, 2,913 members, and 101,622 participants.

Acceptance bills, including commercial acceptance bills, increased steadily. RMB 20.38 trillion of acceptance bills were released in the market in 2019, up by 11.55% year on year. At the end of the year, the balance after clearing all bills of acceptance reached RMB 12.73 trillion, up by 15.27% compared with the beginning of the year. Banker's acceptances totaled RMB 17.36 trillion, up by 10.41% year on year, with an end-of-year balance of RMB 10.89 trillion, up by 14.27% compared with the beginning of the year. For commercial acceptance bills, the total was RMB 3.02 trillion, up by 18.61% year on year, with an end-of-year balance of RMB 1.84 trillion, up by 21.56% compared with the beginning of the year. Acceptance bill issuance accounted for 5.07% of all social financing, 0.2 percentage points higher than that of the previous year.

Bill discounting continued to be prominent, more than 90% was that of banker's acceptances. Bill discounting reached RMB 12.46 trillion in 2019, up by 25.33% year on year. Discounting of banker's acceptances accounted for 92.46%, while that of commercial ones accounted for 7.54%. The end-of-year balance after clearing all discounting was RMB 8.18 trillion, up by 24.03% compared with the beginning of the year.

The trading of bills increased substantially, as repurchases did. The turnover of the bill market in 2019 was RMB 50.94 trillion, up by 22.01% year on year. This included RMB 38.82 trillion of interbank discount, up by 12.11% year on year, and RMB 12.04 trillion of pledge-style repos, up by 69.30% year on year. Buyout repo transactions totaled RMB 1.19 trillion, up by 71.31% year on year.

Table 1 Size of China's Bill Market in 2019

Unit: RMB 100 million

Quarter	Acceptance	Discounting	Interbank discount	Repurchase
Q1	53869.65	35634.02	118766.78	25314.44
Q2	46314.78	27606.72	93154.20	34890.66
Q3	49873.85	30140.71	94137.30	31033.74
Q4	53735.31	31207.32	82161.87	29972.79
Total	203793.59	124588.77	388220.16	121211.62

Source: Shanghai Commercial Paper Exchange.

Rediscounts were further promoted, effectively reducing the financing costs of the real economy. The People's Bank of China increased its rediscount quota by RMB 200 billion in 2019, helping small- and medium-sized banks in liquidity and guiding financial institutions to increase support for key areas for economic development and areas in need of help, such as small and micro businesses, private enterprises, agriculture, rural economy, and poverty alleviation projects. The end-of-year rediscount balance was RMB 471.4 billion, up by 43.28% from the same period in the previous year.

Bill market interest rates continued to fall, witnessing a wide fluctuation. As shown in Figure 2, the weighted average monthly discount rate fell from 3.67% in January to 3.24% in December and was 59 basis points lower than the previous year, 111 basis points lower than the benchmark lending rate, and 91 basis points lower than the one-year loan prime rate in December. The weighted average monthly discount rate fell to 3.11% in December from 3.60% in January, down by 61 basis points compared with the previous year. The monthly weighted average interest rate for pledge-style repos fell to 2.40% in December from 2.61% in January, down by 72 basis points compared with the previous year.

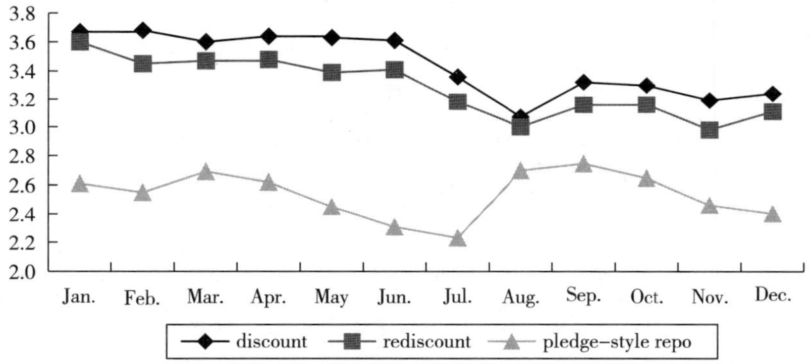

Figure 2 Trend of interest rates of the bill market in 2019

2. Major policies introduced

In February, the General Office of the CPC Central Committee and the General Office of the State Council issued "Opinions on Strengthening Financial Services for Private Enterprises," calling for more support for bill financing for private enterprises, simplifying the process of discount business, improving discount financing efficiency, and handling rediscount in a timely manner.

In April, the China Banking Association issued "Self-discipline Convention on the Bill Business of the China Banking Association," advocating to resolve disputes among member companies by means of consultation, mediation, or arbitration, which are practical and feasible in preventing and resolving the legal risks of bill business and the bank's reputation risks. It established a self-discipline agreement in promoting a bill business that is legal and standard-compliant, in the service of the economy and the Belt and Road Initiative, with strengthened risk management, information sharing schemes, standardized business operations, and good management of practitioners, as well as business dispute resolution and violation handling mechanism. It helped to set standards for banks' bill business operation and competition behaviors, guide financial institutions to fulfill their responsibilities as they establish a good image and reputation in the industry, and create a fair, orderly business environment.

In May, the China Banking and Insurance Regulatory Commission (CIRC) issued the document "Consolidating Achievements in Irregularity Rectification and Promoting Compliance Building" (BJF[2019] No.23) to further the investigation on the irregularities of bills, including behaviors such as "lack of due diligence on the background check leading to failures in identifying false sources of deposit, utilizing the bill business to regulate deposit and loan scale, risk capital and other regulatory indicators, or engaging in the discount business with negative interest rates to carry out arbitrage, etc."

In July, the CIRC issued "Notice on Further Strengthening the Supervision and Administration of the Bill Business of Financial Company of the Enterprise Group," stressing that finance companies shall strictly examine the authenticity of trading background in the bill business and shall not process businesses with false or unclear trading background. The document also required that finance companies should carry out the bill business in accordance with laws and regulations.

In November, the Supreme People's Court issued "The Notice on Issuing the Minutes of the National Courts' Civil and Commercial Trial Work Conference," pointing out that bill discounting is a business of state franchising and any agencies involved in "discounting" without legal qualifications will be suspected of crimes. The minutes set out to give clear provisions on disputed practical issues covering areas including discount, interbank discount, the effectiveness of private discounted notes, the so-called list transactions with no actual endorsement or payment, and malicious announcements to urge declaration of claims. If a legitimate holder of bills makes a "discount" to a party without legal qualifications, the act shall be deemed null and void and the discount amount and the bills shall be returned to their original owner. If the parties concerned are unable to return the bill, the original legal holder may refuse to give back the discount amount. Also, if the people's court in the civil and commercial cases found parties who do not have legal qualifications to "discount" in order to acquire revenue, relevant materials should be transferred to the public security organizations, as such an act makes the parties involved suspects of crimes. With the previously mentioned provisions, bill agencies will lose the support of the court if they were to exercise the right of recourse. Some agencies, if involved in lawsuits, would possibly be sent to public security organizations for violations. The minutes helped restrain illegal bill agency activities, standardize the market, and maintain its steady development.

In December, the Central Committee of the CPC and the State Council issued "Opinions on Building a Better Development Environment to Support the Reform and Development of Private Enterprises," proposing to promote equity pledge financing of movable properties, such as bills and orders of supply chains. The document encouraged third parties to establish comprehensive service platforms for supply chains and pointed out that long-term mechanisms for clearing and preventing arrears need to be established.

3. Analysis of policy effect

An environment for developing a standardized market has been formed. At the beginning of 2019, the issue of bill arbitrage attracted much attention from the society. An executive meeting of the State Council on February 20 discussed that the rapid increase in bill financing may result in "arbitrage" and "idle" activities of funds. The credit and liquidity risks of the bill business revealed by the subsequent Baoshang Bank event led the regulatory authorities to further strengthen the supervision of the bill business. In order to avoid financial risks and prevent systemic financial risks from happening, administration authorities set high examination standards on the trade background of bill acceptance and discount processes. The CIRC issued a notice to crack down problems such as lack of due diligence on the background check in the bill business or engaging in the discount business with negative interest rates to carry out arbitrage. The notice put forward clear requirements for finance companies to carry out the bill business in accordance with laws and regulations. Local regulatory authorities also raised standards for bill business supervision and administration. For example, the Beijing Bureau of the CIRC issued "Regulatory Opinions on Regulating Banking Financial Institutions' Bill Business" in response to the risks in and violations of bills in Beijing, focusing on five aspects: fund review, trade background review, commercial acceptance bill business, high-proportion guaranteed bill business, and cross-provincial bill business. The Shanghai Commercial Paper Exchange issued a number of notices such as "Notice on Strengthening the Verification of the Information of Electronic Commercial Bills" and "Risk Prompt about Electronic Commercial Acceptance Bills created by Fake Identities" to guide institutions in the bill business to control and prevent operational and moral risks.

The policies promoted the healthy development of the bill market. The Central Committee of the Communist Party of China and the State Council issued many guidance documents, such as "Opinions on Strengthening Financial Services for Private Enterprises" and "Opinions on Building a Better Development Environment to Support the Reform and Development of Private Enterprises," which put forward higher requirements on bills in terms of serving the real economy, supporting the financing of private enterprises, and preventing delinquency. Local regulatory authorities also issued relevant supporting documents. For example, the Banking Management Department of the PBOC, in association with the Beijing Banking Supervision Bureau, CSRC, and other institutions, issued the "Action Plan for Beijing Financial Support for Clearing up the Accounts Owed to Small and Medium-sized Enterprises (2019-2020)," encouraging financial institutions to issue and accept commercial bills in trade settlements involving small- and medium-sized enterprises to facilitate their financing. The Shanghai headquarters of the PBOC and the Pudong New Area Government formulated the "Guiding Opinions on Financial Support for the Reform and Opening-up of Pudong New Area to Realize High-quality Development of the New Era" after jointly studying the issue. The document encouraged financial institutions to promote supply chain finance using commercial bills and commercial banks to provide surety to commercial bills issued by scientific and technological innovation enterprises while promoting commercial bills of lower values. Driven by the policies, the bill market continued to be vibrant, with annual cumulative issuance of acceptance bills increasing by 11.55% year on year and bill discount increasing by 25.33% year on year.

Product innovation was constantly springing up. With improvements in the building of the bill market, the bill trading system enjoyed a further optimized capacity. With its efficient, convenient, and safe electronic operation platform, Shanghai Bill Exchange has launched a series of innovations. For example, with the product of CCPAY (*piaofutong*), users can issue acceptance bills and endorsements online in one stop. *Tiexiantong* is an electronic commercial draft system where discount applicants and institutions can conduct their business and register discount information and make inquiry and listing, as well as matching in the bill trading system. *Tiexiantong* alleviated the problem of information asymmetry in the direct discount business, making financing easier and less costly for enterprises. The introduction of "standardized notes" helped to increase the liquidity of bills accepted by small- and medium-sized banks and improve the market credit of small- and medium-sized banks. The publication of "The Yield Curve of Interbank Discount of Banker's Acceptances for City Commercial Banks" added to the benchmark system of interest rates in the bill market, which contributed to improvements in liquidity and transaction activities of small- and medium-sized bank acceptance bills.

4. Out look

In 2020, in serving the real economy, the transparency of the bill market will be greatly enhanced and its credit environment will gradually improve. There will be more passion for innovation and the building of the market infrastructure will continuously improve. The healthy development of the bill market will play a greater role in serving the real economy, especially for small- and medium-sized enterprises.

Article 12

Promulgation and Implementation of Tianjin Local Financial Supervision Regulations①

According to the official website of the Tianjin Local Financial Supervision Bureau, the Tianjin Regulations on Local Financial Supervision and Administration ("Regulations") were officially promulgated on May 31, 2019 as China's first provincial-level local financial supervision regulations. The legislation of the Regulations began at the end of 2015; they were reviewed and adopted in the 11th Meeting of the Standing Committee of the 17th People's Congress of Tianjin on May 30, 2019. Subsequently, they were put into effect on July 1, 2019, after nearly four years of extensive research, scientific analysis, amendment, and improvement.

The Regulations have six chapters and 44 clauses, including "General Principles," "Local Financial Organizations," "Supervision and Management," "Risk Prevention and Control," and "Legal Liabilities and Supplementary Provisions." As an important milestone in building Tianjin's local financial and legal systems, these regulations have laid a solid foundation for improving the supervision of local financial organizations in Tianjin and maintaining healthy and orderly development of local finance.

The Regulations define the specific scope of local financial organizations; supervise petty loan companies, financial guarantee companies, regional equity markets, pawn shops, financing and leasing companies, commercial factoring companies, local asset management companies, and other financial institutions as authorized by the city for supervision and management within the administrative area of Tianjin; and specify a code of conduct, risk prevention and control, and legal responsibilities for these financial institutions.

According to the Regulations, the District People's Government of Tianjin shall prevent and handle financial risks and formulate a response plan for emergent local financial risks. Local financial organizations failing to report significant risks will be required to correct their action, fined, suspended in business for rectification, or revoked of business licenses. Any unit or individual shall not illegally absorb public deposit, issue securities, or participate in illegal financial activities in any way. Furthermore, they shall not promise in guise to guarantee the principal,

① Extracted by He Haifeng, Director, Institute of Financial Policy, Chinese Academy of Social Sciences.

high benefit, absence of risks, or other investment benefits; effects toward unspecified targets in society; or specified targets beyond the number stipulated by law through advertising, public solicitation, or publicity in disguise.

The Regulations also define the legal liabilities of illegal acts. Any act violating the applicable provisions of the Regulations shall be seriously punished by ordered correction within a time limit, fine, confiscation of illegal income, ordered suspension of business for rectification, suspension of business licenses, or other measures. As the case may be, directly responsible directors, supervisors, and senior management personnel may also be given warnings and fines.

However, regarding joint punishment against dishonesty, the Regulations state that the municipal financial supervision and management authorities of the city shall incorporate local financial organizations' credit information into market players' credit information disclosure system and sharing platform. Moreover, they shall conduct joint punishment against relevant persons according to applicable regulations.

Ⅶ. Policies for Trust and Wealth Management Market Development[①]

(i)Main Content of Policies in 2019

In 2019, development policies of the trust and wealth management market were upgraded on many aspects including business operations, risk management, basic systems. The confirmation of the independence of trust property by the judicial department, in particular, is of fundamental significance for the return of trust.

1. Work Notice on Consolidating Achievements in Irregularity Rectification and Promoting Compliance Building

On May 8, 2019, the China Banking and Insurance Regulatory Commission (CBIRC) issued the *Work Notice on Consolidating Achievements in Irregularity Rectification and Promoting Establishment of a Compliance System* (Y.B.J.F. [2019] No. 23) (hereinafter the *Work Notice*).

The *Work Notice* clarifies its purpose: to comprehensively implement the decisions and plans of the Party Central Committee and the State Council with respect to financial work; effectively prevent and mitigate financial risks; and promote high-quality development of the banking industry and the insurance industry. Major delineated tasks include: consolidating the ideological foundation of the irregularity rectification; consolidating achievements in

① About the Author: Li Qingyun, is President of Tianjin Minsheng Asset Management Co., Ltd.

irregularity rectification; continue to eliminate problems in key fields, and strengthening internal control to establish a compliance system. Attached to the *Work Notice* are two documents on key supporting efforts (hereinafter the *Key Efforts*), in which matters related to trust agencies are summarized as follows:

(1) Implementation of Macro Regulation Policies

The *Work Notice* requires that the operating activities of trust agencies meet the requirements of macro-control policies; and those failing to meet requirements must be rectified. Specifically, the *Work Notice* pays close attention to the real estate market, government financing, high pollution and high energy consumption industries, and industries with overcapacity. It requires special attention to examine and eliminate: financing unqualified real estate projects; financing real estate companies under the guise of other intentions; illegally financing local governments or acting as local government guarantors; directly or indirectly investing in restricted or prohibited fields such as high pollution and high energy consumption industries and industries with overcapacity by using funds on or off the balance sheet.

(2) Corporate Governance

This refers to upgrading the corporate governance mechanism, which proposes a series of norms and requirements from the perspectives of equity relations, shareholders' actions, related party transactions, duty performance of the board of directors and the board of supervisors, incentive and restriction mechanisms, the evaluation system, and compensation and appointment, among others, according to the corporate governance of trust companies.

(3) Asset Quality

Asset quality is particularly important where attention is focused on risk prevention and control. The *Key Efforts* focus on the following aspects of asset quality: quality classification for trust risk assets and inherent assets, identification and reporting of risk items, whether they are intentionally concealed risks, and reserves for asset impairment or allowances for estimated debts.

(4) Non-standard Cash Pooling

Non-standard cash pooling has always been the focus of regulators, and, not surprisingly, it is also the focus of the *Key Efforts*. Trust companies are required to focus on the following issues: whether non-standard cash pooling business is added in roundabout ways; whether there exists a serious maturity mismatch in the existing non-standard cash pooling business; the liquidity risk of the existing non-standard cash pooling business; and whether there is effective look-through management.

(5) Interbank Businesses

Here the *Key Efforts* focuses on: whether there is an illegal provision of channel services to banks and insurance funds; whether there is illegal signing of drawer agreements and yin-and-yang contracts with banks and insurance companies; whether there is assistance provided for the investment of insurance funds in trusts for affairs management or single trusts; and whether the ultimate investor and the underlying assets are identified in accordance with the "look-through" principle.

(6) Operations Management

Here the *Key Efforts* focuses on sales promotion: whether there is any violation of the requirement of "audio and video recording" and if any trust products recommended by unqualified third-party institutions.

2. Notice of the General Office of the China Banking and Insurance Regulatory Commission on Matters Concerning the Investment of Insurance Funds in Assembled Fund Trusts (hereinafter the Notice on Insurance-Trust Business)

On June 19, 2019, the CBIRC issued the *Notice on Insurance-Trust Business*. It has 19 articles, which specify the business conditions, credit enhancement, investment restrictions, related party transactions, compliance management, and industry self-discipline for the investment of insurance funds into assembled fund trusts. The summary is as follows:

(1) Reiterating Basic Business Requirements

The *Notice on Insurance-Trust Business* (2019 Revision) has been extensively revised and supplemented compared with the 2014 version, but maintains good stability in terms of basic business requirements. It requires that insurance institutions shall have a sound internal control and decision-making mechanism; equip themselves with independent professionals who are well-versed in trust investment; establish an accountability mechanism; and establish and continuously evaluate the selection criteria for trust companies when investing in assembled fund trusts. Regarding investment restrictions, both versions also maintain consistency. For example, insurance funds shall not invest in basic assets that belong to fund trusts of industries explicitly prohibited by the state and regulatory authorities. They also shall not invest in single trusts or inferior beneficial interests of structured trusts. Besides, no changes have been made to the reporting requirements for projects related to real estate and county-level government financing platforms.

(2) Expanding the Types of Underlying Assets

Article 4 of the *Notice on Insurance-Trust Business* stipulates: "For any assembled fund trust invested by insurance funds, its underlying assets shall be limited to non-standard credit assets, unlisted equity assets and other assets recognized by the CBIRC, and investment shall follow national macro policies, industry policies and regulatory policies." Compared to the earlier version, another asset recognized by the CBIRC is included in the types of underlying assets. This revision helps insurance funds enter into the capital market through the assembled fund trust investment program, thus not only improving the profitability and liquidity of insurance assets, but also promoting further development of the capital market itself.

(3) Credit Enhancement for Non-standard Credit Assets

Article 6 of the *Notice on Insurance-Trust Business* stipulates: "For an assembled fund trust of which underlying assets are non-standard credit assets, effective credit enhancement shall be made." On this basis, the *Notice on Insurance-Trust Business* further requires: the method of credit enhancement is independent of the source of repayment of financing entities; guarantee, mortgage, pledge guarantee or some other methods serve as feasible options for credit enhancement; financial institutions shall not provide direct/indirect or explicit/implicit commitments like guarantees and repurchase; and some financing entities with AAA credit ratings are exempt from credit enhancement. The provisions on credit enhancement have significant positive influence, improving the security of insurance fund use, and reduce endogenous risks in the financial market.

(4) Regularizing Related Party Transactions

Article 11 of the *Notice on Insurance-Trust Business* stipulates: "The investment of insurance funds into assembled fund trusts shall not involve improper transactions such as tunneling, and shall not infringe on corporate interests or the interests of the insured by related party transactions or other means." For any potentially related party transaction, the *Notice on Insurance-Trust Business* further requires: "It shall comply with the principles of compliance, integrity, and fairness and the price for it shall not deviate from an independent third party's market price or terms of transaction. An internal examination and evaluation mechanism shall be built and upgraded and information shall be disclosed in accordance with relevant provisions."

(5) Investment Restrictions and Other New Provisions

The *Notice on Insurance-Trust Business* proposes some new provisions on investment restrictions, credit rating, the eligibility of investors and consistency, which are specified as follows: multi-layer nesting of investments is not allowed; if non-standardized credit assets are used as underlying assets, the credit rating shall not be lower than AA; if individual investors are involved in relevant assembled fund trusts, they must be qualified investors; and the principle of non-retroactivity shall be adopted.

The new provisions in the *Notice on Insurance-Trust Business* refine the standards at the execution level and greatly enhance its operability and reliability.

3. Detailed Rules for the Management of Beneficial Trust Interest Accounts (hereinafter the Detailed Rules)

On July 19, 2019, the *Detailed Rules,* formulated by China Trust Registration Co., Ltd. (hereinafter China Trust Registration), was enforced, with the approval of the CBIRC. It has five chapters with 53 articles, including general rules, types of beneficial trust interest accounts, management of agencies, account services and supplementary rules.

The *Detailed Rules*, as a supporting system of the *Administrative Measures for Trust Registration* (hereinafter the *Registration Measures*), enforces relevant provisions related to beneficial trust interest accounts in the *Registration Measures,* and refines the management process and operating procedures. It significantly enhances the regularity and operability of trust registration. The summary is as follows:

(1) Guiding Principles

According to the *Detailed Rules*, beneficial trust interest accounts shall be managed in accordance with the following guiding principles:

① The Principle of Voluntariness. It is not mandatory to open a beneficial trust interest account, and it is the beneficiary who decides to open a beneficial trust interest account in the China Trust Registration. In addition, the beneficiary can also choose to open a beneficial trust interest account through an account opening agency.

② The Real-name Principle. A beneficiary must open a beneficial trust interest account in his/her name or in the name of a financial product. Generally, he/she shall apply for and open an account using his/her real name. In order to ensure the reliability of the real-name system, the applicant also shall ensure that the information submitted is true, accurate, and complete.

③ The Principle of aims to ensure the reliability. In principle, each beneficiary can only open one beneficial trust interest account.

④ The Principle of Confidentiality. The China Trust Registration and account opening agencies are obliged to keep information confidential. They shall not disclose account opening information and account information, and are not allowed to illegally use beneficial trust interest accounts.

(2) Account Types

Qualified natural persons, legal persons, and other organizations established in accordance with law can apply to open beneficial trust interest accounts. The *Detailed Rules* divide beneficial trust interest accounts into the following four categories:

① *Natural Person Account:* It shall be opened in person, but the guardian of a person without capacity for civil conduct or with limited capacity for civil conduct can act on their behalf.

② *Financial Institution Account:* It shall be applied for and opened by the legal person of a financial institution or a branch authorized by the legal person of a financial institution with the provision of the financial business operation permit.

③ *Other Institution Account*: It shall be applied for and opened by the institution's legal person or an entity specified in the trust contract.

④ *Financial Product Account:* It shall be applied for and opened by the product manager, and the corresponding financial product shall go through registration procedures before account opening.

(3) Account Opening Agency

According to the *Detailed Rules*, an account opening agency refers to an institution designated for opening beneficial trust interest accounts and other services. Other financial institutions (except trust companies) can also apply to become an account opening agency, but they must pass the qualification review of China Trust Registration.

Financial institutions that want to apply to become account opening agencies shall meet the following requirements:

- they must hold financial business operation permits approved by bank regulatory institutions and the China Trust Registration,
- they must have the necessary personnel, venues, and facilities for account services operation,
- they must have a complete internal control and risk management system,
- they must have the necessary information system for services operation, technologies, and measures to ensure continued services operation as well as other conditions required by the China Trust Registration (CTR).

An account opening agency must operate services related to beneficial trust interest accounts in accordance with the provisions of the CTR and the agency agreement. It is not allowed to operate services illegally or without authority, nor delegate to a third party.

(4) Account Services

According to the *Detailed Rules*, account services mainly include account opening, use, change, and cancellation. The details are as follows:

① *Account Opening*. A beneficiary can apply for and open a beneficial trust interest account in the CTR or through an account opening agency. After application materials are verified, the CTR will open a beneficial trust interest account for qualified beneficiaries, and issue a unique beneficial trust interest account code, and a Beneficial Trust Interest Account

Opening Certificate.

② *Account Use.* The main purpose of a beneficial trust interest account is to record basic information of the beneficiary, information on account permissions, and changes to beneficial trust interests. CTR has the right to take special management measures on unqualified accounts and irregular accounts, such as separate management and imposing restrictions on use.

③ *Account Changes.* If a beneficiary's name and identity document, and the product manager's name and contact information are changed or need to be added, the beneficiary shall go through the procedures for changing information on the beneficial trust interest account.

④ *Account Cancellation.* The application by the beneficiary for account cancellation must meet certain conditions, specifically if the following three situations simultaneously occur: the share of beneficial trust interests in the account is zero; there are no outstanding matters in the use of the account; and other situations specified by the CTR. Under special circumstances, cancellation can be applied for by an interested party, such as an heir or successor.

4. Notice on Further Endeavoring to Achieve Effective Trust Regulation in the Second Half Year

On August 8, 2019, the CBIRC issued the *Notice on Further Endeavoring to Achieve Effective Trust Regulation in the Second Half Year* (Letter of Trust [2019] No. 64) (hereinafter the *Notice for the Second Half Year*). This requires all local regulatory agencies to deeply understand the importance and urgency of the current task of preventing and mitigating risks in the trust industry. Risks of trust institutions must be handled with determination, quick actions, and effective measures. The summary is as follows:

(1) *Making Continued Efforts of Bank-Trust Channel Elimination*

Local regulatory agencies shall prohibit trust agencies in their jurisdictions from continuing to operate the bank-trust channel business that facilitates regulatory arbitrage and concealment of risks by trustors. Existing bank-trust channel businesses shall be curtailed, and in principle must be cleared at the expiry of their contracts, which shall not be extended or renewed. Besides, they are encouraged to be cleared in advance. Local regulatory agencies also shall, in accordance with the principle of "one policy, one company", urge trust agencies in their jurisdictions to formulate plans to curtail the trust channel business in the second half-year. Larger-scale efforts must be dedicated to curtailing and rectifying the bank-trust channel business of trust agencies which illegally continued operation in the first half-year.

(2) *Strengthening Efforts of Real Estate Trust Management*

Local regulatory agencies are required to strictly execute regulatory requirements and work requirements; urge trust agencies in their jurisdictions to operate the real estate trust business in accordance with the law; become more farsighted and positive in risk prevention and control; and control the growth of business development. Measures such as inquiry by regulatory departments, on-site inspections, suspension of part of or all business, and dismissal of senior managers shall be promptly adopted in resolute efforts to curb excessive growth of real estate trusts and excessive accumulation of risks.

(3) *Optimizing the Structure of Trust Businesses*

Local regulatory agencies shall, according to the need for the structural reform of financial services on the supply side, guide trust agencies in their jurisdictions to accelerate the development of fund trust businesses featuring direct financing in order to better cater to the real economy; prevent trust funds from flowing into restricted or prohibited fields; support and encourage trust agencies to develop service trusts featuring fiduciary management and public welfare trusts embodying social responsibility; allow trusts to play an active role in wealth management, wealth inheritance, public welfare and relief, social stability, in order to realize people's longings for a better life.

Moreover, trust agencies shall actively adjust their inherent business structure in order to ensure that inherent assets maintain sufficient liquidity and security. They shall not operate with higher leverage in the form of short-term rolling debts for the purpose of effectively enhancing the capability of risk defense.

5. Minutes of the National Court Work Conference on Civil and Commercial Trials

On November 8, the Supreme People's Court (SPC) promulgated the *Minutes of the National Court Work Conference on Civil and Commercial Trials* (SPC [2019] No. 254) (hereinafter the Conference *Minutes*).

The *Conference Minutes* targets intractable disputes in civil and commercial trials. Its contents are confirmed through discussions by the Professional Civil Administration Commission of the Judicial Committee of the SPC based on extensive solicitation of comments. Although the *Conference Minutes* is not a judicial interpretation and cannot be cited as a basis for adjudication, for original jurisdiction and appellate jurisdiction cases pending after the *Conference Minutes* has been promulgated, people's courts may reason in accordance with the relevant provisions of the *Conference Minutes* when specifically analyzing the reasons for the application of law. Therefore, the promulgation of the *Conference Minutes* is of great significance in judicial practices.

The *Conference Minutes* comprises a preface and twelve core parts, of which the seventh part is a chapter on business trusts. According to the Conference *Minutes*, business trust disputes are mainly of two types: disputes of trusts for affairs management, and disputes of trusts for active management. For any multi-layer nesting of investments, passageway business, repurchase commitment or any other financing activity conducted or participated by a trust company, the validity of such activity shall be determined on the basis of the legal relationship constituted by it; and the rights and obligations of each party shall be determined on this basis in accordance with the law. In cases involving trust disputes on one's own initiative, emphasis shall be on examining whether the trustee scrupulously performs its duties, carries out prudent and effective management, and performs other statutory or contractual obligations in the course of administering the property "as entrusted by the trustee in relation to matters involving loyalty." Based on the general description, the *Conference Minutes* further elaborates provisions on matters such as the accreditation of business trusts. Here are its key provisions:

(1) *The Accreditation of Business Trusts*

According to the *Conference Minutes*, the operating activities in which trust companies accept entrustment of trustors for the purpose of obtaining trust remunerations and handling trust affairs as trustees in accordance with the law and regulation are business trusts. In accordance with the provisions of the *Guiding Opinions on Regulating the Asset Management Business of Financial Institutions*, where the asset management business conducted by any other financial institution constitutes a fiduciary relationship, the dispute between the parties concerned shall be dealt with by the *Trust Law* and other relevant provisions.

(2) *Transfer and Repurchase of Assets or Usufruct Assets*

According to the *Conference Minutes*, after a funds trust is established, the transfer of specific assets or usufruct assets by a trust company with the raised trust funds shall fall within the scope of funds application by the trust company after the funds have been raised in accordance with the law, and the disputes arising therefrom shall not be identified as business trust disputes. Therefore, if the contract stipulates that the transferor or a third party designated by it shall, after a certain period, unconditionally repurchase the shares at a fixed price, as long as there is no cause for statutory invalidity in the contract, the people's court shall support the trust company's claim.

(3) *Invalidity of Minimum or Rigid Acceptance Clause*

According to the *Conference Minutes*, where a trust company or other financial institution, acting as the trustee of an asset management product, concludes a contract with the beneficiary containing a minimum or rigid guarantee clause, the people's court shall affirm that such clause is invalid.

(4) *Independence of Trust Property*

According to the *Conference Minutes*, during the subsistence of the trust, the trust property shall be independent of the inherent properties of the trustor, the trustee, and the beneficiary. The trustor entrusts his/her property to the trustee for management. After the trust is established according to law, the trust property is independent of other inherent property for which the trustor has not established a trust. On this basis, the *Conference Minutes* further confirms that the property obtained through the management of the trust property is independent of the inherent property of trustees; the beneficiary only owns beneficial trust interests, and he/she does not own the trust property. Therefore, unless the circumstance prescribed in Article 17 of the Trust Law is met, no parties shall propose preservation measures against the trust property. However, when provisions are met, preservation measures can be taken against the beneficiary's beneficial interests.

(5) Preservation of a Trust Company's Inherent Property

According to the *Conference Minutes*, only if the trust company acts as the defendant can the plaintiff apply for preservation measures against its inherent assets. However, when preservation measures are taken to protect the inherent property of the trust company, it is necessary to act in good faith rather than excessively for the purpose of preventing financial risks.

(ii) Effect Evaluation for Policies in 2019

1. Intensifying Efforts of Financial Risk Prevention and Control

As the pattern of concerted transformation of the consumer goods structure, the industrial structure, and the financing structure became clearer in 2019, the effect of the real economy on the financial sector gradually loomed. The frequency of financial risk transmission was significantly higher than in 2018, likewise in the trust field. According to the CTR, the number and scale of risky projects in the trust industry increased in 2019. Thus, policy efforts on risk prevention continue to be intensified rather than weakened.

First of all, the *Work Notice* released in the first half-year proposes rigorous requirements to regularize key operating activities of trust agencies: the implementation of macro regulation policies, corporate governance, asset quality upgrading, non-standard cash-pooling, and interbank businesses. Closely linked to a series of risk prevention and control policies introduced in 2018, the *Work Notice* fully eliminates the possibility of regulatory slackness while intensifying efforts of risk prevention and control.

Secondly, further development of the macroeconomic situation required a more detailed version of the *Notice for the Second Half Year* to be issued in a timely manner. Regulatory agencies proposed specific requirements from the perspective of total volume and structure of trust assets: they imposed stricter requirements on the bank-trust channel business and the real estate trust business, featuring relatively concentrated potential risks while controlling the total amount of trust assets. With the issuance of the *Notice on Insurance-Trust Business*, business rules on insurance-trust cooperation were timely updated and upgraded, and risk prevention and control were improved due to a series of updated standards.

Under the concerted influence of multiple policy requirements mentioned above, the volume of the trust industry's entrusted assets continued contracting from 2018, occurring mainly in business sectors with more concentrated potential risks. Apparently, active policy-influenced contraction is a benign contraction, which is of fundamental significance for risk prevention and mitigation. According to the CTR, as of the end of the third quarter of 2019, the entrusted asset balance of 68 trust companies across the country was RMB 22.00 trillion, down by RMB 537.690 billion from the end of the second quarter, 2.39% month-over-month, and 4.94% year-over-year.

2. Further Upgrading Institutional Environment

For a long time, the trust industry has faced a variety of practical restraints including financing structure, business inertia, and talent reserves to institutional environment in its return to origin. Among these restraints, the institutional environment is unavoidable. In 2019, the trust market's development policies made a breakthrough in optimizing the institutional environment.

The *Conference Minutes* proposes a number of judicial statements on the trust field, and the statement regarding the independence of trust property attracted great attention. As we all know, although the *Trust Law* stipulates the independence of trust property, some people still cast doubt on it. The reasons are the ambiguous definition of trust in the *Trust Law* and the lack of strong judicial support. In view of this, some trustors hesitate whether to establish a trust, and perhaps choosing to establish one abroad. By invoking the *Trust Law* from a judicial perspective, the *Conference Minutes* fully confirms the independence of trust property, which can further eliminate misunderstandings about the independence of trust property and serve to accelerate the development of the trust industry's original business.

As an important supporting system for the trust registration system, the *Detailed Rules* further improves the institutional environment. The management system for beneficial trust interest accounts has been launched. From the perspective of investors, such an effort facilitates the management of relevant affairs, and enables the query and management of trust products held by different trust agencies. From the perspective of the market, it regularizes the transfer of beneficial trust interests and provides corresponding support for the pledge and circulation of beneficial trust interests.

Apparently, the above policies effectively improve the institutional environment for the development of China's trust industry. In particular, the independence of trust property has been confirmed in the judicial process, which is of great significance for the return of trust businesses to origin. Family trusts and other trust businesses that value property independence are expected to rapidly increase.

(iii) Policy Outlook

As mentioned earlier, China has entered into a new stage of coordinated transformation of the structure of consumer goods, industry, and financing. Obviously, such a deep transformation cannot be achieved in one stroke. Accelerating the return of the trust business to its origin, preventing financial risks, and promoting the integrated development of the trust industry will be important tasks in 2020. Therefore, policy efforts of the trust and wealth management market can be intensified in the following areas:

1. Accelerating the Return of Trust Businesses to Origin

As the consumer goods structure continues to transform, service consumption will grow rapidly, and wealth management will become an important emerging consumer good. The trust business as a typical business "entrusted by the trustee in relation to matters involving loyalty" is thus supposed to make a substantial breakthrough in this context. In view of this, it is recommended to introduce policies to accelerate the development of original businesses and build a multi-layered business system; explore inclusive trust services for the public; improve the trust asset management business; and promote family trusts and charitable trusts.

2. Constantly Preventing Financial Risks

The pressure of an economic downtown still looms, and the contraction of traditional businesses is still likely to result in non-performing credit assets. Although the scale and structure of trust businesses have been optimized, traditional businesses based on credit financing are still large-scale, and as such, default risks cannot be eliminated. It is recommended to maintain rigorous regulatory policies, continue to steadily adjust business scale and structure, and actively handle potential default risks.

3. Promoting Integrated Development of the Industry

On the one hand, as the financing structure is systemic adjusted, profound changes will occur in the development background of the trust industry, so the industry's business model will undergo changes. On the other hand, as fintech is further developing, a local tinge will gradually fade away from trust services, and service capabilities will become the key to business development. It is recommended to introduce policies requiring integrated development of the industry in order to make trust agencies improve their service capabilities and industrial concentration, thus getting better positioned toward financial opening-up.

Appendix

Major Policies for China's Trust Market Development in 2019

Released on	Major Policies	Released by
May 8	*Work Notice on Consolidating Achievements in Irregularity Rectification and Promoting Compliance Building*	China Banking and Insurance Regulatory Commission
June 19	*Notice of the General Office of the China Banking and Insurance Regulatory Commission on Matters concerning the Investment of Insurance Funds in Assembled Fund Trusts*	China Banking and Insurance Regulatory Commission
July 19	*Detailed Rules for the Management of Beneficial Trust Interest Accounts*	China Trust Registration Co., Ltd.
August 8	*Notice on Further Endeavoring to Achieve Effective Trust Regulation in the Second Half Year (Letter of Trust [2019] No. 64)*	China Banking and Insurance Regulatory Commission
November 8	*Minutes of the National Court Work Conference on Civil and Commercial Trials (SPC [2019] No. 254)*	The Supreme People's Court

VIII. Policies for Financial Derivatives Market Development①

(i) A Summary of Relevant Policies and Regulations in 2019

Announcement of New Policies, Regulations, and Systems of the Financial Derivatives Market, 2019

Released on	Main Content	Released by
January 11	*Notice on Using China Government Bonds as Margin*	China Financial Futures Exchange
January 17	*Notice on Improving the Trade Confirmation Service in the Foreign Exchange Market* *Z.H.J.F.(2019) No. 24*	China Foreign Exchange Trade System
March 29	*Notice on Introducing the Functions of Negotiated Transaction and Peer-to-Peer Instant Messaging in the Interbank Forward Exchange and Foreign Exchange Swap Market* *Z.H.J.F.(2019) No. 101*	China Foreign Exchange Trade System

① About the Authors: Wang Qinhuai, General Manager of the Research Department, National Interbank Funding Center, China Foreign Exchange Trade System; Lu Chenxi, Research fellow of the Research Department, National Interbank Funding Center, China Foreign Exchange Trade System.

Continued

Released on	Main Content	Released by
April 19	*Notice on Adjusting Transaction Fees for Index Futures*	China Financial Futures Exchange
April 19	*Notice on Adjusting the Margin Ratio for Small Cap CSI500 Index Futures*	China Financial Futures Exchange
May 24	*Notice on Issuing the Measures of the China Financial Futures Exchange for the Management of Risk Reserves*	China Financial Futures Exchange
May 31	*CFFEX to Implement Cross-Product Larger-Side Margining for Equity Index Futures*	China Financial Futures Exchange
May 31	*Notice on Issuing the Measures of the China Financial Futures Exchange for Risk Control, the Measures of China Financial Futures Exchange for the Management of Abnormal Trading and Related Provisions*	China Financial Futures Exchange
August 8	*Notice by the National Interbank Funding Center and Interbank Market Clearing House Co., Ltd. on Issuing RMB Interest Rate Swaps Featuring Centralized Clearing and Real-time Contracting (Z.H.J.F.[2019] No. 276)*	National Interbank Funding Center and Interbank Market Clearing House Co., Ltd.
August 22	*Notice on the Release of G10 Option Trading in the Interbank FX Market (Z.H.J.F.[2019] No. 282)*	China Foreign Exchange Trade System
August 29	*Notice on Adding LPR Swaps in the X-Swap System*	National Interbank Funding Center
September 2	*Notice on the Introduction of LPR Swap Curve and LPR Swap Valuation*	National Interbank Funding Center, China Foreign Exchange Trade System
October 18	*Notice on Preparing for the Upgrading of the New-generation RMB Repurchase and Derivatives Phase I Trading Interface (Z.H.J.F.[2019] No. 351)*	National Interbank Funding Center
December 14	*Notice on Issuing the CSI 300 Index Option Contract and Related Business Rules*	China Financial Futures Exchange

Source: Compiled by the Research Team.

(ii) Effect of Relevant Hotspot Policies

1. Exchange Traded Financial Derivatives Market

(1) Listing of CSI 300 Index Options

On December 23, 2019, the China Financial Futures Exchange (CFFEX) launched the listing of the CSI 300 index options. Among the first batch of listed options contracts, the IO2002 series would be delivered on February 2020; the IO2003 series would be delivered on March 2020; the IO2004 series would be delivered on April 2020; the IO2006 series would be delivered on June 2020; the IO2009 series would be delivered on September 2020, and the IO2012 series would be delivered on December 2020.

The listing of CSI 300 index options is a critical measure to strengthen the reforms of the capital market in order to upgrade the risk management system of the capital market and attract long-term funds; and is of great importance to the healthy development of the capital market. From their listings to the end of 2019, 127,100 lots of CSI 300 index options were traded, with an open interest of 27,167 lots on the last day.

(2) Optimizing the Operation of Stock Index Futures Trading

On April 19, 2019, the CFFEX made further rule changes to stock index futures trading: from April 22, 2019, the margin ratio for small-cap CSI500 index futures would be reduced to 12%; intraday activity exceeding 500 lots on a single stock index futures contract would be considered excessive, although opening hedge positions would not be subject to this limitation; and transaction fees for closing intraday positions would be reduced to 0.0345%. In order to optimize the operation of stock index futures trading, restore normal trading management, and let the market play a greater role, these rule changes further meet the need of investors for risk management, introduce more long-term funds promote product innovation, and better meet the needs of investors.

(3) Officially Launching Market Making for Treasury Bond Futures

On May 16, the CFFEX officially launched market making for treasury bond futures. The introduction of market makers is an important measure for improving the treasury bond futures trading mechanism, which in turn improves the operating efficacy of the treasury bond futures market.

(4) The Measures for the Administration of Risk Reserves

On May 24, the CFFEX issued the *Measures of the China Financial Futures Exchange for the Management of Risk Reserves* (hereinafter the *Measures*), executed from the date of issuance. Risk reserves are the financial guarantee for the financial futures market to effectively handle risks and maintain normal operation. By specifying the withdrawal, deposit, and management, and use of risk reserves, as well as the examination of a risk reserve use plan, the *Measures* lays a systematic foundation for risk reserves management, while upgrading the procedures for using risk reserves, facilitating the timely handling of market risks, and promoting the long-term stable development of the financial futures market.

(5) The Revised Measures on Risk Control and the Management of Abnormal Trading

On May 31, the CFFEX issued revisions of the *Measures of the China Financial Futures Exchange for Risk Control*, the *Measures of China Financial Futures Exchange for the Management of Abnormal Trading* and other provisions, executed June 3, 2019. Highlights of these revisions include:

• a new provision pertaining to trading limits added to the *Measures of the China Financial*

Futures Exchange for Risk Control to further diversify and upgrade risk control measures and prevent market risks,

• the management system for abnormal trading was upgraded: the *Guidance of the China Financial Futures Exchange on Monitoring Abnormal Trading (for Trial Implementation)* was upgraded to the *Measures of China Financial Futures Exchange for the Management of Abnormal Trading* in order to optimize the categories of abnormal trading activities, clarify the rule on the aggregation of abnormal trading activities conducted by the Actual Control Accounts, and prompt members to put their management responsibilities into more effectual execution.

2. OTC Financial Derivatives Market

(1) Introducing Real-time Contracting of Interest Rate Swaps and Achieving Continued Increase of Market Efficiency

On August 8, 2019, the National Interbank Funding Center (NIFC) and the Interbank Market Clearing House Co., Ltd. (Shanghai Clearing House, SHCH) added RMB interest rate swaps featuring centralized clearing and real-time contracting. At the piloting stage, feasible interest rate swaps range from one-month to ten-year FR007, Shibor3M or ShiborO/N swaps. Since the interest rate swaps (the most used interest rate risk management tool for market participants) suffers from difficulties in boosting efficiency and efficacy due to the intractable issue of credit extension; the introduction of real-time contracting relieves the issue of credit extension, further improves the efficiency of interest rate swaps, and promotes the development of the interest rate swap market. The pilot program achieved desirable market repercussion in its first week with active participation of institutions: the first batch of 20 institutions involved all made deals and traded a total of 125 swaps worth 5.89 billion.

(2) Introducing G10 Currency Pair Options and Further Diversifying Tools for Foreign Exchange Risk Management

On August 26, 2019, the China Foreign Exchange Trade System introduced the G10 currency pair options, including EUR/USD, USD/JPY, GBP/USD, AUD/USD, and the USD/HKD European vanilla options, on CFETS FX2017, a foreign currency trading platform of the new generation. Feasible option strategies include: call spread, put spread, risk reversal, straddle, strangle, butterfly, tailor-made combinations. The introduction of the G10 currency pair options further diversifies interbank products related to foreign currency pairs, while catering to the market need for foreign exchange risk management.

(3) Introducing the High-level CDS Index and Further Improving the Derivatives Market

On December 26, 2019, the CFETS, the SHCH, and the Guotai Junan Securities (GTJA) jointly introduced the CFETS-SHCH-GTJA High-level CDS Index (hereinafter High-level

CDS Index), and would daily release the credit curve of the CDS index from December 27. The High-level CDS Index is representative because it involves 40 entities with a high credit rating covering a host of major industries such as public undertakings, transportation, real estate and architecture. The bonds outstanding issued by them account for 15% of the total interbank debenture bonds outstanding, with their volume accounting for 22% of the total. It is the first Chinese market-based CDS index worldwide and the first CDS index in China. Its introduction further develops the China's credit derivatives market, and plays the role of credit derivatives risk management.

On December 27, day one of the test run of the high-level CDS index, a total of 22 institutions actively offered quotes for 0.25-year, 0.5-year, 1-year, 2-year, 3-year, 4-year, and 5-year maturities.

(4) Introducing Post-trade Services Such as Foreign Currency Interest Rate Swap Confirmation, NDF Confirmation, and G10 Currency Pairs Option Transaction Confirmation

On January 21, the CFETS introduced foreign currency interest rate swap confirmation and optimized systematic functions related to FX forward transactions. From January 21, members of foreign currency interest rate swap markets can apply for foreign currency interest rate swap confirmation. The confirmation of the NDF between institutions participating in the confirmation of bilateral clearing of RMB/FX forward transactions and cash flow, resulting from the difference between the NDF rate and the spot rate, shall be performed on the post-trade service platform. Post-trade services are thus further upgraded.

(iii) Outlook on the Financial Derivatives Market Development

Financial derivatives are becoming more important in managing financial risks, improving financial market liquidity, and boosting the operating efficiency of the financial market. And they also meet a growing demand for innovation in the diversification of financial derivatives, tool innovation, technological innovation, mechanism innovation, and institutional and regulatory innovation. In the future, under the guidance of Xi Jinping, the financial derivatives market will introduce more market participants, increase market liquidity, diversify the supply of financial derivatives, promote product innovation and stable market development, and strengthen efforts of regulation in the financial derivatives market to maintain a safe and stable market operation.

The first is to introduce more market participants and improve market liquidity. In recent years' foreign exchange market, the interbank foreign exchange market has developed rapidly with increasing diversification of products covering spots, forwards, swaps, options, currency swaps, and interest rate swaps. There has been an increasing number of participants, and as of the end of 2019, there are 22 currency pair market makers providing liquidity to the foreign currency pair market at home and abroad, with nearly 200 member institutions participating in foreign currency pair transactions.

We will continue to improve the trading mechanism, product diversification, introduce more active market makers, and promote the vigorous development of the currency pair market at home and abroad. In the interest rate derivatives market, the piloting of interest rate swaps was launched in 2006. In 2014, the CFETS launched an anonymous matching system (X-Swap system) for interest rate swaps; the SHCH introduced a centralized clearing mechanism for interest rate swaps in an effort to promote rapid market development. On August 19, 2019, the real-time contracting model designed by the CFETS and the SHCH not only improved the efficiency of transaction settlement and streamlined procedures and reduced the workload of bank-end operations for engaged institutions, but also made for better risk control and a reduction in the capital requirements for market risk.

Next, we will continue to promote the engagement of more institutions in real-time contracting of interest rate swaps, and further boost the efficiency of interest rate derivatives trading and market liquidity.

The second is to diversify the supply of financial derivatives and promote product innovation and stable market development. In the credit derivatives market, we will promote CDS index trading in an opportune manner, which in turn is important in helping investors to manage risk, strengthen the liquidity of the bond market and opening it up. Promoting CDS index trading in an opportune manner can help the market further improve the credit risk transfer and sharing mechanism, and help investors better transfer and diversify the credit risk. And, in addition, aptly promoting CDS index trading enriches the types of China's credit derivatives market, diversifies trading strategies, and promote the engagement of market institutions in the credit derivatives market. And finally, promoting CDS index trading in an opportune manner positions the Chinese market internationally, market, while meeting the need of foreign investors for credit risk management, and attracting more foreign investors to China's bond market. Therefore, we can launch High-level CDS Index trading and bilateral clearing in an opportune manner, involving it in centralized clearing when the time is ripe in order to help market participants to manage counterparty credit risk more effectively, shorten the transaction chain, reduce transaction costs, and further increase market transparency.

On the basis of the High-level CDS Index, we will continue to create more new types of CDS indices to meet diversified needs of market participants, continue to better cater credit derivatives to the real economy, and promote the stable development of China's credit derivatives market.

The third is to strengthen efforts of financial derivatives market regulation and maintain safe and stable market operation. Next, we shall continue to strengthen efforts of financial derivatives market regulation in accordance with the law, earnestly fulfill regulatory responsibilities, enhance regulatory efficacy, maintain safe and stable market operations, strengthen market risk monitoring and transaction activity regulation, and take active measures to improve the regulatory system. We will also strengthen legislation related to financial derivatives in order to promote the healthy and orderly development of the financial derivatives market.

IX. Policies for Commodity Futures Market Development①

(i) Major Policies for Commodity Futures Market Development in 2019

1. Playing an Increasing Role in National Strategies

As the types of futures increase and market functions become more fledged, the futures market is playing an increasingly important role in national strategies related to "agriculture, rural areas and farmers", and regional economic development. In January 2019, the Party Central Committee (PCC) and the State Council issued the *Several Opinions on Giving Constant Priority to Agricultural and Rural Development and Effectively Resolving Issues Related to "Agriculture, Rural Areas, and Farmers,"* to promote the pilot programs of full-cost insurance and income insurance for rice, wheat and corn; expand coverage of the "insurance + futures" pilot program; and support the listing of distinctive agricultural commodity futures and options.

In the same month, the People's Bank of China (PBOC), the China Banking and Insurance Regulatory Commission (CBIRC), the China Securities Regulatory Commission (CSRC), the Ministry of Finance, and the Ministry of Agriculture and Rural Affairs, jointly issued the *Guiding Opinions on Catering Financial Services to Rural Revitalization*, which proposes the use of the futures market to enable price discovery and risk diversification. Specific measures include:

- accelerating the development and listing of new types of agricultural commodity futures;
- listing livestock commodity and crop futures, and diversifying the types of agricultural commodity futures;
- guiding farmers to optimize their cropping pattern by actively using futures price

① About the Author: Gan Zhengzai, Deputy General Manager, Guoyuan Futures Co., Ltd.

information and improving agricultural commodity futures trading and delivery rules;

• developing new types of agricultural commodity options, improving the rules for sugar and soybean meal options, accelerating the introduction of options contracts such as corn and cotton options contracts, and diversify agricultural risk management measures;

• steadily expanding the coverage of the "insurance + futures" pilot programs, exploring the "order-based agriculture + insurance + futures (options)" pilot programs, and exploring the interaction mechanism between agricultural subsidies, agriculture-related credits, agricultural commodity futures (options), and agricultural insurance in order to build a comprehensive financial support system for agriculture.

In February, the PCC and the State Council issued the *Outline Development Plan for the Guangdong-Hong Kong-Macao Greater Bay Area*, supporting Guangzhou in building a pilot zone for green finance reform and innovation, and to establish an innovation-oriented futures exchange with carbon emission futures as its first product. In July, the Ministry of Agriculture and Rural Affairs issued the *Notice on Issues Concerning Government Purchase of Services for the Pilot Program of Providing Financial Support for Agricultural Development in 2019*, which launches the pilot program providing financial support for agricultural development through government purchase of services; which also includes the development of new types of income insurance and agricultural commodity futures.

2. Listing More Future Products

In 2019, China accelerated listing new types of commodity futures, specifically listing seven new types of commodity futures and seven new types of commodity options, including:

• three commodity futures including jujube, urea, and soda ash; and three commodity options including cotton, PTA, and methanol, were listed on the Zhengzhou Commodity Exchange;

• two commodity futures including Japonica rice and styrene; and two commodity options including corn and iron ore, were listed on the Dalian Commodity Exchange;

• two commodity futures including No. 20 rubber and stainless steel; and two commodity options including natural rubber and gold were listed on the Shanghai Futures Exchange.

At the end of 2019, the futures market listed a total of 69 commodity futures and options, including 58 commodity futures and 11 commodity options. China's commodity futures market has covered many industries of the national economy, including grain, cotton, oil, sugar, fruit, timber, eggs, non-ferrous metals, chemicals, ferrous metals, energy, and precious metals. It features a diversified and full-fledged commodity futures and options system, which serves to better cater to the real economy and promote healthy market development in the long run.

3. Deepening Reform and Opening-up

The opening-up of the futures market is evidenced by the steady introduction of more types and promoting the internationalization of existing types, as well as the requisite rules and regulations through the introduction of foreign investors. Since 2018, the commodity futures market has introduced foreign traders and listed a series of international products including crude oil, iron ore, and PTA. The No. 20 rubber futures listed on the Shanghai International Energy Exchange on August 12, 2019, is China's fourth type of international futures. Foreign investors have been fully introduced in the trading of No. 20 rubber futures, a mainstream type of natural rubber futures worldwide, under the model requiring "international platform, clean price, bonded delivery and RMB denomination."

At the same time, the opening-up policy has also manifested in foreign ownership of futures companies in 2020. In July 2019, the Office of the Financial Stability and Development Committee (under the aegis of the State Council) announced that the restriction on foreign ownership of futures companies, which was supposed to be lifted to 2021, would be lifted in 2020. The CSRC decided to remove the restriction on the foreign ownership of futures companies beginning January 1, 2020, enabling eligible foreign investors to gain full ownership of futures companies. The engagement of overseas financial institutions with good will worldwide and excellent operating performance will continue to diversify China's futures market, invigorate the market, and help the industry to accelerate building core competency.

4. Revising Policies for Futures Risk Management

In recent years, risk management business models such as "insurance + futures", warehouse receipt services, cooperative hedging, basis trading, and over-the-counter derivatives have become increasingly clear with a steady increase of business volume; the market-making business has developed rapidly and futures risk management companies are growing into professional derivative traders and service providers. On February 15, 2019, the China Futures Association issued *Guidelines for Business Pilot Programs by the Risk Management Companies Affiliated to Futures Companies* (hereinafter the *Guidelines*) in order to help futures companies establish subsidiaries to launch business pilot programs focusing on risk management services and further regulating the innovation and development of the futures industry.

The *Guidelines* maks six modifications including:

- further clarifying main business types;
- revising conditions for corporate registration and business registration;
- adding restrictive measures for companies that fail to meet the requisite conditions;
- refining the negative list of business development of risk management companies;

• strengthening the requirements pertaining to management responsibilities of futures companies;

• improving the requirements for information submission.

The Guidelines clarify the business boundary of risk management companies in order to make them focus on permitted businesses, thereby enhancing the capability of the futures industry to cater to the real economy.

5. Effectively Improving Market Operation

Firstly, dedicated and detailed attention has been paid to existing types. Exchanges have optimized existing types, from contract rule changes to brand registration and to warehouse layout optimization; continuously upgraded the trading mechanism; reduced transaction costs; enhanced market liquidity; and improved market hedging efficiency. Secondly, efforts have been made to promote the market maker system for discontinuous futures and options. Exchanges have increased investment in futures and options market making, expanded the range of futures and options market-making products, offered reasonable quotes through market makers, provided effective trading opportunities for different types of futures market participants, and improved the activeness and continuity of underlying contracts. At present, the market maker system has been extended to 19 futures; and the continuity of active nickel, steam coal, cotton, soybean meal, and No.2 soybean futures contracts have improved significantly. Thirdly, the rule of law has been consolidated. The China Securities Regulatory Commission (CSRC) has revised the *Measures for the Supervision and Administration of Futures Companies,* and the *Provisions on the Categorized Supervision and Administration of Futures Companies.* And, it is soliciting public comments on the former. The *Futures Act* has already gone through the State Council and is going through the National People's Congress for enactment. Fourthly, efforts have been made to strengthen risk prevention. Regulatory departments have been continuously upgrading mechanisms for risk monitoring, early warning and response, optimized rules and regulations, cracked down on price manipulation, prohibited excessive market speculation, and properly handled particular risk events. The market has thus maintained a stable and healthy operation.

6. Intensifying Poverty Alleviation

As a main sector of the capital market, the futures market has constantly pursued the mission of catering to the real economy, while intensifying and improving poverty alleviation efforts. As of December 31, 2019, 98 futures agencies signed 267 pair-based assistance agreements with 160 state-level poverty-stricken counties (townships, villages), and the futures industry donated a total of RMB 339 million in poverty alleviation. The futures agencies also provided technical help:

• providing price guarantees for natural rubber, corn, soybeans, eggs, apples, cotton, sugar, in poverty-stricken areas under the "insurance + futures" model, insuring RMB 11.07 billion worth of goods;

• helped 18 enterprises in poverty-stricken regions to become the delivery warehouses of futures exchanges;

• provided 83 programs related to risk management services, such as cooperative hedging, spot pricing, and over-the-counter (OTC) options trading, to individuals or entities in poverty-stricken areas, with a notional principal of approximately RMB 523.1016 million.

By deriving models such as "insurance + futures", basis trading, and OTC options trading that support the indirect engagement of brick-and-mortar companies into the futures market from commodity trading, integration of spot commodity and futures trading, asset management and other businesses, they helpfully catered the futures market to the real economy and "agriculture, rural areas and farmers."

(ii) The Effects of the Commodity Futures Market's Policies in 2019

1. Steady Expansion of the Commodity Futures Market

In 2019, the number of newly listed types, market capital size, and open interest of China's futures market all reached record highs. According to the statistics of the China Futures Association, in 2019, the cumulative trading volume and turnover was 3,962.08 million lots and RMB 290.61 trillion across the country, up by 30.81% and 37.85% respectively year-over-year (YoY). Specifically, 1412.01 million lots and RMB 96.95 trillion were from the Shanghai Futures Exchange, up 20.12% and 18.89% YoY, and accounting for 35.64% and 33.36% of the national total; 35.59 million lots and RMB 15.58 trillion were from the Shanghai International Energy Exchange, up 34.24% and 22.27% YoY, accounting for 0.90% and 5.36% of the national total; 1092.49 million lots and RMB 39.54 trillion were from the Zhengzhou Commodity Exchange, up 33.58% and 3.45% YoY, accounting for 27.57% and 13.61% of the national total;1355.58 million lots and RMB 68.93 trillion were from the Dalian Commodity Exchange, up 38.05% and 32.05% YoY, accounting for 34.21% and 23.72% of the national total. By the end of 2019, the open interest reached 20.444 million lots across the country and the market capital size exceeded RMB 500 billion, both record highs.

These data shows that the China's futures market has steadily expanded with constantly improved market operations, thus promoting the engagement of the real economy, and clients from other industries into risk management by using the futures derivatives market.

2. Rapid Development of Risk Management Businesses

In 2019, the cumulative business income of risk management companies is RMB 178.04 billion, up 57% YoY; their cumulative net profit is RMB 405 million, up 130% YoY. As of December 31, 2019, a total of 86 risk management companies registered with the China Futures Association, and 84 companies registered business pilot programs; their total assets were RMB 62.174 billion, up 81% YoY; net assets were RMB 21.949 billion, up 39% YoY; their registered capital was RMB 24.788 billion, up 36% YoY; paid-in capital was RMB 23.291 billion, up 37% YoY.

(iii) Policy Outlook on the Commodity Futures Market in 2019

1. Further Increasing the Supply of Futures and Options Products

In 2020, China's commodity futures market is expected to further increase new types and diversify the derivatives instrument system. Commodity futures exchanges will continue to launch various commodity futures that cater to the real economy, gradually equipping all listed futures with options contracts, and focusing R & D efforts on index futures such as commodity index futures and shipping index futures. At the present, the Shanghai Futures Exchange is steadily advancing the listing of low-sulfur fuel oil futures, containerized freight index futures, and crude oil, zinc, and aluminum options. The Zhengzhou Commodity Exchange is actively preparing for listing new types of futures such as peanut, staple fiber, bottle flake, and PX futures, and the listing of steam coal and glass options. The Dalian Commodity Exchange is accelerating the listing of hog, liquefied petroleum gas, and container capacity futures, and accelerating the R & D of gas coal, scrap steel, chicken, fructose syrup, ethanol and timber futures as well as chemical options, for the purpose of internationalizing main types and equipping them with both futures and options contracts.

2. Accelerating the Internationalization of Full-fledged Types

In 2020, exchanges will gradually internationalize commodity futures and options that meet the conditions for internationalization on the basis of existing four specific types. The Shanghai Futures Exchange will promote the internationalization of low-sulfur fuel oil and copper futures; the Zhengzhou Commodity Exchange will promote the internationalization of methanol futures; the Dalian Commodity Exchange will promote the internationalization of palm oil, No.1 soybean, linear low-density polyethylene (LLDPE), and polypropylene futures. For internationalized types, exchanges will strengthen promotion in the international market, improve market operation, reduce trading costs, and attract more international clients. The internationalization of full-fledged types increases the influence of our futures market on international prices, enhances its international competitiveness and its ability to cater to the real economy and opening-up.

3. Improving Market Operation by Multiple Measures

To upgrade the market operation mechanism, we will continue to diversify trading instructions, explore and launch block trades, and explore the trade at settlement (TAS) mechanism; further expand the piloting of the market maker system; continue to improve contract continuity, and boost the hedging efficiency of industrial clients. To reducing market trading costs, we will optimize collateral management, explore and introduce portfolio margins, and boost capital use efficiency of the market. To improve market liquidity, we will gradually introduce more types of ETF futures and enhance the Institutionalization and professionalism of the futures market.

Appendix

Major Policies for Commodity Futures Market Development in 2019

Released on	Major Policies	Released by
January 3	*Several Opinions on Giving Constant Priority to Agricultural and Rural Development and Effectively Resolving Issues Related to "Agriculture, Rural Areas, and Farmers"*	Party Central Committee and State Council
January 3	*Official Reply on the Approval to Launch Corn Options Trading on the Dalian Commodity Exchange*	China Securities Regulatory Commission
January 3	*Official Reply on the Approval to Launch Natural Rubber Options Trading on the Shanghai Futures Exchange*	China Securities Regulatory Commission
January 3	*Official Reply on the Approval to Launch Corn Options Trading on the Dalian Commodity Exchange*	China Securities Regulatory Commission
January 3	*Official Reply on the Approval to Launch Natural Rubber Options Trading on the Shanghai Futures Exchange*	China Securities Regulatory Commission
January 29	*Guiding Opinions on Catering Financial Services to Rural Revitalization*	People's Bank of China, China Banking and Insurance Regulatory Commission, China Securities Regulatory Commission, Ministry of Finance and Ministry of Agriculture and Rural Affairs

Continued

Released on	Major Policies	Released by
February 15	*Notice on Issuing the Guidelines for Business Pilot Programs by the Risk Management Companies Affiliated to Futures Companies and the Supporting Document*	China Futures Association
February 15	*Notice on Revising the Provisions on the Categorized Supervision and Administration of Futures Companies*	China Securities Regulatory Commission
February 18	*Outline Development Plan for the Guangdong-Hong Kong-Macao Greater Bay Area*	Party Central Committee and State Council
April 12	*Official Reply on the Approval to Launch Jujube Futures Trading on the Zhengzhou Commodity Exchange*	China Securities Regulatory Commission
June 4	*Measures for the Supervision and Administration of Futures Companies*	China Securities Regulatory Commission
July 3	*Official Reply on the Approval to Launch Japonica Rice Futures Trading on the Dalian Commodity Exchange*	China Securities Regulatory Commission
July 3	*Official Reply on the Approval to Launch Urea Futures Trading on the Zhengzhou Commodity Exchange*	China Securities Regulatory Commission
July 3	*Official Reply on the Approval to Launch No.20 Rubber Futures Trading on the Shanghai International Energy Exchange*	China Securities Regulatory Commission
July 5	*Notice on Issues Concerning Government Purchase of Services for the Pilot Program of Providing Financial Support for Agricultural Development in 2019t*	Ministry of Agriculture and Rural Affairs
July 20	*Relevant Measures for Further Opening Up the Financial Industry*	Office of the Financial Stability and Development Committee under the State Council
August 23	*Official Reply on the Approval to Launch Stainless Steel Futures Trading on the Shanghai Futures Exchange*	China Securities Regulatory Commission
August 29	*Official Reply on the Approval to Launch Styrene Futures Trading on the Dalian Commodity Exchange*	China Securities Regulatory Commission
November 8	*Official Reply on the Approval to Launch Soda Ash Futures Trading on the Zhengzhou Commodity Exchange*	China Securities Regulatory Commission

Continued

Released on	Major Policies	Released by
November 18	*Provisions on "Other Acts Manipulating the Futures Trading Price" Set out in Subparagraph 5 of Article 70 of the Regulation on the Administration of Futures Trading*	China Securities Regulatory Commission
November 22	*Official Reply on the Approval to Launch PTA, Methanol and Rapeseed Meal Options Trading on the Zhengzhou Commodity Exchange*	China Securities Regulatory Commission
November 22	*Official Reply on the Approval to Launch Iron Ore Options Trading on the Dalian Commodity Exchange*	China Securities Regulatory Commission
November 22	*Official Reply on the Approval to Launch Gold Options Trading on the Shanghai Futures Exchange*	China Securities Regulatory Commission

X. Policies for Foreign Exchange Market Development①

(i) Policy List

Major Policies for Foreign Exchange Market promulgated in 2019

Released on	Released by	Major Policies	Document Number
January 17	China Foreign Exchange Trade System	*Notice on Improvements to the Confirmation of Transactions in the Foreign Exchange Market*	Z.H.J.F. (2019) No. 24
February 22	China Foreign Exchange Trade System	*Notice on Improvements to the Real-name Management of Interbank Foreign Exchange Market Users*	Z.H.J.F. (2019) No. 66
March 15	State Administration of Foreign Exchange	*Notice on Provisions for the Centralized Operation and Management of Cross-border Capital of Multinational Companies (2019 Revision)*	H.F. (2019) No. 7
March 29	China Foreign Exchange Trade System	*Notice to Introduce the Functions of Negotiated Transactions and Peer-to-peer Instant Messaging in the Interbank Forward Exchange and Foreign Exchange Swap Market*	Z.H.J.F. (2019) No. 101
May 15	State Administration of Foreign Exchange	*Notice on Measures for the Assessment of Regulatory Compliance and Prudential Operations of Banks' Foreign Exchange Business*	H.F. (2019) No. 15

① About the Author: Chu Youyang, Executive Editor of *Shanghai Finance*.

Continued

Released on	Released by	Major Policies	Document Number
May 25	People's Bank of China and State Administration of Foreign Exchange	*Measures for the Administration of Cross-border Funds of Depositary Receipts (for Trial Implementation)*	PBOC and SAFE Announcement (2019) No. 8
June 18	China Foreign Exchange Trade System	*Announcement of the Launch of iSupport, an Electronic Services Platform for the Interbank Foreign Exchange Market*	Z.H.J.F. (2019) No. 28
June 26	China Foreign Exchange Trade System	*Notice on the Adjustment of the Issuance of Monthly Reports and Other Reports of Market-making Institutions in the Interbank Foreign Exchange Market*	Z.H.J.F. (2019) No. 214
July 19	China Foreign Exchange Trade System	*Notice on the Launch of New Zealand Dollar and Singapore Dollar Lending*	Z.H.J.F. (2019) No. 240
August 21	China Foreign Exchange Trade System	*Notice on Optimization of the Volume-weighted USD CIROR*	Z.H.J.F. (2019) No. 283
August 22	China Foreign Exchange Trade System	*Notice on the Launch of RMB–Foreign Exchange Options Transactions in the Interbank Foreign Exchange Market*	Z.H.J.F. (2019) No. 282
September 16	China Foreign Exchange Trade System	*Notice on the Launch of CFETS Market Data High-speed Interface Services (CMDS Pro) in the Interbank Foreign Exchange Market*	Z.H.J.F. (2019) No. 314
September 30	People's Bank of China and State Administration of Foreign Exchange	*Notice by the People's Bank of China and the State Administration of Foreign Exchange on Matters concerning Further Facilitation of the Investment of Foreign Institutional Investors in the Interbank Bond Market*	Y.F. (2019) No. 240
October 23	State Administration of Foreign Exchange	*Notice on Simplification of Foreign Exchange Accounts*	H.F. (2019) No. 29
October 23	State Administration of Foreign Exchange	*Notice on Further Facilitation of Cross-border Trade and Investment*	H.F. (2019) No. 28
November 29	China Foreign Exchange Trade System	*Notice on the Launch of the Business of Online Interbank Foreign Currency Deposits*	Z.H.J.F. (2019) No. 394
December 3	China Foreign Exchange Trade System	*Notice on the Launch of the Foreign Currency Repo Business with Domestic Bonds as Collateral*	Z.H.J.F. (2019) No. 414
December 5	China Foreign Exchange Trade System	*Notice on the Transaction Rules of the Interbank RMB–FX Market*	Z.H.J.F. (2019) No. 401
December 10	China Banking and Insurance Regulatory Commission, Ministry of Commerce and State Administration of Foreign Exchange	*Guiding Opinions on Improvements to Financial Services for Foreign Trade*	Y.B.J.F. (2019) No. 49

Continued

Released on	Released by	Major Policies	Document Number
December 20	People's Bank of China, China Banking and Insurance Regulatory Commission, China Securities Regulatory Commission and State Administration of Foreign Exchange	*Notice on Further Regulations to Financial Marketing and Publicity Activities*	Y.F. (2019) No. 316
December 26	State Administration of Foreign Exchange	*Notice on the Cancellation of Certain Application Documents for the Administrative Licensing of Foreign Exchange Administration in Pilot Free Trade Zones*	H.F. (2019) No. 37

(ii) Policy Effects

On January 17, 2019, China Foreign Exchange Trade System (CFETS) issued its *Notice on Improvements to the Confirmation of Transactions in the Foreign Exchange Market* (Z.H.J.F. (2019) No. 24), announcing the decision to launch confirmation for foreign currency interest rate swaps on January 21, 2019, and the policy effort to optimize system functions related to the confirmation of RMB–FX forward transactions. This was done to better cater to market needs and to regularize transaction confirmation in the foreign exchange market.

On February 22, CFETS issued its *Notice on Improvements to the Real-name Management of Interbank Foreign Exchange Market Users* (Z.H.J.F. (2019) No. 66). This policy represents developed arrangements for real-name management, and it better caters to market needs.

On March 15, State Administration of Foreign Exchange (SAFE) issued its *Notice on Provisions for the Centralized Operations and Management of Cross-border Capital of Multinational Companies (2019 Revision)* (H.F. (2019) No. 7), a revision of the earlier document *Provisions on the Centralized Operations and Management of Cross-Border Capital of Multinational Companies* (H.F. (2015) No. 36, hereinafter Doc No. 36), containing six highlights:

1. Conducting macro-prudential management of foreign debt and overseas lending

2. Substantially simplifying the registration of foreign debt and overseas lending

3. Facilitating the settlement and payment of foreign exchange income through capital accounts

4. Improving the mechanisms of market access and exit

5. Adjusting and optimizing account functions

6. Strengthening interim and ex-post regulation

These provisions can further facilitate transactions and investment and serve the real economy.

On March 29, CFETS issued its *Notice to Introduce the Functions of Negotiated Transactions and Peer-to-peer Instant Messaging in the Interbank Forward Exchange and Foreign Exchange Swap Market* (Z.H.J.F. (2019) No. 101). This policy better caters to market needs and boosts transaction efficiency.

On May 15, SAFE issued its *Notice on Measures for the Assessment of Regulatory Compliance and Prudential Operations of Banks' Foreign Exchange Business* (H.F. (2019) No. 15), a revision and renaming of the *Measures for the Evaluation of Banks' Implementation of Provisions on Foreign Exchange Administration*. These measures are implemented to improve the administration of foreign exchange and to maintain the stability of the financial system.

On May 25, People's Bank of China (PBOC) and SAFE issued their *Measures for the Administration of Cross-border Funds of Depositary Receipts (for Trial Implementation)* (PBOC and SAFE Announcement (2019) No. 8). These measures regularized the administration of cross-border funds for depositary receipts.

On June 18, CFETS issued its *Announcement of the Launch of iSupport, an Electronic Services Platform for the Interbank Foreign Exchange Market* (Z.H.J.F. (2019) No. 28). This announced iSupport, an electronic services platform for the Interbank Foreign Exchange Market, which provides membership to the foreign exchange market and handles the conduct of relevant businesses online, as well as improving the service experience and efficiency of the foreign exchange market.

On June 26, CFETS issued its *Notice on the Adjustment of the Issuance of Monthly Reports and Other Reports of Market-making Institutions in the Interbank Foreign Exchange Market* (Z.H.J.F. (2019) No. 214), which stipulates that CFETS will issue monthly and other reports through CFETS FX2017 instead via e-mail, beginning July 1, 2019. This was done to facilitate the operations of market-making institutions and to improve their efficiency.

On July 19, CFETS issued its *Notice on the Launch of New Zealand Dollar and Singapore Dollar Lending* (Z.H.J.F. (2019) No. 240). This policy further developed the foreign currency market to better cater to market needs.

On August 21, CFETS issued its *Notice on Optimization of the Volume-weighted USD CIROR USD CIROR* (Z.H.J.F. (2019) No. 283). This policy effort optimized volume-weighted USD CIROR to better cater to market needs.

On August 22, CFETS issued its *Notice on the Launch of RMB–Foreign Exchange Options Transactions in the Interbank Foreign Exchange Market* (Z.H.J.F. (2019) No. 282). This policy further developed the interbank foreign exchange market to cater to the market need for risk management in foreign exchange.

On October 23, SAFE issued its *Notice on Simplification of Foreign Exchange Accounts* (H.F. (2019) No. 29). To further intensify the reform of the foreign exchange administration, simplify relevant business operating procedures, and facilitate true and compliant foreign exchange transactions by banks, enterprises, and other market participants, SAFE has determined that it will review and integrate certain foreign exchange accounts and reduce the range of types of accounts. In all, 20 types of foreign exchange accounts were incorporated into the review and integration. To ensure the smooth operations of the account review and integration, SAFE formulated its *Operating Guidelines for Banks on Handling Foreign Exchange Business through Capital Accounts*, which clarifies the procedures banks should follow to open, enter items into, and use foreign exchange capital accounts.

On October 23, SAFE issued its *Notice on Further Facilitation of Cross-border Trade and Investment* (H.F. (2019) No. 28). To further promote the "simplification of administrative procedures and decentralization of powers, combination of decentralization and appropriate control, and optimization of services," enhancing the capabilities and levels of foreign exchange administration to serve the real economy, and facilitating cross-border trade and investment, this policy further optimized foreign exchange administration policies and measures to facilitate market entities' compliant handling of their foreign exchange business.

On November 29, CFETS issued its *Notice on the Launch of the Business of Online Interbank Foreign Currency Deposits* (Z.H.J.F. (2019) No. 34), which defines eligible participants as members of the foreign currency market who conduct business with interbank foreign currency deposits through the CFETS foreign exchange transaction system after submitting a signed commitment letter to the CFETS or other financial institutions with qualifications and as interbank foreign currency depositors who participate in this business after applying to the CFETS for the membership in the foreign currency market. All depositors must be deposit-taking financial institutions. This policy better caters to market demand.

On December 3, CFETS issued its *Notice on the Launch of the Foreign Currency Repo Business with Domestic Bonds as Collateral* (Z.H.J.F. (2019) No. 414). This policy caters to the market need to lower financing costs for foreign currency and releasing credit lines, further enriching foreign currency financing instruments.

On December 5, CFETS issued its *Notice on the Transaction Rules of the Interbank RMB–*

FX Market (Z.H.J.F. (2019) No. 401), which is a compilation and revision of transaction rules for the interbank RMB–FX market. This policy better regularizes and develops the interbank foreign exchange market, promotes the orderly and efficient operations of the market based on integrity and fairness, and protects the legitimate rights and interests of market participants.

On December 10, CBIRC, Ministry of Commerce, and SAFE jointly issued their *Guiding Opinions on Improvements to Financial Services for Foreign Trade* (Y.B.J.F. (2019) No. 49). This policy guides the banking industry to enhance and refine financial services for foreign trade, minimizes weaknesses in financial services, and increases their efficacy under conditions of legal compliance, controllable risk, and sustainable business development.

On December 20, PBOC, CBIRC, CSRC, and SAFE issued their *Notice on Further Regulations to Financial Marketing and Publicity Activities* (Y.F. (2019) No. 316). This policy effort implements the decisions and plans of the Party Central Committee and the State Council and the requirements of the National Financial Work Conference, further regulating the financial marketing and publicity activities of market players, protecting the legitimate rights and interests of financial consumers, and promoting sound and stable development in the financial industry.

On December 26, SAFE issued its *Notice on the Cancellation of Certain Application Documents for the Administrative Licensing of Foreign Exchange Administration in Pilot Free Trade Zones* (H.F. (2019) No. 316). This policy effort further optimizes the business environment, facilitating trading and investment and liberalizing related rules.

(iii) Outlook on the Foreign Exchange Market Development

2020 is the final year in the 13th Five-year Plan, with the aim of building a well-off society in an all-around way. In the foreign exchange context, we adhere to the guidance of Xi Jinping's thoughts on socialism with Chinese characteristics for a new era, thoroughly implementing the spirit of the 19th CPC National Congress and the 2nd, 3rd, and 4th Plenary Sessions of the 19th Party Central Committee and earnestly carrying forth the spirit of the Central Economic Working Conference; we strengthen the consciousness of the need to maintain political integrity, think in big-picture terms, follow the leadership core, continue in alignment, and bolster confidence in the path, theory, system, and culture of socialism with Chinese characteristics, defending the status of General Secretary Xi Jinping as the core of the CPC Central Committee and the entire Party and the authority and centralized and unified leadership of the CPC Central Committee. To fulfill the key task of building a well-off society in an all-around way and by catering to the requirements of upholding the system of socialism with Chinese characteristics, maintaining the unity of Party leadership, the direction of the country by the people, and the law-based nature of governance, continuing to emancipate the mind and seek truth from facts and to carry out reform and innovation and maintain stability in employment, financial operations, foreign trade, foreign investment, domestic investment, and growth expectations, we will continuously upgrade the system and mechanisms of foreign exchange administration in compliance with the requirement to modernize China's governance system and capacity for governance, earnestly translating the leadership of the Party to economic work, which is an institutional strength of our country, into governance efficacy, and striving to build a well-off society in an all-around way to complete the 13th Five-year Plan.

The key tasks of foreign exchange administration for 2020 are as follows. The first is to ensure that Party self-governance continues to be exercised fully and with rigor and to establish the Party's leadership in all aspects of foreign exchange administration. We will give priority to political work of the Party, arm ourselves better with innovative theories, conscientiously implement the decisions and plans of the Party Central Committee and the State Council, and consolidate the results of deepened efforts of thematic campaigns; build a team of high-quality professional officials who are loyal, clean, and responsible; implement a system of responsibility for the construction of an honest party and a clean government and build a model institution to reassure the Party Central Committee and satisfy the people. The second is to comply with the requirement to modernize China's governance system and capacity for governance and constantly improve the regulatory framework requiring the coordination of macro-prudential and micro-prudential regulation of cross-border capital flows to maintain the balance of international payments. Macro-prudential regulation aims to maintain the stability of the foreign exchange market and prevent systematic financial risks. Micro-prudential regulation aims to maintain the order of the foreign exchange market based on authenticity audit, activity regulation, and micro-prudential regulation of various entities in the foreign exchange market and their trading activities. The third is deepening reform and opening up in the foreign exchange field and catering to the new pattern of opening up in an all-around way. We will earnestly implement the 12 measures for facilitating trading and investment that have been approved by the Standing Committee of the State Council; promote the opening up of capital accounts in a steady and orderly manner; support connectivity between domestic and foreign financial markets and promote the opening up of both sides, facilitate trading and investment, liberalizing related rules and promoting high-quality development; support new types of businesses and dedicate more efforts to constructing the cross-border financial blockchain service platform; deepen the reform of the "simplification of administrative procedures, decentralization of powers, combination of decentralization with appropriate control, and optimization of services" and support the Hainan Free Trade Zone, Hainan Free Trade Port, the Guangdong–Hong Kong–Macao Greater Bay Area and other free trade zones to pilot the reform of foreign exchange administration; and build an open and competitive foreign exchange market. The fourth is to prevent the risk of external impacts and maintain national economic and financial security. We will carry out an in-depth analysis of the risk of external impacts on China's trading and investment, balance of payments structure, and cross-border capital flow, and enrich the policy toolbox; provide guidance to enterprises to encourage adherence to the principle of financial neutrality; improve laws and regulations of the wholesale foreign exchange market and establish and upgrade mechanisms of wholesale foreign exchange markets, emphasizing the coordination of off-site regulation and on-site inspection; crack down on illegal and criminal acts in the foreign exchange field; maintain consistency, stability, and predictability in regulatory standards across periods and keep the foreign exchange market running in an orderly manner; and dedicate greater effort to controlling digital foreign exchange administration and safe foreign exchange administration. The fifth is to improve the operation and administration of foreign exchange reserves with Chinese characteristics and further modernize the operational and administrative system. We will promote the diversified use of foreign exchange reserves in a steady and prudent manner, cater to the joint high-quality development of the Belt and Road Initiative, and ensure the safety and fluidity of foreign exchange reserve assets, ensuring that their value will be preserved or will even appreciate.

Article 13

The Financial Summit of the Second China–Singapore (Chongqing) Strategic Connectivity Demonstration Initiative was Successfully Held①

On November 4, 2019, the Financial Summit of the Second China–Singapore (Chongqing) Strategic Connectivity Demonstration Initiative (the "Summit") opened at the Chongqing Yuelai International Convention Center. The theme of the Summit was "Financial Connectivity Serving the Belt and Road: Financial Openness and Innovation Promote the New Land–Sea Corridor." The financial guests, from both China and Singapore, as well as from the Association of Southeast Asian Nations (ASEAN) region, gathered in the mountainous city to discuss the path to realize

① About the Author: He Haifeng, Director, Institute of Financial Policy, Chinese Academy of Social Sciences.

financial connectivity, jointly draw a beautiful blueprint for financial cooperation, and deepen the Belt and Road financial services. The China–Singapore (Chongqing) Strategic Connectivity Demonstration Initiative (the "Initiative") is the third Sino-Singapore intergovernmental cooperation project established by China and Singapore in West China, with Chongqing, a municipality directly under the Central Government, as its operational center.

According to the Xinhua News Agency, the Summit was co-sponsored by the Ministry of Commerce of the People's Republic of China, the People's Bank of China, the China Banking and Insurance Regulatory Commission, the China Securities Regulatory Commission, the State Administration of Foreign Exchange, the Singapore Ministry of Trade and Industry, the Singapore Monetary Authority, and the Chongqing Municipal People's Government. There were 56 major cooperation projects signed at the Summit, including an agreement valued at 194.54 billion renminbi (RMB) that involves green bonds, debt financing, cross-border logistics, education, tourism, and various other fields and that also deepens cooperation among all fields, in particular, finance, under the framework of the Initiative.

In his welcome speech, Chongqing's Mayor Tang Liangzhi stated that financial services are a key area of cooperation for the Initiative. At present, we are deepening Chongqing's "point-to-point" financial cooperation with Singapore, promoting "face-to-face" connectivity between West China and ASEAN, and planning to build an inland international financial center based in West China and open to the ASEAN. We will give full play to Chongqing's role as the Initiative's operating center, as well as actively enhancing the cooperation between West China and ASEAN in financial policy innovation, financial resource cooperation, financial supervision cooperation, financial service exchange, and other fields, and we will work hard to effectively deepen the joint construction of the Belt and Road for our mutual benefits and common development as a win–win proposition. During the Summit, in addition to the concentrated agreement signings of key projects, six sub-forums, including "Cross-Border Investment and Financing Boost the Belt and Road," "Logistics and Finance Empower the New Land–Sea Corridor," and "FinTech Promotes Inclusive Finance Development," were held as were the Financial Cooperation Achievements Exhibition, China–Singapore Financial Achievements Exhibition, New Land–Sea Corridor Business Matchmaking Conference, and other activities.

On August 2, 2019, the first meeting of the Joint Working Committee of the Initiative was held in Beijing. The Chinese side stated that China–Singapore connectivity and the new land–sea corridor are major projects for China and Singapore to jointly build the Belt and Road. Since 2019, when President Xi Jinping met with President Halimah Yacob and Premier Lee Hsien Loong, the two parties agreed to jointly build the Belt and Road with the highest quality and to promote the construction of the new land–sea corridor in tripartite cooperation. With the care and support of the leaders of the two countries, the coordination mechanism of the Initiative has been continuously improved, making remarkable achievements in financial cooperation, financial services, the aviation industry, transportation logistics, and information communication. With emerging practical achievement, the achievements of the two countries signed into effect more than 160 projects valued at more than 26 billion US dollars (USD). Singapore stated that it will implement the relevant agreements on the Initiative signed in accordance with the consensus of cooperation reached by the leaders of the two countries, actively promote the construction of the new land–sea corridor, promote the expansion of cooperation between enterprises from the two parties within the Initiative's framework, and raise the cooperation level. Singapore will, therefore, accelerate regional economic integration together with the Chinese.

XI. Policies for Gold Market Development①

In 2019, China's gold market implemented a market-oriented, international development strategy and achieved remarkable progress. The building of China's gold market system was promoted and the infrastructure-building of its financial markets continued to improve by means of innovation-driven development. The Shanghai Gold Exchange (SGE) has been developing the domestic gold market and expanding the international gold market so its trading volume has been growing continuously. The trading volume of gold futures on the Shanghai Futures Exchange (SHFE) also increased significantly. The institutional framework, which features the gold market as an integral component of China's financial infrastructure, was thereby established.

(i) Overview of Gold Market Development

In 2019, the international gold price soared with an annual increase of nearly 20%, hitting a nine-year record high. The price of London spot gold at the beginning of the year oscillated sideways at approximately 1,300 US dollars (US$) per ounce. The gold price at the end of the year was US$1523.00 per ounce, up US$241.35 per ounce since the end of 2018, representing an increase of 18.83%. The SGE Au 99.99 gold contract opened at 283.98 renminbi (RMB) per gram (g), with a high price of RMB 369.24/g, a low price of RMB 277.50/g, and the closing price of RMB 340.80/g at the year's end, representing an increase of 19.75% as compared with the closing price at the end of 2018. The annual weighted average price stood at RMB 308.70/g, representing a year-on-year increase of 13.74%.

① About the Author: Luo Jiang, Deputy General Manager of the R&D Department of the Shanghai Gold Exchange.

The total transaction volume of the SGE in 2019 reached a record high, with a total transaction volume of RMB 28.76 trillion, with a year-on-year increase of 33.18%. A total of 68,600 tons of gold were traded with a year-on-year increase of 0.12%. Its business volume totaled RMB 21.49 trillion, representing a year-on-year increase of 15.69% and causing the SGE to achieve the number one rank in gold spot trading volume worldwide. The total amount of physical gold delivered from the SGE was 1,642.01 tons, with a year-on-year decrease of 20.08%. In 2019, the SHFE clinched a deal for 92,400 tons of gold, representing a year-on-year increase of 186.58%.

By the end of 2019, the SGE had 270 members, including 157 ordinary members and 113 special members. Ordinary members include 30 financial members and 127 comprehensive members. Special members include 8 foreign-funded financial members; 79 international members; and 26 brokers, trusts, and small- and medium-sized banking institutions. The SGE has 11,460 primary board agency customers, 85 international board agency customers, and 10,108,200 individual customers. The SGE's international board market maintained sound growth and continued to open up. By the end of 2019, transactions on the international board reached RMB 3.67 trillion, with the year-on-year growth of 99.11%. The trading volume and amount of gold traded were 8,200 tons and RMB 2.62 trillion, respectively.

(ii) Policies for Industrial Market Development

In 2019, China's gold market earnestly implemented three administrative measures released by the People's Bank of China (PBOC) at the end of last year for the gold asset management business, Internet gold business, and gold deposit business. The SGE improved the gold market system by revising its rules on member management, leasing and delivery, price matching, price asking, and pricing trading as well as the punishment of regulatory violations. In 2019, the gold market achieved remarkable progress in terms of promoting product innovation and improving transactional mechanisms. The SGE completed the Qualifying Central Counter Party's (QCCP) evaluation of the financial infrastructure and continued to advance anti-money laundering tasks as well as optimize gold market infrastructure-building.

In 2019, the following achievements were accomplished with respect to the gold market in China.

1. Implementation of the PBOC's administrative measures for the gold asset management business, Internet gold business, and gold deposit business

In 2019, the gold market comprehensively implemented the *Notice on Matters concerning the Gold Asset Management Business* (Y.B.F [2018] No. 215), the *Interim Measures for the*

Administration of the Internet Gold Business of Financial Institutions (Y.B.F [2018] No. 221), and the *Interim Measures for the Management of Gold Accumulation Operations* (Y.B.F [2018] No. 222) issued by the General Office of the PBOC at the end of 2018. The Notice on Matters concerning the Gold Asset Management Business requires the SGE to assume the obligations of registration and custody for gold asset management. According to the guiding opinions of the PBOC, the SGE issued the Detailed Rules of the Shanghai Gold Exchange for Registration and Custody Related to Gold Asset Management in July 2019. This policy effort promoted online test run of the supporting registration and custody system for gold asset management, successfully established the mechanism for monthly reporting to PBOC, and presented a full and detailed framework for gold asset management, thereby providing a strong basis for the PBOC to administrate the over-the counter gold market. Furthermore, the SGE strictly followed the requirements of the Interim Measures for the Administration of the Internet Gold Business of Financial Institutions and the Interim Measures for the Management of Gold Accumulation Operations. It provided regulatory demonstration for the Internet gold business by launching the registration and custody system for registration, planned to further the establishment of innovative channels that connect Internet gold products and accumulated gold with the SGE , promoted the engagement of OTC financial institutions in SGE's services, and reduced the risk of rapid market development through standardized management.

2. SGE revised and improved the market system

In 2019, in line with the developmental demands of the gold market and the requirements of financial infrastructure-building, the SGE further revised and improved its market rules as well as support system. For the purpose of continuing to strengthen member management, the SGE revised and issued systems such as the *Measures for Member Management of the Shanghai Gold Exchange* and the *Measures for the Administration of Trading Seats of the Shanghai Gold Exchange*. To optimize leasing and delivery rules, the SGE revised and issued the *Shanghai Gold Exchange General Agreement on Gold Leasing 2019*, the *Measures for the Administration of Safe Deposit Vaults of Shanghai Gold Exchange* (Amended November 2019), and the *Detailed Delivery Rules of Shanghai Gold Exchange* (Amended November 2019). To comprehensively improve trading rules, the SGE revised and issued the *Detailed Rules for Price Matching Trading of Shanghai Gold Exchange* (Amended November 2019), the *Trading Rules for Interbank Gold Bilateral Transaction of Shanghai Gold Exchange* (2019 Revision), the *Measures for the Administration of Market Makers of the Shanghai Gold Exchange*, and the *Detailed Rules of the Shanghai Gold Exchange on Centralized Pricing Trading* (Amended November 2019). In the meantime, the SGE revised and issued the *Measures for the Punishment of Regulatory Violations in Shanghai Gold Exchange* (2019 Revision), which clarifies the investigation, the determination, and the punitive measures for regulatory violations on the part of members and market participants, strengthens the management of the gold market, standardizes transactions, and safeguards the legitimate rights and interests of market participants.

3. Promote product innovation and improve trading mechanism

In 2019, the gold market achieved remarkable progress in terms of promoting product innovation and improving trading mechanisms. The gold market saw significant progress in product innovation. The SGE implemented the PBOC's opening up strategy with regard to the financial sector and Shanghai international financial center construction. In October 2019, the SGE moved forward with CME cross-market operations and launched cash settlement deferred contracts for NYAuTN that provided a new channel through which investors could participate in the international gold market and played an active role in promoting the international development of China's gold market and building Shanghai into an international financial center. In December 2019, after asking the price of gold options at SGE, the Shanghai Futures Exchange launched a gold option with gold futures as its underlying asset, which represented China's first exchange-traded gold futures option.

To improve market efficiency, extend trading time, and achieve continuous trading during lunch time, the SGE extended its open hours to 13 hours, which strengthened interaction between China's gold market and the global market. To enrich the investor structure and expand the market-maker management model, the SGE launched an online trading brokerage, improved the special legal person business specification, strengthened the routine management of procedural transactions, and accommodated the demands of wealth management subsidiaries and other new investors.

4. SGE continued to move forward the anti-money laundering work

In the spirit of being risk-oriented, the SGE actively fulfilled its anti-money laundering obligations and continued to strengthen the prevention and control of money laundering risk. In March 2019, the SGE issued the *Self-Discipline Guidelines for Members of the Shanghai Gold Exchange on Anti-Money Laundering, Counter-Terrorist Financing and Anti-Tax Evasion (the Guidelines)* for the purpose of strengthening the administration of the issuance of value-added tax (VAT) invoices and assisting relevant departments in effectively handling over-the-counter (OTC) tax-related cases.

Formulated on the basis of the *Notice on Strengthening Anti-money Laundering and Anti-terrorist Financing in Precious Metals Trading Venues* issued by the PBOC in 2017 and the *Implementation Measures of Anti-money Laundering and Anti-terrorist Financing for SGE*

Members (trial) (S.J.J.F [2018] No.59) issued by the SGE in 2018, the Guidelines serve to move anti-money laundering work forward in the precious metal industry and as operational guidelines for the SGE's implementation of anti-money laundering work.

5. Optimize the infrastructure construction of gold market

In 2019, the SGE continued to optimize the infrastructure construction of the gold market. First, the SGE continued to deepen price benchmark construction. On January 1, 2019, the SGE launched the online quotation of the volatility curve of gold bilateral transaction options. Starting in June 2019, the SGE published the volatility curve of gold bilateral transaction options for the entire market. Through the implied volatility curve construction of bilateral transaction options, the SGE moved the accumulation of options asset management and derivative applications forward toward the "Shanghai Gold" market. The price benchmark for bilateral transaction derivatives gradually became a new element that served to deepen the construction of the "Shanghai Gold" brand. Second, the SGE joined the PBOC's high-value real-time payment system to further improve the monetary settlement mechanism. Third, the SGE actively participated in the formulation of international standards, helped devise an international standard for one kilogram (KG) gold bars, and contributed to international gold quality standards by making a Chinese proposal. Fourth, the SGE worked on improved delivery and storage services as well as regulated the development of the leasing business. The SGE set up a designated warehouse for the internal board of the Industrial and Commercial Bank of China Limited Shenzhen, reduced the procedures for the gold transit business, released the reference benchmark rate for exchange-based interbank gold leasing, provided a reference for the leasing business and the pricing of related derivatives, assisted the PBOC in formulating measures for the administration of gold leasing, and offered compliance guarantees for market participants. Fifth, the SGE steadily moved the construction of an information system forward, ensured the smooth construction of a safe and efficient information system, strengthened system safety management, and enhanced network protection capacity.

6. QCCP evaluation of the SGE's financial market infrastructures was fundamentally concluded

The QCCP constitutes an important part of China's financial market infrastructure (FMI). FMI, which provides services as such payment, settlement, clearing, custody, and recordkeeping of financial transactions, can effectively enhance trading efficiency, reduce the costs of participation, and limit systematic risks, thus safeguarding the stable operation of the financial markets. After the international financial crisis in 2008, financial regulators around the world reached a broad consensus on FMI (*Principles for Financial Market Infrastructure* (PFMI)).

In 2012, the Committee on Payment and Settlement Systems (the CPSS, which was renamed the Committee on Payments and Market Infrastructures) and the International Organization of Securities Commissions jointly formulated and issued the PFMI. Both the PBOC and the China Securities Regulatory Commission supervised the administration of domestic FMI in accordance with the PFMI. The development and design of domestic scientific and technological platforms that are the same or similar in nature to FMI should refer to and follow the PFMI to enhance safety and compliance.

In 2019, the SGE comprehensively advanced the work related to the QCCP evaluation. In line with the requirements of the PFMI and the PBOC, the SGE made comprehensive revisions to existing business rules regarding legal foundation, governance structure, comprehensive risk management framework, credit and liquidity risk management, settlement finality, currency settlement and physical delivery, general business and operational risks, access, and efficiency and transparency, as well as completed the self-evaluation and system compilation materials, passed the external evaluation of the PBOC, and offered basic guarantees for China's gold market to enhance its international competitiveness.

(iii) Evaluation and Outlook on Policies

The year 2019 witnessed stable and significant development in China's gold market. The gold market achieved significant progress in implementing the PBOC's administrative measures for the gold market, completing financial infrastructure evaluation and construction, revising and improving the market system, promoting production innovation, optimizing trading mechanisms, moving anti-money laundering work forward, and optimizing the construction of gold market infrastructure, thus consolidating the institutional foundation for the stable future development of the gold market.

In 2019, the gold market implemented three administrative measures—for the gold asset management business, the Internet gold business, and gold accumulation operations—issued by the General Office of the PBOC. The SGE actively moved the registration and custody of the gold asset management business forward to regulate the development of the gold asset management business, while supporting market regulation authorities in the timely and effective supervision of gold asset management. The SGE strictly implemented the PBOC's measures for the administration of the gold asset management business, the Internet gold business, and gold accumulation operations, optimized the functionality and user experience of the "Yijintong" mobile app, accelerated the construction and launch of a registration and custody platform for asset management, standardized deposit business management, constructed a risk monitoring framework, and assisted the PBOC in effectively controlling and managing financial market risk. The SGE rectified irregularities arising from the rapid development of the Internet gold leasing business, prevented business innovation from shifting from real to virtual, resolved potential gold market risks, and laid a solid foundation for the sustained future development of the gold market.

In 2019, the SGE passed the QCCP evaluation of the PBOC. The QCCP certification contributes to better risk management and provides institutional guarantees for China's gold market to enhance its international competitiveness and participation with the international gold market.

The SGE revised and improved its market system, strengthened the management of members and market participants, and strictly guarded against systematic risk events. To strengthen member management and regulate members' business activities, the SGE earnestly implemented the *Measures for Member Management of Shanghai Gold Exchange*, completed the classification and trial ratings of members, initiated the synchronous audio-video recording of individual agency business, and optimized the structure of market participants. The SGE also followed the *Measures for the Punishment of Regulatory Violations of Shanghai Gold Exchange* and eliminated unqualified members and clients. To raise awareness of market risk control, the SGE mobilized internal resources to establish an integrated risk monitoring system for members, strengthened the supervision and inspection of abnormal transactions, built a well-organized and efficient risk event emergency response system, prepared risk response plans for various extreme circumstances, and made risk prevention and control more pertinent and effective. After the revision and improvement of market rules and supporting systems, the SGE elevated China's gold market system to a new level, further enhanced market management and risk prevention and control, and laid an important institutional guarantee for the sustained future development of the gold market.

With the support of the PBOC's policies to advocate innovation, the gold market achieved major progress in promoting product innovation and improving trading mechanisms, as evidenced by the launch of the cross-market innovation product NYAuTN and the listing of gold futures options on the SGE. After the SGE launched the T+N contracts with NYAuTN in October 2019, the annual trading volume was 38.02 tons and the total trading amount was RMB 12.848 billion; the daily trading volume was 667.07 KG and the daily average trading amount totaled RMB 225 million. The listing of gold futures options on the SGE at the end of the year marked a further improvement in China's exchange-based gold derivatives market, which provided market participants with more risk management tools. The SGE also improved the rules for programmed trading, actively expanded the application scope of "Shanghai Gold," launched performance bond bilateral transaction products, conducted innovative product research, and had products reserved in place for future development.

Thanks to the PBOC's policies supporting the internationalization of the financial market, the share and influence of China's gold market in the international gold market was further enhanced. On the same day, "Shanghai Gold" futures contracts based on Shanghai Gold Benchmark PM Prices and the T+N NYAuTN contracts based on COMEX Gold Futures Asia Spot Prices were launched on the COMEX and the SGE, respectively, which marked cross-market cooperation between the world's largest physical gold market and the world's largest derivatives marketplace. Such cooperation also demonstrated the growing influence of "Shanghai Gold" in pricing international transactions. This cooperation effectively enhanced the global influence of RMB gold pricing and the international discourse power of China's gold market and contributed to the internationalization of the RMB and transforming Shanghai into an international financial center. The SGE initiated the "Gold Road Project" to explore cooperative opportunities among gold markets of "Belt and Road" countries. The project completed the handover of the first "gold leasing + jewelry processing" business and re-export business.

To move the orderly implementation of anti-money laundering work forward, the SGE formulated and issued the *Self-Discipline Guidelines for Members of the Shanghai Gold Exchange on Anti-Money Laundering, Counter-Terrorist Financing and Anti-Tax Evasion* and held special on-site courses for more than 150 members in Beijing, Shanghai, and Shenzhen to guide them in fulfilling their anti-money laundering obligations. The SGE improved its internal systems and work processes, enhanced its ability to monitor anti-money laundering risk, and strengthened its routine monitoring and control of suspicious transactions. In line with the PBOC's work requirements, the SGE arranged for its members to pilot the submission of anti-money laundering data. The SGE worked on raising awareness regarding anti-money laundering efforts through its official website, its Wechat account, symposiums, and visits with members. The SGE conducted field trips to more than 20 members in over 10 provinces and municipalities, performed investigations and research on the current status of anti-money laundering work, and elaborated on anti-money laundering work requirements. The SGE also continued to organize anti-money laundering courses to enhance the anti-money laundering skills of all its employees. The SGE strengthened research and explored anti-money laundering models suitable for the precious metals industry. The SGE played its role as an industrial self-discipline platform, elevated anti-money laundering work in the precious metals industry to a new level, enhanced its OTC risk assessment capabilities, and implemented its responsibilities with regard to anti-money laundering, counter-terrorist financing, and anti-tax evasion efforts. In addition, the SGE formulated and issued detailed rules for identity recognition and submission of suspicious reports, planned and improved Phase 2 construction of the VAT tax-related management information system, strengthened the dynamic monitoring and control of load-in, load-out and invoicing activities, performed assessments and early warnings of various OTC risks, and prevented OTC risks from spreading to the exchange. The SGE strengthened the training, publicity, and guidance on the *Self-Discipline Guidelines for Members of the Shanghai Gold Exchange on Anti-Money Laundering, Counter-Terrorist Financing and Anti-Tax Evasion*, so as to ensure that anti-money laundering, counter-terrorist financing, and anti-tax evasion responsibilities are earnestly implemented.

Looking forward, China's gold market will continue to pursue the major tasks with regard to implementing its market-orientation and internationalization strategy. While promoting the development of the domestic gold market, the SGE will open up further and serve Belt and Road Initiative cooperation. Focusing on building financial infrastructure in line with international standards, policies, and systems in the gold market will use financial technology and regulation technology to improve financial services for the real economy, encourage and support innovation, further regulate the behavior of market participants, prevent and resolve financial risk, and provide an institutional guarantee to build China's gold market into a financial infrastructure with global influence.

Major Financial Regulatory Policies

I. Major Regulatory Policies of the People's Bank of China①

(i) A Review of Major Regulatory Policies of the People's Bank of China in 2019

The first type of policies are for preventing and mitigating major financial risks. The People's Bank of China (PBOC) fulfilled its obligations of the Office of the Financial Stability and Development Council of the State Council and steered the implementation of action plans to prevent as well as mitigate major financial risks; continued to crack down on shadow banking, handle risks for key financial institutions, upgrade the resolution mechanism to deal with bond defaults, and rectify Internet financial risks comprehensively. It also took over Baoshang Bank promptly in accordance with the relevant law and regulations. Moreover, it made conscious efforts to building a long-term regulatory mechanism and accelerating the improvement of macro-prudential policy frameworks for foreign debt and real estate finance and mitigation of institutional weaknesses in the regulation of financial holding companies and coordinated regulation of financial infrastructures.

The second type of policies are to provide financial services to the real economy. The PBOC encouraged financial institutions to support key fields, major programs, and important projects under construction in order to give impetus to high-quality development of the manufacturing industry; implemented finance-based poverty alleviation programs; continued to improve financial services for rural revitalization and effectively linked the two pilot programs of loans with mortgage of the right to contractual operation of rural land and farmers' housing property rights. It further lowered the financing threshold and cost for micro- and small-sized private companies (MSEs) and continued to combine policy efforts of multiple government departments; made innovative use of multiple monetary policy tools, fully leveraged bond financing tools for private firms, extended support for accounts receivable financing for MSEs, and implemented innovative measures to upgrade credit investigation services for MSEs.

The third type of policies are for implementing financial opening-up policies. The

① About the Author: Zhu Xiaochuan, Research Fellow at the Financial Law institute, Shanghai Law Society. This chapter mainly has reference to the content of the official website of the People's Bank of China (PBOC). For the review of the PBOC's monetary policies, please see the previous chapter.

PBOC announced more than 30 policies simultaneously, which clarify that all restrictions on foreign shareholding of Chinese securities, funds, futures, and life insurance will be lifted ahead of schedule in 2020; all restrictions on the amount of investment for qualified foreign investors; and foreign-funded institutions will be allowed to engage in bond underwriting and rating in the interbank market. The PBOC also initiated 12 measures to facilitate cross-border transactions and investment, including lifting territorial restrictions for RMB-qualified foreign institutional investors; raising the daily limit on RMB remittance for every Macau citizen; increasing the number of institutions engaged in China International Payment System; enhancing infrastructure connectivity in the bond market; supporting financial reform in the Hainan Free Trade Zone, Hainan Free Trade Port, the Guangdong–Hong Kong–Macao Greater Bay Area, and the Yangtze River Delta Economic Zone; making continuous efforts toward international and regional financial cooperation; leveraging the G20 platform to reinforce the coordination between international macroeconomic and financial policies and multilateral rules and institutions; effectively implementing the results of the Second Belt and Road Forum for International Cooperation.

The fourth relates to administrative services and management policies. The PBOC earnestly met their obligations of planning for key financial legislation, improved the level of administration in accordance with the law; smoothly consolidated financial statistics, terminated the administrative licensing for opening enterprises' bank accounts, completed the centralized deposit of the provisions of clients to payment agencies, released the plan and launched the piloting of fintech application, further regularized the management of large amounts of cash; optimized the process of tax refund from the treasury and ensured that MSEs received the actual benefit of tax reduction policies, rolled out the Interim Measures for the Administration of the Credit Rating Industry, and conducted unified chattel security registration and query. A mutual evaluation report, *Anti-money Laundering and Counter-terrorism Financing Measures*, was approved by the Financial Action Task Force on Money Laundering (FATF) Plenary. Besides, the PBOC established the system of coordination for the protection of the rights and interests of the financial consumers and further regularized financial marketing and publicity activities.

(ii) A Review of Major Regulatory Policies of the PBOC

In 2019, faced with significantly increasing pressure and challenges from home and abroad, the PBOC implemented the decisions and plans made by the Party Central Committee and the State Council, adhered to the general work guideline for progressing while maintaining stability, and encouraged high-quality development; maintained stability in employment, financial operations, foreign trade, foreign investment, domestic investment, and growth expectations, and stood firm in the fight to prevent and mitigate financial risks; continued to deepen financial structural reform on the supply side, initiated policies on catering financial services to the real economy into effectual execution and constantly improved financial management and services; earnestly maintained financial stability, dedicated vigorous support to the development of the regional financial industry, and achieved highly effective results in all work.

The rapid increase in the macro leverage ratio has been effectively prevented; there has been an effective crackdown on shadow banks; there have been major breakthroughs in risk handling for key financial institutions; and the risk of external impact has been effectively defused. These measures not only protected the legitimate rights and interests of depositors and clients to the maximum, but also broke the hidden rule of rigid payment, improved the market discipline, promoted credit stratification in the financial market, and made for proper market risk pricing.

The PBOC continued to improve financial services for poverty alleviation and rural revitalization and further lowered the finance threshold and cost for MSEs. The measures included increase in financing amount, broadening of financing channels, and reduction in financing cost reduced for MSEs. Besides, the policy goal for large-scale state-owned commercial banks, which was to increase loans to MSEs by more than 30% and curtail total financing cost for MSEs by 1%, was exceeded.

The PBOC also enhanced financial reforms and opened up and improved financial services and level of management. It made steady progress in the research on basic as well as major problems and strengthened its efforts to improve financial governance as a modern central bank and establish a system for a healthy balance sheet. Further progress was made in terms of facilitating people's Lives through mobile payment; a significant increase was noted of legal entity identifiers (LEIs) being issued, and the R&D of central bank digital currency (CBDC) progressed smoothly, which propelled our business environment up the global ranking by multiple places.

(iii) Future Outlook on Regulatory Policies of the PBOC

In 2020, the PBOC will implement the spirits of the Fourth Plenary Session of the 19th Central Committee, focus on the goal of building a well-off society comprehensively and the final stage of the 13th Five-Year Plan, and adhere to the general work guideline of progressing while maintaining stability and the new philosophy of development. It will also pursue mainly the structural reform on the supply side; deepen financial reform around the prevention and mitigation of major financial risks; continue to maintain stability in employment, financial operations, foreign trade, foreign investment, domestic investment, and growth expectations comprehensively; make coordinated efforts to maintain stable growth; advance reform; make structural adjustments; improve living standards; guard against risks; ensure stability; and finally create a favorable financial environment for high-quality economic development.

First, the PBOC will stand firm in the fight to prevent and mitigate financial risks. The PBOC will specify the responsibilities of each party, require them to assume their own responsibilities——which means financial institutions must assume primary responsibilities, local governments must handle local risks and the paramount responsibility of maintaining stability, financial regulatory departments must deal with regulation, and PBOC branches would be the lender of last resort, and adhere to the prevention of moral risks; establish and upgrade the recovery and handling mechanism, the loss-sharing mechanism, and the incentive and restriction mechanism for financial institutions; handle risks for key financial institutions conscientiously according to law and regulation; continue with the crack down on Internet financial risks, basically eliminate the existing Internet risks to build and improve a long-term regulatory mechanism; speed up the establishment of a long-term management system for real estate finance; further leverage the role of deposit financial institutions and insurance institutions in risk handling; accelerate the establishment of the local coordination mechanism of the Office of the Financial Stability and Development Committee.

Second, the PBOC will emphasize lowering financing threshold and cost for MSEs and expand financial support for the structural reform on the supply side. The PBOC will upgrade the assessment and incentive mechanism for MSE loan borrowers and effectively implement the liability exemption system of credit extension; build a conducive environment to boost the confidence, willingness, and capability of banks to provide loans; leverage the concerted efforts of multiple departments, fully utilize policy tools such as targeted RRR cuts, re-loan and rediscount, macro-prudential assessment, and credit investigation management; and vigorously improve the conditions for the financing of MSEs; expand credit support for key and vulnerable fields; focus on areas of extreme poverty, the poverty eradication system based on financial support and industrial development, and contribute to the targeted fight against poverty.

Third, the PBOC will quickly upgrade the macro-prudential regulation framework. The PBOC will prepare the guidelines to macro-prudential policies and establish the macro-prudential stress test system; speed up the establishment and upgrading of the system of macro-prudential regulation in the manner of integration of domestic and foreign currencies for cross-border capital flow; broaden the coverage of macro-prudential policies and assess systematically important banks; and rollout measures for regulation of financial holding companies.

Fourth, the PBOC will deepen the reform of the financial market and institutions; actively develop and boost infrastructure connectivity in the bond market; strengthen the planning for coordinated regulation and construction of financial infrastructures; reform small and medium-sized banks and rural credit cooperatives and further improve the governance structure of policy banks; actively and steadily promote the internationalization of the renminbi, reform the foreign exchange management system and support free trade zones and ports to improve foreign exchange administration; improve the regulatory framework requiring the coordination of macro-prudential and micro regulation for cross-border capital flow.

Fifth, the PBOC will invest more toward R & D and application of fintech. The PBOC will establish and improve the basic rules for fintech regulation and work effectively toward fintech innovation; continue to steadily promote the R & D of CBDC; and expand the application of LEIs in the country.

Sixth, the PBOC will improve financial services and regulation comprehensively. The PBOC will make overall plans to establish the system of financial laws, regulations, and rules; strengthen financial statistics monitoring and analysis and build a financial statistics platform and a basic financial database reflecting the big data trend; initiate regional financial reforms in technological innovation–oriented finance, green finance, inclusive finance, financial opening-up and innovation, and coordinated region development; establish a modern financial governance system for central banks; explore and establish a system to coordinate regulation and regulate the payment industry, further ease people's life through mobile payment, and fully cooperate in the crackdown on new telecommunication network–related illegal and criminal activities and cross-border gambling activities; crackdown on illegal and criminal activities involving counterfeit currency; accelerate the high-quality development of the treasury and enable it to handle various businesses related to budgetary revenues and expenditures effectively and efficiently; promote the launch and regularly upgrade of the second-generation credit investigation system and strengthen personal credit information security management and protection of personal privacy; build an enhanced coordination and regulatory system for anti-money laundering; upgrade the coordination system for the protection of the rights and interests of financial consumers and coordinate in the promotion of financial inclusion.

Appendix

Major Regulatory Policies of the People's Bank of China in 2019

Released on	Major Policies	Released by	Doc No.
January 10	*Implementation Opinions on the Financial Industry Implementing the Action Plan for Advancing the Extensive Deployment of Internet Protocol Version 6*	People's Bank of China, China Banking and Insurance Regulatory Commission and China Securities Regulatory Commission	Y.F. [2018] No. 343
January 11	*Notice on Issuing the General Plan for the Construction by the Guangxi Zhuang Autonomous Region of Financial Opening-up Portals to ASEAN*	People's Bank of China, National Development and Reform Commission, Ministry of Education, Ministry of Science and Technology, Ministry of Industry and Information Technology, Ministry of Finance, Ministry of Human Resources and Social Security, Ministry of Natural Resources, Ministry of Commerce, General Administration of Customs, China Banking and Insurance Regulatory Commission. China Securities Regulatory Commission and State Administration of Foreign Exchange	Y.F. [2018] No. 345
January 21	*Notice on Adjusting Evaluation Standards with respect to Targeted Reduction in the Reserve Requirement Ratio in favor of Inclusive Finance*	People's Bank of China	Y.F. [2018] No. 351
January 23	*Notice on Issuing the Measures for the Administration of Funds for Participation in Equity Incentives by Foreign Employees of Domestic Listed Companies*	People's Bank of China and State Administration of Foreign Exchange	Y.F. [2019] No. 25
January 24	*Notice on Issuing the Industrial Standards Titled as the Interbank Market Metadata and the Interbank Market Information Exchange Protocol* (2019 Revision)	People's Bank of China	Y.F. [2019] No. 6
January 29	*Guiding Opinions on Finance Serving Rural Revitalization*	People's Bank of China, China Banking and Insurance Regulatory Commission, China Securities Regulatory Commission and Ministry of Agriculture and Rural Affairs	Y.F. [2019] No. 11

Continued

Released on	Major Policies	Released by	Doc No.
January 31	*Notice on Issuing the Action Plan for the Construction of Shanghai International Financial Center (2018–2020)*	People's Bank of China, National Development and Reform Commission, Ministry of Science and Technology, Ministry of Industry and Information Technology, Ministry of Finance, China Banking and Insurance Regulatory Commission, China Securities Regulatory Commission and State Administration of Foreign Exchange	Y.F. [2019] No. 17
February 3	*Notice on Canceling the Licensing of Enterprises' Bank Accounts*	People's Bank of China	Y.F. [2019] No. 41
March 11	*Notice on Issuing the Data Extraction Interface Specifications for the Anti-Money Laundering Law Enforcement Inspection of Securities, Futures and Insurance Institutions*	People's Bank of China	Y.F. [2019] No. 63
March 22	*Notice on Further Strengthening Administration of Payment and Settlement to Prevent New Types of Telecommunications and Online Illegal and Criminal Activities*	People's Bank of China	Y.F. [2019] No. 85
March 29	*Notice on Working Effectively to Gather Information Concerning the Additional Special Mortgage Interest Deduction for Individual Income Tax*	People's Bank of China, Ministry of Finance, and General Administration of Customs	Y.B.F. [2019] No. 71
April 26	*Notice on Supporting the Issuance of Green Debt Financing Instruments in Green Finance Reform and Innovation Pilot Zones*	People's Bank of China	Y.F. [2019] No. 116

Continued

Released on	Major Policies	Released by	Doc No.
May 15	*Guiding Opinions on Effectively Conducting Financial Precision Poverty Alleviation Work from 2019 to 2020*	People's Bank of China	Y.F. [2019] No. 124
May 25	*Measures for the Administration of Cross-Border Funds of Depositary Receipts (for Trial Implementation)*	People's Bank of China and State Administration of Foreign Exchange	PBOC and SAFE Announcement [2019] No. 8
June 10	*Notice on Optimizing the Comprehensive Control over Bad Check Violations*	People's Bank of China	Y.F. [2019] No. 155
June 21	*Notice on Issuing the Key Tasks in Promoting the Transparency of Government Affairs in 2019*	People's Bank of China	Y.B.F.[2019] No. 103
August 22	*Notice on Issuing the FinTech Development Plan (2019-2021)*	People's Bank of China	Y.F. [2019] No. 209
August 25	*Announcement No. 16 [2019] of the People's Bank of China—Announcement on Clarifying the Matters Concerning Adjustments to Personal Housing Loan Interest Rates in LPR Reform*	People's Bank of China	PBOC Announcement [2019] No. 16
September 30	*Notice on Matters concerning Further Facilitating the Investment of Foreign Institutional Investors in the Interbank Bond Market*	People's Bank of China and State Administration of Foreign Exchange	Y.F. [2019] No. 240
October 19	*Notice on Further Clarifying the Matters Concerning Regulating Asset Management Products for Financial Institutions to Invest in Venture Capital Funds and Government-funded Industry Investment Funds*	National Development and Reform Commission, People's Bank of China, Ministry of Finance, China Banking and Insurance Regulatory Commission, China Securities Regulatory Commission and State Administration of Foreign Exchange	F.G.C.J.G. [2019] No. 1638
November 18	*Guiding Opinions on Supporting the Reform of the System of Highway Tolls by Financial Services*	People's Bank of China, Ministry of Finance and China Banking and Insurance Regulatory Commission	Y.B.F. [2019] No. 185
November 22	*Measures for the Registration of the Pledge of Accounts Receivable*	People's Bank of China	PBOC Order [2019] No. 4

Continued

Released on	Major Policies	Released by	Doc No.
November 26	*Interim Measures for the Administration of the Credit Rating Industry*	People's Bank of China, National Development and Reform Commission, Ministry of Finance and China Securities Regulatory Commission	PBOC, NDRC, Ministry of Finance and CSRC Order [2019] No. 5
December 6	*Administrative Measures for Payment Services Related to Treasury Revenues*	People's Bank of China	Y. F. [2019] No. 292
December 20	*Notice on Further Regulating Financial Marketing and Publicity Activities*	People's Bank of China, China Banking and Insurance Regulatory Commission, China Securities Regulatory Commission, and State Administration of Foreign Exchange	Y. F. [2019] No. 316

Data Source: The website of the PBOC. The issuance date is the date at the end of the document; otherwise, it is the date when the document was issued on PBOC's website.

Article 14

The People's Bank of China Piloted Fintech Regulation①

On December 9, 2019, according to the website of the State Council (www.gov.cn), the People's Bank of China (PBOC) disclosed a system of basic rules for fintech regulation, along with regulatory measures, such as information disclosure, product publicity, and social monitoring, while making substantial efforts to design inclusive and prudential tools for the regulation of fintech and enhancing the professionalism, uniformity, and look-through ability of fintech. This was done to implement the spirit of the 4th Plenary Session of the Party Committee and execute the *Notice on Issuing the FinTech Development Plan (2019–2021)*. In accordance with the *Official Reply of the State Council to the Plan for Deepening the Reform and Promoting the Comprehensive Pilot Program of Expanding Opening-up in the Service Industry of Beijing Municipality*, the PBOC supports Beijing's piloting fintech regulation; exploring tools to regulate fintech commensurate with Chinese conditions and international rules; and enabling qualified financial institutions to empower and enhance the efficacy of financial services with fintech in accordance with the law and without violating consumers' rights and interests. Thus, the PBOC supports Beijing's building a safe, inclusive, and open environment emphasizing justice for fintech's development.

On December 23, 2019, the PBOC's Business Management Department, together with other

① About the Author: He Haifeng, Director of the Institute of Financial Policy, Chinese Academy of Social Sciences.

relevant departments, launched the piloting of the regulation of fintech innovation, disseminated the piloting plan, and arranged schedules. On January 14, it publicized six innovative applications of fintech involving state-owned commercial banks, national joint-stock commercial banks, large-scale municipal commercial banks, clearing organizations, payment agencies, and technology companies. To lower the financing threshold and the cost of micro- and small-enterprises (MSEs), improve the financial services to better facilitate people's lives, and broaden the channels of financial services, applications involve cutting-edge technologies, such as the Internet of Things, Big Data, Artificial Intelligence, Blockchain, and API in the financial sector, and have multiple application scenarios, such as digital finance. The six technologically advanced, universally applicable, and strongly demonstrative pilots are as follows: ICBC's product tracing and certification management and supply-chain finance based on the Internet of Things; the quick microcredit product debuted by Agricultural Banks of China; the intelligence-controlled product jointly launched by China CITIC, China UnionPay, Du Xiaoman Financial, and Ctrip; AIBank's AIBank Inside; Ningbo Bank's quick credit product; and the mobile POS system developed by China UnionPay, Jingdong Digital Technology, and Xiaomi Digital Technology.

These pilot programs play a significant role in our country's constructing world-class fintech and building globally influential fintech centers. In the next step, the PBOC's Business Management Department will, under the guidance of the PBOC's head office, work with other departments to evaluate the efficacy of flexible regulatory measures, including "information disclosure, product publicity, and social monitoring"; further explore and create tools for fintech that are commensurate with China's national conditions and compatible with international standards; guide qualified financial institutions to empower and enhance the efficacy of financial services by using modern information technology in accordance with the law and without violating consumers' rights and interests; and thus, build a safe, inclusive, and open environment emphasizing justice for fintech development.

Article 15

Digital Currency and Electronic Payment (DC/EP) Tools of the People's Bank of China (PBOC)[①]

The People's Bank of China (PBOC) previously started research on statutory digital currency.

---

① About the Author: Wu Xuchuan, the Deputy Director and Secretary-General of the Internet Finance Research Center of the Institute of Finance, the People's Bank of China.

In 2014, a special team was formed to start special research on a digital currency issuance framework, key technologies, the issuance and circulation environment, related international experiences, and other issues. In 2016, the Digital Currency Research Institute was established. At the end of 2017, with the approval of the State Council, the PBOC organized powerful commercial institutions to develop digital currency and electronic payment (DC/EP) tools. The statutory digital currency being developed in China, DC/EP has basically completed the top-level design, standards setting, functional development, and joint testing stages of development.

China's statutory digital currency, as the digital form of renminbi (RMB), will be the same as physical RMB in terms of its issuance and circulation management mechanisms, as well as in its strict adherence to current regulations on RMB management, anti-money laundering, anti-terrorist financing, anti-tax evasion, and foreign exchange management, characterized not only by convenient electronic payment tools for Real Time Gross Settlement (RTGS) but also by low cost, strong portability, high efficiency, and features making counterfeiting difficult. China's statutory digital currency serves small retail payments to replace a part of the currency in circulation (M0), namely, physical RMB, rather than M1 or broad currency M2. To ensure the position of statutory digital currency and minimize its impact on the existing monetary policy transmission mechanism and financial stability, participating institutions have different operating divisions of labor, namely, commercial banks, pay a 100% deposit to the PBOC and convert it into statutory digital currency, while other types of institutions involved participate in the legal ecological construction of digital currency circulation.

The basic idea of China's statutory digital currency research is as follows: first, to maintain the PBOC's right to issue currency; second, to replace M0 rather than M1 and M2; third, to adhere to the "central bank–commercial institution" double-tier operational system; fourth, to adhere to centralized management with transaction and circulation not depending on accounts; and fifth, to adhere to the "controllable anonymity" design and balance privacy protection with the implementation of the "three-anti requirements," namely, anti-money laundering, anti-terrorist financing, and anti-tax evasion.

China's statutory digital currency, which is based on the digitization of physical cash, has adopted design concepts such as retail, non-interest-bearing, two-tier operation, and independence on accounts to prevent its design from making any major impact on the existing monetary and financial system. The first goal is not to change the obligatory relationship of currency in circulation (M0). Statutory digital currency, as a central bank liability, is guaranteed by state credit with unlimited legal solvency. To encourage statutory digital currency to be neither over-issued nor contributing to inflation expectations, operating institutions shall pay a 100%

security deposit to the PBOC. The second goal is not to change the existing currency supply system and binary account structure. Statutory digital currency is the same as physical RMB in terms of its issuance and circulation management mechanisms, which will neither affect the existing monetary policy transmission mechanism nor produce a major impact on the existing monetary system, the financial system, or the operation of the real economy. The third goal is not to pay interest to users. Statutory digital currency, as digital RMB, will not produce interest income for users, cause a crowding-out effect on the deposit currency of commercial banks, or increase the financing costs of commercial banks.

In consideration of the high complexity and sensitivity of statutory digital currency, the PBOC has tried to launch statutory digital currency successfully at the right time, rather than earlier than others in the world, by fully preparing, improving the infrastructure, and conducting tests in advance.

II. Major Regulatory Policies of China's Banking Industry[①]

(i) Main Content of the Regulatory Policies of China's Banking Industry in 2019

In 2019, under the leadership of the Party Central Committee with Comrade Xi Jinping at its core, the China Banking and Insurance Regulatory Commission (CBIRC) stood firm on the implementation of plans made by the Party Central Committee and the State Council. These plans were designed to adhere to general work progress guidelines while maintaining stability and focusing on efforts to mitigate financial risks. It further guided the banking industry to more actively support and participate in structural reform on the supply side, thus enhancing its efficacy in catering to the real economy. Further, the plans earnestly rectified financial irregularities and overcame weaknesses in regulation to protect the legitimate rights and interests of financial consumers by enhancing the efficacy of regulation. By deepening reform, these plans actively expanded the potential of banks, thus harnessing the energy for development and innovation in the banking industry.

1. Preventing and Mitigating Systematic Financial Risks and Maintaining Stability in the Financial Market

Of primary importance is rectifying financial irregularities and curbing illegal financial activities. In 2019, the CBIRC consolidated its achievements in the rectification of financial

① About the Author: Song Yanwei, Senior Analyst at the Strategic Development Department, Shanghai Pudong Development Bank.

irregularities and carried out the special inspection and regularization of banking businesses with severe irregularities.

On May 8, the CBIRC issued the "Notice on Commencing the Work on Consolidating Achievements in Irregularity Rectification and Promoting Compliance Building," which calls for further regulation of key fields, mitigation of key risks, and crackdowns on illicit activity based on achievements from previous stages.

On May 27, the CBIRC issued the "Notice on Launching the Special Campaign to Control Unauthorized Enterprise-Related Service Fees Charged by Banks," which calls for further supervision over rigorous execution of provisions on service fees with a view to reducing corporate financing costs.

On July 8, the CBIRC issued the "Notice on Launching a Special Rectification of Equity and Related Party Transactions of Banking and Insurance Institutions," which focuses on compliance as it relates to processes involving equity acquisition, the authenticity of funding sources, related party transaction reporting, and the compliance of information disclosure.

On August 7, the CBIRC issued the "Notice on Launching a Special Inspection of Banks' Real Estate Businesses," which is a policy effort that aims to further urge banking institutions to implement policies and provisions regarding real estate market regulation. Such policies would crack down on various forms of misappropriation and the roundabout diversion of capital into the real estate industry.

On December 24, the People's Bank of China (PBOC) joined the CBIRC as well as other government departments to formulate and issue the "Notice on Further Regulating Financial Marketing and Publicity Activities," which calls for the extended regulation of financial marketing and publicity activities with a view toward protecting legitimate rights and interests of financial consumers.

Our second focus is on dedicating more efforts to constructing long-term mechanisms that call for compliance operations. In 2019, the CBIRC paid unrelenting attention to glaring risks associated with the governance approaches of various banks. By implementing long-term compliance management mechanisms for banking-related businesses, the CBIRC prevented systematic risks that were prevalent throughout the banking industry from occurring.

On January 29, the CBIRC issued the "Measures for the Administration of Combating Money Laundering and Financing of Terrorism by Banking Financial Institutions," which is a policy effort that builds on CBIRC's basic framework for combating money laundering in the banking industry by upgrading the internal control systems of banking institutions to bolster their regulatory mechanisms, and clarify the overall standard of market access.

On April 30, the CBIRC issued the "Interim Measures for Risk Categorization for Commercial Banks' Financial Assets (Exposure Draft)" and solicited opinions from the public. The *Interim Measures* require commercial banks to conduct risk categorization of financial assets with credit risks governed by the principles of authenticity, timeliness, prudence, and independence.

On December 19, the CBIRC issued the "Guiding Opinions on the Recusal of Employees of Banking and Insurance Institutions in Performance of Duties," which is a policy effort that urges banking and insurance institutions to establish and improve a recusal system as well as a long-term recusal mechanism for the performance of duties.

Our third priority is to prevent cross-sector financial risks and ensure the stability of the financial system. In 2019, the CBIRC rolled out a series of policies and regulations as a means of regulating and mitigating cross-sector risks in businesses between different financial institutions.

On August 23, the CBIRC issued the "Measures for the Administration of the Bancassurance Business of Commercial Banks," which lays bare specific requirements for commercial banks offering insurance products with a view toward preventing cross-sector risks for the banking and insurance industries in question.

On October 9, the CBIRC issued the "Notice on Issuing the Supplementary Provisions on the Supervision and Administration of Financing Guarantee Companies," which is a policy effort designed to strengthen the management of financing guarantee licenses and prevent cross-sector risks that arise as a result of illegal activities carried out by unqualified institutions.

On October 19, the National Development and Reform Commission (NDRC) joined forces with the CBIRC and other government departments to issue the "Notice on Further Clarifying the Matters Concerning Regulating Asset Management Products for Financial Institutions to Invest in Venture Capital Funds and Government-funded Industry Investment Funds," which clarifies the regulatory departments for venture capital funds and government-funded industry investment funds as well as the information exchange system that exists between them in the interest of preventing cross-sector risks for the engaged banking industry.

2. Enhancing the Capability of the Financial Industry to Cater to the Real Economy and Expanding Financial Supply through Multiple Channels

Of primary importance is promoting the healthy and sustainable development of the private economy and micro and small-sized enterprises (MSEs). In 2019, the CBIRC rolled out a series of policies and regulations focusing on outstanding problems surrounding the financing of the private economy and MSEs with a view toward urging banking institutions to make a more earnest effort of catering to such enterprises.

On February 25, the CBIRC issued the "Notice on Further Improving the Relevant Work of Serving Private Enterprises through Finance," which proposes concrete measures that focus on the following aspects: continuously optimizing the financial service system; hastening the establishment of a long-term mechanism capable of increasing consumer confidence; willingness and capability of banks to provide loans; launching credit businesses for private companies in a fair, accurate, and effective manner; and boosting the efficiency of credit services for private companies, with a view toward increasing the comprehensive capabilities of the banking industry to provide financial services to private companies.

On March 4, the CBIRC issued the "Notice on Further Improving the Efficacy of Financial Services for Micro and Small-sized Enterprises in 2019," which requires the banking industry to optimize its primary growth and control objectives. As there are two of each such objectives, the notice aims to consolidate the effects of reducing loan fees on MSEs in the interest of curtailing the total financing cost of SMEs.

On September 12, the NDRC and CBIRC jointly issued the "Notice on Further Conducting the Work Related to the 'Xinyidai' Loan Business to Support the Financing of Micro, Small and Medium-Sized Enterprises," which is a policy effort that extends support for credit providers, thus enabling financial institutions to lower financing thresholds and costs for micro, small, and medium-sized enterprises.

Our second priority is to strengthen financial support and ensure people's livelihoods by implementing guarantees in key fields. In 2019, the CBIRC issued a series of policies that would provide stronger support and guarantee financial services in fields inextricably linked to people's livelihoods, such as rural development and financial inclusion.

On January 29, the PBOC and the CBIRC jointly issued the "Guiding Opinions on Supporting the Financial Industry in Serving Rural Revitalization," which is aimed at enabling financial institutions to carry out financial revitalization projects in an active and sustainable manner while enhancing incentives, thus ensuring more effective policy execution.

On February 13, the CBIRC and the Ministry of Natural Resources jointly issued the "Notice on Extending the Period of the Pilot Program of Loans Secured against the Right to Use Rural Collectively-Owned Commercial Construction Land," which clarifies that the banking industry and financial institutions in pilot regions shall steadily launch loan programs wherein said loans are secured against the right to use rural, collectively-owned, commercial construction land in accordance with interim measures.

On March 1, the CBIRC issued the "Notice of on Working Effectively to Support the

Banking and Insurance Industries in Serving Rural Revitalization and Assisting Poverty Alleviation in 2019," which urges the banking industry to vigorously develop a rural financial inclusion project capable of achieving a win-win outcome for the development of rural finance as well as the fomentation of agriculture, rural areas, and a new crop of farmers.

On May 9, the CBIRC joined forces with the PBOC and other government departments to issue the "Notice on Further Regulating and Improving the Management of Microfinance for Poverty Alleviation," which is a policy effort that further regulates microfinance management in the interest of poverty alleviation and promoting healthy development.

On September 6, the CBIRC and the Ministry of Culture and Rural Affairs jointly issued the "Notice on Supporting the Stabilization of Pig Farming to Guarantee Pork Supply in the Market," which specifies the requirements throughout the banking industry that there be support for the stabilization of pig farming along with a consequent guaranteed pork supply in the market.

On December 10, the CBIRC joined forces with the Ministry of Commerce and the State Administration of Foreign Exchange to issue the "Guiding Opinions on Improving Financial Services for Foreign Trade," which is a policy effort designed to guide the banking industry toward the enhancement and refinement of financial services for foreign trade. The policy is also meant to minimize weaknesses in financial services, thereby increasing their efficacy.

The third priority involves deepening financial structural reform on the supply side. In 2019, the CBIRC advanced financial structural reform on the supply side through multiple channels to enhance the capability of the banking industry to cater to the real economy.

On January 25, the CBIRC issued the "Notice on Issues Concerning the Investment of Insurance Funds in Banks' Capital Supplementation Bonds," which aims to expand the allocation of insurance funds and diversify various channels to cater to the real economy.

On July 9, the CBIRC issued the "Guiding Opinions on Catering Supply Chain Finance to the Real Economy," which is a guide for banking and insurance institutions to operate supply chain finance in a regulated manner, thus promoting the healthy development of the real economy.

On July 19, the CBIRC issued the "Guiding Opinions on Commercial Banks Offering Preferred Shares to Replenish Tier 1 Capital (2019 Revision)," which is a policy effort designed to open up channels through which non-listed banks may offer preferred stocks, thus serving to ensure credit extensions to small- and medium-sized banks while enhancing the banking industry's capability of catering to the real economy.

On October 18, the CBIRC issued the "Notice on Further Regulating the Structured

Deposit Business of Commercial Banks," which proposes further requirements for managing the structured deposit business of commercial banks and clarifies the requirement of banks to control the cost of debt on structured deposits.

On November 1, the State Taxation Administration and the CBIRC jointly issued the "Notice on Deepening and Regulating Bank-Tax Interaction," which calls for a full play of tax payment records in the construction of a financial inclusion system, thus facilitating the financing of private companies and SMEs.

3. Furthering Regulatory Institutional Reform and Innovation and Making Regulatory Policies More Detailed, Transparent and Full-fledged

Our initial priority is to upgrade the systems of regulatory agencies and boost their efficiency. In 2019, the CBIRC continued to improve and refine corresponding rules, regulations, and procedures while enhancing the efficacy of regulatory departments.

On December 24, the CBIRC issued the "On-site Inspection Measures of the China Banking and Insurance Regulatory Commission (for Trial Implementation)," which is aimed at further upgrading inspection rules and regulations, and regulating and enhancing the efficacy of on-site inspections.

On December 25, the CBIRC issued the "Measures for the Handling of Reports of Banking and Insurance Violations," which further regulates the handling of banking and insurance violations reports by the CBIRC and its agencies.

On December 26, the CBIRC issued the "Implementation Measures of the China Banking Regulatory Commission for the Administrative Licensing Items Concerning Small and Medium-Sized Rural Banking Institutions," which is aimed at further improving the rural financial service system, consolidating the leading role of regulatory policies, and enhancing the efficacy of access regulation.

The second aim is to diversify regulatory policies and enhance the effectiveness of financial regulation. In 2019, the CBIRC rolled out different policies and regulations for different institutions and businesses to further enhance the efficacy of financial regulation.

On January 4, the CBIRC issued the "Opinions on Further Making Rural Commercial Banks Remain Unswerving in the Positioning for Them, Enhance Governance and Improve the Capability of Financial Services," which is a policy effort designed to establish and improve the monitoring, reviewing, and evaluation indicator system of financial services among rural commercial banks, for the purpose of better catering to the needs of the real economy for structured and diversified financial services.

On January 9, the CBIRC issued the "Guiding Opinions on Strengthening the Building of a Permanent Mechanism for the Compliance Management of Overseas Institutions of Chinese-funded Commercial Banks," which is aimed at improving the cross-border compliance management system, enhance the efficacy of cross-border compliance management, and enabling the safe and sound operation of overseas agencies affiliated with Chinese-funded commercial banks.

On October 18, the CBIRC issued the "Notice on Strengthening the Supervision and Administration of Commercial Factoring Enterprises," which is aimed at regulating the operational activities of commercial factoring companies and strengthening the supervision and administration of such companies in the interest of mitigating risks promoting the healthy development of the commercial factoring industry.

On November 25, the CBIRC issued the "Measures for the Regulatory Assessment of Corporate Governance of Banking and Insurance Institutions (for Trial Implementation)," which is a policy effort designed to strengthen corporate governance of banking and insurance institutions and earnestly enhance the efficacy of corporate governance.

On October 26, the PBOC and the CBIRC jointly issued the "Measures for the Assessment of Systematically Important Banks (Exposure Draft)," which is aimed at upgrading the regulatory framework for our country's systematically-important financial institutions and establishing an assessment and identification mechanism for systematically-important banks.

On December 20, the CBIRC issued the "Notice on Making Village Banks Remain Unswerving in the Positioning for Them and Improving Their Capability to Serve the Strategy of Rural Revitalization," which is a policy effort meant to push small- and medium-sized banks back to their original positioning while enhancing their capability to take part in rural revitalization.

The third priority is to enhance the transparency of regulatory information and policies and earnestly protect the legitimate rights and interests of consumers. In 2019, the CBIRC paid more attention to regulatory information disclosure and rolled out a series of policies to protect the rights and interests of consumers in the banking and insurance industries.

On March 4, the CBIRC issued the "Measures for the Disclosure of Information on Net Stable Funding Ratio by Commercial Banks," which is aimed to further strengthen market discipline and improve liquidity risk management on the part of commercial banks.

On November 4, the CBIRC issued the "Guiding Opinions on Strengthening the Building of Working Systems and Mechanisms by Banking and Insurance Institutions for Protecting the Rights and Interests of Consumers," which is a policy effort meant to consolidate the responsibilities of banking and insurance institutions to protect the rights and interests of consumers while maintaining order in the financial industry and mitigating financial risks.

On November 6, the CBIRC issued the "Notification on Cases of Infringement of Consumers' Rights and Interests by E An Property & Casualty Insurance and Guangfa Bank," which is aimed at raising awareness among banking and insurance institutions and making them operate their businesses in accordance with law and regulation while protecting the rights and interests of consumers.

4. Deepening Reform of the Banking Industry and Further Expanding Opening-up

The initial priority is to upgrade the banking industry's corporate governance structure and equity management while preventing moral risks. In 2019, the CBIRC rolled out a series of policies to further optimize and upgrade the corporate governance structure and equity management of the banking industry.

On July 12, the CBIRC issued the "Measures for the Equity Custody for Commercial Banks," which is aimed at strengthening equity management, improving the transparency of commercial banks' equity information, and promoting the look-through regulation of commercial banks' equity.

On November 29, the CBIRC issued the "Measures for the Management of Net Capital of Wealth Management Subsidiaries of Commercial Banks (for Trial Implementation)," which is a policy effort that puts new asset management rules and other institutional requirements into effect and guides wealth management subsidiaries of commercial banks to increase prudence in operation, keeping business development abreast of their own operational and management competence while preventing unwise expansion, in the interest of protecting the legitimate rights and interests of investors.

The second priority is to steadily promote business innovation alongside the expansion of the banking industry. In 2019, the CBIRC further implemented various banking industry expansion measures when it ensured that risks were under control and rolled out a series of policies that clearly stipulate the priority of business innovation as a prerequisite to making use of foreign funds in the development and upgrading of China's financial market.

On August 6, the CBIRC joined forces with the State Intellectual Property Office and National Copyright Administration to issue the "*Notice on Further Strengthening the Intellectual Property Pledge Financing*," which requires banking and insurance institutions to further enhance support for the application of intellectual property and expand the business of intellectual property pledge financing.

On November 22, the CBIRC issued the "Guiding Opinions on the Innovation of Capital Instruments by Commercial Banks (2019 Revision)," which is aimed at promoting and regulating the issuance of capital instruments by commercial banks, improving the robustness of the banking system, and supporting the sustained healthy development of the real economy.

On December 18, the CBIRC issued the "Detailed Rules for the Implementation of the Regulation of the People's Republic of China on the Administration of Foreign-funded Banks," which is a policy effort designed to put the expansion policies of China's banking industry into effect, further optimize its investment and operational environment, make foreign capital more actively involved in its development, and thus enhance its competitiveness and efficacy in catering to the real economy.

On December 26, the CBIRC issued the "Implementation Measures of the China Banking Regulatory Commission for the Administrative Licensing Matters concerning Foreign-Funded Banks," which emphatically requires the banking industry to continuously advance expansion efforts, further streamline administration and delegate power to across levels while enhancing regulatory prudence.

(ii) Effects of the Regulatory Policies of China's Banking Industry in 2019

In 2019, the CBIRC continued to enhance its regulatory capabilities and made solid progress in all work. By "imposing rigorous regulation" and "overcoming its weaknesses," the CBIRC actively mitigated various financial risks, prevented systematic risks from occurring and enhancing the capability of financial institutions to cater to the real economy

Firstly, the banking industry has further enhanced its capacity to control and withstand risks. In response to risks with new features such as cross-industry, cross-regional, and cross-market risks, CBIRC urged banking institutions to put the prevention of systemic financial risks in a more important position and strictly carry out the rectification of market irregularities. Based on the number of penalties issued by the CBIRC, it is clear that the organization remained high-handed in the face of market irregularities, cracking down on critical violations in 2019. Over the course of the year, the CBIRC imposed 2,849 penalties on banking and insurance institutions (7 times a day on average), punished 3,496 responsible persons, and confiscated a total of 1.45 billion yuan. Banking institutions have paid greater attention to compliance operations and rational development. According to statistics, the CBIRC disposed of around 2 trillion yuan-worth of non-performing loans in the whole year and classified commercial banks loans carrying default periods of greater than 90 days as non-performing assets. Likewise, shadow banking assets and cross-sector financial risks continued to shrink, and the volume of shadow banking assets declined by 16 trillion yuan from an all-time high over the previous three years. Troubled financial institutions were disposed of in an orderly manner, risks of P2P lending plummeted, and the number of institutions, loan balances, and participants declined for 18 consecutive months.

Secondly, the banking industry has enhanced its efficacy in catering to the real economy. Under the intense pressure of economic downturn for the whole year, the CBIRC actively urged banking and insurance institutions to expand support for key and vulnerable areas of social development; cater to the effective financial needs of the real economy; and maintain stability in employment, financial operations, foreign trade, foreign investment, domestic investment, and growth expectations. In 2019, there was an increase of loans amounting to 17 trillion yuan, up by 1.1 trillion yuan as compared to the previous year. In response to various problems in our financial system such as imbalanced development across various financial institutions, irrational distribution of credit resources, and excessively high financing thresholds and costs, the CBIRC rolled out a host of highly-effective measures pertaining to institutions and mechanisms, credit extensions, products and services, risk management, and other functions. It can be seen from statistical data that, as of the end of 2019, the balance of inclusive loans to SMEs hit 11.6 trillion yuan, up by 25% year over year. In the same vein, five large-scale Chinese banks have seen their inclusive loans to SMEs increased by more than 55%. There were more than 21 million accounts with loan balances, up by 3.8 million accounts as compared to the beginning of the year, and the average interest rate of inclusive loans to SMEs dropped by 0.64% as compared to 2018.

Thirdly, the banking industry has achieved important results in its reform and expansion. The Central Economic Work Conference held in December 2019 determined that further efforts shall be made to expand and deepen reforms. In 2019, the reform and expansion of the banking industry continued to progress, which served as a bright spot to the big picture of our financial reform. The CBIRC, on one hand, rolled out 19 expansion measures and approved 51 applications for foreign-funded banking and insurance institutions to establish and open their Chinese branches in 2019. As of the end of October 2019, foreign-funded banks set up 41 corporate banks in China, 114 branches directly under the parent banks, 151 representative offices, and a total of 976 foreign-funded banking institutions operated in China. In total these contributed to an accumulated asset value of 3.37 trillion yuan. On the other hand, the CBIRC supported Chinese-funded institutions to go global. Thus far, there are 11 Chinese-funded banks that have set up 80 first-level agencies in 29 countries along the Belt and Road route. Further, the CBIRC rolled out 40 rules and regulations on banking governance mechanisms and capabilities, which served to overcome regulatory blindspots more quickly while deepening the reform of relevant institutions.

At present, under the volatile domestic and international economic and financial conditions, while achieving progress and achievements, we must also realize that there are still fields to be improved with respect to regulation, which are mainly shown in the following: The differentiated regulatory system of the financial industry; the capability to regulate cross-sector financial businesses of the banking industry; the corporate governance of banking institutions; the confrontation of new challenges on the part of banking institutions at home and abroad; and the ability of organizations in the banking industry to adapt in the face of regulatory challenges brought upon by the rapid evolution and development of new financial technologies.

(iii) Prospect for the Regulatory Policies of China's Banking Industry in 2019

In 2020, the CBIRC will implement the spirit of the important instructions of General Secretary Xi Jinping as well as the decisions and plans made by the Party Central Committee and stand firm in the fight to mitigate financial risks; maintain stability in employment, financial operations, foreign trade, foreign investment, domestic investment, and growth expectations; play an actively supportive role in the fight against COVID-19; enhance the efficacy of financial services in catering to the real economy and divert more funds into key and vulnerable areas; deepen structural reform on the financial supply side in a holistic way and enhance expansion; and strive to upgrade the regulatory environment, thus providing financial support and guarantees toward the comprehensive construction of a well-off society.

First, the CBIRC will stand firm in the fight to mitigate financial risks. In 2020, preventing risks in financial institutions is still a key task for the CBIRC. In the interest of further risk prevention in the banking industry, the CBIRC will continue to dismantle shadow banking and crack down on high-risk shadow banking activities while also standing firm in curbing real estate speculation and taking high-handed measures to prevent credit capital from flowing into the real estate market. Our measures are also designed to: deepen efforts toward promoting the special rectification of P2P lending; continue to transform P2P businesses into micro-credit businesses; rectify market irregularities in the financial industry, especially its banking sector; deepen the restructuring of state-owned enterprises in collaboration with local governments; accelerate the adjustment of economic structures while mitigating the risk of implicit debt; prevent the risk of external impacts; conduct stress tests for banking and insurance institutions; and improve countermeasures to stabilize market expectations.

Secondly, the CBIRC will further enhance the efficacy of financial services in catering to the real economy. As it is a fundamental measure to prevent systematic risks, the CBIRC will divert more funds into key and vulnerable areas in accordance with requirements associated with: maintaining stability in employment, financial operations, foreign trade, foreign investment, domestic investment, and growth expectations; accelerated the rollout of regulatory and assessment measures for financial services provided by commercial banks to SMEs; strengthen the quality of financial services to private companies, especially private manufacturing companies; focus on support for advanced manufacturing and manufacturing clusters and the alleviation of liquidity problems faced by COVID-19-affected companies with bright market prospects; guide banking institutions to expand financial support for fields related to the combat against COVID-19 and for social service fields; put supportive financial policies for pig farming into practice; support the fight against COVID-19, the combat against poverty, and the combat against pollution; dedicate vigorous efforts to developing green finance, and debut a series of financial products conducive to environmental protection.

Thirdly, the CBIRC will deepen structural reform on the supply side in a holistic way. In 2020, the CBIRC will strive to: deepen structural reform on the supply side, upgrade the financial service system and the monetary transmission mechanism, diversify channels for the financing of MSEs, and resolve core problems such as excessively high financing thresholds and costs; guide the steady transformation of banks' wealth management and trust businesses; establish and improve the third pillar of the pension system, and consolidate foundations for the long-term sustained and healthy development of the capital market while optimizing the structure of financial products and the system of financial institutions; and holistically deepen the reform of various banking and insurance institutions with attention being paid to the reform of small and medium-sized banks and rural credit cooperatives.

Fourthly, the CBIRC will continue to enhance the expansion of financial institutions. The CBIRC will: further promote and implement established policies more quickly; dedicate vigorous efforts to improve capital structure and encourage professional agencies with outstanding performance, advanced management, and good credit records to become the shareholders of Chinese-funded banks; continue to improve regulatory systems, the standard of prudence, and regulatory measures commensurate with the level of opening-up; and ensure introduced agencies are highly professional with good risk control and sufficient capital strength.

Finally, the CBIRC will accelerate the establishment of a modern financial corporate system with Chinese characteristics. In 2020, the CBIRC will: further improve corporate governance and organically integrate the leadership of the Party into every step of corporate governance while establishing and building a modern financial corporate system featuring Chinese characteristics that are in compliance with G20 rules; holistically strengthen asset and debt quality management; refine classification rules based on the existing five asset classification categories and increase the accuracy of asset classification; accelerate the formulation of debt quality management measures, increase debt stability and asset-liability matching of banking and insurance institutions—especially small- and medium-sized institutions; explore and upgrade the recovery and handling mechanism of banking and insurance institutions and accelerate list-making for systematically-important financial institutions at home; and distinguish systematically-important institutions and non-systematically-important institutions as a means of enforcing differentiated regulation.

Appendix

Major Regulatory Policies of China's Banking Industry in 2019

Released	Major Policies	Released by
January 4	*Opinions on Further Making Rural Commercial Banks Remain Unswerving in the Positioning for Them, Enhance Governance and Improve the Capability of Financial Services* (Y.B.J.B.F. [2019] No. 5)	China Banking and Insurance Regulatory Commission
January 9	*Guiding Opinions of the General Office of the China Banking and Insurance Regulatory Commission on Strengthening the Building of a Permanent Mechanism for the Compliance Management of Overseas Institutions of Chinese-funded Commercial Banks* (Y.B.J.B.F. [2019] No. 13)	China Banking and Insurance Regulatory Commission
January 25	*Notice on Issues Concerning the Investment of Insurance Funds in Banks' Capital Supplementation Bonds* (Y.B.J.F. [2019] No. 7)	China Banking and Insurance Regulatory Commission
January 29	*Guiding Opinions on Supporting the Financial Industry in Serving Rural Revitalization* (Y. F. [2019] No. 11)	People's Bank of China, China Banking and Insurance Regulatory Commission, China Securities Regulatory Commission, Ministry of Finance and Ministry of Culture and Rural Affairs
January 29	*Measures for the Administration of Combating Money Laundering and Financing of Terrorism by Banking Financial Institutions* (CBIRC Order [2019] No. 1)	China Banking and Insurance Regulatory Commission
February 13	*Notice on Extending the Period of the Pilot Program of Loans Secured against the Right to Use Rural Collectively-Owned Commercial Construction Land* (Y.B.J.B.F. [2019] No. 27)	China Banking and Insurance Regulatory Commission and Ministry of Natural Resources
February 25	*Notice on Further Improving the Relevant Work of Serving Private Enterprises through Finance* (Y.B.J.B.F. [2019] No. 8)	China Banking and Insurance Regulatory Commission

Continued

Released	Major Policies	Released by
March 1	*Notice on Working Effectively to Support the Banking and Insurance Industries in Serving Rural Revitalization and Assisting Poverty Alleviation* (Y.B.J.B.F. [2019] No. 38)	China Banking and Insurance Regulatory Commission
March 4	*Notice on Further Improving the Efficacy of Financial Services for Micro and Small-sized Enterprises in 2019* (Y.B.J.B.F. [2019] No. 48)	China Banking and Insurance Regulatory Commission
March 4	*Disclosure of Information on Net Stable Funding Ratio by Commercial Banks* (Y.B.J.F. [2019] No. 11)	China Banking and Insurance Regulatory Commission
April 30	*Interim Measures for Risk Categorization for Commercial Banks' Financial Assets* (Exposure Draft)	China Banking and Insurance Regulatory Commission
May 8	*Notice on Commencing the Work on "Consolidating Achievements in Irregularity Rectification and Promoting Compliance Building"* (Y.B.J.F. [2019] No. 23)	China Banking and Insurance Regulatory Commission
May 9	*Notice on Further Regulating and Improving the Management of Microfinance for Poverty Alleviation* (Y.B.J.F. [2019] No. 24)	China Banking and Insurance Regulatory Commission, Ministry of Finance, People's Bank of China and State Council Leading Group Office of Poverty Alleviation and Development
May 27	*Notice on Conducting the Special Campaign to Control Unauthorized Enterprise-Related Service Fees Charged by Banks* (Y.B.J.B.F. [2019] No. 131)	China Banking and Insurance Regulatory Commission
July 8	*Notice on Launching a Special Rectification of Equity and Related Party Transactions of Banking and Insurance Institutions* (CBIRC Memo [2019] No. 934)	China Banking and Insurance Regulatory Commission
July 9	*Guiding Opinions on Catering Supply Chain Finance to the Real Economy* (Y.B.J.B.F. [2019] No. 155)	China Banking and Insurance Regulatory Commission
July 12	*Measures for the Equity Custody for Commercial Banks* (CBIRC Order [2019] No. 2)	China Banking and Insurance Regulatory Commission
July 19	*Guiding Opinions on Commercial Banks Offering Preferred Shares to Replenish Tier 1 Capital* (Revised) (Y.B.J.F. [2019] No. 31)	China Banking and Insurance Regulatory Commission and China Securities Regulatory Commission
August 6	*Notice on Further Strengthening the Intellectual Property Pledge Financing* (Y.B.J.B.F. [2019] No. 34)	China Banking and Insurance Regulatory Commission, National Intellectual Property Administration and National Copyright Administration
August 7	*Notice on Launching a Special Inspection of Banks' Real Estate Businesses* (CBIRC Memo [2019] No. 6)	China Banking and Insurance Regulatory Commission

Continued

Released	Major Policies	Released by
August 23	*Measures for the Administration of the Bancassurance Business of Commercial Banks* (Y.B.J.B.F. [2019] No. 179)	China Banking and Insurance Regulatory Commission
September 6	*Notice on Supporting the Stabilization of Pig Farming to Guarantee Pork Supply in the Market* (Y.B.J.B.F. [2019] No. 189)	China Banking and Insurance Regulatory Commission and Ministry of Culture and Rural Affairs
September 12	*Notice on Further Conducting the Work Related to the "Xinyidai" Loan Business to Support the Financing of Micro, Small and Medium-Sized Enterprises* (F.G.C.J. [2019] No. 1491)	National Development and Reform Commission and China Banking and Insurance Regulatory Commission
October 9	*Notice on Issuing the Supplementary Provisions on the Supervision and Administration of Financing Guarantee Companies* (Y.B.J.F. [2019] No. 37)	China Banking and Insurance Regulatory Commission, National Development and Reform Commission, Ministry of Industry and Information Technology, Ministry of Finance, Ministry of Housing and Urban-Rural Development, Ministry of Agriculture and Rural Affairs, Ministry of Commerce, People's Bank of China and State Administration for Marketing Regulation
October 18	*Notice on Further Regulating the Structured Deposit Business of Commercial Banks* (Y.B.J.B.F. [2019] No. 204)	China Banking and Insurance Regulatory Commission
October 18	*Notice on Strengthening the Supervision and Administration of Commercial Factoring Enterprises* (Y.B.J.B.F. [2019] No. 205)	China Banking and Insurance Regulatory Commission
October 19	*Notice on Further Clarifying the Matters Concerning Regulating Asset Management Products for Financial Institutions to Invest in Venture Capital Funds and Government-funded Industry Investment Funds* (F.G.C.J.G.[2019] No. 1638)	National Development and Reform Commission, People's Bank of China, Ministry of Finance, China Banking and Insurance Regulatory Commission, China Securities Regulatory Commission, and State Administration of Foreign Exchange
November 1	*Notice on Deepening and Regulating Bank-Tax Interaction* (S.Z.F. [2019] No. 113)	State Taxation Administration and China Banking and Insurance Regulatory Commission
November 4	*Guiding Opinions on Strengthening the Building of Working Systems and Mechanisms by Banking and Insurance Institutions for Protecting the Rights and Interests of Consumers* (Y.B.J.F. [2019] No. 38)	China Banking and Insurance Regulatory Commission
November 6	*Notification on Cases of Infringement of Consumers' Rights and Interests by E An Property & Casualty Insurance and Guangfa Bank* (Y.B.J.X.B.F. [2019] No. 2)	China Banking and Insurance Regulatory Commission

Continued

Released	Major Policies	Released by
November 22	*Notice on Issuing the Guiding Opinions on the Innovation of Capital Instruments by Commercial Banks* (2019 Revision) (Y.B.J.F. [2019] No. 42)	China Banking and Insurance Regulatory Commission
November 25	*Measures for the Regulatory Assessment of Corporate Governance of Banking and Insurance Institutions* (for Trial Implementation) (Y.B.J.F. [2019] No. 43)	China Banking and Insurance Regulatory Commission
November 26	*Measures for the Assessment of Systematically Important Banks* (Exposure Draft)	People's Bank of China, China Banking and Insurance Regulatory Commission
November 29	*Measures for the Management of Net Capital of Wealth Management Subsidiaries of Commercial Banks* (for Trial Implementation) (CBIRC Order [2019] No. 5)	China Banking and Insurance Regulatory Commission
December 10	*Guiding Opinions on Improving Financial Services for Foreign Trade* (Y.B.J.F. [2019] No. 49)	China Banking and Insurance Regulatory Commission, Ministry of Commerce, and State Administration of Foreign Exchange
December 18	*Detailed Rules for the Implementation of the Regulation of the People's Republic of China on the Administration of Foreign-funded Banks* (CBIRC Order [2019] No. 6)	China Banking and Insurance Regulatory Commission
December 19	*Guiding Opinions on the Recusal of Employees of Banking and Insurance Institutions in Performance of Duties* (Y.B.J.F. [2019] No. 50)	China Banking and Insurance Regulatory Commission
December 20	*Notice on Making Village Banks Remain Unswerving in the Positioning for Them and Improving Their Capability to Serve the Strategy of Rural Revitalization* (Y.B.J.B.F. [2019] No. 233)	China Banking and Insurance Regulatory Commission
December 24	*On-site Inspection Measures of the China Banking and Insurance Regulatory Commission* (for Trial Implementation) (CBIRC Order [2019] No. 7)	China Banking and Insurance Regulatory Commission
December 24	*Notice on Further Regulating Financial Marketing and Publicity Activities* (Y. F. [2019] No. 316)	People's Bank of China, China Banking and Insurance Regulatory Commission, China Securities Regulatory Commission, and State Administration of Foreign Exchange
December 25	*Measures for the Handling of Reports of Banking and Insurance Violations* (CBIRC Order [2019] No. 8)	China Banking and Insurance Regulatory Commission
December 26	*Implementation Measures of the China Banking Regulatory Commission for the Administrative Licensing Items Concerning Small and Medium-Sized Rural Banking Institutions* (CBIRC Order [2019] No. 9)	China Banking and Insurance Regulatory Commission

Continued

Released	Major Policies	Released by
December 26	*Implementation Measures of the China Banking Regulatory Commission for the Administrative Licensing Matters concerning Foreign-Funded Banks* (CBIRC Order [2019] No. 10)	China Banking and Insurance Regulatory Commission

Ⅲ. Major Regulatory Policies of China's Securities Industry①

(i) Main content of the regulatory policies of China's securities industry

The China Securities Regulatory Commission (CSRC) further advanced the legislation of rules and regulations on securities and futures, improved the implementation and specification system for regulatory laws on securities and futures, and promoted the stable and healthy development of the capital market according to the law.

1. Implement the innovation-driven development strategy and improve science and technology service

The CSRC coordinated the task of launching the sci-tech innovation board and experimenting with reforms toward a registration-based IPO system, helped build a multilayer capital market, supported scientific and technological innovations, and promoted high-quality economic growth.

The CSRC formulated the Measures for the Administration of the Registration of IPO Stocks on the Science and Technology Innovation Board (for Trial Implementation), which specifies the experiment with reforms toward a registration-based IPO system on the sci-tech innovation board. The measures include the following key points: First, the overall principle of piloting a registration-based IPO system on the sci-tech innovation board and the registration-based system that applies to the issuance of stock, have been clarified. Second, pursuant to the central task of information disclosure, the measures streamline and optimize the existing issuance conditions, highlight the materiality principle, and stress risk prevention and control. Third, institutional arrangements have been made for the issuance and listing review process of stocks on the sci-tech innovation board; the electronic process of acceptance and

① About the Author: Zhao Xianghuai, General Manager of Planning and Business Management Department of Everbright Securities Company Limited.

review has been implemented; all important nodes have been made public; review efficiency has been improved; and the burden on enterprises has been reduced. Fourth, the measures strengthen information disclosure requirements and hold market participants accountable. The responsibilities of issuer and other relevant entities in the information disclosure have been implemented and differentiated information disclosure rules that incorporate the characteristics of enterprises listed on the sci-tech innovation board have been formulated. Fifth, the issuance prices of new stocks from the enterprises listed on the sci-tech innovation board are determined through inquiry to eligible offline investors. Sixth, the measures establish a whole-process regulation system and hold the issuer responsible for the violation and its controlling shareholder, actual controller, sponsor, securities service institutions, and relevant responsible persons accountable.

The CSRC formulated the Measures for the Continuous Supervision of Companies Listed on the Science and Technology Innovation Board (for Trial Implementation). The measures include the following key points: First, the application principles have been clarified. Companies listed on the sci-tech innovation board shall be governed by the general provisions on the continuous supervision of listed companies. In case of conflict between the *Measures for the Continuous Supervision of Companies Listed on the Science and Technology Innovation Board (for Trial Implementation)* and other provisions of the CSRC, the former shall apply. Second, the requirements for the corporate governance of companies listed on the sci-tech innovation board have been clarified, especially provisions on the articles of association and information disclosure of companies listed on the sci-tech innovation board where special voting rights exist. Third, a targeted information disclosure system has been set up, the disclosure of industrial information and operating risks has been strengthened, and the flexibility and inclusiveness of the information disclosure system have been enhanced. Fourth, a shareholding reduction system with both leniency and strictness has been formulated. The lock-in period for the shares held by shareholders of an enterprise that does not make profits at the time of listing shall be appropriately extended; the lock-in period for shares held by the core technology team shall be appropriately extended; the Shanghai Stock Exchange (SSE) is authorized to formulate detailed rules on such matters as the method, procedure, price, and proportion of shareholding reduction and to follow-up transfer. Fifth, the system of significant asset restructuring has been improved. The merger and restructuring applications of companies listed on the sci-tech innovation board shall be submitted to the SSE for review and approval; if the issuance of stocks is involved, the registration-based system shall be implemented; companies with significant asset restructurings must meet the sci-tech innovation industry's requirements for industry and technology and foster synergy with the existing primary business. Sixth, the system of equity incentives has been improved. The scope of personnel who are qualified to obtain incentives has been expanded, and the price limits on the restricted stocks have been removed. Seventh, a strict delisting system has been established. The delisting standards for finance, transactions, and specifications have been improved and the links of the suspension of listing, resumption of listing, and re-listing have been canceled, in accordance with the characteristics of the sci-tech innovation board. Moreover, the measures also provide for spin-off, utilization of raised capital, equity pledge of controlling shareholders, and legal liability.

To standardize the information disclosure behavior of companies listed on the sci-tech innovation board, the CSRC formulated supporting provisions on information disclosure, such as the *Standards for the Contents and Formats of Information Disclosure by Companies Offering Securities to the Public No.1-Prospectuses of Companies Listed on the Science and Technology Innovation Board, Standards for the Contents and Formats of Information Disclosure by Companies Offering Securities to the Public No. 42—Application Documents for Initial Public Offering of Stocks and Listing on the Science and Technology Innovation Board,* and the *Preparation Rules for Information Disclosure by Companies Offering Securities to the Public No. 24—Special Provisions on the Financial Report Information of Red Chip Enterprises under Innovation Pilot Program Listed on the Sci-tech Innovation Board.*

For the purposes of experimenting with the reform of merge and restructurings and registration-based system of companies listed on the sci-tech innovation board, establishing an efficient system of mergers and restructurings, and regulating the merger and restructuring behavior of companies listed on the sci-tech innovation board, the CSRC formulated the Special Provisions on Material Asset Restructuring of STAR Market-Listed Companies. These provisions include the following key points: First, it includes provisions on such key issues as identification standard for significant asset restructurings of STAR market-listed companies, IPO pricing mechanism, and merger and restructuring of red chip enterprises under the Innovation Pilot Program Listed on the Sci-tech Innovation Board. Second, if a STAR market-listed company intends to issue shares to buy assets, it shall submit its application for registration to the SSE for review; within five trading days after receiving the review opinions and other relevant documents submitted by the SSE, the CSRC will decide whether to approve or reject the application.

2. Consolidate the underlying institutions and steadily advance

The CSRC revised the Measures for the Supervision and Administration of Unlisted Public Companies, which focuses on making targeted adjustments to such reforms as implementing public offering to unspecific qualified investors, improving the targeted offering mechanism, serving the "new third board" reform, and optimizing the financing functions. The revisions are as follows: First, it introduces the system of public offering to unspecific qualified investors, allows quoted companies to conduct public offering to unspecific qualified investors on the new third board, and implements the sponsoring and underwriting system. Second, it optimizes the targeted issuance system, removes the limit on issuer number of 35 for targeted issuance by quoted companies, and introduces the self-issuance method. Third, it improves the review mechanism of public transfer and issuance; if a company needs to handle the administrative licensing procedure in public transfer and issuance, the National Equities Exchange and Quotations (NEEQ) shall issue the self-regulation opinions. From there, the CSRC will carry out verification and approval. Fourth, it enhances the regulation method, formulates the principle of differentiated information disclosure, clarifies the legal liability for corporate governance violations, holds intermediaries accountable, and urges companies to standardize their operation.

The CSRC formulated the Measures for the Administration of the Information Disclosure by Unlisted Public Companies, which draws on the reform achievements of the sci-tech innovation board, clarifies the information disclosure obligations of quoted companies, and establishes a differentiated information disclosure system that incorporates the characteristics of companies at different layers after the reform of the new third board. These measures include the following key points: First, they clarify the basic requirements for information disclosure by quoted companies and guarantee the quality of information disclosure by quoted companies. Second, a differentiated information disclosure system for companies at different layers has been established; differentiated arrangements have been made in terms of form, content, and matters management of information disclosure; and the reality of small and medium-sized enterprises at different development stages and the information demands of investors are matched. Third, the CSRC's administrative supervision is linked with the NEEQ's self-regulation to strengthen division of labor and collaboration and to form an efficient supervision mechanism.

3. Improve the functions of the capital market and standardize the behavior of market entities

(1) Adjust and optimize the supervision rules to improve the quality of listed companies

The CSRC revised the Measures for the Administration of the Significant Asset Restructurings of Listed Companies and the Opinions on the Application of Articles 14 and 44 of the Measures for the Administration of the Significant Asset Restructurings of Listed Companies—Opinions No. 12 on the Application of Securities and Futures Laws, which optimizes the restructuring and listing supervision system and improves the diversified exit channel and clearing method of capital market in accordance with China's reality. The *Measures for the Administration of the Significant Asset Restructurings of Listed Companies* include the following main revisions: First, it simplifies the identification standard of restructuring and listing and cancels the "net profit" indicator. Second, it further reduces the calculation period of "accumulated initial principle" to 36 months. Third, hi-tech industries in line with the national strategy and strategically emerging industries are allowed to have their assets restructured and listed on the ChiNext, while other assets shall not be restructured or listed for trading on the ChiNext. Fourth, it recovers the supporting financing for restructuring and listing. Fifth, it enriches the significant asset restructuring performance compensation agreement, promises regulatory measures, and increases accountability. Moreover, it clarifies the link arrangements for the regulatory rules on the merger and restructuring of STAR market-listed companies and simplifies the disclosure requirements for the designated media.

The CSRC formulated Several Provisions on the Pilot Program of Listed Companies' Spin-off of Subsidiaries for Domestic Listing, which further improves the capital market's merger and restructuring functions and expands the financial channel for listed companies. These provisions include the following key points: First, it clarifies the spin-off conditions. To ensure that a listed company has an independent listing status after the spin-off, it must have profitability and standard operation. After the spin-off, the listed company and subsidiary to be spun off shall comply with the regulatory requirements of the CSRC and the stock exchange on independence. Second, it standardizes the spin-off procedure. Before the spin-off, the listed company shall disclose information in a timely manner and have it adopted at the general meeting of board of directors and shareholders. The subsidiary that intends to be listed by issuance must fulfill the procedure for IPO listing or restructuring listing. Third, it strengthens the responsibilities of intermediaries. Listed companies shall engage with an independent financial advisor, law firm, accounting firm, and other intermediaries to comment on the compliance of spin-off, and the independent financial advisor shall also continuously supervise and guide the listed company after the spin-off.

The CSRC revised the Guidelines for Articles of Association of Listed Companies, which urges listed companies to standardize operation and improve corporate governance. These guidelines include the following main revisions: First, it clarifies the requirements for the articles of association of listed companies with special equity structures. Second, it implements the new provisions from *Company Law* on the share repurchase of listed companies. Third, it further improves the governance requirements of listed companies.

(2) Improve the management mechanism of securities industry and enhance the competitiveness of securities companies

To further strengthen the equity supervision of securities companies and standardize the behavior of shareholders of securities companies, the CSRC formulated the Provisions on the Administration of Equities of Securities Companies and the Provisions on Issues Concerning the Implementation of the Provisions on Administration of Equities of Securities Companies and restarted the establishment review of domestic securities companies.

The Provisions on the Administration of Equities of Securities Companies puts forward the principle of "categorized management, sound qualifications, specific rights and responsibilities, clear structure, orderly change, and openness and transparency" and clarifies basic institutional arrangements, which include the following: First, it promotes the classified management of securities and supports the differentiated development of securities companies. Considering the complexity of business, it divides securities companies into professional securities companies and comprehensive securities companies. The shareholders of a professional securities company shall meet basic statutory conditions, and the major shareholder and the controlling shareholder of a comprehensive securities company shall enjoy high management and control level and risk compensation capability. Second, it strengthens the penetrating examination and clarifies the background of shareholders and the source of funds. It conducts the penetrating examination of equity structure and source of funds, and the shareholder is not allowed to purchase the shares of a securities company with nonproprietary funds such as entrusted funds. Following the principle of prioritizing substance over form, it conducts the penetrating examination of the relationship of shareholders to prevent regulatory avoidance. It maintains the stability of equity. The shareholder shall not pledge his or her equity within the equity lock-in period. After the lock-in period expires, the proportion of pledged equity shall not exceed 50%. The actual controller shall also comply with the requirement of lock-in period. Third, it combines internal management and external management and realizes whole-process supervision. It strengthens internal management requirement and fulfills the responsibility of an entity. The board office of a securities company is the office handling the affairs of the administration of equities of a securities company. The board chairman of a securities company is the first responsible person. The board secretary of a securities company is the directly responsible person. It strengthens internal accountability and improves external accountability. The articles of association of a securities company shall limit the rights of a shareholder who violates regulations to exercise voting rights and establish an internal accountability mechanism. It clarifies measures to deal with such violations as unauthorized change of equity and false capital contribution. It records the dishonest behavior of corporate governance into the capital market honesty database and links it to classified supervision.

As supporting provisions, the Provisions on Issues Concerning the Implementation of the Provisions on Administration of Equities of Securities Companies further clarifies the following content: First, it sets up the filing of required document for an actual controller who initiates the establishment of a securities company or changes the registered capital or equity or holds more than 5% equity of the securities company. Second, it implements the transition period arrangements under the *Provisions on Administration of Equities of Securities Companies*. If the controlling shareholder of a comprehensive securities company temporarily fails to meet the asset size conditions under the *Provisions on Administration of Equities of Securities Companies*, he or she shall be given a 5-year transition period. If the controller shareholder fails to meet the requirement after 5 years, it shall not affect the securities company conducting such regular securities business as securities brokerage, securities investment consulting, financial advisor, securities underwriting, and sponsor, but it shall not continue to conduct such high-risk business as stock option market making and OTC derivatives.

To establish and improve a long-term mechanism of liquidity support for securities companies and enhance the industry's risk resistance, the CSRC formulated the Provisions on the Administration of Liquidity Support by the Securities Investor Protection Fund. These provisions include the following key points: First, the situations where a securities company can apply to use the investor protection fund have been specified. When a securities company has a material liquidity risk that may significantly affect the stability of the financial market in the short term but is capable of continuous operation and repaying the principal with interest, it may apply to use the investor protection fund for short-term liquidity support. Second, the provisions clarify the entity responsibility of securities companies. When a securities company encounters a material liquidity risk, it shall first resolve the liquidity risk by self-rescue or other market-oriented means. Only when such measures do not work will the securities company be allowed to apply to use the investor protection fund. Third, the provisions strengthen the restraints on the use of the investor protection fund. To prevent moral risks, strict provisions on the procedure, cost, and time limit of the use of the investor protection fund by the securities company have been formulated. While using the investor protection fund, the securities company shall limit such capital consumption behavior as executive compensation and shareholder dividends and increase the payment ratio of the investor protection fund. Fourth, the provisions strengthen supervision and accountability. The regulator and the investor protection fund company shall implement whole-process monitoring on the use of the investor protection fund, timely handle issues, and hold the person involved accountable in accordance with the law.

(3) Advance the construction of the futures market and strengthen the supervision of futures companies

To adapt to the new requirements for the development of the futures market and further implement comprehensive and strict supervision, the CSRC formulated the revised Measures for the Supervision and Administration of Futures Companies. These measures include the following main revisions: First, they increase the qualifications for the main shareholder of a futures company, especially the controlling shareholder or largest shareholder. They clarify the requirements for sustainable operation time and sustainable profitability. Provisions on capital contribution, relevance of main business, and management ability have been added. Second, the management of shareholders of futures companies and their obligations has been strengthened. Regulatory requirements for the shareholders, actual controller, and other affiliates conducting related party transactions with the futures company have been added, and the major matter reporting rules for the shareholders and actual controller has been improved. Third, the measures improve the management of a futures company's domestic offices, subsidiaries, and overseas offices. The futures company shall establish and improve a compliance risk control system for its domestic offices, subsidiaries, and overseas offices and realize full coverage of risk management. Fourth, futures companies' management requirements for account opening and trading behavior by customers have been improved. Fifth, provisions on the management of futures companies' information systems have been improved, and the institutional requirements for the compliance operation of the information system have been clarified.

With the reform and opening up of the futures market, futures companies have encountered new circumstances and characteristics in terms of business model and supervision work. The CSRC amended the Provisions on the Categorized Supervision and Administration of Futures Companies, which directs futures companies to focus on their principal businesses, conduct regulatory operation, have stable and sound development, grow better and stronger, and comprehensively enhance the service capability and competitiveness of the futures sector. These provisions include the following main revisions: First, they optimize the point adding indicators, such as incorporating the serving national strategy into the special evaluation, establishing the new indicator of ability to serve the real economy, and adjusting the evaluation standard of some indicators. Second, the provisions adjust the point reduction indicators, such as restructuring the indicator of risk management capability, adjusting the point reduction item of certain circumstances, formulating detailed point reduction items of measures and punishment, and expanding serious violations where degrading applies. Third, the provisions improve the evaluation procedure, including properly increasing the content of self-evaluation, making the rational arrangements for the division of labor of preliminary review, and clarifying the regulatory and collaborative requirements.

To crack down on the illegal acts of manipulating the futures trading price and maintaining the order of the futures market, the CSRC formulated the Provisions on "Other Acts of Manipulating the Futures Trading Price" Set out in Subparagraph 5 of Article 70 of the Regulation on the Administration of Futures Trading. The following four acts constitute manipulation and solve the difficulties in criminalization: First, where anyone frequently places and cancels orders or huge orders not for the purpose of conducting transactions, which affects the futures trading price or futures trading volume, and conducts transactions contrary to the original directions of orders or seeks the relevant benefits, it constitutes manipulation. Second, where anyone fabricates or disseminates false or misleading information and conducts the relevant transactions or seeks the relevant benefits, it constitutes manipulation. Third, where anyone offers public evaluation, forecast, or investment advice on a contract or the subject matter of a contract and conducts futures transactions contrary to the evaluation, forecast, or investment advice, it constitutes manipulation. Fourth, where anyone evades position limit by illicit means in the approaching delivery month or during the delivery month, which gives rise to position advantages and affects the futures trading price, it constitutes manipulation.

(4) Standardize asset management institutions and protect the legitimate rights and interests of investors

For the purpose of optimizing the information disclosure system of publicly offered securities investment funds, the CSRC revised the Measures for the Administration of Disclosure of Information on Publicly Offered Securities Investment Funds and released two supporting rules, namely, the Provisions on Issues concerning the Implementation of the Measures for the Administration of Disclosure of Information on Publicly Offered Securities Investment Funds and the Disclosure of Information on Publicly Offered Securities Investment Funds XBRL Template No.5 Summary of Fund Product Materials. The *Measures for the Administration of Disclosure of Information on Publicly Offered Securities Investment Funds* include the following main revisions: First, it optimizes the designated information disclosure media system and simplifies the contents of press disclosure. Second, it stresses the concise nature and accessibility, introduces the summary of fund product materials, and improves service for investors. Third, it strengthens the disclosure of such critical information as risk disclosure and enhances investor protection. Fourth, it strengthens the interim and ex-post regulation and directs institutions to fulfill their responsibilities as compliance entities.

The CSRC formulated the Guidelines for the Investment of Publicly Offered Securities Investment Funds in Credit Derivatives to regulate the investment of publicly offered securities investment funds in credit derivatives and enhance the credit risk management capability. These guidelines include the following key points: First, the investment of funds in credit derivatives shall be conducted for the purpose of risk hedging. Second, money market funds shall not be invested in credit derivatives. Third, the fund manager shall reasonably determine the investment amount and time limit of credit derivatives while strengthening the risk management of the counterparty and initiating the institution of derivatives trading. Fourth, it stipulates that investment in credit derivatives shall be disclosed in detail in the periodic report and prospectus. Fifth, it stipulates that valuation shall be conducted in accordance with relevant provisions in reference to the industrial association. Sixth, it strengthens the responsibilities of fund managers and custodians. Seventh, the investment of old funds in credit derivatives shall follow the appropriate procedure according to the law.

For the purpose of improving the margin trading mechanism of the capital market and regulating the participation of publicly offered securities investment funds in securities lending transactions for refinancing, the CSRC formulated the Guidelines for the Participation of Publicly Offered Securities Investment Funds in Securities Lending Transactions for Refinancing (for Trial Implementation). These guidelines include the following main content: First, it clarifies the basic principle of publicly offered securities investment funds participating in the lending business and the entity responsibilities of participants. Second, it clarifies the definition and nature of publicly offered securities investment funds participating in the lending business. Third, it specifies the specific product types and investment ratio, strengthens the management and control of liquidity risks, and asks fund managers to strengthen the management of credit risks and related party transactions. Fourth, it clarifies the requirements for appraisal and calculation, information disclosure, and legal documents.

The CSRC formulated the Guidelines for Manager of Managers (MOM) Products of Securities and Futures Business Institutions (for Trial Implementation) to regulate the product operation of MOM products and promote the healthy development of MOM products. These guidelines include the following main contents: First, it clarifies the definition and operation model of MOM products. Second, it defines the responsibilities of participating entities. Managers shall perform the statutory fiduciary duties for MOM products. Investment consultants shall provide investment suggestions and other services. Third, managers and investment consultants shall have corresponding competence. Fourth, it regulates the investment operation of MOM products, asks managers to establish and improve the investment consultant management system, and strengthens information disclosure. Fifth, it strengthens the prevention of conflicts of interest and the risk management and control and asks managers and investment consultants to strengthen the management and control of related party transactions, fair trading, and nonpublic information.

(5) Improve the management mechanism of risk funds of stock exchanges and enhance the risk disposal efficiency

The CSRC formulated the Guidelines for the Supervision of the Risk Funds of Stock Exchanges, which proposes normative requirements for the use of risk funds by stock exchanges. The main content is as follows: First, it clarifies the definition and purpose of the risk funds of stock exchanges. Second, stock exchanges shall formulate special measures for the administration of risk funds. The administration measures shall include the daily management organization of risk funds and its specific duties and the use and management of risk funds by the board of supervisors. Third, it clarifies the requirements for the daily use of risk funds and the submission of annual information. Fourth, the CSRC shall guide and inspect the use and management of risk funds and incorporate the situation into the scope of on-site inspection.

4. Promote high-quality opening up of the capital market and advance the interaction between domestic and foreign financial markets

For the purposes of solving the problem of overseas listing and the circulation of overseas listed companies' existing shares, encouraging H-share companies to improve their corporate governance, and helping domestic enterprises make full use of domestic and foreign markets to obtain development resources, the CSRC formulated the Guidelines for the Application for the "Full Circulation" of the Domestic Unlisted Shares of H-Share Companies to roll out the "full circulation" reform of H shares. The main content is as follows: First, it clarifies the application scope of "full circulation" of H shares. Domestic-funded shares held by domestic shareholders before overseas listing, domestic-funded shares issued on the Chinese mainland after overseas listing, and unlisted shares in circulation held by foreign shareholders are all applicable under the full circulation. Second, it removes the restrictive conditions on company size and industry. When a company complies with the administrative provisions on the access to foreign investment, the company and its shareholders may make independent decisions to apply for the implementation of "full circulation" in accordance with the law. Third, it clarifies the procedure of the company handling the registration of shares, quotation and listing of stocks, and information disclosure in accordance with domestic and foreign relevant business rules after the application is approved.

5. Implement the requirements of the reform of simplification of administrative procedures, delegation of powers, combination of decentralization and appropriate control, and optimization of services and improve administrative service capacity

The CSRC revised the Measures for the Administration of Representative Offices of Overseas Stock and Futures Exchanges in China to strengthen the interim and ex-post regulation of the representative offices of overseas stock and futures exchanges after the filing system reform. These measures include the following main revisions: First, the scope of application has been improved. The representative offices of overseas futures exchanges have been incorporated into supervision to fill in the regulatory gap. Second, the achievements of the reform of simplification of administrative procedures, delegation of powers, combination of decentralization and appropriate control, and optimization of services have been implemented; the method of establishment of representative offices has been changed from approval to ex-post filing; the requirements for filing materials and procedure have been clarified; and the procedure of publishing filing materials has been included. Third, the scope of activities of representative offices has been standardized, and risk prevention and control has been strengthened. A representative office of any overseas exchange shall engage in nonprofit activities such as liaison, survey, and research. The market introduction business has been changed from the ex-ante approval mode to ex-post reporting, with the addition of a new negative list, which includes no involvement of specific products and no introduction of account opening, transaction mode, transaction cost, and other transaction-oriented contents. Relevant prohibition items have been further clarified as follows: the representative office and its staff shall not sign with the legal person or natural person any agreements or contracts that may bring income to the representative office or its overseas exchange; the representative office and its staff shall not engage in any profit-making activities or those in disguised forms; the representative office and its staff shall not provide transaction direct access service to any domestic unit or individual; and the representative office and its staff shall not engage in other prohibited activities stipulated by the laws and regulations. Fourth, the interim and ex-post regulation have been strengthened. The transparency of such items as filing, change, and revocation has been enhanced while publication content has been added. Informing the overseas regulatory authority of a representative office's violation of laws and regulations, the public's right to know has been enhanced, and the legal liability for the representative office's violation of laws and regulations has been specified.

The CSRC issued the Announcement on Cancellation of Application Materials for Some Administrative Licensing Items and Reduction of the Promised Time Limit for Handling Some

Administrative Licensing Items to make administrative approval services more convenient for the public. The key points are as follows: First, it cancels the application materials for administrative licensing items such as approval of securities companies' application for establishing and purchasing branches; qualification approval of publicly offered fund managers; registration of sponsor institutions; qualification approval of fund custodians; approval of publicly offered fund management companies' application for changing major items; approval of major purchases, sales, and exchanges of assets by listed companies (which constitute back door listing); approval of listed company's application for issuing shares to buy assets; approval of merging and splitting of listed companies; and approval of immunity of obligations for tender offer. Second, it reduces the promised time limit for handling administrative licensing items such as approval of listed company's application for issuing shares to buy assets, approval of merging and splitting of listed companies, approval of immunity of obligations for tender offer, and approval of establishment resident representative offices in China by foreign securities institutions.

(ii) Effects of the regulatory policies of China's securities industry

The CSRC has adhered to the general keynote of seeking progress while maintaining stability, implemented the new development concept, pursued the major task of deepening the supply-side structural reform in the financial sector, further strengthened the construction of fundamental institutions of the market, improved the implementation and specification system of regulatory laws on securities and futures, and advanced the stable and healthy development of the capital market.

Throughout the years, the CSRC has issued a total of 30 regulatory policies, including 10 decrees and 20 announcements. On the front of implementing the innovation-driven development strategy, the CSRC formulated the *Measures for the Administration of the Registration of IPO Stocks on the Science and Technology Innovation Board (for Trial Implementation)*, *Measures for the Continuous Supervision of Companies Listed on the Science and Technology Innovation Board (for Trial Implementation)*, the *Special Provisions on Material Asset Restructuring of STAR Market-Listed Companies*, and supporting provisions on information disclosure, in a bid to coordinate the establishment of the sci-tech innovation board and the successful implementation of experimenting with the reform toward a registration-based IPO system. On the front of advancing the reform of the new third board, the CSRC amended the *Measures for the Supervision and Administration of Unlisted Public Companies* and formulated the *Measures for the Administration of the Information Disclosure by Unlisted Public Companies*, in a bid to further improve the multilayer capital market regulation system. On the front of improving the functions of the capital market and regulating the behavior of market entities, the CSRC amended the *Measures for the Administration of the Material Asset Restructurings of Listed Companies*, the *Guidelines for Articles of Association of Listed Companies*, the *Measures for the Supervision and Administration of Futures Companies*, the *Provisions on the Categorized Supervision and Administration of Futures Companies*, and the *Measures for the Administration of Disclosure of Information on Publicly Offered Securities Investment Funds* and formulated the *Several Provisions on the Pilot Program of Listed Companies' Spin-off of Subsidiaries for Domestic Listing*, the *Provisions on the Administration of Equities of Securities Companies*, the *Provisions on the Administration of Liquidity Support by the Securities Investor Protection Fund*, the *Guidelines for the Investment of Publicly Offered Securities Investment Funds in Credit Derivatives*, the *Guidelines for the Participation of Publicly Offered Securities Investment Funds in Securities Lending Transactions for Refinancing (for Trial Implementation)*, the *Guidelines for MOM Products of Securities and Futures Business Institutions (for Trial Implementation)*, and the *Guidelines for the Supervision of the Risk Funds of Stock Exchanges*, to appropriately adjust the regulatory rules, improve the functions of the capital market, strengthen the supervision of such market entities as listed companies, securities and futures companies, and stock exchanges, and protect the investors' interests. On the front of opening up the market, the CSRC formulated the *Guidelines for the Application for the "Full Circulation" of the Domestic Unlisted Shares of H-Share Companies* to roll out the "full circulation" reform of H shares, encourage H-share companies to improve their corporate governance, and help domestic enterprises to make full use of domestic and foreign markets to obtain development resources. Moreover, the CSRC implemented the requirements of the reform of simplification of administrative procedures, delegation of powers, combination of delegation and control, and optimization of services to improve the administrative service capability.

While improving legislation, the CSRC maintained its high-handed posture in law enforcement and continued to crack down on such violations as insider trading, market manipulation, and false financial statements. The regulation and law enforcement capabilities of local offices of the CSRC were significantly improved. The CSRC's local offices eliminated market risks and hazards by making quick response and timely investigated and handled illegal cases within the jurisdiction. The CSRC polled administrative penalty resources to create favorable conditions for deepening the reform of the capital market and fostering a standard, transparent, open, vibrant, and resilient capital market.

The CSRC took stock of its nine major achievements at the 2020 working conference.

(1) The sci-tech innovation board was established, and the major reform of piloting the registration-based IPO system was successfully implemented. The registration system based on information disclosure performed well. The role of the sci-tech innovation board toward innovation-driven economic growth achieved initial results. (2) The top-level design of the capital market was strengthened, and the measures to comprehensively deepen the reform of the capital market were introduced and implemented. (3) The CSRC promoted the passage of the revised securities law and made major breakthroughs in advancing the building of rule of law in the capital market and protecting investors. (4) The CSRC implemented the action plan to improve the quality of listed companies and continued to cement the foundation for the capital market to effectively serve as a barometer. (5) The CSRC further improved the multilayer capital market system, formulated a reform plan for the ChiNext, and initiated the reform of the new third board. (6) The CSRC strengthened the cultural building in the industry, guided industrial institutions to return to their original missions, effectively increased the ratio of equity-related investments, and encouraged intermediaries to take on a new look in responsibility and capacity building. (7) The CSRC continued to deepen the two-way opening up of market, institutions, and products and steadily opened up the capital market. (8) Following the principle of treating the root causes and symptoms, the CSRC's efforts to strengthen supervision and guard against and resolve risks in key areas of the capital market yielded results at the current stage. (9) The CSRC gave play to the market's functions of stock and debt financing, mergers, acquisitions, and restructuring, accelerated the variety innovation of futures and options, and achieved significant effects in serving the high-quality development of the real economy.

China has witnessed continuous improvement in the fundamental institutions and governance capability of its capital market. The CSRC fostered a good market ecology, supported the development of the real economy, and took strong measures to prevent financial risks. In the new era, China's capital market is becoming more robust and efficient.

(iii) Prospect of the regulatory policies of China's securities industry in 2020

The year 2020 is the final year of building a moderately prosperous society in all respects and implementing the "13th Five-Year Plan" and marks the 30th anniversary of the capital market. In 2020, the CSRC will continue to follow the general keynote of seeking progress while maintaining stability, comprehensively deepen reform, guard against risks, focus on building the capital market, further enhance services for the real economy, and steadily open up the capital market. And for the purpose of, working toward building a market-oriented capital market governed by the law, the CSRC will seize the opportunity to implement the new securities law to improve the building of fundamental institutions, enhance the governance capability of the capital market, and maintain the steady and healthy operation of the capital market.

When it comes to regulatory policies in the securities industry, the CSRC will focus on the following aspects:

1. Pursue the major task of the registration-based system reform and make all-out efforts to win battles in various major reforms

(1) The CSRC will continue to optimize the system of the sci-tech innovation board, further implement the innovation-driven development strategy, and support the high-quality development of more "hard sci-tech" enterprises.

By the end of 2019, the CSRC will solicit public comments on the *Administrative Measures for the Issuance and Registration of Securities by STAR Market-listed Companies (for Trial Implementation)*, which will become effective in 2020, mainly including the following aspects.

First, it sets the basic conditions for issuance and regulates refinancing of listed companies. Considering that nonpublic offering is mainly targeted at qualified investors with high-risk identification and withstanding capability, it sets the basic conditions for issuance in the form of negative lists that are less strict than public offering.

Second, it optimizes and adjusts the institutional arrangements for nonpublic offering of stocks, supports listed companies in introducing strategies to investors, and effectively improves the convenience of nonpublic offering of stocks.

Third, it sets a convenient and efficient registration procedure to enhance financing efficiency. It minimizes the approval time limit of the SSE to 2 months and the registration time limit of the CSRC to 15 working days. The SSE is authorized to formulate business rules for small financing in light of the overall performance of refinancing on the sci-tech innovation board and the actual demands of the market.

(2) The CSRC will steadily roll out the reform of the ChiNext and the piloting of the registration-based system and advance the smooth implementation of the reform of new third board.

(3) The CSRC will normalize IPO in a science-based and rational manner and promote the implementation of the refinancing reform. On February 14, the CSRC issued the amended refinancing rules, which adjust the issuance conditions, mechanism, and financing scale; promote financing channels for the main board and ChiNext; and add to the flexibility of refinancing for listed companies. This will enhance the participation initiative of all parties concerned and address the sluggish refinancing market environment at the supply and demand sides.

(4) The CSRC will deepen the two-way opening up of the capital market and serve the Belt and Road Initiative. By implementing the nine measures to open up the capital market, the CSRC will deepen the connectivity between domestic and foreign markets, promote cooperation projects between domestic and foreign exchanges, further open up the futures market, expand the scope of specific products, and open up the stock exchange bond market. In the meanwhile, the CSRC will enhance the regulation and risk prevention and control capabilities in an open environment and promote the capital market in serving the Belt and Road Initiative.

2. Seize the opportunity of implementing the new securities law to strengthen the building of the rule of law in the capital market and establish a science-based securities and futures law system

(1) The CSRC will promote the systematic review of existing rules and regulations. On February 21, 2020, the CSRC issued the *Decision to Repeal Some Regulatory Documents Relating to Securities and Futures*, annulling 18 regulatory documents concerning securities and futures. By repealing some regulatory documents concerning securities and futures, the CSRC made adjustments based on the revisions to the superordinate law and reviewed some institutional documents that do not conform to the development practice of the securities market and the needs of the comprehensive reform of the capital market. Going forward, the CSRC will formulate and amend supporting rules and regulations to optimize the governance system of the capital market. The CSRC will make good use of relevant laws and regulations to significantly increase the cost of violation of laws and regulations.

(2) The CSRC will cooperate with and support relevant departments of the National People's Congress in promoting the amendment of the *Criminal Law* and the formulation of the *Futures Law*. The CSRC will promote the issuance of rules on privately offered funds and new third board.

(3) The CSRC will promote the establishment of a securities representative litigation system to improve the investor protection system.

3. Prevent risks, strengthen regulation, and continue to optimize market ecology

(1) The CSRC will strengthen the monitoring and assessment of leverage funds and imported, cross-check risks, step up prospective guidance, and guard against and resolve market operation risks.

(2) The CSRC will adhere to the principle of containing additional stocks and resolving existing stocks and continue to prevent, control, and resolve key risks in stock pledge, bond default, privately offered funds, industrial institutions, and various exchanges.

(3) The CSRC will fulfill its responsibilities as a regulator, enhance regulation efficiency, and crack down on such serious violations as fraudulent issuance, false financial statements, insider trading, and market manipulation.

(4) The CSRC will further enhance its regulation efficiency through scientific and technological regulation. The CSRC will promote the basic capacity building of regulation science and technology and accelerate the building of a new regulation model. It will strengthen the regulation of science and technology in the securities and futures industry and contribute to the development of industrial science and technology.

4. Counter the epidemic, support economy, and contribute to the steady operation of the capital market

Amid the unexpected outbreak of COVID-19 in early 2020, the CSRC made an all-out response, effectively allocated financial resources to support the real economy, and ensured the steady and orderly operation of the capital market.

(1) The CSRC took effective risk prevention measures amid the epidemic. To address the liquidity difficulties encountered by relevant enterprises and individuals and prevent abnormal fluctuations on the capital market, the CSRC took multiple measures in light of the situation of affected regions, such as supporting market institutions in the categorized renewal of stock pledge agreements, avoiding the forced winding down of positions of some margin trading and short selling clients, and appropriately extending the time for clients to replenish collaterals. The CSRC suspended the night trading of futures and guided securities investors to conduct off-site trading to avoid the risk of gatherings.

(2) The CSRC gave priority to financing support for enterprises operating in seriously affected regions and enterprises engaging in the fight against the epidemic. The CSRC simplified formalities, followed the principle of ad hoc, and supported enterprises in seriously affected regions in issuing corporate bonds and asset-backed securities.

(3) The CSRC timely initiated the green channels of regulation. It rationally extended the licensing validity period of stock and bond financing and appropriately relaxed the time limit of mergers, acquisitions, and restructurings. The CSRC supported securities companies in raising funds through financial bonds and other means on the interbank market and exchange market and enhanced the risk resistance capabilities of industrial institutions.

(4) The CSRC made all-out efforts to ensure the normal resumption of the stock market. Since the resumption, the stock market effectively leveraged its self-regulation functions, stood the test of the epidemic, ensured smooth trading, and normalized operation.

Appendix

List of Major Regulatory Policies in China's Securities Industry in 2019

Released on	Major Policies	Released by
January 15	*Guidelines for the Investment of Publicly Offered Securities Investment Funds in Credit Derivatives*	CSRC
February 15	*Decision to Amend the Provisions on the Categorized Supervision and Administration of Futures Companies*	CSRC
March 1	*Measures for the Administration of the Registration of IPO Stocks on the Science and Technology Innovation Board (for Trial Implementation)*	CSRC
March 1	*Measures for the Continuous Supervision of Companies Listed on the Science and Technology Innovation Board (for Trial Implementation)*	CSRC
March 1	*Standards for the Contents and Formats of Information Disclosure by Companies Offering Securities to the Public No. 41—Prospectuses of Companies Listed on the Science and Technology Innovation Board*	CSRC
March 1	*Standards for the Contents and Formats of Information Disclosure by Companies Offering Securities to the Public No. 42—Application Documents for Initial Public Offering of Stocks and Listing on the Science and Technology Innovation Board*	CSRC
March 7	*Preparation Rules for Information Disclosure by Companies Offering Securities to the Public No. 24—Special Provisions on the Financial Report Information of Red Chip Enterprises under Innovation Pilot Program Listed on the Sci-tech Innovation Board*	CSRC
March 21	*Announcement on Cancellation of Application Materials for Some Administrative Licensing Items and Reduction of the Promised Time Limit for Handling Some Administrative Licensing Items*	CSRC
April 17	*Decision of the China Securities Regulatory Commission (CSRC) to Amend the Guidelines on the Bylaws of Listed Companies*	CSRC
June 4	*Measures for the Supervision and Administration of Futures Companies*	CSRC
June 14	*Guidelines for the Participation of Publicly Offered Securities Investment Funds in Securities Lending Transactions for Refinancing (for Trial Implementation)*	CSRC
July 5	*Provisions on the Administration of Equities of Securities Companies*	CSRC
July 5	*Provisions on Issues Concerning the Implementation of the Provisions on Administration of Equities of Securities Companies*	CSRC
July 25	*Measures for the Administration of Representative Offices of Overseas Stock and Futures Exchanges in China*	CSRC
July 26	*Measures for the Administration of Disclosure of Information on Publicly Offered Securities Investment Funds*	CSRC
July 26	*Provisions on Issues concerning the Implementation of the Measures for the Administration of Disclosure of Information on Publicly Offered Securities Investment Funds*	CSRC

Continued

Released on	Major Policies	Released by
July 26	*Disclosure of Information on Publicly Offered Securities Investment Funds XBRL Template No.5 Summary of Fund Product Materials*	CSRC
August 23	*Special Provisions on Material Asset Restructuring of STAR Market-Listed Companies*	CSRC
September 12	*Guidelines for the Supervision of the Risk Funds of Stock Exchanges*	CSRC
September 30	*Specification for Securities and Futures Industry Software Test*	CSRC
October 18	*Decision of the CSRC to Amend the Measures for the Administration of the Material Asset Restructurings of Listed Companies*	CSRC
November 18	*Provisions of the CSRC on "Other Acts Manipulating the Futures Trading Price" Set out in Subparagraph 5 of Article 70 of the Regulation on the Administration of Futures Trading*	CSRC
October 18	*Opinions on the Application of Articles 14 and 44 of the Measures for the Administration of the Significant Asset Restructurings of Listed Companies—Opinions No. 12 on the Application of Securities and Futures Laws*	CSRC
November 14	*Guidelines for the Application for the "Full Circulation" of the Domestic Unlisted Shares of H-Share Companies*	CSRC
December 6	*Guidelines for Manager of Managers (MOM) Products of Securities and Futures Business Institutions (for Trial Implementation)*	CSRC
December 12	*Several Provisions on the Pilot Program of Listed Companies' Spin-off of Subsidiaries for Domestic Listing*	CSRC
December 12	*Guidelines on the Statistical Indicator Standards for the Securities and Futures Industry (Revision)*	CSRC
December 20	*Decision of the CSRC on Amending the Measures for the Supervision and Administration of Unlisted Public Companies*	CSRC
December 20	*Measures for the Administration of the Information Disclosure by Unlisted Public Companies*	CSRC
December 25	*Provisions on the Administration of Liquidity Support by the Securities Investor Protection Fund*	CSRC

Ⅳ. Major Regulatory Policies of China's Insurance Industry①

(i) Analysis of major regulatory policies of China's insurance industry in 2019

The China Banking and Insurance Regulatory Commission (CBIRC) is under the firm leadership of the Central Committee of the Communist Party of China (CPC), with President

① About the Author: Tan Liang, Partner in charge of Risk Consulting in Insurance Industry of Deloitte China.

Xi Jinping at the core. In 2019, the CBIRC comprehensively strengthened the party's leadership and resolutely implemented the decisions and plans of the CPC Central Committee and State Council to defuse prominent risks. Moreover, the CBIRC maintained the stability of the financial system of China by enhancing the capability of the banking and insurance industry to serve the real economy. The organization constantly develops reforms and expands to the outside world as evidenced by its solid progress in various works. The main regulatory policies of the CBIRC for the whole year are as follows:

1. Leverage the protective role of insurance in responding to real social demands

First, with regard to personal insurance, the CBIRC promoted the development of health insurance. On October 31, the CBIRC issued the revised *Measures for the Administration of Health Insurance* (Decree No. 3 [2019] of the CBIRC). This measure comprehensively revised and standardized the definition, classification, product supervision, sales, design, and claim settlement of health insurance products and encouraged health insurance companies to perform their social responsibility. With regard to concept and positioning, the regulation defines health insurance as an important component of the multi-level healthcare guarantee system of the country that incorporates medical accident insurance. In terms of product specification, business operation, and sales, the regulation stipulates the conditions for insurance companies' engagement in the health insurance industry. Furthermore, to protect the rights and interests of consumers, the regulation stipulates that insurance companies shall not force mixed sales of products nor shall they induce consumers to repeatedly buy compensatory medical insurance products with similar coverage. The decree is the first to dedicate a special chapter to health management in CBIRC.

Second, the CBIRC accelerated the development of high-quality agricultural insurance and took concrete measures to serve the economy of "agriculture, rural areas, and farms." On September 19, the CBIRC, the Ministry of Finance (MOF), the Ministry of Agriculture and Rural Affairs, and the National Forestry and Grassland Administration jointly issued the *Notice of Issuing the Guiding Opinions on Accelerating the High-quality Development of Agricultural Insurance* (No. 102 [2019] of MOF). This notice defines the development policies of improving agricultural insurance service capacity. In addition, the notice also lists a series of regulatory policies including clarifying the boundary between the government and market, improving catastrophe risk diversification mechanism, regulating the agricultural insurance market, restraining subsidy cheating, and improving the information sharing, term and premium rate drafting mechanism, business layout, and risk prevention mechanism of agricultural insurance.

The above-mentioned products are aimed at individual consumers and agriculture managers in promoting the supply-side reform in the insurance industry.

2. Steadily expand the application scope of insurance funds and strengthen the hard restraints on asset and liability management

On January 25, the CBIRC issued the *Notice of Issues Concerning the Investment of Insurance Funds in Banks' Capital Supplementation Bonds* (No. 7 [2019] of CBIRC) to serve the real economy by expanding the allocation of insurance funds, that is, allowing such funds to be invested in open-ended bonds issued by qualified bank. In addition, on April 28, the CBIRC issued the *Notice of Issuing the Solvency Regulatory Rules for Insurance Companies—Questions and Answers No. 2: Undated Additional Tier 1 Capital Bonds* (No. 22 [2019] of CBIRC) to define the basic factors of credit risks associated with undated additional tier 1 capital bonds in C-ROSS calculation, thus forming a complete support system. On May 7, the CBIRC also issued the *Notice of the Participation of Insurance Funds in the Business of Credit Risk Mitigation Instruments and Credit Protection Instruments* (No. 121 [2019] of CBIRC), which allows the incorporation of insurance funds in credit derivative products, including agreement and warrant products. The notice also stated that the incorporation of insurance funds into these credit derivative products is limited to hedge risk only. Furthermore, on June 19, the CBIRC issued the *Notice on Matters concerning the Investment in Assembled Funds Trusts with Insurance Funds* (No. 144 [2019] of the General Office of the CBIRC) to encourage investment in assembled funds trusts and establish requirements on decision-making mechanism and authorization, accountability and evaluation, the scope of underlying assets and investment orientation, and post-investment management and disposal. Additionally, on December 16, the CBIRC issued the *Notice of Including Macao in the Overseas Regions Eligible for Investment with Insurance Funds* (No. 48 [2019] of the CBIRC), which provides eligibility to Macao for investment with insurance funds. The regulation also emphasizes that the scope of specific investable products shall meet the relevant requirements of the *Interim Measures for the Administration of Overseas Investment with Insurance Funds and the Detailed Rules for the Implementation* thereof.

On July 24, the CBIRC issued the *Interim Measures for the Supervision of Insurance Asset and Liability Management* (No. 32 [2019] of the CBIRC), which consists of five chapters and 37 articles. In terms of organizational system, control processes, model tools, performance evaluation, and management report, the regulation proposes management requirements for establishing and improving an asset and liability management system. It also states the objectives and requirements for insurance companies in matching maturity, cost and benefit, and cash flow, which should correspond with the specific content of capability and quantitative assessment rules. The regulation standardizes insurance companies' asset and liability management methods and implements their differentiated supervision based on their capability to manage and match assets and liabilities. The regulation also strengthens the hard constraints on the supervision of asset and liability management.

The above-mentioned regulatory policies reflect the regulatory requirements of classified supervision, hard constraints, and bottom-line thinking in using funds, responding to the call of the market and industry, and expanding the utilization scope and content of funds while controlling risks. This regulation demonstrates how Chinese regulators highly encourage insurance companies to further improve their fund utilization capability and asset and liability management.

3. Unremittingly grasp corporate governance and risk compliance

Insurance companies maintain sustainable growth through the three pillars, namely, corporate governance, risk management, and internal control compliance. Chinese regulators have maintained high standards and strict requirements in this regard, which are reflected in the following regulatory measures.

On May 17, the CBIRC issued the *Notice of Commencing the Work on Consolidating Achievements in Irregularity Rectification and Promoting Compliance Building* (No. 23 [2019] of the CBIRC). This regulation covers corporate governance, fund utilization, product development, sales claim settlement, and financial data of businesses. The regulation emphasizes the need to consolidate achievements in irregularity rectification, to continue to promote problem rectification in key fields, and to strengthen internal control to enhance compliance.

On August 25, the CBIRC issued the *Measures for the Administration of Affiliated Transactions of Insurance Companies* (No. 35 [2019] of the CBIRC). This regulation consists of seven chapters and 64 articles that aim at regulating and strengthening the supervision of affiliated transactions of insurance companies and preventing the risk of tunneling. The measures also aim to improve the identification standard for affiliates, internal controls, and accountability mechanism, formulate science-based regulatory indicators, and strengthen penetrating supervision, information disclosure, and supervision of board of directors.

On November 25, the CBIRC issued the *Measures for the Regulatory Assessment of Corporate Governance of Banking and Insurance Institutions (for Trial Implementation)* (No. 43 [2019] of the CBIRC). This regulation consists of five chapters, 25 articles, and a corporate governance evaluation table for commercial banks and insurance companies. The regulation specifies detailed provisions on assessment content, methods, procedure, results, and application and division of labor. The regulatory assessment mainly includes the CPC leadership and governance of shareholders, board of directors, board of supervisors and senior management, internal control of risks, affiliated transactions, market constraints, other stakeholders, and other aspects. The regulation is the first to propose two categories of indicator, namely, compliance and effectiveness evaluations. Moreover, to encourage good corporate governance practices, the scope of evaluation also includes soft indicators, such as corporate culture, business philosophy, innovation spirit, and customer service.

On December 24, the CBIRC issued the *On-site Inspection Measures of the China Banking and Insurance Regulatory Commission* (*for Trial Implementation*) (Order No. 7 [2019] of the CBIRC) (hereinafter referred to as the *Inspection Measures*). This regulation clarifies the positioning of on-site inspection, improves the job responsibilities of inspection, regulates the initiation of inspection, enriches the methods of on-site inspection, and encourages self-examination and self-correction. It also lays out the institutional foundation of the CBIRC in handling on-site inspection. In addition, on December 25, the CBIRC issued the *Measures for the Handling of Reports of Banking and Insurance Violations* (Order No .8 [2019] of CBIRC). This regulation consists of 24 articles, which mainly specify the applicable scope, basic principles, reporting requirements, governance, acceptance conditions, circumstances where acceptance is rejected, report handling procedure, and informant's obligations. This regulation further strengthens the "whistle blower" system and forms supporting rules for the *Inspection Measures* issued on the day before.

4. Systematically strengthen rules and regulations that protect consumers' rights and interests

On September 24, the CBIRC issued the *Notice of Addressing Banking and Insurance Institutions' Irregularities Against Consumer Rights and Interests* (No. 194 [2019] of the General Office of the CBRIC). The regulation mandates institutions to examine the 17 manifestations of industrial irregularities, particularly in products, sales, claim settlement, and Internet insurance that infringe upon consumers. On November 4, the CBIRC also issued the *Guiding Opinions on Banking and Insurance Institutions Strengthening the Building of Working Systems and Mechanisms for Protection of Consumer Rights and Interests* (No. 38 [2019] of the CBIRC). This regulation consists of four aspects, namely, system, mechanism, supervision, and self-discipline in the industry. The regulation requires insurance companies to incorporate consumer protection into their overall plan. From November 1 to November 30, the CBIRC solicited public comments on the *Measures for the Administration of the Handling of Banking and Insurance Consumer Complaints (Draft for Comments)*. The measure specifies consumer complaints, institutional responsibilities, complaint-handling procedure, and institutional mechanism, focuses on convenience and efficiency, and strengthens supervision and external disclosure. The final draft of the measure was adopted and will be implemented on March 1, 2020.

5. Significantly strengthen the management of intermediaries and form a synergy between banking and insurance industries

On February 26, the CBIRC issued the *Notice of Strengthening the Business Management of Intermediary Channels of Insurance Companies* (No. 19 [2019] of the General Office of the CBIRC) to further regulate the order of the insurance intermediary market and promote its healthy development. The regulation states that insurance companies must employ a compliance manager, management system, and robust information system to manage their intermediary channels. The notice establishes international compliance audit and supervision and strengthens insurance companies' business compliance management toward cooperating intermediaries. Furthermore, the notice establishes an intermediary business management system to strengthen the management of quality, business, and archives. Lastly, it provides timely report of violations of laws and regulations by intermediary business entities.

On August 23, the CBIRC issued the *Measures for the Administration of the Bancassurance Business of Commercial Banks* (No. 179 [2019] of the General Office of the CBIRC). This regulation stipulates that bancassurance of commercial banks means that they are authorized by insurance companies to sell insurance products and provide relevant services on their behalf. As a result, they are authorized to collect commissions from the insurance companies. The measure covers business access, rules, and exit. It also reflects how the CBIRC fosters synergy in banking and insurance supervision and demonstrates banks' requirement that further strengthen the supervision of bancassurance.

6. Promote and facilitate the opening up of insurance industry

On June 5, State Administration of Foreign Exchange (SAFE) issued the *Notice of the State Administration of Foreign Exchange of Further Facilitating the Settlement of Capital in Foreign Exchange of Insurance Companies* (No. 17 [2019] of SAFE). It states the methods on how insurance companies may further simplify their administrative procedures and delegation of powers to the lower level, improve foreign exchange management of insurance business, and mitigate financial risks. That is, according to its actual business needs, an insurance company may undergo the formalities for the settlement of foreign exchange capital and foreign exchange funds raised through overseas listing directly with financial institutions operating in foreign exchange business (hereinafter referred to as financial institutions).

On November 29, the CBIRC issued the revised *Detailed Rules for the Implementation of the Regulation of the People's Republic of China on the Administration of Foreign-funded Insurance*

Companies (Order No. 4 [2019] of the CBIRC). This document provides detailed rules of implementing the State Council's decision to further widen the scope of the insurance industry and the newly amended *Regulation of the People's Republic of China on the Administration of Foreign-funded Insurance Companies* issued on September 30. Furthermore, the regulation stipulates that the proportion of foreign investment shall not exceed 51% of the total capital stocks in a foreign-funded life insurance company. However, it does not formulate provisions on matters such as "operating for 30 years" and "representative institutions." The regulation also deletes the clauses concerning the management of branch offices of foreign-funded insurance companies and specifies that the *Measures for the Administration of the Equities of Insurance Companies* equally applies to Chinese-funded insurance companies. On December 6, CBIRC issued the *Notice of the Point in Time of Explicitly Lifting Restrictions on Foreign Ownership Ratio in Joint-venture Life Insurance Companies* (No. 230 [2019] of the General Office of the CBIRC). This regulation stipulates that as of January 1, 2020, the proportion of foreign capital in a joint-venture life insurance company may amount to 100%.

The above-mentioned measures demonstrate that the insurance industry in China is developed, reliable, and receptive. According to a CBIRC official, two foreign-funded insurance institutions collaborated in 2019. These companies are Heng An Standard Pension Insurance Co., Ltd. and CIGNA & CMB Asset Management Company Limited. Moreover, five foreign-funded insurance institutions opened their business, namely, ICBC & AXA Asset Management Company Limited, BOCOM & Colonial Asset Management Company Limited, Allianz (China) Holding Co., Ltd., CITIC-Prudential Asset Management Company Limited, and Korean Reinsurance Company Limited.

(ii) Policy outlook of insurance regulation in 2020

In the early January 2020, the CBIRC held the 2020 National Banking and Insurance Regulatory Conference. This conference analyzed its work in 2019, assessed its economic and financial status, and set targets for 2020. This event was guided by Xi Jinping's thought on socialism with Chinese characteristics for a new era and the spirit of the 19th National Congress of the CPC, the second, third, and fourth plenary sessions of the 19th CPC Central Committee, and the Central Economic Work Conference.

During the conference, it was discussed that regulatory policies in the insurance industry in 2020 will likely focus on certain aspects. First, win the battle to prevent and resolve financial risks. The CBIRC will handle high-risk institutions carefully and establish the responsibilities and accountabilities of all related parties. Second, the CBIRC will take effective measures to stabilize employment, finance, foreign trade, foreign investment, investment, and expectations, enhance the quality and efficiency of financial services for the real economy, and strengthen regulatory policies for financial support in social service areas. These services include improving the coverage and penetration of compulsory environmental pollution liability insurance. Third, the CBIRC will expand structural reforms on the financial supply side of insurance products by improving the third pillar of the pension system, the market-oriented pricing mechanism of commercial auto insurance, the development of reinsurance market, and the scope of the catastrophe insurance pilot. Fourth, the CBIRC will further expand the insurance market. It will improve the shareholding structure and encourage domestic and overseas professional institutions with prominent main businesses, advanced management, and excellent records to become shareholders in Chinese insurance companies. Fifth, the CBIRC will improve corporate governance, risk prevention and control, and internal control and compliance, strengthen the leadership of the party, and establish a modern enterprise system that has Chinese characteristics and conforms to the G-20 standards. It will also comprehensively strengthen the supervision on quality of assets and liabilities, improve the recovery and resolution mechanism of insurance institutions, and distinguish SIFIs and non-SIFIs to implement differentiated supervision.

Since the outbreak of COVID-19 (also referred to as novel coronavirus pneumonia) in January 2020, the traditional offline business model of the insurance industry faced serious challenges. On January 26, 2020, the CBIRC responded immediately by issuing the *Notice by the General Office of the China Banking and Insurance Regulatory Commission of Strengthening Financial Services in Banking and Insurance Industry and Cooperating with the Prevention and Control of the Outbreak of Novel Coronavirus Pneumonia* (No. 10 [2020] of the General Office of the CBIRC). This regulation outlines five measures to strengthen the financial services of banking and insurance industries, namely, implementing epidemic prevention and control requirements, ensuring smooth financial services, opening green channels for financial services, strengthening financial support for epidemic prevention and control, and effectively providing financial services for epidemic-hit enterprises. Furthermore, relevant departments introduced a series of targeted documents, which reflect the idea of combining lenient and strict supervision. Lenient supervision refers to expanding the scope of insurance liability in line with the requirements of epidemic prevention and control. For example, according to the Property and Casualty Insurance Supervision Department of the CBIRC, insurance companies should prioritize insurance claims of epidemic-hit customers to allocate insurance compensations smoothly way and improve the efficiency of claim settlement of clients diagnosed with

COVID-19. In addition, according to the Life Insurance Supervision Department of the CBIRC, for customers with novel coronavirus pneumonia under controllable risks, insurance companies should cancel restrictions on waiting period, deductibles, and designated hospitals in sickness insurance and medical insurance products. They are also encouraged to include novel coronavirus pneumonia in the liability scope of accident insurance and sickness insurance products. On the contrary, strict supervision refers to four prohibitions on life insurance and three on property insurance. I believe the epidemic will result in acceleration of the transformation of the insurance industry into online business. Accordingly, regulators should actively explore ways to innovate the supervision on insurance through online and offline channels and Internet insurance.

Appendix

List of Major Regulatory Policies of China's Insurance Industry in 2019

Released	Major Policies	Released by	Document number
January 14	Notice by the General Office of the China Banking and Insurance Regulatory Commission on Issues Concerning Further Strengthening the Regulation of Auto Insurance	CBIRC	No. 7 [2019] by the General Office of the CBIRC
January 25	Notice by the China Banking and Insurance Regulatory Commission on Issues Concerning the Investment of Insurance Funds in Banks' Capital Supplementation Bonds	CBIRC	No. 7 [2019] by the CBIRC
February 26	Notice by the General Office of the China Banking and Insurance Regulatory Commission on Strengthening the Business Management of Intermediary Channels of Insurance Companies	CBIRC	No. 19 [2019] by the General Office of the CBIRC
March 12	Notice by the People's Bank of China on Issuing Data Extraction Interface Specifications for the Anti-Money Laundering Law Enforcement Inspection of Securities, Futures, and Insurance Institutions	PBC	No. 63 [2019] by the PBC
April 3	Notice by the General Office of the China Banking and Insurance Regulatory Commission on Clarifying the Requirements for the Submission of Insurance Asset-Liability Management Reports	CBIRC	No. 98 [2019] by the General Office of the CBIRC
April 28	Notice by the China Banking and Insurance Regulatory Commission on Issuing Solvency Regulatory Rules for Insurance Companies—Questions and Answers No. 2: Undated Additional Tier 1 Capital Bonds	CBIRC	No. 22 [2019] by the CBIRC

Continued

Released	Major Policies	Released by	Document number
May 7	Notice by the General Office of the China Banking and Insurance Regulatory Commission on the Participation of Insurance Funds in the Business of Credit Risk Mitigation Instruments and Credit Protection Instruments	CBIRC	No.121 [2019] by the General Office of the CBIRC
May 17	Notice by the China Banking and Insurance Regulatory Commission on Commencing Work on "Consolidating Achievements in Irregularity Rectification and Promoting Compliance Building"	CBIRC	No. 23 [2019] by the CBIRC
June 5	Notice by the State Administration of Foreign Exchange on Further Facilitating the Settlement of Capital in the Foreign Exchange of Insurance Companies	SAFE	No. 17 [2019] by the SAFE
June 19	Notice of the General Office of the China Banking and Insurance Regulatory Commission on Matters Concerning Investment in Assembled Funds Trusts Using Insurance Funds	CBIRC	No. 144 [2019] by the General Office of the CBIRC
June 28	Notice by the China Banking and Insurance Regulatory Commission on Issuing Solvency Regulatory Rules for Insurance Companies—Questions and Answers No. 1: Default Risk Factors of Reinsurance Counterparties in Hong Kong during the Transitional Period of the Equivalence Assessment Framework Agreement on the Solvency Regulatory Regime	CBIRC	No. 30 [2019] by the CBIRC
July 24	Notice by the China Banking and Insurance Regulatory Commission on Issuing Interim Measures for the Supervision of Insurance Asset and Liability Management	CBIRC	No. 32 [2019] by the CBIRC
August 23	Notice by the General Office of the China Banking and Insurance Regulatory Commission on Issuing Measures for the Administration of the Bancassurance Business of Commercial Banks	CBIRC	No. 179 [2019] by the General Office of the CBIRC
August 25	Notice by the China Banking and Insurance Regulatory Commission on Issuing Measures for the Administration of Affiliated Transactions of Insurance Companies	CBIRC	No. 35 [2019] of the CBIRC
August 30	Notice by the General Office of the China Banking and Insurance Regulatory Commission on Matters Concerning Improving the Valuation Interest Rate Formation Mechanism for Personal Insurance Liability Reserves and Adjusting the Valuation Interest Rates for Liability Reserves	CBIRC	No. 182 [2019] by the General Office of the CBIRC

Continued

Released	Major Policies	Released by	Document number
September 19	Notice by the Ministry of Finance, the Ministry of Agriculture and Rural Affairs, the China Banking and Insurance Regulatory Commission, and the National Forestry and Grassland Administration on Issuing the Guiding Opinions on Accelerating the High-Quality Development of Agricultural Insurance	The Ministry of Finance, the Ministry of Agriculture and Rural Affairs, the China Banking and Insurance Regulatory Commission, and the National Forestry and Grassland Administration.	No. 102 [2019] by the Ministry of Finance
October 19	Notice by the National Development and Reform Commission, the People's Bank of China, the Ministry of Finance, and other Departments on Further Clarifying Matters Concerning the Regulation of Asset Management Products for Financial Institutions to Invest in Venture Capital Funds and Government-Funded Industry Investment Funds	National Development and Reform Commission, the People's Bank of China, the Ministry of Finance, the CBIRC, the CSRC, and SAFE.	No. 1638 [2019] by the National Development and Reform Commission
October 31	Measures for the Administration of Health Insurance	CBIRC	Order No. 3 [2019] by the CBIRC
November 4	Guiding Opinions of the China Banking and Insurance Regulatory Commission on Banking and Insurance Institutions Strengthening the Building of Working Systems and Mechanisms for the Protection of Consumer Rights and Interests	CBIRC	No. 38 [2019] by the CBIRC
November 25	Notice by the China Banking and Insurance Regulatory Commission on Issuing the Measures for the Regulatory Assessment of Corporate Governance of Banking and Insurance Institutions (for Trial Implementation)	CBIRC	No. 43 [2019] by the CBIRC
November 29	The CBIRC issued the revised Detailed Rules for the Implementation of the Regulation of the People's Republic of China on the Administration of Foreign-Funded Insurance Companies	CBIRC	Order No.4 [2019] by the CBIRC
December 4	Notice by the General Office of the China Banking and Insurance Regulatory Commission on Issues Concerning the Regulation of Endowment Insurance Products	CBIRC	
December 6	Notice by the General Office of the China Banking and Insurance Regulatory Commission on the Point in Time to Explicitly Lift Restrictions on the Foreign Ownership Ratio of Joint-Venture Life Insurance Companies	CBIRC	No. 230 [2019] by the General Office of the CBIRC

Continued

Released	Major Policies	Released by	Document number
December 16	Notice by [the General Office of] the China Banking and Insurance Regulatory Commission on Including Macao in the Overseas Regions Eligible for Investment with Insurance Funds	CBIRC	No. 48 [2019] by the CBIRC
December 19	Guiding Opinions of the China Banking and Insurance Regulatory Commission on the Recusal of Employees of Banking and Insurance Institutions in the Performance of Duties	CBIRC	
December 24	On-Site Inspection Measures by the China Banking and Insurance Regulatory Commission (for Trial Implementation)	CBIRC	Order No. 7 [2019] by the CBIRC
December 25	Measures for the Handling of Reports on Banking and Insurance Violations	CBIRC	Order No. 8 [2019] by the CBIRC
December 25	Notice by the People's Bank of China, the China Banking and Insurance Regulatory Commission, the China Securities Regulatory Commission, and the State Administration of Foreign Exchange on Further Regulating Financial Marketing and Publicity Activities	People's Bank of China, the China Banking and Insurance Regulatory Commission, the China Securities Regulatory Commission, and the State Administration of Foreign Exchange	No. 316 [2019] by the PBC

Note: The time of documents in each summary should be determined by the signing time. If there is no signing time, it should be determined by the time of release on the official website.

Article 16

Establish an Innovative Financial Trial Working Mechanism and Improve the Soft Power of the Shanghai International Financial Center①

On August 20, 2018, the Shanghai Financial Court was formally established. Over the last year and a few months, it actively aligned with the world's major international financial centers, gave play to the role of its financial trial functions, established innovative financial trial working mechanisms, improved financial trial specialization, and actively created a sound financial environment under the rule of law for building the Shanghai International Financial Center.

As of December 2019, the Shanghai Financial Court has accepted a total of 8,785 cases of various types, with a total subject value of 185.96 billion renminbi (RMB). The main types of

① About the Author: Liu Weinian, Deputy Director of the General Office, the Shanghai Financial Court.

cases accepted by the Court included misrepresentation of securities, financial loans, financial leases, corporate bond transactions, and pledged securities repurchase disputes. The court tried under law a number of major, difficult, complex, and new types of cases with a general guiding significance in its application of laws and clarified market rules by judicial trials in order to regulate and guide financial transactions. The six cases, including the first demonstration case of a group dispute against a listed company's securities misrepresentation liability in China, the first case of an equity transfer dispute involving a foreigner holding a listed company's shares under a disguised name in China, the financial administrative punishment case of a securities practitioner manipulating his relatives' accounts to trade stocks and not accepting the high fines imposed by the China Securities Regulatory Commission (CSRC), and a large-scale stock execution case, which were selected as Top 10 Civil Administrative and State Compensation Cases of the People's Courts, Top 10 Execution Cases, Top 10 Cases of Diversified Financial Dispute Resolution in 2019, and Outstanding Court Cases of the Year in China.

Shanghai Financial Court has vigorously promoted innovation in the financial trial mechanism and provided more complete judicial guarantees for financial development. First, it took the lead in establishing a securities model trial mechanism in China and an all-chain dispute settlement mechanism for "model trial + professional mediation + judicial confirmation," fairly and efficiently settled 3,473 group securities disputes by law, and effectively protected the legitimate rights and interests of small and medium-sized investors. The mechanism has been selected as one of Shanghai's Top 10 Outstanding Cases of Building Rule of Law 2019. Experts from the World Bank praised the Shanghai Financial Court for its "strong enhancement of internationalization, rule of law, and facilitation of the business environment in Shanghai" and treated the establishment of the Shanghai Financial Court as the best practice in the global rule of law. Second, it made the science and technology board innovative and reformed the judicial guarantee mechanism using a pilot registration system; strengthened the centralized jurisdiction over, and judicial response to, disputes involving listed companies in the science and technology board, formulated and promulgated the *Implementation Opinions on Serving and Securing the Establishment of Science and Technology Board and the Implementation of Pilot Registration System Reform*, set up a special trial team for cases involving the science and technology board, gave play to the advantages of a professional trial, unified the judicial trial standards, and provided strong judicial support for establishing an open, transparent, and orderly capital market as well as serving and securing the reform and innovation of the foundation of the capital market. Third, it took the lead in creating judicial assistance enforcement for a block of shares, exploring a new way for the people's courts to handle listed company shares, launching the first judicial assistance enforcement platform for blocks of shares, successfully handling the first block of shares within only one-half of a month with a transaction value of more than RMB 270 million (basically the same as the market price), and maintained the stability of the securities market in solving enforcement difficulties in order to prevent financial risk.

The Shanghai Financial Court has signed a strategic cooperation agreement with the China Academy of Financial Research of Shanghai Jiao Tong University as China's top financial institute for comprehensive cooperation in the training of compound high-end talent in finance and law, financial law decision-making consultation, joint research on financial risk prevention, and other fields.

The Shanghai Financial Court has actively deepened domestic and international exchange and cooperation. It has also held the "Financial Trial and Investor Protection in the Optimal Business Environment under the Rule of Law" International Symposium on Financial Justice as well as "Financial Justice and Financial Reform and Opening Up" Academic Symposium in order to promote think-tank building for financial justice. They received a total of nearly 1,500 visitors, including delegations from 20 countries, regions, or international organizations, to create a new platform for mutual legal exchange and cooperation.